Evelīna Grava

IZKOPTAIS ĻAUNUMS

Psihoterapijas rokasgrāmata

Paldies par atbalstu grāmatas tapšanā:

SIA "AMERIKAS BALTIJAS TEHNOLOĢIJU KORPORĀCIJA"
personīgi Rinaldam Krūklim un Dēvijam Zīveram

SIA "OŠUKALNS"
personīgi Aigaram Nitišam

SIA "AUDITORFIRMA PADOMS"
personīgi Vairai Šķibelei un Baibai Bitmanei

SIA "SEDUMI"
personīgi Sarmim Kalniņam

SIA "BIZNESU APVIENĪBA "KONSUL'S""

SIA "DAJO"

SIA "CREATIVE GLOBAL COMPANY"

SIA "UNIVERSAL UNIVERSE"

MIHAILAM GOVŠAM Ruvina dēlam

AIVARAM SPALVAM

Redaktore *mag.iur.* Ieva Pelcmane
Maketu un vāku veidojusi Ilze Ramane

Kas mani ir pamudinājis rakstīt grāmatu par ļaunumu? Vai jums ir gadījies piedzīvot bezspēcības izjūtu, kad līdzšinējās zināšanas un pieredze nespēj palīdzēt ilgstošu stresa situāciju risināšanā? Vai kaut reizi esat bijuši spiesti atzīt, ka jums trūkst nepieciešamās atslēgas izveidojušos apstākļu sakarību atšifrēšanai? Ja pazīstat zināšanu trūkuma, pieredzes atziņu ignorances un pietātes izjūtas pret autoritātēm skaudro pusi, šī grāmata būs jūsu ceļvedis dzīves zinātnes disciplīnā.

Saka, ka katrs profesionālis atspoguļojas savā tēmā, respektīvi, jebkurš darbs, arī zinātnisks, izstaro un atveido autora vai radītāja uzskatus, vērtības un visdažādākās apziņas un zemapziņas intereses. Veids, kādā tiek nodots vēstījums, liecinot par kultūru un inteliģenci.

Visumā es piekrītu šādam apgalvojumam un tāpēc piedāvāju savu intelektuālo pienesumu katram apspriest savā virtuvē vai veļasmazgātavā, jo pārdomas rodas tikai viļņojoties emocijām.

Secinājums ir šāds: es neesmu pārliecināta, ka esmu pasaules visļaunākais cilvēks, apgalvojot šādu „patiesību", es noteikti uzveltu sev netaisnīgu slogu. Tāpat tad, ja es uzskatītu, ka esmu cietusi no ļaunuma vis visvairāk, traumatiskāk par kādu citu šajā pasaulē, es melotu ar mērķi piebarot un maldināt savu narcismu, lēti manipulējot, izsaucot žēlumu un empātiju. Tāpēc es izvēlos apzinātu un konkrētu lomu – būt eksperte ļaunuma sakarā, jo kā ikviens esmu bijusi vismaz lieciniece, ja ne līdzdalībniece abām šādām galējībām.

Šīs tēmas izpētē materiālu man ir snieguši daudzi labi cilvēki, kas ne vienmēr ir uzskatījuši sevi par ļaunuma līdzzinātājiem, kur nu vēl par īstenotājiem. Un tā, apkopojot novērojumus, radās jēdziens „izkoptais ļaunums".

Ar cieņu,
Evelīna Grava

Grāmatā aprakstītie cilvēki un notikumi ir autora literālā interpretācija.
Personāžu un situācijas sakritība ir uzskatīta kā nejaušība.

3

Slikts Skolotājs ir tāds,
Kuru pēc laika soda skolēni,

Slikts skolnieks ir tāds,
Kurš nav pats lūdzis mācīt, bet,

Apgūstot Zināšanas,
Nav pateicies par Skološanu.

Paldies,
Skolotāj!

Veltījums Cilvēcei

Kāds rakstnieks intervēja uz ielas garāmgājējus. Visiem nejauši satiktajiem tika uzdots viens un tas pats jautājums: „Vai tu esi ļauns?" Un visi kā viens korī atbildēja: „Nē, neesmu!" Tā atbildēja sieviete, kura stūma bērnu ratiņus; klibais ceļinieks; skaists, jauns, tik tikko salaulājies pārītis; veca, rupja, neomulīga izskata veča; deputāts; pazīstama aktrise un arī zemnieks, kurš devās uz cirku pēc izrādes biļetēm saviem bērniem. Visi aptaujātie nekādā gadījumā neesot ļauni, bet gan labi, tikai kautrējās par to skaļi bilst, jo neesot pieklājīgi sevi slavēt. Lai apkārtējie cits par citu izsakās, jo no malas labums esot labāk saskatāms....

„Labāk kā kas?" rakstnieks precizēja. „Labāk saskatāms, ja kārtīgi izdodas noslēpt ļaunumu? Vai tā tas bija domāts? Tikai pamatīgi jāsmaida, jāsola, jāpietēlo......un tamlīdzīgi jāizpaužas, lai sasniegtu gribēto?!" Rakstnieku sāka uzskatīt par nepieklājīgu, nedaudz traku vai vismaz par iedzērušu. Uz tik perversi tendencioziem un populistiski nepieklājīgiem, un tiešiem jautājumiem neesot pienākums atbildēt pat sev, kur nu vēl citiem. Tiekot aizskartas cilvēktiesības un personas brīvība. Grūtniece, kura bija kopā ar izskatā līdzīgu sievieti, iespējams, viņas māti, spalgi, visiem dzirdot iesaucās: „Vēl dažas minūtes, un es nepažēlošu pat savu niecīgo naudu, lai piezvanītu uz policiju." Pūlis uzsāka rakstnieku vajāt. Notikumu kulminācijā, svarīgāko gandrīz nokavējis, patiesi atzinis savu vēlmi un talantu palīdzēt, bariņam sašutušo piebiedrojās sabiedriskā transporta biļešu kontrolieris. Viņš varēja apkārtējos pamācīt, kā tikt galā ar tiem, pret kuriem neesot lietisko pieradījumu, bet kuri ar savu uzvedību varot nokaitināt jebkuru normālu pilsoni gluži līdz baltajām pelītēm... Vajagot darīt tā – mēģināt provocēt otru, lai viņš pirmais iesit. Skaļi un samērā artikulēti ir jāsaka: „Nu, nu iesit man! Sit taču man!", cerot uz to, ka tas otrais, šajā gadījumā rakstnieks, neizturēs, un būs konkrēts iegansts viņu

nodot varas struktūrām. *Radošas idejas skanēja kā no pārpilnības raga. Visiem bija iespēja izpausties. Neviens netika apspiests, jo varēja sarunāties vienlaikus un grupās. Tika taujāts par īpašu apliecību, atļauju, organizāciju, kura būtu atbildīga par šo personu. Tad, kad izrādījās, ka rakstniekam ir tik vien kā sirdsapziņa un intelekts, viņu padzina ne tikai no kaut kādas tur biedrības, bet arī no ielas un pilsētas parka, kurā viņš bija taujājis par attieksmi pret savu pētījumu.*

Rakstnieks devās uz lidostu ar mērķi satikt cittautiešus. Ēka nebija pilna ļaužu. Uzrunātie svešinieki saprata lauzīto svešvalodu, bet ne pašu ideju. Viņi savā starpā vienojās, ka rakstnieks esot noklīdis no kāda vietējā realitātes šova, tāpēc tiem jāmēģina samest pa kādam eiro, jo pētījums esot par cilvēka spēju būt labam. Ziedotam naudas daudzumam neesot nozīmes, svarīga ir līdzdalība. Nedrīkst būt vienaldzīgs, tas esot ļauni. Noteikti ir kaut ar nelielu aktivitāti jālīdzdarbojas, lai nezaudētu cilvēcisko! Jānodzied dziesma, jāpasaka vēlējums, jāziedo rīta kafijas tasīte, naudas summiņa, lai pievienotos Homo sapiens. Tam visam esot liela jēga, un tam, lai nekas no ziedotā nenoklīstu, seko reprezentablākie pasaules ziņu mediji, kuru gala mērķis ir pievērst pasaules sliktāko cilvēku uzmanību labajiem. Akciju varētu īsumā raksturot šādi: visa cilvēce apvienojas, lai cīnītos pret ļaunumu! Un visi būtu apmierināti! Sponsori, dažādi labvēļi, līdzjutēji, organizācijas, fondi, biedrības, interešu grupas, savienības un apvienības, politiķi, civiliedzīvotāji, militāristi, rūpnieki, baņķieri un citi. Pat tie, kuri dzīvo citos kontinentos, un neko nav dzirdējuši par notiekošo trūkuma dēļ, piemēram – reklāmas trūkuma dēļ. Viss tiekot rūpīgi kontrolēts. Svešvalodas barjera un elektroenerģijas padeves trūkums, datoru nepārzināšana un televizoru un radio neesamība dažos pasaules reģionos, pilsētās un ciematos tiekot ņemta vērā. Par to varot pārliecināties katrs, kurš nesaņem vai kuram nav tehniski pieejama informācija, apmeklējot speciāli izveidoto mājas lapu: www.izkoptaislaunums.lv.

Rakstnieks ieguva mieru, jo pārliecinājās, ka šie ir patiesie demokrātijas piekritēji, tā kā no lidostas viņš netika padzīts. Ar apcietinājumu neviens nedraudēja. Svešautieši, ieceļotāji, ekskursanti, starptautiskie padomdevēji, konsultanti, internacionālie padomnieki, kultūras cienītāji – katrs varot netraucēti no varas iestāžu puses paust savu viedokli pat savos laukos! Pat tad, ja nav nekādas modernas civilizācijas pazīmes. *Gan kartupeļu vagās, gan mežā pie koka, kur nu vēl starptautiskā lidostā! Tas esot akceptējams. Rakstnieka domu, ja atcerēsies, tad nodos tālāk, lai tā izplatītos visā pasaulē... Visiem trūkuma cietējiem!*

Rakstnieks nebija vairs gados tik jauns. Daži tīkotāji pēc mantojuma brīnījās, kā tik vecs ir saglabājis prātu, ka māk aizbraukt caur parku līdz lidostai un atgriezties mājās?! Ar durvju atslēgām un nepieslapinātām biksēm. Tai pašā laikā jaunāki nespēj iziet uz ielas, lai kāds nepamanītos tiem sabojāt garastāvokli! Rakstnieks bez aizvainojuma uz satiktajiem ļaudīm pilsētas centrā un ar neatslābstošu interesi joprojām turpina veikt aizsākto. Drosmīgi virzās uz priekšu un neietekmējas, spēj uzklausīt un ar varu uzbāzīgi nepārliecināt, ja kādam ir radusies tāda nepieciešamība, kā vēlme maldīties. Iespējams, ka šo attieksmju veidošanos ir sekmējis vecums, veselīga pārtika visa mūža garumā, īpaši svaigs gaiss, dzīve bez problēmām... zaļāka zāle un zilākas debesis. Viss tas, kā pietrūkst labajiem cilvēkiem, jo ļaunie mākot piesavināties vērtīgo. Tas esot viņiem jau asinīs. Sāpju slieksnis tiem esot nesamērīgi zems.

Mantinieki esot novērojuši, ka rakstniekam, iespējams, adatas dūriens vēnā tiek veikts ekskluzīvi, jo viņš nekad nav sūdzējies par medicīnisko manipulāciju neērtībām vai sāpēm. „Viņš kā vampīrs izsūc pēdējos spēkus no saviem radiniekiem. Vazājas apkārt un tikai to vien dara, kā tērē sabiedrisko labumu," vēlmē pasargāt citus un ar vislabākajiem nodomiem, ne ko sliktu nedomājot, no brīvas, labas gribas, uz brīdi atstājusi darbu, ar savām neformālajām zināšanām un sakariem dalījās lidostas darbiniece. Minētā darbiniece, tās kolēģi un dažādi, arī demokrātiski domājošie, pasažieri ievēroja, ka rakstnieks, pirms pameta lidostu, lai atgrieztos dzīvoklī, ar acīm meklēja kādu siluetu.... Beidzot, beidzot viņš uzmeklēja kādu vīru ar zobenu.

Šaubu nebija. Kā jau ļauns cilvēks, viņš sēdēja lepni, vienatnē, ar absolūti taisnu muguru, tumšākajā telpas daļā. Uzskatāma un būtiska detaļa - ar ieroci, lai labie ļaudis varētu pazīt ļauno. Malacis, jo ar savu vizuālo atribūtiku palīdzēja rakstniekam starp simtiem labiņo atrast kaut vienu ļauno! „Satikt kaut vienu, bet slikto, ir ekskluzīvi," nodomāja rakstnieks.

Kāda mazgadīgā, aizbēgusi no mājām, uzmanīgi vēroja notiekošo lidostā un nodomāja: „Atkost kaut vienu ļauno, izņemot savus vecākus, tas ir tas pats, kā dabūt brīvbiļeti uz lokālo disenīti. Dažiem veicās! Bet ne jau tiem labākajiem. Sliktie uzvar, bet labie paliek „ar garu degunu". Viena meitene izpārdošanā spēra spēcīgāk par otru un dabūja ar atlaidi šortus no „Amure & Tabure". Pretējā gadījumā šo kāroto apģērbu valkātu labs indivīds. Tas visiem ir skaidrs."

Vīrs ar zobenu, kurš bija apslēpis savu ieroci, izraisīdams bijību, likās dīvains, jo visi labie apgūst gaišās sēdvietas un apvienojas vienkopus pret sliktajiem. Tas pat bērnam ir skaidrs. Rakstnieks piegāja tuvāk svešiniekam un jautāja: „Vai tu esi ļauns?" Tas bija pārdrošs gājiens, jo svešais neprata citu, bet tikai savu valodu, tomēr no teiktā varēja izsecināt, ka ir.

SATURS

9

IZKOPTAIS ĻAUNUMS

Asociācijas, priekšstati, stereotipi, introjekti,
raksturīgākie piemēri

Tad, kad sāku rakstīt šo grāmatu, vispirms uzdevu sev jautājumu: ko es vispār zinu par ļaunumu? Ko par šo izjūtu varētu zināt citi? Tikai tajā gadījumā, ja kāds no mums atzīst, ka ir cietis no ļaunuma un pats ir bijis kāda ļaunuma iniciators, provokators vai atbalstītājs, ir iespējams turpmākais dialogs un atrisinājums ar šīs grāmatas starpniecību. Ļaunums ir emocija. Piešķirot šai emocijai attieksmi, mainās jēdziens un mērķis.

Padomājiet, kādi ir bijuši jūsu personīgie novērojumi ļaunuma aspektā? Kāds ir ļaunums? Tā iedarbība, vara vai spēks? Vai arī jūs varētu, ļaunuma pamudināts, pretdarboties saviem morāles un ētikas principiem? Pagriezt muguru savam draugam, iesist svešam bērnam, pārdot konfidenciālu informāciju, apzināti maldināt? Vai ļaunumam ir savi priekšnosacījumi? Vai tas var traucēt? Ietekmēt ikviena cilvēka rīcību vai izvēles brīvību, lielākus vai mazākus lēmumus, veselību, laimi, brīvību, attiecības starp personām? Vai ļaunums ir tik varens, ka var iespaidot indivīdu līdz nepazīšanai, iejaucoties intīmajās attiecībās ar kādu augstāku spēku?

Ļaunums, es pat teiktu, ir ne tikai masveida parādība, jo šo vārdu teorētiski un praktiski pazīst visi, bet arī ikviena kārtējā indivīda izpausmes forma. Sabiedrībā eksistē vispārpieņemti priekšstati un individuālās interpretācijas, kuras tiek raksturotas kā ļaunums. Ļaunums var būt atbildes reakcija uz apkārtējo vidi. Personīgie kompleksi – man kaut kas sāp, un es vēlos to izgāzt uz otru.

Individuālā izpausme: katrs to interpretē pēc sava prāta un izpauž pēc savas gribas un vajadzības, tā brīža garastāvokļa un savtīgu interešu vadīts. Ļaunums kā atbildes reakcija uz ļaunu vidi var būt objektīvs un arī tikpat labi subjektīvs jēdziens. No tā izriet, ka ļaunums ir nepastāvīgs kā jaunība. Piemēram, ja jums uzbrūk un cenšas kaut ko vardarbīgi atņemt, agresīva atbildes reakcija ir saistīta ar ārējās vides notikumiem, kuros jūs esat iesaistīts pret savu gribu, jo huligāniska rīcība ir jāatspēko, un tam ir nepieciešamas dusmas un vēlēšanās atspēlēties. To var nodrošināt, ja aizstāvoties pašā ir pietiekama deva dusmu un naida par cietsirdīgo uzbrukumu, kurā kāds noziedznieks kā minimumu bija vai ir iecerējis atņemt naudas maku vai nodarīt miesas bojājumus. Būt ļaunam šajā gadījumā ir reaģēt un demonstrēt arī sava ļaunuma priekšrocības, zināšanas un spēku atbilstoši tam nejauši paredzētā laikā un vietā. Nonākot tādā situācijā, individuālais ļaunums ir jāiedarbina, lai atriebtu netaisnību, pretējā gadījumā tiek apdraudēta iztika un veselība pret paša brīvo gribu. Patīk vai nepatīk, bet ļaunumu kā iezīmi var sameklēt katrā cilvēkā, tāpat kā viņam ir labā un kreisā roka, tieši tāpat viņā kā konstanta masa mājo ļaunums. Vajadzīga tikai vide, un viss notiks.

Ir arī citas situācijas, kad, piemēram, jūs uzbrūkat kādam un iesaistāt viņu savā ļaunuma vidē kā līdzdalībnieku, pret viņa gribu un, mēģinādami kaut ko tiešā vai pārnestā nozīmē atņemt, realizējat savas iegribas caur ļaunumu, atspēlējaties nejaušajam garāmgājējam par savu nemākulību nopelnīt naudu civilizēti.

Secinājums: ļaunums ir spējīgs iedrošināt uz rīcību, maldināt tā „īpašnieku", ka nav nemaz tik slikti būt ļaunam un ka to ir iespējams realizēt. Iespējams, ir tikai jāuzsāk un ar katru nākamo reizi jau būs vieglāk. Maisam gals būs vaļā!

Ļaunuma valkātāji apgalvo, ka ļaunumu it kā var apslēpt. Jāatzīst, ka, ja tas vispār ir iespējams, tad tas ir īslaicīgi. Piemēram, personīgie kompleksi ir vienlīdz liels ļaunums kā pret sevi, tā pret citiem – ģimeni, bērniem un citiem līdzcilvēkiem. Dažas reliģijas pašiznīcināšanu uzskata par grēku. Nedrīkst par sevi slikti domāt un apšaubīt to, ko ir devis Visu Varenais. Reliģioziem cilvēkiem ir pienākums atbrīvoties no ļaunuma sirdī – to vēsta svētie raksti.

Cilvēks sevi organizē, ņemot vērā savas psihiskās, fiziskās un morāli ētiskās iespējas. Viņš nevēlas būt ļauns ne pret sevi, ne citiem, bet, lai aizpildītu savu pārdzīvojumu nezināšanu vai mazvērtību, bieži vien nespējā pretoties indivīds seko izdzīvošanas instinktam, taču ne no brīvas gribas. Viņš sasaista sevi un citus ar ļaunumu. Ļaunums nav prestižs. Būt sliktam ir slikti, to zina katrs, tāpēc cilvēkam jo vairāk ir iemesls izlikties labam, kaut tas neatbilst patiesībai. Tad jau cilvēce peldētos labumā. Visiem būtu, ko ēst un dzert, konkrēta vieta, kur pārlaist nakti, pietiktu medikamentu, mīlestības, nebūtu karu, dzēlīgu vārdu un skaudības.

Pat intuīcija pasaka priekšā, ka kaut kas *nerīmējas*, ja mācību priekšmeta skolotājs nemāk iemācīt mācību vielu skolēniem un neuzskata to par savu intelektuāli emocionālo uzdevumu. Tādā gadījumā audzēkņos visticamāk radīsies nepatika pret šo mācību priekšmetu uz visu mūžu – tas ir ļoti vienkāršs piemērs, kā izkoptais ļaunums realizējas darbībā. Viens no mums uzsāk, bet pārējie cieš. Ja mēs, pedagogi, neiemīlam savu mācību priekšmetu, tad audzēkņos sašaurinās pasaules un sevis izziņas griba. Pieaugot mēs izvēlamies profesionālās darbības jomu nevis pēc apzinātām spējām, bet stihiski sekojot modes tendencēm, fantāziju un ilūziju variācijām, hipotētiskiem nepārliecinošiem pieņēmumiem vai nejaušam gadījumam, kas ir ļaunums, kas rada, piemēram, destruktivitāti, netalantīgus profesionāļus, novitāšu deficītu dažādās nozarēs, nelīdzvērtīgu konkurenci, skaudību pret spējīgākiem kursā, darba vietā un tamlīdzīgi. Ne visi vidusskolēni ir pārliecināti par savas nākamās profesionālās izglītības pareizību. Jaunieši nojauš, ka pietrūkst pārliecinātības, un viņiem ir taisnība, jo viņu cilvēciskie resursi pašiem priekš sevis nav izzināti. Tā ir tendence, kurai izglītības sistēmā būtu jāpievērš nopietna vērība. Darbs ir viena no lielākajām dzīves pašrealizēšanās aktivitātēm. Ja tajā nenotiek pašrealizācija, tad neapmierināts jūtas ne tikai darba darītājs, bet arī pakalpojuma saņēmējs. Atliek tikai vienai skrūvītei kādā no mehānismiem atbilstoši nedarboties, kā sašķobās visa sistēma. Tā nav viena indivīda problēma, bet cilvēks, kurš atrodas sev neatbilstošā profesionālās darbības vidē, vienmēr būs nelaimīgāks par to, kurš jūtas apmierināts un laimīgs, darot to, kas patīk un padodas. Iespējams, šim „veiksminiekam" ir bijuši ne tik daudz diplomēti, cik profesionāli skolotāji. Jaunam cilvēkam nevar neinteresēt pasaules izziņa, tas izskan pretrunīgi. Tieši no viena konkrēta cilvēka priekšstatiem un spējām var būt atkarīga pasaules politiskā un ekonomiskā labklājība. Neapzināties katra konkrētā indivīda ietekmi uz otru, ir paviršība, kura nebūt nav pozitīva attieksme, bet gan izkoptā ļaunuma kultivēšana.

Mums šobrīd nākas nedaudz pafilozofēt un nekādā gadījumā neuzvelt visu izkoptā ļaunuma izcelsmes vainu mūsdienu skolotājam, tādēļ ir jāvienojas, tieši par kādu ļaunuma veidu vai formu būs runa, un kuru tā daudzveidīgo šķautni populārzinātniski apskatīsim. Pieminēt filozofiju ir nepieciešams, jo no tās ir atvasinājusies un savu patstāvīgo ceļu uzsākusi psiholoģija. Filozofija ir psiholoģijas māte un tēvs, bez viņiem, kā mums zināms, nebūtu veidojusies dzīvība, profesionāli interpretējot – psihiatrija, psiholoģija, psihoterapija, psihoanalīze.

Ļaunuma variācijas, iespējams, ir mērojamas tādā daudzveidībā kā koku šķirnes un augu sugas. Dažas no tām ir pavairotas un apzināti zinātniski kultivētas, turpretī citas ir radušās nejauši apputeksnējoties – klimatisko apstākļu un vides savstarpējā ietekmē. Ļaunums ir dabas daļa, kas ir izveidots un pastāv organiski saskaņā ar cilvēciskās būtības sūtību. Nebūtu ļaunuma, nepazītu labumu. Jāņem vērā tas, ka ļaunums ir relatīvs, tas var būt un reizē nebūt atkarībā, no kuras puses un kurš uz to skatās. Piemēram, bērns uzskatīs, ka vecāki ir ļauni, ja neatļauj spēlēties ar dažādiem bērniem. Ļaunumam nav substances, krāsas un smaržas, konkrēti *vaigā* neviens to nav redzējis un dzīvē vai mākslā nav identificējis. Ļaunums dzīvo variācijās, un par tā esību nojauš un spriež. Tā, piemēram, pirmkārt, ārējas vai iekšējas evolūcijas rezultātā ļaunums ir vēsturiski mainījies mūsos pašos un sabiedrībā, jo ir nomainījušās idejas par ļaunumu. Bērnībā tas varēja būt kāds pasaku varonis vai konkrēts un reizē abstrakts spokains tēls, vai arī kāds bārdains cilvēks, kura balss tembrs vai izpausmes jums šķita paša ļaunuma iemiesojums. Kāda pieaugusi sieviete stāstīja: kad bijusi maziņa, baidījusies izkāpt no gultas, jo bijusi pārliecināta, ka zem tās ir paslēpies bārdains vampīrs. Šķiet, ka, mazuļa acīm raugoties uz šo iztēles augli, vairs nekas briesmīgāks ar viņu, iespējams, nevar notikt. Šobrīd šāds pārstāsts var izraisīt vairāk smaida nekā baiļu, vismaz pieaugušiem. Otrkārt, ļaunums ne vienmēr vienam un tam pašam cilvēkam ir viennozīmīgs. Piemēram, kāds autobraucējs, pamanījis gājēju, strauji nobremzēja pie *zebras*, gribēdams būt pieklājīgs un likumpaklausīgs. Aizmugurē braucošās mašīnas, nespējot nodrošināt distanci, saskrējās. Izrādās, ka kādā no avārijā nonākušajiem transporta līdzekļiem atradās ar drošības jostu nepiesprādzējusies grūtniece. Satricinājums ietekmēja sievietes un bērna veselību. Sākums bija pozitīvs, noslēgums – negatīvs. Kurš šajā situācijā ir ļaunais – gājējs, pirmās mašīnas vadītājs, grūtniece, kura nebija piesprādzējusies, drošības josta vai distance starp mašīnām? Un kurš to izvērtēs? Vēl viens neviennozīmīga ļaunuma piemērs – kad iestājas pensijas vecums, cilvēks var doties pelnītā atpūtā, bet, ja ne viņa gars, ne miesa nav gatavi pieņemt šo jauno sociālo labumu, tad formējas iekšēja pretestība. Tas tikai uzsver, ka cilvēks psihoemocionāli pretojas tam, kas nav iekšēji labs viņa personībai. Veidojas situācija, kad indivīds izjūt kā sliktu to, kas no sabiedrības viedokļa uzskatāms par vērtību. Un, treškārt, dažādās dzīves epizodēs ļaunums ir mainīgs, piemēram, tēvs iegādājas savam bērnam kucēnu. Pirms pieaug, kucēns sagrauž dārgas mēbeles, toties pēc pāris gadiem izglābj bērnu no drošas nāves. Tas, kas šodien ir šķitis ļauns, rīt var izrādīties pozitīvs vai gluži vienkārši labs.

Tas, ko kādreiz esat pieņēmuši kā slikto, tagad ir transformējies jūsos kā labais. Pārmērīga fantazēšana ir izveidojusi kādu par izcilu biznesa ideju ģeneratoru. Pieņemsim, ģļēvulība ir tapusi par drosmi, tomēr šajā piemērā tādas straujas pārvērtības kļūst par nedaudz bažīgu kūleni, jo var būt arī tā, ka ļauno sevī attaisno un tas izvēršas šķietamā un vēlamā ilūzijā par drosmi līdzīgi kā mūzikā – dažādas variācijas par tēmu. Labumu ne vienmēr ir vērts tieši tulkot, jo mēs nemitīgi esam pakļauti vides nepastāvīgumam personīgi emocionālā un fizioloģiskā kontekstā un attiecīgi - sociumā. Ikvienu var ietekmēt un pārliecināt, par to parūpēsies emocijas, jūtas, prāts un nejaušība. Piemēram, ar katru mirkli jūs kļūstat vecāki, sasniedzot jau piecpadsmit gadu vecumu, organismā sākas novecošanas process. Ar novecošanos saistītie simptomi pamanāmi pamazām, līdzīgi ir ar labo un ļauno, vienā mirklī domas un attieksmes sāk mainīties. Tās mainās lēnām un pamazām, bet to brīdi, kad šīs pārmaiņas sākas, nevar nepamanīt.

Vēl viens piemērs: tad, kad bijāt bērni, iespējams, uzskatījāt, ka iet skolā ir slikti un ka labāka dzīve būtu bez mācību stundu slodzes un matemātikas mājas darbu pildīšanas. Bet, kad pieaugat, jūsu attieksme mainās un jūs saprot, ka skola ir laba vieta, kurā var apgūt matemātikas iemaņas, kas ir svarīgas un nepieciešamas visā turpmākajā dzīvē kaut vai, lai norēķinātos veikalā par pirkumu vai izvērtētu bankas kredīta izdevīgumu. Pie nenozīmīga ļaunuma reizēm ir pieskaitāms arī slinkums, kas jums šodien nedeva iespēju pagatavot pusdienas, jo nebijāt tik čakls, lai dotos uz veikalu pēc produktiem. Jūsu kuņģim nav iespējas ieturēt sātīgu maltīti, un jums nākas dzīvot pat pusbadā. Tomēr pozitīvo var saskatīt tajā, ka jūs no liekā svara zaudējāt nelielu kaloriju daudzumu, no kura jau sen esat gribējuši atbrīvoties, turklāt jūs, iespējams, konstatēsiet un sev atklāsiet jaunu personīgu pieeju alternatīvai diētai.

Ļaunums savās izpausmes maskās ir dažāds un nepavisam nav tverams vienpusīgi. Saskarsme ar tik daudzveidīgu jēdzienu ietekmē mūs, cilvēkus, garīgi un emocionāli arī tikpat dažādi, daudzveidīgi, ka reizēm šodienā nepazīstam tos, kurus labi zinām citādus vakar. Piemēram, skolas biedrus, tuviniekus, draugus, visbeidzot arī paši sevi. Kāds, nejauši sastopot bijušo kursa biedru, pirmajā brīdī nav pazinis patmīlīgo lielo stāvu, kas slīd pa laboratorijas gaiteņiem. Izrādās tam esot iemesls, jo no šīs personas birokrātiskās labvēlības praktiski ir atkarīga visu padoto karjera. Kāds paziņa stāstīja, ka jaunības dienu mīlestība ir pārtapusi par niknāko sievišķi ciemā. Vai arī, piemēram, kāds kaimiņam *nocēlis* ne ezeru, bet zemi zem tā, un nu ir iemesls naidam un strīdam. Draugs patvaļīgi nošāva drauga suni. Māsa apmelo māsu, viņas vīrs tāpēc pamet ģimeni. Psihiatrs paraksta slimniekam medikamentus, bez kuriem pacients būtu varējis iztikt, ja ieteiktu psihoterapiju. Māte apskauž meitas skaistumu un iesaka viņai neglītus tērpus. Frizierei nav noskaņojuma, un viņa pavirši apgriež klientam matus. Vecmāmiņa ietiepās un neatstāja mantojumu mazbērniem, bet svešiem cilvēkiem. Auklīte, lai bērns būtu mierīgāks, piebēra pienam miega zāles. Līdzīgus piemērus varētu minēt bez gala.

Tā tas varētu izskatīties no filozofiskā aspekta, bet šobrīd aktuāls ir psiholoģiskais konteksts, kuru vajadzētu nošķirt no iepriekš minētā filozofiskā. Katram piemīt sava filozofija un psiholoģiskā izpratne. Psiholoģiskais ļaunums, kas traucē uzlabot savu dzīves kvalitāti, un tas pats ļaunums, kas tiek pārmantots bez kritikas, tiek vērsts uz sevi un apkārtējiem. Tas var būt gluži vienkārši automātisks, bez dziļām pārdomām. Šajā kontekstā mūsu interesi neskar, piemēram, domas par to, kurš cilvēks cilvēcei ir nodarījis lielāko ļaunumu – kāds konkrēts karavadonis vai politiķis, bet mēs meklēsim un mēģināsim identificēt tās izkoptā ļaunuma pazīmes, kurās paši esam dažādi iesaistīti vai pat līdzdalībnieki.

Fokusējoties uz individuālā ļaunuma atklāsmēm, var izrādīties, ka daži no mums ļaunumu apzināti vai neapzināti kultivē, izrīkojas ar ļaunumu kā bērns ar sērkociņiem, neapzinoties bīstamās sekas. Izkopj līdzīgi kā labas klavierspēles iemaņas ar gammas vingrinājumiem. Padomāsim emocionālajos jēdzienos, asociēsim līdzībās un trenēšanos individuālajā ļaunumā salīdzināsim ar solfedžo, kas ir ikviena muzikāla skaņdarba pamatā. Ļaunums ir vienlīdz tāda pati īpašība kā jebkura cita, atliek „spēlēt gammas", un skanējums var izcelties pozitīvā un negatīvā tonalitātē.

Ikviena cilvēka dzīvē zināšanām, rakstura iezīmēm un īpašībām ir būtiska nozīme, faktiski tās veido indivīda ārējo un iekšējo čaulu. Protams, ka šis uzskaitījums nav vispusīgs. Mūsu emocionālajā un psiholoģiskajā struktūrā atrodas noteikta elementu bāze, ar kuru mums jāiztiek. Tas ir līdzīgi kā oktāvā – septiņas notis jebkuram skaņdarbam. Aktīvas un pasīvas klišejas un iecienītie stereotipi, ar kuriem mēs rīkojamies un ko lietojam, risinot dažādus iekšējos un ārējos konfliktus, lai nodrošinātu savu merkantilo mērķu un labsajūtas sasniegšanu. Tas tā varētu darboties, bet problēma ir tajā, ka bieži vien indivīdam personīgā lietošanā ir kāds šaurs, līdz ar to ierobežojošs attieksmju un reakciju kopums, un viņš, reaģējot uz kārtējo situāciju ar savu iepriekšējo un pārbaudīto pieredzi, nemeklē novitātes. Kā to atklāt? Vienkārši – tas ir redzams, dzirdams, jo emocionālā reaģēšana vienmēr ir vienāda, bez pārmaiņām. Piemēram, kad bērns pirmo reizi atnes mājās sliktu atzīmi – viņš nojauš, ka šis vērtējums ir negatīvs, bet to, cik negatīvs, viņš uzzina no vecākiem. Tie, savukārt, no saviem vecākiem. Tas veido ainu, kad noteiktā situācijā bez apdomas un bez analīzes tiek lietota noteikta nots (klišeja). Ja vecāki necenšas noskaidrot iemeslus, bet sāk bārt un kaunināt jau tā nelaimīgo bērnu, tas norāda, ka tieši tā bērnībā ir noticis ar viņiem pašiem. Jaunie un ne tik jaunie vecāki šādā atkārtotā situācijā grēko, jo būtu jāatreaģē savādāk, bet trūkst zināšanu, kā to izdarīt. Galvenais šķērslis zināšanu ieguvei bieži vien ir tas, ka nav nojausmas par to, kā var konstatēt un izzināt savu uzvedību un reakcijas. Var, piemēram, paanalizēt savu attieksmi, izpausmes, motīvus un nezināšanu, kas nepavisam nav vienkārši. Lai to panāktu, nepieciešams novērst uzmanību no sevis slavināšanas un bērna kaunināšanas un pievērsties izkoptā ļaunuma pārmantojamības klišejai – dubultai sodīšanai, agresivitātei, neiecietībai u.c. Pa daļai nespēja samierināties ar bērnu sliktajām atzīmēm ir vairāk vecāku nekā bērnu problēma. Tas saistīts arī ar vecāku lomas augstprātību, kas nosaka, ka:

„Mans bērns nekad nevar būt slikts, jo viņš ir mans bērns!" Izkoptā ļaunuma fenomens atklājas tajā, ka bērns ir ierobežots ar uzdevumu vienmēr būt pirmais, vislabākais, visiem par paraugu. Šāds uzskats ir ilūzija, jo reālajā dzīvē to nav iespējams nodrošināt, bet bērns, negribot pievilt vecākus, ir spiests izdarīt izvēli – vai nu viņš dzenas pakaļ panākumiem, vai imitē to esamību. Gan viens, gan otrs ir kaitīgs bērna psihei.

Atbildes reakcija uz iekšējās neapmierinātības kairinātāju ir nokopēta, bez kritikas pieņemta no saviem vecākiem un sabiedrības. Ja tas notiek automātiski, indivīdam ir risks pārmantot kaut ko sliktu un turpmāk to organiski lietot savā dzīvē, pašam nezinot, ka tas ir negatīvi. Būtiskākais ir tas, ka tas nav viņa „īpašums", kas aiz sevis nes bēdas un postu, bet obligātais neapzinātais mantojums.

Piemēram, tādā mērā, kādā esam līdzīgi saviem radiem (vecmāmiņām, vectētiņiem, mātēm un tēviem) pēc savas ķermeņa uzbūves un uzvedības manierēm, tikpat daudz mēs līdzināmies saviem tuviniekiem arī pēc rakstura, dzīves vērtībām un attieksmēm. Interesanti, ka daudzi uzsver, ka radus atšķirībā no draugiem neizvēlas, tādējādi dodot mājienu un uzsverot, ka pats ir labāks un citāds nekā visa pārējā viņa radu saime. Ja ir vēlme atteikties no piederības savam radu lokam, tam ir iemesls. No laba jau prom nemūk! Tātad kaut kas tuviniekos ir nepatīkams, nepieņemams. Visbiežāk nepatīk tas, kas pašam piemīt, bet trūkst zināšanu, lai no tā izvairītos.

Kas tad rados varētu būt netīkams un nepieņemams? Izplatītākās pretenzijas ir attieksme, novērtējums un atstumtības sajūta, jo tu it kā centies būt labs, gādīgs un taisnīgs, bet tavs miesīgais tēvs, māte vai vecvecāki tevi nesaprot un nepieņem. Tas ir ļoti sāpīgi un no upura puses uztverams pat kā cietsirdība. Sirds nocietinās, un cilvēks kļūst ļauns un skaudīgs, ko ilgstoši izturēt ir grūti un sāpīgi. Emocionālā nepieciešamība un instinkts pieprasa atbrīvoties no šī pārdzīvojuma. Nepatīkamais ir tas, ka, uzturot šo ļaunumu, tas var izvērsties par iespaidīgu pašsagrāves elementu. Savas dzīves postažu, ne dzimtas, bet personīgās dzīves grautiņu.

Pārmantot var ne tikai mantu, bet arī attieksmes, dzīves stilu, vērtības, reakcijas un dažādas citas izpausmes, kas var kalpot kā klupšanas akmens laimīgas un pilnvērtīgas dzīves esībai. Pastāv dažādi psihes mehānismi, kuri kavē vai neveicina pārmaiņas. Psihoterapeiti to zina, jo tas ir klienta vai pacienta problēmu izpētes lauks.

Tad, kad klientiem izdodas atklāt savas pārņemtās klišejas, rodas jaunas pamatotas bažas par saviem bērniem. Kāpēc tās ir loģiskas? Apzināšanās ir apziņas stāvoklis. Saprātīgi domājošais paredz izkoptā ļaunuma sekas un negrib bērnos atkārtot to, kas pašam ir traucējis un bijis derdzīgs savu vecāku vai vides dēļ. Daudziem lasītajiem var šķist apnicīga vai pat populistiska Z.Freida teorija par vecāku nozīmi jauna cilvēka formēšanā. Vairāki klienti man tieši tā arī ir jautājuši: „Ko lai tagad dara, kā lai turpmāk veido savas attiecības ar savu tēvu, māti, vecmāmiņu un vectētiņu pēc tā, ka uzzināju, ko tie ar mani ir darījuši? Kā manipulējuši, bremzējuši, baidījuši un aplam pamācījuši?" Uz šo jautājumu katram pašam ir jāatrod atbilde. Ir svarīgi atbrīvoties no saviem stereotipiem un aizspriedumiem, bet ne no vecākiem.

Bieži pēc pirmajām psihoterapeitiskā seansa atklāsmēm izskan jautājums: „Vai tagad, kad esmu kļuvis par pieaugušo un mani vecāki ir veci, nespējīgi, lai atsakos no viņiem? Vai lai izsaku pārmetumus, vai netiekos ar tiem, izolēju mazbērnus?" Satraukums ir saprotams, bet, lai „neiebrauktu no viena grāvja otrā", ir nepieciešams izprast katru konkrēto situāciju. Atcerieties to, ka, esot pieaugušiem, jūsu apziņā var saglabāties bērnības atmiņu interpretācijas, kuras vēl neprotat saskatīt. Ģimene ir tā vide, kurā jūs esat auguši, un reakcijas uz šo vidi var būt visdažādākās. Jebkurš ir spējīgs būt subjektīvs, īpaši bērnībā. Dusmas, *uzmesta lūpa*, tenkošana, nenovīdība un citas izpausmes pret vecākiem un tuviniekiem nevērš indivīda dzīvi augstvērtīgāku un nedod garantijas nebūt līdzīgam tiem citiem „briesmoņiem". Nekontaktēšanās, rupjas un nepieklājīgas, sarkastiskas attiecības ar tuviniekiem, elementāra ļaunatmiņa un slēpta agresija dzimtā automātiski neatbrīvo un negarantē atšķirību pašiem. Teorētiski atbrīvoties no jebkādas līdzības nav iespējams, noteiktas pazīmes saglabājas jebkuras sugas ietvaros. Margrietiņa vienmēr būs margrietiņa.

Ja izmantos bezatbildīgus līdzekļus, tad tas tikai pavairos un izkops ļaunumu, un tam nebūs iespēju transformēties apziņā. Tas būtu līdzīgi, ja nebūtu iespēju atzīt savu personīgo ļaunumu, kurš tāpat katra cilvēka mūžā ir gana bieži sastopams. Pasaules uzskatus ikviens iegūst bērnībā, dažādi izpauž un interpretē visa mūža garumā. Daudziem vecākiem un vecvecākiem ir attaisnojums, neapstrīdams alibi: tas, ko viņi darīja saviem bērniem un bērnubērniem, ir viņu pārmantotās klišejas, kas ir transformētas bez kritikas un tieši atspēlējas ne tikai viņiem pašiem, bet arī viņu pēctečiem. **Tas, kas būtu jādara un kam būtu jāpievērš uzmanība, ir šo mehānismu apzināšanās.** Vienkārši ir jāveic revīzija pašā uztveres konstrukcijā, jo šī būve sastāv no divām vispārīgām sadaļām. Pirmkārt, tas, ko darīja vecāki, bija daļēji neapzināti un šķita pareizi, jo viņi savdabīgi noticēja tam, ka paši rīkojas vai reaģē pēc savas, ne jau savu vecāku gribas. Otrkārt, un tas nav mazsvarīgi, visu vājā vieta vai kļūda ir tajā, kā tiek uztvertas un savā apziņā un zemapziņā interpretētas vecāku stereotipizētās izpausmes.

Reizēm mēdz būt tā, ka vecāku rīcībā nav nekādas negatīvas saistības ar notiekošo. Bērns apvainojas, jo interpretē situāciju pēc savas pieredzes un intelekta. Piemēram, vecāki ir nolēmuši pavadīt brīvdienas divatā. Viņi dodas tālu prom no mājām, lai baudītu mieru, savstarpēju uzmanību un seksu. Tas ir brīdis, kad trešais, protams, ir lieks, tāpēc bērnu plānots atstāt mājās ar vecmāmiņu. Mazulis ievēro, cik vecāki pirms došanās prom ir priecīgi, un arī viņš vēlas piedalīties ceļojuma priekos. Vecāki viņam atsaka un mierina ar domu, ka nākamreiz ceļojumā dosies visi kopā. Tomēr bērnu neizdodas pārliecināt, un viņš raudošs paliek mājās. Šāda nenozīmīga dzīves epizode var būt kādam izšķiroša, jo arī šeit parādās pārdzīvojums bērna attiecībās ar vecākiem, pēc kurām tiks formēti bērna priekšstati un izdarīti grandiozi secinājumi: par bērna mīlestību un nozīmi vecāku dzīvē. Izskan nopietni, vismaz kā bakalaura tēmas zinātniskais pieteikums. Tāda neliela epizode ir spējīga fatāli ietekmēt emocionālās izpratnes: es kā Liekais savu vecāku dzīvē – un ne jau uz pāris stundām vai nedēļas nogali! Šāda „trešā liekā" izpratne par sevi neapzināti veido attieksmes turpmākajā dzīvē...

Pēc vairākiem gadiem vai gadu desmitiem psihoterapeita kabinetā uz vizīti ir atnācis pieaugušais ar to pašu pagātnes bērnu sirdī, lai pastāstītu par šo bērnības notikumu un atklātu, ka vecāki nepameta viņu, bet gan aizbrauca, lai atgrieztos pie viņa atpūtušies, priecīgi un laimīgi. Starp bērnības pārdzīvojumiem un vizīti pie psihoterapeita ir nodzīvots kāds laika sprīdis, kurā „trešā liekā" attieksme pret sevi ir kropļojusi viņa esību sociumā.

Tas, ko neizdevās saprast un pieņemt bērnam toreiz, tagad laimīgā kārtā ir atklāts un noskaidrots. Šādu pārpratumu starp bērniem un vecākiem var būt miljoniem!

Par bērnības laiku nākas runāt, un vairākkārtēji tam no jauna pieskarties, jo tas ir vecuma posms, kad izveidojas priekšstati par pasaules uzbūvi un sistēmām. Emocijas tajā laikā vēl ir nenobriedušas un sniedz infantilas interpretācijas vai skaidrojumus. Vecāki, rūpēdamies par sava bērna izglītību un nesaredzēdami vēlākās sekas, piemēram, aizsūta bērnu no laukiem skolas laikā dzīvot pie radiem pilsētā. Protams, jaunajam organismam tā ir psiholoģiska trauma pat tajā gadījumā, ja ar izcilību tiktu absolvēta Hārvardas universitāte. Vecāku nodomi nav peļami, bet bērns tos saprot savādāk. Bērns nav pieaugušais.

Vecāku vēlme ir audzināt un redzēt savu bērnu dzīve kā gudru un patstāvīgu personību. Šajā vecāku iegribā ir atšķirīgi zemteksti, jo katram gudrība nozīmē individuālo priekšstatu un ambīciju apkalpošanu. Vecāki arī ir cilvēki, un viņos ir pietiekami narcisma. Pieaugušiem piemīt patmīlība un caur bērniem reizēm viņi cenšas to apmierināt. Perfektiem vecākiem ir jābūt perfektiem bērniem.

Patstāvības jēdzienu katrs var interpretēt dažādi. Vienam tās ir akadēmiskas zināšanas, otram formāli, izglītību apliecinoši dokumenti, trešajam – spēja pielietot savas zināšanas un māku, ceturtajam tā ir iespēja iegūt plašu redzējumu un erudīciju, piektajam tā izpaužas mākā „neļaut sevi iebāzt maisā", bet, par piemēru, sestajam patstāvīgi ēst ar karotīti un tamlīdzīgi. Patstāvība. Vecāki vēlas gudrus bērnus, sākot ar lēmumu pieņemšanas prasmi līdz pat mākai kārtot naudas jautājumus. Jāatzīst, ka patstāvības latiņai ir jāpilnveidojas. Dzīves sākumā vecākiem ir jādod vīzija, lai vēlāk patstāvīgi bērns virzītos tālāk. Psiholoģiski vesels cilvēks vienmēr būs spējīgs pašorganizēties, tādējādi būdams patstāvīgs. Vecākiem būtu vēlams iemācīt elementāras, praktiskas, sadzīviskas un dzīves gudrības lietas. Jo drošāks būs fundaments, jo stabilāka ēka. Zemapziņas informācija būs saistoša apziņai, un apziņa varēs harmoniski sadarboties ar zemapziņu. Starp zemapziņu un apziņu veidosies veselīga sadarbība. Vecāki reizēm grēko ar to, ka par maz izskaidro un paskaidro, dodami tikai norādījumus. Bērns neizprot, bet pilda tos, attaisno cerības, bet psihe netiek līdzi, jo trūkst intelektuāla izskaidrojuma. Rodas vainas sajūta, kauns, dusmas. Bērni kļūst nikni uz saviem vecākiem, viņi sāk turēt savus vecākus aizdomās par „nemīlestību", kas ir vienlīdzīgi ļaunumam.

Visos gadījumos nav tā, ka materiālā labklājība proporcionāli nosaka patstāvības daudzumu, respektīvi, lielas naudas pelnīšana nenorāda uz patstāvīgu un nobriedušu personību. Ja cilvēks var sevi uzturēt, viņš ir patstāvīgs, bet ne visos gadījumos psiholoģiski nobriedis. Par to var domāt un runāt ļoti daudz, jo, ja mēs runājam par naudu, tad kāds ir tās pietiekamais daudzums, kas nosaka patstāvību? Tas, kas, šķiet, varētu interesēt cilvēkus, ir tas, lai, neskatoties uz peripetijām, indivīds vienmēr būtu spējīgs parūpēties par sevi un apkārtējiem. Spēja risināt situācijas norāda uz personības briedumu un pieauguša cilvēka statusu. Ja bērns iegūs vislabāko izglītību, tas nenozīmē, ka viņš būs patstāvīgs. Darba tirgū viņš varēs konkurēt ar izglītības dokumentu, bet nevarēs konkurēt ar iekšējo būtību. Neskaidrība par to, kāpēc neiznāk, radīs frustrāciju un tieksmi pēc jauniem, kvalitāti apliecinošiem dokumentiem, sakariem, neskaitāmiem mēģinājumiem uzsākt kaut ko jaunu un tamlīdzīgi. Kaut gan vairāk nekā izcila izglītība būtu bijusi vajadzīga psiholoģiskā drošība – māte, tēvs. Ja būs psiholoģiskā stabilitāte, panākumu netrūks.

Tēvs, māte sapoš bērnu tālā ceļā, paši cieš, ka nespēj būt līdzās, un beigu beigās dažiem sairst attiecības vai tās izvēršas naidā. Vecāki tieši piedalās bērna dzīves scenārija rakstīšanā. Precīzāk izsakoties: vecāki tieši piedalās bērna garīgās veselības un dzīves kvalitātes paaugstināšanā vai pazemināšanā. Piemēram, sajūta, ka kāds nav vajadzīgs saviem vecākiem, var vajāt visu mūžu; pat tad, ja tā nav objektīva patiesība. Informatīvā simboliskā gūzma, ko bērns par sevi saņem no vecākiem, dažos gadījumos var būt nepanesama, tāpēc, lai sevi netraumētu dziļāk, pārdzīvojums tiek nosūtīts zemapziņā. Piemēram, neirotiska iznīcinoša izjūta, kad kāds šaubās par savu patstāvību, respektīvi, par spēju. Viena patstāvība citam var šķist arī kā nepatstāvība. Tad tiek meklēti apstākļi, kuri no jauna pašam liek pārliecināties par to, ka nekas nespēj izjaukt patstāvību. Tāds cilvēks nekad nav iekšējā mierā, jo trauksme patur saspringdzinājumā, un izvirza kā mērķi, vēlmi kā dziņu apliecināt un vēlreiz apliecināt savu šajā gadījumā patstāvību. Situāciju un apstākļus vienmēr var uzmeklēt. Cilvēks darbojas un no visas savas pārliecības pat murgainos sapņos nenojauš, ka joprojām darbojas ne savā, bet vecāku ieliktā nostādījumā. Izprast to var. Piemēram, bērns, atrodoties svešumā no vecākiem, nevar verbāli vai kā citādi regulāri izrādīt savus panākumus un spējas. Darbošanās notiek, bet neeksistē pamatota psiholoģiska sajūta par vecāku klātesamību. Vienīgā saskarsme – virtuālā, kas nedod pārliecinošu mierinājumu emocijām, jūtām un prātam. Ar vārdu sakot, zem katra vecāku vārda slēpjas bērna interpretācija un vieta jaunām fantāzijām par sevi, jo bērni ne vienmēr māk veiksmīgi analizēt un domāt, toties izcili prot fantazēt. Psihoanalīzē tiek ārstēts arī tas, kas kādreiz sadomāts un ar gadiem noslāņojies un pārvērties līdz nepazīšanai.

Piemēram, ja vecāki pasaka savam bērnam, ka visas atzīmes liecībā ir sliktas un ka bērns varētu mācīties labāk, atklāts paliek jautājums, kā ar šo informāciju rīkosies bērns. Kādam tas var būt stimuls, bet citam klupiens atpakaļ, secinot, ka viņa spējas ir vājas un ka viņš mācību procesā nav spējīgs ne uz ko īpaši labu, kas varētu iepriecināt vecākus. Diemžēl šāds priekšstats par sevi var saglabāties ilgstoši. Kas būtu jāņem vērā vecākiem, audzinot savus bērnus, lai neveidotos izkoptais ļaunums? Pamatā ir divas lietas: jāiepazīst savas reakcijas, jāizvērtē, kas ir vissvarīgākais un kādas pūles ir jāiegulda, lai to panāktu, kā arī jāparedz, kādas sekas abām ieinteresētajām pusēm būtu iespējamas nākotnē.

Tāpēc bērnu audzināšana ir liela atbildība. Iedomājieties: ja psiholoģiskās traumas veidojas bērnos, kuriem ir abi vecāki, labvēlīgās ģimenēs, kurās laulātie mīl un ciena viens otru, strādā un nelieto alkoholu, tad kādi iekšējie psiholoģiskie konflikti veidojas bērniem nelabvēlīgās ģimenēs! Kļūst nedaudz baisi, par to domājot...

Lai neietu izkoptā ļaunuma pavadā, ir nepieciešams pateicīgs materiāls, kas jāapkopo pašam, lai veiktu eksperimentus, kuri katram ļautu radīt sev jaunu, praktiski pielietojamu teoriju par to, cik lielā mērā manī pašā mīt šis ļaunums. Vai esam tam gatavi?

Ne mazums cilvēku izvairās izprast savu ļaunumu. Tāds ir mans profesionālais dzīves novērojums. Respektīvi, neatzīstot savu ļaunumu, cilvēki par visu varu cenšas izlikties labi. Elementārs psiholoģisks, teorētiski zinātnisks izskaidrojums, kas geštaltterapijā un psihoanalīzē dēvēts par izstumšanu. Psihe tā kā pietēlo, ka kaut ko frustrējošu nepazīst un izliekas, ka sāpīgais pārdzīvojums neeksistē. Ikviens saprātīgs cilvēks atzīs savu ļaunumu vispirms intuitīvā līmenī. Nojausma par spēju uz sadismu, cietsirdību, niknumu, skaudību, empātijas deficītu ir pirmais būtiskais solis, lai atklātu sevī mīlestību. **Augstāka garīga uzdevuma nemēdz būt!** Pastāv miljoniem tehniku un metodiku, kā izskaust ļaunumu no psihes un emocijām. Ņemsim, piemēram, vienu no zinātniskajiem un kultūrvēsturiskajiem mantojumiem, kuru mums ar psihoanalīzi kā iespēju ir dāvājis Z.Freids. Vēlāk, teorijām pilnveidojoties, attīstījās jauni virzieni un līdzdalību apziņas un zemapziņas izpētē ņēma daudzi citi psihiatri, psihologi un psihoterapeiti. Viens no virzieniem ir F.Perlza izveidotā geštaltterapija, kas, bez šaubām, nav vienīgais unikālais citu vidū, bet piesaista ar to, ka tā pamatlicējs ir fiziķis. Viņš šai teorijai ir piešķīris matemātisku un pedagoģisku ievirzi. Tā vēlāk kļuva par nopietnu psihoterapijas skolu. Eksaktā zinātne piešķir praktisko lietderību, un pedagoģija – spēju nodot zināšanas. F.Perlzs domāja, kā iemācīt studentiem mācību vielu, un tā rezultātā radās geštalta pieeja. Šķiet, ka viņam izdevās noslēgt geštaltu – radās pamudinājums un tika nodrošināta tā realizācija. Tā rezultāts ir ieguvums cilvēces zinātniskajam progresam – geštalts.

Tātad pārmērīgu mīlestības uzsvēršanu un ļaunā esības noliegšanu indivīdā nevar uzskatīt par patiesību. Pretošanās kavē laiku un novērš no svarīgākā – realitātes. Tomēr šajā nostādnē ir daļa patiesības, jo savā būtībā cilvēks ir piedzimis labs, pēc tam kāds kaut ko ar viņu izdara vai viņš pats sevi ietekmē, aplipinoties ar izkopto ļaunumu kā ar vīrusu. Es tam ticu – tas ir secinājums no darba pieredzes. Jebkurš ceļš ir ceļš: tie ir dažādi, bet vienmēr pastāv iespēja pa tiem virzīties uz priekšu un sasniegt nākamās krustceles vai ceļa pagriezienu un nākamā ceļa sākumu, lai nonāktu līdz mērķim saukties par cilvēkiem, būt par pēc iespējas labākiem vecākiem, līdzcilvēkiem, profesionāļiem un tamlīdzīgi.

Kā cilvēks nonāk psiholoģiski saspringtās situācijās? Vienkārši. Iepriekš par to daudz nedomājot, nezinot vai noliedzot sajūtas, kuras paziņo par iespējamo trauksmi. Skaidrs, ka dažās situācijās nevar paredzēt un modulēt sekas. Visu izanalizēt nav iespējams un pat nav vajadzīgs. Tas, ko būtu vēlams darīt, ir atklāt sevi pēc iespējas vairāk un dzīvot. Izpētīt sevi nozīmētu veidot pasauli labāku. Piemēram, māte atsakās no bērna un nodod to adopcijai tāpēc, ka apzinās savu nespēju realizēt sevi kā māte, bet viņa neapzinās šīs nespējas patiesos psihoemocionālos iemeslus. Ja viņa varētu apzināties šos šķēršļus, mainītos viņas dzīves situācija. Eksistē milzums pieeju un metožu, lai atklātu un *izgaismotu* minētos šķēršļus.

Dzīvē ir daudz spontanitātes un neprognozējamības. Tieši tāpat daudz ir likumsakarību un paredzamību. Tie, kuri nemāk mīlēt, nesatiks mīlestību pat tad, ja tā būs blakus. „Tukša muca tālu skan", un nevajag būt īpaši apdāvinātam cilvēkam, lai saprastu, ka rēķins dzīvē, tāpat kā veikalā, vienmēr pienāk. Šos vārdus es pieminēšu grāmatā vairākkārt. Reizēm, lai turpinātu pašpilnveidi, ir nepieciešama iedvesma. Kādam vēl priekšā stāv liels darbs ar sevi, iespējams, vajag kādu pārliecinošu argumentu.

Tie, kuriem patīk „staigāt" pārnestā nozīmē; tie, kuriem patīk savās domās pārvietoties un iejusties dažādos apziņas novērojumos un spriedumos, jau zina, ka dvēseles atvieglojums un labāka dzīves kvalitāte, sirdsmiers ir kā *testeris*, kurš apliecina, ka šobrīd esam uz īstā ceļa. Piemēram, kāds sēž ērti iekārtojies savā mīļākajā krēslā, un viņā nav ne drusciņas skaudības. Tāds indivīds apzinās sava krēsla priekšrocības. Svešs, lai arī labs, ir svešs, bet savs tomēr ir savs. Pašrealizācija dažādās dzīves jomās ir vērtība ne tikai pašam indivīdam, bet arī visai sabiedrībai kopumā. Mums ir iespēja testēt sevi. Tiklīdz mēs neesam mierā ar sevi un krēslu, kā arī to, ko saredzam sev apkārt, mēs kļūstam trauksmaini, īgni un nelaimīgi, tad šādam cilvēkam būtu jāsajūt, ka tas gan nav īstais ceļš un ka viņš pretendē uz to, kas nav atbilstošs viņa spējām un būtībai. Pretējā gadījumā uzglūnēs nepatīkamas izjūtas, un iepriekšējo vieglumu atgriežoties piepildīs skaudība.

Ikviens var justies daudz veiksmīgāk, ja savā minilaboratorijā ir daudz ar sevi strādājis, lai iemācītos dzīvot, jūtoties aizvien pilnvērtīgāk un laimīgāk.

Cilvēkiem ir apzināti jāvirzās uz progresu, emocionālo komfortu un labsajūtu. Šaubas ir nepieciešamas, lai ar laiku iemācītos saprast, kas ir vērtīgs, stabils un taisnīgs. Šaubas nedrīkst ieilgt. Tās kaitē gan pašam, gan citiem. Tomēr neliels šaubu daudzums liecina par cilvēka ieinteresētību un atbildību. Ja cilvēks apgalvo, ka viņā nav ļaunuma, tad viņš nespēs pazīt sevī arī labo. Bieži vien šis emocionālā komforta stāvoklis ir sasniedzams, izejot arī nepatīkamus ceļa posmus: ķirurgs ar slimnieku veic dažādas sāpīgas, tātad nepatīkamas manipulācijas, bet pēc tam cietušajam tiek atgriezta veselība... Reizrēķina apgūšana atrauj no iemīļotām nodarbēm... Dzemdību sāpēm ir jābūt, lai piedzimtu bērns...

Ja mēs neatzīsim to, ka kādreiz esam iekārojuši otra mantu vai stāvokli sabiedrībā, mēs nevarēsim atrast savu īsto vietu un lomu dzīvē. Uzdevums ir nevis tikt pieķertam sliktos nodomos, bet nofiksēt to, lai sev atvērtu nākotni. Ja apzināsimies, kur izšķiežam savu enerģiju, lai sevī izkoptu ļaunumu, tad būs iespēja šo enerģiju vērst citā virzienā – uz labo. Ja esam bijuši savtīgi vai mantkārīgi, mūsu spēkos ir tādiem vairs nebūt, sākot kaut no šī brīža, bet, ja mēs šādu iespējamību apstrīdēsim, tad arī turpmāk nespēsim no savām sliktajām īpašībām atbrīvoties. Tā ir izkoptā ļaunuma fenomenoloģija: krāpt savu laulāto, bet apkārtējiem moralizēt, cik šāda rīcība ir slikta. Ja jau reiz kāds tā dara, tad viņam nevajadzētu kritizēt un pazemot citus, lai uz citu rēķina mazinātu savu vainas apziņu par līdzīgu rīcību vai ko citu. Daudzreiz ļaunāk ir aiz muguras aprunāt draugu un joprojām viņam melot, ka nekas tāds nenotiek, nekā pastāstīt draugam par savu rīcību un uzskatiem viņa klātbūtnē. Ja melojam, tad labāk ir to atzīt – tas ir mazāks kaitējums sev un citiem. Tam, protams, ir nepieciešama drosme...

Varu apgalvot, ka, tiklīdz cilvēki uzzina ko vairāk par savu individuālo ļaunumu, viņi izjūt atvieglojumu. Pazīstot šo ļaunumu, tiek uzsākta cīņa (šis vārds pats par sevi arī ietver agresīvu un vardarbīgu attieksmi), un cilvēkā mītošie iekšējie konflikti tūlīt sāk mazināties, risināties un beigu beigās iznīkst. Dzīve kļūst pilnvērtīgāka un tuvinās patiesām, cilvēciskām vērtībām. Mīlestībai.

Ko tad cilvēki vēlas cits no cita dažādās attiecībās? Atbilde ir šāda: cilvēcisku attieksmi. Jau iepriekš minēju, ka cilvēciskā misija uz zemes ir vairot labumu. Dzīvot laimīgu un pilnvērtīgu dzīvi, būt ļoti lielā saskaņā un līdzsvarā ar sevi un Dabu. Lielā mierā un labsajūtā. Tad daudziem tiks dota iespēja pamanīt, ka pasaule griežas ap jums. Savāda sajūta ir tad, kad it kā izjūtam visas lietas grozāmies un apgrozāmies ap mums, un ne tāpēc, ka kāds ir narciss un viņam ir *sakāpis galvā*, bet tāpēc, ka no pretplūsmas ir iespējams nonākt plūsmā. Mistiķi teiktu – ar pozitīvo enerģiju, bet psihoterapeiti – ar garīgo veselību.

Vēlreiz pārdomājot iepriekšējo rindkopu, gribētos attaisnoties par to, ka varētu pavīdēt doma, ka aicinu būt par egoistu, bet tas ir gaužām maldīgs un nepareizs iespaids, jo šī vārda simbols ietver sevī jau pavisam devalvētu jēdzienu, un mums ir jāsameklē daudzveidīgākas interpretācijas. Egoisms pats par sevi ir pozitīvi nepieciešams, ja tas nav defektīvs. Banāli un ierasti apelējot pie šī jēdziena, bez šaubām, tas ir kaut kas nelāgs un kritizējams. Egoismu labā nozīmē publiski mēdz piemirst. Katram cilvēkam būtu vēlams zināt, ko viņš īsti vēlas un uz kurieni viņam vajadzētu doties. Aplūkojot egoismu no šāda aspekta, mēs iegūstam daudz vairāk informācijas vai, atklāti runājot, atgūstam sevi. Gluži kā ābols nevar iztikt bez serdes, ķermenis nevar eksistēt bez mugurkaula, seksa un higiēnas procedūrām. Tāpat mūsu emocionālā dzīve nevar pastāvēt bez egoisma. Vesela cilvēka egoisms ir cilvēciskās pašcieņas pamatā, šāds vesels cilvēks zina, kas ir egoisms un spēj to nošķirt no narcisma. Tieši pašcieņas deficīts vairo izkopto ļaunumu. Cilvēks, kurš jūtas mazvērtīgs, biežāk dzīvo bez pašcieņas. Tas ir spēcīgs pārdzīvojums, kas izraisa sāpes.

Viss dotais mūža ilguma laiks nav viengabalains, bet ir sadalīts dažādās proporcijās. Daļa no tā pieder bērnībai, jaunībai un pusmūžam, un arī mūža nogalei. Daudziem nebūs bažas par to, kā viņi psihoemocionāli sagaidīs savas vecumdienas, ja par to aizdomāsies laikus. Būt par vecākiem saviem bērniem ar prieku un bez prieka ir galēji atšķirīgi. Otrajiem ir nesalīdzināmi grūtāk. Tomēr katram būtu jāzina, ka ir iespēja kļūt par laimīgu cilvēku. Pilnveidoties nekad nevar būt par vēlu. Iespējams, ka tā varētu izskatīties un izvērsties cilvēka laime un pat vēl smalkāk – sievietes un vīrieša laime.

Tagad necentīšos apsteigt notikumus un savas idejas un profesionālo pieredzi mēģināšu izklāstīt soli pa solim. Un tā........

KO TU ZINI PAR ĻAUNUMU?

*Konkrēta identificēšana, izpausmes, iezīmes,
pārpratumi*

Lasītājs jau zina, ka ļaunums ir postošs. Tas tāpat kā erozija izārda zemes augsni, sagrauj visu aiz sevis, neatstājot dzīvu nevienu šūniņu, nevienu molekulu, nevienu labu domu, nevienu, nevienu, nevienu...... Atminieties, kādus pārdzīvojumus ir nesis ļaunums jūsu dzīvē. Jūs esat cietuši! Cietuši no citu ļaunuma un arī paši no savējā.

Cilvēkiem ar ļaunumu iznāk saskarties bieži, reizēm ik uz soļa: izejot uz ielas, sēžot savās darba vietās, audzinot bērnus un citur! Respektīvi, ļaunums ir sava veida pretestība, ar kuru ir jāsaskaras. Un ir ne tikai jāsaskaras, bet arī nemitīgi jābūt gataviem uz cīņu. Cilvēks laikus gatavojas uz sliktāko, tāpēc nemāk apstāties, lai padomātu, izvērtētu un izbaudītu sasniegto. Gatavojas aukstākai ziemai, bailēs saslimt, uzturā lietojot ķiplokus un vitamīnus; rūpējas par finansiālo drošību nākotnē tad, kad atrodas tagadnē, lai nepienāktu bankrots; rūpējas par savu reputāciju, kvalifikāciju, resursiem, biznesa plāniem... Tā ir pašsaprotama attieksme, jo nevienam negribas, lai notiktu ļaunākais, paliekot tukšā un bez apmierinošas veselības. Praktiski iznāk, ka vienmēr jābūt apbruņotam, norūpējušamies un nogurušam – bez brīvā laika, kas būtu nepieciešams, lai sagatavotos uz labāko.

Interesanti, kā varētu izpausties gatavošanās labākajam? Pirmais, kas nāk prātā, kam daudzi dod priekšroku, ir fantazēšana, bet tā gluži nav, jo cilvēka dabā ir raksturīgi iztēloties un nav no svara par ko, jo eksistē tikai divi domu vektori – uz augšu vai uz leju, pa labi vai pa kreisi, uz zvaigznēm un uz zemi. Piemēram, tad, kad ir teicama labsajūta, agrāk vai vēlāk iezogas bažas, aizdomas, šaubas, kuras ir atšķirīgas emocijas, un pretēji – tad, kad ir slikti, tad kaut uz mirkli prātā pavīd kaut viens neliels cerību un gaismas stariņš.

Tiekšanās uz labāko paredz citādu attieksmi, piemēram, nevis baidīties no laika prognozēm, bet priecāties, jo būs iespēja izbaudīt savādākus laika apstākļus, ko sen nebijušu! Lai to izbaudītu, ir jāprot domāt par šī laika nesto labumu un priekšrocībām. Tik tālu skaidrs, bet tas neattaisno vilšanos. Pastaiga gar jūru ar lietussargu varētu izskatīties impozanti! Izklausās pievilcīgi, taču praktiski nerealizējams plāns. Pirmkārt, cilvēks nav automāts un nevar momentāni pārslēgties no vienas garastāvokļa maiņas uz citu, tik straujas pārvērtības ir nesimpātiskas un ir nopietnu psihisku saslimšanu priekšvēstneši. Priecāties par to, ka vēlamo sauli nomaina lietus, arī gluži vienkārši nepadosies, jo patiesā vēlme paliek nerealizēta, bet pārējais ir mēģinājums inteliģenti pielāgoties un pierunāšanas ceļā apmānīt sevi. Otrkārt, nenotiek būtiskākais, lai cik brīnišķīga izrādītos pastaiga, tā nenotiek pie saulainas, mierīgas jūras. Līdzīgām situācijām atkārtojoties, cilvēkā veidojas un uzkrājas dusmas. Piedāvājums uzmeklēt pozitīvo negatīvajā ir apsveicams, optimistiska perspektīva ir nepieciešama un svarīga. Bērni līdzīgās situācijās mēdz sākt raudāt, pieaugušie pēc būtības ir spējīgi atrast alternatīvas, kuras ne mazāk iepriecina un apmierina vēlmes, tomēr jāatzīst, ka ne vienmēr. Tāpēc ir jāapgūst izpratne, kura personīgi skar un provocē dusmas, aizvainojumu, mazvērtību, nenovīdību, trauksmi, nepārliecinātību. To ir nepieciešams pārrunāt ar psihoterapeitu un atklāt veidus, lai tamlīdzīgas nelabvēlīgas izjūtas nedeformētu personību.

Bet kuru tas var mierināt?

Ja cilvēks ir vēlējies pastaigu gar jūru saulainā laikā, tad lietussargs un gumijas zābaki gandarījumu nesniegs. Tāpat var vēlēties grūtniecību, bet saņemt dāvanā kucēnu; vēlēties mīlestību, bet aiziet uz kino; vēlēties ģimeni, bet uzrakstīt doktora disertāciju; vēlēties savu veiksmīgu biznesu, bet nopirkt automašīnu. Tā var vēlēties bezgalīgi. Parasti minētās neatbilstības ir saistītas ar nespēju orientēties vidē. Tur, kur lietainu dienu ir ievērojami vairāk nekā saulainu, jābūt gatavam uz spontānu rīcību – pamest visu un doties pie saules. Ja cilvēkam tas ir par strauju, tad ir jāiegulda darbs, emocijas, kaut kas ir jāpakārto vai pat no kaut kā jāatsakās, lai iegūtu sev vēlamo. Ja tas tā nenotiek, tad sākotnējā vēlme ir bijuši tukši vārdi un sevis barošana ar ilūzijām. Ja cilvēks vēlas bērnu, bet viņam bērna joprojām nav, un šķērslis nav veselība, tad neticiet, ka šī vēlme ir noturīga.

Kino nav mīlestība, tas tikai spēj veicināt jūtas, emocijas, pārdomas, kas nav maz, bet nerada mīlestību. Lai būtu mīlestība, tā sevī ir jāiepazīst. Un tie nav tikai tukši vārdi, var paiet gadi pie psihoterapeita ar to nodarbojoties. Izkoptais ļaunums nomāc mīlestību. Reizēm cietsirdība pret sevi liek uzskatīt, ka viss labais atrodas ārpus mums. Un arī tie nav tukši vārdi. Tieši tāpat kā ar mīlestību pie psihoterapeita paiet gadi, lai apzinātos savu vērtību, savas priekšrocības un unikalitāti. Reizēm cilvēks, neuzticoties sev, neļauj piekļūt mīlestībai. Lai tā nebūtu tikai frāze, jāatbild sev uz jautājumu, pa kuru ceļu kursē mīlestība kā autobuss.

Par disertāciju – kāds trīsdesmit gadus vecs rudmatis, precējies, ģimenē divi bērni, vēlējās lielāku sieviešu atzinību, noturīgākas ģimeniskās saites, bet izvēlējās strādāt kādu zinātnisku darbu, jo viņam likās, ka zinātniskās regālijas pacels viņa vērtību ģimenes un pretējā dzimuma acīs. Kādā no savām konsultācijām viņš bija *ieskatījies* savā klientē. Diennakti vēlāk, uzmeklējis tālruņa numuru, viņš viņai piezvanīja un uzaicināja uz tikšanos. Sieviete piekrita. Priecīgais pāris devās izklaides braucienā uz jūrmalu. Neizkāpjot no automašīnas, viņi sāka maigoties. Īsi pirms kulminācijas brīža iezvanījās tālrunis. Vīrietis atstāja sievieti bez uzmanības un steidzīgi atbildēja zvanītājam, kas izrādījās viņa laulātā draudzene. Telefona sarunā viņa pavēstīja, ka vēlas, lai viņš steidzami nopērk ūdens boileri, jo viņai jāiet vannā. Vīrs atbildēja piekrītoši, aizpogāja bikses un, atvainojies klātesošajai dāmai, devās uz veikalu. Turpmāku ziņu par boileri nav, bet ģimenes dzīve nav izdevusies. Savukārt disertācija ir uzrakstīta, kas nodrošinājis doktora grāda iegūšanu līdz trīsdesmit piecu gadu vecumam.

Stāsts par biznesu un mašīnu ir īss. Par pirmo lielo, nopelnīto naudu tika nopirkts sapņu auto. Ar to pašu nauda arī beidzās, un bizness nevarēja turpināties.

Atgriežoties pie vitamīniem kā pie veselības garanta, tie ir jālieto neatkarīgi no tā, vai cilvēks ir vesels vai slims. Tā ir norma. Profilakse. Uzturēt formā savas emocijas un garīgo veselību ir katra personīgā atbildība un pienākums pret saviem tuviniekiem un līdzcilvēkiem. Tāpēc, ka kāds nevēlas būt produktīvs un vesels, pārējiem nebūtu jācieš. Slikti noskaņojumi, fobijas, frustrējošas reakcijas pavājina sabiedrības garīgās veselības gaisotni.

Piemēram, mazam puikam ir parādījušies pirmie vīrusa simptomi, vecāki nodrošina ar medikamentiem un aizsūta neveselo bērnu uz bērnudārzu, tur viņš aplipina trešdaļu grupiņas un bērnudārza vadītāju. Tāpat nervozs indivīds, nemēģinot sev palīdzēt, sēdīsies pie autotransporta stūres un piedalīsies ceļa satiksmē. Pirms viņš būs nonācis līdz darba vietai, viņš, visticamāk, paspēs nevis nomierināties, bet uzbudināties un tieši to pašu mēģinās izdarīt ar apkārtējiem nejauši līdzās nonākušajiem pilsoņiem.

Bankrots var iestāties tad, ja nav labas biznesa stratēģijas, bet tas nav noteicošais. Pie „tukšas siles" var palikt pat tad, ja naudas maiss ir blakus. Neveiksmes veidojas atkarīgi un neatkarīgi no paša cilvēka. To daļu, kuru ietekmē indivīds, ir vērts papētīt. Lai neveidotos izkoptais ļaunums pret sevi un citiem, jo īpaši ir jācenšas ātrāk satikties ar sevi. Kad pietrūkst zināšanu, rezultāts nenes cerēto.

Tajos gadījumos, kad indivīds konkurenci uztver traumatiski, saasinās uzmanība uz to, lai neviens neiekarotu viņaprāt šauro un apkārtējo arī iekārojamo teritoriju. Droši vien pārlieku lielā aizraušanās mobilizēt savu uzmanību uz teritoriālajām robežām atstāj novārtā pašu teritoriju. Ar to ir domāts – sevi. Pārējie kļūst svarīgāki par pašu. Krīze parāda, ka vieglāk tajā ir pastāvēt tiem, kuri ir bijuši spējīgi iekšēji saturīgi uzpildīties iepriekšējos gados.

Slavu, popularitāti un turību ir viegli eksponēt tad, kad pieprasījums ir lielāks nekā piedāvājums. Aizraujoties ar ārēji formālo, dažu organizāciju un profesionāļu kabinetu durvis ir aizslēgtas kvalitātei, atbildībai, pienākumam u.c. Iespējams, tie, kuri respektē sevi un savu nodarbošanos vairāk nekā iepriekšējie, šobrīd sabiedrībai piedāvā vislielāko un svarīgāko pienesumu. Piemēram, kādā no televīzijas pārraidēm ekonomists sniedza ne tikai vispārīgus komentārus, bet, atšķirībā no pārējiem kolēģiem, profesionāli specifiskus un tādējādi unikālus. Tas ne tikai piesaista, bet veido uzticēšanos viņam kā profesionālim pārējo kolēģu vidū. To varēja ne tikai skaidri redzēt, bet arī just. Izrādās, kādam ir bijusi nepieciešamība pēc šīs nozares padomdevēja, un tieši pēc šiem pārliecinošajiem novērojumiem cilvēkam tika piedāvāts konsultēt saturiski interesantu projektu.

Labi, ko nu tur vairs. Vienmēr kādam klājas labāk nekā citam. Daudzu biroju durvis ir slēgtas, jo aiz tām kādreiz bija ērti iekārtojušies šķietamie profesionāļi. Sarkastiski?! Īpaši pret tiem, kuri savas nezināšanas dēļ lēma un lemj par tiem, kuri ir citādās domās par sevi. Izkopts ļaunums ir pārliecība, it kā kāds no mums būtu absolūta pilnība.

Dalīšos ar kādu piemēru. Ar šo situāciju nācās sastapties arī kādā televīzijas raidījumā, kad pasaulslavens operdziedātājs ar ilgu darba stāžu un pedagoģisko pieredzi piedāvāja kādai aktrisei bez maksas sagatavoties akadēmiski muzikālai izrādei. Jaunā māksliniece atteicās no piedāvājuma un apvainojās par to, ka cienījamais maestro viņas dziedājumā ik reizi un katrā pantiņā viegli konstatēja piecas kļūdas. Šādu piemēru varētu uzskatīt par konfliktu, tomēr tam ir vēl dziļāka izkoptā ļaunuma piegarša. Skatītāji, kuri klausās *falšo* vokālo izpildījumu, iespējams, uzskata, ka tas ir nevainojams. Tas bojā gaumi, un pazeminātās kvalitātes iespaidā savā arodā, profesijā, attieksmēs neizvirza augstākus mērķus. Tā ir negatīva iezīme, kura nav frustrējoša. Visbiežāk skatītājs pēc līdzīgām izrādēm vienkārši, bez domām izklaidējies, atgriežas mājās un nākamajā rītā jau ir aizmirsis, kur īsti vakar bijis, jo pārdzīvojuma, kas būtu terapeitisks – jūtu, nav.

Izkopts ļaunums ir nesaņemt pienācīgo kvalitāti. Izkopts ļaunums ir vēl jo izkoptāks, ja indivīds nepamana un neuzskata, ka nav vis centies, bet izdarījis kaut ko tā, lai pašam būtu ērtāk. Savas izvēlētās profesijas nepārvaldīšana ir izkopts ļaunums. Virkne jautājumu un pārdzīvojumu nebūtu, un nebūtu jāmeklē psihiatrs, psihoterapeits, psihoanalītiķis vai psihologs, ja cilvēki rūpīgāk iedziļinātos savas personības iekšējā problemātikā. Izkopts ļaunums ir, ja cilvēks no visas sirds apvainojas par to, ka kāds vēlas viņu redzēt spējīgāku, izglītotāku, patstāvīgāku, stabilāku un tamlīdzīgi. Cilvēks ir viens, un viņš nespēj vienlaikus atrasties vairākās vietās ne fiziski, ne emocionāli. Tāpēc ir jauki, ja ir iespēja pamācīties, jo vairāk pilnveidojas, jo apzinātāks kļūst māceklis.

Biznesa vidē – uzņēmēji pievērš uzmanību konkurentiem, produkta vietai tirgū un klientam. Ikviens vērtē un analizē tajā interešu līmenī, līdz kuram sniedzas viņa spējas un apziņa. Nepiedomājot par savām patiesajām vajadzībām, uzņēmējs paliek zaudētājos, jo reizēm viņš izturas pret sevi kā pret objektu, kuram ir jārisina biznesa krustvārdu mīklas un jāmeklē varianti. Uzņēmējs un psihoemocionālā vide ir atsevišķs temats, negribētos to *apzelēt* un populistiski spriedelēt. Robežas ir bizness, bet teritorija ir pats cilvēks, kurš apkalpo savas cilvēcīgās ieceres, paslēpjoties aiz biznesa aizslietņa.

Darba procesā var realizēt individuālo izkopto ļaunumu. Iespējams, ka radīt virsvērtības un aktualizēt savus talantus un spējas ir mazāk interesanti, nekā izpaust savu uzkrāto negatīvo pārdzīvojumu. Biznesa procesos ieinteresētu cilvēku vienmēr var atšķirt no tāda, kurš iejūtas amata lomā. Piemēram, kāds ginekologs, kurš atvēra privātpraksi, jau pēc dažiem gadiem bankrotēja, jo ārstēja vienīgi neauglību īpaši turīgiem pacientiem un tad, kad pozitīvu rezultātu un citu piedāvājumu vairs nebija, uzņēmumu nācās slēgt.

Kāda uzņēmuma darbinieki, padzirdējuši, ka remontdarbi ir izdevīgi, izveidoja jaunu kompāniju, atdaloties no iepriekšējā īpašnieka, paslepus paņemot līdzi klientu datu bāzi. Darījums neizdevās, jo starp viņiem neatradās darbinieks, kurš mācētu plānot, tāmēt, vadīt un organizēt.

Starptautisks konsultatīvais centrs kontrolēja sniegto pakalpojumu kvalitāti kādam no angažētiem speciālistiem. Tika izvirzītas jaunas un augstākas prasības, kuras darbinieks atteicās izpildīt. Atriebībā par aizrādījumu un bailēs zaudēt papildu finansējumu šis bijušais darbinieks personīgi un tieši kontaktējās ar klientu, melojot par iepriekšējo firmas darbību, devalvējot profesionālo prestižu, degradējot konsultatīvā biznesa tirgu. Šādi patvaļīgi un vienpersonīgi strādājot ar klientiem, ne tikai ir vienkārši manipulēt un maldināt par sniegtā pakalpojuma kvalitāti un kvalifikāciju, bet šāds *kreisais* konsultants neatbild arī par pasākuma negatīvajām sekām, kuras agrāk vai vēlāk parādās. Piemēram, netiek maksāti nodokļi. Klienti, kontaktējoties ar šādu lētāku konsultantu, liek uz spēles savu biznesu un dzīves kvalitāti. Izkopts ļaunums ir, ja kāds, lai vairotu savu materiālo labklājību, neinvestē savās kvalitātēs. Izkopts ļaunums ir tēlot labvēlīgu attieksmi, lai piesaistītu klientu. Izkopts ļaunums šajā gadījumā piemīt arī klientam, tā kā viņš cer, ka vērtīgi speciālisti, kuriem parasti netrūkst darba jebkurā jomā, kontaktēsies ar klientu tieši un sniegs pakalpojumu par pazeminātu cenu. Var tikai cerēt, ka minētie „speciālisti" nepārdos viņam „viltojumu". Bīstami pirkt dimantu bez sertifikāta. Jo īpaši, ja runa ir par cilvēka veselību, tā nejauši no konsultatīva pakalpojuma var nonākt *sektā*. Piemēram, no psiholoģiska treniņa – šķirto sievu klubiņā, no patstāvīga biznesa – gadījuma darbos. Izkopts ļaunums ir cerēt, ka Z.Freidu materiālais izdevīgums varētu interesēt vairāk par procesa saturu. Iespējams, tas arī ir turības rādītājs. Modes vēsturnieks A.Vasiļjevs uzskata, ka cilvēku kultūru veido psiholoģija. Gabaliņu rāvēji attiecīgi saņem attiecīgo gabaliņu – ilūziju, lielummāniju, paštīksmināšanos un pielūgsmi, kā arī dziļas pateicības jūtas no klienta. Tas ir eiforisks stāvoklis, kurā rodas sajūta, ka saproti un zini ko vairāk, ka šī izpratne un šīs zināšanas ir pieejamas tikai izredzētajiem, tiem, kuri prot veidot īpašas attiecības ar pašu izredzētāko. Līdzīgi veidojas konflikts starp psiholoģiju un reliģiju, jo trūkst skaidrības par katras ietekmi uz cilvēka psihi. Teoloģijas doktors, profesors Leons Gabriels Taivans kādā no intervijām masu medijos uzsvēra, ka šarlatānisms ir bijis un būs visos laikos, no tā nav jābaidās, jo tas ir cilvēka dabā. Tas ir ērts veids, kā kompensēt savas profesionālās un cilvēcīgās nepilnības.

Uzņēmējdarbība sabiedrībā tiek atzīta par prestižu nodarbošanos, un bieži uzņēmēji apkalpo prestižu, nevis savas patiesās vajadzības. Ir gluži vienalga, kādas ir cilvēka intereses, svarīgākais ir iepazīt tās un nodrošināt pēc iespējas precīzāku un pareizāku ceļu. Ja kāds noskata profesiju un cer ar tās starpniecību nopelnīt, veiksmīgāk sev pašam būtu saprast, kā var kļūt turīgs ar to, kas padodas pašam, ne otram. Vīrietis nevar būt pārliecināts par to, ka apprecot skaistu sievieti, kaislīga mīlestība izveidosies pēc kāzām. Ja ir vēlme pēc spēcīgām emocijām, tas jārespektē vispirms.

Sevi cienošs un profesionāli par sevi pārliecināts cilvēks nekad neizmantos nekonsekventus, īsus peļņas gadījumus. Izkopts ļaunums var būt kā sekas. Kāds cerēja saņemt mīlestību bez pretmīlestības, savukārt kāds kā klients – vērtīgu padomu pa lēto. Rezultātā pirmajā gadījumā – neveiksmīga laulība, otrajā – vientuļš klients ar cerību kādreiz atkal satikt savu konsultantu, jo tas nav iemācījis stabilitāti, ko acīmredzot pats nepieprot.

Bērni rotaļājas ar mantām, apmierinot savas ambīcijas. Viņi māk veidot dažādu attieksmi pret mantu kā lietu un to dara ar prieku un aktīvu iekšēju piedalīšanos. Bērni, tāpat kā pieaugušie biznesā, prot atņemt, atdot, iemainīt, izvērtēt, kas tobrīd viņiem ir aktuāls, nepazaudējot interesi ne par nodarbošanos, ne par sevi. Jo daudzveidīgāka ir spēle, jo plašāks skatījums uz vienu un to pašu teritoriju un tās robežām. Ja pieaugušam cilvēkam šī spēja nezūd, tad viņa bizness ir veiksmīgāks nekā citiem, un viņu raksturo augstāks apmierinātības līmenis.

Bērnībā spēlēties ir svarīgi: ja ir pietrūkusi rotaļāšanās un nav izbaudītas bērnības sniegtās priekšrocības, tad var nostiprināties vienveidīgs situāciju redzējums – kā no skatu torņa, kuru nav iespējams izkustināt un pārvietot, līdz ar to tiek sašaurinātas pārredzēšanas iespējas. Uz sevi ir jāraugās dažādi, ne tikai caur vienu prizmas šķautni ar vērtējumu – slikts vai labs. Cilvēkam ir jāiemācās izjust teritoriju – sevi, lai pats varētu noteikt savas kontūras robežas: izvērtēt, cik liela ir iekšējā vajadzība ieguldīt laiku, domas, enerģiju, spēku, emocijas un finanses. Bizness paģērē jaunību, mīlestību, ģimenes laiku, veselību un tamlīdzīgi. Vai šis ieguldījums attaisno sevi? Ja jūsu atbilde ir pozitīva, tad jūs rīkojaties saskaņā ar sevi un esat pratuši spēlēties bērnībā. Bet, ja jūs apkalpojat tikai materiālās intereses vai savu godkārību, jūs attīstāt pret sevi vērstu izkopto ļaunumu. Vajadzību pēc godkāres un mantas var apmierināt vienkāršāk, netraumējot savu personību.

Indivīds gluži kā šaha spēlē vērtē situāciju no savas figūras izdevīguma, jo spēlētājs, tāpat kā viņa pretinieks, laukumā ir viens, bet spēļu figūru kombinācijas var būt dažādas. Ja kādam pozīcija nav visai patīkama vai droša, reizēm tiek izjusta milzīga frustrācija, kas kā emocija ir ļoti destruktīva un sāpīga. Piespiest darīt to, kas nepadodas, ir patiesi ļauna rīcība pret sevi. Kāpēc jāspiež sevi spēlēt šahu, ja spēle nedod gandarījumu ne spēles gaitā, ne uzvarot, ne zaudējot?

Daudzi cilvēki nomokās ar sevis paša izvēlēto biznesa darbības jomu arī tāpēc, ka viņiem nav tam atbilstošu rakstura īpašību, vai arī trūkst daudzveidīgāka skatījuma un zināšanu. Nesagatavot sevi emocionāli biznesā ir tuvredzīgs pasākums, kas parādīsies procesa laikā. Frustrācija ir vēlama tajā gadījumā, ja pēc tās seko pozitīva perspektīva, virzība uz priekšu, tomēr biežāk šis stāvoklis „iedzen bedrē", sevis šaustīšanā un mazdūšībā, un līdz ar to pieaug individuālā agresivitāte. Cilvēks tiecas pārvarēt to, kas nebūtu jāpārvar, bet gan jāizprot. Efektīva rīcība neseko, ja nav izpratnes. No punkta „A" uz punktu „B" var nokļūt, ja izprot pārvietošanās veidu.

Par ko vajadzētu domāt, lai bizness ritētu sekmīgi? Darbam ir lielāka vai mazāka saistība ar cilvēcisko faktoru. Ja kāds vēlas izvirpot mēbeli, tam ir vajadzīgi speciāli instrumenti. Ja jums šo darbarīku nav, tad nevajag atmest domu par skaistu izvirpotu galdu, bet jāapgūst nepieciešamā tehnoloģija. Ja kaut kas neizdodas vai sagādā grūtības, jāmeklē radoši risinājumi, un noteikti tos varēs atrast, ja tiks atzīts, ka ir jāvēršas pēc palīdzības! Pretējā gadījumā bizness asociēsies ar ļaunumu, kurā uzvar senā patiesība – zobs pret zobu.

Viss iepriekš minētais mūs ietekmē caur pašu būtiskāko, pašu galveno – izvēles brīvību. Neapzinoties savas ārējās un iekšējās priekšrocības un trūkumus, visticamāk ir jārīkojas, kā var, nevis, kā grib. Pārmērīgi aizrauties tikai ar vienu biznesu ir tas pats, kas ikdienas uzturā lietot vienveidīgu pārtiku – ir jāveido harmonija. Darbs nav visa dzīve, un dzīve nav viens vienīgs darbs. Kāds gleznu kolekcionārs reiz stāstīja, ka naglas, kuras iedzītas sienā, reizēm nogurst, pašas no sevis sašķobās no pastāvīgā smaguma un kopā ar mākslas darbiem krīt lejā uz grīdas.

Ja nav laba sajūta, nākas pakārtoties savam veselības stāvoklim, tad var uzskatīt, ka ķermenis un tajā mītošais gars ir noguruši. Sagurums parasti iestājas tad, kad ir patērēta pārmērīga enerģija, ko ir nepieciešams uzpildīt kā saules bateriju. Kā vislabāk ātrāk un pareizāk atgriezt spēkus? Garīgam vai emocionālam *slābanumam* ir cēlonis, jāizceļ psihoemocionālie konflikti, lai apzinātos iemeslus. Patstāvīgi cilvēkam var neizdoties to nodrošināt, var mēģināt, bet tas ir maz ticams.

Darba cilvēks visbiežāk nepievērš uzmanību savam psihoemocionālajam komfortam, tikai tad, kad vairs nevar savas dīvainības izturēt, vēršas pēc palīdzības. Saaukstēšanos var novērst, ja tiek laikus konstatēti un apkaroti simptomi. Nogurums, bezspēks, bezmiegs, trauksme, kūtrums, depresija, neapmierinātība, skumjas, pārlieka aktivitāte un tamlīdzīgi ir izkopts ļaunums, jo pašsajūta ir *ielaista* kaut kādas kāres vai dziļas pašizziņas deficīta dēļ. Biežāk šāda paviršu attieksme pret sevi veidojas, pamanoties atkārtot iepriekšējo paaudžu neapzinātās kļūdas pēc principa – ja kaut ko nezina, tad ir jāiztiek ar to, ko zina. Cilvēki bieži vien tiešām pietiekami neorientējas tajos labumos, kurus varētu sasniegt, ja dzīves aktivitātes kļūtu apzinātākas. Zināšanas nepazīst robežas. Kāds gudrais reiz teica: „Ja tev par dārgu zināšanas, pamēģini nezināšanu!"

Cilvēkam ir nepieciešami dažādi resursu ieguldījumi. Iespējams, jāatjauno un jānostiprina praktiskais pagātnes mantojums, jāatpazīst un jāpārņem pozitīvais. Vienmēr izbrīnu un cieņu ir izraisījis cilvēks, kurš ir spējis par spīti dzīves peripetijām saglabāt pašcieņu un veselu garu. Mūsu vecvecāki nereti bija apzinīgāki nekā pēc lielās Krievijas revolūcijas dzimušie. Tolaik norisinājās vērtību apjukums, un cilvēki izjuta apmulsumu, kas satrauca ļaužu psihi. Radās anomālas izpausmes, tādas kā vardarbība, sadisms, empātijas mazināšanās, bailes, vairākkārtēji pārsniedzot iepriekšējā gadsimta ļaunumu.

Visvienkāršāk psihiskās veselības pazemināšanos tautām, kultūrām un grupām var novērot, pievēršot vērību videi, estētiskumam, kultūrai, skaistumam, līdzsvarotībai, izprotot mākslu, tās žanrus un izpausmes, vērojot atpūtas un izklaides veidu popularitāti un pieprasījumu, arhitektūru un simboliku, bez šaubām, arī modei apģērbā un profesijās ir nozīme. Piemēram, pieprasījums pēc uzņemtas kinofilmas veido sabiedrības intereses. Ēšanas stils nosaka, kādas populācijas ieradumus un paražas. Katram cilvēka pārdzīvojumam piemīt ne tikai individuālais laiks, bet notikumu apstākļu pagātnes liecība. Piemēram, cilvēkam būtu veselīgs miegs, ja viņš personīgi nebūtu pieredzējis kara šausmas.

Šobrīd nav pietiekamu pētījumu, kā ļaunums ir attīstījies un pilnveidojies gadsimtu griezumā psiholoģiskā aspektā, bet daži no mums nojauš, ka tam ir bijusi tendence palielināties ikdienas sadzīviskajā un pasaules kontekstā. Cilvēki cenšas pārstāvēt dabas intereses, tomēr ne visi ir spējīgi uz tādu sajūtu, kas ir cēla un var kādu pasaudzēt. Nejaušā un reizē tik trāpīgā sociuma pieprasītā un atbalstītā vide atveido vispārējo psiholoģisko noskaņojumu un stāvokli. Saprotot lietu un cilvēku noskaņojumus, var hipotētiski modulēt un prognozēt garīgo veselību un psiholoģiskās vajadzības. Ir iespējams paredzēt reakcijas, grūtības, sarežģījumus un intereses, veiksmes, panākumus, kurus būtu iespējams pārvērst materiālās vērtībās. Cilvēkus vada emocijas, pat vislielākos racionālistus un narcisus, arī tiem vienmēr būs nepieciešamība veikt iepirkumus, izklaidēties, ēst, mācīties. Saprotot psiholoģiju, var novērst nākotnes izkopto ļaunumu.

Būtu labi, ja mazinātos to cilvēku rindas, kuri, pārzinot sociālpsiholoģiskās klišejas, neizmantotu tās savtīgi un tādējādi nevairotu izkopto ļaunumu. Ja kādam ir spējas pazīt psiholoģiskās intences jebkurā biznesa jomā, tad būtu vēlams piedāvāt sabiedrībai apmierināt tās emocijas, pēc kurām alkst indivīdi vai kāda to grupa ne frustrējošā, bet saudzējošā gaisotnē. Labs piemērs ir saldējums. To var pārdot, nopelnīt naudu un iepriecināt, tāpat arī atvēsināt satrauktus prātus. Abām pusēm ir labi – pārdevējam un patērētājam.

Ja nedomāsim par ārējām vajadzībām, tad tās „apvainosies" – izskatīsimies nepievilcīgi, dažos gadījumos – pat neglīti. Ja nenodarbosimies ar personīgo pašpilnveidi, psihes organika cietīs no iekšējiem un ārējiem konfliktiem, nepilnvērtīgām starppersonu attiecībām un aprobežotības.

Šeit jau nonākam izkoptā ļaunuma gūstekņu statusā, pakārtojoties situācijai, bet nevis pielāgojot katru situāciju savām spējām nepārveidot pasauli, bet saskatīt sniegtās iespējas. Nav jālaužas pa durvīm, kuras ir aizslēgtas, var piespiest zvana pogu. Ja kādam nesteidzas atvērt, iespējams, ir dažādi citi varianti, kas neliks justies frustrētam. Atrodoties aiz durvīm, prātā nāk dažādas domas, šaubas, pašpārmetumi, bailes, kauns un tamlīdzīgi. Jo biežāk aizvērtas slēdzenes, jo spēcīgāki pārdzīvojumi, aizvainojums caur pazemojumu. Mēģinājumi, iespējams, ir, bet trūkst potenciālā rezultāta tāpēc, ka jāapmierinās ar tiem ieguldījumiem, pēc kuriem tiek izdarīta vienveidīga izvēle. Ko šajā gadījumā nozīmē vienveidīga izvēle? Vispirms tā ir kaitnieciska fizioloģiski, jo tiek lietots uzturā vai vilkts mugurā viens un tas pats. Piemēram, katru dienu ēdam tikai baltmaizi un valkājam vienas un tās pašas kurpes. Ķermenis un emocijas nogurst, tas ir kaut kas līdzīgs depresijai, jo nekas cits neinteresē un neko citu nevajag. Tāpat kā ar baltmaizi ir arī ar vērtībām, situācijas redzējumu, atšifrējumu, uzvedību un atbildes reakciju. Grūtības saskarē ar šķēršļiem sagādā tie, kuri neintelektualizē procesus, rīkojas stihiski, bez intuīcijas. Līdz ar to nepilnveidojas jaunas izjūtas un visas situācijas liekas vienādas.

Ko nozīmē iepriekšējās rindkopas sākumā minētais „šeit"? Tā ir vieta vai situācija, kurā mums nevajadzētu atrasties, bet mēs tur neapzināti esam nokļuvuši, piemēram, esam sev apsolījuši jebkādā situācijā pret apkārtējiem izturēties laipni un iecietīgi, bet kaut kādā brīdī mēs to atkal aizmirstam un uzrunājam svešiniekus nelaipnā, *pūcīgā* tonī. Neviens nav sajūsmināts par to, ka ir īgns, tomēr patstāvīgi izskaust to neizdodas.

Tas bija piemērs par emocionālajām izpausmēm, bet vēl ir arī tādi dzīves notikumi, kas mudina mūs domāt, kādas īsti ir mūsu zināšanas par sevi. Vai mēs varam izsekot līdzi, piemēram, tam, ka esam *iesīkstējuši* un neredzam sev apkārt notikušās pārmaiņas ģimenē, darbā vai sabiedrībā? Nevaram, ja neapzināmies to, ko nezinām. Pieļauju, ka izteikts nepatīkams vārds neko nenozīmē, kamēr nedara zināmu tā negatīvo nozīmi attiecībā uz savu vai kāda cita personību.

Mākslinieciskisko vērtību var noteikt tas, kurš šajā jomā pats ir eksperts. Emocionālo labsajūtu katrs izvērtē pēc savām spējām. Kāda sieva priecājas par to, ka otrais vīrs, kad piedzeras, dauza mēbeles un traukus atšķirībā no pirmā, kurš sita viņu un bērnus. Saspīlētas attiecības, kurās viens no ģimenes locekļiem nejūtas laimīgs, pārējiem iesaistītajiem var būt vienaldzīgas. Cilvēks izdara suicīdu, un pārējie negaidīti jūtas satriekti, ka nav iepriekš ievērojuši simptomus.

Cilvēki būtu laimīgāki, ja vairāk rīkotos savas brīvās izvēles mudināti, bet ne apstākļu un aizspriedumu dzīti. Apsverot vēlreiz šo domu, vairs negribētos steigties, jo tā ir viena no svarīgākajām idejām, kas ir tapusi grāmatas autores iekšējā „laboratorijā".

Konsultējot dažādus klientus, bieži nākas dzirdēt līdzīgas atziņas un secinājumus. Ak, Dievs, cik daudz ko no visa ir gribējies! Cik daudz ir gribējies un cik daudz tai pašā laikā nācies sev atteikt, sevi mākslīgi pierunāt un apzināti iestāstīt, ka tagad „kaut kam" nav īstais laiks, ka tagad „kaut kam" nav īstā vieta, ka tagad „kaut kam" ir par agru vai par vēlu un tā tālāk. Cenšoties personīgās patiesās dziņas apvaldīt kā mustangu, pastāv iespēja agrāk par noteikto fizisko vecumu emocionāli nogurt un kļūt vecam, īgnam un neapmierinātam ar sevi, tātad ar pasauli un tās iekārtu. Pasaules kopaina ir tāda, kādu veido pats cilvēks. Sliktam skolotājam visi skolēni ir slikti...

Izkoptais ļaunums ir pretošanās tam, ko dāvā pati Māte Daba, apstrīdēt un augstprātīgi izturēties pret to, ko mums ir dāvājis katrs vecumposms, ir pat smieklīgi. Vecmāmiņa, kas izturas kā pusaudze, un pretēji – pusaudze, kura līdzinās vecmāmiņai, izraisa smaidu. Tā mēdz gadīties, kad omītei aizmirstas, cik vērtīga un saturīga emocionāla dzīve var būt, kad apzinās iespēju pievilcību. Pusauga bērns, kurš zina tikai pienākumus, bet nepazīst blēņas, ar *copīti* uz galvas, lieko svaru un bez draugiem dzīvo vientuļīgi.

Cilvēki ir „profesionāļi" savu patieso vajadzību un interešu noliegšanā. Izjūt vajadzību dzemdēt bērnu, bet taisa abortu; viņi vēlas studēt mākslu, bet izvēlas grāmatvedību; viņi apgūst zināšanas, bet nemāk tās izmantot un īstenot. Mīl Ilzi, bet apprec Martu. Vēlas apgulties un izbaudīt miegu, bet dodas strādāt. Cieš no seksa deficīta, bet uzskata, ka ir impotenti, bieži vien ticēdami tam no visas sirds! Tāpēc jau zāles nelīdz, jo diagnoze ir cita. Daudzreiz precīzi ievēro receptes, padomus no žurnālu lappusēm, bet panākumu nav. Zūd interese un motivācija. Ikviena vecumposma krīze ir normāls psiholoģisks dzīves posms. Čūskas maina ādu, gadalaiku mijā augu valsts nomaina lapotni, bet cilvēks vecumu un atbildību. Tā tas notiek, kaut to ir grūti pierādīt, jo zināšanu ierobežojums jau pats par sevi tā liek uzskatīt. Lūdzu, šādos gadījumos interesējieties ne tikai pie seksologa, bet arī pie psihoterapeita, homeopāta, dietologa un mācītāja!

Tiem, kuri pietiekami labi iztiek ar pozitīvo iepriekšējo paaudžu pieredzi, tiešām nevajag profesionāļu viedokli. Tādiem cilvēkiem nebūs problēmas ar vecumposmu krīzi, par tās draudošo iespējamību viņi uzzinās tikai no grāmatām un vides. Vai tas ir atbalstāmi vai nosodāmi? Problēmas risināšanā ir jāiegulda vismaz viens resurss, kas visiem ir dots vienlīdzīgi – tas ir laiks. Profilakse sarežģītām vecumposma krīzēm ir patiesi kopā būšanas brīži ar iepriekšējām paaudzēm. Tā var arī mācīties no citu kļūdām un neatkārtot tās, jo dzīvi veido kopsakarības: dzimšana, bērnības laiks, studijas izglītības iegūšanai, aktīva socializācija, kāzas, bērnu pieaugšana, paša novecošana, nomiršana.

Visam ir savs laiks! Šo parunu zina ikviens: tajā var sadzirdēt daudz vieduma. Ja vien cilvēki to veiksmīgi mācētu attiecināt uz sevi, nebūtu nožēlas, skumju un greizsirdības. Jo mazāk laika atvēlēsiet savām prioritātēm, jo ātrāk un dziļāk saskarsieties ar izkoptā ļaunuma pazīmēm!

Atcerēsimies bioloģiju! Katrs organisms ir veselums, kas ir apveltīts ar spējām, un tam piemīt īpašības, kuras raksturo šī organisma būtību. Bērns ir bērns, pusaudzis ir pusaudzis un pieaugušais ir pieaugušais ar tiem raksturīgajām iezīmēm un vajadzībām. Mākslīgi veicinot strauju bērna pieaugšanu, kura nenorisinās organiski, netiek realizēta, tātad tiek zaudēta bērnība. Trīsgadīgs bērns pieskata un uzņemas atbildību par divgadīgo, jo vecākiem nav laika līdz galam izvērtēt šādas rīcības sekas. Audzinot bērnus, ir jābūt tālredzīgiem. Ja jūsu puķudobe pavasarī būs pārblīvēta ar stādiem, vasarā ziediem vairs nebūs vietas!

Dažās ģimenēs vecāki rīkojas pēc šādas shēmas. Tie ievēro vienkāršu aritmētiku: trīs ir vairāk nekā divi, tātad lielāks un pieaugušāks. Un trīsgadīgajam ir jātiek galā ar tādiem darba uzdevumiem, kas viņa psihei vēl nav piemēroti. Šajā vecumposmā vēl būtu jābauda bērnība: tieši šis ir īstais laiks, lai niķotos, neklausītu vecākus un protestētu. Ja šīs trīsgadīgā bērna vajadzības netiek realizētas un izpaustas, tās nenoklīst kaut kur nebūtībā, bet gan saglabājas, lai izpaustos pusaudža vai pieauguša cilvēka dzīvē, kas vairs nav adekvāti. Gribēšana *kašķēties* pati par sevi kā masa paliek. Pieaugušam cilvēkam šo vajadzību apzināti kontrolēt var izrādīties par grūtu. Jūs meklējat *kašķi*, bet nemaz nezināt, kāpēc! Tādas izpausmes apkārtējie var uztvert kā dīvainas un neizprotamas: it kā pieaudzis cilvēks, bet kaut kā savādi uzvedas!

Kāda jaunā sievasmāte neatnāca uz savas meitas kāzu ceremoniju, jo nebija apmierināta ar kleitas auduma izvēli. Secinājums ir viens – traģisks *kašķis*, jo ir nevietā un nelaikā. Ir dažādi apslēpti iemesli, kāpēc māte neapmeklēja kāzas, bet mēs šo gadījumu apskatām no nerealizējušos vecumposmu aspekta, pasekojot līdzi *kašķa* dzīvei.

Tā ir infantila reakcija uz vienu no svarīgākajiem notikumiem savas meitas dzīvē, kuru mātei neizdevās pārvarēt. Tas ir kā pirmklasnieka uzdevums: iet uz skolu pat tad, ja tur nepatīk vai ir garlaicīgi, un tas ir jāapgūst tieši šajā vecumā, kad tik ļoti gribas palikt mājās. Reizēm arī pieaugušie netiek galā ar pārdzīvojumiem situācijai atbilstošā laikā, uztverot to pārāk personīgi. Piemēram, ģimenē piedzimst bērns, māte paliek mājās ar jaundzimušo, bet tēvs dodas uz darbu. Sievietei ir pēcdzemdību depresija, jo viņa vēlas arī vienlaikus socializēties, būt sabiedriski aktīva, iekārojama, konkurēt ar citām sievietēm un darba tirgū. Sabiedrībā ir aktuāli būt brīviem, savu nepatiku izpaužot spontāni un egocentriski. Gandrīz nevienam vairs nesagādā neērtības publiski vienam otru pamācīt, kritizēt, moralizēt. Ir devalvējusies pienākumu, ģimenes, dzimumu lomu vērtība. Par māti vai tēvu būt ir mazāk prestiži nekā par direktoru. Ja vecāki vēlas atbrīvoties no pienākuma pieskatīt savus bērnus, ja viņiem atsaka vecvecāki un aukli viņi nevar atļauties algot, viņi atbildību noveļ uz vecāko bērnu. Tieši šī pieeja ir aizgūta no iepriekšējām vecāku paaudzēm.

Modē ir ne tikai vienreizējie trauki, bet arī īslaicīgas attiecības. Šī ir iluziju sabiedrība, kas cer uz to, ka attiecības ar bērniem nav jāveido un ka tie aizmirst visus vecāku pāri nodarījumus. Izskaidrojums tam ir, ka ir grūti izveidot iekšējās robežas ar sevi un citiem, ja tas nav apgūts jau bērnībā. Tā ir psiholoģiskā izplūšana vietas un lomas sadalē, un no tā izriet, ka trīsgadīgam bērnam liek saprast, ka viņš jau ir pieaudzis.

Ikviens menedžeris var darīt to, ko vēlas, sarežģītās situācijās „paceļot cepuri" un dodoties meklēt sapratni pie cita darba devēja. Skaidrs, ka nemācēšana sastrādāties ar cilvēkiem atkārtosies arī nākamajā darbavietā. Cēlonis ir pašā, un tas ir jāatklāj.

Neapmierinātība dzīves laikā uzkrājas kā nevēlami tauki organismā: ja pusaudža vecumā netiek izbaudīta apkārtējo piekrišana, indivīds kā pieaudzis cilvēks visticamāk mēģinās iepatikties iepatikšanās dēļ – vienkārši savas inerces mudināts. Neiepatīkoties apkārtējiem, respektīvi, nesasniedzot mērķi, rodas jauni, destruktīvas emocijas nesoši pārdzīvojumi.

No kurienes cilvēkos ir tik liela vajadzība uzzināt, ko apkārtējie par viņiem domā? Milzum lielā interese par psiholoģijas testiem, kurus aizpildot var saņemt atbildi, kādu iespaidu jūs atstājat uz citiem cilvēkiem, ir ne jau tādēļ, ka aktuāla ir šīs idejas attīstīšana – vienkārši vajag zināt rezultātu. Pārdzīvot vai izturēt neiepatikšanos ir jātrenējas agrā jaunībā, jo katrs pieaugušais, ja vien viņš ir pieaudzis, zina, ka nav tāda ģenerāluzdevuma – iepatikties visiem pēc kārtas, jo arī pašam visi nav pieņemami. Katram ir viņam simpatizējoši, mazāk simpatizējoši, nesimpatizējoši un vienaldzīgi cilvēki. Tas ir tikai normāli, jo mēs esam dažādi. Ja šo pieredzi iegūst, ir vienkāršāk un vieglāk izturēt, tātad pārdzīvot to, ka savai vīramātei, iespējams, nebūsiet tik mīļa un svarīga kā viņas pašas meita. Tomēr ir arī ieguvumi, kas ir jāizbauda: vīramātes meita nekad nebūs viņas vedekla ar vedeklas priekšrocībām! Konflikts rodas tad, kad vedeklai rodas pretenzijas par to, ka viņa netiek uztverta kā meita, bet savukārt vīramātei – pārdzīvojumi par to, ka kāds cenšas ieņemt meitas „krēslu". Neizpratne rada nelaimes izjūtu, un nelaimes izjūta ir ļaunuma draugs. Uzdodiet sev jautājumu: „Ar ko es draudzējos!?"

Negribētos pārvērst šo grāmatu par sievietes dienasgrāmatu. Vīriešiem tāpat ir bērnības, pusaudža atmiņas, par pirmo skūšanos, pirmo tuvību ar sievieti. Tā pati kautrība, kas piemīt mums, sievietēm. Lēmumi... šie mūsu brīvie un nebrīvie lēmumi! Tie nospiež mūs uz ceļiem. Iedomājieties ainu, kad visa mūsu brīnišķīgā dzīve ir daudzvirzienu ceļš un mēs uz šī brīnišķīgā ceļa sēžam, satupušies uz ceļiem, un sakām, ka šobrīd mēs ļoti, ļoti atvainojamies, bet joprojām neesam gatavi iet uz priekšu. Mums ir arguments. Sev būtisks arguments! Mums ir jāiekārto sava dzīve. Un šīs labiekārtošanas vārdā mēs beidzam skolas un augstskolas, meklējam darbu vai sākam strādāt, veidojam ģimenes un radām bērnus – reizēm ar nosacītu līdzdalību, jo nākas realizēt bērnībā *sarakstītos* dzīves scenārijus. Rezultātā viss „tas" tā kā būtu, bet nez no kurienes mums virsū kā lavīna gāžas slimības, depresijas, neapmierinātība, agresija un tamlīdzīgi.

Rakstu šī rindas un vēlreiz pārdomāju teikto... Vai tas ir tas ļaunums, vai arī mēs vienkārši neprotam sakārtot savu dzīvi? Domāju, ka gan viens, gan otrs, jo ļaunums ir milzum liels, pat neizmērojams! Es to nosaucu šādi: izkoptais ļaunums! Neprasme apzināti ietekmēt savu dzīvi ir ļaunums. Tā tomēr ir jūsu, mūsu, tava, mana dzīve! Tā ir galvenā pamatvērtība! Ja nepatīk dzīvot, ja ir grūti dzīvot, ja ir vēlēšanās pasteidzināt dzīves notikumus, ja dzīve nesniedz prieku, interesi un tamlīdzīgi, neviens, izņemot pašu cilvēku, nevērsīs to uz labāku pusi. Ikviens ir savas dzīves režisors, arhitekts un skatītājs. „Ko sēsi, to pļausi," vēsta ticējums. Dvēsele būs kā liecinieks, dzīves nogalē varēs pārliecināties.

Lūdzu uzmanību, jo nekādā gadījumā nedrīkst nevienu nosodīt, tas ir izkopts ļaunums caur augstprātību un iedomību. Mūža beigas katram ir paredzētas atšķirīgas, turklāt cilvēks ietekmē apzināto pusi un „apkalpo" neapzināto. Tāds indivīds, kurš beidzamās savas dzīves stundas pavada izsūtījumā, nabagmājā, psihoneiroloģiskajā slimnīcā, cietumā, vientulībā, aukstumā un gruvešos un nonāk kopējā apbedījuma vietā, nav slikts vai labs cilvēks, tā nav pazīme. Piemēram, tēvs, kurš, šķirot laulību, visu savu sapelnīto naudu, kustamo un nekustamo īpašumu atstāja bijušajai sievai un bērnam, turpinot gādāt par bērnu līdz pat pilngadībai, negaidīti saslima, paliekot piekalts pie gultas, un palīdzību cerēja saņemt no valsts. Slimo, nelaimīgo veco vīru dēls neapmeklēja ne reizes, līdz tas nomira. Izkopts ļaunums ir nespēja atdalīt situācijas, kurās obligāti ir jāsniedz palīdzība tiem, kuriem tā ir nepieciešama ne fakta dēļ, bet pēc būtības. Vai runa ir par tēvu, vai par dēlu? Tēvs izpildīja savu pienākumu, un tagad ir pienācis laiks dēlam izpildīt savējo. Kam nav iekšējās izjūtas, tam jāiztiek ar vispārējiem priekšstatiem. Empātiskā un emocionāli līdzsvarotā sabiedrībā šāds jautājums neizskanētu.

Savu nezināšanu mēs kultivējam un radām paši. Ļaunums tieši izriet no mūsu nepārdomātās rīcības – tā nav mūsu izvēle, bet gan inerce. Lai doma būtu skaidrāka, to varētu paskaidrot šādi: ļaunumu mums ir iekšēja vajadzība pārspēt ar labo, cenšoties būt veseliem, harmoniskiem, mierīgākiem, apmierinātākiem, glītākiem, veiksmīgākiem, patstāvīgākiem, atbildīgākiem, talantīgākiem, gudrākiem un tamlīdzīgi. Tomēr ne vienmēr mums izdodas realizēt izkopto labumu uz izkoptā ļaunuma rēķina. Dažkārt mēs it kā aizķeramies aiz ļaunuma cēloņiem: mēs nevaram piedot un aizmirst pāri nodarījumus citiem, bet sev mēs piedodam; citus kritizējam un pamācām, bet sevi attaisnojam. Cilvēkus interesē otra cilvēka privātā dzīve. Ļaudis aprunā cits citu un pretēji – citi paši cenšas afišēt savas dzīves personīgo pusi un provocē sabiedrību uz sarunām.

Iespējams, ka jums ir nācies ar to saskarties – pasakot otram ko tādu, ko vēlāk nožēlojat. Savukārt, ja nožēlojat, tad visticamāk nākamajā līdzīgajā situācijā vairs tā nerīkosieties, bet, ja neesat pamanījuši savu pārspīlēto reakciju, tad, iespējams, jūsu izpausmes paliks tādas kā šobrīd. Pārdomājiet, vai esat spējīgi no sirds priecāties par otra panākumiem, laulību vai finansiālo nodrošinātību tad, kad jums pašiem neklājas viegli. Godīgi sakot, patiess prieks tādā situācijā nav iespējams – kaut vai tāpēc, ka indivīds ir emocionāli aizņemts ar sevi. To nevajadzētu noliegt vismaz vienatnē ar sevi! A.Maslovs, amerikāņu psihologs, ir teicis, ka cilvēks var domāt par kaut ko cēlāku un augstāku tikai tad, kad ir apmierinājis savas vajadzības. Tas ir kas līdzīgs instinktam, tāpēc būt bez pretenzijām pret otru, kad pašam nav labvēlīgi apstākļi, gandrīz nav realizējams. Jo agrāk indivīds to sevī atklās, jo ātrāk varēs sev palīdzēt: tam ir radītas dažādas mūsdienīgas metodes.

Ir cilvēki, kas spētu priecāties par otru, kad pašiem neklājas, kā gribētos. Tas vienkārši ir jāapzinās, lai varētu tiekties pēc tādas prasmes. Cilvēka dabai nav iespējams pretoties, bet ikviens indivīds to var izpaust dažādi, nenodarot kaitējumu ne sev, ne citiem. Kāpēc lai būtu jātiecas? Tāpēc, ka par katru slikto domu reiz ir jāmaksā. Ar netīrumiem organismā

47

iekļūst arī vīrusi. Tas nemaz nav tik individuāli, kā sākumā varētu šķist, jo vīrusiem ir tendence izplatīties plašā mērogā un inficēt arī apkārtējos. Lai izārstētos no „šādām kaitēm", lai neizplatītos epidēmija, bieži vien palīdzība tiek lūgta virusologam.

Mums ir priekšrocība to zināt jau tagad. Mēs būtu vienveidīga un vienmuļa masa, ja nejustu un nedomātu. Ciešanas un pārdzīvojumi arī ir nepieciešami, lai emocionāli pieaugtu un nobriestu. Paradīze ir tādēļ, ka pastāv elle. Labais ir tāpēc, ka pastāv arī sliktais. Par labo mēs uzzinām tad, kad salīdzinām to ar slikto. Melnajam arī ir jābūt, lai izceltos baltais. Kura krāsa ir labāka: melna vai balta? Piemērs no dzīves: ir kara laiks. Sieviete ar četriem bērniem noraugās pāri ceļam uz kartupeļu lauku. Bērni brēc pēc ēdiena. Sieviete zina, ka zagt ir slikti, un viņa sev jautā, vai iet rakt kartupeļus vai ne... Visu nevar pieņemt kā absolūtu taisnību un vērtēt pēc vienas mērauklas.

Kāds mums ir jāpamet, lai satiktu citu. Dzīvību novērtējam tad, kad iepazīstam nāvi, mieru – kad ir bijis nemiers. Tas ir likumsakarīgi. Un to kāds ir izdomājis un radījis pirms mums. Nejauksim šo visuma kārtību! Mēģināsim atšķirt to, ko radījis kāds varens, gudrs un visu varošs spēks, no tā, ko mēs interpretējam un darām paši. Piemēram, bailes, kuras saimnieko jūsu dzīvē, var būt jums pašam līdz galam neapzinātas.

Mūsu rokās ir iespēja testēt savu baiļu tipu. Piemēram, katram cilvēkam ir savs sāpju slieksnis. Cilvēki var izturēt medicīniskas manipulācijas ar atšķirīgu anestēzijas devu. Zems sāpju slieksnis sociumā liecina par jūtību – tādā gadījumā nevajag daudz, jo darbības norisinās diezgan viegli un ātri tiek rasts risinājums. Tā sakot – skola ilgu laiku neprasa! Ieraudzīju, sapratu, paveicu! ...

Jūs apņematies darīt savu ģimeni laimīgāku – atklājat, kas tam ir nepieciešams, un attiecīgi arī rīkojaties. Arī menedžeris izprot sava darba nepilnības, apzinās tās un novērš. Aptuveni šādi varētu raksturot zemo baiļu slieksni, jo indivīds izjūt bailes un laikus pievēršas savas ģimenes problēmām, savukārt menedžeris bailēs, ka kādā citā darbavietā viņam visu vajadzētu sākt no jauna, rīkojas momentāni un, darba dienai beidzoties, izjūt gandarījumu, un priecīgs dodas mājup.

Iespējams, ka, ļaunumam nostiprinoties, cilvēkiem kopumā ir paaugstinājies baiļu slieksnis: sadzīvē to sauc par biezu ādu, kas ir pārmantots izkoptais ļaunums. Cilvēka evolūcijas gaitā ir pieredzētas daudzas norises, un liecinieka, novērotāja un dalībnieka pieredzes psiholoģiskais traumatisms nevar palikt bez ievērības un sekām. Piemēram, daži nebaidās uz mūžu sastrīdēties ar savu māsu. Šajā piemērā izkoptais ļaunums ir atrodams principialitātē, nezināšanā, neelastībā un „tuvredzībā", jo to pašu atkārtos arī viņu bērni. Tas notiek tāpēc, ka vecāki un vecvecāki nav rādījuši pozitīvu paraugu.

Karos ir gājuši bojā un bez vēsts pazuduši simtiem tūkstošu cilvēku, starp tiem neskaitāmi daudz tuvinieku. Cilvēki psiholoģiski ir sagatavoti tam, ka, zaudējot brāli vai māsu, nekas īpašs viņu dzīvēs nemainīsies, tomēr ir milzīga atšķirība, vai ģimenes loceklis tiek zaudēts tāpēc, ka tas ir gājis bojā, vai arī ģimeni ir sašķēlis sadzīvisks strīds.

Konflikti rodas no pārpratumiem un atšķirīgiem situāciju redzējumiem, kad viens varbūt otram ir vēlējis tikai labu, bet ticis pārprasts. Cilvēkiem ir raksturīgi uztvert situācijas tieši, tās neanalizējot, un pielikt no sevis kaut ko klāt: zinātne to ir pierādījusi. Projekcijas, pārneses un kontrpārneses un pat vēl smalkāki formulējumi atklājas gandrīz katrā psihoterapijas sesijā.

Minētajā piemērā par māsu uzskatāmi parādās, ka būtībā *Homo sapiens* viegli spēlējas ar fundamentālām lietām, neizjūtot bailes no nopietnām sekām. Vienā ģimenē dzimušiem bērniem pieaugot ir jājūtas kā radiniekiem. Tālāk tie veido jaunus ģimeniskus atzarus. Parādās tādi „paplašināti jēdzieni" kā māsīcas, brālēni, krustmātes, krusttēvi, tantes un tēvoči. Tā ir jauna emocionāla pieredze, kas veicina pašpilnveidi un sabiedriskās vērtības, jo cilvēks iemācās domāt paplašināti – ne tikai par sevi, bet arī par citiem, kas savukārt viņu uztver kā „savējo".

Man īsti nav pārliecības par to, ka bailes visos gadījumos ir jāignorē. Vārds „bailes" pats par sevi ir slikts vārds, tomēr arī bailēm ir savas priekšrocības. Ir bailes, kuras ir negatīvas pēc savas izpausmes un ar kurām ne vienmēr ir saistīta cilvēka griba, respektīvi, cilvēks vēlas atbrīvoties no nevēlamā baiļu radītā stāvokļa, bet nespēj to veikt patstāvīgi bez speciālistu palīdzības. Bailes jebkādas fobijas formā ir disfunkcionālas cilvēka psiholoģiskās veselības un dzīves kvalitātes nodrošināšanā. Piemēram, enoklofobija: indivīds izjūt spēcīgu diskomfortu, atrodoties cilvēku pūlī. Šim indivīdam, kamēr vien fobijas īstenie cēloņi nebūs novērsti, būs liegta iespēja apmeklēt un piedalīties koncertos un sporta spēlēs, gadatirgos un citos plaša mēroga pasākumos, līdz ar to būs ierobežota arī sportista vai dziedātāja karjera. Tā ir ļoti smaga fobija, kuras dēļ cieš visi ģimenes locekļi. Ir zināmi gadījumi, kad cilvēki meklē palīdzību pie speciālistiem, lai atbrīvotos no šīm dvēselē mītošajām šausmām.

Ir noskaidroti gadījumi, kad indivīdi slēpj savas ciešanas no apkārtējo acīm, izlikdamies, ka dzīve ārpus mājas viņus neinteresē un iepirkšanās caur internetu ir viņu brīvās gribas izpausme, un ir arī tādi, kuri ar savu problemātisko stāvokli nomoka sevi un citus, bet nerīkojas atbildīgi, lai to novērstu. Piemērs tika minēts, lai sniegtu aptuvenu ieskatu par to, cik bailes var būt atšķirīgas. Ja indivīds nav spējīgs adekvāti izvērtēt savu stāvokli, tad apkārtējiem ir jāiesaistās tā uzlabošanā un problēmu novēršanā. Atcerēsimies, ka ģimenēs, kurās kāds no vecākiem cieš no fobijām, bērni var neapzināti pārņemt nelabvēlīgu un deformētu pasaules uztveri. Jāsaka, ka par pieaugušiem, kas sirgst ar fobijām, vēl interesējas, bet par viņu bērniem šādā aspektā gan reti kad tiek izrādīta interese.

Tātad varam izdarīt secinājumus, ka pastāv bailes, kurām var būt dažādi raksturojumi. Bailes pastāv, bet to raksturs ir atšķirīgs. Turpmāk, attīstot šo hipotētisko pieņēmumu, ir jāpievērš jūsu uzmanība baiļu formai, kas ir vēlams, lai indivīds tiktu mudināts apzināti pievērst vērību negatīvo iezīmju izpausmēm.

Ja ar bailēm prot elastīgi rīkoties un tās apzināti lietot, tās var stimulēt un veicināt progresu. Piemēram, indivīda attieksmē pret vērtībām. Ja cilvēks nebaidīsies no vientulības, viņš pat nemēģinās veidot un sakārtot savas attiecības ar tuviniekiem, radiem un draugiem. Ja neizjutīs bailes no nabadzības, nemācēs novērtēt materiālos labumus; nebūs bail no aprobežotības, nebūs izglītības un pašizaugsmes! Bailes fobijas formā ir destruktīvas, taču nelielas bailes par savas rīcības vai uzvedības sekām var veicināt individuālo pilnveidošanos un dažos gadījumos pat atturēt no likuma pārkāpuma.

Šīs nodaļas galvenais mērķis ir sniegt izpratni par to, ko mēs zinām par ļaunumu. Ar piemēru starpniecību izkristalizējas divi vadošie redzējumi. Pirmkārt, indivīda saistība ar ļaunumu. Otrkārt, ļaunuma apzināta un neapzināta izkopšana ikviena cilvēka dzīvē.

Turpināsim ieskatīties ļaunumā no psihoterapijas puses!

Ļaunumu nav viegli pazīt. Aiz ļoti cēliem mērķiem var slēpties nelāgas lietas. Mīlestības apskāvienos kāds var tikt nožņaugts vai saslimt ar astmu. Pameklēsim kopā mūsu tipiskās kļūdas un mēģināsim nebūt aizspriedumaini! Nodosimies jaunu zinību apgūšanai!

Sastopoties ar savu pirmo reakciju, ne vienmēr tai uzticēsimies, jo esam inteliģentas un domājošas būtnes. Tas skan kā apgalvojums, bet mēs zinām, ka pirmo iespaidu par vienu un to pašu cilvēku nevar izveidot divreiz. Secinājums ir viens: respektēt savu izjūtu un domu patiesumu.

Prāta spējas ir svarīgas ikvienam cilvēkam. Eksistē dažādi vingrinājumi, lai tās pilnveidotu. Prātu vajag nodarbināt: tas ir jākopj un jādisciplinē. Prāta attīstībai talkā var nākt impulss. Ja mēs iemācamies atrast kopsakarības starp prātu un impulsu un tās analizēt, tad to jau mēs varam uzskatīt par savu iekšējo sasniegumu. Impulss ir pamudinājums aizdomāties!

Vienai daļai cilvēku ir raksturīgi apšaubīt savas pirmās reakcijas, impulsus un novērojumus, piemēram, nojaušot, ka novērojama pretruna, tomēr joprojām darboties, nepārdomājot un nepaanalizējot savas aizdomas. Vēlams būtu noskaidrot, vai tās ir iedomas vai nav. Narcistiskā sabiedrībā ir diezgan vienkārši *sacerēties* un iekrist lamatās kā pelei pēc siera, jo atzīt nelāgo ir tas pats, kas atņemt sev sapni. Tas ir saprotams, tomēr tas ir glaimīgs pakalpojums, jo, lai cik arī nebūtu liela psihoemocionālā spēja paciesties, vadzis kādreiz lūzīs. Piemēram, ievērojot savu emocionālo sakāpinātību, laikus sniegt palīdzību; novērojot kādas situācijas pasliktināšanos, tiekties atklāti pret sevi izvērtēt riskus. Sajūtot pretdarbību, mēģināt izprast. Agresija var izpausties pat tad, kad cilvēks pats nav agresīvs. Vienkārši kāds otram grib „sadot pa kaklu", jo tas ir pārlieku daiļš. Neatzīt vai apspiest savas emocijas un emocionālās vajadzības. Tas vēlreiz un vēlreiz ir izkopts ļaunums.

Prāts tiecas pēc domas, bet emocijas var traucēt domāšanas gaitu – daudzi par to ir pārliecinājušies. Cilvēks sāk konstruktīvi domāt, līdz kādā mirklī emocijas viņa domas novirza citā virzienā, un ideja paliek līdz galam neizdomāta. Lai veidotos sadarbība starp emocijām un prātu, pēdējais ir jāpārliecina par to, ka emocijas ir iespējams iedalīt vismaz trīs lielās grupās. Ko šis iedalījums sniedz prāta un emociju sadarbības veicināšanai?

Prātu var dezorientēt, nelietojot to pēc spējām vai apzināti maldinot. Dezorientēšana var izpausties atsevišķās emocijās, kurām nav nekāda sakara ar meksikāņu seriālu skatīšanos. Emocijas ir dažādas: starp tām ir tādas, kas ir jārespektē un tādas, kuras destruktīvi iedarbojas uz prātu, dažkārt ņemot virsroku pār reālo saprātu.

Pirmajā grupā ietilpst emocijas, ko pavada pirmais impulss, jūtas (arī mīlestība), empātija, vēlme, griba, bet otrā emociju grupa ir tāda, pie kuras var pieskaitīt šaubas, bailes un dusmas. Trešā grupa ir integrētas pirmās un otrās grupas emocijas ar mērķi manipulēt ar prātu: emociju ietekmēts, prāts pieņem vēlamo par realitāti un šai realitātei uzticas. Nonākuši šādās situācijās, jūs vēlāk neizprotat, kāpēc esat sev tik neraksturīgi domājuši un rīkojušies. Piemēram, cilvēks redz ziedus un izvēlas tos nopirkt, dziļāk neaizdomājoties, kam tie īsti domāti un cik tie maksā. Īss mirklis, un ar puķēm rokā, pozitīvu emociju vadīts, pircējs dodas tālāk. Turpretī cits, pamanot ziedu veikalu, vispirms apdomā ziedu nepieciešamību, naudas iztērēšanas lietderību un to, ka darbā nav vāzes. Vēl kāds, ejot garām puķu veikalam un ieraugot ziedus, demonstratīvi pagriež galvu uz otru pusi. Pēc tam šis cilvēks ir pārsteigts par savu rekciju, jo pirmo reizi pieķēris sevi šādi rīkojamies. Prāts un jūtas savstarpēji spēkojās, lai atrastu atbildi uz neierasto reakciju, jo indivīdam ir svarīgi atklāt, vai nebijusī reakcija ir progress vai regress. Šāds mirklis ir ļoti svarīgs, jo ir jāatrod objektivitāte, bet ne kārtējā attaisnošanās, kritika vai mierināšana. Tieši pēc tādām prāta un jūtu vētrām notiek jaunu uzvedības modeļu veidošanās un apzināšanās. Kāpēc īsti galva pagriezās prom no ziediem? Tāpēc, ka emocionālais un prāta mēra trauks ir pilns. Tie prasa progresu un caur izturēšanos cilvēks pats uzzina par to, ka nav vairs tik atkarīgs tikai no emocijām vai tikai no prāta. Šis cilvēks vairs nav tik kategorisks un necīnās, bet apzinās, ka situācijas, tāpat kā reakcijas, mēdz būt dažādas. Reizēm atbildes uz tām atnāk pēc kāda laika, tad, kad prāts un emocijas ir gatavi. Problēma nav uzdot jautājumu, problēma ir pieņemt atbildi. Bailes no atbildes regulē prāts un emocijas.

Ja šo kā piemēru minētu psihiatrs, tad tas varētu izklausīties pēc psihozes, kas ir ļoti smaga psihiska saslimšana, kad slimnieks neatceros iepriekš nodarīto sev, citiem, videi. Bet liksim mierā psihiatriju un domāsim par to, kas liek prātam pieņemt par realitāti neeksistējošo. Turklāt prāta pārliecība ir tik noturīga, ka reizēm tas tiešām ir apbrīnas vērts: pat apkārtējos cilvēkus izdodas pārliecināt, ka izdomātais ir absolūta patiesība!

Vēlreiz gribu vērst jūsu uzmanību uz to, ka runa nav par afektīviem stāvokļiem, bet par indivīda vērtībām. Kādā nolūkā lietot to, kas katram ir dots: lai izkoptu ļaunumu vai lai sekmētu un pilnveidotu labo?

Piemēram, ziedošana... Uzņēmējam ir ievērojami līdzekļi, un viņš var atļauties kādu prāvu naudas summu regulāri ziedot, bet to nedara līdz brīdim, kamēr tas nav īpaši izdevīgi – līdz var *paspīdēt* sabiedrībā, kurā ir svarīgi integrēties. Gatavība nodarboties ar labdarību nobriest, nauda kļūst mazsvarīgāka par ieguvumu. Tādējādi afišējas sirsnība un atbildība. Ne visiem ir svarīgi reklamēt sevi caur ziedojumiem, daudzi dāvā naudu, lai sajustu emocionālu piederību pozitīvajam.

Dažādas spriedelēšanas, tenkas, aprunāšana intelektu nenoslogo, un no šādas palīdzības tas kļūst bezpalīdzīgs. Tas var apvainoties, jo, nodarbojoties ar nevajadzīgām un liekām lietām, tas degradējas. Prāts, ar laiku vairs nepazīstot īstos pārdzīvojumus, atsakās kalpot cēlu mērķu īstenošanai. Tā kā virziens ir iedots, tas kā dators darbojas pēc instalētajām programmām. Psihoemocionālie pārdzīvojumi pazīst tiešus uzbrukumus, notikumu nianses neizjūtot. Var pazust vai mazināties takta izjūta, smalkjūtība, delikātums, pieklājība un spēja izjust. Intelekts un emocijas, neveicot savstarpēju sadarbību, autonomi samazina savu potenciālu. Pļāpīga tantiņa var izprast tik daudz teksta satura, cik ir nepieciešams, lai apmierinātu savu ziņkāri. Biznesā iegrimis cilvēks nepamanīs gadalaika maiņu. Histēriskam indivīdam vispār nav īpaša interese par prāta spējām, nelaime var būt tāda, ka viņš pat nenojauš, kur un kad to īsti var likt lietā.

Sieviete pārlieku iesaistās savas draudzenes ģimenes dzīvē, mēģinādama aizkavēt šķiršanos ar tādu enerģijas devu, it kā runa būtu par viņas pašas vīru. Reizēm notiek arī tā, ka draudzenes laulība netiek izšķirta, un ne jau, pateicoties otrās darbības iedomātajiem rezultātiem, bet gan tāpēc, ka draudzeņu turpmākās savstarpējās attiecības tiek pārtrauktas. Vai tas nozīmē, ka draudzene varēja būt par iemeslu vēlmei šķirt laulību? Tas ir iespējams kaut vai tādēļ, ka cilvēkam ir tendence tiekties veidot jaunus pārus, grupas, apvienības, savienības, sabiedrības. Tām nav nekāda sakara ar personālijām, tās ir saistītas tikai ar psiholoģisko uztveri. Minētais laulātais pāris nevēlas tikties un uzturēt attiecības ar šo sievieti, un seko šādām situācijām tipiska reakcija no draudzenes puses: „Es gribēju to labāko, bet viņi ar mani vēlāk tā izrīkojās! Redz, kur ir tā pasaules netaisnība!"

Ar šādām un līdzīgām sūdzībām ir pilni sieviešu žurnāli. Es atvainojos par atklātību, bet šāda attieksme var nokaitināt prātu! Ir jādomā – kā un kādi padomi ir jāsniedz citiem, respektējot arī savas emocijas, lai beigās no drauga nepārtaptu par ienaidnieku. Turklāt vēlme glābt citu dzīvi ir uzskatāma pazīme tam, ka ir jāsāk glābt pašam savējā. Tā ir projekcija.

Iepriekš es minēju aizspriedumainību un to, ka tā rada daudz problēmu. Paskatīsimies ne tikai uz politisko karti, bet uz savu dzīvi kopumā kā uz vienu plakni. Preparēsim savas vērtību nostādnes, un mums būs iespēja saskatīt pasaules ideālāko daļu, no kuras esences veidā mēs varēsim paņemt to, kas mums palīdz dzīvot un justies laimīgākiem. Iedziļinoties un izpētot savu izkopto ļaunumu, mēs ieraudzīsim individuālās spējas un iespējas, stiprās puses un vājās puses, un talantus, ko nespējam saskatīt un pilnveidot, kamēr izkoptais ļaunums ir aizmiglojis mūsu prātu kā tāds spīgulis ar savu spožumu par slavu, svarīgumu, neaizstājamību, ar vēlēšanos izcelties un būt unikālākam par unikālu. Un tā mēs nonāksim pie adekvātuma, kad vairs nepaaugstinām un nepazeminām sevi. Vairs neierobežojam sava potenciāla izmantošanu, tam nav nepieciešami mākslīgi kairinājumi, jo tā ir kļuvusi par organisku nepieciešamību. Iegūstam vieglumu, paļāvību uz sevi, labāku garīgo un fizisko veselību.

Vēsture atkārtojas mikro- un makrolīmeņos un atgriežas tāpat kā mode. Līdz trīsdesmit gadu vecumam jūs jau varat novērot savu attieksmju cikliskumu un izdarīt secinājumus – kā jūs satiekaties un kā atvadāties, vai iesaistāties situāciju risinājumos vai arī mūkat prom, kā izpaužat savu greizsirdību, kā jūs ietekmē konkurence un tamlīdzīgi.

Ļaunums, kā jau es minēju, bieži vien nav apzināts. Cilvēciskā būtne nesēž un nedomā par to, kā izdarīt kādam kaut ko sliktu vienīgi atriebības nolūkos. Protams, ir izņēmumi, kad cilvēki izvēlas ziedot savu dzīvi tam, lai atriebtos, piemēram, grāfs Monte Kristo. Spāņus dziļāk neskatīsim, jo tas ir viņu kultūrai raksturīgs. Var minēt franču filozofu Renē Genonu, kurš analizēja cilvēka vēlmi atriebties, kā izrādījās, tā nav tikai vienas nācijas raksturīga iezīme. Viņš atklāja, ka tiem literatūras meistardarbiem, kas ir populāri jau vairāk nekā gadsimtu, vijas cauri literāro varoņu vēlme atriebties. Cilvēki pērk un lasa šos romānus, viņus neapzināti pievelk šī atriebes tēma, un tas padara romānus mūžīgus. Meistarīgā Viktora Igo redzējums spilgti parāda to, kādi mēs patiesībā esam. Mēs fobiju varam definēt kā psihiatrijas, psihoterapijas, psiholoģijas kompetences specifiku, bet Viktora Igo daiļdarbos nav runa par garīgās veselības jautājumiem, bet gan par izkopto ļaunumu.

Var izrādīties, ka neprasme atriebties veicina psiholoģisku spriedzi. Savāds secinājums. Vajadzība atriebties ir, bet ir arī nosodījums par to. Sabiedrība rada iemeslu, bet pati kritizē vajadzību reaģēt. Teorētiski nevienam nav tiesību nodarīt otram sāpes, bet dzīvē teorija ar praksi nesakrīt. Arī dabā lielākie koki ar savu lapotni aizēno mazākos. Apburtais loks. Ja ieskatās kultūrvēsturē, dažādās sabiedrībās atšķirīgi izturas pret vēlmi atriebties. Ziemeļu kultūrā atriebība norisinās paslepus, piemēram, ar buršanos, lāstiem – mitoloģiski. Viens ar otru atklāti nesatiekas. Tas ir psiholoģisks mājiens savu jūtu atklātai nepaušanai. Paliekot inkognito un vērojot situāciju no attāluma, gūt gandarījumu. Turpretī austrumu kultūrās izsenis katram ir zināms, ka eksistē ienaidnieks. Cīņas skolas nostāda pretiniekus aci pret aci. Abiem ir iespēja paust savu attieksmi, cīnoties par taisnību, neignorējot vajadzību un vēlmi atriebties, izliekoties labākam.

Rietumeiropā cilvēki palīdzību meklē daiļliteratūrā, kurā atriebējs rīkojas dižu mērķu vadīts, beigās palikdams bagāts, skaists un mūžam jauns. Daudzsološs psiholoģisks piedāvājums, kas nes draudus, jo izrādās, ka atriebībai ir jābūt ar uzskatāmu iznākumu, citādi nebūs gandarījuma. Arī tā ir iespējams, tikai katram ir jāizvērtē sava dzīves spēka un garīgās enerģijas ieguldījums. Ir izskanējuši vairāki viedokļi, kas ir labākais līdzeklis, ja ir vēlēšanās kādam kaut ko pierādīt. Kā iegūt pareizo viedokli atriebties vai neatriebties, pierādīt vai nepierādīt, jo dzīves situācijas ir dažādas, atriebe ir smaga psiholoģiska nasta, kas ir sarežģīta tieši savas komplicētības dēļ. Piekrāpts laulātais, izvarots cilvēks, zaudēta uzticēšanās, neziņa par nākotni, tagadnes pazemojums, nespēja mainīt pagātnes notikumus, pašpārmetumi, dusmas, naids u.c. Ar to visu psiholoģiski jātiek galā. Atriebība ir tikai vārds, zem kura slēpjas izjūtu buķete, kuras enerģija ir nepanesama, ja nav izpratnes, kā *atšķetināt* katru emociju. Atriebība ir atbildes reakcija uz ciešanām. Kamēr minētās emocijas atrodas vienlaikus vienkopus, tikmēr pastāvēs vēlme atriebties atriebšanās pēc, kas ir vēl destruktīvāk.

Vispārzināmajam atriebības jēdzienam ir vēl arī otra puse, kura netiek nošķirta pietiekami apzināti. Klasiska atriebība notiek pēc fakta – viens otram atņem maku, otrs pirmajam iesper. Interpretētā atriebība simboliski ir līdzīga kā ar kokiem – dabā lielākie koki ar savu lapotni aizēno mazākos. Reizēm „lielākie" nezina, ka ar savu pārākumu aizvaino „mazākos". Reizēm viņi pat nenojauš, ka ir pārāki. Tie „augi", kas nesaņem pietiekami daudz saules, var reaģēt dažādi: vieni apzinās savu identitāti un neizvirza pretenzijas, jo ir adekvāti; otriem formējas situācijai neatbilstoši uzskati un priekšstati par sevi, kas ir frustrējoši. Izjustais pārdzīvojums tiecas izrauties uz āru, kļūstot par vēlmi atriebties par to. Izkoptais ļaunums ir interpretētās atriebības uzturēšana sevī. Neviena pasaules kultūra neattaisno šādu interpretāciju. Par atriebību ir sarežģīti runāt, jo pašos pamatos tā ir negatīva emocija, ar kuru psiholoģiski nākas saskarties *Homo sapiens*.

Pastāv robeža starp apzināto un neapzināto ļaunumu. Pārmērīga neapzināšanās var būt arī psihiatriska diagnoze. Robežstāvoklis ir ļoti trausls. Ļaunums ir kā magnēts, tas pievelk, tam ir tendence transformēties un izpausties dažādās formās un veidos. Svarīgi ir neaizrauties ar izkopto ļaunumu, lai psihiski nesaslimtu, kā arī nenodot to kā normu saviem bērniem. Piemēram, paviršību, vēlmi saņemt atalgojumu neproporcionālu savai darba kvalitātei, nepamatoti ambiciozu attieksmi pret savu vietu un lomu vai personīgo un profesionālo attieksmju sajaukumu.

Pārdevējam, stāvot veikalā aiz letes, ir jāapkalpo klients, nevis tas jāaudzina. Audzināšana un izglītošana ir divas dažādas lietas: lai audzinātu, ir jābūt paraugam, bet, lai izglītotu specifiskos jautājumos, ir nepieciešams izglītību apliecinošs dokuments vai izpratne par konkrēto jomu, šajā gadījumā – produktu. Visbiežāk mums šķiet, ka rīkojamies pareizi attiecībā pret otro, konfrontējošo pusi. Opozicionārs ir citādās domās un arī mēģina caur savas subjektivitātes prizmu rast atrisinājumu. Pārliecināt otru, ja viņš pats to nevēlas, nav iespējams, tāpēc ir jādefinē saskarsmes punkti, kas būtu pieņemami gan jums, gan otrai pusei. Ja pircējs vēlas ne tikai iegādāties preci, bet arī, piemēram, komunikāciju, pārdevējam tas ir jārespektē, jo viņš ir savā darba vietā un nevar cerēt, ka visi cilvēki uz veikalu nāk, tikai lai nopirktu vajadzīgās lietas. Lai nerastos konflikti, ir svarīgi, pēc iespējas mazāk iesaistīties otras personas manipulācijās. Vēlme pāraudzināt ir izkopts ļaunums.

Reizēm gadās, ka pārdevējs to neievēro, jo, iespējams, viņa vecāki tam nav iemācījuši elementārāko, ka nevajadzētu sajaukt lomas un veidot pārneses. Piemēram, vecākajam bērnam ģimenē ir pirmā vieta, jo viņš ir piedzimis pirmais. Tās privilēģijas, kas ir vecākajam bērnam, nevajadzētu piešķirt jaunākajiem bērniem. Vēl būtu jāzina, ka pie vecākā bērna lomas psiholoģiski pierod, līdz ar to nevietā var rasties vēlme būt vecākajam – arī pār klientiem, stāvot veikalā aiz letes. Izveidojas vismaz divas noslodzes: personīgā un profesionālā, bet jāatceras, ka „vecākā" lomu var īstenot ģimenē, nevis visā sociumā. Bez šaubām, vieglāk pateikt, nekā izdarīt. Nav jāpārtaisa sevi, tas sagādās vienīgi vilšanos, bet jāiepazīst savas reakcijas, un ir jārēķinās, ka visi nebūs ar mieru paklausīt svešam, nepazīstamam indivīdam ar tādu pārliecību, kādu izjūt bērnībā maziņš mazulis, kad vecāki tam cenšas kaut ko iemācīt.

Piemērs ar pārdevēju ir negatīvs. Attieksmes vēsturiskie cēloņi tātad ir meklējami viņa ģimenē: to, ko atzīst par labu, nodod kā vērtību arī citām paaudzēm. Vecāki, iespējams, tika mācījuši, ka pārdevējs, ne pircējs, veikalā ir galvenā persona, bet nav devuši izpratni par to, ko nozīmē apkalpot klientu.

Pirmkārt, klients ir tas, kuram paredzēts veikals. Otrkārt, ir jābūt zināšanām ne tikai par preci, bet arī par preces piemērotību katram konkrētam klientam. Nu nevar *iesmērēt* maznodrošinātam pensionāram vecu pienu tikai tādēļ, ka viņš ir maznodrošināts! Ir jāņem vērā, ka pensionārs izjūt ikdienas nepieciešamību pēc piena un ir pastāvīgs veikala klients.

Ir skaidrs, ka attieksmes izpaužas jebkurā profesionālās darbības jomā. Šajā gadījumā tiek izmantots piemērs par pārdevēju. Arī darba devējs darbiniekam nav izskaidrojis profesionālo ētiku, ne tikai ģimene nav iemācījusi orientēties cilvēciskajās vērtībās, bet arī sabiedrība vilcinās.

Ar ģimeniskajām saitēm var notikt, lūk, kas: tad, kad piena pārdevējs pats būs pensionārs, bērni viņu baros ar vecu pienu tikai tāpēc, ka viņš viņiem rādīja tādu paraugu. Pat, ja ledusskapī atradīsies svaigs piens, bērni neapzināti nogaidīs produkta realizācijas termiņa beigas un pasniegs viņam vecu pienu, jo svaigu pienu viņi asociēs ar kaitīgu vai citādi viņa vecumam nevēlamu, uzskatīdami, ka viņš pensionāram veco pienu pārdeva, labu gribēdams. Bērniem ir grūti apjēgt, ka viņu vecāki varētu būt nepatiesi, melot un liekuļot.

Ja mēs, audzinot bērnus, izmantojam manipulācijas un spēku, tad tāpat tiks audzināti mūsu mazbērni. Piemēram, tieši pabiedējot: „Ja tu neizēdīsi zupas šķīvi, nedabūsi saldo!" Tā izpaužas izkoptais ļaunums. Vēlamā forma ir tāda, ka bērns iztukšo zupas šķīvi tādēļ, ka viņš domā par savu veselību, nevis ēd, baiļu dzīts. Saldajam ēdienam nav nekāda sakara ar zupu, jo zupa ir zupa un saldais ēdiens ir saldais ēdiens. Ja bērns neiemācīsies to atšķirt, turpmākā dzīvē viņš nevarēs sasaistīt, kā var apēst desertu bez zupas, kā var apēst sieru bez sviestmaizes, kā var apprecēt sievu bez sievasmātes! Ja mums bērnībā ir laimējies un pirms gulētiešanas esam redzējuši smaidīgus vecākus, kas novēl mums labu nakti un izstāsta vakara pasaciņu, tad līdzīgu uzvedību saņems arī mūsu mazbērni. Droši vien jums interesētu mazo lolojumu likteņi pat tad, ja bērni vēl nemaz nebūtu dzimuši!

Tātad, ja mēs gribam, lai šādu mīlestību saņem mūsu mazmazbērni, par to ir jādomā jau tagad. Mums ir jādefinē prioritātes, ka bērna likšana gulēt mums kā vecākiem ir svarīga. Mēs nedrīkstam skopoties uz omulīgas pidžamas, siltas segas, izteiksmīgu vakara pasaciņu rēķina. Bērns ir mūsu labākais skolotājs. Ja neesam apguvuši daiļlasīšanas pamatus skolas laikā, mums paveras iespēja to pilnveidot savu bērnu augšanas laikā.

Izkoptais ļaunums parādās tajā gadījumā, ja atmetam ar roku: „Es jau nemāku skaisti lasīt!" Bērns nevar novērtēt lasījuma mākslieciecisko vērtību, viņš var novērtēt vecāku attieksmi, rūpes un viņam veltīto uzmanību. Caur šiem signāliem, kurus „raida" vecāki, bērns uzzina, cik viņa ienākšana pasaulē ir svarīga cilvēcei. Tas skan kā patoss, bet mums ir jābūt sajūtai, ka mikro pasaulē esam svarīgi saviem vecākiem, bet lielajā pasaulē – visai cilvēcei. Būsim dabīgi, nebūsim neīsti, lai neveicinātu izkopto ļaunumu! Ja esam noguruši lasīt priekšā kārtējo vakara pasaciņu vai esam aizkavējušies ikdienas darbos, pasaku varam aizstāt ar tehnoloģiju palīdzību un atskaņot disku, bet bērnam skaidri ir jāizjūt starpība starp vecāku lasīto pasaciņu un diska atskaņoto, lai viņš varētu novērtēt vecāku siltumu.

Ja vecāku siltums izveidojas kā vērtība, tad tas kā vērtība arī tiek uzkrāts zemapziņā un izpaužas apziņā. Jūsu bērni visu atlikušā mūža daļu it kā organiski saprot, ka vakara pasaciņa nav diskutējams jautājums, tai vienkārši ir jābūt, un šāda izpratne tiek ieaudzināta arī nākamajām paaudzēm. Tādā gadījumā mazbērni tiks apmīļoti, par to jūs varat būt mierīgi jau tagad.

Mums ir jābūt tālredzīgiem, mēs nevaram bērnu izolēt no realitātes. Vecākiem kā jau visiem cilvēkiem ir dažādi noskaņojumi. Tā tas ir bijis un būs vienmēr, un jūsu bērniem tas ir jāzina, lai viņi nefrustrētos no savas ģimenes. Tomēr šim faktam ir viena priekšrocība: noskaņojumiem un apstākļiem ir tendence mainīties. Ja iepriekšējā vakarā ir pietrūcis ar bērnu kopā pavadītā laika, to noteikti var nodrošināt kaut nākamajā dienā.

Atgriežoties pie vakara pasaciņas, jāuzsver, ka jūs noteikti varat parādīt atšķirību starp to, ko saka māte ar tēvu, un to, ko stāsta pasaku ierunājošais aktieris. Mīļie vecāki, tas ir mūsu uzdevums – parādīt mūsu priekšrocības! Tādējādi mēs veidojam bērna attieksmi, vērtības, prioritātes un gaumi, un sagatavojam tam, ka ne vienmēr varam būt blakus.

Ja tēvs ir *žūpa*, tad, visticamāk, meita apprecēs alkoholiķi. Tas ir kā rituāls. Rituāls, kas sevī nenes nekādu jēgu, ir izkoptā ļaunuma paraugs. Izkoptu labumu nesoši rituāli, piemēram, ir indiāņu lietus dejas ap ugunskuru pusnaktī, kāju slaucīšana uz tepiķīša pirms ienākšanas mājā, roku mazgāšana pēc puķu stādīšanas, kuri nes kādu fizisku, emocionālu vai eksistenciālu gandarījumu. Tam ir jēga.

Šajā sakarā atceros kādu anekdoti – gan ne par alkoholu, bet par pusdienu gatavošanu, kurā izpaužas rituāls. Mazmeitiņa gatavo cepeti. Viņa ir iegādājusies labu, liesu, garenu gaļas gabaliņu. Ar asu nazi tā nogriež maliņas, bet vidu ietin folijā un liek cepties cepeškrāsnī. Pēc brīža secina, ka rokās ir palikušas cepšanai ideālas gaļas gabaliņa pusītes. Viņa parasti ir tā rīkojusies, bet šoreiz viņā sarosījās interese par to, kāpēc viņa tā rīkojusies. Varēja taču paņemt visu veselo gaļas gabalu un ievietot krāsnī bez atlikuma! Tas viņai nedeva mieru, un meitene devās pie mammas, jautājot, kāpēc mamma tā vienmēr ir rīkojusies un ir iemācījusi arī viņu tā darīt. Mamma nemācēja atbildēt, jo tā esot darījusi, vecmāmiņas mācīta, un lai ar šo jautājumu vēršoties pie vecmāmiņas. Labi, ka tā vēl bija dzīva un pie labas veselības! Vecmāmuļa atbildēja, ka tā darījusi, jo viņas jaunībā cepeškrāsns veselam gaļas gabalam ir bijusi par šauru!

Katrai anekdotei ir savs zemteksts: rīkojoties pēc inerces laika trūkuma dēļ un uzticoties vienai patiesībai, kā to darīja mazmeitiņa, mēs nesaredzam realitāti. Uz mirkli pazudējam savu loģiku un uzticamies citiem. Uzticēties citiem vairāk nekā sev arī ir izkoptais ļaunums.

Piemēram, jūs remdējat slāpes ar limonādi, un jums tā šķiet salda. Tomēr jūs ļaujat sevi kādam pārliecināt, ka limonādes nemēdz būt saldas, un jūs sākat tam ticēt, apšaubot to, ko realitātē tikko esat pārbaudījis. Vai tā var būt?

Arī māte neiedziļinājās meitas uzdotajā jautājumā un ieteica to atrisināt ar vecmāmiņas starpniecību. Kas varētu būt atrunāšanās pamatā? Kāpēc māte tomēr sūtīja meitu pēc galējās atbildes pie vecmāmiņas? Kāpēc vecmāmiņa joprojām grieza nost labos gaļas gabaliņus?

Tāpēc, ka meitenes māte nepaļāvās uz savu prātu, ietekmi un to, ka viņa ir spējīga mainīt situāciju. Tas ir izkoptais ļaunums, ka zudībā gāja labi pārtikas produkti un viņa to neatklāja savai meitai. Tādējādi notika neapzināta maldināšana. Neatklājot savas šaubas, aizdomas un novērojumus, tiek izplatīts izkoptais ļaunums, tātad noklusēšana par šauro krāsni arī ir izkoptais ļaunums. Meitai nav zināšanu, lai pilnveidotos. Māte par to neparūpējās. Kāpēc māte neinformēja savu meitu, ka cepetim var izmantot visu nopirkto gaļu? Vai tad tas nav izkoptais ļaunums, kad māte, smēlusies dzīves zināšanas, tās nenodod savai meitai? Iespējams, ka māte neuzskatīja šīs zināšanas par vērtību un nemācēja tās nodot. Laikam, lai otram kaut ko varētu nodot, ir vajadzīgs šī devuma saturs. Kurš var izvērtēt psiholoģiskā devuma vērtību? Izskatās, ka piemērs ar gaļu ir tāds maznozīmīgs, bet izkopts ļaunums ir arī aizmiršana, ka no sīkumiem veidojas lielas lietas, ieradumi, pārliecība, tendences, novērojumi un rīcība.

Anekdote var kalpot kā klasisks piemērs, kā cilvēks paaudžu paaudzēs nodod kļūdas, pats to nepamanīdams. Kļūdas ir dažādas: no gaļas gabaliņa līdz spējai būt laimīgai sievietei...

Būsim atklāti: ir tādas mātes, kuras audzina savus bērnus viņu dzīvei, un tādas, kas bērnus kā cūciņas audzē savām vajadzībām - *pietur* savām vecumdienām. Mēs kā mātes arī esam audzinātas dažādi un savu pieredzi nododam tālāk saviem bērniem. Sarežģītāk ir audzināt bērnus viņu pašu dzīvei, jo tad audzināšanas laikā ir jānodod virkne zināšanu par dzīvi, kā arī nesavtīgums – jāizglīto, nedrīkst uzspiest savu attieksmi bez intelektuāliem piemēriem. Ja to paveikt ir par grūtu, var izrādīties, ka tā ir nevēlēšanās nākotnē otru atdot pasaulei. Vecāki bieži paši nezina, kādu motīvu vadīti rīkojas. Pieredze rāda, ka cilvēki psiholoģiski citus sev piesaista, kādas konkrētas savtīgas intences vadīti: māte pierunā dēlu neprecēties, jo jūt, ka tas mainīs viņu abu attiecības un ka nākotnē viņa jauno ģimenes modeli izjutīs kā pārlieku neatkarīgu un slēgtu.

Pierunāšana norisinās neapzināti. Dēls nepamana, ka ne jau vedekla neatbilst viņa mātes izveidotajam un uzspiestajam ideālās sievas tēlam, bet gan mātei ir pretenzijas pret pārmaiņām līdzšinējās dzīves modelī – un tāpēc tiek izteikta nepatiesa kritika par dēla izvēli.

Mēs esam greizsirdīgi un slēpjamies aiz labā velējumiem. Sniedzam cits citam padomus, lai neizjuktu devēja personīgais komforts. Gribēdami noturēt otru sev līdzās, respektīvi, ceļa sākumā labiekārtošanas posmā pēc iespējas ilgāk un priekš sevis stabilāk. Tā ir neapzināta rīcība: tiklīdz kāds uzsāk kustību, cits sāk izjust savu nestabilitāti.

Cilvēki pamanās iebiedēt cits citu, daloties savā negatīvajā pieredzē, lai kāds *neaizlīstu* viņam priekšā: „Ja tu darīsi tā vai šitā, tad zini, ka var notikt tā kā toreiz man, un ko tu tad darīsi?" No dzirdētā paliek nedaudz neomulīgi un baisi. Kurš gan, pie skaidra saprāta esot, vēlētos „aplikt sev cilpu ap kaklu"?

Pieredze ir brīnišķīgs fenomens, jo tā sastāv no verbālās un neverbālās valodas. Tas ir kaut kas geštaltisks, ko var apjaust seansa laikā, bet to nav iespējams pilnībā pārstāstīt. Viens mirklis, un jūs saprotat v i s u ! Reizēm paveicas un pietiek kādu satikt, lai saprastu, kāds esi un ko dari, un apzinātos savu situāciju un vietu dzīvē, tomēr ne vienmēr pietiek izlasīt vienu dzejoļu krājumu, lai kļūtu par dzejnieku. Nenoliedzu, ka tas ir iespējams, tomēr reti, jo ir nepieciešamas speciālas zināšanas un dziļa interese. Neviens jau mūs nemāca būt par pilsoņiem, mēs vienkārši caur piedāvāto (pieejamo) informāciju un apkārtējo vidi intuitīvi nojaušam, kādiem mums ir jābūt.

Bez jebkādiem personīgiem ļaunuma atklāsmes notikumiem kāds tiek pamudināts iet pa maldīgiem dzīves ceļiem. Mēs kaut ko kļūdaini darām, kaut ko neefektīvi domājam, un neviens mūs no tā neattur, jo apkārtējie pārsvarā domā un dara līdzīgi. Konflikti, ja vien tie nepārsniedz normas robežas, ir pat veselīgi, jo notiek dažādu uzskatu sadursme, kas savukārt nostiprina pārliecību vai pretēji – veido jaunu attieksmi un jaunu situācijas redzējumu.

Ar bērniem ir jārunā un jārāda labs paraugs, jo bērni no vecākiem apkopo labāko. Un pretēji: no bērniem ir jāmācās un viņos jāieklausās, jo mēs kā spogulī varam saredzēt sevi, savu labāko pusi!

Iedomājieties, tie ir jūsu miesīgie bērni, kurus jūs varat atdalīt no sava izkoptā ļaunuma pieredzes. Tieši jūs varat sekmēt, lai bērniem būtu perspektīva nākotne: veselīga komunikācija ar radiem, labas attiecības ar kolēģiem un draugiem. Padomājiet, cik daudz mums ikdienā ir apkārt cilvēku, kas neprot izteikties un kautrējas cits citu uzrunāt! Baidās sarunāties un pastāstīt par savām interesēm un vajadzībām priekšniecībai, zinātniskā darba vadītājam vai pat ārstam! Tā ir apspiesto vientuļnieku sabiedrība, kurā komunikācija labākajā gadījumā notiek caur internetu, telefonu un televīziju. Piedāvāsim saviem bērniem pilnvērtīgu izkopto labumu!

Atceros kādu tēvu, kas savam dēlam spieda mācīties ielu cīņas, jo vēlējās, lai viņa atvase mācētu tikt galā ar dzīves grūtībām. Problēma nav sporta veidā, bet gan, ka puisēns nebija tam piemērots, lai apgūtu šādu sevis aizstāvēšanu no nejaušiem iespējamiem uzbrukumiem. Pirmkārt, viņam vajadzētu iemācīties aizstāvēties pret sava tēva priekšstatiem par viņu pašu. Rodas iespaids, ka tēvam ir zināms tikai viens ceļš uz „to īsto" gala pieturu, kur izsniedz sertifikātu dzīves grūtību pārvarēšanai.

Apkārt mums ir dažāda pasaule, un, bez šaubām, ikviens no domājošiem un atbildīgiem vecākiem rūpēsies par savas atvases nākotni. Pasaule nav bez agresijas, un mēs kā reālas būtnes nedrīkstam dzīvot kaut kādā ideālā pasaulē. Tā, kā to mēģināja iedomāties dižais domātājs

Kampanella savā filozofiskajā apcerējumā „Saules pilsēta". Novērojumi liecina, ka rozei ir nepieciešami ērkšķi un puisēnam – aizsargspējas un fiziskais spēks. Jebkuram bērnam ir vēlams būt sportiskam, iebildumu nav pret nodarbošanos, bet pret stilu, kādā tēvs komunicē ar dēlu. Kaut arī tēvs un dēls ir vistuvākie radinieki, viņiem ir arī atšķirīgas iezīmes. Dēls var būt delikātāks par tēvu, kas savukārt tēvam liktos nepieņemami. Konflikts ir ne tik daudz atšķirībās, cik nespējā iedomāties, ka tādas vispār iespējamas. Sporta jautājums tāpēc paliek otrajā plānā, un priekšpusē izvirzās strīds. Tas ir raksturīgi dažām ģimenēm.

Savā ziņā ļaunums ir nepieciešams kā vide, lai varētu attīstīties, pilnveidoties un vairāk uzzināt par sevi un par to, vai un kā veidojas attiecības ar ļaunumu sevī. Ja no šādas vides izvairīsies, nevarēs uzzināt, vai esmu kļuvis ļaunāks, vai esmu izolējis savu ļaunumu un tagad klusībā dusmojos uz pasauli, vai esmu kļuvis stiprāks un neuzņēmīgāks, gluži kā paaugstinājis savu imunitāti pret vīrusiem, vai esmu kļuvis labāks. Neizjūtot citu cietsirdību, man nav iespējas atklāt savējo. Tas notiek tāpat kā labvēlīgā vidē – sajūtot labvēlību, izvērtēju savējo.

Atgriežoties pie situācijas ar puisēnu, tēva novērojums noteikti ir pareizs, gribētos pat piebilst, ka nav nozīmes šobrīd vērtēt, kas ir pareizs un kas nav pareizs, jo uzdevums ir skaidrs: zēnam ir jāapgūst pastāvēšana par sevi. Kāds tad īsti ir tēva novērtējums un sava bērna redzējums? Viņam ir bažas par to, ka puisēnam ir par maz „ērkšķu". Sports veido ķermeni un dara to spēcīgāku. Fiziskā slodze trenē arī emocijas un prātu. Olimpiskajās spēlēs uzvar ne tikai tehnikas, bet arī psiholoģiskās izturības dēļ. Sprintā starts ir jāuzsāk precīzi, citādi kāds var apsteigt. Visi, kas interesējas par sportu, to zina, tomēr tikai neliela daļa sportistu tiek līdz Olimpiskajām spēlēm. Noteikumi ir zināmi – jābūt spēcīgākajam no spēcīgajiem, lai plūktu uzvaras laurus. Viens pats bez trenera to nevar izdarīt, ir nepieciešams ieinteresēts cilvēks ar zināšanām un pieredzi. Ne visiem ir veicies ar treneriem. Rezultāta nav, kaut bijušas labas izredzes. Vecāki saviem bērniem ir padomdevēji, no viņiem bērni uzzina ne tikai to, ka rezultāts ir svarīgs, bet arī, ka tas nav atkarīgs tikai no paša vien. Jāņem vērā ārējie faktori – neviens nav izolēts, bet tas neizslēdz iespēju piedalīties. Puika „bez ērkšķiem" arī var gūt ievērojamus panākumus, iemācīties aizstāvēt sevi atšķirīgi no tēva priekšstatiem.

Pieaugušam cilvēkam ir jāzina, bet bērniem un pusaudžiem ir jāatklāj, ka ne vienmēr ir jāuzvar, bet arī vienmēr nav jāzaudē. Daži apgalvo, ka process ir svarīgāks par rezultātu, jo pirmā vieta var būt tikai viena. Tam var piekrist, jo sākotnēji akcents tiek likts uz procesuālo etapu, bet, ja jau iepriekš kā mērķis tiek izvirzīti visaugstākie sasniegumi, tad pieņemt zaudējumu nav tik vienkārši. Daži sportisti intervijās tā arī saka: „Ai, nekas, ka nepaveicās! Toties lidoju uz Ķīnu ar lidmašīnu!" Tam ir grūti noticēt: šādi vārdi izklausās pēc retrofleksijas – patieso emociju neizpaušanas, kas arī ir izkoptā ļaunuma iezīme. Ja tiktu pausta patiesā attieksme, varētu uzzināt ko vairāk, piemēram, to, ka trenerim ir jākļūst vairāk kompetentam vai pašam sportistam jāapgūst spēja nesatraukties liela pūļa klātbūtnē. Katrs sportists ir unikāls ar to, ka cer uz visaugstākajiem sasniegumiem. Šī karjera ir ļoti specifiska, tātad prasa īpašu iedziļināšanos.

Akcentējot domu: ja tā tiešām ir un lidojums ar uzviju kompensē neiegūto medaļu, tad mērķis ir sasniegts. Sportists izturēja atlasi, bija tur un baudīja notikumus. Lai kāda arī nebūtu dzīves situācija, lai kāds arī nebūtu viņa pretinieks, viņa personība nedrīkst sašūpot sportista pašnovērtējumu. Psiholoģiski jāpilnveidojas pamazām un ar laiku ir jākļūst savā pārliecībā stabiliem bez krasiem viļņveidīgiem lēcieniem neatkarīgi no pieredzētā. Šo iekšējo pašcieņu var nostabilizēt šādi: pirmkārt, jābūt patiesam un nedrīkst fantazēt par to, kas nekad ar jums nenotiks. Tas ir izkoptais ļaunums, jo paštēla neapzināšanās novirza no realitātes. Agrāk vai vēlāk saduroties ar īstenību, izņemot vilšanos, nekas cits nesagaida. Otrkārt, ir jāapzinās sava unikalitāte un spējas, un tās ir jāanalizē pēc sirds patikas. Ja pašnovērtējums būs adekvāti augsts un stabils, tad principā cilvēks būs izveidojis drošus pamatus savas turpmākās dzīves ēkas būvniecībai, neatstājot vietu izkoptā ļaunuma izplatībai. Nebūs pārsteigumu, jo cilvēks pats sevi pazīst. Ko te vēl piebilst?

Varbūt kādu piemēru: glīta sieviete sūdzas, ka reizēm jūtas pārāka par kādu citu sievieti, bet, satiekot trešo, jūtas nevērtīga. Pašapziņas šūpošanās sagādā viņai ciešanas un neziņu. Viņa iekšēji nepiekrīt vajadzībai justies mistiski pārākai vai pazemotai. Vēlme ir saprotama un pa daļai apzināta. Iekšējā komforta zaudēšana uztur sievietē bailes un šaubas par individuālo stabilitāti, jo viņa nezina, ko nākamajā mirklī satiks. Atkarība? Ne gluži.

Paniskas bailes identificēt savu būtību. Izdarītie atklājumi par sevi var nepatikt – neparko negribu būt tas, kas esmu! Nejauši satiktās sievietes ir kārtējā vide, kas rada salīdzinājumus. Sievietes sacenšas arī ar pretējo dzimumu. Kā tas izpaužas? Sieviete, satiekot vīrieti, saprot, kāda viņa ir sieviete, kāda viņa ir māte, kāda viņa ir sieva, kāda viņa ir profesionāle. Vīrieši nav tālu no līdzīgiem pārdzīvojumiem, veidojot komunikāciju ar savu un pretējo dzimumu. Vīriešiem savs pašvērtējums ir jāsaglabā attiecībā pret sievietēm un vīriešiem – dzimuma identitāte, cilvēcīgie resursi, rakstura iezīmes, spēja darboties darba tirgū. Stereotips ir uzskatīt, ka vīrieši konkurē savā starpā pēc definīcijas – kurš ir spēcīgāks *tēviņš*, un sievietes savā starpā par to, kura ir pievilcīgāka *mātīte*. Tā mēdz būt, bet tas nav obligāti. Arī vīrieši vēlas būt skaisti, pievilcīgi, iekārojami, nozīmīgi un pārdzīvo par iespējamām attiecīgām nepilnībām. Sievietes, pat būdamas vienatnē kaut kur tālu no civilizācijas, spēj bailoties kļūt apaļākas, novecot, izskatīties vecākas un neveiklākas. Šiem pārdzīvojumiem nav nekāda sakara ar citiem cilvēkiem, tie uzrodas šķietami paši no sevis.

Vīrietim, kurš neapzinās savu vērtību, visticamāk būs bail no tā paša. Ap šīm vienojošām bažām tiek vītas intrigas, veidoti mīti, manipulācijas. Ar to uzsvērti spekulē reklāmas industrijā – ja nebūs bail, nepirks. Mūsdienu sabiedrība kā vērtībai lielākas priekšrocības piešķir vīrišķīgām, nevis sievišķīgām iezīmēm. Sieviete ar dažādu atribūtiku, aksesuāriem, priekšmetu kultūru un ideoloģiju mēģina *iesprukties* patriarhālā vidē. Kāpēc? Tāpēc, ka fizioloģiskais un psiholoģiskais organisms abiem dzimumiem ir atšķirīgs, bet iziešana sabiedrībā prasa psiholoģisko kastrāciju aizsargājošu simboliku. Līdz ar to vērtīgas ir tās izpausmes, kuras vai nu patiešām ir vai arī kuras mēs, sievietes un vīrieši, dažiem indivīdiem vienkārši *pierakstām*, atsaucoties uz vīriešu dzimumu raksturojošām iezīmēm. „Īsta vīrieša" pazīmes, pēc kurām ir pieprasījums – superspējīgs, augsti izturīgs, ātri reaģējošs, izcili apsviedīgs, izteikti uzticams un patstāvīgs, mūžam pastāvīgs, vienmēr gatavs un visu saprotošs, seksīgi smaržīgs, ar uzbudinošu augumu, caururbjošu un iekārojošu skatienu, spējīgs apmaksāt jebkuru iegribu – nebūt neatbilst dzīvam vīrietim, bet gan betonam ar *Supermoment* līmes īpašībām.

Psiholoģiski, kopējiem sabiedrības spēkiem tiek uzbūvēts priekšstats, kam nav analoga dabā. Neapzināta vēlme liek emocionāli ilgoties un tiekties pēc tā, kā nav. Nepiepildījums sagādā atkārtotus pārdzīvojums, jo no jauna, caur apkārtējo pārmetumiem, masu medijiem, ekonomisko situāciju psiholoģiski jāsatiekas ar to, kas nav sasniedzams. Cilvēks pamana neatbilstību, nogurst tiekties un iegrimst pašpārmetumos, kas iznīcina pašcieņu.

Šādas grūtības pazīstamas arī sievietēm. Arī viņām ir sastādīta „instrukcija" par „ideālu sievieti", kura psiholoģiski jāapkalpo. Tā kā šīs prasības nav izpildāmas, daudzas viļas sevī un izvirza jaunas pretenzijas, kļūstot aizvien neapmierinātākas un attiecīgi – nelaimīgākas.

Secinājums ir frustrējošs – nepietiek ar to, ka katram dzimumam ir izvirzītas neaptveramas, psiholoģiski un fiziski neiespējamas prasības, vīrieši un sievietes pamanās apmainīties ar atgādinājumiem par šīm prasībām, tā vēl papildus saasinot jau tā smago situāciju. Pretenzijas ir kā nāvējošs līdzeklis, lai iznīcinātu cilvēka personību, ģimeni, pāra attiecības un jebkurus panākumus.

Lai produktīvi dzīvotu sabiedrībā, ir nepieciešams neizsīkstošs fiziskais un garīgais spēks. Kamēr organismā ir enerģija, tikmēr viņš ir dzīvs. Kā nodrošināt spēju būt produktīvam, ja psiholoģiski jāattaisnojas apkārtējai videi? Pārcilvēcīgu iezīmju raksturojums ir kaut kas virtuāls, jo dabā tā nenotiek. Atšķirībā no cilvēka, kurš savas spējas tiecas devalvēt, piemēram, uzskatot sevi par vecu, apaļīgu, neefektīvu, ar vienu vārdu sakot – nespējīgu, dzīvnieki tās neiznīcina. Cilvēkam tā spēja, kura, gadiem ejot, sāk mazināties, kļūst par sāpīgu pārdzīvojumu. Savukārt par tām spējām, kuru nozīme un intensitāte ar vecumu tikai palielinās, nemaz netiek vairs domāts – cilvēks koncentrējas uz to, ko lēnām zaudē, līdz ar to var rasties un nostiprināties pastāvīga neapmierinātības un mazvērtības izjūta. Raksturot to nesagādā grūtības. Netiek novērtēts pieredzes apjoms, jūtu dziļums, stabilu vērtību izkristalizēšanās, miers un paļāvība uz saviem spēkiem, intelektu, izjūtām, intuīciju, briedumu, kā arī patstāvība un drosme. Tas ir viss, pēc kā cilvēks tiecas un kas ar gadiem pieaugot kļūst sasniedzams. Jaunībā par tādām īpašībām var vienīgi sapņot. Pašam ir radoši jāatklāj gadu dotais psiholoģiskais pienesums un ir jācenšas kritiski izturēties pret vides ietekmi. Neizvērtējot savas spējas, var „iekrist bedrē", no kuras ir grūti tikt ārā. Tajā mēdz būt paniskas bailes kaut ko zaudēt, fobijas, histērijas, dusmu lēkmes, skaudība, vainīgo meklēšana, vientulība, draugu zaudēšana, konflikti ar bērniem un mazbērniem, skumjas, nabadzība, nedrošība un tamlīdzīgi. Reizēm doma neaizsniedzas tik tālu, lai pasargātu sevi no „bedres sindroma", jo priekšā kā spoks ir *Supermeņa* tēls un dzīšanās pēc tā. Bail ir to nenoķert, un neapzinātas paliek bailes no tā, ka var nerealizēt sevi. Pieredze par to, kas notiek, kad nenotver uzstādījumu, ir, bet trūkst apziņas par to, ka var nokavēt un nesasniegt savu unikālo būtību.

Vēlams pēc iespējas agrāk novērtēt savu neizpratni un tikt galā ar to, kas īsti sagādā vilšanos un kā tas tiek noslēpts no sevis un citiem. Tā ir teorija, kas veiksmīgi ir lietojama arī praksē, lai novērstu izkoptā ļaunuma veidošanos.

Nu, ko... uzdevums ir skaidrs, piemērs arī – atliek vienam sabiedrības loceklim kļūt apzinīgākam, lai vide ap viņu sāktu sakārtoties. Visam dzīvē ir savs laiks un sava vieta. Tagad ir jāizvēlas ceļš, pa kuru virzīties uz priekšu. Kā zināms, jebkura īpašība, emocija un tās pilnīgošana prasa treniņu. Gluži tāpat, kā mēs trenējam savu ķermeni, ir nepieciešams gan laiks, gan zināšanas, gan attiecīga vide, gan vēlme, motivācija un stimuls, lai izveidotu tiltiņus uz jebkādu iekšēju vai ārēju pozitīvu progresu. Ikvienas spējas attīstīšanai un nostiprināšanai ir nepieciešams „kaut kas" vēl. Pieaugušo un bērnu var motivēt, atverot pieeju labajam un vēlamajam. Neviens cilvēks nav spējīgs nodzīvot savu dzīvi bez kļūdām, tāpēc bērniem ir jāstāsta par savām grūtībām tā, lai viņi zinātu, ka grūtības pastāv un ka ikviens cilvēks ar tām saskarsies. Nozīmīgi nav tas, ka cilvēks kļūdās, bet gan tas, kā viņš izmanto savas atziņas par pieļautajām kļūdām. Piemēram, jūs esat piedzimuši Padomju Savienībā, bet tas ir tikai fakts – būtiski ir tas, ko jūs ar šo faktu iesākat: lepojaties, noveļat vainu uz apstākļiem vai izmantojat savu pieredzi.

Kādā zinātniskā izdevumā lasīju, ka arī raksturs pakļaujas pārmaiņām. Līdz šim tādu drošu apgalvojumu nebija nācies dzirdēt, iespējams tāpēc, ka bijis maz pētījumu par šo tēmu. Raksturs nav uzvedība, tas atrodas dziļāk psihē. Nopietni jāiesaista sevi izpētes procesā, lai sasniegtu apzinātību. Mums ir jāņem vērā savas iedabas struktūra, bet ne visos gadījumos ir jāpakļaujas tai. Dzīves atklāsmju ceļu meklējumi nav iespējami bez savas identitātes (*self*) un galveno, būtiskāko īpašību kopuma atzīšanas un pieņemšanas.

Cilvēki apspiež sevi un vadās no aizlieguma, kas kādreiz ir ieaudzināts. Ja rodas pamudinājums kaut ko vēlēties un netiek apmierināta šī tieksme, tad mēs jūtamies nelaimīgāki. Dzīves laikā mums ir vēlme kompensēt nerealizēto, kas ir adekvāti, tomēr šī vēlme var izpausties neatbilstošās situācijās un laikā. Piemēram, ja līdz šim jūs neesat realizējušies kā vecāki, vēlmes dēļ būt saviem mazbērniem par vecākiem, varat zaudēt iespēju būt par vecvecākiem.

ĻAUNUMA VISPĀRĪGĀS PAZĪMES

Nozarēs, sociālos procesos, mikro un makro vidē

Viena no pirmajām pazīmēm, pēc kā var sevī pamanīt izkopto ļaunumu, ir emocionālais diskomforts, īgnums, ērcīgums, nenovīdība, neapmierinātība, trauksme un kāre salīdzināt sevi ar citiem, uzsvērt savu nozīmīgumu savās acīs, pieprasīt no apkārtējiem vērtējumu. Nogurums, pazeminātas darbaspējas, intereses un motivācijas trūkums, ideju deficīts, nespēja tikt galā ar iesākto, iniciatīvas trūkums, paaugstināta emocionalitāte, dusmu uzplaiksnījumi un seksuālās intereses pazemināšanās – šīs ļaunuma pazīmes varētu izpausties arī darbā, piemēram, nivelējot savus kolēģus, kritizējot darba rezultātus vai arī savus sasniegumus piedēvējot citiem un otrādi – citu sasniegumus uzskatot par savējiem. Ja iekšējā vajadzība liek tik pārspīlēti rīkoties, tad cilvēks izjūt psiholoģisku diskomfortu un nepārliecinātību. Pat, ja apkārtējā vide un rezultāti apliecina pretējo, neizprotot iekšējo konfliktu būtību un sevi adekvāti nenovērtētējot, viņam var šķist, ka tas ir nepietiekami. Cilvēks tādā gadījumā reaģē vispārēji, bet ne pēc būtības, un neatšķir situāciju kontekstus. Ja ir nepilnības darbā, tas, nešķirojot visos gadījumos, nenozīmē, ka viņš visā ir iesaistīts un būtu vainojams, bet vainas sajūta neatlaižas, tāpat kā sirdsklauves un galvassāpes.

Vārdu sakot, jūs jūtaties nelaimīgi, bet īsti nezināt, kāpēc. Jūs pārņem milzum lielas skumjas, varbūt rutīna un garlaicība, un jūs šķietami dzīvojat bez dzīves dzirksts – stundu no stundas, dienu no dienas, gadu no gada... līdz novecojat, kļūdami nelaimīgāki.

Ja nav labas profesijas, interesantas nodarbošanās, naudas un bērnu, visu vainu var novelt uz neizdevušos dzīvi, likteni un apstākļiem. Savukārt, ja ir viss iepriekšējais, emocionālais diskomforts nav attaisnojams, jo, paveroties sev apkārt, vairākkārtīgi var pārliecināties par to, ka it kā dzīve ir pilnvērtīga, tomēr katra apaļā jubileja nāk ar bažām. Ideālā progresija ir tad, kad, gadiem ejot, cilvēks kļūst arvien apmierinātāks un laimīgāks. Jēga ir tajā, kas ar viņu ir noticis un ir ticis pozitīvi realizēts un apzināts. Dzīve ir ūdens trauks, no kura viņš prot padzerties. Geštalts ir noslēdzies.

Ja indivīdu nomāc neirotiskas izpausmes, tad viņa pagātnes neskaidrās attieksmes vēl nav izveidotas un kā gara aste velkas līdzi līdz pat šodienai. Cilvēks nevar tikt galā ar definētajiem uzdevumiem, jo traucē neapzinātība no pagātnes.

Daži, atklājot savas izjūtas, kaunina sevi, jo citiem cilvēkiem, iespējams, nav pat viena septītā daļa no tā, kas pieder pašam, tomēr arī tas nespēj mierināt, jo pamatideja nav apsteigt citus, bet gan iegūt saskaņu ar sevi. Pastāv iespēja, ka kāds, līdzīgi jūtoties, cenšas sevi citiem raksturot kā izdevušos personību. Jūs ejat sabiedrībā, kontaktējaties ar cilvēkiem, jūs aicina ciemos, un jūs atbildat ar vizītēm. Jūs apmeklējat vecāku sapulces, biznesa tikšanās, iepērkaties un ceļojat, bet jums īsti nav nekāda prieka no visa iepriekš nosauktā. Būtībā jūs vairs nezināt, kāpēc un kas varētu jums sagādāt apmierinājumu. Jūs sākat meklēt glābiņu kādā alus glāzē, narkotikās, seksuālos sakaros, kā arī mainīt nodarbošanos, vidi un tamlīdzīgi, tomēr „plāksteris" nepalīdz. Dzīves garša nav atgriezusies, kaut arī pirmajā brīdī tas ir labs atklājums, jo sniedz momentānu palīdzību izslāpušai emocijai, tomēr tas ir ļoti viltīgs un slidens ceļš, jo ar laiku var ieslīgt melanholijā – tajā pašā sev jau sen pazīstamajā rutīnā, piemēram, depresijā. Tas ir ļoti trauksmains un reizē pasīvs stāvoklis. Dzīve sāk kļūt par nastu; dzīvot ir grūtāk, jo viss, kas ir jāsāk no jauna, šķiet par smagu un pietrūkst enerģijas, bet esošais īsti nav nepieciešams, bet nav arī pametams, aizmirstams un novirzāms. Iestājas strupceļš, totāls emocionālais strupceļš. Jo vecāki mēs kļūstam, jo sarežģītāk ir pabeigt šī ceļa posmu – iziet no savas neapmierinātības stāvokļa. Mēs ne vienmēr apzināmies, tomēr nojaušam savu destruktivitāti un tās postošās sekas. Turklāt šajā jautājumā pastāv arī dzimumu atšķirības. Sievietei minētie pārdzīvojumi būs atšķirīgāki nekā vīrietim. Sieviete savā depresijā izauklēs citādas domas, nekā to darīs vīrietis, jo mums daba ir uzticējusi dažādas sociālās lomas, atšķirīgu ķermeņa funkcionēšanu, temperamentu un rakstura iezīmes.

Biežāk neapmierinātība ar savu dzīvi paspilgtinās un atklājas tad, kad ir veikti lielie ieguldījumi – izdarīta izvēle par profesiju, darbu, dzīvesbiedru, bērnu skaitu un dzīves vietu. Ir uzkrājusies bagāža, un kopumā ir jau konkrēts priekšstats par savas dzīves kvalitātes līmeni, potenciālu un perspektīvām. Itin labi ir redzams, kas esmu un kur atrodos – gluži tāpat kā visiem zināmajā teicienā: „Tu esi tas, ko tu ēd." Līdz ar to atklāts ir jautājums: vai tas, ko es redzu, liekot mutē, man garšo un vai mans organisms to spēj pieņemt un veselīgi adaptēt? Ja ēdiens, kas šajā gadījumā ir domāts pārnestā nozīmē, sniedz gandarījumu, tad ir ļoti, ļoti labi, bet, ja rodas vēlēšanās to atvemt, tad kaut kas tomēr īsti nav kārtībā ar labsajūtu vai emocionālo komfortu. Ja apzinās to, ka esošā nodarbošanās ir uz visu mūžu, tad patiešām var iestāties šoka stāvoklis, domājot par to, ka visu turpmāko dzīvi nāksies veikt vienus un to pašus pienākumus, mērot to pašu ceļu uz darbu, novietot automašīnu vienā un tajā pašā stāvvietā, kāpt pa vienām un tām pašām kāpnēm, nemainīgi ēst pusdienas darbdienās vienā un tajā pašā ēdnīcā, satikt vienus un tos pašus cilvēkus un jau iepriekš paredzēt, ko viņi darīs un kā atbildēs un tamlīdzīgi.

Agrā jaunībā šādi pārdzīvojumi varētu būt sveši, jo katra diena ir piesātināta ar jaunatklājumiem. Tas ir laiks, kad tieši varētu gribēties stabilitāti, lai piedzīvoto varētu izbaudīt ar jauno pieredzi. Reizēm cilvēki saka: „Kāpēc jaunībā neizsniedz pensiju – tad, kad vajag iepazīt pasauli?" Tomēr iemesls nav jāmeklē vecumā, bet sevī. Mēs nevaram cerēt uz to, ka visu mūžu varēsim atļauties būt vienādi. Aktualitātēm ir jānomaina citai cita, un mums tam ir jābūt psiholoģiski gataviem.

Neviens pensionārs neatteiksies no pensijas par labu pagātnes jaunībai, tādēļ ka viņam ir nepieciešamība izbaudīt tagadni – vecumdienas.

Var mainīt vidi, bet kopumā darbošanās iespēju loks ir aptverams un viendabīgs, tāpēc ka tas ir piepildīts un ir īstais laiks nodrošināt sevi ar jauniem atklājumiem. Var izrādīties, ka biznesā sevi esat apliecinājuši un tagad būtu noderīgi mainīt darba formu. Nededzinot aiz sevis tiltus, paliekot turpat, bet mainot tieši formu un sistēmu, kādā līdz šim esat darbojušies. Tieši šī apzināšanās var izraisīt izmisumu un depresijas pazīmes. Pēkšņi apzināties to, ka esošais ir vērtīgs, tikai paši to nevarat izvērtēt. Piemēram, neliels vēderiņš vai kāds cits apaļumiņš var piešķirt omulīgumu un reprezentabilitāti konkrētam vecumposmam.

Ja dzīves partneris nav tāds, ar kuru gribētos nodzīvot visu savu mūžu, tad diez vai jūs pametīsiet līdzcilvēkus un atstāsiet novārtā esošās lietas, dodoties nezin kurp – tas šķietami nav iespējams. Kā jūs nojaušat, atkārtot Van Goga ceļojumu uz Taiti salām nevar atļauties daudzi – nevis tāpēc, ka vienmēr pietrūktu uzņēmības, bet gan tāpēc, ka „Zilais putns" atrodas mājās... Pamest labu, drošu darbu bankā, saraut saites ar ģimeni, atstāt uzkrāto mantu... turklāt nav jau garantijas, ka, no kā tamlīdzīga atsakoties, sajūtas mainīsies, jo no sevis aizbēgt nevar.

Ja jūsu dzīves partneris neatbilst jūsu prasībām, ne vienmēr tā ir viņa vaina. Var mēģināt „pagaršot" vairākas laulības, mainīt profesiju un nodarbošanos, tomēr vienalga baidīties un pavisam nopietni satraukties par savu vecumu, izskatu, drošību, nākotni un tamlīdzīgi.

Par to var pārliecināties arī vizītē pie psihoterapeita. Kādam sesijas laikā liels atklājums varētu būt fakts, ka pubertātes vecumposms nav tik būtisks un svarīgs kā vecumposms no astoņpadsmit līdz divdesmit astoņiem gadiem Šis laiks ir daudz svarīgāks par iepriekš minēto ar to, ka mums par sevi jautājumu ir vairāk nekā atbilžu. Tieši šajā laikā mums ir jābūvē sava dzīve, jāveido patstāvība un jāieliek pamati turpmākās dzīves laimei. Mums nevajadzētu, atskatoties atpakaļ, kopēt vecākus, introjecēties (iespaidoties no kopējām sabiedrības vērtībām) un izvirzīt autoritātes, bet gan pamēģināt sevi trenēt, nobaudīt dažādus „ēdienus", kā arī būt pielaidīgākiem un elastīgākiem. Ne vienmēr tas tiek darīts, jo šis ir lielo aktivitāšu, nevis domāšanas laiks. Šajā vecumā daudzi varētu baidīties no dzīves lietām, piemēram, vientulības, bankrota, neveiksmēm, neauglības, dažādiem negatīviem pārdzīvojumiem, kļūt nemīlamam un nevajadzīgam savam izredzētajam, ģimenei, draugiem. Tomēr tā tas nenotiek, jo jaunībā cilvēki rīkojas, savādāku vērtību un interešu vadīti. Šķiet, ka tā ir jābūt, jo, lai domātu un izvērtētu, ir nepieciešama pieredze. Aktīvajā iegūšanas un meklēšanas vecumposmā cilvēkiem ir raksturīga spontāna rīcība, un tikai vēlāk viņi saprot darbības iznākumu.

Trīsdesmitgadnieku vecumposmam sākoties, pirmo reizi jums ir jāsāk saprast, ka ir lietas un notikumi, kurus jūs nekad vairs nespēsiet mainīt. Ja esat vēlējušies meitu, bet jums ir piedzimuši pieci dēli, tad turpmāk jums būs par viņiem jārūpējas un jāaudzina, neatkarīgi no dzimuma, kaut arī sākotnēji jūs nedomājāt par apgādājamo skaitu, jo svarīgākais bija tikt pie meitas. Vēlme netika apmierināta, bet izvēle par labu bērniem jau ir izdarīta, to atgriezt atpakaļ vairs nav iespējams. Jūs kļūstat par cilvēkiem ar vēsturi. Par vēlu ir uzsākt balerīnas karjeru...

Mums pietrūkst izpratnes par to, kas īsti esam un ko kā indivīdi spējam dot pasaulei, un ko pasaule ļoti gaida no mums. Protams, mūsu labos darbus, bet.... vispirms – mūsu labās domas. Tās piesaista un rada nākamo pozitīvo domu – tā ir kā pievilkšanās. Tiklīdz prātā iesēžas kāda nelāga doma, tās negatīvo ietekmi jācenšas neitralizēt ar kādu labu. Vēlreiz gribētu uzsvērt, ka nedrīkst ieslīgt pašapmānā, piemēram, novirzot nevēlamo domu citā virzienā. Iedomājieties, ka pie jūsu nama durvīm piezvana kaimiņš un lūdz pēc palīdzības – viņa mājā sācies ugunsgrēks, un jūs atbildat: „Atvaino, kaimiņ, man nav pie rokas ugunsdzēšamā aparāta, smilšu, lāpstas un ūdens padeves caur šļūteni, tāpēc ej meklēt palīdzību citur!" Paskaidrojuši atteikuma iemeslu un aizvēruši durvis, mierīgi dodaties cept brokastu olu. Ugunsgrēks plešas plašumā, un nu liesmas sāk apdraudēt arī jūsu māju. Sev būtu vajadzīgs noslēgt geštaltu, tas ir, aiziet palīgā kaimiņam un neatstāt emocijas gaisā, neatrisinot šo situāciju. Reizēm ar rūgtumu jāatzīst, ka visas vēlmes apmierināt nav iespējams, prāts ir spējīgs saprast, bet emocijām nevar kaut ko ieskaidrot, tām ir nepieciešams pārdzīvojums. Kādam joprojām ir pagrūti samierināties ar izjukušo laulību, tas ir saprotams, jo geštalts nav noslēdzies, kaut kas vēl saista, interesē, uzbudina.

Piemēram, ja vairs nevēlaties kuplināt savu bērnu pulku, tiecoties pēc meitas, tad nemāniet sevi, ka tas ir vienaldzīgi, ja patiesībā jūtat satraukumu. Ar ignorēšanu diez vai izdosies atvairīt nevēlamos pārdzīvojumus un novērojumus par sevi – sarūgtinājums vai vilšanās paliks, un to izjutīsiet ne tikai jūs paši, bet arī dzīves biedri un bērni. Vērtīgāk būtu noskaidrot, kāpēc jums bija svarīga tieši meitas piedzimšana, lai „uguns dūmi" nesaindētu un neietekmētu jūsu dzīvi.

Šķiet, par bērna dzimuma nozīmi vecākiem varētu minēt bezgalīgi daudz bēdīgu un skumju piemēru, kas dzīves laikā atstāj dziļas un nopietnas traumas abām pusēm – vecākiem un bērniem. Ja vecākiem neizdodas piepildīt savas ambīcijas attiecībā uz bērna dzimumu, tiem noteikti ir jāpalīdz izprast tos apzinātos un zemapziņas procesus, kas tā liek mocīties sev un bērnam. Kāds visu mūžu sapņo par dēlu, bet ir meitas, kādam gribas meitu, bet dzimst dēli. Vēlams laikus noskaidrot nesamierināšanos, jo pretējā gadījumā ir liels risks izraisīt bērna psihoemocionālo diskomfortu, apjukumu dzimumā un pašnovērtējumā. Identitātes neapmierinātība var būt cieši saistīta un izpausties viena vai abu vecāku personīgajā problemātikā. Nesekot līdzi savām izjūtām, izvirzot absurdus mērķus, ir viena no ļaunuma pazīstamākajām pazīmēm.

Ja savu bērnu līdz sirds dziļumiem nevar pieņemt vai kāds no bērniem izraisa lielākas simpātijas, tad jāsaprot, ka pārējie bērni apzinās nevienlīdzīgo mīlestības sadalījumu. Teorētiski ir iespējams izanalizēt iemeslus, bet tā nav bērna, bet gan vecāku problēma. Ja jūs nespējat pats sev atzīt šādu varbūtību, jums ir jābūt informētam par to, ka jūsu bērni agrāk vai vēlāk izjutīs šo nepatiku kā savējo.

Minēšu vēl vienu piemēru, kad kāds ilgstoši noskaņojies un *sacerējies* gaida uz to, ka spēs novērst uzmanību un maldināt savu laulāto, lai mīkstinātu vainas sajūtu un attālinātu konfliktu, neatklājot savas patiesās jūtas pēc idejas vienam no tuvākajiem cilvēkiem pasaulē.

Kāda sieviete paniski baidījās izstāstīt savam vīram, ka reizēm paslepus apcer domu izdarīt pašnāvību. Speciālistu vidū valda uzskats, ka tie, kas runā par suicīdu, to nekad neizdara Ir dažādi depresīvi stāvokļi, kuros cilvēks tomēr izlemj aiziet no dzīves, bet šobrīd mēs neskarsim psihiatrijas jomu un joprojām pierakstīsim pārdomas par izkoptā ļaunuma izpausmēm. Kā vēlāk izrādījās, sieviete bija nokļuvusi naudas parādos. Viņas vājība izpaudās spēlē uz naudu. Finansiālais slogs bija tik liels, ka viena ar šo parādu viņa nespēja tikt galā. Pārmērīga interese uz azartspēlēm tiek uzskatīta par vienu no nelabvēlīgākajiem atkarības veidiem. Pasaules zinātniskajā literatūrā trūkst informācijas par to, ar kādām metodēm būtu iespējams efektīvi atbrīvoties no šī netikuma.

Vēlmei uzspēlēt vienmēr ir cēlonis, un tas var izpausties arī šādā nekontrolējamā azartā. Sieviete neatklāja savam vīram, ka viņu nomāc nospiedošās domas par azartspēlēm, kā arī to, ka ir dziļi ieslīgusi naudas parādos. Iemesls bija kauns.

Ikviens psihoterapijas iesācējs kaunu raksturos kā ļoti agrīna vecuma pārdzīvojumu. Atceros kādu stāstu, kad četrgadīgs bērns ziemas laikā bija ar visām slidām iekritis āliņģī un pats patstāvīgi spējis no tā izkļūt. Viņam, esot jau pieaugušam, atmiņā ir palikusi vainas sajūta: viņaprāt, labāk būtu bijis aiziet bojā, nekā samērcēt jaunās slidas. „Kauna stāsts" izvērsies tik tālu, ka mazulis aukstajā laikā aizgājis žāvēt slidas mežā, uzkārdams tās koka zaros un cerēdams, ka tās līdz tumsai izžūs.

Pati doma par pašnāvību ir pazemojoša un frustrējoša. Cilvēks apzinās, ka tas ir ne tikai garīgs grēks teoloģiskā skatījumā pat nereliģiozajiem, bet arī pazemojums pašam. Kauns ir modificējama emocija – to var izzināt un mainīt. Tas reizēm ir saistīts ar neizturamu vainas sajūtu, un pretēji: vainas sajūta kā planētas pavadonis var pavadīt kaunu.

Vecāki par laimi atrada savu bērnu vēl nenosalušu. Nopirka jaunas slidas un uztaisīja drošu slidotavu mājas pagalmā.

Atgriežoties pie piemēra par azartspēļu atkarībā iekritušo sievu, jāsaka, ka vīrs prata izglābt savu *lauleni*, jo reizēm katrs var nonākt tādā situācijā, kurā nespēj palūgt atbalstu un palīdzību. Viņu nomoka sirdsapziņas pārmetumi, un vienatnē trūkst jaunu, radošu risinājumu. Vīrietis pamanīja dzīvesbiedres noslēgtību, lika atklāt iemeslus un aizveda pie ārsta, kurš ieteica sadarboties ar psihoterapeitu abām personām – otrai kā līdzatkarīgai - un kā atbalstu paņemt talkā cilvēku, kas būtu autoritāte sievietei, kura viedoklī viņa ieklausītos un kurš pozitīvi sekmētu izārstēšanos un būtu labvēlīgi noskaņots. Tāds cilvēks atradās. Bija nepieciešami trīs gadi, lai šo situāciju atrisinātu. Tad, kad jautāja vīram, kāpēc tas palīdzējis savai šķietami pagrimušajai sievai, viņš atbildēja: „Tas ir vienkārši! Ja viņa nerunās ar mani, tad ar ko viņai vajadzētu runāt?"

Arī iepriekšminētajā stāstā par āliņģī iekritušo bērniņu vecākiem netrūka interesentu, kuri gribēja dzirdēt par notikušo, jo parasti pēc šādām situācijām vecāki visu mūžu baidās no slidām un slidotavām. Uz to atbilde atradās: slidas un slidotava pašas par sevi neko neizsaka, ja tos neizmanto cilvēks. Ja viņi aizliegtu slidot, tad tikai veicinātu bailes no tā, no kā nemaz nav jābaidās, bet ir jāsaprot, kā rīkoties ekstremālās situācijās. Pie reizes var pastāstīt bērnam par naudas un veselības vērtību, uzslavēt par drosmi un dalīties savās bailēs pazaudēt kādu, ko mīl. Vecāki teica: „Mums ir drosmīgs un jūtīgs mazulis, un viņam jāzina vai vismaz jānojauš, ka vecāki viņu pieņems un mīlēs arī tad, ja viņš būs izdarījis ko apkaunojošu. Šādi negadījumi nedrīkst būt par iemeslu sevis sodīšanai!" Kauns izskatās savādāks.

Divi minētie dzīves gadījumi noritēja ar traģisku pieskaņu, bet beigas bija kā pasakā – laimīgas. Palīdzības sniegšana un empātiski pārdzīvojumi ne vienmēr ir upuri vai līdzatkarīgo raksturojoša rīcība, jo nav noslēpums, ka šos pašus piemērus narcistiski noskaņoti interesenti un profesionāļi interpretētu atšķirīgāk. Varētu izskanēt šādi formulējumi: bērns zemapziņā sajuta konfliktu ar vecākiem, tāpēc neapzināti nonāca nelaimes gadījumā. Par apstiprinājumu kalpo uzvedība un bailes mežā. Līdzīgs ir gadījums ar sievieti, kuras vīrs nodemonstrēja līdzatkarību, principā viņam pēc definīcijas vajadzēja izšķirties. Ar tik vienveidīgu skatījumu tiek ierobežota jebkuru attiecību attīstība. Emocionālā burvība un tās unikalitāte ir tajā, ka jūtu kultūra cilvēkos pilnīgojas visa mūža garumā. Notikumi, kuros tiekam iesaistīti, ir mūsu dvēseļu pedagogi. Reizēm *kašķos* tiek piemirsta laulības misija, tā ir institūcija, kurā ir vieta diviem. Izkopts ļaunums ir nerēķināties un nedalīties.

Atgadījumam ar bērnu ir īpaša morāle: daudzi vecāki vaino zirgus, kuri nomet no segliem viņu lolojumu pat tādos gadījumos, kad bērns nav guvis ne mazākos savainojumus. Pieredzējis un ieinteresēts treneris neaizlaidīs no treniņa bērnu, kuram aizejot paliks slikts iespaids un atmiņas par zirgu. Vecākiem būtu jābūt kā labam trenerim, ne kungiem, ne kalpiem, bet vecākiem savas dzimtas pārstāvjiem.

Izrādās: lai labās domas būtu pastāvīgas un pieaugtu, par tām ir jāgādā. Praktiski nav iespējams, visu dienu dusmojoties, vakarā cerēt uz pozitīvu noskaņojumu un labām idejām. Padomājiet, vai ir daudz tādu cilvēku, kuri visa sava mūža garumā dusmojas vairāk, nekā priecājas, un tiek uzskatīti par garīgi veseliem. Nedaudz dīvaini skan – nikns, ļaunatminīgs, sapīcis, frustrējoši kritisks, ātri aizsvilstas dusmās. Par ko gan cilvēks var tā dusmoties, ja ir vesels?

Indivīds kā tāds pēc savas dabas un emocionālās konstitūcijas ir predisponēts dusmoties par jebko un uz jebkuru. Saprotams, tās dzīvās būtnes, kurām ir intelekts un emocijas, ir jutekliskas. Piemēru ir daudz dzīvnieku un cilvēku vidū! Kādā pārpildītā lielveikala autostāvvietā pavēroju cilvēku reakcijas, redzot, ka atbrīvojas viena transporta vieta. Tikko mašīna izbrauca no sava laukuma, tā tūlīt uz šo vakanci pretendēja vienlaikus trīs automašīnas! Neviens no šo trīs mašīnu vadītājiem nespēja novietot tur savu auto, jo, lai to izdarītu, diviem bija jādod ceļš trešajam. Izcēlās kas līdzīgs skandālam, vēl pēc mirkļa saskrēja cilvēku pūlis, lai noraudzītos notiekošajā un reizē izgāztu arī savas iepriekšējās dienas līdz galam neizpaustās dusmas, kaut arī tās neattiecās uz konkrēto situāciju. Cilvēki no prieka, ka var padusmoties, aizmirsa veikt ieplānotos pirkumus! Tad, kad šajās negācijās ar ieteikumu izbeigt strīdu iesaistījās kāds pozitīvi noskaņots cilvēks, ļaužu pūlis viņu vienkārši *nolinčoja* – izdzina, liekot apklust.

Tiešām, pirmajā brīdī var šķist, ka dusmas ir dominējošas un spēcīgākas emocijas par labo domu enerģiju. Tomēr tā nav! Ne velti uz to vedina pasaules lielākie domātāji: tā ir vīzija, ka dusmas savā izpausmē ir spēcīgākas par labajām domām. Kāpēc tā ir vīzija? Kaut vai tādēļ, ka izjust kāda dusmas un reaģēt uz tām ir sāpīgāk, nekā saņemt labus vārdus. Dusmas ir āriškīgākas un pievērš lielāku uzmanību; ar dusmām var saistīties kāds lielāks notikums, jo tās ir vairāk procesuālas un norisinās uzskatāmāk. Kāda naids sabiedrībā izraisa sašutumu, nosodījumu, kritiku, interesi, apbrīnu. Ar vārdu sakot – piesaista uzmanību.

Katram jāmēģina izveidot savu dusmu līkni. Ja tā pārsniedz augstāko punktu, piemēram, izsitot no garīgā līdzsvara, un tas sāk atkārtoties vairākas reizes dienā, vēlams uzsākt izkoptā ļaunuma profilakses pasākumus. Pirmais un drošais solis – atzīšana un pieņemšana. Iespējams, kādam ir izdevies izprast šādu situāciju: atsaucot atmiņā kaut ko līdzīgu novērotu, kad uz lielceļa ir sabojājusies mašīna un cilvēki cenšas *nostopēt* kādu no garāmbraucošajiem auto, lai lūgtu palīdzību. Ir simtiem iemeslu, kāpēc var nevēlēties apstāties, lai noskaidrotu, kas noticis. Tas vēl ir saprotams, tomēr man nav skaidrības, kāpēc garāmbraucējiem ir dusmīgi jānolūkojas caur sava *vāģa* loga stiklu uz tiem, kuri cenšas apturēt kādu mašīnu! Droši varat braukt garām neapstājoties, tādējādi paužot savu gribu un izvēli, bet kāpēc tas ir jādara ar akmens cietu sejas izteiksmi?

Mēs, cilvēki, uzturam izkopto ļaunumu, jo, pirmkārt, paši esam pārbiedēti un cenšamies iebiedēt apkārtējos, otrkārt, mēs neļaujam otram rīkoties tā, kā viņš to vēlas, treškārt brīvi atļaujamies nosodīt to, kuru pat nepazīstam.

Iepriekš mēs aplūkojām dažas dusmošanās veidu izpausmes: tagad atliek padomāt vēl par to, kādi ir šie dusmīgie cilvēki. Viņi nemitinās uz Marsa, bet uz Zemes. No rītiem pieceļas, tīra zobus, smērē sviestmaizes, strādā, piedalās Saeimas vēlēšanās, būvē pilsētas, audzina nākamo paaudzi un tamlīdzīgi. Stereotips darbojas, jo pirmais, kas ienāk prātā, ir tēls ar izvalbītām acīm un savilktu dūri, kurš kliedz, mēģinādams kaut ko pierādīt. Tomēr dusmīgs indivīds ir arī tāds, kurš klusē un ar sakniebtām lūpām trīs dienas nesarunājas ar saviem tuviniekiem, neatsaucoties uz apkārtējo lūgumu pārtraukt spriedzi.

Varbūt, ka pastāv miljoniem dažādu dusmu veidu un pazīmju, kuras cilvēkos izraisa izkoptais ļaunums. Katram no mums šajā sakarā būtu savi piemēri, un tajos parādītos dažādas dusmas: atklātas un slēptas, provocētas un apspiestas, apzinātas un neapzinātas, traumatiskas un citādi radītas, spontānas un lēnprātīgas, īslaicīgas un ilgas, patiesas un nepatiesas, objektīvas un subjektīvas, mērķtiecīgas un vispārīgas, labvēlīgas un ļaunas, personīgas un profesionālas u.c.

Detalizēts izklāsts šoreiz nav vajadzīgs, jo mērķis nav ar piemēriem ilustrēt pēc iespējas vairāk dusmu veidu, bet gan pazīt iedarbības zonas un galvenās izpausmes.

Uz mirkli apstāsimies! Iespējams, šobrīd mums vairs nav jāskrien, lai „iesētu sēklu", bet ir jāmācās saglabāt to, ko esam iesākuši. Lai saglabātu, ir vajadzīgas dziļākas un specifiskākas zināšanas nekā, lai iesētu. Izaudzināt bērnu ir sarežģītāk nekā ieņemt, izveidot attiecības – darbietilpīgāk nekā noorganizēt kāzas... Būt apmierinātam ir daudz viedāk nekā būt neapmierinātam.

Telpa, kuru apdzīvo ļaunums, ir pašu izveidota vide – tā arī ir ļaunuma darbības zona. Kur cilvēks, tur izkoptais ļaunums seko. Vienā mirklī mājīgs miteklis var pārvērsties par bēdu ieleju. Vienā un tajā pašā dzīvoklī, mainoties iedzīvotājiem, telpas var pārvērst līdz nepazīšanai, no tīrības postažā. Uzņēmumā mainās īpašnieki un tiek ieviesti efektīvāki saimniekošanas nosacījumi, kas uzlabo darbinieku omu un darba apstākļus. Putniņš lido virs galvas, tā izkārnījums uzkrīt uz kāzu kleitas dekoltē, sabojā audumu un garastāvokli, līgavainim nāk smiekli, bet līgavai birst asaras.

Vēl viens metaforisks situācijas piemērs, kā veidojas izkoptais ļaunums: iedomāsimies, ka kāds iegādājies nekustamo īpašumu! Pirkuma mērķis ir apsveicams: pirmkārt, ieguldīt līdzekļus, otrkārt, atrast īrniekus, lai iegūtu papildu peļņas avotu. Apsaimniekot un uzturēt kārtību, un uzturēt komerciāli izdevīgu menedžmentu ir divi atšķirīgi darba uzdevumi. Nevar iegādāties īpašumu un cerēt, ka tieši tādā veidā un formā tas pastāvēs mūžīgi bez investīcijām. Izkopts ļaunums ir pārliecība, ka nemainīgu daudzumu algas var pastāvīgi saņemt bez papildu piepūles. Tie ir maldi: kāda sieviete jaunībā izlasīja divas grāmatas ar pārliecību, ka pietiks. Vecai dāmai veic permanento sejas procedūru, kuras laikā viņa nomirst. Dūšīgam cilvēkam uzdāvina torti un mudina nogaršot no tās gabaliņu. Trīs nepilngadīgi bērni paliek bez tēva, jo viņš ir iemīlējis citu sievieti. Turpinot šo sarakstu, jāsaka, ka ir jābūt gataviem uz to, ka vidē ir ļaunums, nevar abstrahēties un izvairīties no saskarsmes ar tā eksistenci, toties katra spēkos ir iespēja atbrīvot sevi un savu vidi no ļaunuma – parūpējoties un dažādi sekmējot, lai ļaunums transformējas labumā. Sākumā ir grūti aptvert un izdarīt konkrētas darbības, bet ir iespēja šo nekonkrēto daudzumu sadalīt mazākos nogriežņos, piemēram, vispirms pievēršoties savam individuālajam izkoptajam ļaunumam un tikai tad – apkārtējai videi. Jo vairāk būs informācijas par sevi, jo būs vienkāršāk neiesaistīties ārējās manipulācijās. Šajā procesā ir daudz patiesības, jo psiholoģiski stabilu personību praktiski nav iespējams šaustīt.

Piemēram, jūs veidojat ģimeni. Jūs esat tie, kam pienāktos par to rūpēties, ja jau reiz esat izteikuši tādu vēlēšanos. Ģimenes sākumā ir tikai sieva un vīrs, bet vēlāk, ja būs tāda vēlēšanās un Dievs dos, ģimeni papildinās arī bērni. Ir naivi cerēt, ka jūsu bērni nenovecos un jums vienmēr būs laba veselība. Lai iekonservētu dzīves epizodes, formalīns nedarbojas. Tāpēc vecvecākiem jāiemāca bērniem un bērnubērniem jau sākotnēji veidot attieksmes, lai, paaudzēm mainoties, mainot savas lomas un novecojot, ikviens justos emocionāli komfortabli! Uzskatot, ka vecums vēl ir *aiz* kalniem, ir risks, ka mūža nogalē būsiet uz citiem dusmīgi un neapmierināti, ka nav pamanīta dzīve. Izvairīšanās ir izkopts ļaunums. Dzīves notikumu uzdevumi mainās soli pa solim. Daži vecāki skolu izlaidumos konstatē, ka bērni esot pēkšņi izauguši, vakar vēl bijuši maziņi, bet šodien jau tik lieli. Kā gan tas ir iespējams?! Tādam izteikumam ir ne tikai prozaisks konteksts. Bērnus var interesēt, kur ir bijuši vecāki visus šos gadus?

Ja izkoptais ļaunums ņem virsroku pār reālo saprātu, tad var just pat depresiju. Likumsakarīgi, jo kaut kur apziņā ir noklīduši piecpadsmit līdz divdesmit pieci gadi. Kurā laikā sāk uzglūnēt depresija? Pārsvarā tās pagātnes iedīgļi ir jāmeklē tieši šajā vecumā – no astoņpadsmit līdz divdesmit astoņiem gadiem. Šajā vecumā cilvēks iziet sabiedrībā, kas kā atspulgs, sākot ar trīsdesmit gadiem un uz priekšu, parāda, kādi bijām pirms gadiem desmit, divdesmit, trīsdesmit, četrdesmit, kādi esam tagad un kādi būsim vēl pēc desmit gadiem. Tagad sīkāk...

Kad mēs esam apmēram astoņpadsmit līdz divdesmit astoņus gadus veci, mēs dodamies piesaistīt tagadnei nākotni daudz aktīvāk nekā jebkurā citā vecumposmā. Galvenās lietas, kurām šajos gados būtu jānotiek, ir izglītības iegūšana, darba atrašana un privātās dzīves attīstīšana un nodrošināšana. Tas ir dzīves mirklis, kuru mēs varam nokomplektēt apzināti, ja vien mums ir bijusi veiksmīgas nodzīvoto gadu pieredzes bāze un mums ir izdevies veselīgi izdzīvot visas iepriekšējo vecumposmu krīzes. Ja tā nenotiek un mums nav bijusi iespēja iziet no iepriekšējo vecumposmu krīzēm bez traumām, tad mēs vairāk esam disponēti šos aktīvos un nozīmīgos gadus izdzīvot neapzināti, tātad nepilnvērtīgi. Kādi piemēri varētu to raksturot?

Tā, piemēram, ir iespējama izdabāšana saviem priekšstatiem un neirozēm, neizvēloties to, kas ir aktuāls, bet gan to, kas tikai šķiet kā aktualitāte. To ne vienmēr var izzināt un laikus pamanīt – kur nu vēl izprast –, tomēr šāda pamatnostādnes pretruna tiek aktivizēta, biežāk aptuveni trīsdesmit gadu vecumā. Tas ir viens no pirmajiem dzīves periodiem, kad cilvēks iepazīst dažādus depresīvus stāvokļus.

Daudzi no dzīves pieredzes personīgi vai no paziņām un tuviniekiem pazīst depresijas izraisīto pastāvīgi slikto garastāvokli, kas diemžēl bieži vien ir nomācoši nemainīgi negatīvs. Ne tik pazīstamas, jo nešķiet apdraudošas, ir citas depresijas izpausmes – aktīvs cilvēks ar pārdabiskām darbaspējām un ārējiem panākumiem nudien neizskatās pēc nomākta, slima cilvēka. Atceros kādu ražotnes īpašnieku, kuru trīs reizes izglāba no infarkta, bet viņš turpināja karjeru, slēdza starptautiskus līgumus, pedantiski kontrolēja savu ārieni, piedalījās sabiedriskās aktivitātēs, zīmējās televīzijas pārraidēs – piedalījās televīzijas šovos, sarakstīja grāmatu, steidzīgi sarunājās pa tālruni, nodarbojās ar sportu, pirms nakts miega izdzēra pudeli šņabja un no rīta atsāka savu skrējienu.

Vārds „depresija" ir zinātnisks jēdziens. Nekļūdīsimies, ja depresiju dēvēsim arī par nospiestības sajūtu ar drudžveidīgām izpausmēm.

Šī grāmata nav par depresiju – padziļinātu informāciju par šo psiholoģisko stāvokli var lasīt specializētajā literatūrā. Šo diagnozi galvenokārt pieminēju tādēļ, ka reizēm smaga saslimšana, kura šķietami neapdraud, liek aizdomāties par tās cēloņiem, piemēram, kā sekas traumatiskām vecumposmu krīzēm. Svarīgi ir apzināties, ka vecākiem jāņem psiholoģiska un pedagoģiska rakstura līdzdalība un jāpalīdz saviem bērniem realizēties viņu pašreizējos un nākamajos vecumposmos. Priekšteči kalpo kā veiksmīgs vai neveiksmīgs paraugs. Iedomājieties divas mātes – viena konkurē ar znotu, bet otra uztver jaunekli kā dēlu, neizvirzot greizsirdīgas mīļākās, bet nobriedušas sievietes, kurai ir meita, attieksmi. Konkurence vēlmē pārspēt nepārspējamo var būt depresijas izpausme, ne tikai cilvēcīgs izmisums.

Ja reiz iesāku runāt par šiem sabiedrībā un pašu acīs šķietami veiksmīgajiem cilvēkiem, aiz kuru aktivitātēm patiesībā slēpjas depresija, tad ir jāmin vēl kāda teorija, kurai gan ir saistība ar psiholoģiskiem priekšstatiem par sevi, nevis depresiju. Būsim pieklājīgi un vispirms dosim priekšroku sievietēm...

Daļu sabiedrības pārstāv tā sauktās falliskās sievietes, kuras savos zemapziņas pētījumos piemin Z. Freids. Tās sievietes, kuras savas dzīves laikā „ieguvušas" fallu – vīrišķības identitātes simbolu. Šādu sieviešu darbībā dominē vīrišķās uzvedības pazīmes un vērtības: agresivitāte, prioritāte būt pirmajai, pārprasta vēlme pēc neatkarības, uzvaras prieks un gandarījums par kāda sakāvi un pārdzīvojums par kādas „kaujas" neizdošanos. Tas izpaužas ne tikai biznesā, bet pat ikdienas komunikācijā un seksuālajās attiecībās. Falliskās sievietes *velk* savas ģimenes un uzskata, ka liktenis nav bijis pret viņām pietiekami labvēlīgs un veiksmīgs. Patiesībā vairumā gadījumu viņas pašas atrod sev auklējamus un vārgus vīriešus, lai varētu pildīt no pirmā iespaida šķietami nejaušo upura lomu. Falliskā sieviete nemeklēs un neiesaistīsies attiecībās ar veselīgu vīrieti: agresīvu, spēcīgu un patstāvīgu. Ja tā tomēr notiek, tad vienīgi ar mērķi sacensties, mēroties spēkiem un ar stratēģiju. Falliskā sieviete dos priekšroku vīrietim, kas ir vājāks nekā viņa un saudzējams. Pat savu dēlu viņa audzinās tā, lai nomāktu tā vīrišķo identitāti, savukārt dēls attiecīgi savā dzīvē izvēlēsies sievu, kurai piemitīs viņa mātes vitalitāte, vai pat mātes kopiju vai vismaz mātei tuvu stāvošu sievieti. Tāda, piemēram, ir falliskā sieviete māte, kas it kā ir rūpīga un gādīga vīramāte vai sievasmāte, bet kas iejaucas otras ģimenes darbībās un lēmumos. Tāda, kas savu šķietami labo gribu, kā viņa no visas sirds patiesībā uzskata, pozicionē, iejaucoties citu dzīvēs.

Falliskā sieviete lauku dzīves apstākļos varētu izskatīties šādi: saviem spēkiem kopjot lielu dārzu vai pārmērīgi lielu lauku, lai varētu nodrošināt pilsētā vai blakus mājā dzīvojošā dēla vai meitas ģimeni. Tā ir sieviete, kas ir nogurusi, vārga un nelaimīgi norūpējusies, bet gadu no gada rīkojas vienādi, lai apkārtējie redzētu viņas upuri. Viņu kā ar magnētu vilktin velk uz vienu un to pašu rīcību.

Kad jautāju klientēm, vai viņu pieaugušās atvases ir apmierinātas ar viņu vecāku dzīvi un vai produkti, kuri tiek pašu rokām izaudzēti, arī tiek izmantoti, vairumā gadījumu atbilde ir noraidoša. Tad es uzdodu nākamo jautājumu par to, cik viņas pašas patērē no izaudzētā, un izrādās, ka gandrīz neko! Viņām daudz kas negaršo, liekas vienveidīgs un pat neveselīgs. Liekais svars, smags darbs un daudz šķietami lieku *klapatu*, kas sen vairs neatmaksājas ne emocionāli, ne materiāli... Pārsvarā gadījumu nav šī gandarījuma, tā vairāk ir savas varas pozicionēšana un atkarības veidošana attiecībā pret saviem bērniem. Vairums laulāto vīriešu, dzīvojot ar tādām sievietēm, kļūst par alkoholiķiem, apātiskiem tēviņiem, kuriem sen vairs nav izpratnes par sava dzimuma identitāti, un līdz ar to dzīves uzdevums un viņu sociālā loma ģimenē ir neskaidra. Daudzas klientes ir teikušas, ka ir grūti sev atrast dzīves partneri, jo apkārt esot vai nu ar alkoholu sasirguši vai vāja rakstura un atbildību uzņemties nespējīgi vīrieši.

Raksturīgs ir uzskats, ka pie visa vainīga ir demogrāfiskā situācija valstī, sociālais stāvoklis utt. Kādas koķetas sievietes salīdzinājums bija tāds: tiklīdz vēlā vasaras vakarā tiek iedegta spuldzīte (ar to viņa bija domājusi sevi), tā uzreiz tā pievelk visdažādāko izmēru, krāsu un formu insektus. Vienīgi mūsu pašu griba nosaka mūsu izvēli – kuru no „kukaiņiem" mēs gribēsim iegūt. Mērķi var būt visdažādākie: maltītei – gliemeži, skaistumam – taurenis, aktīvai izklaidei – ods, seksuālajai iedvesmai – biz-biz mārīte, drošībai – dundurs, rūpēm – bites, pārdzīvojumiem – prusaki, ciešanām – lapsene u.c. Mēs darbojamies, savas ieinteresētības ietekmēti. Mīlestība, nesavtīgās tās iezīmes reizēm nobāl, kad aktualizējas izkoptais ļaunums. Cilvēki reizēm nespēj izšķirt, kur ir iemīlēšanās un kur – vēlme, ilūzija, nepieciešamība, atriebība vai kāda cita vajadzība, kura paslēpusies aiz mīlestības lozunga. Skaisti! Bet nepatiesi. Patiesība atklājas. Tad, kad tas notiek, ir sāpīgi abiem. Auglis ir gards tad, kad ir gatavs. Noplūkts zaļš izraisa vismaz nelāgu pēcgaršu vai pat caureju, šo izjūtu pazīst ne tikai vēders, bet arī dvēsele. Apturēt izmisumu, dusmas, garlaicību, vienaldzību, savrupību, pretenzijas, naidīgu attieksmi un reakciju uz to varētu būt par grūtu.

Tiklīdz parādās sieviete – jebkurā vecumā, jebkurā sociālajā statusā –, tā tūlīt uzrodas vīrietis. Vīrietim patīk būt par vīrieti. Tas ir instinkts: ja tas netiek apslāpēts vai nokauts, vīrietis pratīs novērtēt sievietes misiju. Būt par sievieti: tas nozīmē atļauties justies maigai, ne glēvai. Būt emocionālai mēnešreižu laikā un noturīgai, pašpārliecinātai, pašpietiekamai, lepnai, apmierinātai ārpus tām. Spēt dzemdēt un veselai sagaidīt klimaksu...

Sievietei bez psiholoģiskā falla ir jāpatīk viss, kas ir attiecināms uz sievišķīgumu un jāgrib, lai par viņu rūpējas un, galvenais, ir jāļaujas savai sievišķajai būtībai bez vīrišķīgiem nosacījumiem un iebildumiem pret partneri. Tātad šajā gadījumā nav runa par atteikšanos no sevis, bet gan no aplamas patoloģiskas idejas, un ir jāuzsāk savdabīga falla atmērdēšana. Falls ir vīriešu orgāns un simbols, iespējams, ka tā ir prioritāte, ar kuru falliskajām sievietēm ir grūti samierināties.

Hipotētiski tipiski moderna, sociāli adaptējusies pilsētniece būs apmierināta tad (praktiski šādus rezultātus nevar sasniegt, jo šādas sievietes tiešā un pārnestā nozīmē neizjūt orgasmu), kad realizēs savu ietekmes sfēru un, kā jau es minēju, varu. Valdonīgums privātajā biznesā vai valsts struktūrā, vadītāja, ierēdne vai mājsaimniece, teicami materiāli nodrošināta vai ubadze – tam nav nozīmes, galvenais dzinulis ir realizēt savas falliskās ambīcijas. Raksturs, temperaments, priekšstati savstarpēji mijas ar mazvērtību, kastrācijas simptomu, histēriju, neirastēniju, depresiju, bulīmiju un anoreksiju, fobijām u.c.

Sieviete jebkurā vecumā ar atšķirīgu intelektu un ģimenes stāvokli no mazpilsētas vai laukiem realizēs savu fallu, piemēram, strādājot tik fiziski smagu darbu, kuru sieviete bez falliskajām iezīmēm nemaz nebūtu spējīga aptvert, kur nu vēl paveikt. Tā ir sieviete, kura izrīko un komandē, ne vienmēr skaļi un uzkrītoši. Manipulācijas ir dažādas.

Atceros kādu sievieti, kas nespēdama pati realizēt savus sapņus, klusi un uzstājīgi, pazemojot un viešot šaubas, īstenoja savas iegribas un plānus caur vīru. Ar katru nākamo gadu vīrs kļuva aizvien aizņemtāks un paviršāks pret sevi. Viņa raudāja un skuma vientulībā, kamēr viņš izpildīja lūgumu izveidot vienotu ķīmisko tīrītavu tīklu vairākos valsts reģionos. Tā kā sievas kaisle bija ķīmija, viņa skubināja dzīvesbiedru uz jauniem biznesa plašumiem. Kamēr viņš darbojās, sieva gaidīja, laiku pa laikam sarīkojot skandālus lielākam stimulam un bailēm, kas liek ātrāk darboties. Bērnu viņiem nebija un nevarēja būt. Tad, kad pagāja aptuveni desmit gadu, izrādījās, ka vīrs ir kļuvis apsviedīgs un iegūto mantu, izveidoto biznesu, ir baidījies uzticēt laikmetīgi profesionāli nekompetentai sievietei. Droši vien vēl ir bijuši kādi atsvešināšanās iemesli. Laulība netika šķirta, bet viņam pēdējo gadu laikā attiecībās ar citu sievieti piedzima dvīņi. Mantojuma daļas tiks viņiem. Nākot atklātībā notikumiem, sieviete raudāja un savā pārdzīvojumā dalījās ar dažādām laulības dzīves ainām. Piemēram, viņš ir vēlējies seksu, reizēm bez iepriekšējas norunas un sagatavošanās. Viņš nebija mierā dzīvot zem viena jumta ar viņas māti, kura slimoja ar tuberkulozi. Tad, kad viņš piedāvāja mainīt dzīves vietu un paplašināt telpas, lai atrastos brīva vieta visiem trijiem, viņa atteicās, jo nevēlējās šķirties no iemīļotā dabas skata un iekoptā dārza. Tad, kad viņš vēlējās bērnu, viņa izdarīja abortu, jo nav vēlējusies jaunības gados uzņemties pienākumus.

Sievietes ir tik aktīvas, ka ir izstūmušas vīriešus no savas apziņas un līdz ar to – no savas dzīves. Intuitīvi viņas vēlas būt organiskas un dabīgas. Ģenētiskā informācija, zemapziņa, fizioloģija, ķermeņa uzbūve un nojausma atgādina par sievišķo. Īsti neviens šādām sieviešu masām apzināti nepalīdz, tieši pretēji iebaro jaunu ilūziju par sievišķību. Ja nav skaidrības, kas tā tāda īsti ir, tad jāsamierinās ar citu pienesumu.

Mācīt plašai sabiedrībai sievišķību bieži uzņemas sievietes, kuras nekad nav bijušas precētas, ir šķīrušās vai vairākkārtēji pārtraukušas laulību. Tādas, kurām laiku pa laikam mainās dzīves partneri, nereģistrētās attiecībās no vairākiem vīriešiem ir dzimuši bērni. Vientuļas. Ilgstoši atradušās naidīgās vai konflikta situācijās ar saviem bijušajiem vīriem. Tādas, kurām, esot laulībā, laiku pa laikam uzrodas mīļākie. Smēķētājas un alkohola lietotājas, kuru bērni reizēm par ilgu ir nodoti audzināšanā vecvecākiem, svešiem cilvēkiem vai atstāti novārtā.

Reklāma un tās produkcija nostiprina ilūziju par eksistējošo fallu. Sievišķība vispirms ir izjūta. Sieviete ar spīdīgiem, smaržīgiem matiem var būt apveltīta ar sava dzimuma vizuālajām pazīmēm, iekšēji tā nejūtoties. Nojaušot šo nepilnību, sievietes meklē apzinātu un neapzinātu iespēju izzināt un novērst šo frustrējošo pārdzīvojumu. Atrodas spekulatīvas pieejas un metodikas, kuras pavedina sievietes ne pietuvoties, bet attālināties no pašidentifikācijas. Piemēram, tiek piedāvātas nodarbības un nometnes, literatūra, brīvā laika pavadīšanas veidi un tamlīdzīgi, kur tiek aprunāti un nosodīti vīrieši, lai tādējādi paaugstinātu pašapziņu. Sievietes piekrīt tam, lai viņas aizved tālu prom no mājām, kur, nošķirtām no saviem dzīves vīriešiem un bērniem, viņām mācītu sievišķību. Lai iegūtu šo „mantu", piemēram, ir jāprot pareizi uzklāt kosmētiku, savstarpēji sadoties rokās, apmainīties ar pozitīvu enerģiju, gatavot un izskatīties vismaz par pieciem gadiem jaunākai, nekā ir pašreizējais fiziskais vecums. Iespējams, ļoti asi, bet precīzi – neapzināšanās tiek izmantota biznesam.

Par laimi vai diemžēl, bet dzīves realitāte paredz, ka sieviete bez vīrieša nevar. Pretējā dzimuma klātbūtne nostiprina identitāti un vairo jūtas. Aiziešana no vīrieša neatrisina iekšējos konfliktus. Diemžēl ir jāatzīst, ka par sievietēm un viņu patieso misiju pietiekami neinteresējas. Tas ir graujošs un šokējošs, bet reāls novērojums. Falliskas sievietes ir modernas. Viņas piemērojas tirgus apstākļiem, viņas ir galvenās patērētājas un pircējas, pieprasījuma veidotājas, izaicinātājas un provocētājas. Būt par nefallisku nozīmē kaut kādā ziņā būt kā autsaideram. Nevienam nebūs interesanti masu medijos pievērst uzmanīgu harmoniskām klasiskām attiecībām, kurās sieviete realizējas un gūst psiholoģisku un fizisku gandarījumu un baudu tradicionāli. Falliskai sievietei izraisītu neziņu un smīnu spēja būt jutekliskai ar vienu dzīves partneri, apmierinātai un erotiskai, ieinteresētai un motivētai seksuāli un garīgi pašpilnveidoties, ar stabilu pašapziņu, nebaidīties novecot abiem kopā, bet saskatīt tajā objektīvu labumu, baudīt grūtniecību un spēju būt mātei. Veikt sociālās un mājas aktivitātes, karjeru realizēt tik lielā mērā, cik tas personīgi ir svarīgi, ne neirotiski, bet aktuāli pašas individualitātei, intelektam, talantam, spējām, pašapziņai, vēlmēm, iespējām un sapņiem, romantikai, zināšanām realizēt savu cilvēcisko un sievišķo būtību.

Sievišķīga sieviete var būt Nobela prēmijas laureāte, izcila zinātniece, darījumu sieviete, mājsaimniece. Atšķirībā no falliskas sievietes, viņa virzās pa dzīvi ne savu neirožu, bet personīgo sievišķīgo iespēju un instinktu organizēta. Falliska sieviete nevērtēs augstu nefallisku sievieti, jutīsies pārsteigta par viņas „prieciņiem" tāpēc, ka savu psiholoģisko ierobežojumu dēļ nespēj iejusties un izjust, drīzāk intelektualizēt. Spriest par jūtām aiz nespējas just – apmēram šādi: runāt un domāt par maņām, interpretēt tās un spriedelēt par tām vai reāli just. Gribēt vīrieša pretmīlu, izspēlēt dažādas taktikas vai vienkārši būt jutekliskai un atvērtai, ļauties procesam, bet ne izvirzīt noteikumus un realizēt stereotipiskas klišejas. Neizjūtot iedomāties un apcerēt jūtu esību. Falliska sieviete īsti neizjūt, vai iecerētais vīrietis viņu vēlas, tāpēc iet garāko ceļu, nodarbinot savus priekšstatus un realizējot savas idejas par attiecībām, tāpēc loģiski pēc laika viļs un cieš, jo satiekas ne ar kādu konkrētu „viņu", bet ar viņa fantomu. Netrāpot mērķī, šāda sieviete kļūst arvien agresīvāka un valdonīgāka. Savas nepilnības falliska sieviete vismaz laiku pa laikam noteikti nojauš. Nejaušas situācijas, novērojumi, vecuma pārmaiņas, ģimenes modeļa maiņa, kad pieaug bērni, sarežģītāk pievērst uzmanību, hormonu izmaiņas; satiekot dažādas atšķirīgākas sava vecuma un jaunākas daiļā dzimuma pārstāves, tāpēc kļūst ne jau labvēlīgākas, bet ļaunākas. Sāp, jo nespēja atšķirt būtisko no nebūtiskā ir pievīlusi. Veidojas vairāk konfliktu, vēlme nu jau ne paņemt, bet sagrābt nokavēto. Pat tajā gadījumā, ja nekā netrūkst, alkatība paliek, jo ir nespēja tieši un pārnesti izjust sātu un apmierināt hronisko izsalkumu privātā un ārpus tās esošās jomās. Piemēram, falliska sieviete nereti attopas par kaut ko sievietēm piemērotu un raksturīgu tad, kad ir par vēlu.. Reizēm psihiskās enerģijas jauda tiek ielikta tik spēcīga, ka mērķis neattaisno līdzekļus. Falliska sieviete nav īsti apveltīta ar drosmi, drīzāk izmisusi un trauksmaini bailīga par to, lai apkārtējie neatklātu iekšējo izmisumu, kas tiek rūpīgi slēpts pašai no sevis.

Pavērosim meitenes skolā! Viņas ir tās, kuras atšķirībā no zēniem labi mācās, gūst panākumus skolas olimpiādēs un treniņos, ir sakoptas un labi izskatās. Tiek slavētas par teicamo uzvedību un kārtību, bet puiši par savu nepaklausību un mācību vielas apmierinošu nepildīšanu tiek nosodīti. Zēni neiederas fallisko godkārīgo meiteņu un sieviešu pedagogu aprindās, iespējams, tāpēc, ka viņiem nav jāapliecina caur citām aktivitātēm – glītrakstīšanu, skaistu penāļa sakārtošanu – pārprastu pieklājību un vēlmi pēc uzslavas, lai izturētu konkurenci, viņiem tas konkrēti psiholoģiski un fizioloģiski pieder no dabas. Reizēm sievietes pedagoģes realizē savu varu un neapmierinātību, izmantojot iespēju demonstrēt to savās mācību stundās un saspringtās sarunās ar vecākiem. Nefallisko meiteņu vecākiem un puišiem parasti tiek vairāk agresivitātes (moralizēšanas) un autoritārisma. Pedagogi, kuriem svarīgāks būs mācību priekšmets par vēlmi izrādīt savu kompetenci audzēkņu vidū, vienmēr atradīs iespēju mazināt nesekmību. Ja bērni izpratīs uzdoto vielu, tad nebūs galvenā – iespējas paust varu un amfiteātra skatītāju, audzēkņu ar vecākiem, kuri ir spiesti noskatīties vienas falliskas sievietes izrādē.

Līdzības var uzmeklēt arī no vecāku vidus. Mātes, kuras nespēj pieņemt kādu pārkāpumu, neperfektumu, neapmierinātību un pret savu bērnu vērstu kritiku ne jau sava dēla vai meitas dēļ, bet tāpēc, ka nevar psiholoģiski izturēt, ka tiek mesta ēna uz perfektumu. Falliskai sievietei it visam ir jābūt nevainojamam, pretējā gadījumā... Nē, faktiski citādi nemēdz būt, ja kāds uzdrošinās apšaubīt, tad tiek notiesāts caur izraidīšanu, attiecību pārtraukšanu, pazemošanu, atriebību, novēršanos un tamlīdzīgi. Skola nav vienīgā vieta, kad ir iespēja atnākt uz tikšanos ar mērķi realizēt frustrācijas un pretī saņemt tieši tādu pašu attieksmi. Mācību iestāde nav izņēmums, nav vienīgā, kurā tiekas falliskās sievietes. Neapmierinātas un sapīkušas sejas gan sabiedriskajā transportā, gan savās automašīnās, pirms vai pēc frizētavas, ieejot guļamistabā pie vīra, un, iekrītot otrā galējībā, kad ap jebkuru panākumu vai neizdošanos pārspīlēti koncentrē un saasina savu un apkārtējo uzmanību. Falliska sieviete ir narcistiska, ja viņa mājās mazgā grīdas, tad uzskata, ka veic īpaši svarīgu uzdevumu un ar augstu atbildības izjūtu, par ko pārējiem ir jāizrāda pateicība un cieņa.

Visur ir pamanāmas šīs ambīcijas un nekad nenovēršamā neapmierinātība, iejaukšanās visos vīra lēmumos, vēlēšanās sekot tiem līdzi un neapmierinātība, apvainojums par to, ka viņš vēlas noteikt personīgās robežas un kā jau jebkurš cilvēks paturēt tiesības neizpaust savus noslēpumus. Izjūtot nenovīdību pret vīra fallu, jo tas ir varas simbols, uzvarētājs un iekarotājs. Falliska sieviete izjūt emocionālu un psiholoģisku diskomfortu, no kura, bez šaubām, ir nepieciešamība atbrīvoties. Lai tiktu vaļā no šīs sajūtas, raksturīgākā darbība ir apzinātā un neapzinātā veidā iegūt mieru un labsajūtu, ieguldot enerģiju ne sevī, bet vīrā, piemēram, ar laiku padarot viņu par darbaholiķi, alkoholiķi, izolētu vientuļnieku, kuram nav draugu, jaunu domu un izaicinājumu. Nereti var izturēt laulāto un nelaulāto draugu spiedienu, bet, lai nekļūtu primitīvs un apātisks pilsonis, lai iepatiktos un nejustu frustrāciju, vīrietis var dot priekšroku savu vērtību un ieradumu pārvarēšanai, mainot sevi par labu otram cilvēkam. Tas nav attaisnojums, vienkārši jāizprot cēloņi, ar laiku daži falli pārnestā nozīmē kļūst par mīkstu, lai veiktu un nodrošinātu tuvību, kaut gan daudziem ir zināms, ka impotence ir psiholoģiska, ne fizioloģiska problēma. Ko nozīmē psiholoģiski atslābis falls? Vīrietis nav spējīgs uz drosmīgu, pašpārliecinātu lēmumu un rīcību. Ar laiku sievietei kļūst garlaicīgi un viņa vēlas to, ko vairs nespēj dabūt un no kā pati baidījās un joprojām baidās, citādi vērstu visu citā gultnē, bet tas nav vēlams, jo tad pietrūks iespējas pārmetumiem. Vēlme kontrolēt un pārzināt visu, kas vien ir aptverams un šķietami satverams, ir falliskas sievietes aptuvenā devīze.

Pirms vairākiem gadiem uzņēmēji mani kā psihoterapeiti aicināja konsultēt un komentēt kādu notikumu intīmpreču veikalā. Stāsts nebūs par šo konfidenciālo gadījumu, bet par vidi, ko toreiz veidoja tikai vīrieši. Tā bija darba dienas pirmā puse ap pulksten divpadsmitiem. Lielai daļai apmeklētāju pirkstā bija laulības gredzens. Viņi nemeklēja videokasetes vai ko līdzīgu, lai vakara stundās izklaidētos kopā ar sievu, bet gan ieskrēja videokabīnēs, lai apmierinātu savu vīrišķo seksuālo iekāri mehāniski un vientulībā. Lai realizētu vienatnē to, ko gribētos, bet ir bail darīt ar savu sievu, jo falliskajai sievietei vienmēr būs svarīgāk seksuāli apmierināt savas intereses un kaisli, nekā parūpēties par vīrieša seksuālajām vēlmēm. Vīrietis ir seksuāls objekts, un atdošanās ir kapitulācija, jo tad būtu jāatzīst, ka falls ir mīts un ka tas ne fiziski, ne psiholoģiski neeksistē.

Par seksu, tā vietu un nozīmi savstarpējās attiecībās ir ļoti daudz rakstīts, runāts un visādi citādi daudzināts un pieminēts, bet....... viena no būtiskākajām izjūtām, ko var sasniegt cilvēks, nenodarbojoties ar meditāciju, ir pašapziņas būtība kā sajūta un savas identitātes apzināšanās tieši caur seksuālajiem sakariem. Seksuāli apmierināts cilvēks vienmēr ir pārliecinātāks, un otrādi: par sevi pārliecināts indivīds vienmēr ir seksuāli apmierināms. Tās ir pilnīgas blēņas, ja domājam, ka svarīgas ir tikai pozas, dzimumlocekļu izmēri, fiziskais apjoms un līdzīgi kritēriji. Būtiskākais seksā ir iekāres process – emocionālais un fiziskais – un tā kvalitatīvais nodrošinājums. Vīrietim ir jāgrib sieviete – kaislīgi un agresīvi, kā tas noteikts dabā, savukārt sievietei ir jāizvēlas, kuram sniegt savu iekāri, interesi un ķermeni. Rezumējot šo domu, var teikt, ka vīrietim ir jāvada sieviete ne tikai dejā, bet arī seksā, un sievietei ir jābūt dejotājai. Vīrieša zemapziņā un arī apziņā ir šie brīnišķīgie, dabīgie instinkti. Jebkuram jaunam vai vecam vīrietim, kamēr vien viņš elpos un būs spējīgs parunāt, patiks savā apziņā attīstīt seksuālās fantāzijas vai, satiekot kādu pievilcīgu sievieti, vismaz pasmaidīt vai klusībā paslepus atskatīties. Īsts vīrietis nekad nebūs spējīgs atteikt sievietei savu laipnību vai nodemonstrēt savu spēku, jo arī vīrietim patīk patikt un uzvarēt. Šajā dzīves jomā vīrietim nav jābūt pieklājīgam, bet ir jābūt izglītotam un dabiskam.

Falliskā sieviete vairumā gadījumu baidīsies atklāt savu seksualitāti un imitēs ekstāzi un seksuālo apmierinātību. Faktiski viņa ir laba aktrise, kura prot nospēlēt, ka arī seksā viņai viss ir kārtībā. Tā ir pilnīga savas sievišķīgās pilnvērtības noliegšana un apspiešana. Tai pašā laikā falliskā sieviete var gribēt izpausties savādāk. Vēlēdamās apslēpt savu kastrācijas kompleksu, viņa ir gatava pazemot vīrieti, lai celtu savu pašapziņu. Jāatgādina, ka tā ir svarīga nianse tāpēc, ka sieviete, veicinādama tādus apstākļus, kuros vīrietis justos impotents, zaudē vai riskē pavājināt savu garīgo un fizisko veselību. Tiklīdz falliskā sieviete izjūt sava psiholoģiskā falla apdraudējumu, tā viņa sāk uzbrukt vīrietim, kura ķermenim no dabas ir reāls falls. Viņš atšķirībā no sievietes to var parādīt, un sieviete to apzinās. Iedarboties uz vīrieša potenci ir vienkārši. Falliskā sieviete it kā izaicina vīrieti parādīt sava spēka pārākumu, bet viņas īstais nolūks ir izprovocēt sāncensību, nevis pilnīgot vīrieša dzimumam piemītošās spējas. Vīrieša izpratnē tā ir „kurš kuru" sāncensība, tāpēc viņš izvēlas: atteikties vai iesaistīties šajā konkurencē, turpinādams sevi maldināt, arvien dziļāk ieiedams savas nespējas kompleksos un aizvien lielākā konkurences atkarībā. Vīrietis vēlas uzvarēt vai vismaz panākt fallisko sievieti, bet tā pauž attieksmi, kas devalvē vīrieša centienus un panākumus. Nekas, ko vīrietis darīs, falliskajai sievietei neliksies gana labi.

Reizēm vīrieši pat neiedomājas, kāds ir viņu impotences iemesls. Potence un impotence ir divi tuvu stāvoši vārdi, tie pat varētu būt sinonīmi. Kāpēc? Pēc nozīmes tie ir pretēji vārdi, bet to savstarpējā mijiedarbība varētu būt interesanta – no potences uz impotenci – un otrādi, jo ir iespējams arī no impotenta kļūt par seksuāli spējīgu.

Sievietes bieži neiedomājas, ka viņas varētu būt līdzzinātājas un provokatores šo divu spēju savstarpējā dinamikā. Falliskās sievietes pauž neapmierinātību pret savu vīrieti, zemapziņā uzskatot, ka ir loģiski būt neapmierinātai, un līdz ar to paužot atklātu vēlmi tādai arī būt... Novelt vainu uz vīrieti, šķiet, ir pat objektīvi, jo viņš nav spējīgs un to var skaidri redzēt arī atšķirīgu vizuālo apsvērumu un rezultātu dēļ. Vīrietis, ja vien viņš ir izteikti pašapzinīgs, var nevēlēties sasniegt augstus rezultātus visās dzīves jomās, jo vīrieši ir pārliecināti par sevi un viņiem nav nepieciešami afišējumi. Savukārt falliskajai sievietei sava darba procesa un rezultātu afišēšana ir nepieciešama, lai gūtu pārākuma sajūtu pār vīrieti.

Par vīrieša potenci vai impotenci ir iespējams viegli pārliecināties, jo viņa dzimumorgāni ir ārēji eksponēti. Tos var redzēt. Sākot no dzimumlocekļa līdz pat spermas izdalīšanai. Turpretī sievietes ģenitālijas nav tik uzskatāmi redzamas, un tās ir kā noslēpums. Tās plešas dziļumā un līdz ar to var daudz ko apslēpt, piemēram, savu sievišķo impotenci.

Vīrieša orgasma pazīmes ir pamanāmākas nekā sievietes. Falliskās sievietes savās dzemdēs paslēpj to, ko viņu dvēseles vēlas noklusēt. Nespēdamas identificēt savu sievišķību un atzīt savu nepilnību, viņas mazina vīrieša vērtību viņa paša acīs. Vīrietis neizjūt sevi kā vīriešu dzimumam piederošu, un falls atsakās pildīt sava dzimuma seksuālās funkcijas. Galu galā vīrietis nevar, būdams un juzdamies vīrietis, gulēt ar vīrieti, pats apzināti nenojauzdams šo smalkā un precīzā vēstījuma patiesīgumu.

Falliskā sieviete ir sasniegusi savu zemapziņas aktivizēto mērķi. Viņa uzrāda augstākas aktivitātes spējas nekā viņas partneris. Abi partneri to var arī novērot: sieviete vēlas seksu un izaicina vīrieti, taču viņš neatbild. Vīrietis vēlas, bet nevar sievieti apmierināt. Viņu attiecībās tā varētu būt pēdējā pietura, jo sieviete vīrieša acīs ir nepārspējama, tātad neuzvarama. Viņa visur dominē: savā seksuālajā izskatā, apmeklējot trenažieru zāli, cenšas būt vēl pievilcīgāka un veselāka.

Ja abu bērni jau ir paaugušies un sievietei pietiek laika, gribas un apsviedības virzīties augšup arī pa karjeras kāpnēm, tad viņa to arī dara – vīrietis ne vienmēr rīkosies līdzīgi... Visbeidzot falliskā sieviete ar savām ambīcijām un lielāku algu ir apliecinājusi savu pārākumu arī materiālajā nodrošinātībā. Kamēr vīrs iestudē baletu, jo viņš ir mākslinieks, sieva pēc privātā biznesa vadīšanas nodarbojas ar tehniskas dabas jautājumiem, būvniecību, projektiem, renovējot dzīvojamo māju.

Neviena pasaules nodarbe un profesija neatņem dzimuma identitāti un tās uzdevumus, ja vien pats cilvēks un viņa līdzcilvēki neveicina apstākļus. Falliskas sievietes stereotips – ja vīrietis neeksponē varu, tad viņš šķiet vienkāršāk pieejams, pat apceļams. Dažubrīd šķiet, ka nepraša ar uguni rokās sausā mežā nav tik bīstams, cik izkoptā ļaunuma nodarītā patoloģija.

Kā pazīt fallisku sievieti, aptuvens priekšstats ir izveidots, tagad turpmāk pievērsīsimies pretējā dzimuma vēl kādai vispusīgākai raksturošanai: vīrišķīguma trūkumam pašos vīriešos, vājumam vai gļēvumam, ko tie ieguvuši vai attīstījuši, pateicoties falliskajām sievietēm mātēm: pirmo priekšstatu par sevi mūsu vīrieši gūst savā ģimenē un atrodoties sabiedrībā. Tomēr normāls, veselīgs, psiholoģiskā skatījumā ar fallu apveltīts vīrietis var to zaudēt savas dzīves laikā pamazām jebkurā vecumā un visdažādākajās situācijās un vidē: iestājoties kara dienestā, zaudējot kādā ielas cīņā ar zēniem, pēc neveiksmīga vai pat traumējoša seksuālā kontakta. Cik vien var būt šo psiholoģiski kastrēto vīriešu, tikpat daudz arī var būt iemeslu. Katrs gadījums ir individuāls, un katra situācija – personīga.

Mani novērojumi liecina, ka kļūt kastrētam vīrietim ir tikpat vienkārši, kā kļūt falliskajai sievietei – mūsu platuma grādos dzīvojošo kastrēto vīriešu ir vienlīdz daudz, cik fallisko sieviešu. Vīrieši ietekmējas no sievietes ambiciozās attieksmes, teikto uztverot pārāk tieši. Sievietes savukārt piesavinās arī vīrieša atbildību, kas ar laiku kļūst arvien lielāka un smagāka nasta pašai sievietei, jo viņa nespēj domāt kā vīrietis, viņa spēj tikai iedomāties, kā varētu domāt vīrietis. Ja kāds nav peldējies siltā jūrā, tad maksimālais, ko viņš var iegūt, ir iztēles priekšstats, bet ne pati ūdens pelde. Rezultātā tiek izteikti pārmetumi, jo vienai ir jātiek galā ar daudzajiem pienākumiem. Vīrietis, pamazām traumējoties, kļūst mazspējīgāks un bieži vien vairs nevar uzņemties neko vairāk par elementārām lietām, nespēj nodrošināt un aprūpēt ģimeni, un iebilst sievai.

Falliskās sievietes, kā jau sievietes, reizēm ir perfektas manipulatores. Un otrādi: psiholoģiski kastrēti vīrieši veicina sava stāvokļa pasliktināšanos attiecīgi ar pašu manipulācijām. Pat tie vīrieši, kas ir veiksmīgi biznesa darījumos un ir ideāli ģimenes cilvēki, var izrādīties kastrēti. Viņi varētu būt vēl veiksmīgāki un īstenot savas potences, ja viņu dzīves laikā nebūtu notikusi šī „kastrācija". Reizēm sievietes „sēž uz tā zara, kuru pašas zāģē". Miets, uz kura tās iekārtojušās, ir simboliskais falls. Māte, audzinot puiku, var pacensties un izturēties savādāk, lai nepazemotu un nedevalvētu viņa potenciālu. Otra galējība ir tad, kad māte ar saviem labā vēlējumiem ieņem zēna dzīvē tik lielu vietu, ka viņš vēlāk bez mātes ziņas nav spējīgs nogriezt pat desas šķēli, kas arī ir falliska svastika. Praktiski, ja tēvs ģimenē nereprezentē savu falliskumu, zēns var nonākt pārliekā mātes ietekmē un savā dzīvē atkārtot to pašu, ko viņa miesīgais tēvs: izvēlēties fallisku sievieti, lai pakārtotu sevi viņas interesēm un vajadzībām. Starp citu, vīrietim ir fantāzija par kastrāciju, kas notikusi prātā, emocijās, bet ne fiziskā izpratnē.

Ar vīrišķīgu pašvērtējumu apveltītam vīrietim faktiski nekas nav par grūtu. Uz viņu var un vajag paļauties, uzticēties un ļauties viņam. Sieviete bez falla tā arī darīs un vislabākajā nozīmē pat maksimāli to izmantos visdažādākajās dzīves jomās. Sievietei jau šūpulī ir ielikti tās pirmatnējās dabas instinkti – vēlēties būt pasargātai no visiem dzīves vējiem un būt mīlētai un saudzētai. Tas varētu norādīt, ka sievietei vienmēr nav jābūt neatkarīgai, spēcīgai pārdabiski patstāvīgai, bet gan jājūtas droši pie sava vīrieša pleca, nebaidoties par savām perspektīvām tuvā vai tālā nākotnē, savu vecumu, ārējām pārmaiņām izskatā, klimaksu un vājumu. Ir saprotams, ka vīrietis ļauj sievietei justies droši par tās nākotni, ja tiešām viņam blakus ir sieviete. Tā tam vajadzētu būt. Sievietēm rūp viņu drošība, un otrādi – vīrietis nav radīts, lai dzīvotu un iztiktu bez savas sievietes, jo tā savukārt izpaužas vīrieša drošība. Abi dzimumi ir vajadzīgi viens otram un nespēj produktīvi funkcionēt vienatnē. Protams, tie, kuriem nav izdevies izveidot kopdzīvi, šo apgalvojumu centīsies apstrīdēt.

Rietumu falliskās sievietes izjūt diezgan lielas bažas par savu nākotni. Viņas *uzaudzē* fallu, jo reāli vīriešu aizņemtības un nemākulības dēļ jūtas pamestas novārtā un aizmirstas. Vīrieša loma sievietes dzīvē ideālā gadījumā ir vairāk apgādnieka vai apteksnes. Tādējādi attiecībās ar laiku iezogas ne vīra vai partnera attiecības, bet gan sieviete savu vīru vai draugu sāk uztvert kā draugu, brāli vai dēlu. Zūd iekāre un respekts, seksuālā ieinteresētība un kaisle. Tuvību gribas, bet šis process vairāk ir automātisks, vienveidīgs un gaužām garlaicīgs. Piemēram, ne vienmēr pēc seksuāla kontakta ir jābūt ilgstošiem glāstiem vai sarunām, bet reizi pa reizei par to noteikti ir jāparūpējas.

Daudzas sievietes ir teikušas, ka vīrs pēc kārtējās tuvības aizmieg, skatās televīziju, smēķē vai nododas kādām citām nodarbēm, kas sievieti savukārt aizvaino un mudina domāt, ka viņiem nav pilnvērtīga savstarpēja kontakta, rada nepatīkamu trauksmi vai vilšanos. Šāds situācijas interpretējums ir nozīmīga izkoptā ļaunuma sastāvdaļa, jo veidojas pārpratums, kurš apdraud attiecības nākotnē. Pirmkārt, ir jāpatur prātā, ka sievietei un vīrietim ir atšķirīgs skatījums uz seksu. Otrkārt, partneriem var būt dažāda seksuālā dinamika, treškārt – fiziskais vecums ietekmē partneru seksuālo intensitāti. Tad, kad veidojas šādas situācijas un sieviete izjūt uzmanības trūkumu intīmajās attiecībās, ir jāsāk domāt par vairākiem svarīgiem faktoriem. Ja šādas izjūtas piemeklē falliskā tipa sievietes, tad ir nopietni jāapsver, vai tā nav kārtējā cenšanās „kastrēt" vīrieti seksuālā kontakta laikā vai vēlāk, aizrādot, ka viņš nav pietiekami labs. Tomēr šādām izjūtām var būt arī cits cēlonis.

Kastrēti vīrieši labprāt sev piemeklē falliskās sievietes, kā arī falliskās sievietes *savāc* kastrētos vīriešus. Paanalizējiet savu vai kādu citu darba kolektīvu!... Šāda labprātīga izvēle notiek tāpēc, ka falliskās sievietes virza un norāda, kas un kā ir jādara. Beigu beigās vīrietis pat nevar iedomāties, ka sievietei ir nepieciešams vēl kas papildus fiziskajam kontaktam, jo ir pieradis gaidīt norādījumus un patstāvīgi nedomāt – falliskā sieviete uzņemas ģenerāļa funkciju, bet vīrietis ir kā bandinieks. Kastrēts vīrietis baidās uzņemties atbildību un labprātīgi no tās atsakās. Vīrietis ar fallu nespēs izveidot labas partnerattiecības ar fallisku sievieti, nevis tāpēc, ka to nevēlētos, bet gan tāpēc, ka sievietei to būtu sarežģīti asimilēt. Viņa var vēlēties arī turpmāk pārspēt vīrieti un tādējādi viņu zaudēt.

Tajos gadījumos, kad laulībā apvienojas neirotisks pāris, frustrācija var pastiprināt šo vēlmi un, agresivitātei palielinoties, šādi pāri visu mūžu var pavadīt skandālos un nepamatotos konfliktos, ilgstoši nevarēdami viens bez otra iztikt. Viņš visticamāk izjutīs bailes un līdz ar to – ļoti lielas šaubas. Šādi pāri eksistē, un tas ir unikāli gan viņiem pašiem, gan sabiedrībai kopumā. Jāsaka, ka frustrācija var izrādīties arī veiksmīga, ja sievietei izdodas saprast, ka viņas falls ir tikai psiholoģisks un īstais pieder viņas vīrietim. Tomēr tā notiek tikai tajā gadījumā, ja falliskā sieviete apzinās sava psiholoģiskā falla eksistenci...

Ko sevī ietver falla simbols? Pirmkārt, no tā nav jābaidās ne vīriešiem, ne sievietēm. Falla vēstījums sabiedrībai ir šāds: tas simbolizē spēku, varu, uzņēmību, drosmi, uzdrīkstēšanos, atraktivitāti, mērķtiecību, iespējas, auglību, iekāri, sasniegumus. Bez iepriekš nosauktajām īpašībām nevar nodrošināt individuālo pašrealizāciju. Apzināta un sava dzimuma identitātei atbilstoša fallu simbolizējošo īpašību izmantošana ir nepieciešama patriarhālā sabiedrībā, lai varētu pastāvēt par sevi, nemelot otram, uzņemties atbildību, nodibināt ģimeni un realizēt sevi ģimenē un karjerā. Ja pietrūks falliskuma, tad nebūs perspektīvas, nebūs progresa. Fatālā skatījumā viss būs pārāk grūti: izturēt pārbaudes eksāmenus skolā, nodrošināt stabilu darbavietu, atbildēt uz mīļotā cilvēka jūtām, aizstāvēt savu viedokli, veidot nākotnes plānus utt.

Sabiedrība ir orientēta uz kustību un attīstību, ko nodrošina indivīdu potenciāls. Vīrietim ir jālieto falls, bet sievietei ir jāzina, ka tāds ir. Fallu var un vajag izmantot, bet sievietēm jāatceras, ka viņas nav tā „valkātājas" un viņām nevajadzētu izvirzīt prasības par to, kādam būtu jābūt fallam.

Universālas atbildes uz to, vai kastrēts vīrietis ir spējīgs atgūt savu psiholoģisko fallu vai uzaudzēt to savas dzīves laikā, man nav, bet ir pieredze šādu problēmu risināšanā. Iespējams, ka tā ir viena no pieejām, ar kuras palīdzību efektīvi var sasniegt vēlamo. Ir reāla iespēja, ka falliskā sieviete ir spējīga mazināt sava psiholoģiskā falla ietekmi. Šāda tipa sieviete izjūt savu valdonīgumu, atzīstot savu pārspīlēto tieksanos pēc varas. Tai pašā laikā viņa spēj saglabāt un nepazaudēt savas *vaginālās* priekšrocības.

Mēs visi esam cilvēki, un nekas cilvēcisks mums nav svešs. Varbūt ir vērts vēlreiz pakavēties pārdomās, kas ir un kas nav cilvēka spēkos. Tas, ko var mainīt un pilnveidot, ir jāpauž, lai, klusībā ciešot, neveidotos izkoptais ļaunums. Personas attieksmē pret savām ģenitālijām ir iespējams izzināt un atklāt sākumā tikai šķietamās sadzīves un savstarpējo attiecību domstarpības.

Psiholoģiski izkastrētais vīrietis ir nesalīdzināmi bailīgāks par vīrieti ar fallu. Ja viņš ierunājas par savām seksuālajām attiecībām ar sievu, atstāstot dažus tuvības fragmentus, tad vienmēr uzsver, ka ļoti respektē savu sievu un tāpēc intīmajās attiecībās neuzdrošinās viņai piedāvāt neko citu kā tikai par normu pieņemto. „Kaut kas" virs normālā var izrādīties atruna, lai nenotiktu sekss un tam nesekotu kārtējā vilšanās kā nepatīkams atgādinājums par mazspēju. Indivīdam ir vairāk nekā sarežģīti atzīt savu nespēju. Intuīcija dod mājienus, bet saprāts noliedz, lai neciestu pašapziņa.

Kastrāciju var pārvarēt, ja par seksu ne tikai runā, bet to realizē arī darbībā. Tam ir nepieciešama drosme, kas pati par sevi jau ir falliska iezīme. Ja ar šo iezīmi izdodas satuvināties, var izveidoties jauna, veselīga pieredze, kas ir nepieciešama, lai aizstātu veco. Iedomāsimies situāciju, kad vīrietis savai sievai pirmo reizi pauž savas patiesās seksuālās vēlmes, neesot vairs jaunam un ar ilgu kopdzīves stāžu. Sievietes reakcija var būt divējāda: noraidoša vai akceptējoša. Ko var gribēt vīrietis? Laikam jau tik, cik ir vīriešu, ir arī interešu, tāpat tik, cik ir sieviešu, ir atbildes reakciju, interpretāciju un nosacījumu. Tad kad tas notiek pirmo reizi, vienmēr tas izskanēs kā jaunums. Reizēm sievietes ir perversākas savās fantāzijās nekā vīrieši, jo bailēs būt kastrētas, mazspējīgas pārmērīgi pašpilnveido iztēli, kas iznākumā veido greizsirdību, paranoīdas sajūtas un skaudību, mīnuszīmi sevī neatkarīgi no vecuma. Vīrietim tāpat kā sievietei nav svešs cilvēciskais. Vīrietis, kurš vēlas *draudzēties* ar fallu, psiholoģiski neatsakoties no tā, kas ir piederošs un pazīstams, noraidošo attieksmi neuztvers personīgi, jo otram cilvēkam var būt arī pamatots atteikuma iemesls, kas nav saistīts ar konkrēto vīrieti, bet izpaužas viņu savstarpējās attiecībās. Piemēram, atmiņas par bijušo mīļāko, kas liek emocijām saviļņoties priekā vai aizvainojumā; pašai nepievilcīgas ķermeņa formas; aina no pornofilmas; veselība vai garastāvoklis. Akcepts vīrietim ir daudznozīmīgs signāls, un viņš to var radoši interpretēt pēc savas sirds patikas. Akcepts ir kā mūza – iedvesma dzīves pilnveidošanai. Piekrišana ir papildu apstiprinājums tam, ka ar vīrieša fallu viss ir vislabākajā kārtībā, kā jau to viņš bija nojautis. Tomēr ir patīkami vēlreiz pārliecināties, ka viņš ir pievilcīgs, spēcīgs, gudrs un interesants un, apveltīts ar šīm kvalitātēm, spēj iegūt sievieti, tātad – pasauli. Šāds vīrietis nenomaldīsies mežā, bet, ja tā tomēr notiks, atradīs ceļu atpakaļ pie savas sievietes.

Ja sieviete ir citādās domās, tad vīrietim tas ir materiāls interpretācijām. Noticēt sev vai viņai? Var gadīties abējādi. Reizēm izvēle ir atkarīga no bērnībā redzētā.

Iepriekš mēs runājām par fallisko un kastrēto vīrieti un par to, ka arī sievietes mēdz būt falliskas un izjust savu kastrāciju. Runājām arī par šo pāru savstarpējām attiecībām un mijiedarbību. Šajā sakarā es vēl gribētu pieminēt tāda tipa vīriešus, kuri visur centīsies „iebāzt degunu". Viņi nevar palaist garām nevienu sievieti. Un otrādi: ir sievietes, kas nav spējīgas atteikt seksu nevienam vīrietim. Analizējot seksuālo piesātināmību un spēju brīvi kontaktēties, varētu rasties priekšstats, ka tādiem cilvēkiem ir sveša cīņa par fallu un kastrācijas frustrācija. Tomēr tā nav, no malas var šķist, ka partneru biežā rotācija ir apzināta, biežāk gan tā nav, un agri vai vēlu tiks ciests fiasko. Sekas būs sāpīgas, iekšējā frustrācija un aizgājušais laiks draud padziļināt pārdzīvojumu.

Atcerēsimies, ka bailes liek cilvēkiem izpausties dažādi! Ja otra cilvēka uzvedība mums šķiet sveša, tas nenozīmē, ka viņš nejūt to pašu, ko mēs. Iedomāsimies, ka jums ir pazudis kāds mājdzīvnieks, kurš jau vairākas dienas nav atgriezies mājās! Tikai paziņas un kaimiņi reizēm piezvana, lai pateiktu, ka mazais klaidonis, iespējams, ir redzēts tuvējā apkārtnē. Ja jums šis dzīvnieks būs svarīgs, jūs centīsieties viņu atrast – ievietosiet sludinājumus, izplatīsiet meklēšanai noderīgu informāciju u.c. Meklēšanā visticamāk piedalīsies arī jūsu bērni. Kā jūs domājat: kurš vairāk cieš no šī notikuma – bērni vai pieaugušie? Mēs to nevaram zināt un nekad arī neuzzināsim, jo nezinām, cik nozīmīgs mājdzīvnieks ir katram ģimenes loceklim, nezināsim arī, kas kuram piederēja... Toties mēs varam būt pārliecināti, ka bērni raudādami izpaudīs savas sāpes, kamēr pieaugušie klusēs, pārdzīvodami sevī. Bērni, neredzot savu vecāku asaras, var secināt, ka viņiem pazudušais zvēriņš nemaz nav bijis mīļš, tāpēc, būdami pārliecināti par savu secinājumu, var likt vecākiem aktīvāk nodoties viņu mīluļa meklēšanā. Vecāki savukārt uz šādu pamudinājumu var reaģēt atšķirīgi. Klaigas vai asaru liešana var vairot dusmas uz bezcerīgo situāciju, kura pašos vairo sāpes, tikai pieaugušam būtu jāmāk apdzīvot tās savādāk, jo viņš ir psiholoģiski spēcīgāks. Vienalga – sieviete vai vīrietis, ja viņi nejutīsies laimīgi, tad ne vienmēr afišēs savu noskaņojumu, bet centīsies apslēpt no sevis un citiem, rīkojoties neatbilstoši savām izjūtām.

Aprakstītajās situācijās pārdzīvojumi, iespējams, ir līdzīgi, bet emociju izpausmes ir dažādas. Kopsakarības starp noklīdušo dzīvnieku un cilvēku abās situācijās ir identificējamas, visās mēs pieminam emocijas. Galvenais objekts ir jūtas un psihes moduļi. Kādam nepārliecinātība par savu fallu un tā vietu un nozīmi viņa dzīvē var izrādīties vēl lielāka traģēdija, nekā tas izskatās no malas. Cits turpretim apgalvos, ka pieķeršanās dzīvniekam ir svarīgāka nodarbe, nekā meklēt mīlestību un atzinību kaut kur ārpus esošās sistēmas. Skaidrs: cik variantu, tik interpretāciju un izskaidrojumu, svarīgi, lai tie būtu pēc iespējas tuvāk īstenībai. Sieviete seksā var izjust to, kā viņai reāli nemaz nav! Piemēram, falliskā tipa sieviete vēlas seksu, ar kura starpniecību viņa parāda, ka ir tā, kura izvēlas savu partneri. Viņa uzskata, ka ir tā, kura iegūst. Sieviete jūtas kā noteicēja (tā, kura iegūst), kaut patiesībā vīrietis ir tas, kurš iegūst viņu, bet sievietei nav izdevīgi noticēt realitātei, ne tikai psihoemocionālajai, bet arī fiziskajai.

Ar vīrieti var būt līdzīgi, tomēr tikai nosacīti, jo viņam jāapstrīd apgalvojums, ka viņš nedara to, ko patiesībā dara. Jāpārliecina sevi, ka sieviete ir agresīvāka par pašu. Ja doma „es varu paņemt jebkuru sievieti" nav dziļi vīrieša pārliecībā, kaut kas iekšēji liek to apstrīdēt, tad tā ir viena no kastrācijas pazīmēm. Nobriedušam indivīdam nāktos saprast, ka pastāv attiecības, mīlestība, intereses, simpātijas, tātad virkne iebildumu vai prasību, kuras ietekmē seksuālā partnera izvēli. Galvenā ideja nav morālē, bet instinktā. Piemēram, jebkurš juteklisks dzīvnieks apzinās, ka pretējā dzimuma savas sugas pārstāvji pēc definīcijas ir viņam pieņemami. Tā kā cilvēki baidās no savām jūtām un jūtas apspiesti, saprotams, ka savas seksualitātes nepārzināšana ievieš negatīvu trauksmi. Parupji, bet precīzi – neviens kaķis neapšaubīs iespējamo iespaidu uz jebkuru kaķeni, arī viņa nenoliegs iespējamību ieinteresēt katru runci, jo abi iepriekš apzinās ierobežojumus un neapšauba savu identitāti pat tad, kad kāzas nav iespējamas. Tā kā šaubas veicina frustrāciju, tad viens no variantiem ir censties pārliecināt sevi, ka tā nav. Ja ir vēlēšanās to papildus apliecināt arī ārēji, tad hipotētiski eksistē iekšējas bailes no kastrācijas.Uz ko tieši vīrietis reaģē? Kas ir tas, kā viņam reāli nav? Vai viņš reaģē uz savu *falšo* pārliecību par sevi?... Atbilde ir nešaubīga – jā!

Ikvienam pārdzīvojumam, kurš nav apzināts un izdzīvots, ir sekas. Tādējādi veidojas ļoti daudz mikrotraumu. Šīs traumatiskās izjūtas rada nākamo pārdzīvojumu virkni, šķiet, ka izjūtās izveidojas un sāk darboties mehānisms, kas aizvien vairāk un vairāk un arvien ar lielāku spēku palielina mūsu jūtību pret pārdzīvojumiem. Ciešanu profesionālis. Kādi dzīvo, bet citi cieš. Viens dodas laulībā, otrs pārdzīvojumos. Indivīds pats *uzraujas* uz nepatikšanām, izprovocējot pasauli un tās iemītniekus. Piemēram, mēs varam, ja mums ir tāda tendence, aizvien vairāk nosliekties uz skumjām, agresiju, apātiju, īgnumu un atriebību. Tā izpaužas mūsu izkoptais ļaunums– savdabīga cietsirdība, kas nav radusies mūsos piedzimstot, bet kuru mēs kultivējam un tikai paši pavairojam šīs izjūtas kā mikrobus. Uz cilvēka ādas to ir pietiekami daudz; kad pazeminās imunitāte, bacilis uzņemas līdera pozīcijas, apspiežot veselo organismu. Baktērijas ir dzīvotspējīgas, tām nav nepieciešams intelekts, jo tās gaida momentu, lai izmantotu situāciju, kad cilvēks ir psiholoģiski pazemots, jūtas nedrošs, vājš, sāpināts. Tad viņš savā aizvainojumā un vientulībā ir pieejamāks izkoptam ļaunumam. Šāds stāvoklis cilvēkam var ilgt minūti un var ilgt visu atlikušo mūžu. Iedomājieties, ja ietekmēšanās norisinās gadu desmitiem, par ko pārvēršas viņa dzīve. Iespējas un prognozes visdažādākās. Ne visos gadījumos nepieciešama psihoterapija, lai atbrīvotos no sava ļaunuma: par dažādām konkrētām metodēm, kas varētu palīdzēt brīvprātīgi un motivēti atteikties no ļaunuma, kurš ir posts visam labajam, es stāstīšu šīs grāmatas noslēguma lappusēs.

ĻAUNUMA FIZISKĀS IEZĪMES

Pazīmes, simptomi

Nebūšu liekulīga pret lasītāju, ja teikšu, ka visa psihosomatika ir saistīta ar emocionālo diskomfortu. Visi emocionālie traucējumi atspoguļojas fiziskajā veselībā un mūsu slimību vēsturēs. Ar savām greizajām domām mēs provocējam fizisko ķermeni just sāpes un slimot. Fiziskais ķermenis šķobās līdzi mūsu emocijām, un mainās līdzsvars. Atliek tikai noskatīties, ka uz kādu pusi veidojas disbalanss.

Pēc psihosomatiskās teorijas katrs orgāns ir saistīts ar emocionālajiem pārdzīvojumiem. Piemēram, muguras sāpes var būt dažādas, bet pamatā tās saistās ar iekšējās stabilitātes trūkumu; smaguma sajūta plecos – ar nomācošām rūpēm, pārāk lielām grūtībām; sāpes krustos, kas liek saliekties augumam, signalizē par pārāk lielu piekāpšanos un izturības trūkumu. Galvas sāpes pauž: „Par daudz pretrunu, ar kurām man ir jātiek galā!" Tās nav vienādas: sāpes pieres daļā varētu izteikt stūrgalvīgu „sišanos pret sienu" dzīvē, sāpes deniņos – cilvēks cieš no perfekcionisma un vēlmes būt pareizam citu acīs. Tas ir saspīlējums, kas dun galvā, laiku pa laikam konvulsīvi atgādinot, ka indivīda domas ir samākslotas, ka pietrūkst dabiskuma un cieņas pret sevi... Arī asinsspiediens atklāj mūsu emocijas un vajadzības. Augsts asinsspiediens parāda, ka pašreizējā vieta mums ir par mazu vai šauru. Asinis vēlas ritēt straujāk un ātrāk, bet tām mūsu asinsvados pietrūkst vietas. Mūsu ambīcijas netiek apmierinātas. Hipertonijas riska grupā ietilpst vīrieši vecumā no četrdesmit līdz piecdesmit gadiem. Tas ir vērā ņemams fakts, jo ir saistīts ar kārtējo vecumposma krīzi. Hipotonija – pazemināts asinsspiediens – ir pārguruma pazīme.

Atminēsimies, ka varam nogurt arī paši no sevis! Ar imunitātes pazemināšanos ir saistītas dažādas alerģijas – organisms nav spējīgs pretoties, un tas pats notiek arī ar mūsu emocijām. Piemēram: bērnam slimības ir jāizslimo bērnībā, lai veidotos imunitāte. Tādējādi viņš arī norūdīsies pret nākotnes agresīvajām slimībām. Izplatītākais laiks, kad bērni sāk slimot, nav saistīts ar gadalaiku, bet gan ar jauniem sociāliem kontaktiem. Kad bērns sāk apmeklēt bērnudārzu, interešu grupas vai skolu, viņa dzīvē sākas emocionāli sarežģīts posms. Bērna mazajā pasaulītē, kurā daudzos gadījumos līdz šim ir bijusi tikai mamma, tētis un viņš pats, ienāk svešas attieksmes un situācijas. Tādam mazulim-attiecību iesācējam varētu šķist, ka visa lielā pasaule gāžas tam virsū! Pieredzes gandrīz nav, un to uzkrāt tik ātri nav iespējams. Piedzīvotajās situācijās atklājas likumi, kuros jāatrod kopsakarība ar sevi pašu. Lai to izdarītu neforsējot, ir nepieciešams laiks. Visoptimālākā izeja, lai varētu sistematizēt jauno informāciju, ir paslimot. Šajā vecumā tā ir pat psiholoģiski veselīga aizsardzība, lai netraumētu psihi, bet nobriestu un sagatavotos nākamajam informatīvajam blokam. Bērnam šādā vecumā katru dienu atgadās kaut kas jauns, piemēram, skolotāja ir jaunās drēbēs, krēsls neatrodas vecajā vietā, pusdienas tiek pasniegtas par ātru, un par to visu ir aktīvi jādomā! Diendusa ir paredzēts tieši tam, lai bērna smadzenes atpūstos. Bērns atsakās no diendusas tad, kad ir spējīgs uzņemt lielāku informācijas daudzumu un ir izveidojis savus priekšstatus. Varbūt esat ievērojuši, ka vieni un tie paši bērni atšķirīgi spēlējas ar citiem sava vecuma rotaļu biedriem: mājās, pagalmā, rotaļu laukumā, pludmalē, bērnudārzā u.c. Tas notiek tāpēc, ka vieniem bērniem psiholoģiskais komforts veidojas, savukārt citiem – neveidojas.

Ko tad īsti sevī ietver psiholoģiskā komforta jēdziens? Šajā piemērā – to, ka bērns ir gatavs pieņemt to emocionālo saskarsmi, kurai ir sagatavots, lai varētu tālāk produktīvi attīstīties. Ja mazulis vēl nav gatavs kopējā rotaļu laikā dalīties ar savām spēļmantām un ja tas viņu negatīvi satrauc, tad visticamāk viņš vēl nav apguvis otra respektēšanu. Otru reizi savu rotaļu biedru bērns nevēlēsies satikt, jo nav jēgas spēlēties, ja neizdodas. Rotaļa neiznāk, jo ir kliegšana, spiegšana, raudāšana un kaušanās.

Izkoptais ļaunums izpaužas tad, kad bērnam uzspiež saprast to, kas pašreiz nesaskan ar viņa iekšējo dzīves apguves programmu. Viss notiks, bet katram savā secībā un ātrumā! Psihe ir ļoti skaidrs un harmonisks mehānisms. Tā darbojas tā, lai pilnīgotos un attīstītos pēc noteiktiem dabas un iekšējās attīstības likumiem. Ja vecāki uzspiež bērnam saprast to, kas vēl nav dabiski apgūstams, cieš bērna garīgā un fiziskā veselība. Tad, kad mazulis sāk pretoties tam, kas šobrīd šķiet lieks, vecāki arvien biežāk sāk moralizēt un viņu diskreditēt, dažos gadījumos pat citu pieaugušo vai bērnu klātbūtnē, saukdami to par audzināšanas procesu. Vecāki ļoti baidās, ka viņu bērns varētu būt neaudzināts. Tā varētu būt, bet tas nav attiecināms uz nākamo piemēru, jo emocionālā gatavība un bērna audzināšana nav viens un tas pats.

Pie četrgadīgas meitenītes ciemos atbrauca divgadīgs puisēns. Meitenes istaba bija kārtīgi uzkopta. Lietas, ar kurām viņa spēlējās, bija novietotas viņas noteiktā kārtībā. Katru reizi, kad meitene bija beigusi spēlēties, viņa uzreiz, savas gribas vadīta, rotaļlietas novietoja iepriekšējā vietā. Bet puisēna rīcība atšķīrās: visas mantas, kas tajā brīdi bija pieejamas, viņš ātri centās ielikt pie savām līdzpaņemtajām mantām. To darot, viņš skaļi paziņoja, ka visu vedīšot uz savām mājām. Tad, kad mazā meitene centās atgūt savas mantas, zēns uzsāka kautiņu un sāka kost meitenei. Protams, ka tika nodarītas sāpes un meitene sāka raudāt. Pārdzīvojums saistījās ne tikai ar sāpēm, bet arī ar pašu konfliktu. Uz troksni atsaucās bērnu vecāki: meitenes māte pārdzīvoja, ka viņas bērns var izaugt par egoistu, jo nemāk dalīties ar citiem bērniem, bet zēna tēvs bija satraucies par to, ka viņa bērns savukārt varētu izaugt par zagli un kausli. Maldīgi ir uzskatīt, ka tādu apgalvojumu īstenošanos dzīvē veicina šādi un līdzīgi starpgadījumi. Bērnu vecuma atšķirība jau mums pasaka priekšā, ka abiem bērniem ir atšķirīgs arī psiholoģiskais briedums. Četrgadīgajam bērnam ir neiespējami saprast, ka divgadīgais bērns ir mazāks un tāpēc šādi rīkojas, kā arī to, ka viņš vēl īsti nemāk runāt un mantas nekur netiks aizvestas prom. Meitenīte šādā vecumā vēl tic, ka šāda agresīva rīcība atbilst patiesībai, viņa vēl nevar zināt, ka agresija izpaužas no iekšējas nepārliecinātības un bailēm no sava veida „kastrācijas" – palikšanas bez mantām.

Cilvēki atzīst, ka savas dzīves apzinātajā vecumā viņi ir jutuši dažādas fiziskas un nepatīkamas disfunkcijas un bijuši tādas pašas izvēles priekšā kā daudzi citi: paciest sāpes vai sniegties pēc pretsāpju tabletes. Gandrīz neviens mūsdienās vēl nav izticis bez medicīniskās palīdzības vai medikamentu lietošanas. Ja ir paredzēta operācija, tad bez anestēzijas iztikt būtu neiespējami, tomēr tad, kad sāp galva, var rīkoties dažādi. Tās kaites, kuras nevar diagnosticēt, biežāk tiek klasificētas kā psihosomatiskās slimības. Mediķi reizēm raksta: „Veģetatīvās nervu sistēmas traucējumi", un slimniekam, izlasot šādu diagnozi, ir grūti saprast saikni starp nervu darbības traucējumiem un traucējošajām sāpēm nierēs. Kāda tad būtu nervu un nieru darbības savstarpējā saikne? Ja neizdodas atrast vienojošo, var griezties pie cita ārsta, kurš tikpat labi var sniegt tādu pašu diagnozi, kā arī noliegt iepriekšējā ārsta secinājumus. Mēdz būt dažādi. Nierei tiešām var nebūt saistība ar psihosomatiku, jo orgāna sāpes var izraisīt arī kāds autonoms cēlonis, kā arī tendence slimot.

Mūsdienu zināšanas par cilvēku ir augstas. Mēs varam mantot un arī mantojam vecāku gēnus, kas atrodas ciešā mijiedarbībā ar psiholoģiskajiem procesiem. Šajā gadījumā niere var būt kā „dzimtas vēstījuma" orgāns. Kaut kas kopējs un vienojošs, ko neapzināti pārmanto. Psihoterapijas iespējās ir atklāt un novērst to, lai diagnoze netiktu nodota nākamajām paaudzēm. Dažādu psihoterapijas virzienu praksē ir zināmi pietiekami daudz tādu veiksmīgu gadījumu. Šādi rezultatīvi piemēri ir aprakstīti ne tikai zinātniskajos izdevumos, arī daiļliteratūrā jūs varat atrast līdzīgus aprakstus, noteikti ir vērts pieminēt kaut vai kā franču izcelsmes rakstniece K.Dāla dalās pieredzē ar lasītājiem vienā no savām grāmatām. Romāna galvenajai varonei draudēja letāla slimība, kuru viņai ar psihoterapeita starpniecību izdevās izzināt un novērst, tādējādi apturot neapzināti iegūto „paaudžu vēstījumu" plūsmu.

Mēs jau runājām par to, ka katram no mums ir atšķirīga iedzimtība... Dziļas zobu saknes un lieli zobi, kuriem ir pagrūti satilpt mazā žoklītī – zobi no tēva, bet žoklis no mātes. Tēvs, dāsni dāvādams zobus, nav līdzi iedevis atbilstoša lieluma žokli, iespējams, gribēdams būt pieklājīgs un atstājis iespēju tos nokomplektēt sieviņai.

Var izskaitļot, tuvinoties zīlēšanas jomai, savstarpējo attiecību un iedzimtības tendences, bet ne psihosomatiku, kas ir zinātniski pētīta un aprakstīta. Psihosomatika sākas tur, kur beidzas objektīvi medicīniski secinājumi. Ir arī hroniskas saslimšanas, kas progresē ieilguša psihosomatiska stāvokļa dēļ.

Tā kā savā miesā un garā esam vienoti, jau iepriekš varam nojaust, ka cēlonis slēpjas nevis mūsu ķermenī, bet gan izjūtās un uztverē. Gadiem ilgi cilvēki jūtas īgni un neapmierināti, sievietes *burkšķ* uz saviem vīriem un bērniem. Smaida tikai tad, kad to pieprasa situācija. Ja jāatbrīvo seja no sasprindzinājuma, tad to gandrīz vairs nevar izdarīt. Arī apģērbs, kuru valkā, nekad īsti nepiestāv un matu sakārtojums neizskatās tā, kā gribētos... Formāli viss norisinās, bet ķermenī nav dzirksts. Vīriešiem arī ir raksturīgas līdzīgas izpausmes. Viņi mēdz būt tikpat ērcīgi kā sievietes, un arī viņiem pašiem mēdz būt nepatīkamas izjūtas, uz sevi noraugoties spogulī pat tad, ja ir sakopts izskats. Vīrieši arī vēlas šo dzirksti. Mūsu ķermeņiem piemīt atmiņas spējas – tāpat kā prātam. Prāts atceras skolas laikā iemācītu dzejolīti, bet ķermenis – ieradumus, komforta vai diskomforta sajūtu, vingrumu, smagumu, aukstumu, karstumu. Protams, tam visam ir sakars ar smadzeņu darbību, bet šī informācija nonāk smadzenēs arī caur ķermeni. Jūs ar savu ķermeni pieskaraties bērniņam, sajūtot tā siltumu, un smadzenēs veidojas atpazīstamība. Modernie automobiļi ir aprīkoti ar šofera fiziskā ķermeņa valodu. Dators pazīst šoferi un noregulē sēdekli.

Gribētu turpināt ideju par to, kas var būt mazāk pētīts. Ne jau to, ka smadzenes dod impulsu ķermenim, bet, ka ķermenis arī sniedz informāciju smadzenēm. Kāpēc tas būtu nepieciešams? Tāpēc, ka ir lietas, kas ne vienmēr pakļaujas pietiekamam zinātniskam izskaidrojumam. Tas ir geštalts.

Ja nav ķermeniskās pieredzes, tad nevar izprast savas vēlmes un vajadzības. Piemēram, jūs neesat guvuši ķermenisku baudu pie masiera, tad diez vai jūs tieksieties pieteikt vizīti pie tā nākamreiz. Ja neesat kaut ko baudījuši, jums to ķermeniski vienkārši nevar sagribēties! Ja jums nav bijis baudāma seksa, tad šo tematu jūs varētu uzskatīt vienkārši par laikmeta kaprīzi. Ķermeņa kūtrums liek domāt par to, ka tam trūkst jaunu pārdzīvojumu. Pamēģiniet sākt regulāri vingrot, peldēt, skriet, ar vienu vārdu sakot, kustēties, un jūs pamanīsiet: pirmkārt, jūs bez šīm kustībām vairs nevarēsiet iedomāties savu turpmāko dzīvi, otrkārt, jūsu intelektuālais potenciāls paaugstināsies. Vingrojumi sniedz informāciju smadzenēm: jūs izpildāt arvien sarežģītākas kustības, kas savukārt sekmē redzesloka paplašināšanos. Anatomiski jūs nesaslēdzat, kas īsti notiek un ar kādām muskuļu grupām notiek procesi, tādēļ, ka jūsu uzdevums ir izpildīt vingrojumu pēc iespējas precīzāk vai lai apmierinātu sevī vajadzību kustēties.

Jūs kustaties, un jums ir labi. Jums nevajadzētu nodarbināt tikai prātu, ja tas ir iespējams, bet arī ķermeni. Bērniem īpaši iesaka nodarboties ar sportu, jo tas attīsta un norūda. Fiziskais ķermenis ir ļoti gudrs – tas ir kā izcils dators, un šajā mehānismā ir jāprot ieklausīties. Pamēģiniet nodoties radošām idejām attiecībā uz savu ķermeni! Novietojiet sev priekšā krēslu un apsēdieties tam pretim! Jūsu uzdevums ir izzināt, kāpēc jūsu ķermenis nav priecīgs un laimīgs. Ir nepieciešams atjaunot par vāju kļuvušo dialogu starp ķermeni un prātu. Lūgums nejaukt ar smadzeņu darbību un neiroloģiju! Prāts ir tas, ko savās tēzēs min filozofi!

Viena no vienkāršākajām metodēm, kuru, lai nostiprinātu emocionālo sadarbību starp ķermeni un prātu, patstāvīgi var izmantot ikviens... Sākumā parūpējieties, lai jūs neviens kādu laiku netraucē! Izslēdziet savu telefonu, aizveriet durvis un, ja jums tīk, ieslēdziet mūziku. Paņemiet to pašu krēslu un ļaujieties noskaņai! Visas domas, kas jūs apmeklē, ir noteiktā sistēmā loģiskas. Vārdi var šķist nesakarīgi un savstarpēji nesavirknējami, tomēr tajos ir saskatāma kopsakarība, kuru ir nepieciešams apzināties. Nesteidzieties, ja vārdi nebirst paši no sevis un neapturiet sevi, ja tie plūst aumaļām! Instruktāža ir notikusi, un jūs jau nojaušat, ka pretī jums it kā ir izvietojies ķermenis. Uzdevums ir to vizualizēt un izcelt neparasto, interesanto vai sen zināmo.

Ievelciet elpu un nesteidzieties, jo jūs sagaida abpusēji nopietna saruna. Mērķis ir dzirksts atgriešana fiziskajam ķermenim... Jūs varat tieši tā vai arī savādāk pajautāt. Kāpēc es slimoju? Kāpēc nevingroju? Kāpēc neesmu ķermeniski priecīgs? Kāpēc mans ķermenis nevēlas tuvību ar citu ķermeni?

Nākamais svarīgais uzdevums ir sagaidīt atbildi. Lai to nodrošinātu, var apmainīties vietām. Tur, kur sēdējāt jūs, lai „apsēžas" ķermenis un otrādi. Šāda mini psihodrāma var sniegt pirmo motivāciju vairāk par sevi interesēties. Protams, pašanalīze nav viennozīmīgs process, tai ir savi plusi un arī mīnusi, bet caur to „mājas apstākļos" var iegūt kaut nelielu pamudinājumu un priekšstatu.

Ja jums šāda saskarsmes forma ar ķermeni nav pieņemama vai šķiet pārlieku sarežģīta vai neinteresanta, tad apsēdieties un uzrakstiet savam ķermenim vēstuli un tad, kad tā būs gatava, „nosūtiet" to adresātam, respektīvi, sev. Atverot to, lasiet tā, it kā šo vēstuli jūs nemaz nebūtu rakstījis un redzētu pirmo reizi.

Lai komunikācija būtu veiksmīga un abpusēja, esiet tik laipni un uzrakstiet savu atbildi! Saņemto sūtījumu pārlasiet vairākas reizes, jo tajā ir rodama atbilde uz to, kur ir palikusi dzirksts un kā to savā ķermenī atrast un sajust. No tā ir atkarīga jūsu dzīves kvalitāte. Tas var veicināt vairāk pievērsties sev un risināt problēmas, pirmkārt, izprotot savu ķermeni – emociju un jūtu mītni. Protams, pie ārstiem ir jāiet, bet tie jāapmeklē kā profesionāļi, rodot atbildes uz konkrētiem jautājumiem, nevis jācer saņemt tēva un mātes mīlestība.

Šāda vēstule nevar atrisināt problēmu, bet tās rakstīšana ir kā sagatavošanās ārsta profesionāļa apmeklējumam. Publiskā atpakaļsaite tiks sniegta, bet ierobežotā analītiskajā daudzumā, lai lasītājam veicinātu patstāvīgu domu gaitu, sniegtu priekšstatu par metodiskajām pieejām. Tomēr nekādā gadījumā nedrīkst autora interpretāciju uztvert kā šablonu vai terapeitisko universālo sesiju!

Citēšu dažas rindas no vēstules, kas tika adresēta kādam ķermenim. Vēstules autore Rigonda ir devusi savu piekrišanu publiskot vēstules tekstu ar vienu nolūku – lai saņemtu analīzi un komentārus no speciālista.

Situācijas apraksts: Rigondai ir četrdesmit septiņi gadi, no kuriem divdesmit piecus viņa ir aizvadījusi laulībā ar vienu vīrieti. Šīs kopdzīves laikā ir piedzimuši divi bērni, kas vairs nedzīvo kopā ar vecākiem. Viņa kopumā ir apmierināta ar savu privāto dzīvi un darbu, bet divos pēdējos gados ir vērojami pastāvīgi ginekoloģiska rakstura iekaisumi. Tikko tie pāriet, tā pēc neilga laika atkal atgriežas vienā un tajā pašā vietā. Rigondu šī situācija sāka uztraukt, un viņa nolēma vairs neapmeklēt ārstējošo ārstu, kurš nevarēja nodrošināt vēlamo – izveseļošanos. Viņa sāka domāt par savādāku palīdzību sev. Kādā vasaras pēcpusdienā sieviete ļāvās savam individuālajam eksperimentam, kā liecinieku pieaicinot vīru, lai būtu kāds, kurš pieraksta viņas pašterapijas laikā izteiktos vārdus. Vēstule tika diktēta, un tad, kad tā bija pabeigta, vīrs to salocīja, ielika aploksnē un nodeva sievai, lai viņa varētu vienatnē to izlasīt. Vēstules saturs bija šāds:

„Esi sveicināts, mans ķermeni! Visu savu apzināto mūžu es esmu ar Tevi bijusi uz „tu". Nedaudz formalitātes attiecībām netraucē, bet pēdējā laikā es novēroju, ka Tu esi kļuvis neatkarīgs un darbojies pēc man nezināmiem principiem! Secinu, ka Tev kaut kas nepatīk, jo visu laiku Tu rūgsti un izdali no dzemdes kakliņa masu ar nepatīkamu smaku. Esmu mēģinājusi par Tevi rūpēties, un man ir palīdzējuši mediķi, bet Tu esi kļuvis pārlieku *cimperlīgs* un jūtīgs. Ja jau vēlies kādu īpašu attieksmi, tad es gribu uzzināt, kas konkrēti Tev ir nepieciešams no manis? Nepacietīgi gaidot atbildi un cerot uz sadarbību, Tava tuvākā būtne Rigonda."

Vēstules autore stāstīja, ka pēc šīs vēstules izlasīšanas sākumā neko neesot varējusi saprast. Viņai šķitis, ka tā ir izmisuma pazīme – rakstīt vēstuli savam ķermenim un cerēt uz to, ka uzdotais jautājums sniegs atbildi, jo pārlasot vēstuli vēlreiz un vēlreiz, viņai nebija izdevies absolūti neko jaunu uzzināt, lai varētu sagatavoties vizītei pie cita ārsta. Rigonda nolēma, ka labāk par šo „daiļdarbu" ir aizmirst, un pievērsās nopietnām, veselību uzlabojošām programmām. Domāts – darīts! Vēstule tika iemesta atvilktnē un aizmirsta.

Pagāja vēl divi gadi. Veselība nepasliktinājās, bet nebija arī nekādu pozitīvu pārmaiņu. Līdz kādu dienu sieviete atcerējās par sen rakstīto vēstuli un, intereses dzīta, to pārlasīja vēl reizi. Šoreiz viņai bija motivācija atbildēt no sava ķermeņa redzējuma:

„Esi sveicināta arī Tu, Rigonda! Interesanti, ka Tu tomēr mani atceries, jo, šķiet, ir pagājuši divi gadi, kopš esmu saņēmis Tavu vēstuli. Kā redzi, atbildēt uz Tavu jautājumu varu tikai tagad. Negribu Tevi aizvainot, bet daži Tevis uzrakstītie vārdi man šķiet aizvainojoši – „rūgt", „smaka"... Gribu darīt Tev zināmu, ka es nerūgstu un nesmakoju, ja vien Tu man to neliec darīt! Tu esi ne tikai pirmās vēstules autore, bet raksti arī manu atbildi! Neesmu runīgs, tāpēc ceru, ka Tu sapratīsi galveno domu, kuru gribēju Tev nodot. Ar cieņu, Ķermenis."

Otrā vēstule tapa ātri, izrādījās, ka arī trešo nebija grūti uzrakstīt. Atbilde bija šāda:

„Labdien, Ķermeni! Manī kņud skudriņas. Es ar visiem nervu galiņiem jūtu, ka vēstule ir nākusi no vīrieša. Mani fascinē Tavas domas kodolīgums un pašcieņa, jo Tu runā par sevi atklāti. Tu noteikti esi vīrietis, un Tavā vēstulē slēpjas sens aizvainojums, kuru Tev ir svarīgi nokārtot ar sievieti – mani. Jūtu, ka Tavs rakstīšanas stils ir pat erotisks. Nekad nebiju iedomājusies, ka teksts var tā uzbudināt! Es gribu Tev atbildēt ne tikai rakstiski, bet arī fiziski. Es sajūtu Tavas ādas smaržu, muskuļus un ķermeņa masu. Ja vien es to varētu, es līdzīgi kā dejā uzlūgtu Tevi uz seksu! Nepacietībā gaidot atbildi, Tava!"

Pildspalva no papīra nenoslīdēja, jo, pārlasot trešo vēstuli, Rigonda uzreiz ķērās pie atbildes rakstīšanas:

„Sveika, Dārgā! Izrādās, arī es esmu impulsīvs, bet Tu biji mani nomākusi! Izmantoji, lietoji, regulēji, izteici komentārus un kritizēji! Un tas sākās jau sen! Tad, kad es Tev piedāvāju tuvību, Tu vienmēr atradi iemeslus, aizbildinādamās ar ko svarīgāku... Tu zini labāk par mani, ka tos vienmēr var atrast: nogurums, slikts garastāvoklis, greizsirdības lēkmes un neērta gulta. Tomēr jāatzīst, ka visu mūsu kopdzīves laiku tā nebija. Pēc mūsu kopējo bērnu dzimšanas Tu kļuvi vēsa un man nesasniedzama. Tieši tad Tu sāki no manis attālināties, kaut vienmēr esmu Tevi vēlējies un gribu arī tagad pat vairāk nekā toreiz! Tu man esi vismīļākā un iekārojamākā visā pasaulē! Gaidošais Ķermenis."

Atbilde tapa bez „saņemtās" vēstules pārlasīšanas. Dialogs bija izveidojies, un Rigonda to juta. Viņa steidzās rakstīt atbildi, bet nu jau konkrētāku un – savam vīram! Viņai nebija šaubu, tas tik tiešām bija viņš!

„Mans labais, dārgais vīrs! Es apzināti nelietošu vārdu pamazinājuma formā – vīriņ! –, jo es Tevi izjūtu kā partneri. Šobrīd to apzinos, un tā ir tik fantastiska sajūta! Jūtos gribēta, un Tevis paustais man to apliecina. Manas šā brīža izjūtas liek man noticēt tam, ka esmu Tev iekārojama. Manā vecumā tas ir milzum liels atklājums, jo biju kaut kur dziļi, dziļi sirdī pārliecināta par to, ka Tevi neuzbudinu. Lūdzu, notici tam, ka to atklāju tikai pirms dažām minūtēm! Tev taisnība, es rūgstu no savas iekšējās nesaskaņas, un man ir jādomā par to, kāpēc tik agri centos sevi norakstīt... Tiklīdz pieliku daudzpunkti pēdējam teikumam, sapratu, ka mamma man vēl kā bērnam tika mācījusi, ka sieviešu un vīriešu attiecības, gadiem ejot, kļūst vienmuļas un garlaicīgas, interesei it kā loģiski mazinoties pēc bērnu radīšanas. Viņa iestāstīja, ka vīrietis vienmēr centīsies atrast sev kaut ko saistošāku, jo viņa iedabā esot meklēt svaigāku un vingrāku ķermeni, kuru ar laiku ir lemts zaudēt ikvienai sievietei... Tagad man vajag uz mirkli atpūsties – iedzeršu kafiju, padomāšu un tad atkal steigšos Tev atbildēt! Vēlot visu to labāko, Tava sieva."

Pauze ieilga. Sieviete zināja, ka vēlas turpināt šo saraksti, un tai pašā laikā viņa zaudēja dialoga jēgu, jo atklājās viņas pašas problemātika, kas nebija saistīta ar viņas vīru. Protams, ka vīrs izrādījās savdabīgs starpnieks starp Rigondu un viņas māti – tieši „kontaktā ar savu vīru" viņa atklāja to, par ko zemapziņā domā un kur būtu meklējams cēlonis. Toreiz sievietes māte neapzinājās, ka savai meitai nodod konkrētu vīra un sievas attiecību formulu.

Aprakstītā situācija bija kā modelis, kas parāda, kā ir jānorisinās sieviešu seksuālajai dzīvei no paaudzes paaudzē, jo šajā dzimtā sievietes bija predisponētas saslimt ar vēzi. Daudzām tika veiktas operācijas un citas medicīniskas manipulācijas.

Sieviete Rigondas situācijā visbiežāk uzsāk strīdēties ar vīru, kaut arī iemesls nav vīra rīcība, bet sievietes pārmantotās attieksmes. Nevar prasīt no vīra to, ko viņš jau sniedz un ir gatavs nodrošināt. Iespējams, viņš atkārtos vienu un to pašu: „Es esmu gatavs tevi pieņemt, es vēlos tevi, un tu mani uzbudini", bet sieviete to var nedzirdēt, nepazīt simbolus un joprojām runāt par tiem uzmanības apliecinājumiem, kurus patiesībā pašai būtu jāizrāda savam vīram.

Atminieties, ka pirmā vēstule tika uzrakstīta pirms diviem gadiem, iekams „Ķermenis" varēja uzrakstīt atbildi? Par ko tas varētu liecināt? Par to, ka sieviete neapzināti vēlējās kaut ko būtisku izstumt, nomierinot sevi, ka visa vēstuļu rakstīšana ir tikai „muļķīga padarīšana". Tā tas notiek, un ar šādām psiholoģiskajām pretestībām cilvēks nav spējīgs patstāvīgi tikt galā. Labā ziņa ir tāda, ka šo divu gadu laikā, kamēr norisinājās psiholoģiskā sagatavošanās, ķermenis arī bija ieņēmis nogaidošu pozīciju – ne uz priekšu, ne atpakaļ. Tas ir ideāls variants pārejas posma gadījumā, kad ir izdarīts pirmais solis un ir jānobriest nākamajam.

Tas, ka sarakstes laikā atklāsies saistība ar vīru, bija skaidrs jau pašā sākumā, jo viņa lūdza vīru ņemt līdzdalību šajā procesā. Vīrs jau tad apliecināja savu attieksmi pret sievu, jo izrādījās ne tikai atsaucīgs, bet arī tolerants attiecībā pret viņas gribu. Rigonda vēlējās, lai vīrs palīdz realizēt daļu no uzdevuma, tai pašā laikā saglabājot intimitāti. Šim raksturojumam pilnībā varētu atbilst sekss. Tuvības laikā partneri atvērās viens otram, bet tika saglabāta individualitāte. Turklāt seksuālā tuvība nav vienīgā intimitātes pazīme, tā ir arī emocijās un jūtās. Šajā gadījumā vīrs sievai to parādīja – viņš zināja vēstules saturu, bet uzskatīja, ka tās atvēršana un lasīšana ir personisks process. Svešas vēstules bez to adresātu lūguma vai atļaujas nav pieņemts atvērt pat tad, ja jums ar vēstules saņēmēju ir seksuālas attiecības.

Protams, lasītājus var interesēt, kā notikumi norisinājās tālāk. Pirmkārt, kāda turpmāk veidojās sievietes attieksme pret savu vīru, otrkārt, vai bija kādas pārmaiņas viņas veselībā. Treškārt, tā ir interese par to, kā varētu risināties pavediens ar mātes nodoto dzimtas vēstījumu. Tēlaini izsakoties, izkoptais ļaunums nostaigāja tuvu gar šīs sievietes namdurvīm, un bija pietiekami daudz iemeslu, lai to provocētu – sieviete varēja uzsākt atklātus, pret vīru vērstus konfliktus. Vīrs neizpratnē iesaistītos vai arī aizmuktu no šiem starpgadījumiem. Ir visdažādākās iespējas, apsverot, iesaistīties vai neiesaistīties šajā problemātikā. Reaģēt var ar vienaldzību un ar augstāk minētajām pretenzijām. Šādos disputos ģimenes izirst, jo konfliktu iemesls nav apzināts, un līdz ar to tiek spriests par visu ko, izņemot cēloņiem, kas ir likumsakarīgi, jo arī auga sakne parasti nav virszemē, to sedz augsne. Un cilvēki spriež pēc ārējām izpausmēm.

Sievietes veselību un ģimenes laimi ietekmē pagātnē izteikti vecāku uzskati un pamācības, kā arī situāciju prognozējumi. Būtiskākais ir tas, ka sieviete šos vārdus ir sadzirdējusi un savā zemapziņā cieši tiem piekērusies. Atcerēsimies, ka pastāv vismaz divi ceļi, pa kuriem līdz mums nonāk vecāku dzimtas vēstījumi. Pirmais – vecāki apzināti sniedz informāciju ar nolūku iemācīt, pasargāt, atturēt u.c., bet otrajā gadījumā vecāki „kaut ko" pasaka, bet bērns to interpretē ar tā brīža uztveri un spējām. Cik daudz par vīrieša un sievietes attiecībām var zināt bērns? Protams, kaut ko jau viņš zina, bet noteikti ne tik daudz kā vecāki.

Ar ko tad vecākiem būtu jārēķinās, lai neveicinātu to, kam nebūtu jāattiecas uz nākamo paaudzi? Jāņem vērā, ka savā pieredzē ir jādalās, tas ir pat nepieciešams, bet ir jācenšas savas zināšanas pasniegt nevis kā apgalvojumu, bet iztirzāt kā vienu no unikālajiem gadījumiem, kas ir noticis tieši ar konkrētajiem cilvēkiem! Svarīgi ir apzināties, ka vecāki nepretendē uz absolūtumu, bet uz kādu vienu daļiņu no tā, kas pasaulē norisinās starp vīriešiem un sievietēm. Šāds skatījums ir saudzīgāks un neizklausās kā briesmas, jo bērnam ir alternatīva: izvēlēties citu attiecību modeli. Šādi varētu mainīt frustrējošus uzstādījumus.

Notikumi ar Rigondu varēja risināties dažādi – sieviete, atrodot kopīgu valodu ar māti, varēja vienoti nostāties pret vīru. Tad izveidotos koalīcija, kuras lozungs varētu būt: „Dzemdējusi sieviete vīrietim nav seksuāli pievilcīga!", un abas sievietes neapzināti joprojām uzturētu savu projekciju. Ne jau vīram ir problēmas seksā ar sievu, bet gan sievietei pēc bērna piedzimšanas ir mainījusies uztvere!

Līdzskrējējus var atrast vienmēr. Dažas sievietes ir iemanījušās nedomāt pašas, bet pakļauties sabiedrības spiedienam. Vecāku pieredze, draugi, paziņas un kaimiņi, mediji, kino un literārie varoņi u.c.... Tikai attieksmju priekšmeti ir atšķirīgi – kādam tā ir neveselīga uztraukšanās par lieko svaru, ķermeņa proporcijām, vecumu, klimaksa tuvošanos un tamlīdzīgi. Problēmas var atrast vienmēr, un aiz to vairoga vairs nav saskatāma objektivitāte. Dažos gadījumos tiešām ir žēl, ka sievietes izturas pret sevi kā pret lietu – bez pietiekamas pašcieņas. Unikāli ir tas, ka šīs seksuāli neapmierinātās sievietes apvienojas interešu grupās ar ieceri pilnīgot un uzturēt savas zināšanas un iemaņas kādā hobijā ar mērķi novirzīt savu seksuālo enerģiju.

Arī vēstules autore Rigonda varētu būt kāda sieviešu klubiņa aktīviste, iesaistoties slēptā, neapzinātā cīņā pret vīriešiem. Iespējams, viņa nebūtu uzzinājusi to, ko izdevās atklāt caur vēstulēm, ja vien nebūtu bijušas problēmas fiziskajā ķermenī. Tādos gadījumos nevajag gaidīt potenciālo saslimšanu, bet jau laikus parūpēties par tās novēršanu. Izskaitļot vajadzību pārskatīt savas psihoemocionālās grūtības vai sarežģījumus ir vieglāk par vieglu, jo atliek uz mirkli iegremdēties pagātnē, lai mēģinātu intelektuāli izskaidrot tagadni, emocionāli fizioloģiskos saspīlējumus ķermenī, ar pieauguša acīm paraugoties uz bērnības notikumiem un vecāku lomu tajos. Priekšteči apzināti un neapzināti ir sarakstījuši un nosūtījuši vēstuli, kuru ir iespēja atvērt un izlasīt, iepazīstot savu ķermeni. Tas ir arhīvs. Reāla iespēja saņemt atbildes uz saviem jautājumiem un savdabīgā veidā iepazīt un prognozēt nākotni. It kā ābols no ābeles tālu nekrītot. Vai šāds izteiciens atbilst realitātei, katram ir iespēja pārliecināties pašam. Droši vien ir dažādi, reizēm bērni „aizripo" patālu, kļūdami par zagļiem un neliešiem, kaut gan tā var izpausties atriebība par kaut ko neapzinātu, tātad civilizēti neizpaustu un neizsāpējušu.

Pazīt nepieciešamību ir vienkārši! Tiklīdz jūtat neapmierinātību ar sevi vai vidi, jūs steidzaties pēc palīdzības. Tas ir daudzreiz atbildīgāk un produktīvāk, nekā *iebarot* bērniem to, no kā viņi slimo un cieš, vai saraut laulības saites, bērnus padarot par daļējiem bāreņiem, kaut arī abi vecāki ir dzīvi. Abu vecāku klāt neesamība atstāj nopietnu iespaidu uz bērna psiholoģiskās pasaules un dzīves uztveres procesiem. Nedomājiet, ka bērni necieš – viņiem sāp pat tad, ja to neizrāda! Dažkārt viņi uzņemas vecāku lomu pār vecākiem.

Tāpēc, ja mūsu vēstules autorei izdosies spert nākamo soli pareizā virzienā, viņai ir visas izredzes kļūt veselai un seksuāli un emocionāli apmierinātai ar sevi un savu vīru līdz pat dziļam vecumam. Nenāksies pieaugušajiem bērniem piedzīvot šoku par to, ka vecāki, nevis izbauda divvientulību, bet šķir laulību, sadalot kopējo mazbērnu uzmanību „pa divām mājām", un tādējādi veido jaunu nelabvēlīgu paaudžu vēstījumu, ka, atrodoties pusmūžā, ir jāšķiras. Kāpēc „ir"? Jo ne visi būs gatavi pateikt sev un citiem, ka jau sen varēja risināt neizpratni citādi, ne tik šabloniski... Nepatīk un nesanāk? Tad šķiramies!

Protams, sekojot līdzi vēstules autores gaitām pēc tik ilgas pauzes, ir interesanti un pat svarīgi uzzināt vismaz nedaudz par problēmas risinājuma etapiem vai rezultātu. Piekto vēstuli varētu raksturot kā apzināšanos, pēc kuras ir nepieciešams laiks ilgākām pārdomām. Geštalta teorijā ir rodama šāda doma: „Cilvēka reakcijas ir simtprocentīgi patiesas un adekvātas noteiktā situācijā vai vidē." Ja ir vajadzīgs laiks turpmākām pārdomām, tas ir jāizmanto, bet nepiemirsīsim par pretestību! Mums jau ir pieredze pēc pirmās vēstules, tie ir divi gadi. Nobeigums, kā jau minēju, var būt dažāds. Protams, gribētos pozitīvu iznākumu, tomēr neviens no mums par to nevar būt drošs.

Vācijā veiktie pētījumi par psihoterapijas efektivitāti ir pārdomu vērti, jo, kā izrādās, veiksmīga psihoterapeitiskā seansa pamatā vislielākā loma ir tieši klientam, nevis psihoterapeita kvalifikācijai un pieredzei. Daudz kas ir pa spēkam cilvēkam pašam! Statistiku apšaubīt nav pamata, jo atbildību par pētījuma rezultātiem uzņemas Psihoterapijas pētījumu centrs Štutgartē. Nedomājiet, ka tā ir profesionālās atbildības novelšana, kaut gan nevar ignorēt arī šādu iespēju, kad pacients vai klients *sajūk prātā*, un psihoterapeits vai psihoanalītiķis, pareizi neizvērtēdams risku, diagnozi vai vispārējo stāvokli, neizrāda interesi un pat neliekas zinis par notikušo, slēpdamies aiz mistiskas ētikas un konfidencialitātes aizsega. Dažos gadījumos nevar ignorēt nemākulību, pašterapijas trūkumu vai vāju garīgo veselību, tomēr galvenā doma ir tāda: neatmest ar roku, ja sākotnēji neveicas, bet turpināt meklēt izskaidrojumu par spīti negatīvajai pieredzei.

Neviens profesionālis neņemsies apgalvot, ka nepatīkamas sajūtas, vilšanās par psihoterapeitisko procesu vai pašā psihoterapeitā ir jāvērtē ar mīnusa zīmi. Visi vienā sistēmā esoši objekti, savstarpēji dažādi un atšķirīgi, tomēr var sadarboties.

Bet atbildība ir jāuzņemas, un tas noteikti ir jādara gan pacientam, klientam, gan konsultantam un ārstam. Ja aklais atnāk pie aklā un lūdz iemācīt redzēt, vai kurlais kurlajam lūdz iemācīt dzirdēt, klibais klibajam – dejot un tamlīdzīgi, tad iznākumu ir iespējams nojaust. Iztērēts laiks, nauda, cerības, frustrācija pieņemas spēkā, tiražējot izkopto ļaunumu. Un tas būtu naivi! Ticēt tam, ka otrs var iedot to, kā viņam pašam nav. Uzskatīt kādu, tādu pašu kā sevi, par vērtīgāku! Viltus dievu pielūgsme arī esot bībelisks grēks. Bezrocis nekad nevar pieaudzēt rokas, ja kāds solās izpildīt neiespējamo, tad tā ir patiesības slēpšana un melošana.

Neviens psihoterapeits nevar apsolīt, ka klients pēc noteikta seansu klāsta, piemēram, atbrīvosies no liekā svara, fobijām, atradīs dzīves partneri, iemācīsies materiāli nodrošināt sevi un tamlīdzīgi. Analītiķis un psihoterapeits ir ierobežots un sasaistīts ar klienta vai pacienta potenciālu. Piemēram, pediatrs var apsolīt izārstēt bērna klepu, ja vēlmes sakrīt ar iespējām. Slimību ir iespējams pakļaut un ietekmēt, tomēr dažos absolūti pārdrošos solījumos eksistē risks novilcināt izveseļošanos. Neparedzētas blaknes, jauns vīruss, psihosomatika var izjaukt sākumā šķietami veselo un ātro perspektīvu.

Katram ir sava recepte un pieredze esot par pakalpojuma sniedzēju vai saņēmēju. Lielāku cieņu un uzticēšanos, un rezultātu var sasniegt, ja abas puses iesaistās procesā un tā gaitā elastīgi iegūst vēlamo. Vēlreiz pameklēsim piemērus dabā! Jūs varat iesēt vienādas sēklas vienā un tajā pašā augsnē un saņemt pavisam atšķirīgu rezultātu. Kāds augs var neiesakņoties, kaut jūs to vēlaties un godprātīgi sekmējat tā augšanu... Man ir nācies dzirdēt no kāda psihiatrijas guru, ka cilvēka psihe joprojām ir asociējama ar „melno kasti" un ka iznākumu ne vienmēr var prognozēt. Padomājiet, cik lieli resursi un ietekme cilvēkam ir pašam uz sevi! Pirmkārt, psiholoģiski un fizioloģiski, otrkārt, garīgi un filozofiski. Mēs, ja vien to vēlamies, varam mainīt savas attieksmes un vērtības bez jebkādas iejaukšanās no malas... Rigonda izvēlējās. Viņa pieņēma lēmumu doties pie vīra un uzzināt to, kas līdz šim viņai bija šķitis, proti, vai vīram nākas izjust sievas seksuālo vēsumu, un saņēma apstiprinošu atbildi.

Šo apgalvojumu sieviete jau klusībā bija gaidījusi, jo tad tiktu apstiprināta vēstuļu rakstīšanas jēga un varētu sagatavot tālākās rīcības plānu. Tomēr Rigonda gribēja pārliecināties, ka viņas vīrs tiešām vēlas lielāku tuvību. Sieviete vairs neko nejautāja, bet atsauca atmiņā patīkamus notikumus, situācijas un epizodes, kurās varētu izpausties vīrieša erotiskās attieksmes pret sievieti, bet viņa būtu tās noraidījusi, ja nebūtu eksperimenta metodikas un pareizās attieksmes, uzmanības?! Izrādījās, ka to ir bijis pietiekami daudz... Vīrs saka: „Tavs augums mani uzbudina", bet sieva atbild: „Beidz, mūsu vecumā sieviete nespēj uzbudināt normālu vīrieti!"... „Tu esi skaista, tev ir skaists augums un acis!", uz ko tiek saņemta replika: „Pievērs uzmanību šai mana ķermeņa vietai, un tu skaidri redzēsi dzemdību sekas!"... Bija arī neseni glāsti un pieskārieni, uz kuriem ir gaidīta atsaucīga reakcija. Uzmanības brīži! Uz spilvena nolikta smaržu pudelīte, bet zem tā – aviobiļetes... Sievietes atmiņām nebija gala, tās pilnībā aizpildīja viņas apziņas telpu, un tam sekoja vēl viens negaidīts atklājums: „Es esmu vērtīgāka, nekā biju iedomājusies!"

Nākamais, ko Rigonda izvēlējās darīt, bija noskaidrot klātienē to, ko izdevās nojaust vienatnē ar sevi. Viņai bija nopietna saruna ar mammu par to, kāda ir bijusi viņas seksuālā dzīve ar tēvu un ko viņa varētu pastāstīt arī par vecmāmiņu.

Vecmāmiņa ar savu meitu nepraktizēja sarunas par seksu. Pirmkārt, tajā laikā neviens īsti nezināja, cik daudz šis vārds varētu izteikt, otrkārt, Rigondas māte netika tā audzināta, lai par to atļautos runāt. Tāpēc viņu sarunās tika izteiktas dažas frāzes, no kurām varēja secināt, ka tematam par vīriešiem uzlikts klusuma zīmogs.

Cik meita varējusi atcerēties, viņas māte vienmēr ir bijusi nelaipna pret savu vīru, kurš spēlējis akordeonu, būvējis mājas, bijis labos draugos ar cilvēkiem un bijis apveltīts ar skaistiem cirtainiem matiem un slaidu augumu līdz pat dziļam vecumam. Rigonda, no mātes dzirdot šo nelielo stāstu, vizualizēja nelaipno vecmāmuļu un omulīgo vectētiņu un uzdeva sev jautājumu: „Vai tik mana vecmāmiņa nav bijusi greizsirdīga?" Sieviete pie sevis domāja par to, ka tās ir senas attiecības, par kurām viņa prāto tad, kad pati gatavojas kļūt par vecmāmiņu. „Tāda sajūta, it kā būtu atrasta kāda ģimenes relikvija, un es to attīru no laika gaitā iegūtajiem bojājumiem! Kaut kas nesaprotams, saburzījies, sašvīkāts, zaudējis krāsu un formu..." Rigonda nezināja, vai vecmāmiņai bija pamatots iemesls būt greizsirdīgai, bet viņa varēja būt pārliecināta par to, ka vecmamma attiecībās ar vīru pati bija devalvējusi savu vērtību un ka vectēvs noteikti nepriecājās par tādu dusmīgu sievu. Rigonda saprata, ka pa šiem diviem gadiem viņa savā pilnveidē ir krietni pavirzījusies uz priekšu un nojauš to, ko nezināja pirms tam. Sieviete pateicās par šo „mājas metodi" un noslēdza „sarunu" ar savu ķermeni ar domu pie tās atgriezties jau augstākā kvalitātē.

Šādas un līdzīgas pašterapijas metodes var būt ļoti efektīvas, bet ir jāzina divas lietas: ja jūs salauzīsiet kāju, to paši ārstēt varēsiet līdz noteiktai robežai. Maksimums, ko varat sev sniegt, ir pirmā palīdzība, lai nepadziļinātu savu traumu. Ir arī otrs risks – pirmās palīdzības sniegtajam efektam var pārlieku noticēt un identificēt to kā savu spēju tikt vienam galā, ieslīgstot neadekvātā patmīlībā. Līdzīgu domu par pašterapijas efektivitāti savos darbos pauž K. Horni, tomēr, ja mums ir cerība kaut nedaudz mazināt savu psiholoģisko diskomfortu, tas ir jāizmanto.

Tad, kad esam tuvāk uzzinājuši par ģimenes vēstījuma saistību ar slimošanu, var rasties jautājums, kādi vēl varētu būt slimošanas iemesli. Ārsts diez vai jautās, kāpēc saslimāt tieši tagad, tomēr, ja tāds jautājums seko, parasti pacients vainu meklē tuvu stāvošos apstākļos, bet ne viņa dzīves notikumos. Apstākļi var būt visdažādākie: nebija siltu drēbju, atradās caurvējā, pietiekami negulēja, nelietoja vitamīnus u.c. Tie ir kādas nodzīvotas dienas apstākļi, tomēr, iespējams, cilvēks simtiem reižu ir nonācis šādās situācijās, bet saslimis tāpēc nav.

Uz veselības stāvokļa pasliktināšanos ir jāskatās komplicētāk. Vai esat iedomājušies par to, ka neskaidra situācija darbavietā organismā var izraisīt slimību? Neprasme psiholoģiski izkļūt no saspīlēta konflikta ietekmē ķermeni. Atliek tikai mainīties situācijai uz labāku pusi, un tūlīt jau jūtaties veseli. Varbūt esat novērojuši, ka reizēm jūs izveseļojaties tikpat mistiski, kā saslimāt?

Reiz kāds cilvēks stāstīja, ka gadu desmitiem esot mocījies ar migrēnu un bez panākumiem izmēģinājis visdažādākās ārstēšanās metodes. Nekas neesot līdzējis, līdz kādu dienu visas sāpes pagaisušas uz neatgriešanos. Skaidrs viņam esot vienīgi tas, ka tam esot bijusi saistība ar kādu konkrētu cilvēku, kura ambīcijām viņš esot pievērsis pārlieku lielu uzmanību.

Saskatot šo sakarību, veselība uzlabojās. Secinājums varētu būt šāds: slimība nevar ielauzties, ja vien cilvēks nav tai radījis iespēju. Protams, mēs nevaram pilnībā sev nodrošināt neslimošanu, bet noteikti varam to atvieglot, izprotot psihosomatiskos procesus un sava neapmierinošā fiziskā stāvokļa cēloņus plašākā kontekstā.

Kāds gudrais ir teicis: „Tu nevari aizmukt no nāves, bet tu vari censties to atvieglot!" Atvieglojums varētu būt aptuveni tāds: ja jūs zināt, ka uzturā nedrīkstat lietot saldumus, tad nelietojiet tos un, ja nevarat atturēties, mēģiniet saprast, ko cukurs psiholoģiski kompensē jūsu organismam! Ja jūsu roka pārlieku bieži sniedzas pēc glāzes ar alkoholu un tas jau sāk kļūt nekontrolējami, tad laikus celiet trauksmi un meklējiet cēloņus, jo šīs aizraušanās sekas nav prognozējamas! Piedomājiet par to, jo īpaši tajos gadījumos, kad jūsu radu rakstos ir kāds ar līdzīgām problēmām! Sāpīgi, bet tāds ir novērojums.

Pacentieties mainīt savu attieksmi, domāšanas veidu un uztveri! Pamēģiniet pārtraukt kultivēt sevī šo ļaunumu, jo nelāga izturēšanās pret sevi ir ļoti liels ļaunums. Dažās reliģijās tas ir ļoti nosodāms, paredz pat publisku sodu un personīgās ciešanas. Protams, neviens otru nevar sodīt tā kā pats sevi. Ja kāds nav mierā ar savu fizisko ķermeni, veselību un izskatu, šāds pārdzīvojums ir gana smags ikvienam. Tad negribas kustēties un domāt un nav iespējams atraisīties: iestājās gaužām vienveidīga, rutinēta un garlaicīga dzīve.

Daudzās grāmatās ir aprakstīta psihosomatika, un to nevajadzētu noliegt, bet pārlasīt un paturēt prātā. Es negribētu atkārtoties, vienīgi atgādināt to, ka „zivs pūst no galvas" un ka mūsu patieso emocionālo stāvokli var redzēt apkārtējie, tas nav noslēpjams.

ĻAUNUMA VIZUĀLĀS IEZĪMES

Projekcijas, introjekti, kvalitāte, vērtības

Gribētu izcelt vēl vienu iezīmi – visredzamāko, to, kuru nevar apslēpt no citu acīm. Tādu, kas krīt acīs, skatoties spogulī. Runa ir par ārējo izskatu.

Nedomājiet, ka vizuāli sakopta dāma vai kungs, saposti bērni, sakārtota vide pastāv bez ļaunuma, bet bezpajumtnieks, ielas muzikants, ubags uz ielas stūra ir daudz ļaunāki un nelaimīgāki par pirmajiem. Viņi vienkārši ir destruktīvāki, bet iekšējie konflikti var būt līdzīgi.

Ikviens ir saskāries ar savu un citu ļaunumu, gluži vienkārši ar to ir mazāk vai vairāk ticis galā. Daudz ko varam uzzināt, pavērojot savu uzvedību dažādās situācijās un reakciju uz esošiem vai jauniem apstākļiem. Gluži tāpat kā mēs pēc ēdiena izjūtam pēcgaršu, mēs pēc katras komunikācijas ar pazīstamu vai nepazīstamu cilvēku sajūtam *pēcemocijas*. Tās var būt ļoti patīkamas, nepatīkamas vai neitrālas. Jo spēcīgākas sarunas *pēcemocijas* mēs izjūtam, jo vairāk, spēcīgāk, sev nozīmīgāk, kā arī destruktīvāk mēs *uzvelkamies* vai pretēji: gūstam lielāku emocionālo komfortu, kas mūs var gan iekšēji spārnot, gan nosacīti nogalināt. Ja kontakts ir bijis apmierinošs, mēs esam pozitīvi uzlādēti, un pretēji: ja komunikācija nav devusi apmierinājumu un pēc tās mums ir kaut kas līdzīgs satraukumam un nervozitātei, mēs iekšēji plosāmies un kļūstam arvien aizvainotāki un savās emocijās nodarbinātāki. Mēs it kā esam norūpējušies par šo emocionālo stāvokli un apzināmies savu destruktīvismu, jo zemapziņā nojaušam, ka šādas sajūtas atkārtojas un ka kaut kas no tā, ko darām, ir pavisam greizi.

Kā tad mūsu dažādie emocionālie pārdzīvojumi tiek translēti uz mūsu vizuālo tēlu? Sāksim ar kopējo tēlu... Uz mirkli iedomājieties, kāds varētu izskatīties nobriedis vīrietis un kāda – nobriedusi sieviete! Psiholoģiskās interpretācijas varētu būt visdažādākās, tomēr ir šablons. Sabiedrības stereotips un vēlmes, ko precīzi atražo un atveido zīmoli modes industrijā.

Vīrietim nepiestāv tas, ko valkā zēns, savukārt sievietei – meitenei paredzētas drēbes. Arī par to vēl varētu strīdēties, jo kāpēc gan neģērbt to, kas padara jūsu tēlu jaunavīgu? Bet kurš tad uzņemsies apgalvot, ka pieaudzis fiziski nobriedis indivīds tīņa veidolā izskatīsies jaunavīgāks un kaut kā labāks, nekā viņš patiesībā ir. Tomēr nerunāsim par to, ko „drīkst" un „nedrīkst" – šoreiz svarīgāk ir, ko mēs ar savu apģērbu un manierēm pasakām par sevi apkārtējiem. Tā nepavisam nav vienkārša āriškība, tas ir apvalks, āda dvēselei, tāpēc negribētos piekrist, ka mūsu āriene ir mazsvarīga un galvenais ir tas, kas atrodas iekšā, kam nav nekāda sakara ar ārpasauli. Cilvēks, kuru mīl, izskatīsies milēts. Bēdas sagrauj.

Var pacensties izskatīties labi, bet jūtas nodos āriene. Šad tad, iegremdējoties izkoptā ļaunuma neapzinātībā, ir iespējams, ka veiksmīgais tiek apslēpts zem ārējās čaulas, un mēs negūstam vēlamos individuālos panākumus sociumā, jo sabiedrība mūs attiecīgi uztver tā, kā mēs sevi pasniedzam. Falliskus vai kastrētus. Ietērps pasaka priekšā, ka kaut kā ir par daudz vai par maz, pielikts vai atņemts. Var domās iziet cauri fallisku sieviešu un vīriešu, kastrēto vīriešu un sieviešu apģērba garderobei.

Kāda vecāka gada gājuma dāma ieminējās, ka pēc mēnešreižu beigšanās, pēc klimaksa esot sākusi justies kā cilvēks, jo kā sievietei justies nav ļāvusi māte. Saprotams, jo kā gan var nepalīdzēt vientuļai mātei izaudzināt mazākos brāļus. Lai kas šobrīd atrastos šīs sievietes skapī, viņa nebūs spējīga sakombinēt sieviškīgās noskaņās atveidotu ietērpu. Erotikas pietrūks, dzimums ir jāretušē, lai nerastos domstarpības un nevēlamas nobīdes no vecāku uzticētā uzdevuma. Sievietei neizdevās apprecēties, viņai bija divas ārlaulības meitas. Visus seksuāli aktīvos dzīves gadus viņu nomocija spēcīgas galvas un vēdera spazmas pirms menstruālā cikla un tā laikā. Apmēram desmit dienas katru mēnesi, viņas vārdiem izsakoties, viņa bijusi *nelietojama*, nederīga un nevajadzīga.

Operā galveno varoņu tērpi tiek izvēlēti tā, lai skatītājiem nodotu informāciju par laikmetu, raksturu, sociālo izcelsmi līdz pat personāžu domāšanas veidam un vērtību attieksmēm. Dzīve nav teātris, tas ir nopietnāk un sāpīgāk. Caur skatuves tēlu bez psihoterapijas var mēģināt atsāpināt sevi. Arī mēs esam savas dzīves galvenie varoņi, un arī uz mums attiecas tie paši uztveres likumi kā jebkurā lugā aktierim. Tērps var pievilkt, ieinteresēt, iedrošināt, novērst, pievilt un izklaidēt, kā arī emocionāli atstumt. Ja mēs to neapzināmies, tad mūsu pēcteči šo neizpratni var pārmantot.

Minētās kundzītes māte bija brīnišķīgs cilvēks, kura nevēlēja savam bērnam izciest tik smagu slogu. Apstākļi bija neciešami, tajos nebija iespējas domāt par psiholoģiju, jo aiz durvīm svilpa kara lodes, bet mājās bez vīra, izņemot pusauga meitu, neviena pieaugušāka, kas varētu palīdzēt, neatradās. Dzimumam tāpat kā priekam nebija iemeslu, vērtība – darbaspēks. Toreizējās meitenes šobrīd pieaugušās meitas līdzinās mātei. Traģiski, jo nav objektīva iemesla atkārtot šo pārmantotību sevī. Brāļi izauga, jo māsa ar māti sekmēja attīstību. Zēni pieaugot neprot ar vizuālo tēlu parādīt sevi adekvāti kā cienījami vīrieši. Neuzsver savu vīrišķo ārieni, kautrējas un nepazīst identitātes lomu, jūtas kā indivīdi bez dzimuma, kuros galvenā vērtība ir spēja būt cilvēkiem. Tieši tas pats vēlāk notika arī ar sievietes meitām.

To, ko vecāki nevar paskaidrot ar vārdiem, viņi var izteikt ar apģērbu. Izmantojot proporcionāli apgrieztu pieredzi, no vizuāliem simboliem var pāriet uz verbālu skaidrojumu. Tas ir apsveicami. Ārējas pārvērtības uzjundī dažādas emocijas, galvenais ir komunicēt un paskaidrot, ka, tikko karš beigsies vai radīsies kāds pieaugušais, tā vairs nebūs jācieš tādā mērā, ka nāktos upurēt savu identitāti. Aizliegums ir izskanējis. Ja tam, uz kuru šis aizliegums attiecas, pašam nepietiek spēka, tad tam, kurš aizliegumu ir uzlicis – pieaugušajam, kultūrvidei, politikai, tas ir apzināti jāatceļ. Pretējā gadījumā aizliegumu saņēmušais cilvēks var just vainas izjūtu, ja vēlēsies psiholoģiski atgriezties pie sava dzimuma neatkārtojamās burvības. Smaguma sajūta var būt tik spēcīga, ka cilvēks pat necentīsies atgūt savu identitāti. Diagnoze – nesamērība.

Vēl piemērs – kādai četrgadīgai meitenei bija plāni matiņi. Friziere ieteica apgriezt un izveidot *zēngalviņas* griezumu, lai mati izskatītos veselīgāki, kuplāki un akurātāki. Domāts – darīts. No neizteiksmīgām pinkām bija iespēja atbrīvoties, lai pēc laika tiktu pie normāla apjoma un garuma matiem. Pēc mirkļa, kad process bija beidzies, mazā jaunkundze, visiem dzirdot, apmierināja savu ziņkāri, pajautājot: „Vai es tagad esmu puisītis?" Par laimi bērna māte bija apveltīta ar intuīciju un teicamām psiholoģijas zināšanām. Bērns ir sen izaudzis un laimīgs ar savu sievišķo identitāti, neatceroties, vienīgi no apkārtējo stāstiem zinot par šo gadījumu, jo māte izskaidroja dzimumu atšķirības, matu saknīšu nostiprināšanas principus, tradīcijas un terapiju, kā arī tūlīt pēc frizieres apmeklējuma tuvākajā dāmu veikalā iegādājās meitai īpaši skaistu, sarkanu cepurīti ar krāsainām dekoratīvām pukītēm, kādas parasti puiši nemēdz valkāt. Tēma slēgta uz mūžu, sievišķība ir neatņemama sastāvdaļa visā atlikušajā dzīvē, pat tad, ja modē atgriezīsies *zēngalviņas*.. Ne vienmēr matu veidojums un arī pats tērps ataino delikātos identitātes stāvokļus un attieksmes, reizēm tā ir tikai mode un gaume.

Kad mēs pirmo reizi apzināti sākam domāt par savu apģērbu? Tas ir ļoti individuāli, tomēr apmēram piecu gadu vecumā bērns var skaidri izteikt domu, ka šodien viņš vilks zaļo nevis sarkano jaku. Šādu pirmo paziņojumu vecāki var uztvert dažādi – vispār neievērojot šo faktu un turpinot bērnam *stūķēt* mugurā sarkano jaku vai akceptējot sava bērna izvēli. Šķiet, ka tas ir sīkums – nav nozīmes, ar kādu apģērbu bērns dosies uz bērnudārzu, tomēr bērnam tas ir principiāli svarīgi un tieši šodien, jo notikums ar jaku var iespaidot nākotnes priekšstatus par sevi. Pirmkārt, bērns pirmo reizi apzināti aizdomājas par to, kā izskatās apkārtējo kontekstā. Bērnudārzā ir gan vienaudži, gan pieaugušie, tātad dažāda vecuma un dzimuma pārstāvji, ar kuriem veidojas un nostiprinās attiecības. Turklāt sociumā tiek sniegtas atziņas ne tikai par zināšanām, bet arī par izskatu.

Ja bērnībā neizdodas izjust atšķirības niansēs, tad pieaugušā dzīvē būs grūtāk izprast apģērba atbilstību apkārtējai videi un situācijai, – aizejot uz operu treniņtērpā vai uz kāzu svinībām pilī uzvelkot pludmales šortus. Psiholoģiskās spējas ietekmē izjūtas. Harmonisks cilvēks tomēr apģērbsies atbilstoši un saskaņoti. Audzināšana un audzinātība ir apsveicama un pieņemama tiem, kas var psihoemocionāli regulēt savu destruktivitāti pēc frustrācijas. Piemēram, atņemt sveicienu, satiekot kādu, ar ko iepriekšējā dienā ir bijis strīds. Apsegt ceļus un uzvilkt galvas segu, ejot uz bērēm. Nepiedzerties tā, lai izjauktu kādam pasākumu.

Šķiet, ka šādu neatbilstību ir moderni tulkot kā pārprastu brīvības izpausmi. Diemžēl tā neizpaužas emocionālais komforts, tā drīzāk ir nezināšana un neprasme izprast savas būtības psiholoģisko spriedzi. Ja emocijām ir komfortabli, tad tās dīvainā veidā nesprauksies uz āru. Protams, ja nav šo iekšējo izšķirtspēju, tad ārēji var pamanīt iekšējo trauksmi.

Piekritīsiet, ka apģērba izvēle nav īsti finansiāls jautājums, jo runa nav par dārgumu vai lietu kvalitāti, bet gan par attieksmi un tās izpausmēm. Šis ir viens no primitīvākajiem izkoptā ļaunuma izpausmes veidiem, jo to varētu mainīt kaut tūlīt, ja vien būtu vēlēšanās ielūkoties sevī bez negatīvās pagātnes bagāžas, kas biežāk nav paveicams strauji, bez kāda pozitīva impulsa, kura ietekme un nozīme pārņem iepriekšējo frustrāciju pārdzīvojumus. Tā varētu būt, piemēram, iemīlēšanās, pašcieņas nostiprināšanās, savu spēju un iespēju atklāsme, ļoti labi jaunumi, mantojums, ceļojums, grūtniecība, darba vietas maiņa, karjeras izaugsme, dzīves vietas renovācija vai nomaiņa.

Reizēm nelaime atnes atbrīvošanos, kad aizsaulē aizgājis tuvinieks, piemēram, tēvs, kura dzīves laikā nebija iespējas atbrīvoties no viņa ietekmes. Apziņa, ka viņa vairs nav starp dzīvajiem, kontrolētajiem, frustrētajiem līdzcilvēkiem sniedz emocionālu, iekšēju atbrīvotību. Bieži pat pārsteidzoši, cik daudz nākas dzirdēt no analizējamajiem par to, ka viņiem ir vainas apziņa vai nožēla, izjūtot pozitīvas emocijas, dzīvesprieku un interesi kā psiholoģisku spēju, kad kāds no vecākiem vairs nav jauns kā paši un nespēj ietekmēt ikdienu.

Tādas domas ir mokošas. Kaut arī ir kļuvis vienkāršāk sevi saprast, ir jāmēģina apzināti izprast tik sāpīgas un dziļas ietekmes sekas. Pazinu kādu pusmūža sievieti, kas atļāvās auskarus un krāsotas lūpas pēc tam, kad mātes vairs nebija. Kāds vīrietis ne tikai tika pie savas dzīves biedrenes, bet sāka valkāt džinsus un sporta kreklus, košas kaklasaites un augstvērtīgus apavus. Pašam cilvēkam tas psihoemocionāli nepavisam nav tik vienkārši. Mokas, kuras jāizcieš sevī, jo patiesību atklāt, lai saprastu, pirms kāds vēl nomirst, nav pat iespējams tieši šo komplicēto pārdzīvojumu dēļ, ja vien pa rokai negadās vai speciāli netiek uzmeklēts kāds psihoterapeits, mācītājs, jebkura cita uzticama persona.

Interpretēt šādu situāciju vispārīgi nav vienkārši, vienmēr var pastāvēt cietsirdīga objektivitāte. Piemēram, bērns priecājas, bet tēvam tas nepatīk, tikko uzrodas prieks, tā tēvs apdraud tā turpinājumu, *apcērt*, kas ir sāpīgi. Iebilst bail, ne tikai psiholoģiski bērnu un vecāku savstarpējo lomu dēļ, bet, piemēram, arī tāpēc, ka runāt pretī domās savam tēvam ir kā lauzt sakrālu izjūtu, pat ja nezina šī vārda semantisko jēgu. Intīms ir īpaša izjūta, tā izjaukšana ir kā kastrācija. Ko izsaka „intīms" šajā situācijā? Starp bērnu un viņa vecākiem pastāv īpašas emocionālas saiknes, kuras sava personiskuma dēļ atšķiras no attiecībām ar citiem cilvēkiem. Pat, ja vecāki atrodas prom no mājām divdesmit četras stundas diennaktī, saglabājas intimitāte. Izaugšana ir kā posts, emocionāls krahs starp diviem tuviem cilvēkiem, zaudējums, kuru bailēs patiesi gribās attālināt.

Respektīvi, labāk palikt par bērnu savam tēvam, nekā kļūt par autonomu pieaugušo, kuram ir tēvs. Psiholoģiski sarežģīti akceptēt attiecības starp diviem atsevišķiem subjektiem. Komfortablāka vēlme ir emocionāli būt saistītiem, atdalīšanās ir mājiens, ka kāds var iztikt bez otra. Reāli smags secinājums, ja ir trauksme par to, ka var aizvainot tēvu, un bailes būt citādam nekā tēvs. Kas tas būtu? Savādāks temperaments, raksturs, vēlmes, uzvedība, vērtības, attieksmes un fiziskie dotumi. Negribas „raustīt lauvu aiz ūsām", jo tik, cik to mīl, tikpat nīst.

Bērni un pieaugušie no mazotnes atceras līdzīgas izjūtas. Objektīvu iemeslu var būt daudz – naudas trūkums, depresīva ģimene, skumja un dusmīga dzimta. Dabīgi atveidot prieku daudziem ir neiespējami, jo tādos smagos apstākļos tam trūkst iedīgļa. Tā ir bāze, uz kuras veidojas dzīves uztvere. Psiholoģiski stabils cilvēks spēj pašregulēties, lai neieslīgtu divās dažādās galējībās – absolūtā pozitīvismā vai absolūtā negatīvismā. Priecāšanās priecāšanās pēc ir vienlīdzīga ar bēdāšanos bēdāšanās pēc. Doma ir ļoti precīza. Tāpēc, lai nav jāgaida citu nāve, cilvēki izvēlas *aizlaisties*, aizmukt no tiem, kuru psiholoģiskā negatīvā masa, šķiet, nav panesama. Var satikt meitenes un puišus, kuri, ejot uz diskotēku, pārģērbjas tualetē, lai pēc dejām darītu to pašu, lai nenāktos sāpināt mammu. Viena no viņām tā arī pateica: „Mammai ir grūti, negribas viņu sāpināt ar savu bezrūpīgo izskatu."

Stāstā par jaciņām bērns interesējas jau par to, kā vecāki reaģēs uz viņa paziņojumu. Tas ir tādēļ, ka viņa izvēle un vajadzības ir respektējamas. Nav svarīgi, ko vecāki domā šajā sakarā, bet daudz būtiskāk ir, ko bērns no viņiem sagaida: atbildību, akceptu, pozitīvu reakciju, izpratni. Ja viņš to nesaņems, tad ne tikai pašreizējās dienas laikā, bet arī ilgākā savas dzīves periodā apšaubīs to, ka viņa izvēle un vēlmes var būt pareizas. Bērns pieaug, un viņam rodas vēlme atstāt uz citiem labu iespaidu. Ja tas neizdodas, tad šī vajadzība var notrulināties līdz pat vienaldzībai par to, kā viņš izskatās un attiecīgi – kā jūtas.

Cilvēks, kuram ir pašcieņa, ar savu ārieni parādīs, ka ir spējīgs cienīt un respektēt otra klātbūtni. Tad neveidosies tādas situācijas, kad valsts mērogā augsti stāvošas personas uz publisku Jaungada svinību pasākumu pie smokinga uzvelk sporta apavus. Arī privātajā telpā šie nosacījumi netiek ievēroti: guļamistabā vīrietis vai sieviete atļaujas nākt ar nedēļu nemainītu apakšveļu, tādējādi dzīvesbiedrā izraisot riebumu. Lai cik viņš arī nebūtu gudrs vai rakstura ziņā ideāls, veselam cilvēkam viņš šķitīs neinteresants un smirdīgs. Degradācija notiek pamazām. Laikam ejot, tas vairs pat var netraucēt, jo netiek pamanīts. Psihoemocionālās izjūtas kā maņas un talanti notrulinās.

Jāatkārtojas, bet izšķirtspēja ir jātrenē. Mazulis norāda uz jaciņu atšķirību un vēlas apstiprinājumu, lai saprastu, ka atrodas uz īstā ceļa. Viņš netiecas pēc niansētības un pašpilnveides. Cilvēks, kurš vienmēr un visur ir vienāds – uz lauka vai svētnīcā, nespēj emocionāli sasaistīt notikumu apstākļus. Neklājas ikdienas darba apģērbā iet uz svētku dienas dievkalpojumu. Bērns attīstās, viņam šķiet, ka visi cilvēki līdzīgi saviem vecākiem nerīkojas. Nekāda sakara ar mīlestību, raksturu un gribas izpausmi, kā arī izglītošanos un vecākiem nav, ja vien tieši viņi nepārvērš jauninājumu ieviešanu par farsu, nepaklausību un spītu. Pilnīgi iespējams, ka bērns vēlas košāko jaciņu pataupīt svētkiem. Tie ir sīkumi, kuri veido skeletu, bāzi attieksmēm pret sevi un pasauli.

Laulību var šķirt arī tādēļ, ka netiek ievēroti šie videi atbilstošie vizuālie principi, priekšstati par to, kā jāizskatās sievai vai vīram, pat tajos gadījumos, ja nenotiek iedziļināšanās konkrētā jautājumā. It kā starp citu, bet parādās reālās attieksmes un pretenzijas, kuras kaitina un izraisa pat riebumu. Starp tām var būt nepatīkams aromāts, matu griezums, mimika, manieres, ģērbšanās kultūra, attieksme pret sevi. Tā piemēram, tiek aizskarts egoisms – vērojot otru, rodas jautājums: „Vai tāds esmu arī es?" Pat tad, ja cilvēks tāds ir, viņam vienkāršāk būs gribēt mainīt otru, pamest viņu, kritizēt, nekā ieviest kopīgas pārmaiņas. Izkopts ļaunums ir cenšanās pavilkt atpakaļ un joprojām pieciest. Sieva pamet vīru, un vīrs – sievu, vai naidīgi joprojām dzīvo kopā, neapzinoties, kāpēc, jo reizēm, lai pastieptos uz augšu, jāiegulda enerģija. Neizprotot savu kūtrumu, pāri aprobežojas ar spriedelēšanu par nesaderību raksturos, uzskatos, seksā, kas ir tālu no patiesības. Dažkārt atliek izbrīnā noplātīt rokas par to, cik laulātie ir līdzīgi, tomēr šo iezīmi ignorējot šķir laulību. Neiedziļināšanās sevī ir saprotama, ja toreiz viņu bērnībā vecāki strīdējās par jaciņām, bet ne par savām prasībām un redzējumiem pret kvalitatīvām attieksmju pārmaiņām. Balstoties uz tiem pašiem vizuālajiem faktiem, neizprotot rīcības pamudinājumu, cilvēki joprojām kritizē otra uzvedību, izvēli, gaumi, stilu.

Kultūra psiholoģiski ietekmē cilvēka uzvedību. Priekšmeti rada emocionālu atbildes reakciju. Labsajūtu var pastiprināt vai izjaukt ērts vai neērts krēsls, dažādu tekstiliju izmantošana, apgaismojums, telpas izvietojums. Vizuālais iespaids par cilvēku, flora un fauna paspilgtina izjūtas. No tā ir atkarīga uzvedība, iekšēja prasība par noteiktu izturēšanos.

Piemēram, par ko jādomā pilsētas galvenajam māksliniekam? Par to, lai arhitektūra atbilstu konkrētās vides kontekstam. Lai cik būtu „ērti" un lai cik kāds būtu „brīvs", šīs prasības nedrīkst savos spriedumos ignorēt, uzceļot daudzstāvu blokmāju kultūrvēsturiskā apbūvē. Šajā gadījumā būs jāpiekāpjas likumdošanai. Bet kā ir ar mums, kuru neatbilstošais ietērps ir vairāk individuālas dabas?... Gribu un velku, gribu un nevelku, lai tikai kāds mēģina man kaut ko pateikt! Izrādās, ka sankcijas par mūsu zemo pašizzināšanas procesu pastāv! Protams, ne juridiski, bet psiholoģiski: piemēram, mēs izskatāmies neadekvāti un kompozicionāli neiederīgi.

Reizēm nevar īsti saprast, kurš no abiem ir padotais, kurš – priekšnieks, māte vai meita, pacients vai ārsts, students vai profesors – neatbilstoša āriene izraisa attiecīgu attieksmi un atbildes reakciju pārējos cilvēkos. Varbūt jums ir nācies dzirdēt, ka kāds nav atbilstoši izturējies, jo ir noturēji kādu par citu, piemēram, pasākumā aicināto viesi uzrunājis kā viesmīli. Šāda situācija ir apspēlēta pat kinofilmās, sacerētas anekdotes, uz tām balstīti romāni. Ir divas izvēles – apzināti vai neapzināti maldināt ar stereotipu; uzvedības formas izvēlē atbilst stereotipam. Kad cilvēks ir komfortā ar to tēlu, ko viņš atveido, tad viņš ir identificējies, laimīgs, un apkārtējiem par to nav šaubu. Kāpēc? Tāpēc, ka viņi atšķiras ar to, ka psiholoģiski ļoti labi realizē savas lomas.

Katru gadījumu vērtīgāk ir analizēt individuāli, jo nav iespējams koriģēt personas ārieni, ja pamudinājums neizriet no cilvēka paša. Kamēr nebūs emocionālas motivācijas un psiholoģiskas gatavības, nebūs iespējams pilnveidoties. Tā ir viena no pazīmēm. Kad cilvēks ieslīgst labpatikā, viņu nevar mācīt, viņš nepieņem padomus, uzskata sevi par stabilu, izveidojušos personu, kam nav nepieciešami nekādi papildinājumi. Šādu attieksmi nostiprina pieredze, kura ir nobremzējusi attīstību. Piemēram, vilšanās kādā metodē, ieguldījumu un atdeves nesamērība, tuvredzība, gribas un drosmes trūkums, neprasme domāt globāli un

126

izdarīt secinājumus. Vērtīgi ir apkopot neveiksmes, atrast to cēloņus un izveidot apriti, kurā varētu iepazīties ar jauniem viedokļiem, saņemt atpakaļsaites un atsauksmes, pavērot teicējus un definēt jaunus uzdevumus. Piemēram, ja negatīva pieredze ceļojumā aptur vēlmi kaut kur doties, tad nav jāatsakās no pasaules izziņas, bet jāatklāj jaunas iespējas gūt iespaidus.

Viena no metodēm atklāt savu aizķeršanos ir sociālie treniņi un grupu psihoterapeitiskās nodarbības, kas veido mikrosociumu. Uzskatāms piemērs: kāds vīrietis sūdzējās, ka pirmajās tikšanās reizēs atstāj nelabvēlīgu iespaidu uz sievietēm, respektīvi, tad, kad viņš telefoniski sazinās ar kādu sev interesantu sievieti, kontakts izveidojas un tikšanās tiek norunāta, bet, tiklīdz viņi satiekas klātienē, sieviete no vīrieša muktin mūk! Tad, kad problēmsituācija tika publiski izklāstīta grupai, kāda no klātesošajām daiļā dzimuma pārstāvēm iesaucās: „Juri, bet tev taču zobu mutē nav!" Grupas dalībnieks bija daudz domājis un analizējis savas neveiksmīgās tikšanās ar sievietēm, bet viņam pašam nebija ienācis prātā, ka būtu jāsakārto sava āriene. Izrādās, ka neviens cilvēks iepriekš nebija tieši norādījis uz šo ārējo nepievilcību. Pats sevi jau ne vienmēr redz! Tāpat kā cilvēks aprod ar savu smaržu un nejūt, ka apkārtējiem var būt nepatīkami atrasties ar viņu vienā kompānijā; vai neiecietīgi uzspiež savu viedokli, pārtraucot vienam otru, un tamlīdzīgi.

Tā, protams, nenotiek ar visiem, kad interese par savu pašpilnveidi realizējas dzīves laikā. Ne mazums ir tādu, kuri nekad nenonāks līdzīgā situācijā, jo viņiem ir dziļi vienalga, kāpēc kādam ir grūti sadzīvot ar viņu. Vienmēr būs kaut vai zinātniska interese – kāpēc? Tāpēc, ka saviem vecākiem tāds cilvēks ir bijis dziļi vienaldzīgs vai pretēji – īpaši svarīgs. Abos gadījumos viņš netika kritizēts, mācīts, ietekmēts. Tāpēc ir radusies nosliece uz narcismu. Pastiprināta ieinteresētība mīlēt sevi. Tā kā pats esi ideāls, tādam padomniekus nevajag. Ja kāds vēlas tuvību, tad lai pats cenšas iegūt labvēlību un pieņemt šo pieaugušo bērnu tādu, kāds viņš ir. Ja traucē ārējās izpausmes, tad ir jāpieņem lēmums sadzīvot ar tām vai aiziet, jo šāds cilvēks sevi nekad negribēs un pat nespēs mainīt. Lai aiztaupītu ciešanas, vēlams pieņemt apzinātu lēmumu, būt vai nebūt kopā ar šādu cilvēku un nebojāt sev un viņam dzīvi. Smagi, bet fakts. Piemēram, ģimenes dzīvē, darba kolektīvā, kaut vai veikalā šāds cilvēks demonstrēs savu narcismu.

Vai patiesi sevi nevar redzēt no malas? Ja ne saskatīt, tad saprast, nojaust un izjust? Grūti tam noticēt, bet tad nebūtu frustrācijas, pārdzīvojuma, kas kā sāpe rada nākamo nepatīkamo izjūtu. Pat tad, kad indivīds vizuāli satausta, caurskata, ievēro nesaderību, viņš neņemas apzināti to mainīt. Izkopts ļaunums, izrādās, ir konstanti noturīgs, kas pats bez „ķirurģiskas iejaukšanās" nepadodas. Kura no pusēm jūtas lielākā psiholoģiskā diskomfortā – narciss vai viņa partneris. Partnerim ir lielāka izvēles brīvība nekā narcisam, jo viņš var apzināti izvēlēties apkalpot narcisu vai atteikties no tā. Bet narcisam apzināties, ka viņam nav taisnība, ka viņš var kļūdīties, ka viņš nav ideāls, ir gandrīz neiespējami, jo tādam cilvēkam vienmēr ir jābūt perfektam. Brīdī, kad šāds cilvēks sāk apzināties, ka, iespējams, nav perfekts, viņš sāk kļūt agresīvs, pat neciešams, jo viņam jāaizstāv sava idealitāte. Biežāk viņš uzbrūk vai aizlaižas. Kas notiek ar iesaistītajām personām? Ja ir izveidojies augsts savstarpējās uzticēšanās slieksnis, ko narcisiem panākt ir grūti, tad ir izredzes mainīties pašam narcisam, jo viņš apsvērs zaudēto attiecību vērtību. Ar kuru katru narciss nav spējīgs satuvināties. Tas viņu var nobiedēt, kas šajā gadījumā nepavisam nav slikti. Palikt vienatnē ar mīlestību pret sevi ir vientuļi, ja ir bijusi kaut viena veiksmīga satuvināšanās ar citu cilvēku. Šo apstākli partneris var izmantot, ja vēlas turpināt attiecības ar narcisu. Jābrīdina, ka tas nebūs vienkārši izdarāms. Pacietīgi panest zemisko, ja nav saprātīgu mērķu, ir muļķīgi – tā ir teicis Aristotelis.

Pēc kādiem kritērijiem tiek izvērtēts indivīds? Lai izveidotos komunikācija, kopdzīve, darba attiecības? Vai ārējais veidols ir nozīmīgs? Vai narciss ir akurāts, sakārtots, saķemmējies indivīds? Drīzāk tas ir stereotips par narcisu. Pat tāds cilvēks, kurš nepiekeras domām par izskatu, atbilst kādam no cilvēku tipiem. Vai viņš to vēlas vai nevēlas (neviens nejautās), viņu klasificēs pēc kādas vienojošas sistēmas. Vecmeita, vecpuisis, karjerists, žigolo, prostitūta, mājsaimniece, skaistumkopšanas speciālists, strādnieks, intelektuālis u.c. Par to liecina ģērbšanās stils, runas veids, manieres un tikai vēlāk saturiskā puse – tad, kad mēs esam gatavi ieklausīties otrā, apmierinājuši savu vizuālo ziņkāri, varam ķerties pie tekstiem.

Pārējiem nav daļas par to, kāds īsti izskatās cilvēks, kamēr nav tālejošāka personīga ieinteresētība. Nav nepieciešams dalīties ar saviem estētiskajiem priekšstatiem, kamēr tas nav nepieciešams konkrētā situācijā. Ja gribam kādu „ārstēt", paši rādām paraugu, esot toleranti, inteliģenti, adekvāti. Izkopts ļaunums ir mēģinājums uzspiest otram savu dzīvesveidu, darīt to neatlaidīgi un apvainoties, ja nav panākumu. Iniciējot tēmu, ir jāapzinās mērķis, lai sasniegtu to, kas ir nepieciešams. Daži pamanās pašapliecināties uz citu rēķina, bailēs, ka tas, ko ir atklājuši, nav tik noderīgs. Ja ir personīgā pārliecība, to neapšauba un nav nepieciešami citi pierādījumi. Tas nav jaunums, izkopts ļaunums ir mēģināt panākt, lai klients vai pacients, bērns, kaimiņš draugs, vīrs vai sieva ir līdzīgs pašam. Būtu dīvaini, ja psihoanalītiķis sniegtu pacientam stila un modes aktualitāšu konsultācijas, kuras „palīdzētu", piemēram, piemeklēt jaunu seksuālo partneri. Tomēr individuālo pārrunu laikā starp klientu un psihoterapeitu norisinās virkne procesu, kuru saturiskajā daļā netiek pieminēts, piemēram, zobu trūkums, kamēr kādu dienu notiek geštalts – klients ierodas uz kārtējo sesiju ar izcili sakārtotu mutes dobumu.

Procesi var būt dažādi, var sākt arī ar grupu terapijas nodarbībām. Var sākt ar individuālo terapiju – katrai metodei ir savas priekšrocības problēmsituācijas risināšanā. Ātrums un efektivitāte. Pie rezultāta var nonākt dažādi, tāpat kā dažādos veidos var nokļūt līdz Romai – kājām, ar sauszemes vai ūdens transportu, vai gaisa satiksmi...

Grupu terapija nav paredzēta vienīgi vizuālo mērķu pilnveidei, bet tas ir viens no veidiem, lai pašaktualizētos un iegūtu materiālu turpmākajai darbībai vai analīzei. Individuālajā konsultācijā klients „izrok" analizējamo informāciju no ar psihoterapeitu kopēji izveidotā informatīvā lauka. Jebkurā sesijā starp klientu un psihoterapeitu piedalās divas zemapziņas. Bet cilvēkus interesē tas, kādu rezonansi viņi izraisa apkārtējos: kā tie izskatās, sasveicinās, uzrunā, atsaka, atzīstas, iedvesmo vai noliedz. Indivīdam ir iekšēja prasība nostiprināt savus priekšstatus par sevi, un šo vajadzību tas gan iegūst, gan arī realizē sociumā.

Drēbes ir priekšmeti, nekādā gadījumā tās nav jūtas, bet tās kalpo kā katalizators starp kādu personību un vidi, ar kuru tā saskaras. Tā ir kā savdabīga virsma, kas norobežo iekšējo no ārējā. Un mēs visi sākotnēji satiekamies uz šīs robežas pat tajos gadījumos, kad pēc tikšanās nevaram atcerēties, kas otram tajā brīdī ir bijis mugurā. Arī *klačās* un intrigās par sarunu tematu bieži izvēlas vizuālo izskatu... „Skat, skat, kā viņš un viņa vakar ballītē izskatījās!"... Jāmin tā pati skaudība – otru apskauž par tā izskatu un mantām, un sabiedrībā tas nav nekas jauns.

Kas vizuāli vieno cietumniekus? Apģērbs! Kas ārēji norāda uz sociālo statusu? Tas pats apģērbs! Ar apģērba palīdzību var atšķirt arī nomāktu cilvēku un priecīgu cilvēku. Slims ģērbsies savādāk nekā vesels...

Jā, drēbes ir lietiņas, bet tās, kā jau viss vidē, ir piepildītas ar paša piešķirtajām emocijām. To spektrs ir visdažādākais! Aksesuārs kļūst jūtu pasaulē vērtīgāks, ja caur to izpaužas dāvinātāja garīgā un emocionālā bagātība. Neatgriezeniski pazaudēts pulkstenis, pie kura pierasts, var izraisīt ne tikai sliktu garastāvokli, bet pat emocionālas sāpes! Un, ja tas vēl bijis iegādāts ar simbolisku nozīmi, pirkts par pirmo algu vai mīļotā cilvēka dāvana, šķiet, ka pārdzīvojumu buķete ir pietiekama... Šķietams sīkums, nieka priekšmets, bet šo zaudējumu laiku pa laikam var atminēties kaut visu mūžu! Droši vien, ka kādreiz dzīvē, nejauši kādu satiekot, esat jutušies viņa priekšā neērti tieši tāpēc, ka, jūsuprāt, neesat labi izskatījušies, piemēroti apģērbušies un atbilstoši sagatavojušies.

Visos laikos, kopš ir pastāvējusi sociālā vide, cilvēkus saistībā ar vizuālajām izpausmēm ir interesējuši vismaz divi jautājumi, kurus cits citam uzdod gandrīz ikviens. Protams, tas netiek uzskatīts par smalku toni, tomēr cilvēki pamanās apmierināt savu ziņkāri. Klasiski: ja sieviete ir stāvoklī, cilvēki vispirms interesējas par to, no kura vīrieša ir iestājusies grūtniecība, un otrs – kā kāds ir apģērbies, kā izskatās vai izskatījies. Ideja ir tāda, ka katrs patērē atšķirīgu enerģijas daudzumu, lai saņemtu atbildi, bet pamatā par šiem „vizuālajiem jautājumiem" *Homo sapiens* interesējas bāziski, savas cilvēciskās iedabas vadīts. Kāpēc tā notiek?

Par šo ziņkārību vai varbūt zinātkāri rūpējas cilvēka narcistiskā puse, jo seksuālais partneris vai apģērbs ir tieši tas, ko var ieraudzīt, lai veidotos iekšējās interpretācijas. Mehānisms ir skaidrs, cilvēka spēkos nav to mainīt un pat nevajag, jo, ja mūsos mīt šādas narcisma iezīmes, mums ir jāsekmē to produktivitāte. Ko tad mēs īsti vēlamies? Principā nevienam no mums nerastos pretenzijas pret otru, ja mēs būtu apmierināti ar savu ārējo tēlu. Zinātniski definējot: narcistiskā vajadzība piesātināta.

Pat tajos ideālajos gadījumos, kad cilvēks ir apmierināts ar savu ārieni, vienalga viņu neatstās vēlme interesēties par otra cilvēka vizuālajām izpausmēm. Tas ir saprotams, jo tā ir I N F O R M Ā C I J A šādās variācijās: par sevi caur otru, citam par sevi. No šīs saņemtās informācijas mēs varam mācīties, lai pilnīgotos paši un saņemtu brīdinājuma signālus par to, ar ko mums šobrīd ir darīšana. Protams, vizuālais tēls var būt maldīgs. Eksistē stereotipi, uz kuriem mēs *uzķeramies* un ar kuriem apzināti manipulē noziedznieki. Ir dzirdēts, ka saka: „Viņa izskatījās tik solīda, bet izrādījās krāpniece!" Ārienei piemīt fenomenoloģija, jo pēc tās var pat izdarīt profesionālas dabas slēdzienus. Ja izskatās „šādi", tātad ir turīgs, tātad – kompetents. Notiek uztveres *klikšķis*, un jūs no visiem pretendentiem dodat priekšroku tieši šim, bet vēlāk, iespējams, viļaties, jo jūsu stereotips neatbilst saņemtajai kvalitātei. Kā arī pretēji: caur ārējām pazīmēm atklāj tieši to, kas otrā ir svarīgs un vērtīgs.

Izkoptais ļaunums pret sevi nostiprinās tad, ja neatzīstaties savās narcistiskajās vajadzībās. Un zināt, kāpēc? Tāpēc, ka no tām, iespējams, baidāties! Iemesli var būt visdažādākie, piemēram, bailes izcelties (jo tā ir atbildība), bailes nenodrošināt savas vajadzības un intereses. Jūs varat turēt sevi aizdomās par to, ka, sākot kaut ko „gribēt", vairs nevarēsiet apstāties un no tā cietīs jūsu ģimenes. Diemžēl tās ir sabiedrībā kultivētās baiļu fantāzijas, ka realizēt savu narcistisko dabu ir slikti un nosodāmi. Kādu iemeslu dēļ tas tā varētu būt? Tāpēc, ka narcismsu mēs tulkojam kā pārspīlējumu, kaut ko pārmērīgu, kas var kaitēt citiem un izpaužas neglīti: tā varētu būt iedomība, augstprātība un visvairāk – patmīlība. Izkoptais ļaunums ir šī mīta uzturēšana, jo, ja mēs nebūsim narcisi, mums pietrūks patmīlības, kas nodrošina kaut vai vajadzību veikt savu darbu pēc iespējas kvalitatīvāk.

Patmīlīgs indivīds var sabrukt, uzzinot, ka viņa sniegtais pakalpojums nav bijis augstvērtīgs. Cilvēkam ir vienaldzīgs viņa darba rezultāts tikai tajā gadījumā, ja viņu raksturo pilnīgi neizkopts narcisms – vienalga kā un ko darīt, galvenais ir saņemtais atalgojums... Ne grama pašcieņas un patmīlības! Šādu vienaldzības izpausmju ir pietiekami daudz. Bet pajautājiet jebkuram bērnam, vai viņu vecāki ir skaisti, smaržīgi un stalti!

Atbilde būs – jā!, jo bērniem ir sava narcistiskā daba un viņi vēlas sev līdzās redzēt ideālus vecākus.

Ja vecāki ir pārstrādājušies un runā tikai par naudas grūtībām, bērns var nesaprast, kāpēc tad ir vajadzīgs tik plašs apģērba un citu preču veikalu piedāvājums, ja tas netiek izmantots un tiek pat noliegts! Iespējams, ka ir izdevīgi tulkot narcismu un egoismu tik tieši un primitīvi, lai nebūtu jātērē tik kārotā nauda.

Mēs visi esam informēti par to, ka dažas politiskās iekārtas un biznesa stratēģiskās vajadzības neatbalsta individualitāti. Ērtāka ir paklausīga, attiecīgi bailīga sabiedrība, padotie darbinieki un dažādi savstarpēji atkarīgi cilvēki nekā domājoši, stabili un pilnvērtīgi indivīdi. Politiski izdevīga ir nenovīdīga sabiedrība ar zemu pašapziņas līmeni, jo ar atkarīgajiem ir vienkāršāk manipulēt. Ne jau visi ir spējīgi izturēt to, ka cits labi izskatās, tātad arī attiecīgi labi iekšēji jūtas...

Vecāki pamanās dažādi iebiedēt savus bērnus, turklāt paši to nemaz neapzinās. Piemēram, diskriminējot ar apģērba starpniecību. Raksturīgākie piemēri: nepērk neko lieku, tikai elementārāko, pašu nepieciešamāko un vislētāko. Cena nosaka galveno izvēli, kopskatam nav nozīmes – galvenais ir cena!

Kāpēc diskriminācija notiek caur bērna ietērpu? Tāpēc, ka vecāki intuitīvi nojauš, ka tas var izrādīties svarīgāks, nekā to gribētos sev atzīt. Iespējamie stereotipi ņem virsroku. Ja bērnībā visa ir gana, tad uzskata, ka izaugs izlutināts egoists; ja pārlieku glīti izskatīsies, tad agri apprecēsies; ja nesapratīs, kas ir trūkums, nemācēs novērtēt bagātību u.c.

Pašiem izteikumiem nav ne vainas, bet ir jāprot tos interpretēt un neuztvert tik primitīvi. Sabiedrība ir veidojusies vairāku miljonu gadu laikā, un šīs nostādnes nav zaudējušas savu aktualitāti, tāpēc ir vērts pārskatīt, kāda dziļāka doma tajās slēpjas...

Kā jau zināms, mūžīgu bērnības naidu starp brāli un māsu var izraisīt ne jau tas, ka kādam no viņiem kaut kas ir, bet tas, ka viņiem kaut kā nav, un to pašu mantu mazumiņu ir jāspēj sadalīt. Šoreiz svarīga ir nevis vecāku uzmanība, bet manta, kas, protams, neizslēdz pirmo. Viņi tiek nostādīti tādā situācijā, kurā nav daudz alternatīvu. Iedomājieties drupačiņu, kas ir jāsadala! Bērni šo apstākli neprojicē uz vecākiem, neliek viņiem atnest otru gabaliņu, jo vecāki tāpat to nedarīs. No viņiem to

132

nesagaidīt, tāpēc bērni *plūcas* savā starpā par to, ko nav iespējams draudzīgi sadalīt.

Tāpat nojaušam, ka pāragru seksuālo attiecību uzsākšana pamatā nav saistīta ar pievilcīgu izskatu, bet gan ar apkārtējo pausto attieksmi. Jaunam cilvēkam ir jāsajūtas vērtīgam, apbrīnotam, kaut nedaudz apskaustam par panākumiem ne tikai mācībās un sportā, bet savā ārienē. Zēni un meitenes vēlas būt skaisti. Ja viņiem neviens nepievērš uzmanību, tad viņi var censties pievērst uzmanību, atsaucoties un piedāvājot seksu. Otrs izplatītākais iemesls pāragrai dzimumtieksmes apmierināšanai ir vajadzība pēc tēva un mātes, tā kā komunikācija nav pietiekama, pusaudži uzmeklē fizisku apmierinājumu, kas vairāk ir psihoemocionāls bads un vientulība. Jēdziens „dārgi” ir nosacīts. Labāk nopirkt mantu īstā laikā un vietā un turpat uz visiem laikiem aizmirst tikko iesākušos frustrāciju. Iespējamais nākotnes pārdzīvojums var „izmaksāt” dārgāk, apdrošināšana to nesegs, „maksāt” nāksies no savas vai nākotnē – bērna kabatas. Par ko? Par kompleksiem.

Neviens pasaulē apzināti nevēlas būt neglīts, arī jūsu bērni ne! Tieši nabadzība provocē cilvēkus zagt, melot, izvairīties no atbildības – daudz vairāk kā turīgums. Ja šīs īpašības nostiprinās jau bērnībā, tad to tendence saglabājas arī vēlāk, lai cik labi būtu finansiālie rādītāji turpmākajā dzīvē. Biežāk alkatīgi un nepiesātināmi bez iemesla vēl vecumā ir tie, kuriem bērnībā nav bijuši labumi.

Iespējams, ja šo novērojumu nodotu plašākai diskusijai, tad rastos oponenti, kuri vēlētos norādīt, ka ne visās ģimenēs ir iespēja bērnam nopirkt dārgas drēbes, turklāt nodaļas sākumā izlasīta atziņa, ka galvenā nav apģērba vērtība, bet gan tā atbilstība videi un situācijai, bet katrs ir tiesīgs interpretēt un darīt pēc sava prāta. Konflikts neizdosies, jo strīda nebūs. Lai būtu veseli, gudri un ar pašcieņu apveltīti bērni, tas attiecīgi ir jāveido un jāaudzina. Vecāki ar lepnumu bieži vien saka: „Tad, kad es augu, tā vis nebija, un nemaz tik slikts neesmu.” Neliela vecāku uzpūsta iedomība par savu taisnību, par savu gaumi, par sava laikmeta vērtībām var ietekmēt bērnu audzināšanu. Plašajā pasaulē ir vēl, kurp virzīties un attīstīties, satiekot kādu gudrāku, skaistāku, turīgāku, nekā tevs un māte. Nav jābaidās, ka bērns var to patstāvīgi atklāt, tieši pretēji, viņam ir jāzina, ka ir daudz iespēju. Bērnam nav jājūtas slikti, it kā viņš pamestu vai

133

nodotu savus vecākus, viņam ir jāapzinās, ka tā ir evolūcija. Ir viegli iztēloties oponentu potenciālo reakciju – ka nav vienkāršs uzdevums mainīt attieksmes, kas ienākušas mūsdienu dzīvē no dažādiem avotiem – vecākiem, dzīvesbiedriem, paziņām, skolas, dzīvesvietas vides un citas ārējās informācijas plūsmas. Patiesi, tā ir nopietna attieksmju kopmasa, kuras objektivitātei ir sarežģīti pretoties individuāli. Šķietami vienkāršāk un lētāk ir peldēt pa straumi nedomājot, neanalizējot un nekritizējot. Izkoptam ļaunumam tā labpatīk – netērēt un neieguldīt līdzekļus un vēlāk apvainoties par nelieliem panākumiem. Lēta un ļaba ir kumelīšu tēja – šaubu nav, par pārējo tik drošas ziņas un apgalvojumi neeksistē. Šķiet, visur ir nepieciešams ieguldījums, jo visvienkāršākais labais apnīk, tas attaisno progresu. Ļaudīm apnika staigāt kailiem un iet kājām, tāpēc viņi izgudroja apģērbu un transportu. Vieni svārki pēc kara ir liela atlaušanās, bet mūsdienu narcistiskajā sabiedrībā – kā trūkums.

Cilvēks ir sociāla būtne un pastāvīgi atrodas interaktīvas vides iespaidā. Viņš kaut ko redz, kaut ko dzird un saklausa. Ja mums ir tikai viena drēbju kārta, tad mēs psiholoģiski pierodam pie domas, ka mums nekas vairāk nemaz nepienākas un, ja citiem ir vairāk, tad mūsos ir kas savādāks. Āķis ir izmests, un cilvēks sāk pievērst uzmanību nevis komunikācijas priekam vai mācībām, bet gan pieķeras domai par savu vērtību. Pārdomu rezultāts var būt dažāds, jo cilvēkam piemīt iztēle. Domāšanas process ir kā muzikāla skaņdarba variācijas, tomēr ir jāpievērš uzmanība tam, ka ar nevajadzīgām „aizdomām" par sevi var tikt piesārņota cilvēka individuālā psihohigiēna. Atšķirības leganstus neizdodas uztaustīt, tikai intuīcija un novērojumi liek kādam vēl vairāk frustrēties.

Nav iemesla sevi „preparēt", bet vide uz to provocē. Piemēram, Hansa Kristiana Andersena pasakā „Neglītais pīlēns" tiek stāstīts par skaistu gulbi, kurš ar savām šaubām bija sevi nomocījis.

Katram no mums ir sava uztvere, un šīs uztveres rezultātā mēs slimojam atšķirīgi. Tik, cik ir saslimšanas variantu, tikpat daudzveidīgs ir slimošanas process. Var censties ārstēties tā, lai izveseļotos, pašam to neatklājot. Slimošana var izpausties arī kā psihoze, kad organisms nojūk un zaudē realitātes izjūtu. Sāp visur un reizē nekur… Slimot var ātri un ilgi par spīti slimības diagnozei. Slimošana ir viens no daudzveidīgākajiem sevis izpausmes veidiem pasaulē! Protams, ja jūs pieņemat, ka ķermenis esat jūs pats. Lai iepazītu savu slimošanu, ir nepieciešams laiks, bet ne tikai. Ātrus panākumus var gūt, bet ne vienmēr tie psihoterapeitam šķiet pārliecinoši, jo īsā laikā nav iespējams aptvert to, kas ir izveidojies un gadiem krājies. Psihei ir jāasimilē indivīda pieredze, jāpārstrukturizē attieksmes, un to nevar izdarīt vienā psihoterapeitiskajā sesijā. Piemēram, nevar un nemaz nevajag apsolīt mūžīgu veselību, toties katrs pats var ietekmēt savu pārdzīvojumu un ciešanu ceļu.

Tā ir mūsu individuālā atbildība savā un citu priekšā. Psihohigiēna atbild par mūsu garīgo un fizisko labsajūtu. Šajās „variācijās" tiek iepludinātas visdažādākās fantāzijas un iedomas, piemēram, par to, ka „vecāki mani nemīl, es viņiem esmu vienaldzīgs; vecākiem ir grūti, un man viņi ir ne tikai kā bērnam jāattaisno, bet arī jāizprot." Beidzamā doma pat izskan cēli, bet ir miljoniem dažādu citu iespēju, kā bērnos ieaudzināt empātijas spēju – kāpēc tas ir jādara caur pazemošanu? Vecāki varētu izrādīties liekuļi, ja apgalvotu, ka finansiālos līdzekļus nekad nav bijis iespējams iekrāt tādā daudzumā, lai bērnam varētu nopirkt skaistu un piemērotu apģērbu... Kā redzat, šoreiz pietrūkst vārda „cena", un līdz ar to bērnam veidojas atšķirīgāks vēstījums, kuru bērns nolasa no jūsu attieksmes. Ja uzskatāt, ka tas, kas patiktu jūsu bērniem, ir par dārgu un tāpēc jūsu atbilde regulāri ir bijusi: „Mums nav naudas!", jūsu secinājumi neatbilst patiesībai. Biežāk tā izpaužas vecāku egocentrisms un nespēja, kas tiek uzvelta bērniem. Pat kara apstākļos vecāki ir spējuši savus bērnus iepriecināt ar apģērbu: tam, protams, ir nepieciešama pieaugušā pozīcijas un lomas apzināšanās, empātija pret bērnu un sava ego adekvāta paušana.

Tajos gadījumos, kad bērni pieprasa apģērbu pārmērīgos daudzumos, tas ne vienmēr ir saistīts ar uzmanības vai mīlestības trūkumu no vecāku puses. Kā jau minēju, katrs gadījums ir aplūkojams individuāli, bet jebkurā situācijā var atrast risinājumus un problēmas izskaidrojumu. Piemēram, ja jūsu bērni, jūsuprāt, pievērš pārāk lielu uzmanību ārienei, šāda uzvedība varētu būt saistīta ar vecumposma krīzēm un bērnu iekšējo konfliktu apmierināšanu. Jebkurš pirmskolas vecuma bērns karnevāla vēlētos sevi redzēt saģērbtu kādā no viņam tīkamiem tēliem, jo viņš grib izpausties, identificējoties ar izvēlētā varoņa spējām un izpausmēm. Tērps šo vajadzību nodrošina. Piemēram, bērns nekad nevarēs būs zaķītis, jo nevar pārtapt par dzīvnieku, toties ar šo dzīvnieku attēlojošu tērpu var simbolizēt kaut ko mīļu, mīkstu un pūkainu. Tas ir kā neliels projektīvais tests, ar kura starpniecību bērns pavēsta vecākiem, kā tajā brīdī jūtas un ko vēlas saņemt. Ja jūsu bērni kā maskarādes tēlu izvēlas Betmenu, tad viņu psiholoģiskais tipāžs ir atšķirīgāks nekā Zaķītim. Protams, ir jāpajautā pašam bērnam, kāpēc viņš ir izvēlējies attēlot tieši šādu filmu varoni, jo minētais personāžs nav vienpusējs – tajā ir atrodama kāda dzirksts, pārspēks, drosme un atjautība. Tāds Visvaris nemaz neeksistē. Nav īpašas nozīmes, kurš no bērniem izvēlējies konkrēto masku, svarīgi ir apzināties atšķirību un neuzstāt, ka bērniem būtu jāsamainās ar kostīmiem, lāvelk tas, kas der, vai dabūts no lielākiem kaimiņbērniem. Šāds piemērs ir izvēlēts, lai plašāk atvērtu psiholoģiskos priekšstatus par paštēlu. Bez motivācijas nekas nenotiek, jebkurš iekšējais pamudinājums liek mums kaut ko iesākt ar savu ārieni. Kad vīrietis atpogā apkaklīti? Kad sieviete ietērpjas pieguļošā kostīmiņā? Tam var būt visdažādākie iemesli – karstums, apkaklītes šaurums, novājēšana, algas pielikums. Ne vienmēr tas ir tik tieši jāuztver.

Apģērbs vienmēr ir izraisījis vienu no frustrācijas iemesliem sabiedrībā. Bērnības atmiņas un pieaugušā identifikācija ar to katram liek izdarīt savus secinājumus – patīk vai nepatīk, labi vai slikti, skaisti vai neglīti, vajag vai nevajag un tamlīdzīgi. Cilvēkiem ir jādomā par drēbēm, bet ne visi aizdomājas par to patieso nozīmi. Tas ir priekšmets, kuram jāpieskaras un uz kuru ir jānoraugās katru dienu visa mūža garumā. Jebkuru nelaiķi vismaz ietin audeklā. Mūsdienās apbedīšanas birojos nelaiķa tuviniekiem pajautā, kādai krāsu paletei tiek dota priekšroka. Savādi, vai nē, lai katrs spriež un vērtē patstāvīgi. Āriene ir no svara!

Cilvēki uz ārieni projicē dažādas emocionālas izjūtas, piedēvēdami ne tikai tās iezīmes, kas raksturīgas viņiem pašiem. Cilvēki meklē atbildes uz saviem novērojumiem. Starp novērojumiem un atbildēm ir jābūt vietai, kur uzkrājas informācija. Ieguves vietas var būt dažādas. Psiholoģiski cilvēks uzmeklē tās, kurās jūtas apmierināts. No „raktuvēm” ir atkarīga dzīves kvalitāte. Ar to starpniecību izveidojas globāli secinājumi par sevi un citiem. Piemērotība ne vienmēr ir īstenība, bet pielāgošanās – veids, kā mierināt sevi, „plāksteris” trūkumam, attaisnojums grūtai bērnībai, pamatojums apkārtējiem nespējai ieņemt sev tīkamu lomu sabiedrībā, iebildums jaunībai vai vecumam, arguments slinkumam un skaudībai.

Domāšanas veids un virziens var nogādāt tieši izkoptā ļaunuma apskāvienos. Kad sajūt šo tuvību, apģērbs vairs nenodrošina ilūziju, ka viss ir kārtībā. Tieši pretēji – neveicas un neklājas, kā gribētos. Ne sevi, ne citus vairs neizdodas maldināt ar savu tēlu, nostāstiem, solījumiem, apgalvojumiem. Nav jēgas censties būt tam, kas neesi. Labāk laiku pa laikam pārskatīt atlikumu rezerves – vērtības, attieksmes, ambīcijas, iespējas, ieceres, vēlmes u.c. Ja rezerves tiek pārskatītas, tās ir iespējams papildināt, piemeklējot to, kā trūkst vai pēc kā rodas nepieciešamība no jauna. Par to sevi nav jākritizē, ka mainās draugi vai intereses, dzīves stils, garderobes saturs, nodarbošanās. Dzīve ir elastīga, ar to jārēķinās, vienā smilšu kastē ilgi nespēlēsies. Pat tad, ja negribas, vasara beidzas un jāiet uz skolu.

Tie, kuri „paliek smilšu kastē", biežāk nodarbojas ar manipulāciju, jo viņiem pietrūkst zināšanu par sevi. Viņi neko daudz nezina par savām spējām un iespējām. Kāds biznesmenis mēdza tērpt sevi un sievu baltās, īpaši *dizainētās* drēbēs, lai uz saviem sadarbības partneriem atstātu vēlamo iespaidu – nepiespiests brīvdomātājs. Viņam vajadzīgie cilvēki noticēja tam, ka šis „baltais pārītis" būs tas, kas „iecels viņus saulītē". Politiķis, veiksmīgs orators, paņēmis citu sastādītu deklarāciju, labi iemācījies to no galvas, tiek ievēlēts Saeimā. Vieglas uzvedības sieviete, tērpusies kā biroja darbiniece, sniedz padomus skolas vecāku komitejai. Policists, piemērojot naudas sodu, nenoformē protokolu, bet nosodoši izturas pret autobraucēju. Manipulācija ir izdevusies, tēli ir iedrošinājuši, jo adresāts ir lētticīgs un nav pietiekami papildinājis intelektuālās un emocionālās informācijas krājumus. Šādas klišejas var būt noturīgas tieši savas vienkāršības dēļ. Piemēram, bailes no psiholoģiskas kastrācijas ne vienmēr ir psiholoģiska problēma, bet nezina un aprobežotība.

Esam nonākuši līdz tam psiholoģisko domu punktam, kurā satiekas un konfrontē sabiedrības identitāte ar individuālo identitāti. Var atklāties, ka valkāt drēbes atbilstoši savai psiholoģiskajai būtībai var atlauties tikai retais, jo ir problēmas pašā un vidē. Ekscentriķi, kam raksturīga provokatoriska rīcība, kura nepavisam nav tuvu ideālam, mēdz būt dažādi savā garīgajā veselībā, tāpat kā tie, kuri skrupulozi ievēro vienojošās vizuālās līdzības kā kloni, visi vienādi. Iespējams, ka vēlme psiholoģiski pārmērīgi izcelties vai līdzināties ir veicinājusi pasaules ekonomisko krīzi.

Pašreiz trūkst izteiksmīga individuālisma – garīguma. Šķiet, pabrīvs laucinš, kurā ir iespēja darboties.

Vai sievietes rokassomiņai varētu būt kāda raksturojoša iezīme? Z.Freids savās tēzēs minējis šo aksesuāru kā sievietes vaginālo simbolu. Ja sieviete respektē savu vagīnu, tad viņas rokassomiņa atspoguļos projektīvo pašcieņu. Daiļā dzimuma pārstāves maina šo aksesuāru, atkarībā no tērpa, sezonas, praktiskas vai estētiskas nepieciešamības. Tātad var secināt, ka sievietēm šī pašapziņa ir vai nu svārstīga, vai pretēji – tā modificējas savā pašpilnveidē. Tas nav jāuztver tieši, bet kā emocionāla izpausme pie kostīmiņa.

Arī vīriešiem ir kopējas dzimuma pazīmes, kuras projicē fallisko iezīmju kopumu. Pirmais, kas nāk prātā, ir automašīna. Sabiedrībā sačukstas par to, ka, lūk, liela mašīna nozīmē „to", bet maza – „šito". Mašīnas gabarītiem nav nekādas nozīmes, tās modelis ir atkarīgs no braucēja vajadzību un rakstura īpašību summas. Tāpat kā kaklasaites, gandrīz obligāta darījumu vīrieša atribūta, garums pats par sevi neko neizsaka, jo, ko tad domāt par vīriešiem, kas kaklasaites vietā izvēlas *tauriņu*? Temperaments atklājas arī, valkājot maisu, bet ar vienu norunu, ka tas tiek darīts ar mērķi, bet ne jau garīgas un attiecīgi materiālas nabadzības dēļ. Jebkurš vesels un darba spējīgs cilvēks var atļauties bikses, kuras piestāv, uzturēt tās kārtībā, tīkamas acīm un ķermenim.

Attaisnojumi ne tik reti izskan vairāk kā spriedelējumi, ko radījuši skaudīgie, tāpat kā teicienu „Par gaumi nestrīdas" – bezgaumīgi un nekonsekventi patērētāji. Šajā tēmā mūs interesē tās psiholoģiskais aspekts. Modes tendences diktē psiholoģisku vajadzību nodrošināšana. Mūsdienu cilvēks ir pakļauts nepieciešamībai pieņemt ātrus un dinamiskus lēmumus. Mēs esam psiholoģiski pieraduši saņemt gatavu informāciju, konkrētu informatīvu bildīti reklāmas saukļos. Ja jau psihe ir sagatavota šādam uztveres modelim, tad šāda shēma iedarbojas uz mums daudzās sfērās.

Krievu modes pazinējs J.Vasiļevs, analizējot modes tendences, ir pamanījis to, ka mūsdienu apģērbs ir tāds, lai vienmēr būtu iespēja ātri nodrošināt seksu. Cilvēki tam ir gatavi, jo šādu izskatu uzskata par vienu no savām priekšrocībām līdzcilvēku vidē. No citiem avotiem izskanēja doma, ka mode ir nepieciešama masām: ja cilvēkiem nebūs ziņu par to, kas šajā sezonā būtu jāvelk un kā jāsukā mati, tie nemācēs paši izdarīt secinājumus, un viņi var apmulst. Direktīvas no augšas ir nepieciešamas, jo lielāka psiholoģiskā negatavība sociumā, jo vairāk panikas un baiļu. Piemēram, ir nepieciešamība šķirot, atrast jaunus orientierus svārstīgā vidē, tāpēc ir vajadzīgs kāds padoms kā psiholoģiski domāt un sagatavot sevi nākošajam dzīves posmam. Vesels cilvēks psiholoģiski nesvārstās un uzticas pirmām kārtām sev. Tā ir psiholoģiski nobriedusi personība ar adekvātu uzvedību un tēlu pat visneiedomājamākajās dzīves situācijās. Tāds cilvēks ir tas, kas viņš ir! Savā iekšējā veselumā un harmonijā viņš izvēlas atbilstošāko un piemērotāko sev bez pazemojuma vai pārspīlējuma. Viņš izcili māk pakārtot prioritātes, ieskaitot ārējās, un ir laimīgs, apskaužams, jo tādam vienmēr nekā netrūkst.

Sabiedrība tiecas pēc skaistuma, bet vienlaikus izturas agresīvi pret tiem, kas tādi spēj būt. Tā pati sabiedrība vēlas augstāku turības koeficientu, bet naidīgi izturas pret tiem, kam ir izdevies to sasniegt. Dažādu sociālo jomu norisēs ir novērojams kaut neliels psiholoģisks spiediens. Katrā darba kolektīvā ir savas tradīcijas, kuru robežas reizēm ir grūti psiholoģiski pārkāpt, vieglāk ir pielāgoties un pieņemt šīs pašas vides infantilās izpausmes. Tas var izpausties līdz absurdam, jo cilvēki to neapzinās... Apkārtējie ievēro, ka kāds ir ieradies jaunā apģērbā, bet valkātājs taisnodamies atbild, ka to iegādājies nejauši apstākļu sakritības dēļ. Ja kāds izsaka komplimentus, šķiet, ir labāk tos apšaubīt, nekā pateikt paldies. Pielaikojot jaunu apģērbu, jautāt pārdevējam, kā jūs tajā izskatāties... Ko personīgu vai īpašu pārdevējs var zināt par jums, lai rekomendētu kādu apģērba gabalu? Ja vien viņam ir izpratne un sirdsapziņa, maksimālais, ko pārdevējs atļausies darīt, ir izvērtēt izmēru, krāsu, ja vien nebūs īpaši mācījies, apveltīts ar talantu, interesi un pieredzi, spēju separēties (atdalīties). Ja tā nav, tad iegūst atpakaļsaiti psiholoģiski atbilstošu ne sev, bet tam, kurš tirgojas. Varbūt var paveikties, jūs paši varat zināt, ko ar šo pirkumu realizējat vai apliecināt. Pārdevējs kā labs vidutājs māk atspoguļot pircēja zemapziņu apziņā. Kāda jauna meitene, faktiski vēl pusaudze, aizbraukusi uz ārzemēm, kādā veikalā, guva jaunu priekšstatu par sevi, ka vairs nav bērns, bet brīnumaina jauna sieviete. No vairākiem desmitiem pakaramo tirdzniecības zālē viņai iedeva uzlaikot baltu, romantisku, vasaras svinībām piemērotu pēcpusdienas kleitu un netradicionāla griezuma melnu kostīmu – pusgaras bikses ar žaketīti. Viss piestāvēja, un tēls ieguva, jo pacēlās virs vidējā pusaudžu ierastā priekšstata par sevi. Prieks bija liels un abpusējs. Pēc dažiem mēnešiem meitene atzinās savai mātei, ka nespēj valkāt iepriekšējos apģērbus, viņai šķiet, ka tie ir par bērnišķīgu un pazemina vērtību. Pagāja vēl neliels laiks, un jauniete šķietami ne no šā, ne no tā pieteicās un uzvarēja svešvalodu olimpiādē, pārgāja uz labāku skolu, un viņas draugu loks mainījās par simt procentiem. Smēķēšana, nenākšana mājās, alkohola malkošana, bastošana palika pagātnē. Tāda bija tikšanās nozīme ar nesavtīgu citu sievieti, kas nezināja neko personīgu, bet iedrošināja meiteni uz labu iesākumu, precīzi saskatot būtību un materializējot iztēli. Mātei vairs nebija jaunu galvassāpju, jātērē sava veselība, jāviļas, jāiet uz policiju, bet jānopērk divi labi un atbilstoši apģērba gabali. Skaidrs, ka lietām ir jākalpo cilvēkam, tikai jāiemācās tās pareizi izvēlēties.

Labs izskats tātad var izraisīt greizsirdības jūtas. Izraisīt, ne radīt. Rada bērnu, attiecības, mākslu u.c., bet jūtas, kuras sagrauž cilvēku no iekšpuses kā sifiliss, ir psihoemocionāls ļauns defekts. Šādas izjūtas var būt ne tikai starp svešiem, bet arī starp savējiem, pat vecākiem pret bērniem un laulātā pāra savstarpējās attiecībās. Tam pamatā var būt bailes no konkurences, ka kāds savā ārienē varētu būt veiksmīgāks nekā otrs. Atcerēsimies „Sniegbaltīti un septiņus rūķīšus", „Trīs rieksti pelnruškītei", „Sniega karalieni". Minētajās pasākās ir vēl cita morāle, bez ārienes nepiepildītām ilgām, vēlmē būt pievilcīgākiem, psiholoģiski sarežģījumi izturēt bailes no kastrācijas, piemēram, esot neglītam, tātad mazvērtīgākam, eiforisks prieks par panākumiem šajā jomā liek darboties un tiekties pēc uzvaras. Pasaku personāži nonāk šādās grūtībās, cilvēkiem nāktos saskarties ar līdzībām, jo ikviens tēls ir bijis ar reālu prototipu. Bērni vienmēr, ja nāksies izvēlēties, nostāsies skaistā un labā pusē, kāda daļa no viņiem pieaugot zaudē šo spēju. Savukārt tie, kuri neizjūt simpātijas savu personīgo grūtību dēļ, ne visi nomirst kā ļauni. Daļa no viņiem aiziet mūžībā kā ļauni, bet citi dara visu iespējamo un neiespējamo, kamēr noturīgi kļūst par skaistā un labā pārliecinātiem labvēļiem. Tas ir viens no dzīves eksāmeniem. Tāpēc tie, kas neiztur, lai nezaudētu, neapzināti izvēlas būt vienādi, līdzīgi „kaut kādi", lai lieki nekaitinātu citus un sevi pašu. Ja kāds jūtas mazvērtīgs, tad viņu var vajāt un novājināt neveiksmju fobijas. Var pārlieku likties tā kā, nav. Laulātie pat vizuāli apzināti vai neapzināti var konkurēt viens ar otru, izjust greizsirdību, skaudību, tas cilvēcei nav jaunums.

Ir grūti aptvert un noticēt tam, ka eksistē paaudžu greizsirdība, kurā kāds no vecākiem cenšas apspiest sava vai pretējā dzimuma bērna seksuālo identitāti. Tieši apģērbs ir tas, kas uzsver atšķirības, vecumu, noskaņojumu. Speciāli nepasakot to, kas piestāv un neuzsverot, ka apģērba izvēle ir atbilstoša auguma proporcijām, nevirzot bērnu vizuāli veiksmīga un perspektīva tēla virzienā, pastāv risks, ka katrai paaudzei būs arvien lielāka iespējamība atkārtot vienas un tās pašas kļūdas un neapzināties, kāpēc tas tiek tik ļauni atdarīts. Protams, to var interpretēt un izskaidrot dažādi. Vienojošā iezīme visos gadījumos ir psiholoģiskā ietekmēšana. Tas, kuram ir vara un ietekme, izmanto savas priekšrocības – vecāki pār bērniem, laulātie viens pār otru, draugi, paziņas un kolēģi savā starpā... Piemēram, kādā ģimenē ir divi bērni – zēns un meitene. Viņi ir vienaudži ar nelielu vecuma starpību. Māte realizē savas vecāku jūtas vairāk pret savu dēlu. Viņš tai šķiet jūtīgāks nekā meita. Līdz pat divpadsmit gadu vecumam zēnam nebija liegta iespēja gulēt vecāku gultā, bet stāsts nav par to... Mātei piemita pārspīlētā vēlme izcelt dēlu, devalvējot meitas lomu ģimenē. Dēlā sieviete realizēja savu sievišķo identitāti, ko pret vīru nespēja. Viņš bija tas „labais un jaukais", kura priekšā varēja izcelties, bet meita bija neapzināta nevēlamā konkurente. Tā viņa atspēlējās par saviem senajiem pārdzīvojumiem. Meita vēlāk sūdzējās, ka savā dzīvē neatminas, ka māte kaut reizi būtu viņu uzslavējusi par viņas izskatu. Ja arī ir izrādījusi interesi, tad to ir darījusi ar noliedzošu un negatīvu attieksmi. Turpretim brālim, kurš, viņasprāt, izskatā bija padevies, māte rūpīgi atlasīja apģērbu un nežēloja tam ne laiku, ne naudu. Meitas apģērbs tika iegādāts pavirši un pat ar nelielu neiecietību. Vienu no tādiem gadījumiem jaunā sieviete atceras īpaši spilgti... Viņa kopā ar savu mammu veikalā laikojušas vienādas, baltas blūzes. Abas vienlaikus ielūkojušās spogulī: modelis vienāds, bet kopskats bija atšķirīgs. Bija skaidri redzams, ka meitai blūze izskatās daudz labāk, un māte tūlīt reaģēja, cenšoties pievērst meitas uzmanību citam apģērbam. Tam nebija nekādu citu iemeslu kā vien greizsirdība un skaudība! Līdz trīsdesmit gadu vecumam sieviete nebija mainījusi savu matu sakārtojumu, ar kādu

141

staigāja pamatskolā. Gludi, zirgastē saņemti mati un nekādas kosmētikas, ne jau pēc brīvas gribas, bet no bailēm. Izcelt neveiklo ārieni māte neieteica. Viņas lūpām bija neizteikta forma – māte ieteica lietot caurspīdīgu lūpu spīdumu. Acu plakstiņi pārāk lieli, lai tos ietonētu, divas uzacis veido vienu līniju, padarot dusmīgāku, kakls par garu, lai valkātu krelles. Svārkiem būtu jābūt pietiekami gariem, lai nosegtu neveiklo ceļu locītavas... Par aksesuāriem viņas gadījumā bija jāaizmirst, jo ausu ļipiņas bija pārāk lielas un auskari tikai vēl vairāk akcentētu „atbaidošo" neproporcionalitāti, kuru tik ļoti uzsvēra un iemācīja viņas māte. Pozitīvu atsauksmju nebija daudz, toties aizrādījumus par izskatu sieviete no mātes tika saņēmusi devīgi... Ko īsti nozīmē vardarbība ģimenē? Vai visos gadījumos tā ir tikai fiziska iespaidošana? Psiholoģiskais terors nav tik viegli pierādāms, tāpat kā vecāku kompleksu paušana un varas demonstrēšana. Manipulācija ar apģērbu ir samērā izplatīta.

Noslēdzot pēdējo šīs nodaļas domu, gribētu piebilst, ka pasaulē ir milzum daudz materiālu lietu, ko ir radījuši cilvēki – brīnišķīgi, gudri, zinoši un talantīgi. Katram lietas autoram ir sava patērētāju auditorija. Starp labo un slikto vienmēr ir konflikts. Mēs valkājam to, kas atbilst mūsu psiholoģiskajam saturam. Pēc burkāna mizas var spriest par augsni, kurā tas ir veidojies un izaudzis. Var cerēt, bet tomēr tas nekad nepiepildīsies, ka, apskaužot un noniecinot citus, var kļūt labāks par labāko. Iespējams, mirkli uz citu rēķina var justies mierīgāk, bet ne laimīgāk, jo tas ir īslaicīgi.

Bez drēbēm nav iztikusi neviena paaudze. Mēs varam apzināti izvērtēt, ko katram mums personīgi izsaka apģērbs, ko vērtīgu psihoemocionāli tas var mums sniegt. Iespējams, pašizziņas procesā atklāsies kas vēl vērtīgāks, kā nu kurā gadījumā un personīgā dzīves stāstā ir nepieciešams. Un tad tiks attaisnotas cerības, ka drēbes spēj sagādāt labu garastāvokli un panākumus mīlestībā un veselībā.

ĻAUNUMA
PSIHOLOĢIJA

Klišejas, kopsakarības, pārneses, kontrapārneses

Katram ļaunuma pazīmes ir individuālas, bet kopumā tas ir viss, kas liek atgriezties pie negatīvām domām, izjūtām, kā arī paradumiem. Atgriešanās pie vienām un tām pašām domām, kas pēc savas būtības ir neauglīgas, nozīmē atduršanos pret atkārtotiem pārdzīvojumiem, kam nav atbildes. Kādi ir pārdzīvojumi ar atbildi? Tādi, kas beidzas. Zūd enerģija un aktualitāte. Nav vēlēšanās padziļināti no jauna interesēties par bijušo. Durvis uz pagātni emocionāli ir aizvērtas. Un tas ir paveikts uz visiem laikiem. Piemēram, aiziet pieaugušā dzīvē no vecāku mājām. Risks atkārtoti saslimt ar audzēju. Starpgadījuma sāpes, kauns par pārinodarījumu, pazemojums līdzcilvēku vidū u.c. Pamaniet, kurā momentā jūsu domas apstājas, un tad mēģiniet atrast secinājumu, kāpēc jums ir grūti domāt tālāk! Pazīstot domas apstāšanās iemeslu, būs iespēja izpētīt, piemēram, no kā jūs baidāties vai par ko jūs šaubāties. Lai labāk varētu izprast, aprakstīšu kādu piemēru. Jūsu meita ir apprecējusies pirms pieciem gadiem, strādā labā darbā un dzīvo labi iekārtotā mājā. Jūs paši arī nejūtaties veci, esat gana sociāli aktīvi, labprāt ceļojat un ļaujaties jauniem atklājumiem. Tad līdz jums nonāk informācija, ka meitas vīrs ir neauglīgs un ka šajā ģimenē nekad nebūs kopēju bērnu. Jūs sākat apspriest šo jautājumu savā ģimenē bez meitas un viņas vīra klātbūtnes. Lēnām jūs konstatējat, ka uz ielas pievēršat uzmanību maziem bērniem daudz vairāk nekā līdz šim. Jūs sāk iespaidot reklāmas rullīši, kuros iesaistīti mazuļi. Jūs koncentrējaties uz šo problēmu un pamazām sabojājat savu noskaņojumu. Jums šķiet, ka kaut kā pietrūkst, lai varētu priecīgi sagaidīt savas vecumdienas, un, tā domājot, nonākat līdz bezgalībai, kurā nav vietas priekam. Izkoptais ļaunums ir tas, kas jūs ievelk savdabīgā purvā, no kura izkļūt ir aizvien grūtāk.

Kā redzams, nelabvēlīgas domas ievelk kā atvarā, un no tām ir diezgan grūti atbrīvoties, kā arī mainīt domāšanas virzienu. Tas ir loģiski, jo jūs šajā situācijā saskatāt tikai negatīvo. Rodas jautājums: bet kas gan var būt pozitīvs tajā, ka ģimenei nevar būt pēcnācēju? Kopīgā domu virtenē šī varētu būt pirmā pietura, kad pārdomu plūdi apstājas un rodas jauns jautājums no citas domu enerģijas plūsmas. Tātad jūs neturpināt sevi nevērtīgi ekspluatēt un sākat apsvērt to, kas līdz šim nav ienācis prātā – to, ka mums katram dzīves enerģija kopumā ir iedalīta vienādos daudzumos. Tā, piemēram, uz zemes nonāk noteikts saules enerģijas un lietus nokrišņu daudzums, bet tā sadalījums, protams, ir atšķirīgs. Saules intensitāte Ēģiptē ir savādāka nekā Eiropas Austrumos. Mēs būtu utopisti, ja katru mirkli kreņķētos par to, kā mums nav. Pati zemeslode ir pilnība – tās resursu sadalījums ir atšķirīgs. Šādās līdzībās domājot, arī vienam cilvēkam ir atšķirīgas iespēju un talantu robežas. Kādam ir labāka veselība, kādam – sliktāka, kāds ir muzikālāks un vingrāks nekā cits, kāds ir slinkāks, kūtrāks, bet kāds – čaklāks un enerģiskāks.

Atceros interviju ar pasaulslaveno dejotāju Maiju Pļisecku, kas atzina, ka viņa nav radīta šajā pasaulē, lai dzemdētu, bet gan tāpēc, lai dejotu. Tāds nicinājums skanēja viņas balsī! Man tas nebija saprotams, bet šī doma aizķērās manī, ja reiz par to atminos vēl šobrīd. Tā es uzzināju, ka ne visām sievietēm gribas bērnus un ka viņas sevi realizē, piemēram, dažādās profesionālās jomās ar lielāku prieku nekā citas. Padzīvojusī sieviete no iepriekšējā piemēra, kam nav lemts kļūt par vecmāmiņu, noklausītos, nedaudz nomierinātos un izmestu nākamo slazdu, kurā precizētu: „Jā, bet manai meitai tā nav brīva izvēle, bet liktenis." Tieši tā, un viņa var izvēlēties – sekot vai nesekot tam, jo pastāv dažādas iespējas.

Ja turpinām domu, ka mīlestības daudzums kopumā mums ir iedalīts vienādās daļās, tad izrādās, ka mīlestību var ievirzīt ne tikai „trūkstošo bērnu" pārdzīvojumos. Kas ar to ir domāts? Neauglīga paššaustīšana. Piemēram, dejošana kā mākslas veids var sniegt daudz pozitīvu izjūtu un emociju. Apbrīnot to, kas ir, un neapraudāt to, kā nav.

Profesionālās karjeras pirmsākumos lielāko uzmanību koncentrēju uz bērnu radīšanas jautājumiem. Guvu pieredzi, kuru vairāk nekā pirms desmit gadiem apkopoju nelielā grāmatā. Viena no skarbām atziņām ir sieviešu nevēlēšanās radīt bērnus, bet viņas rīkojas pretēji un ir nelaimīgas. Tās, kurām nav, bieži vien tas netraucē, bet sabiedrība netaktiski un nomācoši uzspiež neiespējamo.

Protams, citādi ir ar tām, kuras vēlas, bet ir dažādi šķēršļi, kuri neļauj īstenot vēlmi. Psiholoģiskas dabas aizspriedumi un cietsirdība nereti ir šķēršļi, lai cilvēcīgi risinātu šādas problēmas. Lai pateiktu kaut ko vairāk, ir jāiedziļinās katrā situācijā, jo jaunas dzīvības radīšana vai neradīšana ir holistisks process, atbildība jāuzņemas visiem, kuri uzskata sevi par ieinteresētām personām. Vecmāmiņas arī var ietekmēt savu bērnu un mazbērnu laimi. Reizēm viņām pietrūkst zināšanu. Ne mazums ir tādu ģimeņu, kurās bērni dzimst gluži formālu iemeslu dēļ – arī tāpēc, ka tā ir pieņemts. Pēcnācēji saņem aprūpi un izglītību bez īpašām emocionālām rūpēm par viņiem, viņus apģērbj, mazgā, baro, un viņi dzīvo pilnās vai nepilnās ģimenēs, daļēji pieskatīti un apkopti. Pasaulē joprojām ir daudz bērnu, kas gaida savus adoptētājus. Tie ir tādi, no kuriem bioloģiskie vecāki atsakās, bet ir bērni, kuru vecāki atriebjas viņiem par viņu dzimšanu un savu nespēju klaji atzīt viņu negribēšanu. Ja tas tiktu uzskaitīts, tad atklātos biedējoši skaitļi.

Te nu ir – ļaunuma psiholoģija. Grūtniecība iestājas, pēcnācēju neviens īsti nevēlas, bērnam labāk uzaugt pie bioloģiskajiem vecākiem, kaut gan pasaulē ir pāri, kuri vēlas vienu un vairākus bērnus pat tad, ja ir izdevies dzemdēt savējo. Cilvēka spēkos nav iespējams regulēt pasaules iekārtu, bet atklātības principus ievērot, lai nenodarītu ļaunumu sev un citiem, būtu daudz saudzējošāk, nekā liekuļot apkārtējiem, tēlojot māti un tēvu.

Cilvēki atrod iemeslu ķert kreņķi, jo nemāk lasīt „īsziņas" no Dieva. Ja jūsu meitas ir laimīgas ar saviem vīriem un starp viņiem pastāv mīlestība šī vārda plašākajā nozīmē, tad viņi turpinās iet Savu Laimes ceļu arī nākotnē. Atkarībā no savām prioritātēm viņi izveidos savus secinājumus.

Protams, ne visām ģimenēm pasaulē ir bērni. Daudzas izcilas personības ir spējušas virzīt pasaules progresu tāpēc, ka varējušas tam veltīt vairāk enerģijas un domu.

Kāds vecpuisis, kurš bija jau tuvu pusmūžam, sev vien zināmu iemeslu dēļ bija nolēmis nekad neprecēties, bet te pēkšņi viņš satika par sevi vecāku sievieti, kurai bija vairāki bērni. Tad, kad viņš izvērtēja savu dzīvi, izrādījās, ka viņa izpratnē liktenīgā tikšanās patiesībā ir saprotama un loģiska. Viņš nebija dzīvojis kopā ne ar vienu sievieti ilgāk par trim dienām, un ģimenes veidošanas pieredzes viņam nebija. Laimīgs gadījums ir tas, ka pavēlu satikta mīlestība ir tik veiksmīga, jo tagad viņam ir ģimene. Sieva vecuma ierobežojumu dēļ vairs nevarētu dzemdēt, bet tagad viņam ir ko mīlēt un viņu pašu arī mīl. Tas ir patiess notikums, publicēts ar piekrišanu.

Dažs mīl bērnus, bet citi tikai savējos. Ļaunuma psiholoģiskajai koncepcijai ir dzelžaina loģika – nodarīt kādam sāpes. Eksistē izņēmumi, tāpēc izdodas atklāt patiesību. Kāda tā ir? Kad bērnudārzā satiekas vienas

146

grupiņas bērni, visi ir gan apģērbti, gan paēduši un arī redzējuši labākās leļļu teātra izrādes, tomēr parādās kontrasts starp vizuālo izskatu un uzvedību. Kad vecāki ir aizgājuši, bērni izpauž savu agresiju – apsaukājas, kaujas, apvienojas grupās pret kādu, lielās, melo, konkurē par uzmanību. Minētais kontrasts liek aizdomāties, apšaubīt ļaunuma psiholoģiju. Kas vai kurš ir ļauns? Vai tie ir vecāki vai bērni, varbūt bērnudārza ēka, pārtika, audzinātājas? Jā, ļaunums pastāv, bet kurš uzņemsies atbildību par tā iedarbināšanu? Šķiet, ka tas būs jādara pašiem. Ļaunumu daudzviet panākam ar savām aktivitātēm – kādam kaut kā ir par maz, vienmēr būs par maz, kādam atkal par daudz. Izkopts ļaunums, kurā daudzviet var atklāt principialitāti, ambiciozitāti, nenovīdību kolektīvā. Kad kāds cieš zobu sāpes vienatnē, uz sabiedrību tas iespaidu neatstāj, savukārt, ja viņš iziet uz ielas vai brauc ar mašīnu, apkārtējiem sekas būs manāmas.

Sākumā ir ļaunums, tad nāk cilvēks, izkopj to un iet trenēties sabiedrībā. Vecāki no rīta labus, glītus, apkoptus, pabarotus bērnus nogādā pirmsskolas izglītības iestādē, kur mazuļi sāk savu treniņu. Vakaros, ģimenei atkal satiekoties, tiek apspriesti dienas notikumi. Notiek viedokļu apmaiņa, veidojas jauna viela nākamajiem treniņiem. Piemēram, zēns sūdzas, ka meitene esot viņam ieskrāpējusi. Vecākie iesaka, lai viņš palūdz meiteni tā vairs nedarīt, puisēns atbild, ka esot to jau teicis, bet meitene neņem lūgumu vērā. Tad lielie turpina: „Nākamreiz, kad viņa tā dara, tu parausti viņu aiz bizes." Arī meitenei ir vecāki. Viņai šis puisis nepatīk kopš pirmā mirkļa, viņa nezina, kāpēc, bet nepatīk!

Pieaugušie kopš bērnu dienām joprojām trenējas. Tad, kad gandrīz pusmūža vīrietis pārveda sev mājās sievieti ar bērniem, tāds jaunums satricināja ne viņu, bet viņas radus un draugus. Jābūt kaut nedaudz trakam, lai ar tik perfektu ārieni un labu materiālo nodrošinājumu bildinātu nedaudz vecāku sievieti un vēl ar bērniem. Runāja par to daudz, ka viņam noteikti ir seksuālas problēmas un viņš nespēj veidot attiecības ar vienaudzēm vai jaunāka gadagājuma sievietēm. Psiholoģija, kas raksturo ļaunumu, ir sekla. Paķert bildīti un uzlikt tai skaņu. Viņš nav normāls, jo tādi kā viņš rīkojas citādi. Kā? Izbauda mīlas un brīvības prieku, pirms dodas laulības ostā, izvēlas labāko un piemērotāko kandidatūru, kurai ir jābūt jaunākai, īpaši skaistai un pievilcīgai, bez saistībām.

Termins „jābūt" ir *ievazāts* no izkoptā ļaunuma. Kāds izdomā, kā visam jānotiek, un pēc tam pārdzīvo par ieceru neīstenošanos. Vienmēr atrodas cilvēki, kas spēj pieņemt apzinātus lēmumus, neiespaidojoties no apkārtējo zemapziņas izpausmēm, kuras nav apzinātas. Hipotētiski tie, kuri ietekmējas, ir pārsvarā pār tiem, kuri neietekmējas, līdz ar to viņi nomāc pārējos. Neietekmējamajiem ir skaidrs, ka daudzums nav biedējošs, ja izdodas saglabāt savu identitāti, joprojām balstīties uz pamatvērtībām, izvairīties no savām un citu manipulācijām. Piemēram, vecāks nav sliktāks par jaunu, laulības dzīvei nav noilguma, nav noteikts bērnu skaits ģimenē un ideālais vecums laulībām. Ir notikumi, kuros neeksistē absolūta patiesība. Šīs patiesības meklēšana tiek izmantota kā manipulācija. Padomājiet, cik daudz cilvēku ir veidojuši laulību pēc stereotipiem un vēlāk nožēlojuši, ka nav to darījuši savādāk.

Daudziem būtu iemesls apskaust minēto pāri. Piemēram, pirms kāzām pāris apsprieda nākotnes dzīves modeli. Sarunas bija ne tikai par skolu, mājām, sadzīvi, bet arī par seksu, kas sievietei bija svarīgs. Pēc viņas teiktā, bijis tā – viņa jautājusi, cik reižu nedēļā viņiem varētu būt tuvības brīži, un pie sevis esot nodomājusi – ar tik temperamentīgu vīrieti četras reizes nedēļā varētu izdoties, kas viņas gadījumā būtu vairāk nekā apmierinoši, ņemot vērā ikdienas mājas un darba pienākumus, stresu. Sieviete jau tikko grasījās atvērt muti, lai noteiktu intīmo brīžu biežumu, bet par laimi tas neizdevās, jo vīrietis pasteidzās atbildēt ar nopietnu un konkrētu tekstu: „Mīļā, vairāk nekā divas reizes dienā tev nesolu.". Kad šo dialogu viņa atbilstošā situācijā atstāstījusi pazīstamiem cilvēkiem, tad, pirmkārt, neviens neticējis, otrkārt, viņa teikusi, ka jūtoties laimīga, ka *neizgāzusies* ar savu pieticību.

Šis gadījums ir tikai kā piemērs, lai mēģinātu patstāvīgi apturēt negatīvo pārdomu birumu. Vienmēr ir izvēle. Daži prot dzīvē salikt pareizos uzsvarus, lai piepildītu savas dzīves saturu, turpretim citiem tas tik veiksmīgi neizdodas. Ļaunuma psiholoģijā ietilpst plāns ieviest priekšstatus un šaubas. Nekādā gadījumā nevajag kopēt iestāšanos par vai pret kādu izvēli, bet ir jāzina, ka laime var būt dažāda. Atšķirīga. Nesaprotama, jo grūti identificējama savu unikālo izpausmju dēļ.

Zinātniskās literatūras fragmentā, ko pārsprieda profesionāļu vidū vismaz pirms desmit gadiem, varēja izlasīt atsauci par kādu grupas terapijas nodarbību. Notikums risinājās pagājušā gadsimta vidū. Psihoterapeits, kurš organizēja nodarbības, bija visu pieņemta un atzīta autoritāte. Labprāt minētu konkrētu uzvārdu, lai stāstījums būtu reprezentablāks, tomēr to nedarīšu, atgriezīšos tikai un vienīgi pie idejas. Kāda grupas dalībniece no nodarbības nodarbībā gaudās par visu, konkrēti nepieminot alkas pēc tuvības. Sūdzējās par visiem, arī par ģimeni, vidi, darbu. Grupas vadītājs visu dalībnieku priekšā seksuāli apmierināja sievieti, viņa nepretojās un nomierinājās, gūstot apmēram šādu atziņu: līdz mērķim var nenonākt, ja to neapzinās. Veids, ar kādu tika panākts rezultāts, lai paliek pagājušajā gadsimtenī. Ir attīstījušies psihoterapeitiskie virzieni, profesionālā ētika, metodoloģija, zinātniskie pamatojumi. Mūsdienās šādu rīcību ir grūti pat iedomāties, tāpēc jāatzīst, tas nav tas labākais piemērs, lai popularizētu psihoterapiju. Tas ir piemērs, kā var „aizpļāpāt" sev svarīgo, uzskatot, ka tas nekādā gadījumā nevar būt svarīgi. Seksuālās intereses salīdzinoši ar citām interesēm un nepieciešamībām reizēm pārmērīgi noniecina. Tā, lūk, līdzīgi gadījās ar iepriekšējā stāsta galvenajiem varoņiem. Viņiem kopā ir labi! Sekss ir burvīgs, pārējais pakārtojas nozīmīgākajai vajadzībai.

Nākamais piemērs jebkuras reliģijas skatījumā ir negatīvs, tomēr es domāju: jo vairāk ir informācijas, jo vieglāk atrast savu taisnību un sirdsmieru. Man bija īsa tikšanās ar kādu medicīnas māsu, kas ginekoloģijas nodaļā bija nostrādājusi ļoti ilgus gadus, šķiet, viņa redzēja daudz dažādu sieviešu sāpes un pārdzīvojumus. Viņa pastāstija gadījumu, kad kādam pārim nevarēja būt kopīgu bērnu, un sieva izšķīrās par labu tādām ārlaulības attiecībām, kurās bija tikai viens mērķis – ieņemt bērnu. Šis fakts it kā esot palicis noslēpumā viņas vīram vēl līdz pat šai, baltai dienai.

Turklāt ir tādas situācijas, kad impotences gadījumā vīrs piever acis uz sievas sānsoļiem, jo nevēlas viņu zaudēt un sagraut laulību, uzskatot, ka intīmai tuvībai nav nekāda sakara ar mīlestību. Gadās arī pretējais. Kāds paziņa stāstīja, ka atradis bēniņos vecmāmiņas izdevumu un ieņēmumu grāmatu, kurā skaidri bija uzskaitīti vectētiņa ikmēneša izdevumi, šķiet, viņš minēja nepilnu dālderi, lai apmierinātu nepieciešamību. Neviens nav pat nojautis, ka vecvecāki ir bijuši spējīgi vienoties par kaut ko tik pretrunīgu viņu būtībai. Pieaugušais mazbērns sadedzināja kladi un nekad nevienam par šo atklāto noslēpumu nestāstīja.

Ir zināmi daudzi pāri ar lielu gadu starpību. Turklāt vecākajam noteikti nav jābūt vīrietim, mēdz būt dažādi. Krīzes mēdz būt katrā ģimenē, skaidrs, ka arī tajās, kurās laulātie ir viena vecuma. Vienveidīgi traktēt, ka kāds neapzināti ir *noprecējis* kādu no saviem „vecākiem", ir paviršība. Būtu pamatoti nosaukt šādu versiju par populistisku. Pārāk vienkāršs skaidrojums, lai būtu taisnība.

Dienvidnieki uzskata, ka sievietes no Eiropas brauc un iepazīstas ar vietējiem vīriešiem, lai saņemtu kvalitatīvu seksu. Nav jau noslēpums, ka apgraizīšana dienvidu tautām ir sen zināma ne tikai higiēnas dēļ. Pirmkārt, palielinās dzimumlocekļa apjoms, otrkārt, vīrieši sajūt lielāku uzbudinājumu un ir spējīgi biežāk iesaistīties seksuālos kontaktos: vienas diennakts laikā spēja uz erekciju ir iespējama līdz pat piecām reizēm. Saule izdala laimes hormonus un galabeju (apģērbs, kas atgādina kleitu vai halātu bez pogām) valkāšana atbrīvo plašāku ceļu asinsritei. Svarīgi ir tas, ka Tuvos Austrumus seksuālas dabas jautājumi neatstāj vienaldzīgus – ne jaunus, ne vecus, ne sievietes, ne vīriešus.

Nevienā pasaules kultūrā vīriešiem nav tik izteiktas intereses par sievietēm kā austrumos. Ne tik daudz par svešām kā par savējām. Tas ir goda jautājums, kas aprakstīts Korānā – darīt laimīgu tuvību vienam ar otru. Intīmās attiecības tiek godātas un respektētas. Formāli prostitūcija nav iespējama, vainu par nesaderību nav uz ko novelt, katram pašam jāpilnveidojas šajā jautājumā, citādi par kūtrumu var saņemt sodu. Atstāt savā pārī *gribošu* vai neapmierinātu partneri būtu pielīdzināms cietsirdībai, par ko var sūdzēties, tā kā var draudēt nopietnas nepatikšanas.

Katrai sievietei un vīrietim ir vecāku ģimenes, kas nemetīsies aizstāvēt „neprašu", bet izdarīs spiedienu, liekot mainīties. Pretējā gadījumā draud šķiršanās, kas nav izdevīga ne tik daudz sievietei, cik vīrietim. Pirmkārt, būt bez ģimenes ir milzīgs kauns, zaudēts dzīves saturs; otrkārt, tas ir dārgi neatkarīgi no sociālās izcelsmes. Sieviete ir kā banka, kā depozīta uzkrājums, jo spējīgāka, ar dažādām iemaņām apveltīta, turklāt ar bērniem, jo vērtīgāka, vecums austrumnieku filozofijā ir vērtība. Nevienu ragaviņās neiesēdina un uz mežu neved, iespējams tāpēc, ka tur nemēdz būt sniegs. Viņi uzskata, ka, gadiem un dzīves notikumiem ejot, mīlestība pieaug, tā nav sega, kas dilst, bet jūtas, kuras nobriest.

Sievietes ļoti aprūpē un sargā no svešām, kārām acīm, kā kurš to saprot un māk. Viņi ļoti piedomā, lai abi partneri tiktu seksuāli apmierināti. Ja atsaucamies uz Z.Freidu, tad var teikt, ka starp vīrišķo dzimumu notiek mērīšanās ar gailīšiem. Psihoanalīzes pamatlicējs uzskatīja, ka seksuālā audzināšana ir ļoti svarīga. Apzināt slēptās zemapziņas dziņas ir vairāk nekā svarīgi, ar savām zinātniskajām atziņām un piemēriem Z.Freids dalās savās grāmatās.

Vecāku ietekme un ģimenes, reģiona un tautas kultūra ir milzum liela, tāpēc jo vairāk pašam ir jābūt kritiskākam un vērīgākam. Ikviena austrumu tautības vīramāte var pajautāt savai vedeklai, vai viņa seksuāli ir apmierināta ar vīru un vai viņš sniedz pietiekami daudz laimes izjūtu. Tā netiks uzskatīta par nepieklājību vai iejaukšanos privātajā dzīvē. Vīramātei ir savs pašlepnums, un viņa vēlas, lai būtu uzaudzinājusi dēlu tā, ka tas būtu labākais vai vismaz labs. Tajā ir ieguldīta gādība un mīlestība. Konteksts ir vēl dziļāks. Psihoemocionāli harmoniski vecmāmiņa un vectētiņš gribēs redzēt savus mazbērnus un mazmazbērnus laimīgus, tāpēc vecākiem ir jābūt labā savienībā.

Kur nu vēl vienkāršāk! Paši austrumnieki privātās sarunās atzīst, ka tie, kam ir kredīts bankā, jūtas vairāk norūpējušies par seksuālajiem jautājumiem nekā tie, kuri veic uzkrājumus paši savās mājās, domādami ar to attiecības. Rietumniekiem varētu ienākt prātā uzskatīt šādu vērtību sadali par laika tērēšanu. Protams, tie, kam patīk seksuālās spēles, var aiziet uz intīmās atribūtikas veikalu. Viņi neko daudz nezina par seksveikaliem, daudzi nav pat dzirdējuši un, ja kas tamlīdzīgs notiktu, – pārbītos.

Iemesls? Austrumu māte atšķiras no Rietumu mātes. Tiem, kam ir labas mammas – siltas, mīļas, pūkainas, smaržīgas, labvēlīgas, skaistas, nenosodošas, atbalstošas, gādīgas, atvērtas bučām un klēpja siltumam, netīk pat prezervatīvi, kur nu vēl mākslīgais falls vai vagīna. Nenotiks akts. Nekrofilisku pārdzīvojumu bez otra ķermeņa siltuma, konkrētu pieskārienu attieksmes, atbildes reakcijas, sapratnes, intuitīva apstiprinājuma izziņa par to, kā sniegt gandarījumu un saņemt apmierinājumu, nebūs. Pieaugušo mīlas rotaļas ir tiešā sasaistē vienotas ar bērnības atmiņām par māti. Katrā sabiedrībā tāpat kā ģimenē ir atšķirības. Austrumos, Rietumos, Āzijā, Amerikas kontinentā – visur ir atrodamas dažādas „kvalitātes" mātes. Salīdzinošais piemērs ir vispārīgs, bet nekādā gadījumā nepretendē uz objektīvu teorētiski zinātnisku apgalvojumu.

Mātes tēls kā fenomens ir par maz pētīts. Ideāla māte varētu pārmest sev, ja apzinātos, kā viņas bērni atturas no seksa. Pilnīgi iespējams, ka intīmpreču izmantošana, prostitūcija, homoseksuālas intereses, frigiditāte, impotence ir pieauguša indivīda leksika, vārdi ietērpti simbolos, ko neizteica māte vai nesadzirdēja bērns. Tie, kas vēlas baudīt dzimumdzīvi līdz vēlākam vecumam, sievietes un vīrieša orgasma sasniegšanai neizmanto mākslīgus kairinātājus. Ja kairinājums sievietes vagīnā ir lielāks nekā vīrieša plaukstas divi pirksti, tad sieviete pēc neilga laika seksuālu gandarījumu var just, tikai ievadot tajā veselas plaukstas izmēra priekšmetu, jo tas iedarbina dažādas muskuļu grupas. Kas tad ir dzemde? Tas pats muskulis. To var dažādi sasprindzināt, kas var izraisīt patīkamas un nebijušas izjūtas.

Austrumnieku uztverē intīmpreču veikali ir atturēšanās no seksa. Viņi, piemēram, saprot brīvdienas, jo nav automāti, bet cilvēki, atpūta ir nepieciešama. Intelekts nav jāpiepūlē, jo visu regulē daba. Tad, kad sievai ir mēnešreizes, seksuāla tuvība nenotiek. Pirmkārt, tas sievietes ķermenim nav īsti veselīgi un, otrkārt, pēc piespiedu atturēšanās ir lielāka interese un vajadzība pēc seksa.

Austrumnieki satraucas par rutīnu gultā, tas psiholoģiski gandrīz nav iespējams. Neviens nevar izdzīvot tuksnesī viens bez sabiedrotajiem, ārējie noskīrtības faktori stimulē aktīvāku darbību guļamistabā. Mūsu puslodes kultūrā šķiršanās psiholoģiski ir vairāk saprotama un pieņemama nekā Austrumos. Šķiroties atbildība tiek sadalīta kā uz pusēm. Sievietes ir falliskākas un uzņemas izpildīt vīrieša lomu. Austrumos daudzām sievietēm, ja pat ir augstākā izglītība, pirmajā vietā būs sievišķīgās identitātes jautājumi. Psiholoģiskās vagīnas apmierināšana.

Dažas ortodoksālās ģimenes nogalina savus dēlus, kuri ir seksuāli mazspējīgi. Protams, katrā kultūrā ir savas priekšrocības un trūkumi. Iespējams, reizēm ir svarīgi iepazīt svešas kultūras, lai aizgūtu to, kas ir veselīgs un labs. Nav slikti paciemoties pie citām mātēm, lai izdarītu lielos secinājumus katram par sevi. Ceļošana ir iespēja legāli atvērt jebkuru izziņas loku. Visur piedalās psiholoģiskais konteksts, bez tā nav iespējams iztikt, jo cilvēks rīkojas, emociju un intelekta vadīts.

Ļaunuma psiholoģija ir skarba, tā ierauj „nezinīšus" aizvien dziļākā gūstā, jāpiebilst, ka iziešana no šī prāta cietuma sekmēs un paaugstinās dzīves kvalitāti. Ko tas sevī ietver? Mēs it kā iemācāmies saskatīt kaut ko vairāk un domāt virs pieņemtā vidusmēra līmeņa. Piemēram, ja ir problēma, tad to vienmēr var atrisināt. Var patikt vai nepatikt atrisinājums, bet tas vienmēr eksistē. Piekrist vai nepiekrist jebkuram neadaptētam apgalvojumam ir kārtējā mācību stunda savai iecietībai un zināšanām.

PAŠTESTĒŠANA UZ IZKOPTO ĻAUNUMU

Izvērsts, radošs tests

Piekritīsiet, ka testēt sevi uz izkopto ļaunumu nešķiet sevišķi pievilcīgi. Iespējams, ka negribētos pieļaut pat domu, ka tam ir kaut mazākais sakars ar mums pašiem. Nojausma par tā esamību eksistē, bet, gluži cilvēcīgi, tā ir lielāka, domājot par vidi ārpus mums. Uz pašiem tā kā neattiecas jēdziens – izkopts ļaunums. Vēlme *aizlaisties* no ļaunuma rada nepieciešamību taisnoties. Filozofiskās kategorijās domājot, jebkurš pateiks, ka tāds „kaut kāds", „kaut kur" un „dažāds" ļaunums pastāv, bet konkrēti neviens indivīds pat daļēji neatzīst, ka pats ir tā neatņemama sastāvdaļa gan mikro-, gan makronotikumu, apstākļu, rīcības, domu, attieksmju, apzinātu un neapzinātu vēlmju, interešu, savstarpējo mijiedarbību procesos. Šķiet, ka cilvēka psihei ir grūti motivēt, pat gandrīz neiespējami bez nopietna iegansta, tam iepriekš nesagatavojoties, panākt ļaunuma atzīšanu sevī. Vienkāršs patērētājs par to neinteresējas. Tas ir ārpus viņa apziņas, ne jau tāpēc, ka ļaunums viņu neskar, bet tāpēc, ka saskarsme ar to bieži vien ir viņš pats. Tad, kad ir sajūta, ka ir par maz vielas izkoptam ļaunumam, ieslēdz televizoru, aiziet uz veikalu, parunājas ar bērniem, iegriežas pie kaimiņa vai, piemēram, iestājas kādā politiskā apvienībā. Izkoptais ļaunums vēlas, lai to piebaro.

Ar gadiem uzkrātā pieredze, konsultējot klientus, paver profesionālu ceļu domām par jaunām problēmsituāciju tendencēm. Novērojumi, kas vieno dažādus cilvēkus, kļūst par problēmu. Psiholoģiskās problēmas indivīdos veido sociālās problēmas sabiedrībā. Ne no šā, ne no tā būtu grūti argumentēt nepieciešamību pazīt un pievērst uzmanību izkoptajam ļaunumam. Tā nebūtu patiesība, bet *no pirksta izzīsta* teorija. Klasificēt ļaunumu kā izkopto ļaunumu ir jauna, netradicionāla pieeja, kuras mērķis ir saprast personīgo ieinteresētību, apzinātu un neapzinātu ietekmi uz savas dzīves kvalitāti. Iespējams, ka varētu izvairīties vai nepievērst uzmanību izkoptajam ļaunumam, ja vien apmierinātu esošais emocionālais stāvoklis. Vairumam cilvēku, ja tie ir neapmierināti ar sevi un vēlas kaut ko sevī mainīt, nosaukt sevi par „sliktu" ir pieņemamāk un vienkāršāk nekā par „ļaunu", kur nu vēl „izkopti ļaunu" personību! Biežāk tiek popularizēts, ka izkoptā ļaunuma tīklos cilvēks it kā tiek ievilināts, ka viņš tiekot apvārdots un maldināts, tāpēc nonākot nepatīkamās situācijās. Izkoptā ļaunuma vienotās sistēmas kāda konkrēta ļaundara un grupas posma upuris. Par to, kā šķietamais upuris ir kļuvis par „cietušo", tiek piemirsts. Tā ir vieglāk, jo citādi nāktos atzīt līdzības un kopējas vadlīnijas ar tiem, kuri *savaņģojuši* un pēc tam likuši justies slikti. Psiholoģiski pieņemamāk uztvert sevi kā „labu" vai „sliktu" ir saprotamāk tiem, kam bērnības emocionālās uztveres procesos ir saglabājušies šādi reizē kategoriski un pretēji vērtējumi. Bērnam savas dzīves sākumā ir svarīgi zināt, vai viņš ir „labs" vai „slikts". Tas sākotnēji ir pietiekami, lai varētu izskaidrot jebkuru vecāku vai citu pieaugušo rīcību vai attieksmi. Cilvēks, sākot sociālo dzīvi, nedomā padziļināti un, kā jau mēs iepriekš runājām, nav spējīgs analizēt un uztvert vidi plašākā kontekstā agrāk, nekā tam ir gatava viņa psihe.

Sākums ir loģisks. Pirmais, kas varētu interesēt mazuli, ir saprast vārdu „drīkst" un „nedrīkst", „labs" un „slikts" nozīmi. To paskaidro un iemāca pieaugušie. Pieaugot un attīstoties cilvēkam vajadzētu nepietikt ar tik ierobežotu izpratni. Indivīdam ir psiholoģiski jāpieaug un jākļūst ne tikai zinātkāram un ieinteresētam par sevi un pasauli, bet arī izziņas procesā drosmīgākam. Tomēr pieaudzis cilvēks, kur nu vēl bērns, psiholoģiski ir gatavs labprātāk pieņemt sevi kā „labu" vai „sliktu" nekā, piemēram, „ļaunu". Pats vārds sabiedrībā tiek asociēts ar indivīdu, kurš ir baismīgs pēc skata, skarbi izsakās, izskatās cietsirdīgs un vairāk vai mazāk atklāti dara sliktus darbus. Ļauna varētu būt, piemēram, ragana, kas lido uz slotas, bet neliela auguma vīrelis beretē ar smalku miesas būvi un laipnām zilām acīm, pieklusinātu balss tembru, šķiet, nekad! Tādam varētu uzticēt pieskatīt somu lidostā, kamēr aizskrien līdz labierīcībām.

Biežāk pasakās, it īpaši beigu notikumos, uzvaru gūst labie un taisnīgie. Tad, kad tas tiek panākts, lasītājos vai skatītājos tiek *iesēta* doma par to, ka ļaunums ir iznīcināts un ka tas nekādi nav saistāms ar viņiem pašiem. Puspajokam, bet nez kāpēc ir patīkami tieši grupā noskatīties, kā ar bērna rokām ragana tiek iegrūsta pašas kurinātā krāsnī. Zālei ir iespēja nopūsties un, pirms aizveras priekškars, noslēgt etīdi ar aplausiem. Lai sazīmētu izkopto ļaunumu, ir nepieciešama ne tikai drosme, bet arī psiholoģiska sagatavotība, intelekts, empātija un līdzatbildība par savas personības veidošanos. Vērtīgi un perspektīvi ir iemācīties sevi redzēt dažādu. Ne tik mīkstu un pūkainu, gandrīz nevainīgu. Atminos anekdoti: kāda kraupaina ar kārpām apaugusi varde sēž dīķa malā, garām peld balts, mīksts, samtains, garspalvains zaķītis. Tad, kad dzīvnieciņš gandrīz bija aizpeldējis garām varde, tā, ilgi vērojusi šo jaukumiņu, neizturēja un ieteicās: „Es arī pirms slimības biju tik balta, mīksta un satriecoši pūkaina." Pieļauju, ka tieši šāda uzdrīkstēšanās psiholoģiski atšķir pieaugušo no bērna. Piemēram, daži psihoterapijas virzieni nav efektīvi cilvēkiem, kuri neprot domāt simboliski un kuru uztvere vairāk atbilst bērnības emocionālajām izpausmēm un interpretācijām. Indivīds traktē pasaules notikumus un apstākļus faktu līmenī. Atnāca – aizgāja, stāvēja – sēdēja, balts – melns. Vēsturiska emocionālā pieredze aktīvi darbojas tagadnē – pieaugušā cilvēka dzīve nav sekmējusi attīstību. Mode ir svarīga, lai zinātu, kā jāģērbjas. Tās tendences lai paliek tādiem, kam ir nepieciešama kompetenta un laikmetīga ievirze, pārējo sapratīs paši, jo pārvalda dažādus domāšanas līmeņus.

Tātad, ja fizioloģiski nobriedis cilvēks nespēj pieņemt savu izkopto ļaunumu, viņa asociācijas varētu būt infantilas, tāpēc ir pretestība, jo nostrādā bērnībā apgūtās klišejas, kuru primitīvisms un reakciju tiešums sabiedē šodien jau pieaugušo bērnu. Nomierinoša piebilde lieliem mazuļiem: izkoptais ļaunums nav nedz labi, nedz slikti līdz brīdim, kamēr cilvēka emocijas to neiedarbina. Uzaugot sabiedrībā, kurā pastāv izkoptais ļaunums, nav iespējams no tā izvairīties, jo individuāli pamudinājumi apkārtējos dažkārt izpaužas nemanāmi. Patstāvīgi pamanīt negācijas varētu būt pagrūti, tāpēc par izkopto ļaunumu individuālās kategorijās ir jādomā pastiprināti, lai sev aiztaupītu liekus pārdzīvojumus, neveiksmes vai vilšanās un lai pašu rokām nepadarītu savu dzīvi mazāk saturīgu, bet dotu lielāku vietu labajam.

Ričards Brensons, angļu uzņēmējs, kādā no saviem rakstiem ir teicis, ka jebkurš ir spējīgs nebūt ļauns. Tātad var ar pārsteigumu secināt, ka viņš ir domājis par ļaunumu un mācījies no sevis... Izkoptais ļaunums ir viena no cilvēkā mītošajām psiholoģiskajām sistēmām, kas indivīdos rada destrukciju. Psiholoģiska vēlme būt labam ir daudz kaitnieciskāka, nekā ļaunuma iespējamības pieļaušana sevī. Tāda pieeja un attieksme ir drīzāk viena no psiholoģiskās aizsardzības formām. Pie „labā" šķietami nav jāpiestrādā, tas jau ir ideālais psihoemocionālais stāvoklis, kad jūtamies labi. Dzīves teicamnieki. Sakarā ar šo pārliecību apmāns realizēsies un nenotiks psiholoģiskā izaugsme, jo teicamnieks var būt tikai skolnieks, kurš cenšas saņemt labas atzīmes un patikt skolotājiem un vecākiem. Tā nav pieauguša un nobrieduša cilvēka pazīme. Cilvēka daba ir tāda, ka reizēm jājūtas labam un reizēm – sliktam. Ja centīsimies nekad nejusties slikti, vienmēr un pārsvarā taisnīgi, pārliecinoši, spējīgi, godīgi, atklāti, tieši, zinoši u.c., tas var izvērsties ne tikai par plātīgumu, bet kļūt par psihoemocionālu defektu. Ikvienam ir iespējams, jūtoties ļaunam, sevī nepiebarot šādu stāvokli, bet censties to līdz sirds dziļumiem patiesi izprast.

Lai varētu orientēties savā izkoptajā ļaunumā, jūs varat izpildīt vispārīgu testu. Atbildot uz vienkāršiem jautājumiem, jums fiziski nav jābūt bērniem, vērtība – māka paskatīties arī no vecāku lomas senatnes epizodes. Izkoptais ļaunums veidojas bērnības vidē, tāpēc meklējiet atbildes, atceroties savus pagātnes novērojumus un attiecības. Lomas var mainīties. Piemēram, pieaugušais, kurš atceras savu bērnību; bērns, kurš domā kā pieaugušais; pieaugušais, kuram ir bērni; pieaugušais ar savām pieaugušā problēmām.

Testa galvenais uzdevums ir analizēt izvēles, tā kā katrs cilvēks ir savas dzimtas psiholoģisko attieksmju mantinieks. Pastāv zināms risks savā rīcībā neapzināti lietot to, ko paši esam piedzīvojuši no saviem tuviniekiem. Tāpēc ir svarīgi sekot savām emocionālajām reakcijām.

Piedāvātajā testā ir daži piemēri, uz kuriem ir iespējams jebkurš atbilžu variants. Morāle ir šāda: ja jūs atbildat pozitīvi un esat ar savu atbildi apmierināti, tad jums nebūs iespējas pieķert sevi izkoptā ļaunuma kolektīvās vai individuālās līdzdalības izcelsmē, jo gandrīz neviens no jautājumiem nav atbildams ar neapstrīdamu „jā". Ja tāda tomēr ir jūsu atbilde, tad esiet vērīgāki, lai neiztaptu izkoptam ļaunumam. Ja atbildat apstiprinoši, bet tai pašā laikā neesat pārliecināti par savas attieksmes pareizību, ir lielākas izredzes mainīt kolektīvo stereotipu un personīgo neapzināto attieksmi. Trešais variants: jūs atbildat noraidoši un noticat savai atbildei. Ja jūsu atbilde ir „nē", tad jums piemīt spēja atšķirt situācijas, jūs netverat visu tieši, nenoticat pirmajam pretimnācējam, nesvārstāties, nemaināt spontāni viedokli u.c. Atbildei ir jāizskan tik pārliecinoši, lai tā neradītu ne mazākās šaubas. Nemēģiniet sevi attaisnot, ja sirds dziļumos patiesībā „nē" uzskatāt par „jā" vai otrādi. Nav vērts atbildēt atbildēšanas pēc, svarīgi ir saprast savus „jā" un „nē".

Testa atbilžu varianti ir:

„jā"

„jā"

„nē"

Ar ko atšķiras abi „jā"? Varētu būt tā, ka pirmajā gadījumā ir pārliecinošs „jā", bet otrajā variantā tiek atbildēts ar „jā", kaut sirds dziļumos cilvēks pats apzinās, ka sev melo? Un vēl viens precizējums. Iznāk, ka ir slikti atbildēt ar „jā", jo tad tiekot kultivēts ļaunums. Bet vai nav tā, ka cilvēks, uz visiem jautājumiem atbildot ar „nē", vienkārši sev melo un tādējādi veicina izkopto ļaunumu? Savukārt, apzinoties savu negatīvo rīcību, viņam ir materiāls, ar kuru strādāt, lai izskaustu izkopto ļaunumu? Īss rezumējums: izlasiet testa jautājumus un pārdomājiet savas izjūtas un pretrunas. Tests nav formāls, pareizu un nepareizu atbilžu nav. Galvenais ieguvums ir apzinātas izvēles, personīgi atklājumi un adekvātāka attieksme pret izaicinājumiem.

Pirmais piemērs.

Jūsu septiņgadīgais bērns atgriežas no skolas un paslepus kaut ko ieliek lādītē, un noslēpj savā paslēptuvē. Vēlāk, kad bērns neredz, jūs ielūkojaties lādītes saturā, lai apmierinātu savu ziņkāri.

Situācijas psiholoģiskā interpretācija.

Jums var rasties priekšstats, ka vecāku statuss jums dod iespēju bez atļaujas ielūkoties mazgadīgā bērna privātajā dzīvē. To darīt ir pat nepieciešams, lai izzinātu bērna nodomus un laikus novērstu nelabvēlīgu simptomu veidošanos. Principā vecāku nolūki ir saprotami, tomēr tajos ir novērojamas izkoptā ļaunuma tendences. Kāds gudrais ir teicis, ka ceļš uz elli ir bruģēts ar vislabākajiem nodomiem... Privātā dzīve ir jārespektē jebkurā vecumā, jo tas palīdz bērnam veidot personību un uzskatus. Tādējādi viņš iemācās psiholoģiski atdalīt savu pasauli no apkārtējās. Tādam cilvēkam nākotnē būs vieglāk jo psiholoģiski viņš jutīsies daudz patstāvīgāks un nobriedušāks nekā tie, kuru privātā dzīve tikusi *izķidāta* ģimenes sapulcēs.

Atceros kādas sievietes stāstu par viņas bērnību, kad tēvs, domādams, ka bērns ir cieši aizmidzis, mēdzis pārskatīt skolas somas saturu. Izrādījies, kamēr viņš mēģinājis apmierināt savu ziņkāri, bērns no segas apakšas vērojis tēvu. Neesot bijis patīkami atklāt, ka tuvs cilvēks var šādi rīkoties... Jau toreiz bērns nesaprata, kāpēc tēvs, šādi rīkodamies, grauj savu autoritāti. Iemaņas ir iegūtas, un nu jau pieaugusī sieviete meklē iemeslus kaut ko noslēpt no „tēva" – sava vīra tāpat vien bez objektīva pamatojuma. Slēpšana slēpšanas dēļ ir emocionālas dabas ieradums, aizturēta enerģija, jo nedrīkst būt atvērts.

Lai iepazītu savu bērnu, nav nepieciešamības līst tā kabatās. Kāpēc sākumā ir teikums, ka to darīt ir pat nepieciešams? Pat, ja nav noteiktas „jā" atbildes, var apjukt, nesaprotot, kā īsti ir pareizi. Iespējams, reizēm ir galēji apstākļi, kuros nav citas iespējas, bet pārsvarā par to, kādi ir bērna nolūki un dzīves aktualitātes pavēsta dažādi citi vēstneši – visvienkāršākais un visiem zināmais, taču nepelnīti aizmirstais, ir sarunas. Jo vairāk bērns jums uzticēsies, jo vairāk stāstīs par savu privāto dzīvi. Ja mērķis nav konkrēti izpētīt noslēptā saturu, bet atklāt vispārīgas tendences, tad tāds padoms ir noderīgs. Ja to novērtēsiet, tad respektēsiet un nemoralizēsiet pat tajos gadījumos, kad grūtāk ir apvaldīt savas kaislības. Vajadzība runāt par sevi bērnos saglabāsies, ja netiks izjaukta psiholoģiskās uzticēšanās atmosfēra. Ja sarunu pietrūks, uzticēšanās tiks novirzīta citā gultnē, tieši tajā, kura jums šķiet visnepatīkamākā un nepiemērotākā.

Testa jautājums nav mākslīgi izgudrots, tas ir nejauši noklausīts pārstāts no kādas publiskas sarunas, testa atbildes – no dzīves.

Morāle.

Izrādās, ka bērns gatavojās savu vecāku dzimšanas dienai. Māte dāvanu atrada jau pirms laika, un pārsteiguma momenta nebija. Par šo notikumu uzzināja radi, draugi un kaimiņi. Iespējams, ka kāds to jau būs paspējis izstāstīt pašam bērnam, un viņš notikumu interpretēs atbilstoši savai uztverei un veidos turpmākās dzīves priekšstatus.

Izkoptais ļaunums ir spēja sabojāt kādam dāvināšanas prieku, mēģinot pieķert nedarbos. Septiņgadīgs bērns ir spējīgs mīlēt daudz vairāk nekā pieaugušie. Analizējot pēc vecumposmiem, šajā vecumā vēl saglabājas centieni būt „labam" saviem vecākiem. Atceros kādu bērnības pārstāstu, kad bērns, nākot no skolas ar nelielu naudas daudzumu kabatā, iegriezās pie kaimiņienes – ziedu pārdevējas siltumnīcā ar nolūku iegādāties puķes ģimenes svētkiem. Kaimiņiene pieņēma simbolisko naudu apmaiņā pret ļoti lielu, skaistu un dārgu ziedu pušķi. Bērns pateicās, laimīgs devās mājās un pasniedza ziedus vecākiem. Kad vecāki jautāja, kur viņš dabūjis tik daudz puķu, skaidru atbildi nesaņēma, jo tas esot noslēpums. Kuram gan no mums patiktu atklāt to, kas varētu izjaukt vai iespaidot mūsu ieceres? Tomēr bērnam nācās atzīties, no kurienes nākuši ziedi. Otru reizi pie kaimiņienes viņš vairs negāja, jo bija liels kauns, ka vecāki atgrieza puķu pušķi atpakaļ, sacīdami, ka tik dārgu dāvanu viņi nevarot pieņemt.

Ikvienu situāciju var analizēt līdz pēdējai „molekulai", faktiski tikmēr, kamēr neaptrūkstas pacietība. Starp cilvēkiem pastāv tūkstošiem dažādu attiecību, to skaitā arī simpātijas. Cilvēki cits citam kaut ko var sniegt bez īpašas materiālās atlīdzības. Ziedu pārdevēja bija korekta un ar labdarību nenodarbojās, tieši pretēji, bērnam ar savu attieksmi kaut ko iemācīja, un tas bija pozitīvi. Turpretim attiecību zaudējums bērnam šķita sāpīgs un nesamērīgs, tāpat kā sniegtā samaksa par ziedu pušķi. Izkoptais ļaunums izjauca bērna attiecības ar kaimiņieni, izjauca tāpat arī bērna svētku sajūtu...

To, ka bērna privātā dzīve ir atklāta vecākiem, ilustrē vēl kāds nejauši atmiņā saglabājies piemērs. Šoreiz stāsts ir par kādu meiteni, kam krustmāte uzdāvināja īpaši skaistu matu sprādzi. Patiesībā krustmāte šo dāvanu nodeva meitenes mātei, jo tajā brīdī viņai nebija iespējas bērnu satikt. Tieši tajā dienā, kad dāvana tika nodota mātei, kāda no viņas kolēģēm, ieraudzījusi skaisto aksesuāru, izlūdzās to aizdot viņas svētku pasākumam, pēc kura apsolījās dāvanu atdot tās īpašniecei. Kolēģe ballē matu sprādzi pazaudēja, solīja vietā nopirkt jaunu, tomēr savu vārdu neturēja. Meitenes māte izklāstīja situāciju un tēlaini aprakstīja nozaudēto greznumlietu. Ar to stāsts beidzas, tikai nezin no kurienes pāri toreizējās meitenes mūža nodzīvotajiem gadiem stiepjas senais aizvainojums... Kā šo bērnības pārdzīvojumu jaunā sieviete izdzīvo šodien? Izrādās, ka viņa kā mācību ir pieņēmusi to, ka nekad bez bērnu ziņas nedrīkst pretendēt uz viņu mantu revīziju. Kad to izdzirdēja kāda konkrētajā situācijā neiesaistīta māte, viņa bija sašutusi par šādu atziņu, jo, ja viņa bērnu prombūtnes laikā nekārtotu viņu istabu, tajā valdītu nekārtība un drīz sāktu augt sēnes!

Atliek vēlreiz secināt, ka tik, cik ir situāciju, tikpat daudz ir arī interpretāciju. Testa atslēgas analīzi vēl ilgi nevarētu pabeigt, ja vien strikti neievērotu robežas. Domas par to, vai septiņgadīgam bērnam ir psihoemocionālas tiesības uz privāto dzīvi un kas notiek, ja šī vajadzība tiek ignorēta, var raisīt plašas diskusijas. Daudzus cilvēkus aizrauj slavenu personību autobiogrāfiskie stāsti vairāku iemeslu dēļ, iespējams, arī tāpēc, ka tie ir dokumentāli un sniedz patiesu notikumu pārstāstu. Ikviena cilvēka dzīve ir dokumentāla, un visi tās notikumi ir reāli fakti. Iedomājieties, ja kāds no jums tiktu uzaicināts par dalībnieku vai galveno varoni biogrāfiskā filmā par jūsu pašu dzīvi, tad kādas būtu jūsu dzīves epizodes? No kā sastāvētu jūsu bērnība? No atmiņām, jo tā ir pagātne... Ielūkojieties pasaulslavenu cilvēku dzīves lappusēs – ievērojama daļa uzsāk ar savu stāstu par bērnību, par saviem vecākiem!

Parasti ir divi scenārija veidi: pirmajā vecāki veicina indivīda attīstību, otrajā – bremzē. Ja jau cilvēka dzīves gājums tiek dokumentēts un publiskots, tad viņa personība ir spējusi sniegt sabiedrībai kopumā sociālu labumu, kas jau pats par sevi ir pozitīvi. Dažādas vecāku pieejas, bet panākumi ir līdzvērtīgi abos gadījumos... Kāpēc tā notiek? Šis jautājums interesē vairāku jomu pētniekus, jo ne vienmēr alkoholiķu ģimenēs bērns izaug par alkoholiķi. Iespējams, ka bērns ir psiholoģiski spējīgāks nekā vecāki, emocionāli pieaugot un nobriestot pats. Stāsts par bērnu un puķu pārdevēju ir paraugs, kā veiksmīgi veidot attiecības un kārtot darījumus ar svešiem cilvēkiem. Tas var atklāt, kā apzinātāk izmantot individuālo spēju resursus. Bieži cilvēki nenovērtē psiholoģisko spēju potenciālu, bērnu audzināšanā lielāku nozīmi veltījot pedagoģiskās morāles identificēšanai. To būtu vērts atšķirt un atcerēties. Septiņgadīgs bērns nevar būt amorāls, toties emocionāli nestabils gan. Noslēpjot kaut ko savā paslēptuvītē, viņš nedemonstrē savu morāli, bet gan psiholoģisko attieksmi pret apstākļiem. Sajaucot morāli ar psiholoģiju, rodas izkoptais ļaunums, jo bērns saņem atbildes reakciju no morāli ētiskā, nevis psiholoģiskā aspekta. Tiek apelēts pie bērna morāles, par kuru viņam nav nojausmas, un tādējādi soda iemesls viņam nav emocionāli sasaistāms un izprotams.

Otrais piemērs.

Jums ir iespēja pavadīt nedēļas nogali divatā, bet bērni vēlas doties jums līdzi. Nevarot izdomāt atteikuma iemeslu, jūs ķeraties pie tā, ar ko sastopaties biežāk. „Jums ir jāmācās! Vecākiem nav liekas naudas! Izaugsiet lieli, tad arī varēsiet atpūsties!"

Situācijas psiholoģiskā interpretācija.

Šķiet, ka bērniem ir īpaša intuīcija attiecībā pret saviem vecākiem un – otrādi. Piemēram, pa telefonu sarunājoties ar savu bērnu, izveidojas stabils priekšstats par to, kā viņš jūtas. Dažkārt vecāki paši ir teikuši, ka bērni līdzīgā situācijā jautā: „Mamma, tēti, vai tev kaut kas atgadījies?" Var mēģināt izvairīties, bet abpusējās „antenas" darbojas, ja vien mazā un pieaugušā pasaule nav pārāk atsvešinājušās viena no otras.

Intuitīvā saikne pilnībā neizzūd arī atsvešināšanās gadījumā. Ja vien ir interese un vēlēšanās, to, kā otrs jūtas, var mēģināt izskaitļot. Šajā testa jautājumā ir runa par nedēļas nogales pavadīšanu divatā. Trešais liekais parādās tur, kur starp diviem cilvēkiem veidojas jebkāds intīms process. Iespējams, ka bērns vēlas zināt, ko vecāki no viņa slēpj, jo ikvienam ir skaidrs, ka var izbrīvēt vietu automašīnā, ja vien kādam no tiem diviem ir tāda vēlēšanās. Bērnībā iepazīt jaunus pārdzīvojumus ir jāprot ikvienam, lai, nonākot līdzīgā situācijā kā pieaugušam, neveidotos liekas un vecumam neatbilstošas frustrācijas.

Spēju respektēt savas un citu robežas tiešām var uzskatīt par psiholoģiski veiksmīgu īpašību. Šajā testa jautājumā ir apslēpts zemteksts, kuru varētu simbolizēt ar tādu priekšmetisko jēdzienu kā guļamistaba.

Visi bērni nojauš, ka starp vecākiem pastāv tādas attiecības, kas netiek publiskotas. Dažās ģimenēs vecāki pieļauj, ka bērni guļ vienā gultā kopā ar vecākiem līdz vecumam, kad viņi paši gribēs nomainīt ierasto silto vietiņu pret savu gultu. Tā ir diezgan liela demokrātija, kas psiholoģiski bērnam veido priekšstatu, ka viss šajā pasaulē viņam ir pieejams bez jebkādiem nosacījumiem – ne vienmēr ir jāsamierinās ar zaudējumu. Šķiršanās no vecāku gultas bērnam ir viena no pirmajām frustrācijām, ar kuru viņam būtu patstāvīgi jātiek galā. Sākotnēji ir raksturīgi izjust greizsirdību, atstumtību vai vientulību, jo vecāki paliek divatā un viņiem ir jautrāk.

Tieši paziņot bērnam, ka viņiem ir sekss, šķiet dīvaini un mulsinoši, tādēļ vecāki reizēm cenšas melot un izvairīties no tā, kas ir pašsaprotami un pietiekami argumentēti. Vispirms ir jāvienojas par lomu sadali, lai neveidotos izkoptā ļaunuma forma – manipulācijas. Bērns ir bērns, bet pieaugušais – pieaugušais. Bērns, vēlēdamies iekļūt vecāku gultā, apmierina savas emocionālās vajadzības, un pretēji – vecāki izmanto bērna klātbūtni savā gultā, lai uz bērna rēķina kompensētu savstarpējo vai individuālo psiholoģiski emocionālo mazspēju.

Padomājiet – ja jums ir neērts apģērbs, jūs centīsieties to nomainīt, ja vien tas patiešām jums traucēs. Jūs izdzīsiet bērnu no laulības gultas, ja vien tiešām vēlēsieties tuvību ar savu dzīvesbiedru. Jūs bez sirdsapziņas pārmetumiem pateiksiet bērnam, ka vēlaties būt divatā tur, kur bērniem nav vietas, ja vien abpusēji patiesi vēlēsieties dāvāt sevi otram. Tiklīdz jūs sākat meklēt attaisnojumus un noveļat vainu uz apstākļiem, lai nebūtu jāpaliek divatā, tas nekavējoties ir jāuztver kā signāls, ka jūsu savstarpējās attiecībās kaut kas nav kārtībā, ko, iespējams, vēl neapzināties.

Testa jautājums vedina vairāk domāt par to, kādas atbildes un iemeslus izvēlamies minēt, lai nedēļas nogalē izvairītos nu jau no saviem partneriem, vairs ne no bērniem... Jā, tas tiešām tā ir, bet nepieminēt savstarpējo attiecību nozīmi arī nav iespējams, jo nav zināms, vai šāda nedēļas nogale piemērā minētajam pārim vispār ir bijusi.

Mēdz būt arī tā, ka vecāki kopā jūtas tik harmoniski, ka bērna klātbūtne viņus netraucē vai neinteresē. Ja tā notiek, tad to ne vienmēr var izskaidrot ar nevainojamām savstarpējām attiecībām. Pārlieku liela kaisle un seksualitāte kā jebkura pārmērība var būt psihoemocionāla novirze.

Testa jautājuma galvenā atslēga slēpjas idejā, vai bērns ir ikvienu pieaugušo attiecību vai kompleksu cēlonis. Vairāki varbūt ir pamanījuši, tāpēc piekritīs, ka uz bērniem tiek novelta pieaugušo psiholoģiskā mazspēja. Ko šis jēdziens nozīmē? Tā ir jebkāda nenobriedusi psihoemocionāla izjūta, kuras ietekmē indivīds ir spiests pakļauties savu īpašību vai rakstura iezīmju vājākajām izpausmēm. Piemēram, vecāki nespēj atrast sevī drosmi, lai pavēstītu bērniem to, ka vēlas divatā atpūsties ārpus mājas tā, kā to dara simtiem tūkstošu pieaugušo, tāpēc izvēlas atrast ieganstu, kas būtu saistīts ar bērnu kā šķērsli, un savu nespēju noveļ uz viņu.

Frāze „Jums ir jāmācās!" vairāk nozīmē to, ka bērni ir „tādi kaut kādi", kam jāmācās un šī vienīgā iemesla dēļ viņi nevar atpūsties kopā ar saviem vecākiem. Izteikums neatbilst patiesībai. Tā viņi nespēs atklāt epizodes no pieaugušo dzīves un neiepazīsies ar veiksmīgiem piemēriem bērnu un vecāku attiecībās, atrodot tādus risinājumus, kādi nespētu apvainot abas ieinteresētās puses.

Izteikums „Vecākiem nav naudas!" ir bērnu beztiesiskuma apliecinājums, jo bērni tāpēc ir bērni, lai vecāki par viņiem rūpētos. Viņu vecumā par naudas trūkumu nav jākaunas. Arī izteiktais „Izaugsiet lieli, tad varēsiet atpūsties!" liecina par diskrimināciju. It kā atpūtu var nopelnīt nevis ar paveiktajiem darbiem, bet gan ar nodzīvotajiem gadiem.

Izkoptais ļaunums parādās tad, ja bērnam netiek pieklājīgi pavēstīti tie apstākļi, ko viņš psiholoģiski ir spējīgs saprast, paralēli iemācoties pieņemt patiesību par spīti skumjām, šaubām vai vientulības sajūtai. Piemēram, to, ka dzīvē ir situācijas, kurās, lai gan ir radniecība, pazīšanās, mīlestība vai draudzība, trešais ir lieks. Ja bērns psiholoģiski neprot tikt galā ar šādu paziņojumu, tiek sakāpinātas tās emocijas, kas vēlāk dzīvē rada iekšējas un ārējas domstarpības, pilnībā atrautas no konteksta.

Ko ar izteikumu „Vecākiem nav naudas!" apgūst bērns? Skeptiķi teiktu, ka bērns apgūst sākotnējās iemaņas un pieredzi situācijās, kad naudas nav un pat drīkst nebūt. Optimisti uzskatītu, ka bērnam tiek norādīta naudas vērtība u.tml. Tiešām var būt dažādi, tomēr galvenais ir, lai vecāki, nespēdami izteikt savas jūtas, necenstos apelēt pie tā, kā nav, lai bērnam nerastos tādi pārdzīvojumi, kam patiesībā vairāk būtu jāattiecas uz viņa vecākiem.

Aizdomājieties, kas jūsu bērnam ir vērtīgāk! Vai tā ir iespēja uzzināt un iemācīties, ka reizēm vientulība, tuva cilvēka zaudēšana, skumjas vai ilgas ir adekvāta emocionālās dzīves sastāvdaļa, kas pastāv neatkarīgi, vai tu esi „labs" vai „slikts", vai arī tās ir domas par to, ka tev ir jāmācās, tāpēc tu netiec ņemts līdzi atpūtas braucienā? Ir divreiz kaitnieciskāk, ja bērns cenšas mācīties un gūst panākumus, tomēr atkārtoti pēc laika netiek paņemts līdzi. Bērni atšifrē vecāku vēstījumu tā, ka koncentrējas un reducē neveiksmes uz sevi, uztverot, ka ar viņiem kaut kas nav kārtībā, ja vecāki lauž solījumu un netur doto vārdu. Tā ir tipiska emocionāla reakcija – noticēt šādai interpretācijai bērnam ir tikai nieks, nav vajadzības mēģināt vērst uzmanību uz kaut ko citu, ja jāpaliek mājās, tad nekas nespēj iepriecināt mazuļa sirdi, ja tik tuvi un mīļi cilvēki tālumā izklaidējas un jūtas priecīgi. Vienatnes saturiskās domas ir neauglīgas. Izņemot neattaisnotos pārdzīvojumus, tās neko citu nesniegs. Patiesību izzināt grūti, jo par to nav neviens stāstījis. Skaidrs, ka vecākiem ir grūti intelektualizēt personīgās izjūtas. Tad nāktos piespiesties, justies neērti, pat neveikli, jo papildus vēlmei pēc divvientulības nāktos piebilst, pat taisnoties par finansiālu iztrūkumu, ja atpūtā dotos visi trīs.

Grāmatā iepriekš ir minēts plašāks un nedaudz atšķirīgs piemērs par bērnu un vecāku „nedēļas nogales" pavadīšanu ar izvērstāku situācijas redzējumu, skaidrojot, kā pieaugušo informācija ir spējusi izkropļot un ilgstoši uzturēt nepareizu priekšstatu kādam bērnam gandrīz līdz sirmam vecumam.

Trešais piemērs.

Kāds no jūsu vecākiem ir salauzis kāju un guļ slimnīcā. Jūs paši nevēlaties doties vismaz pieklājības vizītē, tāpēc motivējat bērnus, apelējot pie pienākuma jūtām, paveikt to, ko nevēlaties jūs paši.

Situācijas psiholoģiskā interpretācija.

Līdzīgi kā testa otrajā jautājumā, šeit ir parādīta nespēja uzņemties atbildību, kas izpaužas kā emocionālais infantilisms.

Attiecības ar vecākiem, kopš pašam ir bērni, ir vēlams pārdomāt ar dubultu vērību un atbildību. Tagad starp jums un vecākiem ir vēl kāds saskarsmes punkts – jūsu bērni, jūsu vecāku mazbērni. Nav labāka veida, kā bērniem kaut ko iemācīt par vecumu kā ar piemēriem par saviem vecākiem. Tieši tā, kā jūs izturaties pret saviem vecākiem šodien, jūsu bērni nākotnē izturēsies pret jums, kad būsiet tiešā vai pārnestā nozīmē salauzuši kāju. Ne velti tiek uzsvērts vārds „izturēties", jo emocijas un jūtas var būt visdažādākās, bet rīcībai un uzvedībai ir jābūt vienotai un konsekventai. Stiprākajam ir jāpalīdz vājākajam, tā ir pieņemts starp cilvēkiem; dzīvniekiem tas ir savādāk, un tas ir jāielāgo. Nevar piespiest kādu mīlēt un cienīt, ja nav motivējoša pamudinājuma. Cilvēku emocijas ir viens no dabas sarežģītākajiem instrumentiem, un diez vai to kādreiz būs iespējams līdz galam izprast. Var pat pietrūkt cilvēka mūža, lai apzinātu lielāko daļu psihisko destrukciju, tas var neizdoties pat pie vislabākās gribas, tāpēc katram individuāli ir jāatrod sava dzīves pieeja, lai neveidotos izkoptais ļaunums. Vai cilvēks nevar izvēlēties savu dzīves pieeju, kas ir pārpilna ar izkopto ļaunumu? Protams, ka var, ja tajā ir nomākts pozitīvisms. Tagad, iespējams, to ir vieglāk izdarīt, jo atveidot izkopto ļaunumu ir pat laikmetīgi *stilīgi*. Sūdzēties, kašķēties, attaisnoties, iebilst, izvairīties, izlikties u.c., ka nav pietiekami līdzekļu, laika, iespēju, lai dotos pie sirgstošā un vismaz pēc subordinācijas, ja ne citādi, izpildītu paaudžu pienākumu. Lai to paveiktu, ir jābūt kaut minimālām bažām, ka pieaugušu bērnu un viņu vecāku attiecībām un savstarpējai attieksmei ir liecinieki – skatītāji, kas kādreiz vērtēs, izdarīs secinājumus attiecībā pret saviem vecākiem. Tas skan baisi ar draudošu pieskaņu... Skaties, ka tik tev nav no tās pašas bļodas pēcāk jāēd!...

Attiecības ar bērnu vecvecākiem formējas dažādi. Citreiz vecāki izmanto dažādus nepievilcīgus nostāstus, lai pārmānītu atvases savā pusē. Šādi mudināt uz jebkuru darbību nepavisam nav inteliģenta vai humāna rīcība. Mazbērnam nav izvēles. Nav vienkārši atrasties starp divām naidīgām pusēm, jo vecvecāki savukārt par saviem bērniem arī savos izteikumos neskopojas. Kā izkoptā ļaunuma bāze tiek izmantotas spekulācijas ap bērnu jūtām, tas liecina par nopietnām iekšējām pretrunām starp šiem cilvēkiem. Vecāki gluži kā mafija savā intrigu zirnekļu tīklā ierauj bērnus, tādējādi aplaupot viņus, jo jaunā paaudze nesaņem viņiem pienākošos vēstījumu par iepriekšējo paaudžu mūžsenām vērtībām. Tikai miesīgie vecāki un vecvecāki ar savu paraugu var nodrošināt psiholoģisko drošību. Cik jauki, ja var „peldēties" viņu mīlestībā! Brīnišķīgi, ja *oma* un *opis* nešķiro mazbērnus, lepojas ar saviem bērniem un gādā par mīlestību starp visām paaudzēm, ja jebkuras traumas gadījumā ikviens tuvinieks vēlētu ātru un veiksmīgu izveseļošanos. Daži pamanās ķildoties pat pie nule aizgājušā nāves gultas, mēģinādami atrast katrs savu patiesību. Prātam neaptverami, bet tā notiek. Atliek nopūsties un vairākkārt jautāt: „Kāpēc?" Kādēļ saprātīgas būtnes ar augstiem sociāliem panākumiem nejūt mēru, taktu, situāciju? Nespēj organizēt savus psihoemocionālos impulsus. Versijas ir dažādas. Tā var būt tāpēc, ka cilvēki uztver bailes kā sinonīmu izjūtai, kas ir „liela" cilvēka necienīga. „Dižs" cilvēks nebaidās no nākotnes, no ģimeņu un dzimtas konfliktiem, no savu bērnu un mazbērnu atsvešinātības. Mazulis piedzimstot gaida, ka visi par viņu interesēsies. Tā dzīvē ir iekārtots, ka vecākie rūpējas par jaunākajiem, kamēr jaunākie saņemtās mīlestības dēļ jūtas tik spēcīgi, ka var parūpēties par vecākajiem. Un ne tikai var, bet patiesi to vēlas. Pieminot bailes, ir jābūt ļoti korektiem, jo, iespējams, ņemot vērā pasaules peripetijas, tādas kā karš, varas maiņa, nabadzība, ideoloģiskā audzināšana, iepriekšējās paaudzes psiholoģiski ir kļuvušas „biezādaināias". Protams, runa ir par tendenci, vienmēr ir izņēmumi.

Kādam vecums šķiet vēl aiz kalniem. Jaunākajām paaudzēm vecs cilvēks psiholoģiski asociējas ar slimību vairāk nekā jauns. Šāds stereotips veidojas tāpēc, ka jauniešiem ir pieredze ar saviem vecākajiem tuviniekiem. Bērniem ir jāredz vecums, lai pilnīgotos empātija, pieredze un vīzija par savu nākotni. Ko var mācīties bērns no saviem vecvecākiem, ja viņi pamanās uzsākt „ģimenes sapulci" kaplīčā.

Bērni piedzimst, kad paši vairāk vai mazāk pieaugam kā organisms. Briedums likumsakarīgi iestājas vēlāk. Reizēm pietrūkst pieredzes, lai nekaitētu sev un citiem. Mazulis piedzimst paplašinātā ģimenē, viņš nevar iedomāties, ka ir bijusi „dzīve pirms viņa". Tieši ietekmējoties no mums, kuri sagaidījuši viņu savā ja ne fiziski, tad psiholoģiski paplašinātā ģimenē, bērni veido novērojumus. Vecāki, vecvecāki ir stāstnieki, un viņu atvases – pateicīgie klausītāji, kas izdarīs secinājumus no izteikumiem un uzvedības. Izkopts ļaunums ir mēģinājums iepotēt subjektīvu attieksmi, neveidojot izvēles brīvību. Objektivitāte ir labs risinājuma veids saspringtu attiecību modulī. Bērniem no vecākiem būtu jāuzzina, kā ir veidojušās viņu attieksmes, bet nav vēlams saņemt gatavu formulējumu kā neapšaubāmu patiesību. Vērtīgāk ir bērnos sekmēt tieši personīgo nostāju, un ideāli vecāki sekmēs tās stabilizēšanos, jo savus bērnus mīl vairāk nekā sevi un ir spējīgi upurēt savu narcismu, ja gadījumā izrādīsies tā, ka katram uz izveidojušos konfliktu ir savs atšķirīgs redzējums. Tāpēc, ja nav vaļas un intereses vai uzticēšanās iet pie psihoterapeitiem un lai bērnos neveidotos lieki pārdzīvojumi, izvērtējiet ieguvumus, ko jūsu atvases varētu saņemt no kontakta ar vecvecākiem, kā arī zaudējumus emocionālajā kontekstā, ja neizveidosies kontakts, kas nepavisam nav nepieciešams, ja neviena no pusēm nav ieinteresēta. Svarīgākais ir neveidot noliegumus, bet katram dot iespēju patstāvīgi domāt. Vai šī frāze apstiprina testa jautājumu, ka uz slimnīcu būtu jādodas bērniem, lai veidotu komunikāciju? Nē, katrs lai rīkojas pēc savas intuīcijas un zināšanām. Tas ir pamudinājums neliekuļot. Ja jau nepatīk, tad nepatīk, nav ko izlikties labākiem bērniem un bērnu bērniem. Jo ātrāk tas atklājas, jo skaidrāk būs saredzams ne tikai, kas ir kas, bet arī kāds kurš ir. Prioritātes, narcisms, egoisms, konfliktējoša daba – izkopts ļaunums kā epidēmija, ja ar to vienā dzimtā sirgst vairāk nekā viens. Kādam zēnam agri atklājās dotības matemātikā, kas nebija raksturīgas viņa tēvam, toties ar tām varēja lepoties zēna vectētiņš. Protams, ka reiz pienāks brīdis, kad zēns pamanīs, ka ģimenē viņš visveiksmīgāk prot tikt galā ar uzdevumiem, kas saistīti ar rēķināšanu. Viņam radīsies jautājums, no kurienes ir mantotas tādas spējas, un atklāsies, ka no vecātēva, ar kuru ģimeniskas attiecības neuztur neviens no viņa tiešajiem bērniem. Mazbērnam ir sāpīgi, jo saņemt pat kaut ko labu no tā, ko necieš tuvākie cilvēki – paša tēvs un māte, tas var radīt psihoemocionāli duālas izjūtas. Emocionāli pieņemt sevī to daļu, kas nākusi no vectēva, zēnam šajā gadījumā nozīmē atzīt, ka kāda viņa personības daļa formējusies un sastāv no apkārtējo negribētā un nemīlētā un, galvenais, no ģimenē nepieņemtā vectēva.

Tāpat kā matemātikai nav nekāda sakara ar vecāku un vecvecāku attiecībām, tā arī jūsu attieksmei pret vecākiem nav nekāda sakara ar jūsu bērniem. Viņiem ir jāveido sava attieksme un savas attiecības, jo tās ir pilnīgi atšķirīgas lomas un paaudzes. Ja vienojaties ar sevi par to, ka būsiet atklāts un neuzbāzīsieties ar vienveidīgu un subjektīvu situācijas redzējumu, tad izvēlieties tādu attiecību taktiku, kas ir veselīga un veicina saskarsmi visām iesaistītajām pusēm. Bērniem ir nepieciešama dažādība – salīdzinājumus tie veidos no savām atziņām, un tās būs patiesas. Atbildību par saviem salīdzinājumiem uzņemsies bērni. Izolējot mazbērnus no saskarsmes ar vecvecākiem, zaudētāji būs visi. Kaut kas var būt mazāk pieņemams, mazāk simpātisks vai vairāk apdraudošs, bet ar to ir jāiepazīstas bērniem pašiem, un tad, kad no novērojumiem radīsies jautājumi, jums ir jācenšas uz tiem atbildēt, neietekmējot bērnus un nepārvilinot tos savā pusē, jo bērns nespēj sadalīt uzmanību, viņam vienlīdz svarīgi var izrādīties gan paša vecāki, gan vecvecāki. Mīloši vecāki to saprot biežāk un neuzspiež savu viedokli kā vienīgo patiesību.

Esam nonākuši līdz mīlestībai, kas ir vērtīga tajā gadījumā, ja ir nesavtīga. Atšķiriet savas emocionālās ambīcijas no audzināšanas kultūras, un jums, iespējams, kļūs vienkāršāk darboties un, nezaudējot pašcieņu, iekļauties šajā sistēmā. Bērniem ir jāuzņemas atbildība par slimajiem vecākiem, un tas ir nerakstīts cilvēcības likums. Protams, vecāki var manipulēt ar saviem bērniem, pieprasot tādu uzmanības daudzumu, ko nav iespējams sniegt, uzturot vēl kādas paralēlas attiecības. Ne vienmēr vecāki apzinās, ka paaudžu attiecību „saistību līgumā” nav punkta, kurā teikts, ka vecāku ieguldījums bērniem ir jāatgriež ar uzviju... Iedomājieties upi, tās straume vienmēr virzās uz priekšu vienā virzienā! Tiklīdz ūdenī izveidojas aizsprosts, tā tūlīt straume vienmēr apmulsusi paliek uz vietas, līdz tai izdodas izlauzties pāri vai apkārt šķēršļiem, turpinot iesākto, inerto un mērķtiecīgo virzību uz ieteku, uz nākotni... Nebūtu īsti pareizi censties upi ievirzīt citā gultnē, kā daži to ir mēģinājuši darīt, jo tas izjauc dabas kārtību. Protams, upes straumes ceļu ir viegli saprast, bet ar cilvēka emocijām ir citādi, turklāt psihes mehānismi ir daudz komplicētāk *atkožami* patstāvīgi. Tie ir pārlieku ciets rieksts, tāpēc reizēm ir jāpaļaujas vienam uz otru un jāiztur pieklājīgi pat tad, kad to paveikt ir grūti.

Ko nozīmē būt pieklājīgam, ja dusmas un neapmierinātība plūst pāri? Ignorēt emocijas? Atteikties no ambīcijām? Turpināt ļaut kāpt uz galvas un ar noliektu galvu censties būt tādam, kāds nemaz nespēj būt? Iespējams, ka tas būtu pret visiem psiholoģiskajiem principiem – darīt sev pāri -, turklāt, lai kā arī necenstos, bērni, kuru vārdā tas tiek darīts, to pamanīs, un tiks turpināta kārtējā liekuļošana un izvairīšanās no apsolītās labās pašsajūtas... Kas tomēr cilvēkam tiek no šādas pieklājīgas izturēšanās? Nepārvērsties, piemēram, par histērisku būtni, neciešamu sev un apkārtējiem, agresīvu un tendenciozi vienveidīgu enerģijas masu bez robežām, ko neviens neuzdrošinās apturēt, lai „nedabūtu pa ausi”. Pēc civilizētas izturēšanās parasti alkst tie, kas atrodas psiholiģiska varmākas ķetnās, bet ne otrādi. Tāpēc nepārprotami pašam agresoram nav īstas motivācijas ievērot kulturālu saskarsmi. Kā lai bērns panāk, lai pret viņa iedzimto talantu izturētos ar respektu, ja tā pirmatklājējs ir bijis paša tēva vai mātes tēvs, ko ienīst visa dzimta? Atteikties no sava talanta par labu mieram ģimenē? Apmeklēt plastisko ķirurgu, lai izdeldētu līdzību radiniekam, kurš ir ieriebis visiem tuviniekiem. Sarežģīts jautājums, jo, ja vecāki neatskārst ačgārnību, tad jaunajam cilvēkam neizbēgt no iekšējiem konfliktiem. Likmes var būt augstas pretstatā sasniegumiem, konkrētajai mācību vielai, radiem un sev. Neizdevušās attiecības ar vecākiem paaudžu paaudzēs... Šīs domstarpības ir dažāda dziļuma, tomēr daudzus var apvienot bērnības atmiņas un pārdzīvojumi. Gandrīz katra nākamā paaudze atkārto iepriekšējo paaudžu nesaskaņas! Svarīgi ir prast šīs nesaskaņas pamanīt, apzināties to cēloņus un prast neizmantot bērnus, lai atriebtos. Tas ir dziļš izkoptais ļaunums un maldi, ka šāda izmantošana var sekmēt kāda savstarpējo konfliktu novēršanu pašā saknē. Tā ir garīga tumsonība.

Kāja ir salauzta, un kādam ir jādodas uz slimnīcu. Vecākiem ir lielāka pieredze, un bērniem ir iespēja trenēt savas iemaņas, kā jārīkojas līdzīgās situācijās. Lai to panāktu, ir nepieciešama empātija – līdzpārdzīvojums. Slimnīca ir vieta, kur to var veidot vai nostiprināt – no tās neaizmūk vai neizvairās, ja vien cilvēkam piemīt psihoemocionāla spēja izjust sevi kā līdzcilvēku. Tas ir kā tests mums pašiem, kā arī apkārtējām un citām iesaistītajām pusēm. Atrasties veselības aprūpes vietās nav izklaide, bet nepieciešamība, bieži vien nav citas izvēles, tad, kad jāsaņem medicīniskā palīdzība. Jāatceras, ka daudziem slimnīca ir pēdējā dzīves pietura. Ir vajadzīga drosme: mazdūšīgie biežāk meklē vainu apkārtējos cilvēkos, arī medicīnas darbiniekos un apstākļos, lai pasargātu savu psiholoģisko mazspēju saskarties aci pret aci ar ciešanām. Tuvinieks, kurš sirgst, nav gluži psiholoģiski atrauta persona no mums pašiem, jo īpaši, ja tie ir vecāki un vecvecāki. Starp paaudzēm virmo dažādas emocijas, lai nonāktu viens pie otra traucē trauksme, kas atkarībā no atmiņām veido izjūtu fonu. Ja nevar savaldīt impulsus, tad emocijas tiek apkalpojošajam personālam, konkrētam ārstam vai vienam pret otru. Jau tā nepatīkamā, smagā emocionālā situācija kļūst vēl nepanesamāka pašu dēļ. Daudzi saka, kā elle zemes virsū. Viena telpa, kurā, kopā esot, norisinās autonomie emocionālie notikumi. Šeit noderētu vēlme orientēties procesos, neesot pārāk pesimistiskam vai optimistiskam tur, kur tas ir neadekvāti. Vienā minūtē, dažās stundās, nedēļā, mēnesī, gadā un vēl lielākā laika posmā, nav iespējams sasmelt to, kas izlijis, tā, lai izskatītos glīti. „Mitrums" būs pabojājis virsmu, neizdzēsīsi domstarpības kā nebijušas. Ne no šā, ne no tā uz slimnīcu neskriesi, ja nav par ko runāt. Emocionāli neveikla situācija, kuru ir vēlēšanās attālināt. Jā, un vēl! Atnest ko garšīgu, kopā turpat uz vietas pamieloties, lai nogludinātu raibās un pretrunīgās emocijas. Atmosties tuvumā tuvam cilvēkam un justies neveikli ir traģiski visām paaudzēm.

Bieži pēc saskares ar krīzes situācijām, cilvēkiem mainās vērtību skala. Neapmulstiet, ja mainās attieksme, jo dažādos dzīves posmos ir jānotiek pārorientācijai, kļūstot citādam, piemēram, iecietīgākam un humānākam. Neapmeklēt slimus vecākus ir vēlēšanās uzturēt kritisku un vērtējošu nostāju. Iebāzt kā strausam galvu smiltīs un nelikties ne zinis. Kā zināms, vecumposmu krīzes ir saistītas ar iekšējo pārmaiņu procesiem, kas ir apkārtējās vides apstākļu stimulēti. Pienāk vecums, kad rodas eksistenciālas dabas jautājumi. Kā rīkoties, ja neparko neizdodas sevi pārliecināt par apmeklējuma nepieciešamību? Iemesls var būt kāda ļoti nopietna pagātnes situācija bērnībā, kas tiek turēta noslēpumā. Ne visos gadījumos klienti izsakās, ka esot darījuši zināmu saviem vecākiem pagātnes pāridarījumu, bet tas neesot mazinājis nepatiku. Kāds izvēlas pat no dzīvesbiedra, kur nu vēl no bērniem, slēpt vectēva „varoņdarbus"! Tas ir tas gadījums, kad tēvs ir seksuāli uzmācies savai miesīgajai meitai. Šādu nodarījumu ir grūti, pat neiespējami klasificēt kā izkopto ļaunumu, jo tas ir ļaunums! Apzināta, ļauna rīcība ar visām no tās izrietošajām juridiskajām sekām...

Tāpēc konkrētas situācijas ir jāatdala no izkoptā ļaunuma kopējām iezīmēm un jāpakļauj smalkākai iztirzāšanai. Paldies par šo uzticēšanos, jo tā ļauj skaidrāk novilkt robežu starp izkopto ļaunumu, ko veicinām mēs paši, un ļaunumu, ko, kaut arī radām mēs paši, nevar pārmantot. Iegriezties pie seksuālā izmantotāja slimnīcā un apjautāties par tā veselību ir psiholoģiski neiespējami. Šādus notikumus, ja izvēlas paust vai neizpaust, tad abos variantos var kļūt par ienaidnieku savai mātei. Ir bijuši gadījumi, kad viņa vaino pašas bērnu un joprojām „glauda pa spalvai" savu vīru. Ne visas sper radikālus soļus.

Neviena vara nevar piespiest, ja vien pašam tas netīk, rīkoties pretrunā ar sirdsapziņu. Ne visi spēj samierināties un rūpēties par varmāku, jo vairāk, ja tāds ir bijis paša tēvs un māte. Sirds var sāpēt, ka kāds var brīvi iesaistīties vecāku aprūpē bez aizspriedumiem un rūgtuma. Ne visiem var tā veikties, tāpēc jāmeklē veids, kā izkļūt no šādas situācijas, lai saglabātu apmierinošu psiholoģisko komfortu. Spriedze. Civilizēts cilvēks to saprot, tāpēc jo vairāk cieš. Indivīdam ieslēdzas psiholoģiskās aizsardzības mehānismi un izpratne par to, kas ir pieļaujams un kas – tabu, pieaug, jo pārējie tuvinieki joprojām nosoda, un bērniem tas ir nelāgs paraugs. Gandrīz nekļūdīgs secinājums ir neturpināt pašam melot, bet atklāti sadalīt atbildību, lai katrs tad rīkojas pēc saviem ieskatiem, ievingrinot savu iedabu.

Izkoptā ļaunuma izpausmes var pieņemt un asimilēt kā uzvedības normu. Vecāku padoms – no slikta labu nesagaidīsi, bet no labā labo – gan. Domādami, ka vecaistēvs nav spējīgs ne uz ko labu, ja jau viņš terorizē visu ģimeni, vecāki apgalvo, ka viss labais nāk no viņiem. Nav ko saistīties ar sliktajiem. Vecāki izstumj no savas apziņas tādu būtisku faktu, ka paši ir šī vectētiņa tiešie mantinieki. Tiešie pēcteči apzināti un neapzināti pārņem ne tikai lietas, bet arī īpašības, piemēram, tieksmi meklēt slikto, vēlmi kašķēties, pazemot, uzsvērt savu svarīgumu. Bērniem vecāki demonstrē savas priekšrocības pret saviem vecākiem un neļauj viņiem veidot savu vērtējumu. Ne vienmēr izdodas pārveidot slikto par labo un labo par slikto. Mērķis nav cīnīties, bet izdarīt patstāvīgi pareizo izvēli! Tā ir būtiskākā atšķirība starp ļaunumu un izkopto ļaunumu.

Ļaunais cilvēkus biedē kā ragana, no kuras baidījās bērnībā, – neglīta un baisa. Izkoptais ļaunums ir niansētāks, tā pazīmes var šķist pat pievilcīgas. Piemēram, vectētiņa neapmeklēšana slimnīcā ir vēl viena iespēja atpūsties un izvairīties no atbildības, ja objektīva iemesla naidam nav un maksimālais gandarījums ir tāds, ka var ietaupīt ne tikai laiku, bet arī naudu uz vecā un nelaimīgā vīra rēķina. Šķiet, veselībai tas var nākt tikai par labu, jo nav jāskatās uz slimiem vai negadījumā nokļuvušiem cilvēkiem. Izkoptajā ļaunumā var atrast izdevīgumu, aiz kura slēpjas nopietni apzināti un neapzināti emocionāli pārdzīvojumi. Mēs varam mainīt izkoptā ļaunuma izpausmes: ja nevēlamies apmeklēt slimnieku, tad pamēģinām atbildēt, kāpēc?! Ja neizdodas, meklējam atbildi tik ilgi, kamēr nonākam līdz saprotamam, ne neirotiskam sevi attaisnojošam izskaidrojumam! Iespējams, ka vēlāk to izdarīt būs grūtāk, jo pašreiz, kamēr temats ir atklāts un ir gana empātisma, jāsajūt drosme, lai satiktos ar savu iekšējo raganu vecāku veidolā!

Ceturtais piemērs.

Tad, kad bērni jums ko jautā, jūs atbildat izvairīgi vai pievēršat bērnu uzmanību un interesi citām aktualitātēm.

Situācijas psiholoģiskā interpretācija.

Testa jautājums liek padomāt par vispārīgām jūsu un bērnu komunikācijas tendencēm. Bērniem ir raksturīgi jautājumi, kuru atbildes prasa lauzīt galvu. Divdomīgi jautājumi, kur taujātājs tīko pēc vienas, būtību izskaidrojošas atbildes. Dažos gadījumos pārsteigtajiem vecākiem ir nepieciešams vismaz neliels sagatavošanās brīdis, lai rastu piemērotāko skaidrojumu, un tas ir pašsaprotami un normāli. Bērnu ārsta Spoka grāmatā bija iepriekšējai līdzīga frāze: „Vecāki arī ir cilvēki!"

Testa jautājums pārbauda, cik lielā mērā vecāki ir spējīgi koncentrēties uz sava bērna pasaules izziņas procesiem. Vai tajos iesaistāmies labprātīgi? Bērns būvē savu pasauli un celtniecības materiālus vēlas iegūt no pieaugušiem. Mums ir tā iespēja un priekšrocība dalīties ar to, kas pašiem šķiet veiksmīgs un noderīgs emocionālās pasaules veidošanā! Jautājumi var būt vispārīgi, jūtu pasauli neskaroši, bet vecāku attieksmi var saklausīt ikvienā atbildē. Izvairīšanās var būt viena no izkoptā ļaunuma uzturošām formām, ja esam neuzmanīgi gan pret to, par ko interesējas bērns, gan pret savu atbildi. Prātā nāk pirmsskolas vecuma posms, kad jautājumu ir vairāk nekā jebkad, kaut arī pārējos gados to pietiek. Gadiem pieaugot, rodas jauni pamudinājumi apmierināt zinātkāri. Attiecības „bērns – vecāki" vai „vecāki – bērns" nemainās nevienā fiziskajā vecumā, tās ir lomas, kas saglabājas visas dzīves garumā. Bērnam attīstoties, mainās izzināmo jautājumu loks, bet nemainīga paliek vajadzība pēc vecāku redzējuma un vērtējuma. Dažiem vajadzība saglabājas visa mūža garumā. Ko ar jautājumu starpniecību dažādu vecumu bērni vēlas uzzināt no saviem vecākiem? Tas ir interesants jautājums, jo to, ko vēlas mazākie, var nojaust, bet vecāku vai pieaugušu bērnu uzdoto jautājumu iemesli pašiem vecākiem ir grūtāk izprotami. Pieaugušiem nav vajadzības apkalpot savu vecāku psiholoģiskās klišejas un atkarības; būtiska un nemainīga paliek vēlme izpausties pret saviem vecākiem kā bērnam. Tātad ikviens bērns neatkarīgi no viņa fiziskā vecuma saglabā vajadzību pēc vecāku vērtējuma par viņa izvēli, rīcību, motivāciju un sasniegumiem.

Vēlreiz jāuzsver, ka pat no saviem vecākiem psihoemocionāli neatkarīgi indivīdi reizēm izjūt nepieciešamību dalīties savos priekos vai bēdās. To nemainīs ne laiks, ne vecāku nāve – bērniem ir svarīgi parādīt kādu veikumu un par to saņemt uzslavu, jo ir tādi notikumi, kas var būt nozīmīgi tikai vecākiem, pārējie var vienīgi priecāties vai just līdzi. Tie ir tik personīgi, ka savā intuitīvajā smalkumā ir savstarpēji sasaistīti ar emocionālām jūtu stīgām. Tas skan nedaudz sentimentāli, bet bērnu un vecāku attiecības ir pirmās un vienīgās, kas nekad nekur tāpat vien neizplēn, neatstājot pozitīvu vai negatīvu ietekmi. Daudzi klienti ir dalījušies savās personīgajās izjūtās un novērojumos par saviem vecākiem. Noslēdzoties psihoterapijas kursam, daļai no viņiem paliek dažādas apzinātas bāziskās vēlmes, kas nav neirotiskas, jo ir saskaņā ar dabas noteiktajiem psihoemocionālajiem procesiem. Piemēram, vēlme priecāties un parādīt apkārtējiem savu jaundzimušo, vēlāk lepoties ar savu jau paaugušos bērnu. Gandrīz nevienam pasaulē nevar īpaši interesēt tas, kas saistībā ar mazuli ir būtisks vecākiem un vecvecākiem. Savstarpējā emocionālā sasaiste ne visās ģimenēs ir veiksmīga, tomēr izjūtu sasaiste, kaut pavājināta, paliek.

Modē ir jauno māmiņu klubi, kuros līdztekus medicīniskajai un pedagoģiski psiholoģiskajai informācijai un pieredzes apmaiņai var apmierināt tās vajadzības, kas dažos gadījumos ir vecvecāku nepiepildītas. Sievietes reizēm ir nemākulīgas mātes, jo viņām pašām tādas ir bijušas. Atbildi tēvam, kā būt par tēvu, bieži vien nav īsti kam taujāt. Arī vīriešiem ir nepieciešamība dižoties ar saviem bērniem – dzimumam šeit nav nekādas nozīmes, bet gan cilvēciskumam.

Pat tie bērni, kas nerespektē savus vecākus, izjūt nepieciešamību pēc to paustās atzinības. Pieaugušie bērni dažādi izturas tā, lai pievērstu sev uzmanību. Gadījumos, kad viņi no vecākiem joprojām pieprasa materiālus labumus, viņi vēlas saglabāt distanci un reizē justies tuvi. Dodiet man naudu un neiedrošinieties pārkāpt manu privātumu. Vecākiem tas var nepatikt, jo visbiežāk „tie, kas maksā, pasūta mūziku". Biežāk šāda morāle darbojas krogā, bet nedarbojas ģimenē. Vecākus var traucēt tas, ka bērni pieprasa emocionāli infantilu uzmanību. Var saprast abas puses, bet vecākiem būtu jāzina, ka pieaugušie bērni, uzdodami jautājumus, cer sagaidīt atbildes, kas ne vienmēr skar jautājuma priekšmetu. Bērni vēlas vecāku atbildēs līdzīgi kā bērnībā saskatīt viņu attieksmi un vērtības, aplinkus testēt pozīciju. Ideāls ir gadījums, ja vecāki nealkst moralizēt, bet sniedz psiholoģisku atbalstu un drošības sajūtu sen jau pieaugušajiem bērniem. Tie bērni, kas savā dzīvē saņem ko līdzīgu iepriekš nosauktajam, attiecībās ar vecākiem jūtas stabilāki un laimīgāki. Varbūt esat novērojuši, ka tie bērni, kam trūkst kvalitatīvas komunikācijas ar vecākiem, cenšas būt sabiedriski? Piemēram, masu medijos cilvēki neapzināti publiski izklāsta, ko viņi gribētu, lai par viņiem zina pašu vecāki. Tad, ja vecāki nav sasniedzami, komentāri par svarīgo savā dzīve jāizlūdzas no apkārtējiem. Tā var izskaidrot lielīšanos, pārspīlētu veiksmes un bēdu stāstu ražošanu publiskajā telpā. Saprast šādu rīcību var, jo psiholoģiski paša tēvs un māte neatrodas emocionālajā sasaistē. Vispusīgie un publiskotie pārstāsti, akcentēti ar narcistiskiem pārdzīvojumiem, ir mēģinājums pievērsties vecāku tematikai. Stāstu galvenie varoņi vairāk apcer savu personību, nekā kādus citus aspektus. Iespējams, pagātnē neatbildētie jautājumi sagādā trauksmi, ar kuras masu ir pagrūti tikt skaidrībā. Cilvēkus apvieno līdzīgi pārdzīvojumi. Agrāk bērnus sūtīja uz visu vasaru apgūt dzīves gudrību pionieru nometnēs. Tagad šie paši pieaugušie bērni apvienojas jaunos, bet pēc emocionālā nodoma līdzīgos klubiņos.

Nemaz nav nepieciešamības meklēt tik tālu: lielākās vai mazākās sociālās grupās notiek tieši tas pats – pieaugušajam bērnam ir nepieciešamība izrādīties mikro- vai makrotelpā. Kas par to liecina? Biežāk tā ir uzvedības forma un veids. Iespējams, kādam izdotos atklāt to, ka daļa apzināto un neapzināto darbību tiek veikta „par godu" vecākiem. Izrādīšanās vecāku priekšā ir konstruktīva, jo tā ir veselīga vajadzība pēc atzinības vai kopības, ģimenes identitātes sajūtas. Destruktīvā spožuma meklēšana vecāku priekšā ir vairāk neirotiska, jo tiek veiktas darbības, bez kurām nav iedomājama komfortabla emocionālā dzīve. Ar ko tad atšķiras pozitīvā *zīmēšanās* no neirotiskas darbības? Abas taču ir vajadzīgas komforta nodrošināšanai? Precīzi. Būtiska starpība starp šīm vajadzībām ir uzmācīga, vitāli svarīga apmierinātības sasniegšana ar jebkuriem līdzekļiem, lai pievērstu uzmanību, neapzinoties ne sevi, ne situāciju. Ir zināmi gadījumi, kad, cilvēki, nesaņēmuši vecāku atzinību, joprojām cer to saņemt tieši tādā formā, kādā to pieprasa viņu iztēle un ieradumi. Pat tajos gadījumos, kad vecāki sniedz savu atbalstu un psiholoģisko drošību, pieaugušajos bērnos var saglabāties neremdināma vēlme saņemt aizvien vairāk atzinības. Vērīgi vecāki ir spējīgi novērot šādas prasības un rīkoties atbilstoši savai izpratnei.

Nejauši novērota aina – pieaugusi sieviete, ko pazinu jau vairākus gadu desmitus, sarunājās pa telefonu ar savu klientu. Viņa ir modes dizainere ar spēcīgu miesas būvi un zemu balss tembru. Tikko iezvanījās tālrunis, sievietes balss intonācija momentāni mainījās. Katru reizi, kad viņa atbildēja pa telefonu, viņa sarunājās it kā būtu bērns – ieņēma bērnišķīgu lomu un reizē konsultēja klientus vai pieņēma pasūtījumus nevainojami smalkā bērna intonācijā. Ievērojot neatbilstību un pārvērtības, uz viņu noraudzījās daudzi, jo runātājas tēlu paspilgtināja apģērbs, vairāk atgādinādams izsmalcinātas pasaku varones karnevāla tērpu, kas paredzēts trīsgadīgai meitenītei. Tipiska mazas meitene kleita lielā izmērā... Daudzi psihoterapeiti teiktu, ka tā ir fiksācija, ko nevar noliegt, bet mūs, svešos, vairāk interesē iemesls, lai kaut vai paanalizētu, ka ar pašiem nenorisinās kas līdzīgs. Situācijas, kas tiek vispārīgi raksturotas, arī komentēt var vispārīgi; lai secinājumi būtu kaut nedaudz reprezentabli, ir nepieciešams iepazīt, mēģinot izprast, un tad formulēt viedokli. Mēs atļausimies izdarīt dažus provizoriskus secinājumus grāmatas kontekstā – ja vien bērnišķīgā balss un mazās meitenes drēbes nav kāds speciāli izspēlēts joks. Iespējamā fiksācija konkrētajā vecumposmā var būt kā neapzināta dāvana vecākiem, kas tiek dāvināta mūža garumā. Precīzi iemesli nav zināmi, bet iespējams, ka tieši šajā mazās meitenes vecumā viņa ir bijusi saprasta un svarīga saviem vecākiem, un šīs patīkamās izjūtas ir svarīgas vēl šodien... Kāda paziņa komentēja, ka radoši cilvēki sevi izpauž atšķirīgāk, nekā apkārtējiem ierasts un ka tam nevarētu būt nekāda sakara ar kādu agrīna vecumposma krīzi un vecākiem. Jā, tas ir pilnīgi iespējams, bet ne vienmēr radošam ir jāsakrīt ar bērnišķīgo. Atveidojuma tehniskajam risinājumam, pieejai un temata dziļumam, pasniegšanas veidam ir izšķiroša nozīme.

Aizsāktās sarunas priekšmets likās interesants, tomēr to uz nezināmu laiku nācās nolikt malā. Domu un runu bija daudz; atlika vien vienoties, ka ne visi cilvēki izjūt nepieciešamību paspilgtināt savu personību ar tik izteiksmīgu sevis attēlojumu. Pieaugušo sabiedrībā tas izskatījās vairāk nekā neatbilstoši, bet psihe transformēja to, ko bija izpratusi un kas tai šķitis svarīgs.

Šo situāciju sen jau varēja beigt analizēt, ja vien negadītos kāds ievērības cienīgs apstāklis – publikācija, kurā tā pati sieviete apstiprināja novēroto. Izrādījās, ka tad, kad viņai bija pieci gadi, bojā gāja abi vecāki. Sieviete teicās perfekti atceramies savu dzīvi no trīs līdz piecu gadu vecumam, kad viņai nebija trūcis vecāku mīlestības un uzmanības – tas esot bijis viņas dzīves skaistākais posms... Šobrīd sieviete daļēji apzināti cenšas patikt svešiniekiem, lai līdzīgi kā no vecākiem saņemtu uzmanību, ko liktenis kādreiz atņēma. To var saukt par pieradumu – izpatikt citiem, lai viņi līdzīgi kā bioloģiskie vecāki pēkšņi nepazustu no sievietes dzīves. Iespējams, ka analizējamā persona joprojām uzdod jautājumus, cerot saņemt atbildes no tiem, kuru šajā pasaulē sen vairs nav. Patiesībā testā vārdu „bērni" mēs brīvi varam nomainīt pret plašākas nozīmes vārdu – „cilvēki". Ja tas tiek īstenots, tad testa jautājums skan šādi: „Vai tad, kad cilvēks jums kaut ko jautā, jūs atbildat izvairīgi vai pievēršat viņa uzmanību un interesi citām lietām?"

Pārveidojot jautājumu, prātā atausa novērotā situācija. Viens no būtiskākajiem mirkļiem bija sievietes vajadzība detalizēti un vairākkārt precizēt, vai sarunas partneris ir pareizi uztvēris viņas teikto. Apkārtējie saskatījās un izrādīja neapmierinātību par to, ka sarunas gaita bija uzbāzīgi skaļa un tēma atkārtojās. Pārējie pret savu gribu kļuva par klausītājiem un vērtētājiem. Dažus varēja pat nokaitināt, jo klausīties vienā un tajā pašā informācijā var šķist apgrūtinoši un apnicīgi ikvienam. Tas var būt vienlīdz grūti gan klausītājam, gan arī pašam runātājam – simtiem reižu atkārtot vienu un to pašu, lai lieku reizi pārliecinātos, vai teiktais ir ticis uztverts pareizi. Aiz jautājuma teikuma vārdiem ir paslēpušies jautātāja neirotiskie iemesli.

Kur šajā stāstā var saskatīt izkopto ļaunumu? Attieksmju kombinācijās. Pašas vienkāršākās atklāj izkoptā ļaunuma klātbūtni. Kādi ir tie cilvēki, ko sievietei nācās satikt savā dzīves ceļā pēc piecu gadu vecuma, ja, viņas vārdiem runājot, laimīgākais dzīves posms jau pirms aptuveni trīsdesmit pieciem gadiem bija beidzies? Kādas attiecības tika veidotas ar toreiz vēl mazo meiteni, ja viņa joprojām tik izteikti cenšas pielāgoties apkārtējai videi? Kā līdzcilvēki toreiz ir vērtējuši meitenes centienus, ja viņai joprojām tik pārspīlēti svarīgi ir tikt saprastai? Kāpēc viņa jūtas nesaprasta? Kāpēc ir tik spēcīga psiholoģiskā aizsardzība? Nesamērīgums, daļējs laika un telpas zudums? Kādi iemesli ir kavējuši psiholoģisko pieaugšanu? Viņa nav iztikusi bez līdzcilvēku klātbūtnes. Iespējams, ka nemaz tik bēdīgi nav, kā tas izskatās, vērojot no malas. Gandrīz pusmūža sieviete, bet zīdaiņa ietērpā, skaļā balsī atkārtodama vienu un to pašu, sarunājas pa telefonu ar savu klienti.

Šajā reizē pietiks ar uzvedinošu teikumu, lai atbildētu uz testa ceturto jautājumu... Kāda no vadošajām pasaules psihiatrēm psihoterapeitēm reiz intervijā izteicās, ka speciālistu neapmeklē slimi cilvēki, bet gan slimu cilvēku upuri. Šādam viedoklim var piekrist, jo ir neiedomājami sarežģīti veidoties un attīstīties tādā vidē, kas deformē un kaitē personas psihohigiēnai. Nesen man bija gods noskatīties vienu Francijas īsfilmu par kādu no mūsdienu alternatīviem psihoterapijas virzieniem. Lai profesionāļi varētu iepazīties ar jaunu metodoloģiju, par publisko klientu pieteicās kāds no klātesošajiem psihoanalītiķiem, visai pasaulei atklādams savas dzīves traumatisko stāstu. Viņa fiziskais vecums bija septiņdesmit trīs gadi, kad šīs filmas prezentācija notika Latvijā. Dzīves traumējošo notikumu atstāsta daļā klientu mocīja emocionālais pārdzīvojums, ka neviens pieaugušais toreiz viņam kā bērnam neticēja. Kara apstākļos neticēja tam, ko viņš kā bērns novēroja – dažu pieaugušu cilvēku apzināti sadistisku, pazemojošu un cietsirdīgu rīcību pret viņa māti. Ar līdzcilvēkiem, kas bija vienkārši civiliedzīvotāji, bezjēdzīgi izrīkojās kaimiņi un vietējais policijas darbinieks. Toreizējais zēns, būdams vēl pirmsskolas vecumā, centās uzrunāt apkārtējos, lūgdams palīdzību sev un mātei. Tēvs ar brāli bija gājuši bojā. Tā tas turpinājās vēl ilgus gadus, kamēr viņš sasniedza aptuveni divdesmit gadu vecumu, līdz kāds valsts ierēdnis uzklausīja nu jau jaunā vīrieša bēdu stāstu. Ierēdnis, izmantojot savas pilnvaras, pārtrauca vardarbību... Gadiem zēnu un viņa māti spīdzināja cilvēki, kas dzīvoja ar viņiem vienā kāpņu telpā. Aizbēgt un noslēgt lietu agrāk nebija iespēju, jo apstākļi bija tik nelabvēlīgi, ka bez aizstāvjiem šo lietu nevarēja izbeigt.

No filmas satura bija secināms, ka šādu humānu iznākumu varēja panākt ikviens, un, lai to izdarītu, nebija vajadzīgs īpašs amata statuss. Bija nepieciešami vairāk nekā desmit gadi, lai beidzot izdotos atrast kādu, kurš bija gatavs uzklausīt un nepavērst tik sasāpējušo sarunas tematu pavisam citā virzienā! Sev izdevīgākā... Nav nepieciešamības ko vairāk piebilst... Izkoptais ļaunums reizēm iefiltrējas cilvēkos līdz nepazīšanai, lai vairotos. Miljonu pilsētā, kāds puisēns dienu no dienas – vairāk nekā trīs tūkstoši seši simti piecdesmit dienu! – meklēja kādu pieaugušo, kurš būtu gatavs uzklausīt... Viņš nesēdēja, rokas klēpī salicis, klusībā neraudāja, bet skaļi apliecināja savu nelaimi.

Apziņa nepieļauj secināt, ka tik lielā ļaužu masā nav iespējams atrast dzirdīgas ausis. Ir diezgan daudz iespēju uzklausīt jebkādu jautājumu un sniegt atbildi, tomēr situācija nav unikāla – līdzīgus nostāstus ir nācies dzirdēt ne vienu vien, kad kādam patiesi pēc kaut kā ir vajadzība, bet saņemtā atsaucība ir niecīga vai arī tās vispār nav. Iespējams, ka cilvēki neprot ieklausīties saņemtajā informācijā. Tas ir elementāru zināšanu deficīts, kas netiek pārmantots no iepriekšējām paaudzēm. Varētu tikt mazinātas pat globāla mēroga domstarpības, ja vien cilvēki prastu aizpildīt savu saskarsmes spēju un zināšanu robus! Ir radītas dažādas metodoloģijas, kas māca cilvēkiem kontaktēšanās mākslu; daudzi ir piedalījušies šādās izglītojošās programmās, un tas noteikti vismaz daļēji ir sekmējis saskarsmes uzlabošanos. Tomēr liekas, ka tas vēl nav pietiekami. Mēģināsim aplūkot šo jautājumu holistiski: savāksim savdabīgu anamnēzi, lai atklātu to, ko īsti nezinām vai neizprotam! Būtiskākais ir pārliecināties, lai jauniegūtā informācija būtu pašrealizējama, praktiska un reāla. Ko mēs nemākam? Ko nemācēja vai zaudēja mūsu senči? Paanalizēsim psiholoģiskās tendences, jo mums trūkst ne tik daudz morāles kā psihoemocionālo spēju atšķirt ētisko no neētiskā. Kāpēc tik drošs apgalvojums? Jebkurš traumatisks dzīvesstāsts ir saprotams un pazīstams, jo norisinājies starp cilvēkiem. Ja pietrūkst, bet ir vēlme tieši pēc impulsīvām atbildes reakcijām, tad ir jāizprot ne tikai nepieciešamība, bet arī apkārtējo iespēju potenciāls tās sniegt. Var censties sisties pret ledu un cerēt uz siltumu bez panākumiem, vienīgi ar izteiktu vēlmi saņemt nepieciešamo tur, kur tā nav. Nedaudz mistiski, bet to varētu nosaukt arī par savstarpējās enerģijas apmaiņu. Emocijām ir jāplūst, jo tās ir jūtas, kas savukārt reaģē uz impulsiem un pamudinājumu.

Mūsdienu cilvēks interesējas par pašapziņu. Gandrīz visos periodiskajos izdevumos tiek minēts šis psiholoģijas jēdziens. Cilvēki sūdzas par adekvāta pašvērtējuma trūkumu. Tā varētu būt, bet no kurienes gan citur pienāk šāda informācija, ja ne no paša runātāja! Viena no izkoptā ļaunuma sastāvdaļām – kā garšviela zupai – ir koncentrēšanās uz to, kas ir mazsvarīgs, tāpēc būtiskais nemanot paslīd garām.

Darbā ar organizācijām ir milzums piemēru, kad neienesīgos projektos un nenozīmīgu darbu paveikšanā tiek patērēti vislielākie laika un enerģijas resursi. Sīkumi pievelk cilvēku kā magnēts. Kāpēc tā notiek? Indivīdam ir psiholoģiski sarežģīti noticēt, ka vērtība ir rodama tajā, ko tu reāli redzi vai jūti, sadzirdi. Cilvēka mūža laikā caur emocijām kā caur sietu izskrien miljardiem jautājumu, uz kuriem saņemtās vai nesaņemtās atbildes, to dziļumu un nozīmīgumu regulē spēja šo sietu izsijāt. Tas nav vienkāršs uzdevums – atlasīt jautājumu grupu ar atšķirīgu vērtību, ne kā tas ir pieņemts dzimtā, darba kolektīvā, masu saziņas līdzekļos. Atminēsimies, ka cilvēku psiholoģiskā vajadzība ir būt vērtīgam, balstoties bērnības iedalījumā – „labam", nekādā gadījumā ne „sliktam". Arī darot „sliktu", ir vajadzība būt „labākajam" – izpausties un realizēt individuālo priekšrocību labumu, tādējādi gūstot iespēju paaugstināt vai nostiprināt savu pašvērtējumu.

Dažkārt cilvēki psiholoģiski nenotic tam, ka ir spējīgi būt vērtīgi, tāpēc baidās sevi produktīvi analizēt. Domas par to, ka varētu atklāties negācijas, pat biedē. Bērns pievērš vecāku uzmanību, bet vecāki neapzināti izvairās, jo ne vienmēr uzskata bērnu par svarīgu, savukārt paši sevi uzskata par svarīgiem un labiem vecākiem. Reizēm viss tiek darīts bērnu dēļ, bet vecāku interesēs.

Piektais piemērs.

Jūs strīdaties bērnu klātbūtnē un izpaužat konfidenciālu informāciju vienam par otru, citiem dzirdot.

Situācijas psiholoģiskā interpretācija.

Iespējams, pastāv neierobežots strīdu veidu un variantu skaits. Ģimene ir tā, kurā bērns apgūst strīdēšanās mākslu. Tā ir māksla, jo nav tik vienkārši prast izpaust savu neapmierinātību, cilvēku izpratne par to ir atšķirīga. Dažiem ir grūti uz to reaģēt, to atzīt vai izpaust, bet dara to visi, uzbrūkot vai aizstāvoties, verbalizējot vai noklusējot, tam nav nozīmes. Kāpēc ir novērojama tāda dažādība? Katram no mums ir sava bērnības pieredze, pēc kuras kā matrica izveidojas psihoemocionālie priekšstati par jebkuru tēmu vai sarunas priekšmetu. Strīdi ir novērojami visās ģimenēs, atšķirīgi ir to veidi un temati. Arī klusēšana ir strīda forma, tāpat kā agresīva trauku plēšana. Tās ir galēji pretējas strīdu formas, kas kādam šķiet organiskas un pašsaprotamas, jo bērnībā šādi ģimenes strīdi ir bijuši bieža parādība. Kādam citam pieņemama šķiet aizrādījumu izteikšana tikai mierīgā intonācijā un domu un sakrājušos emociju apmaiņa konstruktīva dialoga formā nedēļas vai pat mēneša garumā. Runā un runā, kamēr rodas nākamais iegansts turpināt gauso izskaidrošanos. Strīdu variācijas tātad ir bezgalīgi daudz, un katrs var izvēlēties risināt sasāpējušus jautājums sev vissaprotamāk un pieņemamāk.

Strīdēties, ja vien ir tāda vajadzība, ir nepieciešams kaut vai tādēļ, lai varētu iepazīt un izzināt jaunas situācijas un jaunus viedokļus. Strīdēšanās ir viena no filozofēšanas metodoloģijām. Domājot atbilstoši psiholoģijas sistēmai, jāsaka, ka strīdēšanās pamatā ir savas neapmierinātības kompetences izpaušana. Emocionāli nestabiliem indivīdiem strīdēšanās biežāk ir vienīgais veids, kā apliecināt savu nozīmīgumu ne pēc būtības, bet faktiski – ka var atļauties to darīt.

Strīdam ir vismaz trīs mērķi. Kādam tas ir svarīgs pēc tā ideoloģiskā satura, bet citam pēc tā būtības. Vēl arī mēdz būt apzināts mērķis manipulēt, atņemot laiku, novirzot no būtiskākā, slēpjot patiesību. Cilvēki strīdas tādēļ, ka to darīt liek iekšējais neirotiskais stāvoklis, ne tikai ideoloģija. Starp mums ir zināmi cilvēki, kas strīdiem un sūdzībām ir ziedojuši lielu sava apzinātā mūža daļu. Tādos gadījumos to var traktēt kā izkopto ļaunumu, jo nepieciešamību pēc neauglīga strīda būtu jāprot pazīt ikvienam, kurš apzinās savu rīcību.

Strīds var veidoties tik nekontrolējams, ka tā norises laikā cilvēks var pateikt tādas lietas, par kurām nav pārliecināts vai vispār iepriekš nav domājis. Tāpat arī pēc strīda var atskārst, ka citiem ir atklāts kāds noslēpums vai lietas apstākļi, kurus nebūtu bijis jādara zināmus apkārtējiem. Strīda laikā var būt izteikts tas, kas reāli neeksistē vai nav noticis, kāda fantāzija vai vēlme, kam nav nekāda sakara ar īstenību. Strīdā izpausto cilvēki uztver un interpretē dažādi: vieni notic izteiktajiem apgalvojumiem, citi uzskata tos par meliem, nesavaldīšanos dusmu lēkmes laikā.

Jo psiholoģiski nobriedušāks ir cilvēks, jo viņš ir spējīgāks apšaubīt vai kritizēt strīda laikā izteikto un emocionāli nepieķerties izteiktajiem apgalvojumiem. Šāda spēja nav attiecināma uz bērniem, viņi savas emocionālās un dzīves pieredzes trūkuma dēļ nespēj personīgi neiesaistīties ģimenes konfliktos. Bērnam ir svarīgi saprast, kuram no vecākiem ir taisnība, lai varētu izveidot savu nostāju, lai varētu identificēties ar kādu no vecākiem. Bērniem it kā ir jāpasaka priekšā, kā attiecīgajā situācijā rīkoties un kuru no konfrontējošajām pusēm pieņemt kā savējo, lai varētu identificēties konkrēti ne ar vienu no vecākiem, bet ar apziņu, kas ir labs vai slikts. Par ko īsti ir strīds? Kāda ir vieta un loma bērnam vecāku uzturētā konfliktā. Viņiem ir nepieciešams saprast abus vecākus, tāpēc viņi cenšas attaisnot abas strīdā iesaistītās puses, kaut ne vienmēr tas ir iespējams. Piemēram, vecāki savstarpēji konfliktē un šajā procesā neiesaista bērnus, jāsecina, ka tas ir pareizi, jo bērnam tad nav iespēja veidot savu nostāju, dodot priekšroku konkrēti kādam no vecākiem, tādējādi arī viņu nostādot neveiklā situācijā. Bieži vecāki izmanto bērnu klātbūtni, lai savstarpēji manipulētu, bērnus neatkarīgi no to vēlēšanās iesaistot kā starpnieks konfliktsituācijās, kurās provocē ieņemt vietu kāda pusē. Šādas vecāku domstarpības bērniem ir emocionāli grūti izturēt un pārdzīvot, tāpēc vismaz sākotnēji viņiem kā pieaugušiem ir jātiek galā pašiem, ievērojot jau iepriekšējo kopdzīvē iegūto izpratni un spējas bez spekulācijas.

Vecāku nesaskaņas bērnos rada frustrāciju. Augot viņi arvien vairāk no tuviniekiem vai draugiem dzird stāstus par šķiršanos, tāpēc vēl jo vairāk pārdzīvo, ka līdzīgi varētu notikt arī viņu ģimenē. Reizēm bērni vecākus pamudina šķirties, jo strīdi tiek risināti alkohola reibumā vai kļūst vardarbīgi. Tomēr, ja nekas līdzīgs ģimenē netiek novērots, tad bērni sirds dziļumos vēlas saglabāt savu ģimeni!

Ja vecāku konflikti kļūst pat pārāk neizturami, bērni tomēr nenodos savu fantāziju par ideālu ģimeni – vai nu viņi sev iestāsta, ka viņu ģimene jau ir ideāla, vai arī domās cenšas „katapultēties" no esošās uz savu iedomu ģimeni, kas psiholoģiski palīdz pārdzīvot reālās ciešanas.

Ideja par to, ka īstie vecāki (vai kāds no tiem) ir miruši, ir kā paraugs iepriekš aprakstītajiem pārdzīvojumu varantiem. Bērni līdzīgi domā emocionāli neizturamos momentos, lai pasargātu savu psiholoģisko veselību – tā ir gandrīz automātiska atbildes reakcija uz nepanesamo situāciju.

Reizēm vecāki izvēlas strīdēties tad, kad bērni viņus neredz un nedzird. Nevar apgalvot, ka šāda izvēle būtu veiksmīga vai neveiksmīga, drīzāk ir jāizvērtē sekas, jo strīdi kā tādi eksistē, un bērniem ir jāiemācās no tiem nebaidīties un uzzināt par tiem ko vairāk. Pretējā gadījumā strīds kļūst par mītu, kas apaug ar nevajadzīgiem emocionālajiem uzslāņojumiem.

Kur un kā vecāki lai strīdas, lai netraumētu savus bērnus? Ar strīdēšanos varētu būt līdzīgi kā ar seksu: kā lai to realizē, lai bērni nojaustu, ka starp vecākiem kaut kas tāds notiek, un lai paliktu brīva telpa vecāku vajadzībām? Cerams, ka katrā ģimenē tiek atrasti kompromisi. Gribētos atbildi, vismaz uzvedinošu teikumu, kāda ir ideālam pietuvināta uzvedība. Atbilde ir īsa: inteliģenta un emocionāli patiesa. Notiek darbība, biežāk praktiska, kam tiek „piemeklēta" teorija, ar to domājot intelektuālo izskaidrošanos. Tā ir spēja iztirzāt jautājumus, pieņemot savas un otra cilvēka intereses bez iepriekšējas attieksmes. Reizēm nemaz nav nepieciešamības skaidroties, var iztikt ar reakciju, kuras vērtība ir pati emocija. Piemēram, tēvs ar māti strīdas, jo ir noilgojušies viens pēc otra, bet paši to neapzinās. Māte no tēva kaut ko grib, bet nekomunicē trīs dienas. Tēvs no mātes kaut ko grib, bet pārrodas mājās pārlieku stresains un noguris, par ko ir bēdīga visa ģimene. Plēš traukus, jo nezina, kā atzīties mīlestībā. Abi provocē stresu, lai veidotos lielākas kaislības pēc strīda. Respektīvi, pieaugušo dzīve ir dīvainību pilna, uz kurām bērniem nav pat jācenšas koncentrēt savu uzmanību.

Iespējams, ir nepieciešams nedaudz informācijas, lai labāk varētu izprast strīda būtību ģimenē, kurā aug bērni. Pieņemsim, ka jūs nevarat apvaldīt savu temperamentu un jūs abi paužat savu neapmierinātību vienlaikus. Tādā gadījumā jums ir jāpatur prātā aina, kurā jūs paši negribēsiet iesaistīties vai jutīsieties lieki un ignorēti. Iedomājieties, ka jūs četratā – jūs kā laulātais pāris un divi jūsu draugi – iesēžaties vienā mašīnā, lai dotos ekskursijā. Noskaņojums ir labs, un raisās patīkamas sarunas, kamēr jūsu ceļabiedri neuzsāk strīdu un nespēj rimties, un jūs, apstākļu spiesti, atgriežaties mājās pirms paredzētā laika, neizbaudījuši izklaidi.

Redziet, ar pieaugušiem cilvēkiem ir vieglāk – jebkurā brīdī var pagriezties par simt astoņdesmit grādiem, lai izvairītos no nepatīkamās situācijas, bet ar bērniem ir savādāk... Tikko vecāki sāk strīdēties, bērns kļūst par skatītāju. Vecāki ir režisori un atbild par šīs „izrādes" kvalitāti. Viņi it kā brīvprātīgi paver aizkaru, lai tiktu novēroti un no malas analizēti. Bērni, kas vienā mašīnā ar jums dodas ekskursijā gan tiešā, gan pārnestā nozīmē, patstāvīgi no transporta līdzekļa bez vecāku akcepta nevar izkāpt. Domu subordinācija veido savstarpējas attiecības. Bērni un vecāki ir savstarpēji atkarīgi. Pat ļoti lojālās ģimenēs, kurās ir izteikta vienlīdzība, kāds kādam pakļaujas. Viens no grupas kļūst par līderi. To, ko var atļauties pieaugušais, nevar paveikt bērns, tāpēc, dodoties pārgājienos kopā ar vecākiem, viņi jūtas atšķirīgāk, un viņu vēlmes ir saprotamas – lai vecāki būtu priecīgi, apmierināti, pozitīvi noskaņoti un uz nelabvēlīgām situācijām reaģētu labvēlīgi.

Par ģimenes panākumu var uzskatīt vecāku pārliecību ģimenes strīdos un savstarpējos apvainojumos neiesaistīt bērnus. Pieaugušie, lai vairāk viens otru sāpinātu un tā celtu savu nozīmīgumu, publiski atsauc atmiņā gadījumus, kas būtu sāpīgi viņu bērniem. Piemēram, strīdoties bērnu klātbūtnē, tiek paziņots, ka dzīvesbiedrs toreiz nedeva akceptu bērna nākšanai pasaulē. Runātājam ir klusa cerība, ka pagātnes noklusētā informācija vēl šodien sāpinās otru un noskaņos labvēlīgāk pret kādreiz negribēto bērnu. Protams, tas ir izkoptais ļaunums, jo tiek piesaukti tādi izteikumi, kas taisnības labad prasa sīku pagātnes apstākļu paskaidrojumu. Turklāt, ja cilvēks uzzina, ka nav bijis gribēts, ne vienmēr viņš ir spējīgs šo faktu aizmirst un izdzēst no zemapziņas.

Ar šādiem paziņojumiem un līdzīgiem izteikumiem vecākiem ir jābūt īpaši uzmanīgiem. Tie, kas dod priekšroku mērķim – sava informatīvā monopola uzsvēršana, varas izmantošana, bērnu bezierunu paklausība, izvairās no grūtībām. Strīda laikā ir svarīgi apzināties neapmierinātības īstos iemeslus. Vēlreiz un vēlreiz gribētu atgādināt, ka jāuzmanās, lai vecāki strīdos ar bērniem nemanipulētu! Tā ir vardarbība!

Kā jau minēts, bērnam vienlīdz svarīgi ir abi vecāki, tāpēc centīsimies viņus nenostādīt smagas izvēles priekšā, liekot izlemt, kurš no vecākiem ir labāks! Ja rodas strīds, tam vēlamā variantā ir jāizpaužas pēc iespējas atbilstošākā laikā un noslēgtākā vidē, pretējā gadījumā šādu netaktisku izturēšanos vienam pret otru varētu raksturot, piemēram, kā histēriju, psihotisku stāvokli, neirotisku pārnesi. Secinājums, pēc kura prasās šāda situācija, ir traumatisma dziļums, tā emocionālā spēka ietekme uz bērnu, ko ģimenē aprobē tēvs vai māte. Turpmāk ir tikai laika jautājums, kad bērns sāks lietot mājās uzkrātās zināšanas ārpus mājas. Pirmkārt, tāpēc, ka viņš neko citu nav redzējis, otrkārt, tāpēc, ka viņu pašu interesē eksperimenta rezultāti. Piemēram, vai viņš atstāj vēlamo iespaidu uz sabiedrību. Ja māte pakļaujas tēvam, tad bērns, psiholoģiski nostājoties tēva pusē, vēlēsies, lai pārējie „danco pēc viņa stabules". Ārpus ģimenes esošie eksperimenti ir svarīgi bērnam, lai nostiprinātu savu lomu emocijās. Piemēram, neizdodoties tēva modelim, ir iespēja turpināt savus treniņus ar svešiem cilvēkiem. Agri vai vēlu bērns viļas vai gūst panākumus. Pirmajā gadījumā bieži vien kļūdams par neirotiķi, jo viņš nekad nebūs tēvs, bet viņš grib tāds būt. Pakļautās mātes izvēle varētu būt simpātiskāka, jo viņa šajā gadījumā ir maigāka un pieejamāka, necīnās par varu, bet kādam tas var šķist nepievilcīgi, jo šādi cilvēki var likties pārāk atkarīgi no citu ietekmes. Tas ir tikai pieņēmums. Ne mazums cilvēkiem ir pilnīgi vienaldzīga citu vēlme uzurpēt varu. Ja mēs tomēr senākas pagātnes notikumus šodien pasniedzam kā šī rīta atgadījumu, visdrīzāk tās ir neirotiskas izpausmes. Ne visi to apzinās, jo nespēj sevi šodien analizēt no pagātnes skatu punkta.

Reiz kāds cilvēks man pastāstīja kādu bērnības notikumu, kad viņš uzzināja, ka ir ārlaulības bērns. Vēl šodien jau cienījamā vecumā viņš nav īsti pārliecināts par to, kas ir viņa īstais tēvs. Tad, kad mātei ar tēvu nav bijis domstarpību, tie vienā balsī metušies apgalvot pretējo, toties, viņu attiecībās iestājoties „kara stāvoklim", māte ar šo paziņojumu kaitinājusi tēvu bērna klātbūtnē. Vēl kāds gadījums: vīrs pārmeta sievai, ka viņai dzimstot tikai viena dzimuma bērni. Ja viņš varētu, tad visus bērnus izmestu ārā no mājas. Šādas „sarunas" notika ik reizi, kad vecāki strīdējās, reizēm katru dienu.

Tad, kad intervēju bērnu grupiņu vecumā no četriem līdz sešiem gadiem par tematu „Par ko strīdas jūsu vecāki?", nelielais pētījums vainagojās ar pārsteidzošiem atklājumiem! Vecāki izvēlas no bērnu teiktā dažādus pārmetumus, lai reaģētu un risinātu savas individuālās un pāru konfliktsituācijas, piemēram, piesaucot kā vaininieku pašu bērnu.

Kāds tēvs bija nosacīti salabojis dušas uzgali, metālu aizstādams ar plānu, caurspīdīgu matu gumiju, kas pēc īsa lietošanas brīža kādā vakarā pazuda. Tēvs sasauca visu ģimeni, lai noskaidrotu, kur tā palikusi, un nelikās mierā līdz pat dziļai naktij, kamēr vaininieks bērna izskatā netika atklāts, jo izrādās, ka elastīgais veidojums nav izturējis un plīsis pēc dušas apmeklējuma. Nezinot, ko tālāk iesākt, dzelzs šļūtene tika vienkārši novietota vannā.

Tā kāda bērna māte bieži zaudē mājas atslēgas. Katru reizi, kad viņa tās neatrod, viņa sūdzas, ka tas notiekot tāpēc, ka bērns pamanās nepiemērotā brīdī novirzīt viņas domas.

Kāda sakarība ir starp dušu un pirmsskolas mācību iestādi? Uzmanības, uzvedības svārstības bērnos. Pētījums tika veikts, jo audzinātājas nesaprata, kāpēc daždien kāds no bērniem nevar pieslēgties grupas darbam. Šis piemērs varētu atainot izkopto ļaunumu, tomēr tam ir daži nosacījumi. Nepārprotami, ka tēvam ir nepieciešama santehniķa vai psihoterapeita palīdzība. Ja viņš šādam ieteikumam ilgstoši pretojas, tad viņa neirotiskais stāvoklis, visticamāk, bērnos radīs psihoemocionālas problēmas. Konfliktsituācijās izkoptais ļaunums veidojas tur, kur individuālajā neirotismā vai aprobežotībā tiek iesaistīti bērni.

Sestais piemērs.

Jūs atgriežaties no darba īgni un dusmas, ko izraisījis jūsu kolēģis, izgāžat uz saviem bērniem.

Situācijas psiholoģiskā interpretācija.

Bērni nevar augt psiholoģiski sterilā vidē. Neviena mākslīgi radīta psiholoģiskā struktūra, kas nav saskaņā ar dabu, neveicina cilvēka psihohigiēnu. Tieši pretēji - tā traumē brīdī, kad organisms nonāk saskarsmē ar ārējās vides „vīrusiem". Ja mēs melojam saviem bērniem, sakot, ka stāstām patiesību, tad, dzīvē nonākot līdzīgās situācijās, bērniem būs lielākas ciešanas un pārdzīvojumi nekā tad, ja viņiem būs zināms, ka meli reāli eksistē un ka cilvēki tos izmanto savu vajadzību apmierināšanai, un zinās to, ka šādu cilvēku vidū ir arī viņu vecāki. Jūs varat atzīt, ka tas nav veiksmīgs piemērs, tomēr atspoguļo realitāti un nemaldina bērnus, tātad neveido ilūziju par jums kā vecākiem un tieši tuvina īstenībai, kura, ja nepatīk, ir pakļaujama pārmaiņām. Visu, ko indivīds ir spējīgs mainīt vai pārveidot, bet tajā aktīvi un motivēti neiesaistās, var dēvēt par izkopto ļaunumu. Aizaudzis dārzs ir nekopts un nemīlēts, to nezālēs ieaudzē cilvēks. Visi tādi nav, pirms ieliek zemē sēklu. Tādi aizmirsti un nekopti dārzi kļūst tad, kad īpašnieks neliekas zinis par to, kas ir katram darāms. Līdz vasaras saulgriežiem apkopt augsni – jo vēlāk uzsāk ravēšanu, jo grūtāk saglābt kultūraugus. Ielaistas attiecības un priekšstatus sevī atrast ir sarežģītāk nekā dārzeni lēknās nezālēs.

Gandrīz ikviens dzīvē ir saskāries ar nepatīkamām situācijām darba vietā, komandējumos, birojā u.c. Kas būtu jāzina bērniem? Tas, ka ne vienmēr, lai kā to arī negribētos, ir iespējams konkrēti atreaģēt uz kolēģiem to objektīvo izjūtu, ko viņi ir apzināti izraisījuši. Mūsdienu populārzinātniskā un psiholoģiskā periodika mudina domāt, ka neviens nedrīkst būt tāds, kāds nevēlas būt. Tiek iedota ilūzija, ka faktiski ja ne visu, tad daudz ko var mainīt, regulēt, ietekmēt. Vilšanās sagaida tos, kas to ievēro. Piemēram, tas, ka cilvēks atvainojas, nenozīmē, ka viņš ir nolēmis sevi radikāli mainīt. Viņš vienkārši atvainojas un joprojām ir tāds pats. Mājsaimniece ar augstākajām izglītībām, ne dienu nestrādājot savā profesijā, ir neapmierināta, ka vīrs nepieņem viņas ieteikumus un padomus pat par brīvu. Aizrādīšana nenozīmē to, ka darbība neatkārtosies un cilvēks atsauks savu uzmācīgo uzvedību. Darbinieks, kurš ir paviršs, nekļūs uzmanīgs pat tad, ja tas ietekmēs viņa maciņu. Materiāli stimulēt var bez gala, bet brīžiem nav jēgas, jo nav emocionālās piesaistes, ieinteresētības, sajēgas par lietu kārtību. Kā pret sienu! Ģenerālā ideja ir ģeniāla. Atbildes reakcija neseko, jo ir ierobežoti realizējama personības resursu trūkuma dēļ. Tas savukārt sagādā grūtības darba devējam un darba ņēmējam. Potenciāls vienam var būt ievērojami augstāks nekā otram, kas abus cilvēkus noved strupceļā. Veidojas abpusēja frustrācija – grūtības komunicēt, saprast simboliku, intelekta atšķirības, uzvedības kultūras pamatu trūkums, priekšstati par pasaules uzbūvi un rīcības nozīmi. Veidojas nepabeigtie geštalti – attiecības un atbildes reakcijas.

Ir noteikti apstākļi, situācijas un vides, kurās nav akceptēts pat personīgais viedoklis, kur nu vēl visdažādākās emocionālās izpausmes! Piemēram, darbs vai dienests militārajās vai apsardzes struktūrās, politiskajās, arī diplomātiskajās sistēmās, dažās drošības un medicīniskās palīdzības institūcijās. Indivīdi, kas pārkāpj pieņemtās robežas, tiek publiski kritizēti un nosodīti. Saprotams, ka nedaudz tiek pārprasts psihoemocionālais komforts, jo nav „stilīgi" ievērot psiholoģiskās robežas. Pēc cilvēkiem ar raksturu un principiāļiem nav pieprasījuma. Mūsdienīgi ir būt ambiciozam, tāpēc, lai neizceltos, cilvēki dažkārt izvēlas kalpot sociuma kultūrai un neapmierinātību par notiekošo uzveļ saviem bērniem un ģimenei. Secinājums: kāpēc jāpauž tas, kas nedos ne gandarījumu, ne labumu, ne rezultātu. Izkopts ļaunums pret sevi ir tad, ja šāda attieksme nav organiska, bet mākslīga. Reizēm noteikti ir vērts aizrādīt skauģim skaušanu, zaglim zagšanu, netīrajam par netīrību, skopam par skopumu pat tad, ja nekas nemainīsies, visām attieksmēm un īpašībām paliekot vecajās vietās. Tad nebūs ne tikai noslēpumu ar nenoslēgtu geštaltu, bet abām pusēm veidosies konkrēta un atklāta attieksme, kas gala rezultātā apmierinās negatīvo pretenziju izpausmi, un no tā necietīs ne pašu, ne zagļa, ne skopā, ne skauģa ģimenes pēcteči. Uzskatu vai, piemēram, gaumes nesakritība un nekas vairāk. Ja cilvēki netērētu savu laiku šādos pārpratumos, kad vienā kaudzē sakrauj nesajaucamas lietas, tad nebūtu kā sliktos salātos – pretrunīgām sastāvdaļām sajaucoties, tiek provocēta mīksta vēdera izeja. Ar emocijām ir līdzīgi – vienā konteinerā aizvainojums, pretenzijas, šaubas, dusmas, iebildumi, neizteikti secinājumi, apvainojumi draud uzsprāgt pret tiem, kam ar notiekošo nav sakara. Ja tā nebūtu, tad komunikācija un katra individuālā pašsajūta, pieļauju, būtu veiksmīgāka.

Psiholoģiskās robežas ir teritoriāls jautājums, kad katrs paliek savas „valsts" teritorijā un atbilstoši rīkojas ikvienas neparedzētas, nesankcionētas situācijas gadījumā. Tad, kad tiek konstatēts robežpārkāpums, tiek veiktas atbilstošas darbības un pārkāpējam visbiežāk nākas apmierināties ar atgriezenisko reakciju. Psiholoģiski norisinās kaut kas līdzīgs. Norisinās uzbrukums, un ar labas gribas vēlmi var būt par maz, lai sodītu un parādītu savu attieksmi. Ne visiem ir dota spēja just savas psihoemocionālās robežas. Pārkāpumi ir novērojami gan mikro-, gan makrosistēmās. Ja bērns no jums uzzina, ka dzīvē ir iespējami pārkāpumi, tad kādu vai vairākas vilšanās saviem bērniem būsiet aiztaupījuši. Dusmas, īgnums vai jebkādas citas negatīvas emocionālās izjūtas ir raksturīgas visiem cilvēkiem, gandrīz jebkurai saprātīgai dzīvai būtnei.

Mēdz būt tā, ka tieši šie robežpārkāpumi veicina to rašanos vai vairošanos. Kāds aizsāk negatīvo emociju un nemāk apstāties. Pietrūkst mēra sajūtas. Reizēm šādi stāvokļi kļūst emocionāli nepanesami, jo jāņem vērā iepriekš uzskaitītie nosacījumi, tādi, ka nav jēgas izteikt sašutumu, jo nekas nemainīsies, bet nekas nav jāmaina, jāpārveido vai vēl trakāk, jāuzlabo otrā. Jāatbild par „savas valsts" psiholoģisko labsajūtu un vērtībām, tāpēc jau vien reizēm ir jāizkar karogi, jāpārbauda stiprinājumi, jāpārdomā stratēģija, jānodrošina mācības, kā jau tas pieklājas katram. Jāiepazīst savs kaimiņš, pretinieks, sāncensis, lai justos psiholoģiski droši un pārliecinoši savā teritorijā, tāpēc laiku pa laikam sev jāatzīst – tomēr, kā mēdz teikt, cilvēks „nav no gumijas", tāpēc vēlme reaģēt ir saprotama un pat nepieciešama, jo īpaši veselīga un visādi apsveicama, ja ir apzināta.

Izkoptais ļaunums parādās, ja šo vēlēšanos attiecina uz tiem, kam ar konkrēto situāciju nav nekāda sakara. Ja bērni kļūst par jūsu neveiksmju cēloņus imitējošām būtnēm, tas nav ne godīgi, ne taisnīgi. Vecāki bieži vien izvēlas izlādēt savas dusmas tieši pret bērniem, jo tie ir visneaizsargātākie un tuvāk stāvošie „robežstabi", ko var atļauties brīvi pārkāpt un nerespektēt. Kāpēc brīvi? Jo rīcībai nesekos sankcijas. Tas var notikt ilgstoši, kamēr izveidojas divas tipiskas pazīmes. Pirmā ir tāda, kurā agrāk vai vēlāk bērns sāk uz situācijām reaģēt tāpat kā jūs, un otrā – izpaust savas negatīvās emocijas ne tikai pret jums, bet arī pret apkārtējiem, jo viņam nav izveidojies adekvāts priekšstats par psiholoģiskajām robežām, tās šķietami neeksistē, un kļūst vienalga, vai māja, skola, sabiedriskais transports, vecmāmiņa vai kaķis. Bērns augot atļaujas reaģēt sociumā tieši tāpat, kā jūs to esat darījuši mājās, jo viņš uz darbu ar pieaugušo nedodas, nepazīst atšķirīgāku vidi. Bļauj, dumpojas, agresīvi komunicē, lai cik nopietna būtu situācija. Kādā teātra izrādē blakussēdētājam neveicās ar savu kaimiņu, kurš izdauzīja viņam aci, jo tas par skaļu smējās.

Galvenā problēma ir, ka indivīds to uztver kā normu un nesaskata robežpārkāpumu. Iejaukšanās viņa individualitātē rada atbilstošas izpratnes interpretāciju un tai attiecīgu uzvedību. Piemēram: kāda māte centās kontrolēt savas pusaugu meitas sirdslietas. Atgriezusies no darba, viņa vienmēr jutās neapmierināta vai aizskarta un, kad viņai radās izdevība, informāciju, ko bija ieguvusi personīgās un atklātās sarunās ar meitu, izmantoja, lai atriebtos bērnam par to, ko nespēja nodrošināt attiecībās ar kolēģiem – noturīgas, koleģiālas attiecības. Vienmēr sievietei bija nepieciešams ielīst otra dvēselē, un tad, kad saņēma atteikumu, viņa neganti dusmojās, raudāja un cēla jaunas cita rakstura pretenzijas. Bērns bija tik tālu „iedresēts", ka mammas noskaņojumu juta jau tūlīt, tiklīdz tā nospieda durvju rokturi. Tajā brīdī uzreiz bija skaidrs, ka ir tikai viens veids, kā paredzēt nākotni – filigrāni pilnīgojot savas novērošanas spējas. Tāda fokusēšanās kaitē vispārējai attīstībai, bet palīdz sagatavoties tam, kas sagaida meiteni vakarā – plīķis vai vēlīgs apkampiens. Cilvēki iet uz darbu, dažādu motīvu vadīti, un, ja viņu slēptās vai atklātās vēlmes netiek apmierinātas, pamazām viņos uzkrājas neapmierinātība, un cilvēks meklē kompensāciju. Tas ir zināms daudziem, tāpēc ir jāizprot darba apmeklēšanas apslēptās, virzošās intereses. Maz ticams, ka visi cilvēki uz darbu iet tikai strādāšanas vai algas saņemšanas dēļ, jo indivīdus uz virzību mudina dažādi psihoemocionāli faktori. Pieredze ļauj izteikt šādu novērojumu: reizēm cilvēki darba vietā atreaģē to, ko nespēj izpaust tuviniekiem. Ne tikai veicamie uzdevumi un saspringtās situācijas darbā rada stresu – arī ģimenē iegūtais saspridzinājums tiek novirzīts uz darba vidi. Un tajā visā atkal tiek iesaistīti bērni, jo tieši viņi ar savu attieksmi un uzvedību ir spējīgi konfrontēt savus vecākus.

Tas, kas ir bijis grūti pašiem, tagad ir sarežģīti arī bērniem. Ja pubertātes konkurence nav veiksmīgi pārvarēta, tad neplānoti sarežģīti var izrādīties šajā jautājumā saskarties ar citiem, piemēram, kolēģiem vai saviem bērniem tad, kad pieminētā tēma aktualizējas. Ko izsaka šī pubertātes konkurences pārvarēšana? Var atsākties tās pašas jauniešu grūtības, kas traucējušas pirms kāda laika, bet jau pieaugušā dzīvē. Īgnums vai dusmas var kalpot kā rezultāts un tai pašā laikā kā vienkāršs aizsegs nopietnām lietām. Vēlreiz uzsveru, ka ir svarīgi apzināties savas neapmierinātības cēloņus: bieži tie nav patstāvīgi atklājami, tāpēc ir jāmeklē pēc iespējas objektīvāka palīdzība. Pretējā gadījumā jums ir jārēķinās ar vairākām nevēlamām likumsakarībām. Saskarsmes duelis ar bērniem, nepaklausība un nerespektēšana, aiziešana no mājām, smēķēšana, alkohols, narkotikas, tas viss, kas sagādājis grūtības pašiem vecākiem savā pusaudža vecumā. Ir divi ceļi – bērniem kopēt vecāku grūtības un atdarināt to pašu vai, ja kādreiz pārlieku priekšzīmīgie pusaudži nav „pagaršojuši" kaut nelielu brīvības iespēju, vēlāk apspiest savos bērnos interesi, kas tik un tā nepaliks bez pēdām, vēršoties pret tiem pašiem priekštečiem. Kaitīgie ieradumi ir aizkars, aiz kura bērns nomierinās par vecāku audzināšanas kļūdām, un atkarība ir kā pretrunīga vajadzība pēc šiem pašiem nemākulīgajiem, bet svarīgajiem vecākiem.

Par „robežpārkāpējiem" sabiedrībā mēdz saukt nepieklājīgus cilvēkus, kurus vieno pārmērības komunikatīvajā izpausmē. Tādiem cilvēkiem trūkst uzmanības pat tad, ja, objektīvi vērtējot, tās ir par daudz. Ir grūti atbildēt, vai šie psihoemocionālo robežu pārkāpēji jūtas nelaimīgi. Cilvēku noskaņojums mēdz būt dažāds, un daudzi negatīvi garastāvokļi var būt bīstami cilvēka psihohigiēnai. Tas, kas ir pārlieku pārspīlēts, izraisa nepatiku apkārtējos cilvēkos, un tādējādi robežpārkāpēji saskaras ar grūtībām komunikācijā arī ārpus mājas. Jāpiebilst, ka šādi cilvēki mēdz būt arī pozitīvi orientēti un atraktīvi, un vismaz sākotnēji apkārtējiem var šķist pat amizanti, robs audzināšanā izveido unikalitāti.

Reizēm klienti man jautā, kāpēc notiek tā, ka konsultatīvā sesija sākas ar vienu tematu, bet sarunas gaitā nonāk līdz radikāli atšķirīgai tēmai. Tā mēdz notikt, jo pavediena gals atrodas virspusē, bet tā sākums – kamola iekšpusē: indivīds vispirms apzināsies acīm redzamo, pamazām atšķetinot izzināmo jautājumu. Tā, piemēram, šajā sestajā testa jautājumā nav konkrētas atbildes un galīgā vērtējuma. Tas tiek veidots ar nolūku, lai nerastos sausas un paviršas klišejas. Konsultācijās var pārliecināties, ka neredzamo un netveramo nav iespējams „izcelt" tik vienkārši.

Tie cilvēki, kas interesējas par sevi, bieži jautā, kā pie psihoterapeita par nepazīstamu cilvēku tiek uzzināta tik vispusīga informācija tik īsā laikā, jo bieži cilvēks pats sevi nemaz nepazīst un nevar pazīt reālijas. Tas nav tā, ka psihoterapeits sniedz informāciju par savu klientu ārpus viņa saprašanas un uztveres vai psihoterapeitam piemīt kāds metafizisks spēks, ja tas tā kaut kur norisinās, tad nebūs īsti patiesi. Atbilde ir vienkārša, bet, lai to sniegtu, ir nepieciešams liels treniņš un pieredze pašam darba darītājam. Jāizritina un jāizseko simtiem spolīšu pavedieniem kā jau jebkurā jautājumā. Pirmajā mirklī tas var šķist „plakans", bet atliek tikai nedaudz iedziļināties, lai pavērtos jauni apvāršņi. Vai kāds no mums, pieaugušiem, ir darījis pāri savam bērnam, lai nomierinātu savu trauksmi? Tā var pārfrazēt jebkuru uzdevumu, kamēr atklāsies, ko īsti taujātājs ar to ir domājis un paredzējis izzināt. Un vajag vismaz divtik vērības, lai saklausītu komentārus un atbildes, kurās atklājas atbildētājs. Testa jautājums nav vienpusīgs, un minētais vārds „robežpārkāpēji" varētu kalpot kā vienojošs teorētiski izklāstītais pazīmju kopums daudzām problēmsituācijām, tomēr jāatceras, ka katrs gadījums ir individuāls un analizējams ar atšķirīgu informatīvo pienesumu. Vēlams būt ieinteresētam, vērīgam un zinošam.

Ja nevar atšķirt darbā noritošos procesus no personīgās dzīves, tad droši var izteikt pieņēmumu, ka kaut kas uzskatāmi rupji ir sajucis starp bērnību un pieaugušo dzīvi. Kaut kas pa vidu – reizēm mazs, reizēm liels. Izkoptais ļaunums nozīmē necensties pat pamanīt notiekošo manipulāciju. Kā arī to, kad cilvēks tomēr pamana savus emocionālos manevrus, bet netiecas sev palīdzēt, jo tas ir izdevīgi. Piemēram, *mīkstina* savu nespēju uz citu rēķina.

Septītais piemērs.

Jūs atklājat, ka jūsu bērnam ir slikts kontakts ar skolotājiem vai skolēniem. Jūs satraukti ejat uz vecāku sapulci meklēt taisnību un izsakāt pretenzijas, nenoskaidrojot lietas būtību, jo esat pārliecināti, ka bērnam tiek nodarīts pāri.

Situācijas psiholoģiskā interpretācija.

Tik tiešām ir iespējams, ka kāda sociālā grupa atrod savu „grēkāzi" un savu nespēju atreaģē uz kādu citu. To, ko pašam ir grūti pieņemt, vienkāršāk ir novelt uz otru. Piemēram: pamanot savu mazdūšību emocionāli noturīgāka un spēcīgāka cilvēka priekšā, var uzplaiksnīt dažādi frustrējoši pārdzīvojumi, kas savukārt rada ko līdzīgu instinktam. Dabā, bez šaubām, ir iekārtots tā, ka, tiklīdz ir jūtams apdraudējums, tūlīt ieslēdzas aizsardzības mehānismi. Tas ir dabiski, bet, jo cilvēks ir attīstītāks, jo viņš ir spējīgāks ar intelekta starpniecību novirzīties no primitīvām reakcijām un vajadzībām. Pirmatnējais cilvēks nespēja aizturēt savas dabiskās vajadzības gluži kā zirgi, kas tūlīt apmierina šo vajadzību un kam ir dziļi vienalga, vai viņi atrodas stallī vai publiskā izjādē.

Sabiedrībai veidojoties un pilnīgojoties, cilvēks veica daudzus globālus un arī dziļi individuālus atklājumus, kaut vai to pašu pieminēto spēju aizturēt savas dabiskās vajadzības. Ļoti līdzīgi ir arī ar emocijām. Pirmatnējā kopienā emocijas atreaģēja pēc pirmajiem impulsiem. Mazi bērni reizēm vēl tā rīkojas – kad sajūt diskomfortu, tūlīt raud vai iesit otram.

Atgriežoties pie domām par bara instinktu, diemžēl ir jāatzīst, ka daudzi cilvēki nav spējīgi no tā emocionāli atdalīties. Neiekļaušanās grupā viņiem būtu pārāk traumatiska. Tāpēc cilvēkiem iedod ideoloģiju, respektīvi, vielu pārdomām un „pareizo" emocionālo ievirzi, lai ar tiem ir vienkārši manipulēt. Psihoemocionālā ievirze šajā gadījumā paskaidro, kā cilvēkam būtu jājūtas, un, ja tas atbilst tīkotajam, viņš tieksies pēc absolītā, reizēm pats to neatklājot.

Bieži cilvēkiem ir raksturīgi idealizēt, piešķirot varu un spējas tiem, kuriem tās nav. Pedagoģiskajā sēdē ir ne tikai profesionāļi un vecāku komitejas pārstāvji, bet arī visdažādāko raksturu, temperamentu, apslēptu un atklātu interešu vadīti cilvēki. Sabiedriskā loma nosaka apkārtējo attieksmi. Diemžēl tās atbilstību apšauba retais. Pat tie, kas mēģina izsekot darba izpildei, nevar apšaubīt to, ka pretī sēž tiešām erudīts savā profesijā. Šo cilvēku aizsargā izglītības dokuments, rekomendācijas, sertifikāti, atbalstītāju pulciņš. Jūs varat meklēt taisnību, bet jums tā sākotnēji ir sev jādefinē. Iespējams, jūs pārdzīvojat par savu bērnu, jo izjūtat, cik ārkārtīgi sarežģīti viņam ir adaptēties grupā, un tā var būt objektivitāte. Tas ir saprotami, bet situācijas publiska ķidāšana ne vienmēr sekmē bērna drosmes un patstāvības paaugstināšanos. Masu procesos faktiski katrs domā par sevi, jo, darbojoties kopējā grupā, labāk var izslīdēt ne tikai no atbildības un netikt piekertam, „pārkāpjot robežas", bet arī izvilkt laukā savu atriebības kāri, nenovīdību, ļaunumu u.c.. Ar to ir domāts: masu procesos atbrīvoties no ļaunuma, nemanīti lietot vai pretēji

194

– demonstrēt. Pavērojiet sapulces un jūs pamanīsiet, ka tikai retais ir spējīgs apspriest noteikto tēmu, nepārkāpjot pirmo vai otro iepriekš uzsvērto pieteikumu! Tas tā notiek, jo šo „piecminūšu" dalībnieki prezentē un atreaģē sevi.

Piemēram, pedagogi vecākiem un vecāki pedagogiem, turklāt šo spēkošanos novēro savā starpā gan pedagogi, gan vecāki. Tiem, kam ir savstarpēji ciešāka komunikācija, rodas jauni temati. Ikviens to zina, ka pēc balles tiek apspriesta balle. Ar to ir izskaidrojama liekvārdība – vārdu daudz, bet ideju nav; raksturīgi tādi piemēri, kas neattiecas uz lietas būtību; paradoksāli salīdzinājumi; tendencioza domubiedru piesaistīšana; smaidīšana smaidīšanas pēc; balss paaugstināšana; nejauši izteiktas frāzes raksturo pašus sanāksmes dalībniekus, jo mērķis ir prezentēt sevi, nejusties kā kastrātam. Bērns, kura dēļ ir sasaukta pedagoģiskā sēde, simbolizē psiholoģisku fallu neatkarīgi no dzimuma. Kā tā var būt? Pieaugušās sievietes frustrējas no savas kastrācijas attiecībā, piemēram, uz meitenes māti, kas arī cīkstas. Ja tas ir zēns, tad mīlošajai mātei tas ir kā sava psiholoģiskā falla turpinājums, bet agresīvām komisijas pārstāvēm – kā mēģinājums un iespēja kastrēt, parādot savu varu. Tāpēc dažiem šādas tikšanās nav pieņemamas un vēlme piedalīties psiholoģiskā *gailīšu* cīņā nesaista. Pastāvīgi uzturēties šādā vidē patīk tiem, kam konkrētā grupa nodrošina gandarījumu. Tiekties pie sev līdzīgajiem liek simpātijas un vienojošas kopējās iezīmes. Cilvēks dažādi izreaģē savu iekšējo pasauli, tas reizē ataino arī grupas kopējo iezīmi. Un otrādi – grupa raksturo tai piederīgos indivīdus. Reizēm nav jābēdā par to, ka grupa nepieņem. Drīzāk jāpriecājas par savu atšķirīgumu, jo tas apliecina personīgo unikalitāti, iespējams pat personības briedumu un garīgo veselību.

Nelīdzīgie gandrīz nekad neatrodas pretstatus vai tālu viens no otra. Patika vai nepatika viņus apvieno. Piemēram, sadists atrod mazohistu un otrādi, jo sniedz viens otram kaut ko īpašu, svarīgu. Nepieciešamība saņemt kāroto pat tad, kad tā šķiet nepievilcīga, kļūst par galveno vienojošo virzītājspēku interešu grupai. Sapulcēšanās mērķis ir formāls, aiz tā atrodas „cita realitāte", kas apkalpo savtīgas emocijas un merkantilas intereses. Tam nepieciešama konfrontācija, tāpēc tiek „laipni gaidīts" katrs, kam ir vajadzīga palīdzība, piemēram, sociālu problēmu risināšanā. Ir uzdevumi, kas kalpo par iemeslu, lai varētu iedarbināt savas emocijas.

Cilvēki tic tam, ko viņi dara, tikai viņi netiek līdz mērķim. Bērna komforts paliek ārpus, jo šādu konfliktu profesionāļi, ar gādīgiem vecākiem apvienojoties, likvidētu ātri bez starpniekiem un liekas uzmanības. Turpmāk vēlams izvērtēt līdzīgos piemēros sava personīgā apmeklējuma idejisko jēgu, lai emocionāli neiesaistītos nevajadzīgā konfrontācijā ar grupu, kuras mērķis nav atrisināt, bet uzkurināt konfliktu. Kad mūsu bērns skolā nejūtas komfortabli, tad varbūt šādas izjūtas iemesli ir jāmeklē viņā pašā. Tā kā audzēknim piemīt lielāka vai mazāka intuīcija, savas iekšējās neapmierinātības bērns var uzņemt no apkārtējiem bērniem un pieaugušiem. Var gribēt pārveidot pasauli, bet šo vēlmi piepildīt nav iespējams. Daudzi ir lauzuši ilūziju šķēpus un vīlušies, domādami, ka vide viņus neietekmē. Būvējuši pilsētas, veidojuši kopienas, kurās valdītu vienlīdzība, bet nekas no tā nav izdevies, jo indivīds jau pēc definīcijas nevar būt neizdevīgs pats sev.

Cilvēks centīsies rīkoties tā, kā jūt, un spēs atšifrēt vai interpretēt savas emocionālās intereses. Meklēs īsto laiku, situāciju, veidu, lai panāktu savu. Tas ir izkopts ļaunums.

Testa septītais jautājums liek domāt par formu un veidu, kādā caur vecāku prizmu konkrētajā situācijā tiek pārstāvēts bērns. Apkārtējie meklē vecākus. Caur bērnu iespējams komunicēt, atriebties, ietekmēt pieaugušo, kas ir daudz patīkamāk, nekā kritizēt sevi kā vecākus. Jo atraktīvāka un vairāk uz āru vērsta ir vēlme kādu pāraudzināt, jo mazāka ir interese par pašu bērnu. Tā kā pieaugušie negrib pāraudzināt paši sevi, tad kritiku vērš pret apkārtējo bērniem un viņu vecākiem. Jāatzīst, ka cēli pasniegtas idejas reizēm ir kā spekulatīva fasāde, aiz kuras realizēt ne tās morāli augstākās indivīda vajadzības.

Atceros kādu stāstu, kura varonis tēvs zvanīja sava bērna klasesbiedra mātei. Viņš ilgi centās atrast „pareizos" vārdus, kas otram cilvēkam lika vairāk satraukties, jo zvans bija negaidīts – pirms tam vecāki nekad nebija ne tikušies, ne sarunājušies. Zvanītājs lēnām kāpināja runas tempu, šķietami mēģinādams laikus nomierināt savu sarunas biedru, tomēr tas bija apšaubāmi, jo aiz skaistiem, glaimojošiem vārdiem bija paslēpusies augstprātība un iedomība. Vēlme pazemot otra bērnu, paužot līdzjūtīgu attieksmi, un tā izcelt savu atvasi ir izkoptais ļaunums, jo bērna nozīmīgums ir jāuzsver, bet ne uz cita rēķina. Šoreiz zvanīšanas iemesls ir pilnīgi mazsvarīgs, jo jebkurā līdzīgā situācijā šāds zvans atkārtosies. Vai tās būtu konfektes, ar kurām ir dalījies zvanītāja bērns, vai pagājušās dzimšanas dienas svinības, kurās nebija samērīgas dāvanu cenas, vai pat Lieldienu uzvedums, kurā pēc vecāku domām skolotāja nebija izvēlējusies pareizu galvenās lomas iedalījumu. Kāds ir tēva zvanītāja vēstījums klasesbiedra mātei? Vai atgūt konfektes, saņemt vērtīgāku dāvanu vai galveno lomu? Nē, tā mēdz izpausties prieks par iespēju izcelt savas priekšrocības, kas ir iedomātas. Tam visam nav nekāda sakara ar mantiskajām vērtībām vai personiskajām attiecībām starp bērniem. Cilvēki kārto savus „personīgos rēķinus", dekompensē personības trūkumus, mēģinot pārvarēt emocionālās traumas.

Tā ir negatīva tendence, jo salīdzināšana, turklāt šādā brutālā veidā, vēlāk dzīvē var izrādīties bērnam pat kaitīga. Viņš, piemēram, psiholoģiski nevarēs pieļaut domu, ka kāds par viņu var būt spējīgāks. Ilūzija, ka ir visu varens un nepārspējams, būs kā pašmērķis. Bērns var uztraukties par sacensību un konkurenci, tas ir saprotami, jo viņš ir dzīva būtne, ne robots, kaut arī reāli tā konkrētajā gadījumā nemaz nebūtu objektīvi novērojama. Žēl, ka domas par domām un stress varētu izpausties arī atbildīga vai jebkura pārbaudījuma darba laikā skolā, kad bērns nedomās par uzdotajiem jautājumiem, bet gan uztrauksies, vai tikai kāds viņam nav aizsteidzies priekšā, lai zemapziņā un daļēji apzināti nenokaitinātu un neapbēdinātu savu tēvu. Pieaugušajam cilvēkam var saglabāties kāre mākslīgi radīt sāncensības situācijas, lai uzkurinātu adrenalīnu un apmierinātu vajadzības. Nemitīga censšanās būt vislabākajam kādu jau arhaisku iemeslu dēļ nogurdinātu ikviena cilvēka organismu. Pagātnei nostiprinoties, tiek provocēta neirotiska vajadzība iepriecināt tēvu. Enerģija tiek izšķērdēta, iestājoties pagurumam. Draud izmisums, diemžēl ne par savu stāvokli, bet par vienu no vecākiem – tēvu, ko neizdodas apmierināt tajā pagātnes situācijā.

Vecākiem ir jāpalīdz saviem bērniem – tik, cik viedokļu, tik daudz ir arī palīdzības sniegšanas iespēju. Visiem ir zināms, ka vecāki nevar stāvēt klāt visu mūžu, un no šādas vēlmes rašanās vai uzturēšanas būtu jāizvairās abām paaudzēm. Bērniem no saviem vecākiem ir jāapgūst visefektīvākie vēlamie saskarsmes modeļi, lai viņi elastīgi un veiksmīgi varētu veidot individuālās starppersonālās attiecības. Saskarsmei ar sociumu ir jāsniedz prieks un jāsekmē pašapziņa, psiholoģiskā noturība, emocionālās spējas un talanti. Bāze, lai nākotnē darbotos patstāvīgi.

No jauna gribētos piebilst, ka bērnus var audzināt un izglītot „savā labā" vai dzīvei. Ar otro būtu saistoši iepazīties, jo šādi indivīdi biežāk ir apveltīti ar drošības un patstāvības sajūtu nekā pirmie.

Ja jūs ejat meklēt palīdzību savam bērnam, dariet to pēc iespējas atbildīgi, jo no tā ir atkarīga bērna labsajūta. Piemērs: māte skolā noskaņoja skolotājus un bērna klasesbiedrus pret savu dēlu tā, ka viņa turpmākā skolas dzīve līdzinājās ellei. Skolas ēdnīcā puikam bija paredzētas brīvpusdienas, kas arī tika izsniegtas, bet māte izteica pretenzijas, ka porcija esot par mazu un ka skolas ēdnīcas vadība nerīkojoties godīgi. Šis konflikts beidzās ar to, ka kāda ēdnīcas darbiniece atriebās bērnam. Tiklīdz viņš bija beidzis pusdienot, viņa tūlīt skrēja ar pavārnīcu un atkārtoti piepildīja jau izēsto šķīvi. Bērns baidījās atteikties no kārtējās papildu porcijas, tāpēc apēda visu sievietes pienesto ēdienu. Bailes bija tik lielas, ka nākamajā dienā, negribēdams satikt atriebīgi noskaņoto virtuves strādnieci, viņš vairs neapmeklēja skolas ēdnīcu. Vēders palika tukšs. Zēna klasesbiedri, ievērojuši situāciju, viņu apsaukāja par bailīgo briļļaino, apmētāja ar cietām sniega pikām un bez atļaujas vēra vaļā viņa skolas somu, lai, skaļiem smiekliem skanot, izmētātu apkaunotā puikas grāmatas, nelaida ārā no klases un nemitīgi grūstīja.

Nepatīkamā situācija tikai pastiprinājās pēc mātes otrreizējā apmeklējuma, kurā viņa solīja personīgi sodīt visus klases bērnus, ja tie atteiksies respektēt viņas atvasi. Bērnu pūlim bija vajadzība pēc emocionālas izlādēšanās, un tas likās šķietami objektīvs āķis, aiz kura aizķerties. Agresīva un tuvredzīga māte un glēvs dēls. Īpašību kopums, no kura baidās cilvēks un savā bijībā, ka atklāsies tieši tādā pašā prizmā, pārmet otram un cenšas iznīcināt viņā to, no kā pašam bail. Bija uzkrājies individuālās negatīvās enerģijas daudzums, un visiem „aktīvistiem" bija nepieciešams atrast tīkamu un savu patmīlību attaisnojošu izreaģēšanas veidu. Mietpilsonim varētu rasties neizpratne par to, kā īsti izpaužas psihiskās enerģijas kritiskās masas eksplozija. Kā var pamanīt to, ka neapzinātās un daļēji apzinātās tieksmes pazemot otru, lai izceltu sevi, ir tik vienkārši atklājamas? Tas nešķiet ticami. Iespējams, tā ir kāda nelāga kļūda. Nē, tā vis nav. Ja katram skolēnam personīgi jautātu, vai viņam ir pretenzijas pret apsmieto klasesbiedru vai viņa māti, atbilde būtu „nē". Barā rodas drosme, jo tā ātrāk un spēcīgāk vairojas jebkura enerģija. Revolūciju viens neuztaisīsi, ir vajadzīgi atbalstītāji un sekotāji. Kas tad ir noticis? Ikdienišķs notikums, kurš izvērsās traģēdijā. Kādam pietrūka zināšanu, un uz šī fona atdzīvojās emocionālās negācijas un rakstura iezīmes.

Pat pieredzējušie skolotāji nebija apmierināti ar sievietes agresivitāti un projicējās uz bērnu. Ja māte ir agresīva, arī bērnam tādam jābūt. Vārdu sakot, zēns pret savu gribu un neko apsmiešanas vērtu nepastrādājot, bija pārvērties neizturamā un traumētā bērnā. Skaidrs, ka akcentētā uzmanība drīz apslāba, jo radās jauns „ienaidnieks", pret kuru bija jāuzsāk cīņa, bet tas nav būtiskākais, jo šajā stāstā notika jauns pagrieziens. Bērnam, kuram darīja pāri, radās mecenāts no ārvalstīm krustvecāku izskatā. Viņš ieguva jaunas, skaistas lietas un arī materiālas iespējas. Parādījās simpātijas un pozitīva attieksme. Brīvpusdienas jau bija kļuvušas par vēsturi – tagad zēnam bija iespēja patstāvīgi kā daudziem izvēlēties maltīti no piedāvātās ēdienkartes. Māte joprojām nāca uz skolu, bet kā pēc burvju mājiena vienmēr bija smaidīga un atturīga. Pedagogi pamanīja pārvērtības. Gandrīz visi skolas darbinieki kursos bija apguvuši psiholoģiju, tāpēc pagājušo nepatīkamo situāciju diagnosticēja kā pusaudžu vecuma pārejas posma krīzi, un mātei arī piedēvēja krīzi, tikai pusmūža. Tas radīja patīkamu un vienotu sapratni savā attieksmē pret skolēnu un viņa māti. Audzinātāja parūpējās, lai klases mikroklimats uzlabotos. Visi šķietami bija apmierināti. Tad, kad sabiedrība izjuta nepieciešamību, jaunu atriebības kāri, sākās jaunas vēsmas. Pie „apvāršņa" parādījās kāda cita māte, pret kuras bērnu varēja lietot tās pašas metodes, reaģēšanas iespējas, kas pēc laika gāja secen apsmietajam puikam.

Bērnam būtu jāsaka liels paldies negaidītajiem labdariem krustvecākiem, kā arī zēna mātei par pausto prieku un turpmāko mieru. Stāstu varētu pabeigt tik burvīgi un negaidīti emocionāli, tomēr ir kāds noslēpums, kāds savdabīgs triks, kura atklāšana radītu pārdomas: māte audzināja bērnu bez tēva atbalsta, un finansiālie ienākumi nebija apmierinoši. Prātojot viņa secināja, ka bērns cieš par kaut ko, ko viņa īsti pat neapzinās. Pēc tikšanās ar bērna klasesbiedriem, skolotājiem un skolas ēdnīcas darbiniekiem viņai izdevās konstatēt, ka iztērētā enerģija nav proporcionāla iegūtajam un ka patiesībā situācija ir tikai pasliktinājusies. Viņas bērnu sabiedrība nepieņēma mazdūšības un gļēvuma dēļ. Nav zināms, kas sievietei palīdzēja orientēties situācijā, bet viņa mainīja dzīves taktiku. Šķiet, māte bija lasījusi kādu biogrāfisku stāstu Holivudas gaumē un no tā smēlās jaunās idejas. Sieviete iztēlojās krustvecākus, savu vīziju pasniedza bērnam kā realitāti, un zēns noticēja savu radinieku eksistencei.

Jautājums: kur māte ieguva līdzekļus bērna dzīves kvalitātes paaugstināšanai? Vai vienkārši plānoja izdevumus? Neviens to nezina. Vēsture par to klusē. Tie, kas tuvāk pazina sievieti, zināja teikt, ka mīts par turību nav reāls, bet tas esot bijis vienīgais veids pret tuvumā esošo sabiedrību, lai pasargātu bērnu un sevi no vēl nopietnākiem pārdzīvojumiem. Svarīgi esot bijis izrauties no vajājamo loka. Nauda bijusi īstā manipulācija tiem, kuri tic tai vairāk nekā sev. Saprotams, ka empātija ir kā kaut kas neizprasts un neizzināts, šāds deficīts tiek aizpildīts ar lietām, kas dod ilūziju apkārtējiem, ka ar viņiem reiz notiks tieši tāpat kā ar klases biedru.

Visticamāk šie konkrētie pilsoņi cieta no nabadzības. Ja tas tā nebūtu, tad viņi viņu, pirmkārt, tā neienīstu un, otrkārt, necenstos tik enerģiski iznīcināt. Bailes būt mazspējīgam bez varas un ietekmes. Runā, ka vara un nauda esot īstais cilvēka izaicinājums. Kā izklausītos doma par to, ka nabadzība ir vēl īstenāks pārbaudījums nekā pirmais apgalvojums. Dažādi mēdz notikt. Pazemojošs, maznodrošināts ieildzis stāvoklis veido frustrāciju. Tad, kad ir iespēja kļūt turīgākam, var rasties vēlme atriebt nabadzīgāka slāņa pārstāvjiem.

Tas pats ir ar varu. Ja tā rodas pēkšņi, tad var rasties vēlme frustrāciju, pagātnes nespēju izpaust pār tiem, ko ir iespēja pakļaut. Šo patieso vērtību „pārbaudījumu" pazīšana un noturēšana kaitē sabiedrībai. Cilvēki ietekmējas un mācās cits no cita, bet vismaz dubultsāpīgi ir no emocionālās apakšas uzrāpties augstu, priecāties, reizēm ļauni, un tad nogāzties, atgriežoties izejas pozīcijā. Kāpt pa kāpnēm ir vieglāk, mazsāpīgāk, klusāk, nekā izgāzties, krītot strauji lejup. Psihe neiztur. Regresīvas emocijas un reakcijas tiecas ņemt virsroku pār reālo saprātu. Aprakstam vairs nav ko piebilst, bet te pēkšņi atskan tālruņa zvans un klusēšanas zīmogs tiek noņemts.

Šis gadījums ar atļauju tiek publiskots pēc vairāku gadu desmitu klusēšanas, jo tā vēlējās stāsta galvenā varone – māte. Viņas vārdiem runājot, viss esot bijis gaužām vienkārši: sniedzot bērnam nepieciešamo, viņa izrādījās lielāka ieguvēja, nekā būtu bijusi, cīnoties pret visu pastarpināti iesaistīto ļaužu grupu. Vai nav tā, ka māte uzturēja izkopto ļaunumu, melojot bērnam, un galvenais – melojot sev? Vai tas nav pretrunā ar grāmatā aprakstīto? Nē, ne gluži. Šī ir cita situācija – sieviete nemeloja sev, bet gan citiem. Viņa to darīja apzināti, un mūsu uzdevums ir nevērtēt viņas lēmumu, bet mācīties no viņas apzinātības. Ja mēs ļautos domām ārpus mūsu ikdienišķajiem priekšstatiem, tad varētu secināt, ka reizēm psiholoģiskas problēmas mēs radām mākslīgi nespējā atšķirt sēklas no sēnalām. Lētāk ir bērnam nodrošināt to, kas sākotnēji šķiet par dārgu. Sirds miers par valūtu. Protams, ka izkopts ļaunums ir konkurēt ne ar cilvēciskiem resursiem, bet gan ar materiāliem labumiem, bet... nav ko daudz pārdzīvot, ir jāņem vērā, ka dzīvē tā notiek. Manta un slava iekārdina un rada respektu apkārtējos. Kad etalons vairs neliekas saistošs, reizēm ir smieklīgi, kā uz šo pagātnes notikumu atsaucas cilvēki un reaģē pats vaininieks. Smieklīgi tāpēc, ka cilvēkiem stereotipiskas tikai divas attiecību kombinācijas – pieņemt vai noliegt, vidusceļa reizēm nav. Tāpēc vēl jo vairāk smieklīgi, ka šāds dalījums vispār ir jāveido. Šāda šķirošana ir pārmantota no vecākiem: kurš labāks – tēvs vai māte, māte vai tēva māte, vectētiņš vai vecmāmiņa.

Pusaudžu vecumposma krīze nav attaisnojums psiholoģiskai vardarbībai! Hormoni nepārveidojas par cietsirdību, bet emocijas gan. Ar pieaugušiem notiek tāpat, vecumam un dzimumam nav nozīmes. Katrs par sevi un no savas pieredzes. Bērni pūlī atļaujas to, ko gribētu, bet nevar atļauties pret saviem tuviniekiem. Ko tad viņi vēlas? Iespējams, ko līdzīgu labvēlīgai attieksmei. Neiekļaušanās skolasbiedru kolektīvā un konfliktsituācijas ar skolotājiem ir pret vecākiem vērsta protesta forma: minētajā piemērā mātes nespēja integrēties projicējās uz pašas bērnu un bērnā. Tas ir notikums no pašas sievietes dzīves, ko nācās izdzīvot vēlreiz, esot par māti savam bērnam, jo viņa emocionāli perfekti orientējās notiekošajā, uzmetoties par neapstrīdamu aizstāvi savam bērnam ar tādu sparu, ka bez iepriekšējas pieredzes to nevar tik vienkārši izdarīt. Viņai bija prognoze no pieredzes, viņas dēlu turpinātu *klapēt* kā toreiz viņu pašu, ja netiktu sperti radikāli, oriģināli, negaidīti soļi.

Testa atbildes saturs kalpo kā izaicinājums prātam un emocionālajai pasaules izpratnei. Protams, katrs šādās situācijās rīkojas pēc saviem ieskatiem. Iespējams, ka kāds izlasījis varētu mācīties no citu kļūdām, neizdarot savas; iegūt jaunus priekšstatus, trenēt emocionālo intuīciju un paplašināt savu redzesloku.

Astotais piemērs.

Jūs daudz strādājat, un jums neatliek laika iedziļināties bērnu saskarsmes grūtībās. Jūs pamanāt, ka sekmes ir kļuvušas sliktākas un ka bērns nelabprāt apmeklē skolu. Šādā situācijā jūs „uzmundrināt" bērnu ar sakāmvārdu: „Viena pagale nedeg!"

Situācijas psiholoģiskā interpretācija.

Skaidrojums, kur beigas, iespējams, attālinās no jautājuma satura, jo ir jāapkalpo saskarsmes grūtības, mācību sekmes, nevēlēšanās iet uz skolu un atrasties vienaudžu vidē, vecāku attieksme, izteiciens, kas nav viennozīmīgs. Dažādi emocionāli uzslāņojumi vienā situācijā. Iepriekšējā, septītā piemēra komentāros no neieredzētā ar veiklu naudas manipulāciju kļūst par ieredzēto, bet šajā, astotajā piemērā ir atšķirīgāka situācija, jo vecāki reizēm pārspīlē, minot to pašu materiālo pasauli, pārmērīgi ieguldot vai pretēji – atņemot elementāro, kas ietekmē personību. Angļu rakstnieks Č.Dikenss savā literārajā daiļradē klasiski apraksta to cilvēku emocionālo ikdienu un sekas, kuri cieš trūkumu. Izvēle neatspoguļo vēlēšanos, bet bezizeju.

To, ka viena pagale nedeg, visbiežāk konstatē pārgājienos, skautu nometnēs vai kurinot uguni kamīnā. Ne visi to prot. Ieplānots kurt ugunskuru, bet pietrūkst iekura, lai aprunātos, satiktos, būtu kopā pie siltuma avota. Labos darbos un nedarbos jāpiedalās vismaz diviem, lai kaut ko iegūtu. Lai taptu gudrāks, ir jāizlasa kāda „tā otrā" grāmata; lai runātu, jāatrod klausītājs; lai uzstātos, ir vajadzīgs skatītājs. Tikai saskarsmē ar sociumu, kādu konkrētu vidi, izdodas atklāt, ka ne vienmēr no apkārtējiem ir iespējams saņemt kāroto atbildes reakciju. Dzejolītis sagatavots, bet nevienam nav intereses noklausīties to līdz galam. Ziedi nopirkti, bet meitene pie puiša uz randiņu nav atnākusi.

Vecākiem ir pienākumi pret bērniem. Viens no tiem ir runāšana, ne vienmēr vērtēšana un kritizēšana. Palīdzēt izprast jūtas attiecībās ar citiem līdzcilvēkiem. Tautā mēdz teikt – bērns esot vecāku spoguļattēls. Kāds no vecākiem reiz teica, ka esot mēģinājis saskatīt kaut niecīgāko līdzību ar sevi un iepriekšējo paaudzi. Šis tas esot saglabājies. Vecāki strādā no rīta līdz vakaram, uzņemas atbildību, bet bērni neliekas ne zinis, ka vajadzētu par sniegto nodrošinājumu iepriecināt ar labām sekmēm. Tieši tāpat esot bijis ar viņu pašu. Esot bijusi sajūta, ka vecākiem ar bērniem ir divas dažādas, paralēlas dzīves. Tikko minēto paspilgtina vēl kāds teiciens: „Daba mēdz atpūsties katrā nākamajā paaudzē."

Teicienam par pagali, spoguļattēlu un dabu ir viena kopīga līdzība. Cilvēki salīdzina cits citu un izdara secinājumus. Kādi psiholoģiski procesi veicina šādas izpausmes? Izolācija. Bērns netiek līdzi saviem „supervecākiem". Ir pāris izvēļu: vai nu bērns sev iedala vājākā lomu vai arī „uzsēžas uz astes" savu vecāku produktivitātei, čīkstot, pīkstot, apmelojot apkārtējos, lai nebūtu jāpūlas pašam, piemēram, jāveido attiecības ar citiem cilvēkiem.

Ko biežāk izvēlas vecāki? To pašu, ko paša vecāki. Iedala bērniem tādu lomu, lai viņiem nebūtu jāpiedzīvo tas, kas pašiem kādreiz licies sāpīgs, vai arī ignorē. Šādi centieni ir saprotami un izskaidrojami, jo atkārto apgūto saskarsmes skolu no saviem vecākiem. Katrai nākamajai paaudzei būtu vēlams dzīvot labāk nekā iepriekšējai, „vecie" varētu dot padomus jaunajiem, vecākajai paaudzei ir pieredze, kuru nākamie varētu asimilēt. Bet... notiek dažādi. Jaunatne nepieņem padomus, tomēr rīkojas tāpat kā vecākie, un tā pati jaunatne izpatīkot uzklausa un atkārto iepriekšējās kļūdas. Censties atturēt savus bērnus vai mazbērnus no tā, kas ir sāpīgs un traumatisks, ir svarīgi. Tā ir liela vērtība. Bērnam nav un nevar būt jūsu pagātnes pieredzes, un viss, ko tas no jums saņem, ir ieguvums. Nav būtiski, ka tiek dots vairāk, nekā tiek atgūts, jo tā ir tikai šķietamība. Daudziem vecākiem ir priekšstats: ja izejas punkta sākotnējā bāze ir augstāka, tad var gūt lielākus panākumus. Piemēram, ja mājās ir klavieres, bērnam ir labāki apstākļi, nekā tie iepriekš ir bijuši pašiem, lai vingrinātos gammās, tāpēc panākumiem ir jābūt ievērojami labākiem.

Bērnam sagādā studijas ārzemēs, cer uz labākām svešvalodas apgūšanas iespējām, nekā ja mācītos dzimtajā zemē, bet tas ne vienmēr attaisno cerēto.

Reizēm vecākiem ir jāviļas ne jau bērnos, bet savos priekšstatos, ja ar bērnu starpniecību tie mēģina īstenot savus nepiepildītos sapņus un ieceres – tas ir ļoti nopietns emocionālais pārdzīvojums. Pirmkārt, nepiedzīvot kāroto, otrkārt, mēģināt realizēt vēlmes uz citu rēķina.

Kādā ģimenē tēvam bija trīs dēli. Vidējais no tiem paziņojis savam tēvam, ka nākotnē nevēlas iesaistīties militārajā karjerā un mērķēt uz ģenerāļa posteni, bet gan strādāt par bārmeni, uzsvērdams, ka tas vis nebūšot nekāds pagaidu darbs, jo alkohols viņam tīkot tāpat kā laba mūzika un sievietes. Jā, viņš bija solījis tēvam, bet vārdu nav spējis turēt. Kas notika ar tēvu, kurš pats kādreiz ir vēlējies būt par ģenerāli, grāmatvedi vai tiesnesi? Izskatās, ka caur vecāko un jaunāko bērnu ir izdevies realizēt intereses, bet vidējais *buntojas*, turklāt tik sāpīgi. Tēvam nekas cits neatlika, kā saslimt ar diabētu. Dēlam pašreiz ir ap četrdesmit gadiem, un viņš ir bezdarbnieks, jo padzīvojušus bārmeņus, lai cik liela arī nebūtu viņu pieredze, pludmales bāros neviens darbā nepieņem. Jaunākais un vecākais mokās vēl šodien, pildot savus darba pienākumus. Vīrieša tēvs vēl ir dzīvs un uz bēdīgo situāciju noraugās atstatus, jo viņa inženiera pensija nespēj dēlam sniegt pietiekamu materiālo atbalstu. Lūk, ilūzija! Aiz šī vārda varētu censties aizķerties kā aiz pieturzīmes. Vecāki saviem bērniem avansā sniedz vīzijas par viņu nākotni, un bērni jūtas jau to it kā realizējuši, neredzot aisberga otru pusi, ka ar vecāku izvēlēto nodarbi būs jāsadzīvo kā ar *varžaci* visu mūžu. Paša ādas sabiezējums. Mānīgs ir priekšstats, ka atliek tikai gribēt, un kārotais uzreiz ir rokā. Piemēram, Holivudas filmu varoņi pusotrā stundā atrisina paaudžu problēmas, personīgās identitātes jautājumus, liekā svara un neveiksmīgas karjeras radītās grūtības, kas bieži iet roku rokā. Izšķiras, atrod īsto dzīves mīlestību, apprecas, rada bērnus, izaudzina tos par kārtīgiem cilvēkiem. Atmet ar roku darbam un sāk ceļot. Šķērso kontinentus, atrisina starptautiska mēroga megaproblēmas, iznīcina ļaunumu, atrod taisnību un tamlīdzīgi. Ar šādiem novērojumiem ir izaugusi vismaz viena paaudze. Daudz kas šķiet pieejams un ticams, jo notikumi risinās acu priekšā, neizejot no mājām – pie televizora. Emocionālais ceļš no iztēles līdz darbībai ir pārlieku īss, tāpēc šķiet psiholoģiski pieejams. Kad jārealizē iedomas, tad viss kļūst citādi.

„Tev, bērns, no punkta A ir jāaiziet līdz punktam B, un turpat līdzās tu konstatēsi arī punktu C." Vecāki sniedz savu redzējumu, kas pats par sevi nav peļams, jo ir argumentēts, tāpēc pārliecinošs, bet bērnam bieži vien tas psiholoģiski neko neizsaka. Nevar novērtēt, jo nav pieredzes. „Iepakoti" vecāku padomi var izmaksāt dārgi pašiem vecākiem. Dēls – no ģenerāļa par uzdzīvotāju – izklausās kā protests. Ir skumji atzīt, ka vecāki, vēlēdamies labu, rada destruktivitāti. Kādu iemeslu dēļ tā notiek?

Cilvēkam ir noteiktas psiholoģiskās robežas, ko viņš apdzīvo. Tas, kuram tās ir lielākas, izturīgākas, spēj paveikt vairāk nekā tas, kuram tās ir svārstīgas un pavājinātas. Lai to labāk varētu izprast, ilustrēšu ar piemēru. Iedomājieties, ka operdziedātājai ir izcilas dotības un viņa varētu lieliski izdziedāt galvenās varones stāstu, bet psiholoģiski viņa nav spējīga pacelties līdz personāža emocionālajai problemātikai, tāpēc nespēj iejusties tēlā. Balss tembrs ir izsmalcināts, bet neaizkustina publiku. Tā ir vairāk formāla atrašanās uz skatuves. Ko atklāj šis piemērs? Nevajag maldināt bērnu, bez rakstura nevar izrādē atveidot galveno personāžu. Vienojošais ir tas, ka abi nespēj sevi asociēt ar saņemto informāciju.

Vecāki dažādi uzticas bērniem tajos jautājumos, kuros viņiem nav pieredzes. Esam nonākuši līdz galvenajam. Ne vienmēr savas aizņemtības dēļ nevarat izsekot līdzi bērnu vajadzībām un interesēm: cienījamie vecāki, iespējams, nevar pat iedomāties, ka tieši atšķirīgā pieredze rada savstarpējo nesaprašanos. Lielie un mazie ir apveltīti ar empātiju, bet ir par maz saskarsmes, lai izvērtētu vērtīgo un nevērtīgo. Jebkurš cilvēks, atnācis uz jaunu vietu, var uzskatīt, ka konkrētā vide ir tikai tāda, kāda tā ir saprotama un saredzama šajā brīdī. Ja kāds mēģinās apgalvot, ka vakar tā šeit neesot bijis, tad teikto var iztēloties, bet ne personīgi pārdzīvot tā, it kā pats esi bijis tajā konkrētajā vakardienā. Tāpēc arī vecāku aizrādījumi netiek ņemti vērā. Apvainojumam nav iegansta, jo no bērna puses tas neizskan kā negatīvs nolūks. Daudzi ir ideāli vecāki, saviem lolojumiem nopērkot sniega dēli vai meitenīgu kosmētiku, bet bērns to nespēj objektīvi novērtēt. Viņš nav dzīvojis vecāku pagātnes dzīvi un maz par to interesējas, jo viņam ir aktuāla savējā. Psiholoģisks ieguvums kā saņemts labums no saviem vecākiem ir patiesa vērtība, jo vairāk, bez nosacījuma, ka dāvana tiek pasniegta tādēļ, ka vienam no saņēmēja vecākiem tādas ir pietrūcis. Padomājiet, cik patiesībā esat lieliski vecāki, ja bērnam nav jādomā par to, ko aut kājās, dodoties uz skolu! Jāatgādina vēlreiz par projekciju - to, ko kādreiz ir nācies piedzīvot, bez kritikas attiecinām uz saviem bērniem, neapzināti ar zemtekstu sacīdami: „Lūdzu, ņem to, kā kādreiz ir trūcis man!"

Kāda šādās situācijās būtu efektīvākā rīcība? Pirmkārt, sevis atgriešana realitātē, cik nu iespējams, objektīvi izvērtējot un pazīstot savu pārnesi kā kaitniecisku, jo veidojas strīdi, apvainojumi un domstarpības uz līdzenas vietas. Vecākiem vairāk vajadzētu padomāt par saviem pārdzīvojumiem, kas pēc savas būtības ir atšķirīgi no bērna, piemēram, vainas vai mazvērtības izjūta, bērnībā piedzīvotie psiholoģiski traumatiskie gadījumi. Jācenšas pēc iespējas nepiedēvēt un neizreaģēt uz citiem, jo tad bērnam jāatbild par to, ar ko viņam nav nekāda tieša sakara.

Bērnībā radītās traumas, klišejas veicina personības attīstības lejupslīdi – psiholoģisko sagrāvi, dažiem pilnīgu nespēju adaptēties sociumā, kļūstot aizvien sarežģītāk tikt galā ar tām emocijām, kas traucē pilnīgot personības izaugsmi un briedumu. Kurā pusē cilvēks nostāsies – progresa vai regresa, ir atkarīgs no individuālā „ierauga" un viņa psiholoģiskās adaptācijas spējas. Elastīgākie un psiholoģiski stabilākie ir spējīgāki sākt dzīvot un labiekārtoties dzīvē! Šādi strukturēti cilvēki retāk kļūst par klaidoņiem, zaudējot pamatu zem kājām, viņi ir spējīgi uz drošību un stabilitāti. Izmisums nav viņu sabiedrotais. Pret mantiskām lietām ir jāveido veselīga attieksme. Universālu padomu nav, tāpēc katram tas jāizvērtē patstāvīgi, paturot prātā, ka emocijas un lietas, bez šaubām, atrodas sasaistē un ka šīs „aukliņas" apjoms un veids ir atkarīgs no pašiem. Reizēm pārpratums rodams tajā, ka, sagādājot materiālu labklājību, bērnos mazinās emocionālais progress tieši tāpat, ja hroniski pietrūkst nepieciešamās vai tik ļoti kārotās lietas. Līdzīgi kā siltumnīcas augs, kurš, nokļuvis aukstumā un vējos, nespēj pilnvērtīgi augt vai pat iznīkst, ja nav pareiza kopšana. Rodas jautājums: kā atrisināt konfrontāciju starp bērna emocionālās patstāvības veicināšanu, materiāli nenodrošinot, un to, kas minēts pie ļaunuma vizuālajām iezīmēm: ja bērnam nesagādā skaistas drēbes, tātad materiāli nenodrošina, viņš tiek izstumts no veselīgas psiholoģiskās vides. Vai ir kāda pareiza rīcība, vai arī grāmatas saturs atklāj to, ka nekas nav vienpusīgs? Tiešām, katra situācija ir unikāla. Pareizo izvēli vecāki var izdarīt, ja paši spēj izvērtēt prioritātes. Tieši situāciju *mikslis*, kad pārņem dažādu interpretāciju no vairākiem avotiem bez kritiskas attieksmes, rada pārpratumus un nerisina konkrētu problēmu. Vecāku uzdevums nav nodzīvot dzīvi bērna vietā, tā ir neiespējama vēlme. Labākajā gadījumā vecāki var iedot bērnam „ekipējumu" dzīves situāciju risināšanai. Atkārtojas notikumi, bet mainās personāži, vide, vērtības, mode un ideāli. Emocionālā patstāvība ir spēja uzticēties sev – izjūtām, novērojumiem, vēlmēm. Ja bērns nesaņem to, ko pieklājas saņemt tajā vidē, kurā viņš atrodas, tad loģiski nenotiek emocionālā integrēšanās. Galva ir aizņemta ar domām par to, kā izdzīvot šajā vidē, kas ir tik atšķirīga. Kamēr iet rotaļās, tikmēr kāds tam nevar pilnībā nodoties, ja jādomā, ko vilkt kājās, lai varētu iekļauties. Šīs izjūtas neizkūp, tās var mainīt formu un veidu, un sāk gruzdēt. Skaistas drēbes ir tās, kurām bērns piešķir tādu virsvērtību. Tieši pievienotā attieksmē paaugstinās un nostiprinās pašvērtējums, bet ne pretēji. Atņemot stabilizējas šaubas par savu vērtību. Subjektīvi bērns nojauš un apzinās, reizēm pat zina, kas ir neglīti.

Vecākiem būtu jāapgūst gandrīz psiholoģiski neiespējamais – nošķirt savas idejas par bērna vajadzībām no sevis. Augstākā pilotāža – izvērtēt un darboties adekvāti. To paveikt izdodas vien daļai. Šķiet, tikai gandrīz sadistisks pieaugušais ir spējīgs piedāvāt savam bērnam augstvērtīgu attīstības vidi un liegt finansiālo nodrošinājumu. Kāpēc sūtīt mūzikas skolā, ja pirkt klavieres nav pat padomā?

Nesen lasīju rakstu par kādu meiteni, kurai bija izdevies sev nokārtot bezmaksas studijas ārzemēs. Neatminos nevienu komentāru par tēvu, bet māti pirmo reizi viņa satika pēc divdesmit gadu vecuma. Meitene uzauga pie vecvecākiem. No civilizācijas sniegtiem labumiem viņa gandrīz neko daudz nezināja, bija pieradusi pie minimālā un elementārā. Nebija nekādu problēmu, jo tajā vidē, kurā viņa uzauga, apkārt visi bija līdzīgi. Pārcelšanās uz dzīvi internātā, kurā katram pienācās istaba ar kamīnu, bija kas nebijis un jauns. Panākumi studijās apbrīnas vērti! Cepuri nost! Patstāvīgi bez vecāku palīdzības iestāties budžeta studiju grupā vienā no pasaules elitārākajām augstskolām un absolvēt to ar izcilību. Notikums ar šo jaunieti ir ievērības cienīgs, citiem jauniešiem pamācošs, iedvesmojošs, tomēr, vairākkārt pārlasot publikāciju, nedeva mieru pārdomas, kā meitene studiju laikā ir jutusies. Jaunieši no visām pasaules malām viņu esot ķengājuši un atstūmuši. Studentes labākie draugi esot bijušas klusējošās vardes vietējā dīķī. Meitenei jāklausās pārmetumi par savu bezgaumīgumu, par to, ka viņa smird, nemāk uzvesties pie galda, ka viņai trūkst labu manieru, ka viņa brīvlaikos neceļo un tamlīdzīgi. Sarežģīta situācija. Saviesīgos vakarus meitene neapmeklēja. Skolas mācību programmā obligāta prasība bija sports un iesaistīšanās interešu grupā. Kā sportu viņa izvēlējās orientēšanos, jo to varēja veikt patstāvīgi, kā interešu nodarbības – dabas pulciņu, kurā neviens nepieteicās, tāpēc viņa divatā ar profesoru vienu gadu pētīja reptiļus. Vienatne pie varžu pilnā dīķa pārtapa par daļu no viņas dzīves. Braukt uz elitāru skolu un mācīties nebija vecāku, bet pašas meitenes iniciatīva. Iepazīstot šo meiteni, redzams, ka pēc viena gada prombūtnes viņa samācījusies ne tikai gudrības, bet arī attieksmi. Iegūto pieredzi viņa lika lietā, atgriezusies iepriekšējā vidē, bet ar citu saturu, frustrēta un atkarīga no iepriekšējā mācību gada notikumiem bez gandarījuma, bet ar ļaunu prieku. Meitene kritizēja un apsmēja pārējos par to, ko viņai nācās pārciest. Līdzīgos notikumos, „deportējot" bērnu, nepazīstamā vidē var „iegrūst" vecāki – skolas maiņa, profesijas izvēle, laulības.

Kas vecākiem būtu psiholoģiski jāsagremo, lai spētu izvēlēties pareizo saskarsmes taktiku attiecībā pret bērniem? Pat, ja apzināti veicina labvēlīgas situācijas (iepriekšējā piemērā, ja vectētiņš sarūpētu čemodānu un vecmāmiņa ieliktu smaržu pudelīti), visticamāk tās nemainīsies pašā saknē (meitenes nošķirtību nevarētu noslēpt), bērnam tik un tā var rasties frustrējoši pārdzīvojumi, jo nav zināšanu par kaut kādiem principiem ārpus iepriekš piedzīvotā. Dilemma, jo savukārt, bērnus izolējot no reāliem emocionāliem notikumiem, var veidoties infantili uzskati un reakcijas. Patiešām jāizšķir, kāds no diviem ļaunumiem ir labāks. Regresija, satiekoties ar dzīves realitāti, naivums, pat muļķība vai tik drūmi pārdzīvojumi. Laikam neviens no vecākiem nevar pārliecinoši atbildēt, kuru no pieejām vajadzētu izmantot. Iespējams vidusceļš. Retais to māk, lai neiekristu kārdinājumā pamācīt, aizrādīt, „paregulēt" un atturēt, atrunāt, iespaidot, ievērojot savus individuālos savtīgos mērķus. Katram ir jāizveido sava stratēģija un attiecīgi jābalstās uz tās priekšrocībām. Galvenais, lai tā būtu apzināta un pēc iespējas brīvāka no klišejām. Vai tad, ja vecāki bērniem nepērk mantas un spēj pamatot savu rīcību, norādot uz viņu paredzēto pozitīvo ietekmi, tā nav izkoptā ļaunuma izpausme? Jāatmet vārds „manta" tiešā nozīmē, un ikvienam būs skaidrs, kādu attieksmi, virsvērtību bērns vēlas. Ja emociju var panākt bez konkrētā pirkuma, tad dariet to! Bet tad, kad nav iespējams, tad nopērciet konkrēto mantu un apmierināti dzīvojiet tālāk. Nekoncentrējieties, bet risiniet. Vai gadījumā neveidojas apburtais loks ar augstāk minēto tekstu, ka bieži vecāki, labu gribēdami, nofrustrē savu bērnu (un te gan caur viņiem darbojas izkoptais ļaunums)? Jā, tā tas tiešām izpaužas. Man nebija, un tev nebūs! Vai arī, ja man nebija, tad še tev, ņem un paliec man mūžam pateicību parādā. Kādu, iespējams, ļoti interesē atbilde, ja tāda ir iespējama: kad īsti izpaužas izkoptais ļaunums? Apzinātā rīcībā, radot bērna attīstības bremzēšanu savu personīgo iemeslu dēļ? Neapzinātā rīcībā, kas noved pie bērna frustrācijas, automātiski rīkojoties pēc dzīves laikā apgūtajām klišejām? Vai – neapzinoties iespējamās negatīvās sekas, ar savu rīcību no sirds paužot labo gribu? Vai vispār ir kāda iespēja izvairīties no izkoptā ļaunuma paušanas? Tieši tā. Precīzi! Vienlaikus vai atsevišķi darbojas visi trīs izkoptā ļaunuma principi. Apzināta un neapzināta reakcija no vecāku puses, kā arī darbošanās „no sirds". Ir aizmirsts ceturtais iespējamais izkoptā ļaunuma komponents – darbošanās savas negativitātes dēļ.

Izkopto ļaunumu var mazināt, no tā var izvairīties, to var izskaust, iemainīt pret kaut ko vērtīgāku. Tieši tāpat kā ar mīlestību, humanitāti, cēlumu, labvēlību, morāli un ētiku. Tos var pārvērst netikumos. Dažiem diemžēl izdodas šo visu iepriekš uzskaitīto pārveidot līdz nepazīšanai. Pozitīvs vai negatīvs raksturojums rodas, kad pievienojas individuāla attieksme, intelekts, zināšanas. Tie ir mūsu bērni, un tās ir mūsu vājības, kas atspoguļojas bērnos. Tāpēc arī eksistē paaudžu konflikti, kuru algoritmus visiem nav izdevies pilnībā izprast, lai pārrautu negatīvo. Maksimālais atklātais ieguvums bieži vien ir prasme atvieglot saskarsmi starp vecākiem un bērniem. Izsenis ir zināms, ka cilvēki viens otru ir mīlējuši, kā pratuši. Ko izsaka pēdējais teikums? Ka darīt, kā māk, ir īstais rīcības veids? Ne gluži. Tā var sabojāt labas ieceres, apturēt savu attīstību un pašpilnīgošanos un galu galā netikt līdzi laikmeta prasībām. Mēs visi pirmoreiz esam vecāki saviem bērniem pat tad ja viņi mums ir vairāki. Pieredze atšķiras, dzīve ir dinamiska. Iespējams, mēs esam vairākas reizes pārdzīvojuši savu bērnu pilngadību, bet katru reizi tas ir citādi. Katra reize ir kā pirmā.

Devītais piemērs.

Jūsu bērnam ir kārtējā dzimšanas diena, uz kuru tiek aicināti tuvākie draugi. Jūs saklājat svētku galdu, sagatavojat atrakcijas, sagaidāt viesus, pieņemat apsveikumus, bet aizmirstat izmazgāt matus un saposties svētku tērpā.

Situācijas psiholoģiskā interpretācija.

Jūs esat ideāli vecāki, ja vērtējat bērna dzimšanas dienas svinības tik augstu, ka uz brīdi piemirstat savas ikdienišķās rūpes un vajadzības! Saprotams, kamēr mazulis ir maziņš, viņa dzimšanas diena ir vairāk vecākiem. Pieaugot, bērns atgūst sev to atpakaļ, līdz kamēr kādā ballītē vecāki pēkšņi pamana, ka viņš pazūd ar draugiem, paķerot līdzi visu savu dzimšanas dienu.

Dažkārt vecāki izvēlas svinēt ārpus mājas, ārpus ierastās vides, kā arī nolemj algot profesionālu pasākumu organizatoru, lai bērna ballītē būtu vairāk vai mazāk garantēta izklaide, tā būtu piepildīta un izdevusies. Vecāki rūpējas par savu mazuli un reizē paši vēlas būt kā ciemiņi, izbaudot svētku noskaņojumu. Svarīgam ir jājūtas ne tikai mazajam gaviļniekam, bet arī tā mātei un tēvam.

Vairākkārt ir izskanējusi doma, ka jebkura vecuma bērni no saviem vecākiem māk savdabīgi nolasīt un atvasināt jebkuru informāciju. Sociāli aktīvās dzīves sākumā bērni ievēro vienkāršas dzīves izpratnes kategorijas: tāpat, kā iepriekš minējām dalījumu „labs" un „slikts", bērni arī priekšmetus un cilvēkus mēdz vērtēt divās kategorijās kā viņu vecāki – balts vai melns. Tikai bērnībā tas ir vēl tiešāk un precīzāk, jo par citu krāsu paleti nav vēl pat nojausmas. „Smuks" jeb „skaists" un „nesmuks" jeb „neglīts" – bērni par kaut ko tamlīdzīgu ir dzirdējuši no grāmatām, reālajiem cilvēkiem un notikumiem, no dabas, mūzikas kino u.c.

Mātes un tēvi savā ārienē ir atšķirīgi, reizēm glītāki, reizēm – mazāk izskatīgi. Bērnam ir vienaldzīgi, cik viņi ir kārtīgi vai nekārtīgi, kāda ir viņu izturēšanās un panākumi, līdz kādam konkrētam mirklim, kad viss nule teiktais kļūst svarīgs. Dažādos vecumos tas izpaužas vienādi būtiski. Parādās aktualitāte, un tā kļūst nozīmīga visa mūža garumā. Vecākiem ir jābūt, pat nākas būt *foršiem*, un šiem dažādi jaukajiem vecākiem ir jābūt priecīgiem par saviem bērniem. Tas nav joks. Redzēju kādu sirmu vīru, kas savai mātei un tēvam bija veltījis mākslas pieminekli, tieši tā to nodēvēdams. Kad šo veltījumu pasniedza vecākiem, nebija ne mazākās sajūtas, ka, pirmkārt, viņus tas interesē, upuris ir nesaprotams, izpausme tāpat, otrkārt, izskats neliecināja, ka viņu dēla dzīvē notiek kaut kas nozīmīgs. Šajā situācijā – pieklājības vizīte. Ja bērnu kaut kas neapmierina vecāku izskatā kaut reizi mūžā, viņš jebkurā vecumā pacentīsies aizrādīt par nepilnībām, lai panāktu sev tīkamu iznākumu. Bērns ir labs stilists: reizēm ir vērts ne tikai ieklausīties, bet pat vaicāt pēc vērtējuma un padomiem! Tā, piemēram, meita savai mātei paziņoja, ka pēdējā gada laikā viņa izskatoties vecāka. Sievieti šāds secinājums ieinteresēja, un viņa meitu sāka iztaujāt par pārmaiņām izskatā. Nebija skaidrības, vai komentārs ir glaimojošs vai kritisks. Bērna nepretencioza un nevainīgā piebilde sievietei izraisīja nopietnas pārdomas. Pēc teiktā atklājās, ka pārmaiņas bija saistītas ar ikdienas rutīnu un tās dominēšanu pār iekšējo radošo dzirksti. Zemteksts bija jāatkodē, un tas izdevās. Izrādās, bērns vēlas interesantāku, nevis pareizāku mammu. Bērns netīši palīdzēja mātei aizdomāties par sevi. Izrādījās, ka mātes uzmanībai līdz šim bija palicis nemanīts dziļi personisks novērojums: viņa neapzināti pamazām atteicās no savām vēlmēm un nerealizēja ieceres, priekšroku dodot līdzcilvēku vajadzībām.

Nejauša frāze, lai sieviete pievērsoties savām vajadzībām, kamēr neesot par vēlu, nāca laikus. Iekšējo pamudinājumu piekāpties apkārtējo interesēm meita par māti novēroja agrāk nekā pati māte. Aiz aktīvas organizatores darbības bija slēpies apmulsis un pārlieku paškritisks cilvēks.

Atmiņas un priekšstati par bērnības laiku ieņem svarīgu lomu pieauguša cilvēka dzīvē. Atsaucot atmiņā pagātni, tiek pieņemti tagadnes lēmumi. No kurienes jūs varat zināt, ka Ziemassvētku vakarā pie eglītes ir jāskaita dzejolīši, lai saņemtu gaidīto dāvanu, ja bērnībā tā nebūtu darījuši? Dzimšanas dienas torte, svētku rituāli, vecāku paražas turpmāk dzīvē kļūst par savējām. Kā ir ar cilvēkiem, kuriem bērnībā netika sniegts šāds dāvanu prieks, bet viņi „plus mīnus" nobriedušā vecumā par to lasījuši grāmatās vai redzējuši filmās? Vai viņi ko tādu organizētu saviem bērniem, ja paši to nebūtu, maziem esot, izjutuši? Dažādi. Dāvināt nozīmē materializēt savu vajadzību. Pasniegt dāvanas var visi, bet kur ņemt organisku, dabīgu emociju – dot, radīt, izveidot, nodrošināt? Tā, lai nebūtu formalitāte, bet emocionāla dzīves sastāvdaļa. Varbūt te darbojas pretējais: kā iepriekš analizētajā jautājumā, kad vecāki bērniem mēģina nodrošināt to, kā pašiem bērnībā trūcis? Biežāk ir tendence, kad vecāki cenšas radīt tādu pašu noskaņu, kādā paši baudījuši jubilāra godu.

Dzimšanas dienas svinēšana bērnam ir ļoti nozīmīga. Tā tiek gaidīta ar īpašu noskaņojumu un priekšnojautām. Bērns to izprot aptuveni tā: jo svarīgāks viņš ir, jo skaistāka ir svētku svinēšana. Vecāki, nepiemirstiet, ka katram ir savs priekšstats par s k a i s t u m u. Arī skaisti vecāki ir svarīgi, jo paspilgtina īpašās dienas pozitīvās izjūtas. Skaistums izglābs pasauli! Bērni to zina, tāpēc priecājas par visu, kas apliecina skaisto. Saules griezuma svārciņi, ar kuriem meitenīgi var griezties dejā, ritenis, datorspēle. Bērns jau imanenti zina, ka dāvanām jābūt iesaiņotām un pasniegtām tieši rokās. Katrā dzimšanas dienā ir jābūt skaistai tortei ar svecītēm, ko var nopūst. Bērniem savos svētkos ir būtiski redzēt smaidīgus un apmierinātus vecākus. Šādas atmiņas nākotnē vai tagadnē simbolizē pagātni. Cilvēks bez tradīcijām ir kā bez saknēm. Jo spilgtāku pagātnes piemēru ir vairāk, jo nozīmīgāki kļūs bērna svētki un vecāku vieta tajos. Starp citu, šī vieta nekad nezūd. Sirdī bērni vienmēr vēlas savus vecākus, jo īpaši tad, kad ir mazi un palēnām kļūst vecāki. Tāpēc baudiet iespēju un bezbēdīgi ļaujieties savām radošajām idejām.

Ēdienu baudīšana svinībās bērnam ir tikpat svarīga kā vecāku noskaņojums un izskats. Bērnam tas psiholoģiski ir tikpat būtiski kā viss dzimšanas dienas pasākums kopumā. Mielasta galds ir viens no uzmanības komponentiem.

Izkoptais ļaunums nelūgts var ierasties arī uz bērna jubileju. Kā tas iespējams? Svētki, līksmība, jautra rosība, kurš gan spētu tik jaukā brīdī kaut ko sabojāt? Elementāri... Pirmkārt, tas varētu izpausties vecāku pārspīlētajās aktivitātēs, radītajā svētku stresā un nemierā. Kontrolējot pasākuma norisi: pašu jubilāru, viesus. Otrkārt, lai cik arī veiksmīgi nebūtu izdevies pasākums, aprunāt kādu viesi – kādu no cita bērna vecākiem - par viņa netīkamo uzvedību, izskatu vai dāvāto dāvanu. Trešķārt, pasākumam beidzoties, var rasties neērtības, kas izraisīs dusmas, un tās izveidos nākamo negāciju ķēdi. Galu galā galvenā vaininieka tēvs vai māte var aizmirsties, pārvēršot bērniem paredzēto pasākumu pieaugušo sapulcē, svarīgu ģimenes jautājumu risināšanā, nepopulāru lēmumu pieņemšanā, ja tiek aicināti radi, iespējā apmainīties ar informāciju, kas apmierina ziņkāri. Izkopts ļaunums ir svētku imitācija. Viss, aiz kā neredz labo. Jebkurš ir spējīgs izjust dažādus saspīlējumus, pieklājības frāzes, formalitāti, pienākuma pildīšanu. „Strādāšana" par gaviļnieka svētku organizatoriem un viesiem. Ir redzēti „profesionāli" viesību dalībnieki. No tā neviens nav pasargāts, bet kādēļ vajadzētu provocēt? Teiksiet, ka reizēm pietrūkst zināšanu, lai izkļūtu no šādām situācijām? Tā gluži nav. Iespējams, ka kaut kas tomēr saista, lai izveidotos, piedodiet par žargonu, *balagāns*. Jūsu izvēle ir piekrist vai ne.

Ceturtā ļaunuma pazīme – neapmierinātība ar bērna ielūgtiem viesiem. Vecāku izskats bērnus var gan iedrošināt, gan nobiedēt.

Kādā no līdzīgām mājas svinībām mazais ciemiņš esot piegājis pie jubilāra mātes un teicis, ka tā ožot pēc veciem taukiem, bet „viņa māmiņa smuki smaržojot". Tajās pašās viesībās kāds enerģisks tēvs, gribēdams būt pieklājīgs, noliecās, lai nobučotu viesim auksto, sārto vaigu, bet bērns no šādām jūtu izpausmēm atteicās, jo vīrietim esot smakojusi mute, ko bērns skaļi paziņojis visu viesu klātbūtnē.

Varētu sarakstīt bērnu viesību rakstu krājumus, ja vien pievērstu lielāku uzmanību tam, ko bērns domā un kā jūtas savas dzimšanas dienas svinībās. Pieaugušiem ir iedalīta zīmīga loma ikvienā bērnu pasākumā. Bērns ir „pavalstnieks", tātad atkarīgs no pieaugušo psiholoģiskajām atkarībām, priekšstatiem, interpretācijām un vēlmēm. Līdz skolas vecumam bērns atradīs iespēju mātes un tēva priekšā izrādīt savas spējas, lai saņemtu uzslavas; agrīnā skolas vecumā - lielīties klasesbiedriem ar savu vecāku sasniegumiem un iespējām ir patīkami un svarīgi. Tuvojoties pusaudžu vecumam, bērnam būs organiska vajadzība attālināties no vecākiem, lai atgrieztos jau jaunā, eksperimentālā, bet pieaugušākā kvalitātē. Māte un tēvs ir attiecību trenažieris. Pabaisi izklausās, bet tā ir. Tad, kad vairs nebūs svarīgi, lai vecāki piedalītos ballītē, radīsies jauna interese dalīties ar piedzīvoto. Vecāki no organizatoriem kļūst par klausītājiem, bet bērns vienkārši pieaug, radoši izpaužas. Būtu jauki neizjaukt šo nākamo attīstības soli. Klausītājiem nav ļauts iejaukties ar savām aktualitātēm tad, kad notiek ne tikai koncerts, bet pat mēģinājums, kamēr to īpaši nepalūgs „mākslinieks" vai situācija. Pēkšņi pārtraucot dzimšanas dienas scenāriju, pazūd svarīgākais – noskaņa. Vecākiem ir grūti atturēties no palīdzēšanas ar padomiem, kas ir objektīvi. Turklāt tas var būt īstais brīdis, lai par šiem jautājumiem runātu, piemēram, neturēt rokas kabatās vai saķemmēt matus. Tas ir nepieciešams, vienīgi jāatrod pareizie vārdi un veids. Ja vecāki vēlas, lai bērns apgūtu iemaņas visam mūžam, tad sākt *lasīt morāli*, kritizēt un sniegt prātīgus padomus nevietā ne vienmēr būs efektīvi.

Testa jautājuma atslēga ir sniegta nevis kā konkrēta atbilde, bet kā iespēja pavērot situāciju. Vērst uzmanību uz psiholoģiskajām pārdomām. Mēs protam atšķirt filozofisko domāšanu no matemātiskās, pedagoģiskās vai, piemēram, teoloģiskās; par psiholoģiju mēs it kā zinām daudz, bet tai pašā laikā – nepietiekami. Par ko tas liecina? Par improvizētu priekšstatu. Pārdzīvojumi, neefektīvas šaubas, slikts emocionālais noskaņojums, pazemināta dzīves kvalitāte, personas iekšējie un ārējie konflikti, dusmas, skaudība, motivācijas deficīts u.c. nepaliek ārpus jebkuriem svētkiem, jo to dalībniekiem ir par sevi un apkārtējiem līdzīgi novērojumi. Testa jautājumos nav minēts noteikts vecums ne bērniem, ne arī to vecākiem – pēc testa situācijām var spriest, ka bērni nav vecāki par pusaudžu vecumu. Situācijas nav pilnībā detalizēti analizētas, taču tām ir vismaz jāvedina uz progresīvu psiholoģisko domāšanu. Piemēram, izmantojot devītā testa jautājuma saturu, iztēlē ielūkosimies nākotnē, kad bērni būs tuvu pusmūža vecumam, kad viņiem pašiem būs bērni. Padomāsim, cik svarīga ir vecāku loma un ievirze svētku pasākumu gadījumos. Jādomā nākotnes kontekstā: cik svarīgs ir arī saviesīgs pasākums!

Bērni jebkurā vecumā īpaši nozīmīgos brīžos sev blakus vēlas redzēt savus vecākus. Vēlas tos redzēt „skaistus" un apmierinātus no pirmajām rindām vērojam pasākumu, vai tajā ņemot cienīgu dalību neatkarīgi no izcelsmes, nodarbošanās, sociālās piederības. Ja mēs to zinām vai vismaz nojaušam, tad nav vietas šaubām par to, vai mūsu kā vecāku izskats mūsu bērniem ir svarīgs. Vecāku tēls ir attieksme. Katram svētkos ir savas individuālās intereses, bet kopumā ikvienam bērnam ir nozīmīgi savi vecāki.

Desmitais piemērs.
Jūs vienmēr cenšaties izskatīties labi. Jūs ejat sabiedrībā, un jums ir liela komunikatīvā slodze. Vakaros jūs veltāt daudz laika, lai sagatavotu savu vizuālo tēlu nākamajai darba dienai. Jūs uzskatāt, ka bērna apģērbam un izskatam nav nozīmes, jo viņš vēl nestrādā algotu darbu, un viņam ir jāiztiek ar to, kas ir. Lai greznojas, kad pats sāks pelnīt!

Situācijas psiholoģiskā interpretācija.
Šis testa jautājums ir pilnīgi pretējs iepriekšējam, devītajam, testa jautājumam. Izlasot situācijas aprakstu, veidojas atšķirīgs priekšstats - vecāki, kas veltī lielu vērību savām vajadzībām un interesēm, atstājot novārtā savu bērnu. Testa jautājumi ir sastādīti par vienu un to pašu tematu, bet ar atšķirīgām psiholoģiskās attieksmes niansēm. Tas tiek darīts ar nolūku, lai veidotos vairākas variācijas par vienu un to pašu tematu un mums būtu iespēja vēlreiz pārliecināties, ka arī līdzīgām situācijām var būt atšķirīga interpretācija. Notikumā ir iesaistītas vairākas personas, interpretācijas būs atšķirīgas, jo mēs mēdzam atšķirīgi emocionāli līdzpārdzīvot un iesaistīties dažādās dzīves norisēs. Turklāt no vienas un tās pašas situācijas mēs veidojam dažādus nostāstus, novērojuma atstāstījumus, pieliekot kaut ko klāt un atņemot no sevis vai pārdzīvotā, lai mīkstinātu vai saasinātu emocijas. Izvēlamies automātiski atkarībā no iekšējā noskaņojuma pieprasījuma. Aizsargspējas var būt tik spēcīgas, ka, piedzīvojot augstu stresa līmeni, organisms bloķē saasināto emociju, lai psihe spētu organiski un veselīgi adaptēt pārdzīvojumus.

Grūtāk ir, ja šīs pretestības neattaisno cerības, un „slūžas" atveras: cilvēks nonāk psiholoģiski svārstīgā stāvoklī vai ieradumā aizsargāties. Ne vienmēr tie ir vidēji vai smagi psiholoģiski stāvokļi, tās var būt kā epizodes, kurās cilvēks nespēj patstāvīgi sevi kontrolēt, bet, ja spēj, tad var atrisināt to tā, lai nebūtu nepieciešamības pēc intensīvākas ārējās vides palīdzības. Piemēram, sieviete pamanās kļūt par hipohondriķi. Panika saslimt tieši viņas konkrētajā gadījumā nav tik traģiska, jo pāris aizvadīto dzīves gadu un naudas ieguldījums ir maksimālais ļaunums, tā kā divi kaišu meklējumos pavadītie gadi visbeidzot ir nogurdinājuši tikai viņu pašu. Sagurums ir kā pozitīvs iemesls apturēt skrējienu pakaļ slimošanas fobijai. Izkopts ļaunums nav medicīnisks, par tādu tas var izveidoties. Sākotnējā saistība tam drīzāk ir ar vērtību izvēli un attiecībām. Piemēram, ja cilvēks piepušķo jebkuru situāciju, lai grozītu lietiskos pierādījumus, iegūtu garīgu un materiālu izdevīgumu, tas ir slikti, tāpēc nosodāms. Pieradums kā atkarība manipulēt var pārvērst ikviena dzīvi līdz nepazīšanai.

Izkoptais ļaunums ir novērojams, ja visus gribas „mērīt ar vienu mērauklu". Analizējot šo testa jautājumu, māte ar tēvu, kuriem ir skaidri priekšstati par to, kas pienākas bērnam, kādā secībā un kādā laikā, ne vienmēr ir atrauti no vecāku svarīgajām interesēm. Piemēram, ja vecāki vēlas iestāties sektā, tas nenozīmē, ka bērns ir gatavs šādam solim. Vēl kāds stāsts par to, ka tēvs visai ģimenei aizliedza lietot uzturā jebkādus saldumus. Beidzās ar to, ka bērni sāka tos zagt veikalos. Turpretī cits tēvs eksperimentēja ar saviem bērniem, mazotnē norūdot tos ledusaukstās ūdens tilpnēs. Ideja par veselīgu dzīvesveidu beidzās slimnīcā un ar hronisku kaišu iegūšanu, pat invaliditāti. Jābūt drosmei, lai apgalvotu, ka otram vajag tieši to, kas pirmajam par otro ienāk prātā. Sabalansētības trūkums.

Jāatzīst, ka mums ir jābūt psiholoģiski gataviem pieņemt jebkuru attieksmi, ja vien nevēlamies kļūt par soģiem. Soģa loma bieži vien ir neveiksmīga, īpaši, ja tā ieilgst, būdama pārmērīgi noturīga un augstprātīga. Ja kādam idejas nešķiet iepriecinošas, tad nav vēlams tās uzspiest. Piebilde vairāk attiecas uz autoritāru publiku, kam patīk uzspiest savu viedokli. Komunikācija ar šādu uz sevi pozicionētu cilvēku ir vērojama tad, kad ir vēlēšanās uzurpēt varu pār otru. Jāpiebilst, ka stils, kādā tas tiek nodrošināts, ir ļoti dažāds. Piemēram, darba kolektīvam ir bijis spraigs darba cēliens. Atliek vēl veikt dažas korekcijas, un visi varēs saņemt ilgi un sūri pelnīto algu. Visu kolēģu kopējais ieguldījums tiek iesniegts darbiniekam, kam būtu jāveic daži profesionālie papildinājumi. Pabeigt darbu neizdodas, jo atbildīgais speciālists kavē laiku slimojot. Tā notika ikreiz, kamēr notiekošo izdevās atklāt un novērst.

Piemēram, vecāki, kas tēlo, ka netiek galā ar mājas un darba uzdevumiem tāpēc, lai iegūtu attaisnojumu savam alkoholismam un egoismam, ir tieši tādi paši autoritatīvi ļaudis, kas uzstājīgi velk labumu *deķīti* uz savu pusi. Atklāti atkorķēt pudelīti pietrūkst dūšas, jo bērni, piemēram, var kritizēt, pozicionējot savu varu, ko ne visi vecāki saprot un akceptē. Cilvēks savas filozofiski psiholoģiskās nostājas dēļ sāk ticēt, ka var atļauties tāds būt, neņemot vērā savu ieņemamo amatu vai pozīciju sociālajā hierarhijā, ģimenē, sabiedriskā vietā. Piemēram, psihopātiskas personas, kas alkst kādu pakļaut, izvēlas vajājamo pēc tā, kā tas atsakās pakļauties, jo lielāka pretestība, jo lielāka interese.

Atliek apmierināties ar secinājumu, ka vecākiem ir iemesls šādi izturēties. Kā soģim. Spriest un rīkoties tā, kā ir aprakstīts sniegtajā testa piemērā. Atstumt malā bērnu ar argumentiem un ielikt sevi šajā centrālajā lomā. Kāda ir bijusi šo vecāku pieredze? Vai tā var nodarīt neapzinātu kaitējumu bērnam? Meklēsim atbildes pakāpeniski!

Analizējot divus iepriekšējos jautājumus, pirmajā brīdi jāatzīst, ka vecāki ir tieši pārspēlējuši savu bērnības pieredzi. Šķietami tiek radīta ģimene kā „vietiņa", kurā varētu satikties un neapzināti atriebties par pārdzīvojumiem. Valoda, izteiksmes līdzeklis testa komentārā apstiprina vēlēšanos atreaģēt augstprātīgi, no varas pozīcijām paustu nostāju. Psiholoģiski svarīgākais ieguvums ir apkopot savu pieredzi un izdarīt secinājumus, nevis izstrādāt atriebšanās veidu un plānu. Varbūt, ka, piemēram, mātes pārmērīgā sievietes greznošana bērnībā liek izvairīties no līdzīgas situācijas ar pašas bērniem. Un pretēji – savs trūkums tiek uzlikts kā sods bērniem. Vispār vārds „greznoties" visticamāk ir piesegs kaut kam nopietnākam, kaut gan mēdz būt dažādas infantilas situācijas. Lai kas pagātnē nebūtu gadījies, savā pieredzē viņa vairs neko nevar mainīt, bet var rīkoties tā, lai viņas bērnam būtu savādāka pieredze.

Spēja mācīties no pagātnes, kaut nepatīkamas, neķļūstot naidīgam pret pasauli, ir augstu vērtējama. Mums tiek sniegta iespēja būt lieciniekiem citu, sev tuvu cilvēku panākumos, bet tai pašā laikā var novērot arī mazāk optimistisku rīcību, kad vecāki tiecas kompensēt to, kā pašiem trūcis bērnībā, ar ļaunu prieku izbaudot, ka bērni izjūt viņu pieredzi un tiek piespiesti dzīvot pēc iepriekšējo paaudžu noteikumiem.

Nepastāvīgs nav tikai klimats, bet arī laikmets, kurā mēs dzīvojam. Cilvēka psiholoģiju ietekmē apstākļi – kari, konflikti, dabas kataklizmas, mode, vajadzības, progress, uzturs, dzīvesveids. Reizēm cilvēki emocionāli cieš, jo nav gatavi pārmaiņām. Dažkārt indivīdi maina apstākļus un rīkojas straujāk, nekā psihe ir spējīga pielāgoties notiekošajam. Cilvēki apprecas un rada bērnus, bet fizioloģiskais briedums ne vienmēr sakrīt ar emocionālo gatavību. Ja paši ir pieauguši, bet sirds ir pilna sāpīgām atmiņām un apvainojumiem, tad vai tiešām kāds var iedomāties, ka tas bērniem paliks nepamanīts bez pēdām.

Izkoptais ļaunums ir nespēja izvērtēt kaitējuma iespējamās sekas. Ja bērniem kaut ko atļauj vai aizliedz, ne vienmēr iznākums attaisno ieguldītās cerības. Sods frustrē, vairodams vēlmi atriebt.

Gan pozitīvās, gan negatīvās emocijas uzkrājas, tādēļ ir vērts sevi attīrīt, tāpat kā jūs iztīrāt mājas bēniņus no liekām *drazām*.

Slikts izskats nav modē arī mazu bērnu vidū, un tas neveicina labu īpašību veidošanos. Ja tā nebūtu, tad mēs bērniem necenstos iemācīt kaut ko par skaistumu, nedalītos savā priekā, redzot brīnišķīgu dabas ainavu un nepievērtu viņu uzmanību estētiski baudāmiem mākslas pārdzīvojumiem, mūzikai, ceļojumiem, grāmatām, televīzijas raidījumiem. Biežāk vajadzība pēc skaistā savu ceļu sāk bērnībā. Māte vai tēvs reizēm interesējas, vai viņu apzinātās rīcības nodara kaitējumu bērniem. Iznākums var būt atšķirīgs – tas ir atkarīgs no bērna psihoemocionālajām spējām. Ģimenēs, kurās vecāki ir izteikti narcisi, ne vienmēr tādi izaug arī bērni. Ir vērojamas tendences, bet tās izpaužas atšķirīgi. Arī uz divām vienādām vijolēm var nospēlēt dažādas melodijas. Bērns, kurš valkā sezonai neatbilstošu apģērbu, paaudzies var sev klusībā apsolīt, ka saviem bērniem nekad neliks izjust tādu diskomfortu, un savam solījumam palikt uzticīgs arī, būdams pieaudzis. Skaidrs, ka runa nav par apģērbu, bet attieksmi. Sāpi, ko pieredzējis, būdams mazs bērns, mācējis iekonservēt un nav izplatījis, bet apkarojis.

Testa piemērs liek analizēt piezemētas lietas, caur kurām var nonākt līdz augstākām atziņām. Cilvēkus kopumā vieno interese rīkoties progresīvi. Nav muļķīgu jautājumu, ir tikai muļķīgas atbildes, tā reiz teicis viens no gudrajiem. Ne velti tika pieminēts narcisms, jo nepieciešamība pārmērīgi pievērst uzmanību ārienei arī ir kāda tā sastāvdaļa. Kāpēc tikai daļa? Ne visos gadījumos šāda izpausme ir narcisms, reizēm ārēji tiek uzsvērts tas, kā personai trūkst *iekšienē*. Piemēram, brīvība, mīlestība, laime, saskaņa u.c. Jo sāpīgāk „iekšpusē", jo vairāk jāpievēršas ārienei. Bieži vien vajadzīgs kaut kas stabils, piemēram, hroniska kaite, kas to sāpīgi neveiklo tušē. Rupjība, prastums, vulgaritāte, bezgaumība, provinciālisms paspilgtina iekšējos psiholoģiskos konfliktus. Ārēji uzposties nenozīmē greznoties, bet izveidot tēlu, kas paglābj sevi no vilšanās. Piemēram, tā pati mājsaimniece, kam nav nekādas izpratnes par mājturības jautājumiem, bērnu audzināšanu, vīra un mājas komforta uzturēšanu, pilnveidojas, mācoties no reklāmām, kas nerosina domāt, bet uzmācas ar kādu vienu vienīgu variantu un ik reizi no jauna. Piemēram, nemākulība un nezināšana faktiski tik vienkāršos, bet būtiskos sadzīves jautājumos tiek aizstāta ar ilūziju, ka iemaņas izveidosies, atnāks pašas no sevis, ja vien tiks iegādāts pareizais, teiksim, mazgāšanas līdzeklis. Gandrīz jebkuras iemaņas un to izmantošana ir saistīta ar paša cilvēka kvalitatīvām rakstura iezīmēm. Vēlme apgūt un izzināt nav moderna sabiedrībā, kas psiholoģiski orientēta uz patērēšanu. Būt mājsaimniecei nepavisam nav tik vienkārši, jo jāprot *menedžēt* zinātniski pamatotu mājas dzīvi. Šobrīd ne visām tas izdodas. Piemēram, sarīkot mājas viesības, kurās svētku sajūta prevalētu pār grilu.

Iztrūkums, apkopojot bilanci, var izrādīties satraucoši baiss. Pompoza čaula, zem kuras ir iekārtojusies paviršība, gļēvums, bezatbildība, raudoši, nervozi bērni, norūpējies vīrs un īgna, sapīkusi sieva.

Emocionālie procesi ir veicinoši, ja tie ir harmoniskā līdzsvarā. Ja iekšējo izjūtu kopums nedisonē ar vizuālajām izpausmēm.

Kādas izjūtas vēl mēs varam minēt, pārskatot testa jautājumu? Nošķirtību. Ja vecāki jūtas tik vēlami sabiedrībai, tad kādi iemesli neļauj ar bērniem izjust emocionālu komfortu, visiem vienlaikus esot kopā? Par to ir vērts kādreiz padomāt, lai pilnīgotu pārējās psihoemocionālās kvalitātes caur kopā būšanu, nevis nošķirtību. Vecāki nav sava ģimenes uzņēmuma direktori. Subordinācija ir jāievēro, bet tā ir jāiegūst kā patiesas cieņas un mīlestības rezultāts ar garīgām un mūžīgi stabilām vērtībām bez lētām manipulācijām.

Pēdējais testa jautājuma teikums liek domāt par naudu. Reizēm vecāki bērniem tā atgādina par savu situāciju, jo vecāki paši psiholoģiski nespēj sev izteikt šo problēmu. Finanses ir nosacīts jēdziens, jo cilvēki dažādi uztver to nepieciešamību un daudzumu, tāpēc atļaujas spēlēties kā ar daudz ko citu savā pieaugušo dzīvē. Cilvēku prioritātes, raksturs, attieksme ar plusa vai mīnusa zīmi summējas arī viņu maciņos. Jāpatur prātā kā atgādinājums, kā liela varbūtība, ka bērni atdarinās vecākus un ne vienmēr atriebības dēļ, bet sapratnes dēļ par pašu bērnībā apgūtajām mācību stundām.

Kā jūs sadzirdat un izprotat vārdu „uzposties"? Jūsu atbilde un emocionālā reakcija ir atkarīga no tā, kādu nozīmi un jēgu jūs šim vārdam piešķirat. „Uzposties", iespējams, izskan kā vecmodīgs vārds un ideja. Sinonīms šim psiholoģiski aizvēsturiskam jēdzienam – *„uzcirsties"*, ar tādu kā pagātnes naftalīna piegaršu. Jēdziens ar vecmodīgu vēstījumu, kurā ir nojaušams nosodījums par to, ka kāds ir speciāli pievērsis uzmanību savai ārienei. Toreiz, vecmāmiņu un vectētiņu tālajā pagātnē koncentrēties uz savu ārieni varēja atļauties izredzētie – personas, kam pietika laika un līdzekļu un nebija bail *izlekt*. Izskats bieži vien ir sinonīms pārticībai, no kuras vajadzēja kaunēties. Tas ir tāds gadījums, ko nevajadzētu jaukt ar citu, kad mēs kļūstam par pašreklāmas objektiem. Savu ārieni greznojot ar tām lietām, kas uzsver mūsu „preču zīmi". Domāt un apzināti manipulēt ar savu tēlu, piešķirot komercialitāti, tirgus piegaršu un vērtību – tas daudziem ir vienkārši izdarāms. Tie, kas ir citādās domās, savā izskatā vadās pēc iekšējām kvalitātēm, ko atspoguļo ārpasaulē, inteliģenti un radoši ar personīgā garīguma šarmu, samērīgi un adekvāti. Iekšēji brīvs cilvēks, kas nekonkurē, vienmēr izskatīsies atbilstoši videi. Iznākumā katrs saņem attiecīgo efektu. Kā apvienot ārējo izskatu ar iekšējo sajūtu? Pazīt sevī personību, kas ir dzīva būtne ar savām prasībām un interesēm. Vai tā ir dabiski izveidojusies norma vai izņēmuma greznība, gadījuma rakstura izpausme vai arī prasība? Jautājums ir par izskatu, bet runa ir par iekšējo emocionālo stāvokli. Jo iekšēji viengabalaināks ir cilvēks, jo harmoniskāks ir kopējais tēls. Vai tas ir dārgs, vai var būt arī lēts process? Ieguldījumi vajadzīgi it visā. Vai uzpošanās ir pieļaujama visos vecumos, noteiktā statusā un pēc nopelniem? Biežāk savas neizpratnes dēļ cilvēks pats sevi ierobežo. Apkopojot jautājumus, var izveidoties jauni psiholoģiskie priekšstati par sevi, daudz dziļāki, attiecīgi pašapzinātāki un vērtīgāki. Dažos gadījumos pašam cilvēkam tie var nozīmēt vairāk, nekā par to var nojaust iepriekš. Ieguvējs ir indivīds, jo viņš jūtas, kā izskatās, un izskatās, kā jūtas. Visiem tas nesagādā prieku, tāpēc var rasties konfliktsituācijas un aprunāšana, apmelošana un izolēšana, skaudība un vientulība. Tieši no tā baidījās mūsu vecmāmiņas un vectētiņi. Personīgi viņiem nevarēja būt iebildumi pret labām lietām, ko izmantojam, valkājam, lietojam. Vēsturiskā pieredze sāpināja viņus ar nepamatotiem konfliktiem, izolēšanu no sabiedrības, vientulību. Neapzināti sabiedrība pret šādām lietām izturas īpaši uzmanīgi, tāpēc veidojas nepamatota iecietība pret bezgaumību, ārišķību, prastumu. Personības vienmēr apskauž. Ja tām pietiek spēka, tad tās kļūst par mūzām, elkiem un atdarināšanas objektiem.

Izkoptais ļaunums ir arī vēlme spītīgi ignorēt to, kas ir acīm redzams, un nevēlēties saprast, ka katrai nākamajai paaudzei ir arvien augstākas izejas pozīcijas, un tās ir jāpilnveido. Ja vēlaties emocionālā ziņā izglābt savu bērnu, vēlreiz un vēlreiz pārdomājiet savas metodes, lai ar savu rīcību nenodarītu kaitējumu! Iedomājieties, ka dzīvē iegūtās zināšanas varat pasniegt saviem bērniem kā nektāru. Nedaudz apzināta darba ar sevi, un bērniem nevajadzēs atbildēt par to, ko nācies ciest viņu vecākiem.

Vecāki nemēdz būt slikti, bet nezinoši gan. Tā skan patiesība. Jāsaglabā senās vērtības un psiholoģiski tās jāadaptē jaunās vārsmās atbilstoši laikmetam. Kāda sieviete dalījās savos vērojumos par māsīcu. Viņa stāstīja, ka radiniecei ir izdevies izveidot saturīgāku dzīvi nekā viņai. Viņas mērķis nav skaust, bet saprast, kāpēc cilvēkiem neizdodas pašrealizēties. Pēc nelielām pārdomām sieviete secināja, ka var ēst vienu un to pašu maizi, bet tā ir jāgriež ar atšķirīgu attieksmi. Ar savu...

Vienpadsmitais piemērs.

Jūs neesat tikušies ar saviem bērniem visas dienas garumā. Vakaros, kad iezvanās telefons, jūs labprāt ar draugiem iesaistāties garās „sarunās par dzīvi".

Situācijas psiholoģiskā interpretācija.

Šis piemērs rāda: bērniem ir jārēķinās, ka vecākiem nav ieplānots laiks savstarpējām sarunām un vakara nodarbēm. Tā nav gluži vienaldzība, drīzāk nevērība vai nepieklājība. Vienkārši izsakoties: katram ir savas privilēģijas. Neformāli tās varētu dēvēt par mājsaimnieču psiholoģiju... kaimiņu, tālbraucēju, zobārstu, dārzeņu audzētāju, fotogrāfu un maiznieku individuāli sadzīvisko psiholoģiju... Neliels humors, kurā kā jau katrā jokā var atrast arī pa kādam racionālam graudam. Ikvienai personai bez akadēmiski apgūtajām zināšanām psiholoģijā, vienalga, ir sava psiholoģija. Minēšu kādu agresīvu piemēru no zagļu psiholoģijas: bez raizēm paņemt to, kas nav labi piesiets. Ko īsti sev atļauj zaglis? Viņš psiholoģiski mierīgi atļaujas tādu rīcību, ko nespētu īstenot citi... Vecāki telefonsarunās mēdz risināt paziņu psiholoģiskās problēmas caur savas psiholoģiskās izpratnes prizmu.

Reizēm klienti vaicā, kāda ir atšķirība starp vērtīgu sarunu ar draugu un psihoterapijas sesiju. Jāsaka, ka būtiska. Ar draugu izrunājas, kas reizēm arī ir tiešām nepieciešams, bet ar profesionālu konsultantu iegūst izpratni par individuālajiem, psiholoģiskajiem un emocionālajiem procesiem, kurus draugs nepārzina, ja vien nav profesionālis. Šāds komentārs, protams, ir vispārīgs, lai izveidotu nelielu priekšstatu par telefonsarunām, kad cilvēki cenšas cits citu „ārstēt". Paziņas, vakaros piezvanot jums, dažkārt uztur un kultivē savu aktualitāti, nevis domā par jūsu problēmas novēršanu. Sarunājas tādēļ, lai saņemtu apstiprinājumu savai psiholoģiskajai pārliecībai. Diemžēl šādi cilvēki ir kā savdabīgi „laika zagļi", kas bieži vien patērē jūsu enerģiju, un šis enerģijas zudums ir neadekvāts „risināmajai" problēmai. Var gadīties, ka jūs nepaspēsiet ne „aci pamirkšķināt", kad vakars jau būs pagājis. Jums būs pilna galva ar aktīvām domām, un bērni jau būs devušies pie miera, pirms atjēgsieties, ka kalpojat par psiholoģisko boksa maisu saviem tuviniekiem.

Izkoptais ļaunums izpaužas, kad netiek šķirotas prioritātes. Kad tiek ņemts pretī viss, ko dzīve vai konkrētais vakars piedāvā. Reizēm garām paskrien ne tikai kāda pievakare, bet arī nedēļas, mēneši vai pat gadi, kamēr bērni jau ir izauguši. Ja jūs sniedzaties pēc telefona klausules, bez šaubām, jūsos pašos ir pamudinājums šādi reaģēt. Ko jūs patiesībā šādās sarunās vēlaties iegūt? Raksturīgākais ir vēlme pašrealizēties un celt savu nozīmīgumu. Jūs it kā kļūstat par galveno personu, kas ne tikai saņem uzmanību, bet arī ir spējīga sniegt padomus. Psihoterapeits nesniedz padomus atšķirībā no draugiem, radiem vai nejaušiem garāmgājējiem. Neierobežota sarunāšanās pa telefonu ir vajadzīga tiem, kas joprojām izjūt nepieciešamību identificēties ar kādu sabiedrības grupu un nevēlas palikt ārpus notikumiem vai zaudēt piederības izjūtu. Tālrunis ir iespēja psiholoģiski brīvāk sarunāties, jo nav redzams sarunu partneris. Milzum lielajai popularitātei pavadīt brīvo laiku internetā ir līdzīgs skaidrojums. Cilvēki ne tikai ilgstoši diskutē ar svešiniekiem, bet arī krāj šos kontaktus kvantitatīvi, labprātāk biedrojas ar svešiniekiem nekā ar pašu bērniem. Tas ir izskaidrojams, jo šādi rodas iespēja apkalpot savas neapzinātās neirozes. Piemēram, vēlmi būt citādam nekā realitātē, iztēloties to, kas nekad nevar notikt, bez jebkādas atbildības sajūtas runāt par to, kas pašam šķiet aizraujoši. Nav nekādas nepieciešamības atteikties no komforta, ko sniedz tehnoloģiju attīstība, tomēr mums ir laikus jāpadomā, lai, izmantojot tās sniegtos labumus, nekļūtu emocionāli nabagāki un infantilāki.

Bērna vecumā mūs vairāk vai mazāk kontrolē pieaugušie, regulēdami, lai mēs par daudz nesaskaramies ar, viņuprāt, nevēlamo vai kaitīgo. Bērniem nav patīkami, ja vecāki neļauj negausīgi iztukšot saldumu paciņu. Pieaugušam cilvēkam ir jādisciplinē sevi pašam, virs viņa nevienai instancei – „ministrijai" – vairs nevajadzētu būt. Nevienam nevajadzētu raustīt aiz rokas, mudinot izbeigt telefonsarunas un doties aprunāties ar bērniem.

Vecāki ir stāstījuši, ka parasti tā nav nevēlēšanās kontaktēties ar saviem bērniem, bet gan emocionāla nespēja psiholoģiski šādām sarunām sagatavoties, jo darba dienas nogurums un ikdienas rutīna ir ļoti nomācoši, turklāt trūkst zināšanu, ko kopīgi ar bērniem varot darīt. Iegūto laiku nevar pārvērst par atbilžu un jautājumu vakaru, kad vecāki interesējas par vispārīgām bērnudārza vai skolas lietām – gan vecākiem, gan bērniem tas var likties pārāk vienmuļi. Šādā saskarsmē diemžēl neveidojas kvalitatīvas attiecības: uzticēšanās, viedokļu un informācijas apmaiņa, vienojošas nodarbes un mērķi.

Kā vislabāk izveidot tādas attiecības, kurās uzskatāmi izpaustos minētais uzskaitījums? Pirmkārt, ir jāsāk ar sevi – jāanalizē savas personības dažādie aspekti, jāizprot intereses, vajadzības un mērķi. Iespējams, ir jāveic personības audits, jāpārskata dzīves filozofija, ieradumi, pieņemtās un uzticētās lomas. Atvainojos, bet elementārās zināšanas sadzīvē un „sabiedriskumā" ir jāapgūst tiem, kam ir vājas saites ar vecākiem un vecvecākiem. Vientuļš putns parasti nolemts bojāejai.

Izkoptais ļaunums var parādīties kūtrumā un nogaidošā, veģetatīvā dzīves nostājā, pasīvā, nogaidošā dzīves pozīcijā. Vējš stiebru pūš, un tas uz attiecīgu pusi lokās. Bērni savās emocijās ir dinamiski, tāpēc viņos vienveidībai nav vietas. Arī pieaugušiem ir iespēja pārņemt šo vitalitāti un dzīvot ar prieku. Pat visdrūmāk noskaņotais pusaudzis ilgojas pēc emocionālas tuvības; vecāku uzdevums ir atrast „atslēgu ar piekariņu" uz bērna sirdi. Tā nav liriska atkāpe, jo piekariņš simbolizē ieinteresētību, radošu pieeju, labvēlīgu attieksmi un, galvenais, iedrošināšanu.

Tikko jūs atbildat uz telefona zvanu, jums ir jārēķinās, ka atrodaties vienā dzīves telpā – bērni dzird, ko un kā jūs runājat! Tādējādi viņi īpatnējā ceļā iepazīstas ar jums un veido savus priekšstatus, pasmejas, apmulst, apbrīno, kritizē. Jūs kalpojat kā paraugs, kā ar bērnu jāpavada pievakares vai brīvais laiks, parādot, kas ir svarīgāks – tie citi vai paša bērns.

Pieaugušie reizēm nevēlas traucēt bērnus, savu uzmanību uzskatot par uzbāzību. Tas ir maldīgi, jo, ja bērnam tās šķitīs par daudz, viņš pats centīsies jūs apstādināt un noteiks robežas. Esiet vērīgi un jūs pratīsiet orientēties savos pašpārmetumos!

Turklāt tie ir jūsu bērni, un viņiem jāsaņem visas jūsos mītošās vērtības. Tieši jūs esat tie, kuri bērnus var ievirzīt interesantās nodarbēs! Jums ir ārkārtīgi lielas iespējas un vara, jo esat sava bērna autoritāte pat tajā gadījumā, ja paši par to nemaz neesat pārliecināti un ja ārējie apstākļi norāda uz pretējo. Atcerieties, ka jūsu bērni vienmēr vēlēsies no jums kaut ko saņemt, kā arī dot! Mainīsies sniegšanas un saņemšanas priekšmets, bet nepieciešamība paliks.

Iespējams, ka jums reizēm ar sevi ir garlaicīgi un jūs šo sajūtu projicējat uz saviem bērniem. Pavērojiet cilvēkus, kam bērni liptin līp klāt! Atsauciet atmiņā tās dzīves epizodes, kad ko līdzīgu esat manījuši savā pieredzē!

Izkoptais ļaunums ne vienmēr ir saistīts ar pārpratumu, atšķirīgu uztveri un dažādām interpretācijām. Mēdz teikt, ka „vienam māte, otram meita, trešajam – kleita"! Padomājiet par sadarbību ar bērniem daudzpusīgāk un jūs atklāsiet pārsteidzošas lietas, ko varēsiet baudīt kā emocionālu ieguvumu! Pajautājiet savam bērnam, ko viņš domā par jūsu telefonsarunām un jūsu paziņu loku. Tas būtu taisnīgi, jo jūsu viedoklis par bērna draugiem bieži vien tiek stingri pausts, bet domas par vecāku izvēli paliek neizteiktas. Bērni var apstiprināt to, ko nojaušat; viņi var pateikt priekšā nākotnes situāciju līdzīgi kā pareģi, jo ir daudz brīvāki no nosacījumiem un klišejām.

Pamēģiniet bērnam saprotamā valodā izstāstīt jebkuru problēmsituāciju, un jums būs pamatotas cerības iegūt plašāku situācijas redzējumu, piemēram, par to, kāpēc jūs vakaros steidzaties uzsākt pārāk ilgo telefonsarunu tad, kad ne jums, ne jūsu bērniem pēc tās nav nekādas nepieciešamības.

Divpadsmitais piemērs.

Pēc darba dienas jūs pievēršaties bērniem ar tik lielu uzmanības un enerģijas atdevi, ka neievērojat savu dzīvesbiedru nogurušu atgriežamies no darba un aizejam gulēt.

Situācijas psiholoģiskā interpretācija.

Uz šādu rīcību pamudinoša vainas apziņa liek piemirst par savu dzīvesbiedru. Izjūta, ka bērni ir upuri, kam nācies ciest par vecāku darba dienu. Diemžēl tas ir tipiskākais strīdu iemesls, kura dēļ tiek šķirtas laulības – uzmanības trūkums. Šai darbībā ne viens, ne otrs lielāku savstarpējo uzmanību nesaņem. Cilvēki aiziet viens no otra tāpēc, ka ir apvainojušies un nespēj šo greizsirdību pārdzīvot. Cilvēks sāk justies lieks un nepiederīgs, un vēlāk pats notic savam nevērtīgumam. Ja ir pārliecināts, ka sēkla ir labākais, kas viņam pieder, tad attiecīgi viņš ir zaudējis savu nozīmīgumu un devalvējis savu personību. Ģimeni veido pieaugušie un bērni kopā. Dažādi garastāvokļi, vajadzības un aktualitātes, atšķirīga veselība mēdz būt ikvienam ģimenes loceklim. Tāpēc arī eksistē laulība un ģimene, lai otru atbalstītu un lai kopā dzīvošana būtu labvēlīga un sniegtu prieku. Dzīvē mēdz klāties gan labāk, gan sliktāk, bet tās ir epizodes, kas nav jāuztver kā ilgtspējīga sistēma, īpaši uzsverot cilvēku ieradumu krist negācijās.

Bērniem ir jāzina, ka ģimenes dzīve var būt dažāda un ka individuālās krīzes vai vienojošās negācijas nav iemesls, lai šo institūciju sagrautu. Bērniem ir jābūt psiholoģiski gataviem un jāprot orientēties situācijās. Fatālus lēmumus jāpieņem tad, kad šķiet, turpinājums vairs nav iespējams, bet ģimenes ikdienas notikumi ir jārisina savādāk. Cilvēki reizēm šķiras ne jau tāpēc, ka nemīlētu viens otru, bet tieši tāpēc, ka mīl, aizbildinoties ar citām lietām un izjūtām. Piemēram, tā rīkoties dažos dzīves momentos liek hroniska vainas izjūta ne pret laulāto, bet vecākiem. Bez šaubām, neapzināti. Dažiem grūti izdodas pieņemt sevi labāku par saviem vecākiem.

Vainas apziņa nav sveša arī bērniem. Vecāki jūtas vainīgi, ka visas dienas garumā nav satikuši savus bērnus un vakarā cenšas „izpirkt savu parādu", bet bērnu izjūtas ir nedaudz citādas. Bērni neuztraucas, ka visu dienu ir pavadījuši skolā un vēl apmeklējuši ārpusklases nodarbības, bet par ko tad bērni jūtas vainīgi? Bieži vien par neko. Intuitīvi viņi kā hronisku mītu var pārņemt pieķeršanos, iedzimtu vainas sajūtu, bēdāšanos un trauksmi šķietami bez iegansta. Vainas sajūta ir diskutabls jautājums. Bērni par šo tematu var runāt, kā arī sniegt jaunu atklāsmi pašiem vecākiem. Piemēram, tēvs un māte nozāģē koku, bet viņu pēcteči jūtas vainīgi. Piemēram, kāda māte atklāja bērnam savus pārdzīvojumus, uzskatot, ka bērns spēs „sagremot" atklāto. Meitene vēlāk stāstīja, ka mamma esot ļoti raudājusi, jo jutusies viņas priekšā vainīga, ka nespējot būt ideāla māte, un tas viņu „plēšot uz pusēm". Sieviete labprāt gribētu piedalīties savas meitas dzīvē, bet tas viņai neizdodoties. Viņai esot sāpīgi sev atzīt, ka nepārzina meitas krāsaino zīmuļu kasti, ka neseko līdzi tam, cik no tiem būtu jāuzasina vai jānomaina. Līdzīgas rūpes un rīcību viņa esot pamanījusi kādā citā ģimenē, un tas esot atstājis ļoti pozitīvu iespaidu uz svešo bērnu, bet pašai sagādājis neizturamas dvēseles sāpes. Šādu sīkumiņu novērtējot, māte jutusies divkārt nelaimīga. Tāpat viņa netiekot galā ar uzmanības sadalīšanu starp bērnu un vīru –meitenes tēvu. Lai kur nebūtu, visur priekšā ir šī vainas sajūta!

Otrs stāsts ir par vecākiem, kas bieži brauc komandējumos un bērnus satiek vidēji retāk nekā citi vecāki. Atgriezusies mājās, māte ar lielu aizrautību metas pie savām divām meitām, bet tēvs – pie dēla. Tad, kad vecāki atkal dodas komandējumā, visu ceļu tie sarunās un domās kavējas pie bērniem. Vēlāk atkal atsākas riņķa dancis: mājās laulātais pāris nošķirti aktīvi darbojas ar bērniem, tad pienāk kārtējais prombraukšanas datums, un visas domas aizņem tikai bērni. Analizējot šo situāciju, izrādījās, ka bērniem ir sajūta, ka ar viņiem kaut kas nav kārtībā, jo vecāki vienmēr ir pārlieku satraukti, it kā būtu noticis vai tuvā nākotnē notiks kas nelāgs.

Respektīvi, vecāki uzskatāmi liek manīt, ka viņi jūtas vainīgi, un no šīs nepatīkamās sajūtas mēģina atbrīvoties, radīdami stresu bērnos.

Līdzīgu piemēru ir daudz – cilvēkus interesē, kā varētu tikt vaļā no vainas apziņas. Tā ir aktualitāte: kāds bērns reiz esot teicis savam tēvam: „Zini, tēt, tev ir tāda vainas sajūta, ka tu pat vecumdienās nevarēsi mierīgi nomirt, jo gribēsi arī par to man atvainoties!" Vainas izjūta ir stāvoklis, kad tiek „sēta" panika un tiek nobloķēta brīva, apzināta griba, un cilvēki rīkojas, stresa un nožēlas mudināti.

Kas būtu jāzina par vainas izjūtu? Var teikt, ka tā ir iegūto emociju kopums, kas pazemina dzīves kvalitāti, jo liek ciest. Dažos gadījumos vainas apziņas iespaidā cilvēks spēj rīkoties afektīvi, kas savukārt var izvērsties par savas un apkārtējo dzīves traģēdiju. Vaina var radīt ne tikai sliktu omu, bet pat depresiju. Ja indivīds neapzinās savu vainas izjūtu un ja nespēj to izanalizēt vai vēlreiz izdzīvot prātā vai praksē, tas var izraisīt nopietnas sekas jebkurās attiecībās, turklāt cieš arī veselība un ģimenes mikrovide. Iedomājieties ģimenes locekli, kurš darbojas mājas virtuvē, vainas izjūtas ietekmēts, nevis, piemēram, prieka jūtu vadīts! Cepot picu, gatavojot jebkuru maltīti, skābējot kāpostus, sautējot dārzeņus ne prieka, bet vainas apziņas dēļ. Tad sanāk tādi „vainīgie" pīrādziņi! Pārējā ģimene uzturā lieto ne pārtiku, bet kādu vainu. Cilvēks, kurš nejūtas līdzvainīgs, kad kādu no viņa ģimenes locekļiem nomoka vainas apziņa, pēkšņi var justies vainīgs par to, ka savās izjūtās atšķiras no tuvinieka, neizjūtot parādu par savu atšķirīgo noskaņojumu un attieksmi. Nu un? Ja kāds vēlas justies līdzvainīgs rīcībai, ko nav personīgi pastrādājis, tas ir izkoptais ļaunums – uzspiest savas izjūtas otram. Kā tas notiek? Biežāk ar pārmērīgu rosīšanos, izdabāšanu vai pretēji – izsakot pārmetumus. Vēlams ir sirdsmiers. Psihoterapijas interešu laukā ietilpst vainas izjūtas izzināšana, tas ir individuāls darbs, kas padodas pārmaiņām. Kā saprast „darbs padodas pārmaiņām"? Mīts, kas ir jāapzinās. Vainas izjūta ir tikpat sena kā pasaule. Oligarhi ir mēģinājuši izpirkt kolektīvo vainas apziņu, bet tas nav tik vienkārši. Nepieciešama veselīga apziņa, kas aizstāj slimīgi vājo. No vainas izjūtas nav vajadzīgs pilnībā izvairīties, jo tā regulē mūsu morāli un ir kā indikators mūsu emocionālo vērtību sistēmā. Runa ir par pārmērīgu un visaptverošu vainas izjūtu, kas traucē cilvēkam racionāli rīkoties. Eksistē vaina, ko dzimtā var paredzēt vai nojaust, visbiežāk atrodas kāds, kurš uzņemas ne savu, bet citu, iepriekšējo pārestību slogu. Piemēram, viens no dzimtas locekļiem saslimst ar šizofrēniju. Stāsts nebūs par iedzimtību, bet tuvinieku reakcijām, kuri baidās „aplipt" ar šo garīgo kaiti. Viss klans ignorē notiekošo, noveļot atbildības nastu citam uz citu. Gadiem skrienot, mazbērns, kurš ir tikai nojautis par pagātnes notikumiem, kļūst par žēlsirdīgo māsu, aiziedams klosterī.

Vainas izjūtas iemesli vienmēr ir atrodami – sākot ar bērniem, beidzot ar neaizsūtītu apsveikumu paviršai paziņai. Ievērojāt, ka testa jautājuma uzmanību akcentēju tieši uz bērniem? Būtībā ir vienalga, uz ko cilvēks vēlas atreaģēt savu vainas izjūtu, galvenais ir laikus to pamanīt, lai nenodarītu kādam pāri vēl vairāk nekā sev. Testa saturā nav teikts, kurš no vecākiem – māte vai tēvs – nododas vainas apziņas paušanai komunikācijā ar bērniem, atstājot novārtā savu dzīvesbiedru, tāpēc mēģināsim aplūkot abus dzimumus.

Māte. Sievietei ir jābūt psiholoģiski elastīgai, lai uzmanības lokā varētu paturēt visus ģimenes locekļus vienlaikus. Jums tas var šķist pieņemami vai arī nepieņemami, bet māte ir tā, kas nosaka ģimenes kopējo noskaņojumu, tradīcijas un mērķus. Nemākulīga mātes lomas pildītāja, kam trūkst autoritātes, daudzās pasaules kultūrās ir peļama un nosodāma. Pat, ja ģimene ir izteikti patriarhāla, sieviete nosaka bērnu audzināšanu, kopšanu un mājas kārtību gan tiešā, gan pārnestā nozīmē. Arī tad, ja māte pati nepieskata savus bērnus, un ar mājas uzkopšanu nodarbojas kāds cits, viņa tomēr veic koordinējošas darbības – bez mātes piekrišanas ģimenes dzīvē nenotiek nekādas ģenerālas pārmaiņas. Tas nav slikti, bitēm ir jāatgriežas pie karalienes.

Vēlreiz jāuzsver, ka šāda tendence ir pozitīvi novērojama gandrīz visās ģimenēs, arī tādās, kurās tēvs ir izteikti autoritatīvs un patstāvīgs lēmumu pieņemšanā. Tātad sievietei daba ir dāvājusi spējas sadzīvot ar dažādiem raksturiem, veicot diplomātisku misiju. Veiksmīgi karavadoņi un politiķi apzināti izmantojuši šo emocionālo unikalitāti, lai pilnīgotu savu darbību; sievietes iedabā ir būt viedai, bet ne karavadonei, sāncensei ar vīrišķo. Runa nav par dažām personībām, bet par dzimuma kopumu, kas tiek lēnām intensīvi zaudēts. Intuitīvas zināšanas un iemaņas vērtīgāk ir saņemt no paaudzes paaudzē, nevis no masu saziņas līdzekļiem vai svešinieku ieteikumiem. Neviens dzīvnieks nespēj dzīvot bez pagātnes dzimtas piederības. Kādam ir jāatbild par pagātnes grēkiem, un interesantākais ir tas, ka pilnīgi visos gadījumos rodas kāds, kurš labprātīgi uzņemas dzimtas pieklusinātās „lietiņas". Piemēram, pastāv pašsaglabāšanās instinkts, kuram pavājinoties, dzīvā būtne iet bojā. Kā tas atspoguļo sievietes spējas? Uzskatāmi, izšķīdinot savu būtību nebūtiskajā. Sieviete ir apveltīta ar daudzām psiholoģiska rakstura dabas dāvanām – to ieguvumi ir atkarīgi no viņas spējas pieņemt to varbūtības esamības klātbūtni. Piemēram, kādam gribētos paskaidrojumu, kurā nebūtu pazemināta sievietes misija, bet pretēji – tās nozīme un intuitīvās spējas paaugstinātas. Pašā jautājumā izskan pretruna. Neviens nav jāpaaugstina vai jāpazemina. Misijas ir atšķirīgas starp viena dzimuma un pretējā dzimuma pārstāvjiem. Tas ir absurdi, bet, ja misija var konkurēt, tad tikai caur kaut kādu īpašu cilvēcisko vērtību. Piemēram, vilcenei šādā sakarībā nebūtu nekādu jautājumu, viņa zina, kas ir viņas dzīves misija. Viņa veltī savu dzīvi tās piepildīšanai un nekonfliktē par to ar savu vilku.

Izjukusi sievišķā paaudžu saikne nesniedz organisku izjūtu, kā pareizāk un veiksmīgāk būtu rīkoties dažādās situācijās. Tie nav vienkārši vārdi – sieviete neapzināti atsakās no saviem talantiem un to priekšrocībām. Maņas tiek novājinātas vairāku iemeslu, piemēram, patriarhālas sabiedrības dēļ, kurā sievietes darbībā veidojas falliskas iezīmes un prasības. Grāmatas nodaļā par izkoptā ļaunuma pazīmēm minēts, ka *falliskums* ir aktuāls un progresīvās sievietes ir modificējušas *falliskumu* kā vienu no sievišķības formām. Jūgenda laika sievišķīgo tipāžu aizstāj pieprasījums pēc agresīvas, patstāvīgas, neatkarīgas daiļā dzimuma pārstāves ar šauriem pleciem un gurniem. Tai, kura tāda nejūtas, ir diskomforts. Ir dzirdēti ne mazums trauksmes pilni nostāsti, kuros sievišķais dzimums baidās nelīdzināties vīrišķajam. Bēdīgi ideālais variants ir vizuāli būt sievietei ar vīrieša iezīmēm. *Unisekss*, ko apkalpo mode. Vismaz tāds pieprasījums tiek atspoguļots modeļu biznesā. Vairums sieviešu nepieņem savu augumu un emocijas. Ir dažādi pētījumi ne tikai par vērtībām un jūtām, bet arī par bioķīmiskajiem procesiem organismā, kas arī ietekmē maņas, emocijas un fizisko ķermeni, tātad atklāj indivīda uzvedību.

Esam nedaudz novērsušies no testa jautājuma satura, bet tikai mazliet, jo par sievietes izpausmēm un attieksmēm pret vīrieti vienmēr ir vērts parunāt; pieminēt sievietes vērtību ir svarīgi, jo tieši viņa veido un ietekmē apkārtējo vidi, kurā atrodas arī viņas vīrietis. Ja sieviete zaudē interesi par vīrieti un bērni viņai kļūst primāri pat laikā, kad tie vairs nav zīdaiņi, tad tā varētu būt viena no pirmajām, taču ne nopietnākajām problēmām – emocionāla plaisa sevī pašā. Jāsāk reaģēt uz šīm ačgārnībām. Aizstāšana ir kā ielāps, un tas ir aizdomīgi, ja sāk jukt secība un lietu kārtība, kad sāk lūkot pēc patiesības, kāpēc bērns ieņem vīra lomu?

Izkoptais ļaunums ir vainas apziņa, kuru neizzina: tas varētu būt sarežģīti analizējams, tomēr ir iespējams. Jāatkārtojas, jo pārmērīga koncentrēšanās uz kaut ko vienu (šajā gadījumā – bērniem) iederas grāmatas nodaļas idejā. Izkoptais ļaunums parādās arī tad, kad indivīds laikus necenšas pievērst sev dzīvesbiedra uzmanību, atstājot novārtā to, ko ir pieradinājis.

Tēvs. Vīrietim ir uzticēta vadošā loma sabiedrībā. Sieviešu sabiedrībā cilvēki, pieņemot lēmumus, mēdz orientēties uz vīrieti neatkarīgi no tā pieredzes vai vecuma (ar nosacījumu, ka vīrietis ir izaudzis no bērna vecuma). Vēl un vēlreiz jāatminas, ka sabiedrības ideja par vīrieti ir idealizēta.

Atceros kādu piemēru par darba situāciju, kad uzņēmuma kādas nodaļas darbinieks, kurā deviņdesmit astoņi procenti bija sievietes, atkārtoti vērsās pie vienīgā vīrieša, ģenerāldirektora, lai uzsvērtu savu vīrišķās identitātes nozīmīgumu citu strādājošo vidū. Jāpiebilst – ne atšķirību, bet tieši nozīmību, jo abiem dzimumiem ir atšķirīgas identitātes prioritātes. Sievietes var nenojaust par vīriešu identitātes priekšrocībām, devalvējot vīrieti un uzskatot, ka viņš ir tāds pats kā sieviete. Saskarsme ar tik lielu sieviešu pārsvaru veidoja vīrietī neveselīgu attieksmi pret sevi un sievietēm. Tā kā viņas pārsvarā bija agresīvas un manipulatīvas, vīrieša identitāte netika apdraudēta fiziski, bet psiholoģiski gan. Kolēģes faktiski ignorēja viņa klātbūtni, sarunājās un dažkārt uzvedās nepieklājīgi un aizskaroši pret vīrieša dzimumu. Vienīgajam vīrietim nācās meklēt glābiņu pie otra tādā pašā situācijā nonākuša kolēģa. Divatā viņi varēja paveikt ko vairāk. Lai izdotos deleģēt uzdevumus un ievērot darba kvalitātes standartus, ar viena vīrieša balsi nepietika. Lai savaldītu sieviešu pūli, gandrīz vienmēr nācās izmantot abu vīriešu spēku un enerģiju. Arī pārējās darbinieces sarunās novēroja: ja lēmumu ir akceptējis tikai viens no vīriešiem kolēģiem, sievietēm darbiniecēm ar to var nepietikt. Padotais meklēja glābiņu un palīdzību pie vienīgā un augstākā amatā esoša vīrieša, lai tādējādi panāktu un liktu pieaugt teiktā svarīgumam un nozīmīgumam izteiktā sieviešu kolektīvā. Pamatoti, jo vīrietis stereotipizētā sabiedrības noskaņojumā, vēlmē, cerībās un interpretācijā sievietei sniedz atbalstu pat tad, ja tas nav objektīvi izdarāms. Bariņš sieviešu var „nolinčot" jebkuru vīrieti, neatstājot, piemēram, pat savas namdurvis. Sieva ar sievasmāti, māte ar bērniem, sieva ar draudzenēm, vīramāte ar vedeklu, vecāmāte ar mazbērniem. Kombinācijas dažādas, iznākums viens – indivīds ar zemu pašapziņu.

Būtu vajadzīgi lielāki reprezentabli empīriskie pētījumi, lai noteiktu, kāds ir psiholoģiskās izturības slieksnis sievietēm un vīriešiem. To nav iespējams apgalvot. Šādu datu manā rīcībā nav, bet tādi ir nepieciešami, lai pārliecinātos, ka stiprajam dzimumam ir savas psiholoģiskās elastības robežas un ka, iespējams, pārlieku ciešā komunikācija ar sievieti ir mainījusi vai vismaz nedaudz ietekmējusi viņa vēsturiskās psihoemocionālās spējas. Tāpēc dažos gadījumos tas ir tik attālināts un pretrunīgs no vēlamā priekšstata. Tas ir „akmentiņš to ģimeņu dārziņos", kurās aug un veidojas vīrieši, nākamie līgavaiņi, mīļotie, tēvi, znoti, vectētiņi.

Vīrieši ir pietiekami jūtīgi. Pavērosim pirmsskolas vecuma bērnus rotaļājamies baseinā! Zēni uzvedības ziņā ir enerģiskāki nekā meitenes, tomēr nepatīkamu pārdzīvojumu gadījumā tie nekavējoties meklē ceļu pie mammas un tēta. Tas notiek ne biežāk kā meitenēm, tādu pētījumu nav, bet zēni ir tikpat jūtīgi kā meitenes, jo ir cilvēku bērni. Salauzt var vienlīdz abus bez īpašām dzimuma atšķirībām. Stiprs gars un stabila psihe ir nepieciešama visiem neatkarīgi no dzimuma un vecuma.

Šādu piemēru, vēlreiz jāuzsver, nevar uzskatīt par empīrisku vai kā citādi reprezentablu, tomēr tas ir viens no psiholoģiskajiem novērojumiem līdzīgās situācijās. Rīkojas cilvēks, nevis dzimums, pēdējais ir identitāte.

Nekļūdīsimies, ja vīriešiem piedēvēsim empātiju, jūtīgumu un psiholoģisku trauslumu, iespējams, tikpat lielā mērā, kā tas piemīt sievietei. Vīrietis psiholoģiski vēsturiskā skatījumā ir nedaudz savādāks nekā mūsdienu reālajā atspoguļojumā to var saskatīt, bet arī ekoloģiskā vide, paražas ir mainījušās. Sievietes pašas ir izteikušas vēlmi doties un iegūt medījumu. Mūsdienās šāda izvēle konkurēt ir pat moderna. Jēdziens „vīrietis" vienmēr ir bijis sinonīms jēdzienam „varonis". Eposus sacer tieši par viņiem, bet sievietēm jāspēlē cita galvenā loma. Sliktie tēli arī ir tie paši vīrieši. Sievietēm reizēm patīk un ne tik ļoti patīk šie nelāgie puiši un vīrieši. Atkarībā no savas vietas un lomas dotajā situācijā. Iespējams, juteklisks, neatkarīgs ir drošāks mīļākais nekā ģimenes cilvēks. Pagātnē cilvēces vēsturē ir bijis ne mazums dažādu un atšķirīgu stiprā dzimuma pārstāvju un uz tiem tika projicēts tas, pēc kā tīkoja sabiedrība – sākot ar karavadoņiem līdz pat aktieriem. Sievietes pieprasa un, ja kāda nav apmierināta, tad lai par to pasakās vecmāmuļām, tieši viņas tīkoja kara un pēckara gados pēc tāda vīrieša tēla, ko varētu lielās konkurences apstākļos ietekmēt tā, lai sēž mājās un nenogurdināmi strādā saimniecībā. Jāpakļauj griba, jo tikai tāds indivīds ir vienkārši manipulējams. Tāds esot bijis pieprasījums, un tā sekas bauda sabiedrība, kad jāpieņem lēmumi, jārīkojas un jāuzņemas atbildība. Iekšēji nebrīvs var domāt attiecīgās kategorijās. Ja runa vairs nav par pagātnes skatījumu, tad var minēt mūsdienu pieprasījumu, tātad atliek secināt, ka vīrietim, ja viņš ir harizmātisks līderis, psiholoģiski nav vietas sabiedrībā, kurā apšauba un daļēji apzināti devalvē personību. Vai tāpēc, ka mūsdienu pieprasījums ir emocionāls vīrietis? Jā, apmēram tā. Sieviešu žurnāli ir „pieraudāti" pilni ar to, ka „viņi" nesaprot „viņas". Interesanti, vai pieprasījums pēc latviskā E. Pāvula tipāža ir zudis tāpēc, ka šāds cilvēks vairs psiholoģiski neeksistē, vai arī tāpēc, ka tik pārliecinoši autoritatīvs tēls vairs emocionāli nesaista?

Vīrieši, kas koķetē ar publiku, apkārtējiem ir psiholoģiski tīkamāki. No viņiem negaida to, pēc kā ir nepieciešamība ikdienā. Tā, piemēram, kāda sieviete jautāja: „Kā ir ar aktiera E. Pāvula tipa vīriešiem?" Cilvēkus uzrunāja šis tēls, jo radīja drošības sajūtu un nesludināja vulgaritāti. Jebkura sieviete ar viņu nevarētu manipulēt, viņš to nepieļautu. Sieviešu lomu atveidotājas arī bija ar raksturu, turklāt pašām nācās kādu darbu labi izdarīt un attieksmi nostiprināt. Dzīviem cilvēkiem ar minēto tēlu raksturiem savstarpēji nekādas problēmas neveidotos, viens otru ar kāju malā pastumt neuzdrošinātos un savus bērnus tā vietā neieliktu.

Testa jautājums liek aizdomāties par vīrieti, kurš guļamistabā paliek viens ne tikai fiziski, bet arī emocionāli: kad viņa sieviete atgriežas, tuvām sarunām vairs nav spēka. Ar bērniem aizņemtais partneris gādā, lai līdzīgas situācijas atkārtotos vai ikdien. Rūpes par bērniem teju nezūd no dienas kārtības. Allaž viņi ir pirmajā vietā. Tik šaurā komunikācijā nevar veidoties iespēja pat iesprauktiesvīrišķajām interesēm. Līdz ar to, neviens nezina, kā tas izpaužas, atliek vērot kinofilmās vai kādos citos dramaturģiskos iestudējumos. Mēs nevaram pateikt, vai tā ir apzināta vai neapzināta rīcība, tomēr esam liecinieki, kā šķietami nevainīga uzvedība var veicināt dažādas negācijas un domstarpības divu tuvu cilvēku starpā. Lielākā daļa no tā, kas rada mūsu ciešanas, ir izkoptais ļaunums. Tas ir nepārdomāts ieradums – atstāt bērnus sievas gādībā; aizmigt vienatnē, kad miļotais cilvēks ir tepat aiz sienas; neizpaust savas jūtas un zaudēt to, ar kuru būtu jāsaglabā tuvas attiecības –, un tam nav objektīvu iemeslu. Ja sieva vai vīrs ir pie bērniem un jūs nojaušat, ka viņa vai viņš cieš no vainas apziņas, mēģiniet šo situāciju mainīt!

Trīspadsmitais piemērs.

Jūs ar bērniem dodaties uz kādu pasākumu un izrādāt klaju nepatiku un noraidošu attieksmi pret cilvēkiem, kas jums būs jāsatiek. Pasākuma laikā jūs joprojām bērniem paužat savas negācijas, kritizējot pasākumu un tā dalībniekus. Atgriezušies mājās, jūs vēl jūtaties aizvainoti un ilgi nespējat nomierināties, tāpēc laiku pa laikam bērnu atmiņā atsaucat to, ka viņu dēļ jums nācies tik pašaizliedzīgi ciest.

Situācijas psiholoģiskā interpretācija.

Bērni sevi identificē ar saviem draugiem. Iepazīstināt vecākus ar saviem skolas, pagalma vai bērnudārza biedriem ir tas pats, kā apmierināt savu vajadzību palielīties draugiem ar saviem vecākiem. Vecāki kā piederības un savstarpējās vienojošās līdzības kopums, kā glazūra tortei – jo tā ir veiksmīgāka, jo vairāk bērnam ir prieks pašam par sevi. Bērni lepojas ar savu pazīšanos un attiecībām savu vienaudžu vidū. Arī viņi vēlas būt piederīgi kādai grupai, komandai, savienībai ar prestižu, kas pašiem šķiet ar kaut ko īpaša. Pieaugušie uz bērnu pasākumiem tiek aicināti pragmatisku iemeslu dēļ. Dažos gadījumos tiem tiek izrādīts īpaša viesa gods, ja savstarpējā emocionālā saikne ir pietiekami stipra.

Bērns draugu lokā, stāstot par saviem sasniegumiem, vēlas iepriecināt ne tikai publiski sevi, bet arī savus vecākus, lai viņi noskatās sava pēcteča panākumos. Kāds mākslinieks aicināja uz savu izstādi vecos vecākus, joprojām tīkodams pēc uzslavām, ko izteica apkārtējie. Pašam sirmi deniņi, bet aktualitāte vēl nav zudusi kopš tālās mazotnes. Protams, pasākumā, uz kuru jūs varētu tikt aicināts kā pasākuma galvenā „vaininieka" viesis, jebkuram uzaicinātajam tiek uzticēts apzināts vai nepazināts uzdevums, nozīmīga misija pievērst uzmanību galvenajām norisēm, vērtēt, pozitīvi uztvert notiekošo un vēl daudz, daudz kas cits, ko apzināti un neapzināti vēlas saņemt pasākuma autors. Var būt tādas interešu grupas tikšanās, ar kuras biedriem jums nav nekā kopēja. Piemēram, jums netīk tamborēšana vai jūs nesaista basketbols. Var izrādīties, ka jūs no sirds nerespektējat bērna izvēlēto nodarbošanos un attiecīgi arī visus cilvēkus, kas tajā iesaistījušies, līdz ar to nespējat noskaņoties pozitīvi. Tādā gadījumā jums ir jāņem vērā, ka līdzcilvēki mēdz nepieņemt viens otru arī tāpēc, ka ir pārlieku līdzīgi un kādu no savām īpašībām pazīst citos. Pamana ātri un vēlas atbrīvoties un atteikties no līdzības. Diemžēl citos, bet ne sevī. Līdzību var izjust kā diskomfortu, nesaprast iemeslus un novelt vainu uz apkārtējo problēmām. Tas var uzlabot savu priekšstatu par sevi pašu, bet tam nav noturības. Nākamajā līdzīgajā situācijā atkārtosies tas pats.

Iegansts, kura dēļ tiek frustrēts miesīgs bērns par tā interesēm, ir pašu vecāku neizglītotība, primitīvisms un klišejas. Vecums vairo pieredzi, ne visos gadījumos erudīciju. Vēl viens populārs atteikuma iemesls apmeklēt lielas pulcēšanās un tikšanās vietas ir nepamatoti ambiciozas pretenzijas, kas traucē cilvēkam patstāvīgi radīt un iznēsāt domu. Uzbāzība ir šī laikmeta nelaime. Zaudē arī organizators, jo ne vienmēr indivīdam pašam ir viegli manipulēt ar citu emocijām. Reizēm tās ir tik spēcīgas, ka dalībnieki līdz nepazīšanai pārklāj ar aizspriedumiem morāles un sabiedrības priekšstatus.

Kāda sieviete stāstīja, ka nevēlējās kopā ar bērnu apmeklēt pasākumu, jo tajā sastopamie bērni pārsvarā ir turīgu cilvēku atvases. Doma par to, ka pasākumā paredzētajai loterijai ir jāizvēlas kāda manta, bija traumējoša, jo sieviete nespēja iedomāties, kāda balva iepriecinātu viņas bērna pārtikušos vienaudžus. Atvainojiet, bet šķirot cilvēkus ir muļķīgi, kaut gan šo

234

selekciju veic ikviens pēc sava prāta un intelekta. Turīgas vai maznodrošinātas ģimenes atvase ir cilvēkbērns, kurš kādreiz pieaugs un varēs pārspēt bērnības draugu vecākus. Pašreizējie vecāki nojauš, ka šis bērns jau ir viņu konkurents nākotnē. Vērojot viņu vēl mazu, jau izjūt greizsirdību par viņa potenciālu. Veidojas nepatika pret sava bērna izvēlēto vidi, jo arī paša bērns nākotnē var pārspēt savus vecākus. Savu draugu klātbūtnē paša bērns attīstās un iegūst „kaut kādas" nevēlamās vides ietekmi. Ja vide neradītu tik lielu frustrāciju vecākiem, respektīvi, viņi nesatiktos ar saviem kompleksiem un viņi vēlētos tikai pasargāt savu bērnu no infantilas un agresīvas vides, tad, visticamāk, ar tik lielu enerģijas daudzumu apveltītiem cilvēkiem nesagādātu grūtības nošķirt bērnu no nevēlamiem draugiem. Pieaugušie apskauž savu un citu bērnu, tāpēc bieži vien atrod vainas, lai attaisnotu savas bērnības traumas un neizdarību. Viņi pamanās izjust naidu par to, ka šobrīd nav bērni savu bērnu draugu ģimenēs. Tas ir komplicēts pārdzīvojums, kas sagādā sāpes, un cilvēks nenojauš tā iemeslus. Piemēram, kādā darba vietā pie savas mammas uz mirkli ieskrēja astoņgadīgais dēls. Viņš atstāja pašpietiekamu iespaidu, zēns labi mācās, brīvi komunicē ar mazpazīstamiem cilvēkiem, nepievērš sev lieku apkārtējo uzmanību, nodarbojas ar sportu un ir guvis panākumus, interesējas par austrumu valodām. Mātei un tēvam nav nekādas grūtības bērna audzināšanā, viņi var atļauties apmaksāt visas viņa intereses un kvalitatīvus apģērbus. Puika izskatās apmierināts un neatkarīgs no citu viedokļa. Izrādās, ka ne visi klātesošie varēja ar labvēlību nolūkoties šajā zēnā. Atradās mātes un tēvi, kas izteica zēna mātei piezīmes. Nav vērts uzskaitīt izteikumus, jāsaprot komentāru iemesli – pieaugušie emocionāli nevar un psiholoģiski nav gatavi pieņemt bērnu gudrību, jo savu dzīves ceļu bērni veido viedāk. Skaudības, nenovīdības un greizsirdības pamatā ir fakts, ka bērni ir tālredzīgāki, spējīgāki, atbildīgāki, attiecīgi apzinātāki, nekā pašreizējie pieaugušie bija savā bērnībā. „Vilciens ir aizgājis", un bērns jau šodien ir soli priekšā manai pieaugušā pašapziņai, pacietībai, mērķtiecībai, intelektam, saturīgai un interesantai dzīvei, veselībai, karjerai un privātajai dzīvei. Šāds zēns ir empātisks un atbildīgi pildīs savu cilvēka misiju.

Bērna empātiskas attīstības pamatā ir izjūtu pieredze. Iespēja tikties ar dažādiem cilvēkiem vairo iekšējo emocionalitāti. Ikvienam uzaicinātam, ja vien veselība atļauj, ir jābūt tur, kur tas tiek gaidīts, bet pieaugušie lai necenšas bojāt bērnus ar saviem priekšstatiem par citiem, šādi izskan vēlējums. Precīzākas informācijas nav, tomēr var izdarīt neglaimojošus secinājumus, ka māte vairāk bija norūpējusies par savu reputāciju, nevis sava bērna labsajūtu. Izkopts ļaunums – skaudība un neizpratne, savas attieksmes piedēvēšana apkārtējiem. Lielummānija, dažādas iedomas ir dzīves bendes. Iegādājieties loterijai simbolisku lietu un sūtiet savu bērnu baudīt prieku.

Ja mūs kāds aicina tur, kur mums netīk atrasties, skaidrs, ka ir jārēķinās ar neērtībām, tāpēc rūpīgi izvērtēsim savas negribēšanas iemeslus! Ja tie izrādīsies gana pārliecinoši, mums atliks dažas izvēles. Pirmkārt, neiet uz pasākumu. Būt atklātiem un taisnīgiem pret aicinātāju. Otrkārt, pasākumu uzskatīt kā vienu no lieliskākajiem notikumiem un piekrist vizītei. Ne vienmēr mēs varam atgūt dzīves dotās iespējas. Reizēm tās ir tik vienkāršas, ka grūti tās pazīt.

Trīsdesmit gadus veca sieviete pēc veiksmīgas izveseļošanās no vēža saprata, cik daudz viņai nozīmē kopā ar bērniem pavadītais laiks, kā arī to, ko tas nozīmē viņas mazuļiem. Pirms saslimšanas ģimenei viņas acīs nebija tik liela vērtība. Tiklīdz viņa gandrīz bija zaudējusi iespēju būt tur, kur patlaban atradās, apziņa un attieksme mainījās. Kā bērnam pēc izciestā soda putra šķiet gana pieņemama, lai ēstu. Šāds piemērs ir manipulācija ar jūtām, drastiska un cietsirdīga motivācija, tomēr tā ir reāla situācija, kas mainīja emocionālās attieksmes noslodzi. Šķiet, ka ļaunums atgrieza pie mīlestības, bet greizsirdība pret citu sievieti, kas varētu pieskarties un audzināt bērnus – izkopts ļaunums pie pareizām un mūžīgām vērtībām. Neslavēsim izkopto ļaunumu, bet vērtēsim tā individuālo ietekmi uz cilvēku prātiem un rīcību. Neatklātos diagnoze, nemainītos galvenā attieksme un dzīves veids.

Iedomāsimies tiltu! Ja uz tā nav vienmērīga nospriegojuma un kādā no konstrukcijas punktiem izveidojas pārslodze, tad tilts var neizturēt un sagrūt. Tieši tāpat ir arī ar cilvēku – negācijas var izveidot emocionālus pārrāvumus, un tad, lai kā to arī gribētu, mēs nespējam konstruktīvi domāt un ierodamies uz ballīti, joprojām bojājot savu noskaņojumu. Kam gan ir simpātiski dusmīgi cilvēki!

Neapmierinātība ir pilnīgi normāla parādība, ja tai nepiemīt hronisks raksturs. Bet, ja tā ņem virsroku pār saprātu, traucē un tās ietekme kļūst pārlieku liela, tad gan jāsāk uztraukties. Persona, kas ir pārlieku centrējusies uz sevi, vienmēr vairāk cietīs no slikta garastāvokļa nekā elastīgas dabas indivīds; ja to ņem vērā, tad ir iespējams sev palīdzēt. Koncentrēšanās uz sevi var ietekmēt arī apkārtējos. Kāds cilvēks stāstīja, ka viņa dzimtā visi ir naidīgi cits pret citu, jo kādam no radiniekiem ir īpaša spēja manipulēt ar apkārtējo vainas apziņu, un tikai daži spējot pretoties un ievērot psiholoģisku autonomiju, tātad ne vienmēr nelāga oma ir privāta lieta.

Testa jautājumā ir runa par bērnu, kurš var *iedzīvoties* šādās izjūtās, jo nenobriedusī psihe var ko līdzīgu izsecināt un pieņemt par realitāti, neapstrīdamu patiesību: kāds ir upurējies, lai kopīgi ietu uz pasākumu. Priekšstats, tieši pārņemts, var saglabāties pasaules uztverē uz mūžu bez paša izstrādātas un izvērtētas attieksmes tikai tāpēc, ka kāds no vecākiem ir kādreiz radis šādi rīkoties. Uz ko cer burkšķošais tēvs vai māte? Uz savas lomas paspilgtināšanu! Vai patiesi to pašu ar viņiem pašiem neatkārtos bērni? Nevar būt vai praktiski tas nav iespējams, jo manieres, izturēšanos apgūst pie vecākiem ģimenē, tāpat kā globālo attieksmi un vērtības. Piemēram, pat runas un valodas ātrumu, ne tikai dialektu. Atzinība ir nepieciešama ikvienam cilvēkam, tomēr jāatzīst: jo vairāk psiholoģiski pieaudzis ir indivīds, jo mazāka ir viņa iekšējā vajadzība pēc ārējiem apliecinājumiem, tie var vienlīdz būt un nebūt.

Uzspiest otram savu personību kā vissvarīgāko un censties paaugstināt savu svarīgumu uz citu cilvēku rēķina nozīmē ļauties izkoptajam ļaunumam. Doma par sava svarīguma izcelšanu uz citu rēķina bieži atkārtojas grāmatas nodaļu lappusēs, jo tieši indivīds ir tas, kurš kaut ko rada vai posta. Vecāki reizēm nekautrējas sabojāt bērniem garastāvokli, jo pašiem tāds šķiet pieņemams un nav intereses vai motivācijas kaut ko uzlabot, jo tas ir miesīgs bērns, kam nāktos izjust un saprast asinsradiniekus. Bez šaubām, tāda doma nav peļama, un dažās ģimenēs reālistiska, tomēr testa ideja izskan par kaut ko citu – par to, ka bērni arī vēlas sagaidīt solīti pretimnākšanas no vecākiem tad, kad viņi nejūtas komfortabli kaut vai par to, ka mazotnē zobārstam iekšēji ar lielu pretošanos, bet pēc lieliem lūgumiem un lielas pierunāšanas atvēra muti apskatei. Nu tā toreiz vajadzēja darīt, tāpēc šodien vecākiem reizēm bez lieliem iebildumiem jāatbild ar laipnību.

Tad, kad psihoterapeitisko grupu mācībās studenti mācās kritizēt, vienmēr vairākkārtēji tiek apliecināts gadiem viens un tas pats novērojums. Dalībnieki mainās, bet gadu no gada grupas vidē ir vienas un tās pašas problēmas. Izrādās, ka kritizēšanu uzsākt ir sarežģīti pat tad, ja visi par to ir kopīgi vienojušies. Pamatā tam ir vieni un tie paši iemesli. Pats būtiskākais, ka tiek sajaukta izpratne, ko nozīmē kritizēt un ko *zākāt*. Vairākiem tas gandrīz ir viens un tas pats, tāpēc nav pārsteigums, ka kritika, kas īstenībā ir otra *zākāšana* vai pat pazemošana, daudziem nav paciešama un izraisa gūzmu pretestību. Dalībnieks jūt un emocionāli apstiprina: ja viņu kritizē bez blakus emocionālām izpausmēm, izjūta esot pavisam cita. Vērtīga un apmierinoša, pat ļoti, jo gandrīz visos gadījumos, kad tiek kritizēts, tas ir vērtīgi, lai varētu definēt un pilnveidot apzināto iezīmi, tendenci, izpausmi vai atteikties no tās. Parasti pat tad, ja visu apkārtējo pamanītais kritiskais skatījums ir ļoti personīgs, tas neizraisa stresu un nevairo vainas apziņu klausītājā.

Izdevība pārliecināties, ka kritiku jauc ar nosodījumu, pazemošanu vai skaudību sadzīvē, masu medijos izskan bieži, tāpēc atbildes reakcija, ja tā notiek, ir emocionāli neizturama un sāpīga. Tas veido bloku, lai aizstāvētos, nevis lai domātu. Izceļas agresija līdzīgi kā ugunsgrēks – izkopts ļaunums, kura briesmas, tēlaini izsakoties, nav prognozējamas. Ieklausieties sevī, kad kritizējat! Pavērojiet, vai tie ir pārmetumi vai konstruktīva kritika! Kāpēc tā jārīkojas? Tādēļ, ka vispirms tas ir nepieciešams pašiem, lai nededzinātu sevi pārpratumu liesmās.

Testa analizējamajā jautājumā ir jārunā arī par sarežģītiem iekšējiem konfliktiem, ar kuriem nomokās neapmierinātie vecāki. Tā ir ļoti pazīstama situācija, kad paša indivīda emocionālās grūtības tiek piedēvētas otram. Iznākums ir paredzams: apkārtējie ar laiku apzināti centīsies izvairīties no saskarsmes ar šādu personu, bērns nevēlēsies dalīties priekos, aizvērs durvis uz šādu sapratni.

Izkoptais ļaunums izpaužas nespējā laikus izprast un novērtēt rīcības sekas. Bērni neaicina, vairs necenšas dalīties savos priekos un mūs kā vecākus nerespektē. Situācijas apraksts nav jauns. Vecāki iebilst un sūdzas, kad zaudē autoritāti un ietekmi. Šādu situāciju gan var interpretēt dažādi

– gan uzskatot to par savu priekšrocību, gan arī vainojot apkārtējos un ar iepriekšējām metodēm cenšoties atgriezt labvēlību, respektīvi, esot agresīvam un autoritatīvam, lūdzoties, draudot vai nosodot, pielabinoties un rīkojoties, lai atgrieztu ar bērnu pagātnes „labos laikus", ko nemākulīgi izjauca paši vecāki. Tādos gadījumos ir novērojama vecāku augstprātība, ja viņi cer uz citu attieksmi, nemainot savējo. Iespējams, tolaik, kad vecāki paši bija bērni, attiecībās modē bija autoritārisms vai pretēji – dzimumu un to lomu vienlīdzība, robežu sajukums, jebkāda pārprasta demokrātija.

Vajadzība uzsvērt savu pārākumu ir kompensācija par personas mazvērtību; tā ir neapzināta atriebība par to neveikluma sajūtu, ko ir nācies iepriekš pieredzēt. Ciešanas var būt tik lielas un nepanesamas, ka, lai samazinātu spriedzi, nepieciešams izpaust savas emocijas apkārtējiem. Protams, ka vistipiskākais ir vainot sabiedrības un bērna izvēli, prioritātes vai gaumi. Par svarīgāko kļūst protests kā tāds, ko virtuāli pārceļ no pagātnes tagadnē un neapzināti atreaģē uz bērniem nevainīgā situācijā.

Testa jautājums ir komplicēts, jo tajā ir pausta informācija par indivīda jūtām, uzturoties konkrētā, sev nesvarīgā sabiedrībā. Neviens nespēj būt viens, un vide indivīdu cenšas socializēt. Veselīga, psiholoģiska komunikācija daudziem nav pa spēkam, par to var pārliecināties, analizējot klientu izklāstītās sūdzības par saskarsmi ar apkārtējiem cilvēkiem. Piemērs no kādas šokolādes degustācijas šķiet dotajai tēmai ilustratīvi piemērots. Pārtikas tehnologi interesējas par savu produktu, lai tas būtu garšīgs un mudinātu pircēju to iegādāties atkārtoti. Tāpēc produkcijas novērtēšanas testos uzdod jautājumus ne tikai par šokolādes noformējumu, bet arī par produktam raksturīgo pēcgaršu. Daudzi ir novērojuši, kā daži jaunieši, kas ir iemācīti izteikt pāris populistisku frāžu, reklāmas saukļu, mēģina piesaistīt garām slīdošo publiku jauniem pirkumiem. Iespējams, ka tāds ir nolūks – bez attieksmes un lielākām zināšanām par sabiedriskumu *malt* vienu un to pašu, nespējot uzrunāt un ieskatīties acīs. Īsumā tas pagaidām būtu viss par pašu pasākumu, turpmāk asociatīvā atstāstījumā kopīgi aplūkosim to, kas notiek ar abām pusēm, kam neizdodas nodibināt kaut ko līdzīgu kontaktam.

Saskarsmi ar cilvēkiem var salīdzināt ar šokolādes baudīšanu: ja ir nepatīkama pēcgarša, kas pie tam dažos gadījumos ir ārkārtīgi noturīga, frustrējoša, negribas vēlreiz pārbaudīt jau iegūtu pieredzi. Ne vienmēr ir jāanalizē, kāpēc, piemēram, pārtikā nav pieņemams anīss. Jums negaršo un viss! Neinteresē jums kāds cilvēks, reizēm tas ir vajadzīgs. Kāds nemanot var turpināt lietot nepatīkamu produktu, neatklājot moku iemeslus. Kāpēc lai viņš iegādātos šo produktu, ja tas negaršo? Tādēļ, ka eksistē nepazinātas likumsakarības. Iestāsta sev to, kā nav. Rada cīņas objektu un pretojas tam. Caur nepatīkamām lietām audzina raksturu. Pielāgojas, neapzinoties, kam tas ir izdevīgi. Darbojas darbošanās pēc. Pārspēj citus, ne sevi. Sasniedz svešus mērķus. Tās nav vienīgās grūtības, bet tās ir izšķirošas ikdienas veidošanā. Ne viens vien ir atzinies, ka psihoterapija padara sajūtas modras un reālistiskākas nekā iepriekš. It kā organisms atgūstas no letarģiskā miega. Vai prakse liecina par to, ka cilvēki lieto „produktus", pat, ja viņiem tie nepatīk? Tieši tā, dažāds diskomforts, kas saturiski netiek apzināts, apgrūtina izvēli.

Mēs veicinām izkopto ļaunumu, ja lietojam to, no kā pašiem paliek nelabi, tajā vainojot citus. Bērns reizēm cieš no vecāku neziņas.

Četrpadsmitais piemērs.

Jūsu bērni vēlas izbaudīt pirmos patstāvības soļus. Viņi ir saņēmuši ielūgumu uz savu vienaudžu ballīti. Jūs par šo faktu esat satraukti, tāpēc nolemjat uz pasākumu doties kopā.

Situācijas psiholoģiskā interpretācija.

Mēdz būt dažādi pieņēmumi par to, kad cilvēks uzskatāms par pieaugušu. Mūs interesē psiholoģiskais un emocionālais aspekts – juridiskais un fizioloģiskais skatījums ir skaidrs ikvienam.

Sociologi un mediķi mūs iedala noteiktās vecuma grupās; juristi – ņemot vērā gadu skaitu, nosaka personu civiltiesisko atbildību u.tml.

Kad tika veikta psiholoģiska ekspresaptauja respondentiem pēc četrdesmit gadu vecuma, izrādījās, ka neviens no pētījuma dalībniekiem pēc sava psiholoģiskā vecuma neatbilda fiziskajam un jutās jaunāki. Četrdesmit gadus veci respondenti jutās kā divdesmitgadīgi, cilvēki pēc piecdesmit un sešdesmit gadu vecuma – kā trīsdesmit gadus veci. Neviens nebija gatavs samierināties un atzīt dzimšanas apliecībā un pasē iespiestos datus. Pētījumā iesaistītie neiebilda pret savu pašreizējo vecumu, uzsvēra priekšrocības, slavēja ieguvumus, un reizē pārsteidzošs atklājums, ka neviens neasociē sevi ar savu fizioloģisko vecumu!

Fiziskā pašsajūta un psiholoģiskais komforts liecina, ka pētījuma dalībnieki savu vecumu izjūt citādu, nekā par to liecina nodzīvoto gadu skaits.

„Indivīda psiholoģiskā vecuma saderība ar fizioloģisko vecumu" ir klātienes pilotāžas pētījums, kam trūkst empīriskas pieejas, tomēr tas hipotētiski vedina uz domām, ka cilvēkiem ir priekšstats par vecumu un ka tas ir atkarīgs no individuālās psiholoģijas un emocijām. Pieņemt vai nepieņemt savu vecumu, izbaudīt to vai protestēt, ļauties vai iebilst – tā ir katra cilvēka personīga izvēle, apzināta vai neapzināta pieeja. Gados jauns cilvēks arī var justies un izskatīties vecāks, nekā ir patiesībā. Tāpat cilvēki apzināti var izvēlēties izskatīties jaunāki vai vecāki – tādā gadījumā viņi izjūt tādu emocionālu nepieciešamību un psiholoģiski ir gatavi pārvērtībām, un, kad ir pārvērtušies vai pilnveidojušies, tikai tad jūtas laimīgi, priecīgi un pilnvērtīgi. Jāsecina, ka ķermenis ne vienmēr ir gatavs uzklausīt šādu iegribu un nodrošināt pasūtījumu. Formula, kas ielikta, ir nenovēršama, un ne visi ir gatavi novecot, tāpat viņi nav gatavi atļaut to darīt citiem. Pašsaprotams: pirms kāds noveco, viņš kļūst gluži vienkārši gadu no gada vecāks, to vidū ir arī mūsu bērni, citādi mums nesagaidīt mazbērnus, un tā ir patiesība. Psiholoģiski var pretoties realitātei, kas patērēs milzīgu psihisko enerģiju, kura pavājinās iespēju justies atbilstoši, ne konfliktā un paralēlē starp ķermeni un psihi, kas devalvē un dažos smagākos gadījumos pazemo personību tā, ka bez nopietnākas palīdzības un citu atbalsta vairs neiztikt. Ne visus šāda prognoze var nobiedēt, un tie dod priekšroku ciešanām, jauniem pārdzīvojumiem, ko var mainīt. Par vecumu un māku novecot ir iespēja lasīt šīs grāmatas lappusēs vairākkārt.

Ideja iekļaut grāmatā testa jautājumus saistās ar iespēju plašāk izzināt ikvienu sākumā šķietami vienkāršu situāciju. Tas kalpo par atgādinājumu, ka saņemt konkrētas atbildes uz interesējošiem notikumiem un to apstākļiem ir vērtīgāk un precīzāk, ja tas notiek procesuāli. Izvērsta domāšana ir jātrenē, sākotnēji ir darbietilpīgāka un pieprasa pacietību, kas vēlāk vairumā gadījumu vainagojas ar uzvaru – apzinātību. Tātad jāsecina, ka bērns, par kuru piemērs ir testā, izjūt patstāvību, pieaugušāku sajūtu un vēlas, lai vecāki respektē izteikto interesi. Vecāki ir līdzskrējēji, jo piesedzas ar bailēm no bandītu grupējumu uzbrukumiem. Ironiski, ar pārspīlējumu izteikts iegansts ne vienmēr ir patiess un tiek izmantots iebiedēšanai. Lai varētu īstenot savas vēlmes, katrs ķeras pie saviem līdzekļiem.

Ieguldījumi mēdz būt atšķirīgi – sākot no dažiem aksesuāriem vai atribūtiem, kas liecina par kādu konkrētu vecumposmu, līdz pat kosmētiskām manipulācijām. Sabiedrībā eksistē stereotipizēti priekšstati par konkrētu vecumu, piemēram, matu sakārtojums, runas veids un uzvedība, nepieciešamība pēc augstas kvalitātes un prestiža apliecinājuma, nodarbošanās u.c. Vēlams, lai bērns pats pārliecinās un izvērtē savu emocionālo un fizisko atbilstību kādā interesējošā pasākumā. Ideāli, ja vecāki ir taktiski, izglītoti un ar plašu redzesloku, kuri neskrien līdzi vai neattur savu bērnu no individuāliem atklājumiem, piemēram, tādēļ, ka paši izjūt trauksmi, bailes, nenovīdību vai vēlmi kontrolēt. Izglītojoši un pedagoģiski ir sekmēt un ļaut patstāvīgi formulēt priekšstatus par pasauli, reizēm veicinot iespēju frustrēties, sajust neveiklību situācijās, neadekvātu vai nesamērīgu noskaņojumu. Piemēram, aiziet uz ballīti, kurā ir pieauguši, *pārdzērušies* indivīdi, kam ir sava, bet bērnam, pusaudzim, jaunietim neinteresanta vide. Uzticieties pārbaudītiem novērojumiem, no tādas vides gribēsies ātrāk aizmukt, lai atgrieztos mājās vai pie tiem cilvēkiem, kas vairāk saista. Tad, kad bērns vēlas atstāt vecākus mājās vienus, ir mazliet par vēlu uzspiest savu klātbūtni. Pienācis laiks un brīdis meklēt jaunu saskarsmes izpratni. Tas, ko cilvēks izvēlas, ir atkarīgs no viņa psiholoģiskā brieduma un emocionālajām vajadzībām. Gandrīz neviens pasaulē ārpus savas personības nevar noteikt emocionālo robežu starp vecumposmiem: nav vispārīga psihoemocionāla likuma, kas nosaka, kurā mirklī mēs kļūstam pieauguši. Eksistē vispārpieņemtas psiholoģiska rakstura normas, kas nosaka konkrētajam fiziskajam vecumam jau neadekvātu uzvedību, kuru robežpārkāpumu gadījumos vērtē speciālisti, bet runa nav par novirzēm un elementārām zināšanām, kādām ir jābūt, lai, piemēram, iestātos skolā. Vispārpieņemtās klišejas ir zinātniski aprakstītas, bet tās var būt nepilnīgas un pārlieku vispārīgas, lai pilnībā uzticētos teiktajam, turklāt nereti novecojušas. Uz *burziņu* bez vecākiem var gribēties iet agrāk, nekā to var aptvert un iedomāties paši vecāki. Noteikti, domāšanas formu ietekmēti uzvedības modeļi, cilvēkos mājo tāpēc, ka viņi joprojām nejūtas atbilstoši savam fiziskajam vecumam. Lai gūtu pārliecību līdzīgā gadījumā, kāds aprakstīts testā, ir vēlreiz sev kā vecākiem jāuzdod jautājums un jāsniedz atbilde: „Kāpēc jādodas bērnam līdzi, ja viņš to nevēlas?"

Drīzāk paaudžu domstarpības un konflikti veidojas tad, kad psiholoģiskā vecuma neatbilstība traucē pašam indivīdam vai sabiedrībai. Bērns var būt harmoniskāks un attīstītāks par saviem vecākiem, bet viņi joprojām no visas sirds un ar labu pārliecību vēlas būt kā vienaudži. Šāda devīze nav auglīga un kādreiz cietīs fiasko. Izgāšanās garantēta, jo bērnus no viņu radītājiem šķir paaudzes. Tieši pretēji: ja cilvēks psiholoģiski apmierina savas emocionālās intereses, tad viņš var tuvināties laimes sajūtai, citādām problēmām nevajadzētu būt.

Testa jautājuma ievads izvēršās plašs, jo ir jāapzinās, ka vecāku un bērnu izpratne par savu statusu un neatkarības iespējām ir atšķirīga. Abām iesaistītajām pusēm ir jāvienojas, kādi ārējie un emocionālie faktori liecinās par to, ka bērns ir pieaudzis. Šķiet, ārējo faktoru definēšana nesagādā grūtības. Ar vizuālo izpausmju palīdzību var izveidot pieaugšanas kritērijus. Piemēram, gudri izrunāties, ietērpties, notēlot un tamlīdzīgi. Tā tas varētu būt, iebildumu nav, jo tās varētu būt arī pieauguša cilvēka pazīmes. Apdomīgu un radošu vecāku sirdi nevar apmānīt. Maldināt gan, tāpēc neliels padoms izveidot patstāvīgu sadzīvisku testu, kurā atklāsies informācija, kas liek mums pašiem reizēm kā vecākiem šaubīties. Vēlu veiksmi ne tik vienkāršā un vienpusīgā procesā!

Piecpadsmitais piemērs.

Jūsu dēls no jums aizņemas skuvekli un aizmirst to iztīrīt. Jums tas šķiet nepieņemami, tāpēc bez brīdinājuma un apstākļu noskaidrošanas aizliedzat viņam to turpmāk lietot.

Situācijas psiholoģiskā interpretācija.

Bērni izvēlas līdzināties saviem vecākiem. Dēla gadījumā skuveklis ir vīrišķās identitātes simbols; meitas situācijā tas būtu kāds sievišķo identitāti apliecinošs priekšmets, ko bērns aizņemtos no vecākiem, lai pamazām iesaistītos pieaugušu cilvēku ikdienas dzīvē, kurā, kā zināms, jāizskatās atbilstoši. Tēvs ir tiesīgs izlemt, kā šādās situācijās rīkoties turpmāk – piekrist nākotnē aizdot šo personīgās higiēnas līdzekli vai arī iegādāties jaunu, kaut gan citā ģimenē, iespējams, neviens tam nepievērstu nekādu uzmanību. Tēvam būtu vienalga, un viņš neuzskatītu, ka bārdas skuveklis ir personīgās higiēnas piederums. Intimitāte un personīgā labsajūta caur materiālo netiks aizskarta. Kādam tas ir tas pats, kā dalīt vienu zobu birsti. Nekas īpašs. Turpretim starp mums būs arī tādi, kam tas šķitīs neiedomājami. Faktiski šādas delikātas tēmas nosaka ne tikai audzināšana, bet arī individuālpsiholoģija.

Tāds sadzīves sīkumiņš, kas paver iespēju ielūkoties dziļāk, respektīvi, skuvekļa lietotāja bērni ir pieauguši un uzsāk ar vecākiem konkurences attiecības ar dzimumu. Turklāt, lai uzvarētu un gūtu panākumus, ir nepieciešamas vecāku pamācības, lai nesagrieztos un āda izskatītos gluda un kopta. Izrādās, ka tas nav tik vienkārši, jo stāsts nav par skuvekļiem, bet par notikuma maiņu. Ir ne mazums pieaugušu vīriešu, kas nemāk gludi skūties, necieš šo nodarbi, neizjūt iekšēju vajadzību sakopties, tāpat kā sievietes, kas nemāk uzklāt uz degungala pūderi un ieskatīties spogulī. Nav jābūt gaišreģim, lai iedomātos pagātni – ģimeni, kurā ir uzauguši un veidojušies šie cilvēki. Robežšķirtne starp bērnību un pieaugšanu visticamāk nav ievērota, tad patiesi viss ir vienāds. Tēvs, dēls, māte, meita – komunālā retrospekcija. Pagātnes atdarināšana šodien caur atmiņām. Uzdevums ir šāds: būt labākam vīrietim vai sievietei, nekā ir bijuši vecāki. Šajā personīgajā jautājumā atzinība no vecāku puses ir nozīmīga, jo vecāki aizvien paliek tie, kuru priekšā bērnam ir svarīgi sevi apliecināt. Kuru lai uzrunā tad, kad tiek sperti pirmie dzīves soļi? Reizēm pieaugušie neapzinās un nevērīgi izturas pret šādu nepieciešamību pēc sava skuvekļa, kas radīs vēlamās pārmaiņas. Kādas? Nebūt bērnam un pieaugt. Bērns vēlas pateikt, ka vairs nav nekāds maziņais un pilnībā ir spējīgs sarunāties un būt jums līdzvērtīgs – izmantot labumus, ko sniedz dzīve kopā ar vecākiem un nostiprināt savas balsstiesības jaunā kvalitātē. Būt bērnam, bet kaut kādā ziņā savādākam.

Dažās ģimenēs vecāki nav psiholoģiski gatavi tam, ka viņu bērni pieaug, un ne tikai tāpēc, ka netiek plānoti līdzekļi nu jau izaugušo bērnu higiēnas vajadzībām, bet tāpēc, ka nav patiesas ieinteresētības padomāt un dziļāk izprast savu bērnu.

Bērni reizēm mēdz aizņemties somiņas, lūpu pomādes, kaklasaites u.tml. Kāpēc būtu jārunā par higiēnu? Tas tiek darīts ar nolūku ne tikai izvairīties no infekcijām, bet tādēļ, ka higiēna ir patiesi dziļš un smalks pašidentitātes atveidojums, kas iespaido iekšējos psihoemocionālos procesus un pretēji – noskaņojums, raksturs, attieksme ietekmē higiēnu, ar kuru ir jāprot rīkoties. Pārmērīga nepieciešamība pēc tīrības var būt patoloģiska. Piekritīsiet, ka nomazgāt rokas psiholoģiski nav tas pats, kas noskūties – to ir jāprot paveikt, un tas no kāda ir jāpārņem. Šai jaunajai nodarbei ir nepieciešams skolotājs, kas ar noteiktu attieksmi ievadītu pietiekami sarežģītajā un jaunajā vīrišķā tēla izveides procesā. Tas, bez šaubām, vēl nav viss, bet nav arī tā, ka tas nav nekas. Nācies redzēt dažādi noskuvušos jauniešus, kas izjūt atšķirīgu nepieciešamību un priekšstatu par stiprā dzimuma lomas ārējo pazīmju nostiprināšanu. Vajadzība atbrīvoties no nevēlamā apmatojuma izpaužas atšķirīgi. To nosaka individuālais fiziskais briedums un priekšstats par sevi. Vērtību izpratne, inteliģence, smalkjūtība, novērošanas spējas, kauna sajūta un pat sirdsapziņa. Reizēm zēni nesaprot, par ko apkārtējie smīkņā, kādu iemeslu dēļ viens tiek pazemots un vienaudžu neieredzēts. Rodas problēmas, psiholoģiskas traumas, stress un tā pa ķēdes posmam uz priekšu līdz kaut kādam sākotnēji neapzinātam galam, nereti tizlumam, gļēvumam, rakstura vājumam, pārmērīgām pielāgošanās spējām un fobijām.

Šajā gadījumā tēvs ir palaidis kaut ko garām un savā dēlā laikus nav saredzējis ārējas pārmaiņas.

Katrs nākamais posms bērna attīstībā nāk ar jaunām vajadzībām. Faktiski, sākot ar vienpadsmit, divpadsmit gadu vecumu, bērnam aug nepieciešamība pēc jaunām, praktiskām lietām, kas vairāk tukšo vecāku maciņus. Vecāki katru gadu var veikt prognozējamu uzskaitījumu, kas varētu būt svarīgs nākamajā „sezonā". Vismaz piecas minūtes katrs var veltīt tādai nodarbei.

Neaizmirstiet, ka kabatas nauda ir jāpalielina, lai bērns varētu ne tikai vairāk ēst, bet arī apmaksāt savus izdevumus, kas saistīti ar kino un citiem sabiedriskajiem pasākumiem – it īpaši puišiem, lai iegūtu simpātisko meiteņu sabiedrību. Paturiet prātā, ka jaunie cilvēki trenējas un izmēģina sevi attiecībās. Sarkastiski, bet patiesi. Palielinātais puiša kabatas naudas daudzums ir nepieciešams ne jau tai draudzenei, bet pašam jauneklim. Tas ir līdzeklis pilnveidoties. Vecāku sponsorēta dzīves skolas nauda ir kārtējā šodienas investīcija nākotnē, piemēram, attiecībās starp puisi un meiteni un turpmāk līgavas, sievas un bērnu mātes izvēlē. Paldies tiem vecākiem, kas to apzinās. Ne visi saņem vecāku atbalstu. Kļūstot pieaugušiem, ne visos gadījumos, bet nākas samierināties un mocīties ar dzīves partneri. Kāpēc ne visos? Tāpēc, ka neeksistē autonomija, psiholoģiskas dabas grūtības veidojas sasaistē.

Ja bērns no vecākiem aizņemas to, kā viņam pašam vēl nav, tas nozīmē, ka vajadzība ir reāla un jūs vienkārši to vēl neesat atskārtuši, ka ir pienācis īstais brīdis, lai veltītu papildu laiku un līdzekļus savam pieaugušākam „mazulim". Protams, ja bērnam kaut kā trūks, pirmā vieta, kur viņš meklēs risinājumu, būs vecāku skapis vai vannas istabas plauktiņš. Padomājiet par kompromisiem, jo par higiēnu tiek runāts kā veselībai svarīgu un estētisku nepieciešamību, piemirstot par tās būtiskajiem psiholoģiskajiem uzdevumiem. Savādi, bet turpat uz plauktiņa līdzās zobudiegam, ziepēm, šampūnam, skuveklim var atrast nostiprināmies pašapziņu, cieņu pret sevi un apkārtējiem, mieru un komfortu. Ārēji nevīžīgs vai nepievilcīgs cilvēks nav iekārojams, viņš var ieinteresēt vienīgi tādus, kas izskatās līdzvērtīgi vai vēl sliktāk.. Tās ir sekas, kad bērnībā ģimenē attiecībā pret dzimumidentitāti nav pietiekams akcepts un izpratne no tuvinieku puses.

Piemēram, datorspeciālists, kas veic tehnisko apkopi uzņēmumos, tiek augstu vērtēts profesionālo zināšanu un iemaņu dēļ, bet kritizēts par sasvīdušām drēbēm, kuru smaka telpās iesūcas tik dziļi, ka vēlāk to gandrīz vairs nav iespējams izvēdināt. Kāds zināja teikt, ka vecāki agrā pusaudža vecumā viņu aizsūtījuši mācīties uz citu valsti. Tuvumā nebijā ne tēva, ne mātes, kas, jūtot nelāgu smaku, būtu varējuši aizrādīt un pamācīt higiēnas lietas. Tie, kuri atradās puiša tuvumā, biežāk pacieta neērtības vai smīkņāja un izvairījās. Ir arī citi gadījumi, kad vecāki fiziski ir klāt, bet nav ievērojuši jauniešu vajadzības. Piemērs: notraipīti svārki netiek mazgāti, jo to krāsa esot tumša, nepievēršot uzmanību, ka traipi tomēr ir redzami. Nenostiprinās psiholoģiska nepieciešamība būt kārtīgai, tīrai un smaržīgai attieksmē pret sevi. Pazeminās prasības, sākumā tie ir *brunči*, vēlāk daudz kas nozīmīgāks, paviršā attieksme personīgā un profesionālā jomā. Prātā nāk kāds izskatīgs vīrietis, kura tēvs nerūpējās par savu ārieni, dēls pieaudzis atdarināja neveiksmīgo paraugu. Toreiz par vēl pusaudža mēģinājumiem lauzt šādu attieksmi viņš tika bargi sodīts. Tēvam pašam bija fobija pret glītiem puišiem. Neapzinātās bailes projicējās uz dēlu. Bērnam ir jāapmulst, meklējot sasaisti starp mazgāšanās līdzekļiem un tēva iekšējām diskusijām.

Pastāv mīts, ka, agri sākot skūties, var *iedzīvoties* intensīvākā apmatojumā. Ļaudis mēdz būt māņticīgi, cenšoties speciāli izvairīties no dzīves diktētām prasībām, psiholoģiskais *mesidžs* kļūst komplicētāks. Tāpēc pilnīgi iespējams, ka reizēm bērni vēlas ko pamēģināt klusībā no mums, pieaugušiem, lai izveidotu savu pieredzi. Kādreiz bērni paši sev apgriež matus, lai apmierinātu savu interesi pēc eksperimentiem, iemēģina tēva, mātes auto, noīrē no vecākā drauga tukšu dzīvokli, *uzvelk dūmu*, iztukšo alus bundžu, rupji izrunājas un pēc notikuša atgriežas mājās tādi, kādus viņus vēlas redzēt vecāki. Jāuzsver, ka ne patiesi, bet morāli klonēti un piebāzti ar vecāku idejām un ideāliem, kam paši vecāki nav bijuši spējīgi būt uzticīgi. Bez apdoma, nedaudz liekuļojot tiek izspēlēts tas pats teātris, ko vecvecāki ir izspēlējuši ar tiem pašiem bērniem gadu simteņiem.

Šķiet jau no pirmā laulātā pāra, kam ir radušies bērni, vecākiem ir ne tikai intuitīvas, pozitīvas tendences, bet arī sadistiskas tieksmes. Tiek apiets un noliegts acīm redzamais. Kas tas īsti būtu? Vecāku neizdarības. Bez šaubām, skuveklis kā tāds neko neizsaka, tas ir neliels plastikāta un metāla gabaliņš ar asu asmeni vidū. Sīkumiņš, kas šķiet nieciņš, kamēr par to nesākas cīņa vai vismaz debates. Izkoptais ļaunums – apzināti nostādīt neērtā situācijā to, kurš ir atkarīgs, pakļauts vai ietekmējams. Izmantošana. Vēlme, lai dod atlaides vai apžēlojas, ir izkopts ļaunums. Piemēram, sakot: „Atvaino, dēliņ, man nav naudas, lai tev nopirktu skuvekli, bet es gribu, lai tu zini, ka es tevi mīlu." Šādai manipulācijai komplektā nāk vecāku cietsirdība. Nedzīvojam šobrīd viduslaikos vai mūžīgi nemainīgā ekonomiskā krīzē, kara apstākļos vai tamlīdzīgi. Vecāki pauž savu varu tajos brīžos, kad bērns kaut ko lūdz. Atbildes reakcijas mēdz būt dažādas. Patiesās ir emocijas, bet ne argumenti. Skuveklis ir emocionāla daļiņa no tēva vīrišķajiem panākumiem. Ne visi ir tik pašpietiekami, lai būtu gatavi sagatavot nākamos konkurentus. Būt tēvam un mātei ir talants! Padomājiet, kādi iemesli varētu būt cēlonis tam, kas izraisījis nenovīdību un bezatbildību pašos vecākos.

Vēlreiz gribētu uzsvērt, ka temats par skuvekli ir plašs informatīvs materiāls, no kura, to ieinteresēti analizējot, var izzināt un atklāt būtisku informāciju par vecāku un bērnu attiecībām. Skuveklis ir ass priekšmets, un iespējas ar to savainoties ir pietiekami lielas. Tas ir savdabīgs naža simbols, ar kuru apieties ir jāprot ikvienam vīrietim. Tam piemīt falliska forma un uzdevumi. Spēks, uzdrīkstēšanās, drosme.

Veiksmīgs paraugs ir tad, ja tēvs iemāca, kā ar šo priekšmetu jārīkojas, lai nerastos bailes un tiktu sasniegts vēlamais. Tieši tēvam būtu jāiemāca zēnam autonomi urinēt un rūpēties par savu *mantību*. Tieši tēvam, jo tās ir vīrišķīgās izpausmes, patstāvības un pašcienas elements. Ja vīrietis izvēlas elektrisko skuvekli, tad tas nav tikai tāpēc, ka tas ir ērtāk un ātrāk, bet gan tāpēc, ka skūties ar parasto skuvekli viņu nav iemācījis tēvs. Tēvs iemāca dēlam rūpēties par sevi tā, lai nerastos savainojumi. Vienkārši un ērti. Praktiska attieksme ne visos izraisa bailes. Visi nav ar mieru būt par objektu. Skujoties mehāniski ir jārēķinās ar laiku, jāvingrinās pacietībā, iecietībā un patstāvībā. Trauma var radīt brūci, un tas izskatīsies neglīti un nemākulīgi. Toties tā ir simboliska emocionāla sasaiste ar priekštečiem, vīriešu dzimtas pārstāvjiem un eksāmens meistarības iemaņu gūšanā. Nesavainot sevi nav teātris, bet māksla un vīrišķa identitāte. Skūšanās ir akts. Tas ir kā psiholoģisks rituāls starp dzimtas vīriešiem, kurā nav vietas sievietei. Greizsirdīgākās mātes iejaucas un aizmirst par līdzīgiem simboliskiem uzdevumiem savām meitām. Izkopts ļaunums ir muļķība.

Jaunajam vīrietim ir jāmācās paļauties ne tikai uz sievieti māti, bet arī uz sevi un savas ģimenes vīriešu vienotību. Apsveicami ir konfrontēt ar sievišķo dzimumu, lai tādējādi nostiprinātu savu vīrišķo identitāti, piederību vīrišķajam, ne sievišķajam klanam. Sarūgtināt māti nepavisam nav sinonīms „nemīlēt, nerespektēt, neatbalstīt". Iezīme atšķirties. Kad zēns kļūst par vīrieti? Vai mātēm un tēviem ir pieņemts apsveikt identitāti? Kādas mēdz būt vīrišķās identitātes aktivitātes? Mūsu platuma grādos, kultūrā tie ir notikumi, saistīti ar sasniegumiem personīgajā un profesionālajā dzīvē. Materiāli ieguvumi vai kastrācija? Robota saistības bez personības? Vīrieši, kas „nebaidās skūties", ir pašpaļāvīgāki. Tas ir vienkārši izskaidrojams, jo ar tēvu kopīga skūšanās pieredze ir veicinājusi šo paļaušanos uz sevi un it kā ir saņemta atļauja būt pieaugušam un konkurēt, būt veiksmīgākam par savu miesīgo tēvu!

Pats svarīgākais atklājums ir, ka dēlā tiek nostiprināta emocionāla sajūta, ka tēvs nejūtas aizvainots vai aizkaitināts par to, ka noveco. Tas ir vieds tēvs, kurš mīl savu dēlu un novēl viņam visu to labāko un vērtīgāko. Dēls nojauš, ka tiekties būt labākajam ir apsveicams dzimtas vīriešu solidaritātes akts. Neiekļaušanās dzimtā būtu pārlieka aplamība.

Izkoptais ļaunums parādās, ja šī procesa vajadzība tiek ignorēta – tas ir tas pats, kas pretoties dabai. Ja to dara, mazinās iekšējā vīrišķi emocionālā solidaritāte. Skūšanās ir vīrieša atribūtikas simbols, ko sievietes var izmantot, bet tās nekad nespēs nodrošināt to emocionāli psiholoģisko noslodzi, kuru ir iedibinājuši vīrieši un nozagušas sievietes. Skaidrs, ka ar šo procesu nākas saskarties vai ik dienu visa turpmākā mūža garumā visiem vīriešiem. Ja vīrietis neskujas, tad var pieņemt, ka psiholoģiski viņš ir kļuvis vecs vai slims. Ar aizaugušu vaigu bārdu sievieti ir grūti iekārdināt un pavedināt uz skūpstu. Savukārt, ja vīrietis joprojām skujas arī dziļā vecumā, tas nozīmē, ka viņš vēl ir psiholoģiski gatavs uzrunāt sevi, sievieti un pasauli, aicinot uz aktīvu un auglīgu darbošanos.

Sešpadsmitais piemērs.

Jūsu meita ir sasmaržojusies ar jūsu parfīmu. Jums tas šķiet pāragri, un jūs pārspriežat notikumu ar kaimiņiem.

Situācijas psiholoģiskā interpretācija.

Parfīms ir sensibla individualitātes izpausme. Katram ķermenim ir sava smarža. Cilvēks pazīst otru, veido savu attieksmi, izjūtot smaržu, tās kontekstu. Patīkamu vai nepatīkamu, pārlieku saldu vai rūgtu. Patīkami vai nepatīkami, uzbāzīgi vai atturīgi, saldi vai rūgteni, lēti vai dārgi – tie ir izjūtu emocionālie konteksti.

Bērni vēlas lietot smaržas tāpēc, ka vēlas iegūt šo ēterisko ilūziju vai pārņemt no mātes vai tēva rituāla daļu, kas asociējas ar pieaugušo, tātad patīkamo. Bērni ilgojas būt pieauguši.

Atkārtoti atgriežamies pie jautājuma, ko iesākt ar bērna interesi par pieaugušajiem un ko ar iegūto novērojumu vēlas panākt paši vecāki.

Ilgošanās un iespējas, tas ir gandrīz tas pats, kā būt par pieaugušo. Bērnam šķietami izcils statuss.

Testā ir īss apraksts par to, ka māte dalās informācijā ar kaimiņieni par savas meitas jauno pieredzi. Trūkst informācijas, kāda ir šī kaimiņiene un kāda attieksme tiek pausta sarunas laikā. No tā, kas ir minēts, varam secināt, ka aprakstītajā notikumā ir iesaistītas nu jau trīs daiļā dzimuma pārstāves. Kādai no viņām bija kaut kas jāuzsāk, lai pārējām veidotos kādas pārdomas.

Mātes smaržūdeņa lietošana ir emocionāls pieteikums, šķiet, vedinošs uz domām par to, ka kāda jaunkundze vēlas līdzināties savai mātei vai identificēties ar citām, sev nozīmīgām sievietēm.

Reklāma aicina atrast sev atbilstošo smaržas tēlu, bet ne visi no tās ietekmējas. Tas varbūt ir rituāls, kurš katram indivīdam simbolizē ko citu. Tā ir fantāzija, iespēja īsā laikā pilnīgot savu psiholoģisko tēlu, kas var izrādīties nepieciešams kā punktiņš uz „i", kurš vertikālu svītriņu pārvērš alfabēta sastāvdaļā. Sīkumiem ir svarīga loma indivīda dzīvē. Nejauši notikumi var nopietni iespaidot cilvēka turpmāko dzīvi, veicinot pozitīvo un negatīvo. Bērns attīstās un izpauž sevi, tas ir viņa īpašums, individualitāte, uzkrājums, ko viņš atklāti pauž, vai, pretēji, cenšas no citiem paslēpt vērtīgo, ko pats ir ieguvis iepriekšējos savas dzīves gados, kad tika uzskatīts par bērnu. Vecākiem jāveicina labais, tāpēc vairākkārt ir vērts sev jautāt, ko vecāki nezināšanas dēļ iesāk ar bērna jauno ieguvumu? Kas paliek pašam bērnam un kas apkārtējiem no tā tiek? Kas personisks paliek pēc tam, kad ietekme ir agresīva? Cik daudz individualitātes ir iespējams paturēt neiespaidojoties? Vai drīkst gribēt kaut ko no mammas? Vai drīkst atdarināt? Būtībā ir vienalga, kādus izteiksmes līdzekļus bērns izvēlas, lai iemantotu personīgās lietas. Tas, kas pieder vecākiem, tam šķiet saistošs un svarīgs. Piemēram, smaržas. Vērtīgi iemācīt saviem bērniem orientēties dzīves piedāvātajos materiālajos labumos. Tas ir tik jauki, ja cilvēkiem nesagādā grūtības orientēties lielajā preču klāstā, prast atrast to lietu, kas ir nepieciešama, atbilstoša un rada gandarījumu vai prieku. Arī smaržas ir viena no tām.

Pirms priecāties, ka bērns ir ieinteresējies par vecāku labumiem, vai arī tiekties kritizēt, apstrīdēt vēlmes, noliegt vajadzību lietot to, kas, vecākuprāt, viņam vēl nepienāktos, un savos pārdzīvojumos dalīties ar kaimiņieni, jāizvērtē, ko īsti pašiem vecākiem nozīmē šis novērojums, un, ja tas izdosies, tad pavērsies jaunas izziņas iespējas gan par sevi, gan arī par savu bērnu. Vienojošākas intereses un sarunas. Tās varētu būt ne tik daudz sarunas kā tēmas par sievietes būtību un sūtību. Smarža ir svarīga, lai pazītu „savējo". Zīdainis nomierinās, kad jutekliski pazīst mammu. Aromāts savstarpēji pievelk un atgrūž cilvēkus. Iespējams, ka vecāki prot izpatikt saviem bērniem, pērkot viņiem lietas „īstajā laikā", un šis testa jautājums gandrīz ir lieks. Dāvana bez attieksmes ir tikai priekšmets, kārtējā „lietiņa". Tāpēc sievišķās vienotības un identitātes nekad nevar būt par daudz. Arī šajā gadījumā sievietēm būtu jāmāca savām meitām visas sievišķās nianses. Pārējie vecākie un jaunākie bērni, viņu vidū arī brāļi, vēros, iegūs pieredzi, paplašinās redzesloku un priekšstatus. Tas ir kā minimums, no kura iegūs maksimālo katrs pēc savas sirds patikas, intelekta, ideoloģijas; pilnīgos dzimuma identitāti, radnieciskas saites un māku respektēt savas un citu vajadzības, arī to, kā ķermenim būtu jāsatiekas ar parfīmu, un tas ir notikums.

Septiņpadsmitais piemērs.
Jūs neesat laikus sagatavojuši pārskatu un aizbildināties, ka nav bijis laika.

Situācijas psiholoģiskais raksturojums.
Laika trūkums ir biežāk sastopamais nepadarītā darba attaisnojums. Mūsdienās pareizs laika menedžments ir svarīgs, lai realizētu ikdienas un tālejošus plānus. Aizņemtam cilvēkam plānotājs ir nepieciešams, tomēr ne vienmēr izdodas īstenot to, kas tajā ierakstīts. Laika izjūta ir individuāla ne tikai dažādu tautu kultūrā, bet arī ikviena bērna un pieauguša cilvēka psiholoģijā. Nedomājiet, ka pedanti visu paspēj un padara savu darbu savlaicīgāk nekā tie, kam nepiemīt šādas īpašības! Iekļaušanās laika robežās un spēja būt apmierinātam vai laimīgam, nekļūstot par „burta kalpu", ir atkarīga no personības iekšējiem konfliktiem un motivācijas.
Daudzi, iespējams, ir novērojuši, ka vislielākā vēlme „sākt jaunu dzīvi" no nākamās pirmdienas, nākamajā mēnesī vai nākamajā gadā nav īstenojusies. Tas ir pašsaprotami, jo katram cilvēkam pieder noteikts laiks,

un ar šo resursu katrs rīkojas gluži tāpat kā ar citiem garīgajiem vai materiālajiem ieguvumiem.

Tiem, kam mūžīgi trūkst laika, visticamāk, arī nepietiek naudas, jo darbošanās un aktivitātes ir nesamērīgas, salīdzinot ar materiālo atlīdzību. Nav laika, nav mīlestības un sirdsmiera. Steiga var aprīt dzīves svarīgākos notikumus, un tam nav nekāda sakara ar aizņemtību. Tas, kurš māk piepildīt laiku, nenoignorē būtiskāko tāpēc, ka prot plānot un darboties pēc šī plāna. Iekšējais pulkstenis nav notrulinājies, un cilvēks psiholoģiski jūt harmoniju un ritmu. Laiks iet roku rokā ar panākumiem un iekšēju saskaņu. Šo sarakstu varētu turpināt, analizējot cilvēku personīgā laika karti, ja tādu būtu iespējams kādā institūcijā saņemt – kā slimību vēsturi pie ģimenes ārsta. Steiga ir psiholoģiskas dabas problēma, tāpat kā daudz kas cits. Neiekļaušanās „formātā" ir iekšējas dabas grūtība.

Laiks ietekmē un nosaka mūsu veselību un dzīves kvalitāti. Ja pret laika substanci izturas nevērīgi, tad tiek veicināts emocionālais diskomforts un neapmierinātība. Laiks ir saistīts ar psihosomātiku – trūkst laika, ķermenis sāk slimot. Pazeminās imunitāte, raksturīgas pārmaiņas cukura līmenim asinīs, asinsspiediena svārstības, ēšanas traucējumi u.c. Būtu ideāli, ja ārsta vizītes laikā jums tiktu uzdots jautājums par laika izjūtu un slodzi personīgajā dzīvē.

Kas īsti izrīkojas ar laiku? Protams, ka tas esat jūs pats! Laika zagļus varētu iedalīt vairākās apakšgrupās. Šie „zaķi" ir pašu vājības, nemākulība, kaislības, vērtības un kūtrums. Tas vēl nav viss, jo vairāk analizē, jo vairāk ir izredzes nenovelt visu uz mistisku laika deficītu, ko pamato ar progresu un citām līdzīgām grūtībām. Kā piemēru varētu izmantot psiholoģiskos apzīmējumus vai definīcijas, kas ir pazīstamas jebkuram psihoterapeitam. Varētu piekrist, ka laika faktors ir psihoemocionāla problēma, bet ne audzināšana, uzvedība vai intelekts. To vajadzētu saprast un atdalīt no vispārpieņemtajiem priekšstatiem kā iepriekš minētā pedanta gadījumā. Laba izglītība un izcilas zināšanas menedžmentā nenosaka un neietekmē panākumus personīgā laika sadalīšanā. Piemēram, pretestības jēdziens psiholoģijā pieļauj laika ietekmēšanu. Pašam neapzināties, bet turpināt rīkoties pret savu objektīvo labumu. Ja padomā, var izrādīties, ka cilvēks joprojām kavē pat tajās situācijās, kurās tiek apdraudēts paša izdevīgums.

Pretoties kaut kam, nepaveikt ieplānoto vai neiekļauties paredzētajā laikā kļūst par pašsaprotamu attaisnojumu.

Pretestības ir gan apzinātas, gan neapzinātas. Par apzinātām var uzskatīt tās pretestības, ko apdomā, un speciāli ar īpašu nolūku psiholoģiski atklāti attālina situāciju. Kāds nevēlas satikšanos, tāpēc nosebo. Atrod variantu izkļūt no neveiklās situācijas bez jebkāda stresa. Pats apmierināts, un citiem nav iebildumu. Kāds cilvēks vēstīja, ka nepatika pret konkrētu darba uzdevuma veido noteiktu attieksmi pret savu laiku. Precīzs atzinums! Nevēlēšanās paveikt darbu attālina mērķi. Ir vēlēšanās nepatīkamo pienākumu izpildi novelt uz kādu citu vai vispār ignorēt. Ja kāds darba kolēģis meklē attaisnojumus nepadarītajam darbam, tad ticamāk tā ir nevēlēšanās strādāt nekā laika trūkums. Tas, kas jums šķiet tīkams un svarīgs, parasti tiek arī paveikts. Divdesmit pirmā gadsimta menedžmentā būtu vēlams pievērst uzmanību šādiem aizbildinājumiem. Jārēķinās, ka ne vienmēr darbinieka profesionalitāte būs galvenais uzņēmuma ieguvums, vienalga, ko viņš zina, jo tik un tā ārpus viņa paša neviens nespēj viņu kontrolēt. Speciālistam var būt augsta kvalifikācija, bet izteikti maza sociālā pieredze. Bērnišķīgas izpausmes, atrunas, nepamatotas ambīcijas, naivums un tamlīdzīgi. Var saprast, ja uzmanība tiek koncentrēta uz kādu konkrētu un šauru jomu. Darbinieks ar līdzīgu raksturojumu sociālā vidē atšķiras, jo pārējie ir citādi orientēti. Kā mēdz teikt: kokam ir divi gali. Labi, ka cilvēks pārzina savu jomu, bet gaužām bēdīgi, ja viņš ir *autsaiders* sociālajā vidē. Atkarīgs no apkārtējiem, bīdāms, bakstāms un motivējams. Personīgā dzīve ir ikvienam, tikai kāda tā ir? Cik apzināti tiek veidota un izdzīvota? Vienpatība, ko neuzskatīs par psihisku problēmu, bet kas izpaužas kā psiholoģiska pretestība pret „pastāvošo iekārtu", tāpēc ir jānorobežojas, jāveido barikādes pret tiem, no kuriem nav glābiņa, kuri gatavi lauzt jebkuras personīgās robežas citos cilvēkos. Ne vienmēr šādi cilvēki ir tikai datorprogrammētāji, kuri *ieurbjas* virtuālajās sistēmās, vientuļi dzejnieki vai matemātiķi. Šaura specializācija ir kā aizbildināšanās savai bērnības mātei un tēvam. Vēstījums ir šāds: „Es esmu aizņemts ar jums nesaprotamo, tāpēc lieciet mani mierā!" Darba devējam var būt lielas grūtības ar šādu darbinieku. Bērns paliek bērns.

Ne vienmēr pārmērīga iedziļināšanās vienā konkrētā sfērā ir bēgšana no pieaugušā dzīves. Dažkārt cilvēks ir kā hameleons, pēc situācijas piemērojas apstākļiem. Totālu zināšanu trūkumu noslēpjot zem pseidoprofesionalitātes. Piemēram, katrā uzņēmumā personālvadības uzdevums ir vara pār darbiniekiem. Ne vienmēr naiva interese par strādājošo spējām un darba devēja interesēm ir tik nesavtīga un kvalitatīva, kā to reizēm uztver apkārtējie. Tuvu ideālam ir tāds atlases speciālists vai personāldaļas vadītājs, kurš spēj domāt tālredzīgi, piemēram, metodiski veidojot personāla politiku, saskatīt un novērtēt resursus, meklēt pašpilnveidi un tādējādi vairot kopējo labumu, ne tikai konkrētā uzņēmuma, bet arī individuālo. Vai tas praksē īstenojas? Vai personāldaļa tomēr *pūš miglu acīs* savam darba devējam? Svarīgi ir domāt sistemātiski un saredzētu kopējo ainu, tērēt un papildināt savas zināšanas, censties un ieguldīt visu savu enerģiju, katru reizi izturēties pret darbu kā pirmo reizi – ar interesi, ar augstu atbildības sajūtu, ar lielu koncentrēšanos, ar pienākumu. Tad ikvienā uzņēmumā augs darba kultūra un nevajadzēs liekuļot, ka izdarīt kvalitatīvi nav bijis laika. Šādās situācijās ir grūti abām pusēm, jo par kaut ko ir jāmaksā darba devējam, un darbiniekam ir kaut kas jāsniedz par to, ka saņem atalgojumu. Ne vienmēr šāda apmaiņa sniedz gandarījumu. Ir dažādi viedokļi par šo saskarsmes momentu. Izkopts ļaunums ir slinkums un bērnišķīgas atrunas. Cilvēks labprāt dara un veiksmīgi realizē to, kas viņam patīk. Izkopts ļaunums ir izdomāt dzīves nodarbošanos un nesekot savam aicinājumam. Pilnīgi iespējams, ka, sākotnēji neieguldot pietiekami laika profesijas un dzīves nodarbes iepazīšanai, turpmāk darba dzīvē ir jāattaisnojas, ka nepietiek kompetences, bet laika termiņš pieviļ, kas atbilst patiesībai, jo tikai meistars māk izdarīt savu darbu ļoti labi, lai arī pašam liekas, ka var vēl, vēl un vēl labāk.

Tādos gadījumos, kad nav pietiekami lielas atdeves no darbiniekiem, ir vērts ieguldīt laiku, lai konstatētu apzinātās un neapzinātās pretestības, kas traucē veikt darba pienākumus. Tas pašam palīdz sadalīt darba uzdevumus pēc spējām un interesēm. Jebkuru projektu var sadalīt vairākās daļās. Šāda sadalījuma ieguvēji var būt visi, ja pietiks zināšanu, kā to pareizi izdarīt. Labāk lai nodarbinātības efektivitāti izanalizē kāds konsultants. Pašam vai uzņēmumam ar saviem spēkiem var būt par maz. Vismaz jāapgūst *matrica* un tad var darboties tālāk patstāvīgi. Darbinieku prieks doties uz darbu ikvienā uzņēmumā vairo garīgās un materiālās vērtības. Ideāli paveikts darbs ceļ pašapziņu, kā arī nostiprina lojalitāti un piederības sajūtu uzņēmumam.

Samazināties var ne tikai darba neproduktivitāte, bet arī slimības lapu un kavēto darba stundu skaits, kā arī personīgā motivācija darbiniekos var mazināt vai dažos gadījumos pat izskaust nepieciešamību pēc pastiprinātas priekšniecības kontroles. Kāds var mēģināt apzinātās pretestības atklāt patstāvīgi. Iepriekš bija ieteikums to nedarīt vienatnē, bet, ja kāds ir spējīgs nošķirt savas pretestības, tad var riskēt, un panākumi būs. Kā jāveic paštestēšana? Uz papīra lapas pierakstīt apkārtējo pretenzijas, ja tās saņem no dažādiem avotiem un tās atkārtojas, tad trūkumiem ir pamats, un vienīgais, kas vēl atliek, ir pētīt savu attieksmi un iebildumus. Apmēram tā varētu rīkoties. Neliels vingrinājums, kas var sniegt lielu labumu kā atvieglojumu un prieku. Nenāksies fantazēt par laika deficītu. Progresīvi rīkoties un izbrīvēt laiku iespēju robežās ir atbildīga attieksme pret sevi. Tas ir daudzkārt patīkamāk, nekā nīkt bezdarbībā vai pretēji – atrasties pārslogotā emocionālā stāvoklī.

Iznākums ir paredzams, ja kāds nav piemērots darbam, tad agri vai vēlu tāds darbinieks kļūst lieks. Pat tad, kad netiek atlaists no darba uzņēmumā, viņš intuitīvi jūt savus trūkumus. Ne visos gadījumos uzņēmuma darbinieki savas funkcijas pilda produktīvi, jo aprod ar darba apstākļiem, uzdevumiem, kolēģiem, telpām, tāpēc ir vērts šādos apstākļos nevis mainīt darbiniekus, bet gan mēģināt tos „atvērt". Kāpēc darbinieki neapzinās savas spējas? Kāpēc cilvēki neapzinās savas spējas? Atbilde slēpjas pašā jautājumā. Tieši tāpēc neapzinās, ka pietiekami nepazīst savus iekšējos resursus, tos nomāc bailes, mazvērtības kompleksi vai vainas izjūta, priekšstati, kūtrums u.c. Aplami priekšstati un stereotipi kavē un ierobežo personības pilnveidi, kas atspoguļojas darba vietā un ietekmē uzņēmuma korporatīvo kultūru, pakalpojumus, produkciju un vēl daudz ko citu.

Kāpēc testa jautājumā par laiku jāmin cilvēciskais faktors? Individuālo laiku veido indivīds, un viņa attieksmi pret sevi un apkārtējiem veido izpratne par savu individuālo laiku. Līdzcilvēki iesaistās vai tiek integrēti indivīda vidē. Darbam cilvēka dzīvē ir liela loma. Tā ir nozīmīga dzīves substance, un, ja cilvēks pats neapzinās, nenojauš, ka nav apmierināts ar darba vietu, tas rada būtiskas problēmas visiem, bet varbūt ne visiem. Mēdz būt tā, ka nepatīkams nav vis darbs, bet tikai kāda konkrēta funkcija, ko mainot var vērst sev par labu. Nevajadzētu aizrauties ar psiholoģisko vardarbību pret sevi, uzspiežot un piespiežot sev darīt to, kas nav pa prātam. Tiek ietekmēta veselība, dzīves kvalitāte, privātā dzīve, darba guvums, vērtības, filozofija un psiholoģiskā veselība. Pieaugušam cilvēkam, kurš apzinās savu rīcību, nevajadzētu novelt vainu uz nedaudz mistisko laika faktoru tikai, lai attaisnotu savu neizdarību, jo vairāk tāpēc, ka cēlonis ir vienīgi pašos. Ko gribētos piebilst? Vēl varētu ieteikt, lai novērstu ačgārnības uzņēmumā, rīkoties šādi: apmeklēt kādu semināru par laika plānošanu, kurā tiek aplūkots tieši minētais cilvēciskais faktors. Pēc šādām nodarbībām, ko organizē mani kolēģi, dalībniekos notiek pārmaiņas. Esmu bijusi lieciniece tam, cik izšķērdīgi un nevērīgi savu laiku tērē cilvēki savas nezināšanas dēļ! Un novērojusi arī, kā pēc nedaudzām apmeklētām nodarbībām veidojas jauna izpratne un attieksme, kas indivīdos rada kvalitatīvas emocionālās pārmaiņas. Pašvērtēšana norisinās gandrīz visās dzīves jomās, sākot ar fizisko veselību un beidzot ar profesionālo sfēru. Izvirzītais mērķis tika sasniegts.

Otra iespēja ir vairāk psiholoģiska rakstura – meklēt problēmrisinājumu pie psihoterapeita. Interesents var vērsties pie speciālista ar sākumā šķietami naivu jautājumu: „Kas notiek ar manu laiku?" Rezultātā viņš pats formulēs atbildi, kas kopumā notiek ar viņa dzīves kvalitāti un ieradumiem, un tikai pēc tam attiecīgi ar laiku.

Kas ir ieradumi? Tas ir izkoptais ļaunums, kas dod pārliecinošu ilūziju, ka viss, kas tiek darīts un domāts, ir vienīgā patiesība. Mēs jau zinām, ka gluži tā nav, citādi mūsu intereses un spējas vienmēr tiktu apmierinātas. Individuālā negatīvisma būtu mazāk, ja savu ikdienu mēs veidotu apzinātāku. Diemžēl ir jāpievienojas domai, ka cilvēkam ir raksturīgi, esot nomodā, dzīvot sapņos, un katram nākamajam sapnim ir tendence sapņotāju aizvilināt arvien tālāk no realitātes. Iespējams, piekritīsiet, ka aizbildinājums par laika deficītu ir kārtējais sapnis, no kura ne vienmēr izdodas pamosties vai arī pamodināt otru, jo arī apkārtējiem bieži vien ir līdzīga izpratne. Sapņotāju var viegli ietekmēt, jo tas notic saklausītajam argumentam. Kādam atliek vien ieminēties par laika trūkumu, kā tūlīt klausītāji izteikto uzņem ar sapratni; tikai retos gadījumos cilvēki mēģina *aizrakties* līdz tam, lai noskaidrotu, kādi iemesli ir paslēpušies aiz šāda secinājuma. Speciālisti šai gadījumā lieto terminu „pretestības".

Ir gadījumi, kad laika plānojums ir tikpat organisks kā indivīda dzīve, jo cilvēks pats iekšēji ir harmoniski organizēts. Kā tas izpaužas cilvēka rīcībā? Laiks nav galvenais arguments nepadarītajam, nokavētajam, aizmirstajam vai nevīžīgi padarītajam darbam. Ar vārdu „laiks" nav ieteicams manipulēt, lai ar apkārtējiem nesabojātu attiecības un neietekmētu turpmākās sadarbības iespējas.

Vārds „laiks" ir brīnišķīgs aizbildinājums, tikai pašam ir jāizprot aizbildināšanās īstie iemesli.

Piemēram, visiem birojā strādājošiem darba dienas ilgums vidēji ir vienāds. Varbūt jums ir nācies pievērst uzmanību tam, ka vienā stundā kādam izdodas paveikt vairāk nekā citam. Stundas veido dienas, nedēļas, mēnešus un gadus. Psiholoģiski nav viegli pieņemt, ka „laiks skrien tik ātri!". Diemžēl ar sarūgtinājumu ir jāatzīst, ka šāds secinājums liecina par to, ka ir nožēla par pagātni, respektīvi, kaut ko svarīgu tomēr neizdodas realizēt, pagātnē jau ir šīs dienas pēcpusdiena, kas vairs neatkārtosies.

Ūdens tek pa straumei, tas ir dabas likums; var būt bēdīgi kādā dzīves posmā atskārst, ka neesam tajā peldējušies vai remdējuši savas slāpes. Kustība, ēdiens un dzēriens ir fizioloģiski noteikta nepieciešamība – ja mēs tai pretojamies, mūs apdraud muskuļu atrofija vai organisma izžūšana, ūdenim pametot šūnas. Šādu vajadzību apmierināšanu nedrīkst atlikt uz vēlāku laiku – organismam ir jākustas un jāuzņem šķidrums un barības vielas šodien, nevis „varbūt rīt!" vai "pēc nedēļas!". Arī ar cilvēka psihoemocionālo pasauli ir līdzīgi: nevar atlikt to, kas ir nepieciešams tieši šobrīd! Ir jāiemācās apkalpot savas emocionālās intences, jo neviens to jūsu vietā neizdarīs! Ja mazkustības vai slāpju gadījumā jūs varat cerēt uz palīdzīgu roku no malas, tad ar jūtām ir savādāk. Lai novērstu emocionālo badu, indivīdam pašam ir jārūpējas par jūtu pasaules kā bankas konta papildināšanu, lai nepaliktu bez līdzekļiem. Ja indivīds uzsāk pašrealizāciju „no otra gala", viņš sevī attīsta izkopto ļaunumu. Vispirms ir jārod saskaņa ar sevi, pārējais *pievilksies* klāt it kā pats no sevis. Ja nebūs emocionāla gandarījuma par sevi, tad visticamāk prieku nesagādās arī nauda, jo ar to vienkārši nepratīs produktīvi rīkoties. Nepārdomājot savu ietekmi uz laiku, dzīve var aizsteigties pārāk strauji! Ja brokastu laiks ir pagājis, šodien to vairs nevarēsim atgriezt. Laiks var izvērsties nožēlā un vairot bada sajūtu. Emocijas mēdz būt izsalkušas! Tas skan dīvaini, bet tā ir. Piemēram, ja netiek apmierinātas alkas pēc mīlestības, saskarsmes vai fiziskas tuvības, veidojas kas līdzīgs bedrei, no kuras jāķepurojas laukā.

Kā var atgriezt pagātni un piepildīt nerealizētās vēlmes un vajadzības šodien? Kā zināms, „izlietu ūdeni sasmelt nevar" un emocionālajai bedrei ir tendence ar laiku kļūt arvien dziļākai. Emocionāli piepildīt to nav iespējams, jo neeksistē tāds izgudrojums, kurš spētu aizcementēt pagātnē nerealizēto. Emocionālā vajadzība paliek neapmierināta, tā liek šodien saņemt to, kā pietrūcis vakar. Ne vienmēr negatīvo. Šodienas atklāsmes prieks var būt tik liels, ka aizgājušā nozīme mazinās.

Ja vēlēšanās ir bijusi saistīta ar bērnību, tad vēlmes pēc vecāku glāsta un vakara pasakas visticamāk šodienas pensionārs neatpazīs. Viņš izjutīs nostaļģiju, trūkumu, greizsirdību, nožēlu, faktiski jebkuras emocijas, bet ne nepieciešamību pēc konkrētas pasaku grāmatas. Cilvēks pārdzīvo izjūtas, bet ne priekšmetus. Lietas un situāciju epizodes atgādina viņam, ka bijis maziņš, ne vienmēr tāds, kāds ir šobrīd. Par ko var pārvērsties šādas vēlme? Gandrīz par jebkādu izpausmi – aizbildinājumu, laika kavēšanu sev un citiem, neproduktīvu rīcību, apbrīnu, manipulāciju un tamlīdzīgi. Testa saturs parāda, ka cilvēks cenšas atrast argumentus, lai kaut ko novilcinātu, un nepazīst saistības starp sevi un laiku. Lai noskaidrotu īstos cēloņus, katrs gadījums ir individuāli jāanalizē, jo runa ir par pagātnes dzīves ietekmi šodienā. Padotā darbinieka ilgas pēc bērnības glāsta, mīlestības, vakara pasakas ir neapzināta prasība. Bērnībā nesaņemtās dāvanas no vecākiem ir šodienas psiholoģiskā pamatgrūtība. Laiks, sebošana, paviršība kalpo kā atriebība par šiem neiegūtajiem labumiem. Pagātnes bērnam jāuzmeklē kāds pieaugušā dzīvē, kuru varētu *lietot*. Darba ņēmējs cenšas *izspiest*, piemēram, no sava darba devēja papildu *bonusus*, īpašu statusu vai atlaides. Līdz nepazīšanai pārvērsta emocionāla vajadzība, ko darba devējam nekad nebūs pa spēkam apmierināt. Tas nav viņa uzdevums, bet darbinieks var kaut ko tādu gribēt, ja darba devējs neatsaka. Ja bērnības gados neiemācās apmierināt emocionālo vajadzību patstāvīgi, lai sajustu gandarījumu, tad neapzinātā nepieciešamība nekur pati no sevis neizplēn. Ir pieauguša cilvēka izskats, bet rīcība, pieprasot to, ar ko pašam vajadzētu spēt tikt galā, izskatās nedaudz dīvaina pieaugušā sociumā. Ja apkārt ir tādi paši kolēģi kā „bērni", tad no mūžīgās bērnības neizkļūt. Pēdējā cerība ir uz darba devēju, kas pamanīs šo manipulāciju un pratīs risināt to kā pieaugušais. Jāuzsver, ka var pamanīt, bet neprast atrisināt. Vide nefrustrē, bet izrāda un nodrošina sapratni. Kā īsti? Uzturot ticību, ka bērnība ir bezgalīga. Vecāki slikti. Tas noteikti ir personīgās psiholoģiskas izpētes lauciņš, bet, ja savu emocionālo intenču pētīšana neliekas aizraujoša, tad var atgriezties pie vienkāršākiem līdzekļiem, piemēram, izkoptā ļaunuma, kura galvenā priekšrocība un panākums ir iespēja neko patiešām izglītojošu ar sevi nedarīt. Atstāt, lai citi mokās, iegulda savu laiku, lai glābtu kopējo situāciju.

Izkoptais ļaunums, Austrumu filozofijas jēdzienos domājot, nav karma vai eiropeiskā interpretācijā – liktenis. To jebkurā mirklī ir iespējams mainīt un kā viendabīgu masu šķīdināt; to var neitralizēt, arī darbojoties patstāvīgi mājās. Bērnības vajadzību „bedre" paliek, bet tā ir modificējama. Sākumā varētu pārdomāt, veltījot tam laiku, ar ko īsti nodarbojas ikviens savā darba vietā ne profesionālajā vai sociālo aktivitāšu jomā, bet emocionālajā redzējumā. Ar kādām jūtām tiek piepildīta mūsu diena? Par ko mēs pārdzīvojam ikdienā? Vai tiešām par darbu? Vai vairāk katrs par sevi? Uz ko tiek virzītas emocijas? Ar kādām pārdomām uzsākam darba dienu?

Iegūtā attieksme tiek vērsta uz saudzējošo, produktīvi veicinošo personības šķautni vai uz destruktīvo un frustrējošo daļu. Piemēram, vēlaties palikt vai arī aizmukt, atrast ieganstus, risināt vai noliegt, radīt vai iznīcināt, pamudināt vai novērsties... Izkoptais ļaunums parādās tad, ja „pieslejamies negatīvisma sienai" un pārliecinām apkārtējos noticēt, ka tas ir argumentēti un pareizi. Daudziem tas var izrādīties vienkārši, jo paši notic savām iedomātām grūtībām. Piemēram, ir darba uzdevums – projekta vadīšana vai plāna izveide, bet tajos gadījumos, kuros mājo bērnības emocionālais izsalkums, šķiet svarīgāk (kas šajā situācijā ir saprotams) neapzināti atriebties pārējiem par to, ka neesam saņēmuši šodien to, ko vajadzēja vakar. Ja nav bijis vecāku glāstu, tad lai apkārtējie mokās, sapinušies nekonkrētībā vai neizpratnē cilvēka dēļ, kurš pats ar sevi netiek galā. Neorganizēts un bezatbildīgs. Lozungs ir šāds: „Lai citi „izbauda" tieši to, kas pašu ir sāpinājis!" Vecākiem nav bijis laika, motivācijas, ieinteresētības lasīt priekšā pasaciņu, tāpēc lai tagad pārējie pamokās, sameklē savu laiku un veltī pienācīgu uzmanību! Tā ir filigrāni izstrādāta atbildes reakcija un manipulācijas. Apkārtējos ar laiku var rasties jautājums, kāpēc tā notiek? Kas patērē tik daudz laika, ka darba aktivitātes kļūst tik smagas, bet plānotā pozitīvā rezultāta nav... Analizējot uzņēmumu vadību un darbiniekus, pēc pieredzes varu teikt, ka ir ne mazums līdzīgu situāciju, kad darbinieki dodas uz darbu, individuālu, emocionālu motīvu vadīti, un meklē aizbildinājumus nepadarītajam uz darba devēja rēķina. Iegūt patiesību ir sarežģīti, tāpat kā izlasīt visu šo nodaļu, tam ir vajadzīgs laiks.

Astoņpadsmitais piemērs.

Jūs satiekat cilvēku, uzsmaidāt, sasveicināties un apjautājaties par viņa panākumiem. No satiktā paziņas šķiraties ar vislabākajiem novēlējumiem, bet, tiklīdz cilvēks ir pagriezis muguru, „parādāt mēli".

Situācijas psiholoģiskā interpretācija.

Divkosība ir viena no izkoptā ļaunuma formām. Šādas izpausmes cilvēcei ir pazīstamas, un domātāji ir cīnījušies, rakstījuši par šo īpašību kopš cilvēces filozofiskās domas pirmsākumiem. Sabiedrībā divkosība tiek dažādi maskēta, pieņemot, ka tas nav īsti labi, tomēr to piekopj daudzi. Mēģināsim pievērsties psiholoģiskajai tendencei un kontekstam, kas pamudina godīgu mietpilsoni rīkoties divkosīgi.

Ir kulturālais aspekts – rīcība ir viena, bet tās izpausmes ir atšķirīgas. Piemēram, intelektuālajā līmenī tad, kad paša prāts pasaka: nevajag tā rīkoties un pašam ar to pietiek. Vēlēšanos var strauji apturēt, un tas nesagādā nekādas grūtības. Visiem tas tik veiksmīgi neizdodas, tāpēc jāapsauc sevi biežāk vai vispār jāignorē un joprojām jādara tas, kas nav īsti labi, toties patīkami. Citi rīkojas tieši, kā minēts testa jautājumā, nejūtoties vainīgi. Šādi arī ir iespējams izreaģēt savu „inteliģenci", jo būtībā divkosīgs var būt ne tikai proletārietis, vidusšķira, bet arī inteliģence. Var secināt, ka divkosība kā emocionālas izpausmes nepieciešamība eksistē sociumā un nav iespējams izvairīties no tās klātesamības uzvedībā ne personīgajā, ne publiskajā dzīvē. Tas ir psiholoģisks fenomens, no kura vairāk vai mazāk var ciest paši un apkārtējie. Arī to visi zina, tomēr pilnīgi izskaust cilvēkos šo vājību vēl nav izdevies nevienai sabiedriskajai iekārtai. Sākumā var šķist pavisam nevainīgi, ka domājam vienu, bet citiem paužam ko pavisam citu. Izlikties ir raksturīgi ne tikai cilvēkiem, bet arī dzīvniekiem – iespējams, tā ir instinktīva pašsaglabāšanās taktika. Pirmais spilgtais piemērs, kas nāca prātā, domājot par dzīvnieku izlikšanos, ir dievlūdzējs, kurš briesmu gadījumā pārvēršas nemanāmā koka zariņā, lai netiktu notiesāts kāda pusdienu maltītē. Vai apmāns, kas sniedz gandrīz garantiju izdzīvot, ir tas pats, kas divkosība? Var teikt, ka tā ir evolūcijas gaitā iegūta māka, savdabīga meistarība, ko atklāj un nostiprina paaudzes, nododot cita citai. Cilvēku psiholoģiskā uzvedība, kas atspoguļo izlikšanos, retāk ir saistīta ar evolūciju un dabu, tā drīzāk ir individuāla iedaba, savstarpējās vienojošās līdzības pazīme.

Ieguvums var būt dažāds, piemēram, tēlot vai piespēlēt, lai gūtu prieku vai kādu citu materiālāku gandarījumu. Tā kā kāds tīksmināšanos par sevi var apmierināt, vien priecājoties par citu vājībām un nepilnībām, tad viens no emocionāli pieņemamajiem veidiem ir šāda psiholoģiskas aizsardzības mehānisma izveide, liekuļojot sagādāt sev emocionālo komfortu. Celt savu nozīmīgumu, izpētot un uzzinot derīgu informāciju par citiem, atrodot robus, kuros var iepildīt savas individuālās priekšrocības. Nepietiek ar sevi, vajag pavairot un nostiprināt savus priekšstatus uz citu rēķina. Turklāt, paliekot draugos, lai varētu tikties vēlreiz. Jāsaglabā „donors par brīvu", nevajadzēs tērēties, lai pašpilnveidotos vērtīgāk. Vārds „tīksmināties" nav īpaši veiksmīgi piemeklēts, tomēr cilvēkam ir vēlams par kaut ko sevī priecāties, vienalga, vai tā ir sajūta vai matērija, tas ir bērnības pārspīlētais prieks par Ziemassvētku vecīša dāvanām. Bērni īpaši gaida šos svētkus, un šī vēlēšanās paliek un pieauguša cilvēka dzīvē aizvirzās uz narcismu un „Ziemassvētku priekiem" par to, ka ir izdevies kādu maldināt vai pārspēt, kam pieauguša dzīvē ir pavisam cita nozīme. Bērnības aizraušanās iziet vairākas metamorfozes.

Hipotētiskais cēlonis ir iezīmējies, un ar to varētu neauklēties, tas arī neaktualizētos, ja vien kāds no mums emocionāli neciestu no bērnišķīgas skaudības, ka Ziemassvētku dāvanu maisā visas dāvanas nav vienlīdzīgas. To saturs ir atšķirīgs, cits var saņemt kaut ko labāku, un problēma ir, ka nav garantijas, ka tas, ko uzdāvinās, būs kārotais un gribētais. Visu šo situāciju sarežģī, ka Ziemassvētku vecītis nav notverams un viņš staigā no mājas uz māju. Rodas greizsirdība, jo nevar īsti zināt, cik ilgi un ar ko nodarbojas Ziemassvētku vecītis, satiekot citus bērnus. Izkoptais ļaunums iegulst priekšstatu veidošanas procesā, psihiskās enerģijas patērēšanā un sevis maldināšanā, jo jūtas pret Ziemassvētku vecīti bērniem ir spēcīgas. Visi viņu gaida! Notiek plaša sagatavošanās, bet tas tik ilgi gaidītais un gribētais ierodas tikai reizi gadā. Tāpēc diemžēl (vai arī par prieku) nevienu tā neizdodas maldināt un ievirzīt nepareizas rīcības gultnē kā sevi pašu. Katrs bērns gribētu savu personīgo Ziemassvētku vecīti, bet zaudējuma sajūta ir liela, jo bērni zina, ka tas nav iespējams. Ja veidojas nepieciešamība paust divkosību, tad tie ir precīzi raidīti signāli no bērnības, kas vēsta, ka neesam īsti apmierināti un cenšamies atrast kompensējošus mehānismus, lai mierinātu savu jūtu nepieklājīgo izpausmi. Ieskatīties apkārtējo dāvanu maisiņos nav glīti, bet bērni bieži vien nevar sagaidīt, lai palielītos ar to, ko paši saņēmuši dāvanā, un lai uzzinātu, kas īsti ticis citiem. Ziemassvētku rituālās vajadzības nav noslēpums, un uzvesties šādās situācijās mācāmies kopš bērnības. Konkurējam savā starpā, sacenšamies, ārišķīgi izpaužam un iekšēji pārdzīvojam to, kas mums kā bērniem ir ļoti, ļoti svarīgs. Idealizēts tēls, kurš piepilda sapņus. Gandrīz ikviens ir spējīgs intuitīvi nojaust nepatiesu un divkosīgu attieksmi no Ziemassvētku vecīša puses. Ar šo frustrāciju maziem bērniņiem nākas tikt galā pašiem. Tiem, kam vecāki spēj konkurēt ar Ziemassvētku vecīti, visticamāk nebūs tādu kompleksu, kā ir tiem, kuru vecāki paliek Ziemassvētku vecīša ēnā. Tādā gadījumā turpmāk ir prieks, kas mijas ar dusmām, kad atklājas, ka tāda ideāla uz Zemes nav. Neeksistē „kāds", kurš ir spējīgs iejusties otrā un piepildīt visas vēlmes.

Izveidojas emocionāli dubulta dzīve starp to, ko jūtam, un to, ko paužam. Ne tikai sagaidāmā vilšanās, bet mieru var nelikt neziņa, kurš uzņemsies piepildīt sapņus. Uz mirkli iztēlojieties, cik lielu psihiskās enerģijas daudzumu ir iespējams iesprostot emocionāli tik duālajā dzīves posmā. Emocionāli sarežģīts uzdevums ir par visām varītēm censties neizpaust šo atklājumu. Neatklāt ne sev, ne citiem realitāti, lai nebūtu jāsatiekas ar bailēm izprast savas neveiksmes, neziņu, pārpratumus, iekšējos konfliktus un apspiestās vēlmes. Kas turpmāk būs šis Ziemassvētku vecītis – pats vai kāds cits? Tā ir krīze, kas katram cilvēkam beigsies citādi, tik dažādi kā Ziemassvētku dāvanas svētku maisiņā. Tāpēc tiek uzturēta emocionāla vajadzība interesēties par apkārtējiem, lai pārliecinātos par kaut ko sev svarīgu. Piemēram, ka kāds ir atradis savu dzīves Ziemassvētku vecīti; ka viņš tomēr nevar būt ideāls, papriecāties par šo apstiprinājumu un tad, kad ziņkāre apmierināta, aizmirst, lai dotos tālāk. Pieaugušie arī tādēļ piepušķo, stāstot kaut ko par sevi vai no sevis. Tādēļ mēdz būt pārlieku plātīgi un lielīgi, iedomīgi un uzpūtīgi par to, kā, pašiem šķiet, dāvanu maisā ticis vairāk. Summējot visu uzskaitīto, varētu teikt, ka emocionāli objektīvi un subjektīvi priekšstati par sevi var veicināt psiholoģisko infantilitāti. Tad kā var izbēgt no šīs infantilitātes, ja pat objektīvie priekšstati to veicina? Ļoti būtisks jautājums. Svarīga ir atbilde, un tā var būt tikai viena, apmēram šāda: tikai cilvēks pats var piepildīt vai iztukšot savu dzīvi. Emocijas virza un nosaka dzīves kvalitāti, jo veselāks ir cilvēks, jo stabilāka un piepildītāka ir viņa dzīve. Reizēm ir jābūt ļoti uzcītīgam, atbildīgam un drosmīgam dārzniekam, lai uzraktu savu dārzu. Laba griba ir drošs ceļvedis. Cilvēks ir psiholoģiski pieaudzis un fiziski nobriedis, bet redz sevi vājāku, nekā patiesībā ir un var būt, jo, piemēram, bērnībā nav bijis iespēju pretoties vecāku uzurpētajai varai, un komunikācija bijusi drīzāk kā rīkojumi. Ģimenes vide nebija atklāta, tāpēc bērnam atlika vien būt divkosīgam. Vēlme būt sekmīgam vecāku acīs kādam var izvērsties dzīves drāmā, pat teorētiskas bailes no neveiksmes stindzina, tas ir saprotams, jo mīlam savus vecākus un negribam tiem nodarīt pāri, pieviļot viņu cerības. Nenokārtojot eksāmenu, pacensties atzīmi labot, gribot ar to noklusēt vecākiem savas grūtības. Kādam tas tomēr neizdodas, un informācija par nesekmīgo skolas darbu nonāk atklātībā, radot divkāršu kaunu, jo vecāki nosoda neveiksmes. Izstāstīt patiesību nevar, jo ģimenes psiholoģiskā vide ierobežo. Vecāki sašaurina iespēju izpausties, un ir jāiemācās apiet īstenību tā, lai tik ļoti vairs nesāpētu. Emocionālajai telpai sašaurinoties, veidojas psihotisks stāvoklis. Strupceļš. Bērnam var būt nepanesami grūti būt sliktam. Veidojas mēģinājumi izvairīties no realitātes. Nepieciešamība pēc ideālā glābēja – Ziemassvētku vecīša – pieaug. Individuālais izkoptais ļaunums kā personīgā atbildība izpaužas bērnības modeļa izdzīvošanā pieauguša cilvēka vecumā. Divkosība ir saglabājusies bērnības īpašība, ko izmanto pieaugušie. Ne visi, jo bērnībā katram ir veidojušās atšķirīgas attiecības ar Ziemassvētku vecīti un krīzi.

Reizēm cilvēki interesējas par citiem, lai izprastu, kā tie tiek galā un risina emocionāli līdzīgas situācijas, jo zemapziņā visus vieno līdzīgi pagātnes ideāli. Bērnības laikā netika uzkrāta pozitīva pieredze par negatīvo situāciju risinājumu, lai tagad, esot vecākam, būtu spēja izkļūt no psiholoģiskā slazda. Piemēram, cerot uz mesijas parādīšanos, kas paņems un aiznesīs tālu prom no grūtībām un nepatīkamā. Tāpēc jāaptver, ka cilvēki liek lielas cerības uz citiem, jo netic paši sev. Par maz orientēti uz sevi. Tas nav viens un tas pats, domājot un salīdzinot ar narcismu. Koncentrēties uz savu iekšējo harmoniju ir pavisam kas cits. Atliek vien joprojām melot saviem bērnības neapzinātiem procesiem ar vecākiem un maldināt sevi pašu, ja kādam nav beigusies „lieta" par Ziemassvētku vecīti.

P.S. Pašam Ziemassvētku vecītim nav ne vainas.

Deviņpadsmitais piemērs.

Tiklīdz pamanāt, ka jūsu darba kvalitāte neatbilst sniegtā pakalpojuma izmaksām, jūs cenšaties to noliegt un noveļat vainu uz citiem.

<u>Situācijas psiholoģiskā interpretācija</u>.

Pakalpojuma sniegšana ir process, kad mēs kaut ko darām un kāds mums par to samaksā. Ja pakalpojuma sniegšanā vai arī produkta pārdošanā ir iesaistītas vairākas personas, tad saņēmējs neapmierinātības gadījumā ir tiesīgs uzrunāt tieši mūs caur šo trešo personu. Pretenzijas tiek vērstas pret šo trešo indivīdu, kurš ir vidutājs starp ražotāju un patērētāju. Starpniekam nav jābūt ideoloģiski vai fiziski līdzīgam preces vai pakalpojuma radītājam, bet tas, kurš izvēlēsies iegādāties piedāvāto, var vēlēties ražojumu pēc priekšstatiem par starpnieku. Tad, kad jādomā par lielāku preču klāsta apriti, liela vērība jāveltī piedāvājumam un tām personām, kas realizē preces un veido tiešo kontaktu ar pircēju, lai būtu adekvāta saikne starp pirmo un otro un no tā neciestu potenciālais patērētājs, piedāvājuma adresāts. Saskarsme ar klientiem ir dažāda, un līdz ar to veidojas atšķirīga komunikācija un rezultāti. Iedomāsimies sevi pamīšus abās lomās, kas mēdz būt bieži. Mēs kaut ko piedāvājam citiem un pēc savas darba dienas, pirms atgriežamies mājās, vēlamies ieiet veikalos un iegādāties kaut ko sev. Ikviens, kas iepērkas vai izmanto kādu pakalpojumu, savā pircēja praksē ir saskāries ar emocijām, kuras kā procesi norisinās atšķirīgi, tādējādi veicinot vai atturot vēlmi iepirkties. Ja pārdevējs ir stresā vai viņam ir citas negatīvas izjūtas, tad zaudētājs ir ne tikai pats tirgotājs un pircējs, bet arī visi tie, kas ir vienā uzņēmēju sasaistē, līdz pat ražotājam. Tāds pārdevējs, kurš ir pārmērīgi agresīvs vai ar darba uzdevumam neatbilstošu intelektu, bremzē visus labos lietišķos nodomus. Tautas gudrība vēsta: ja kas gadās pirmoreiz, to var *norakstīt* kā nejaušību, bet otrajā reizē to jau vairs nevar vērtēt kā nebijušu un var dēvēt par „sistēmu". Cilvēki grēko tajā ziņā, ka tic naiviem solījumiem un piever acis uz svarīgām lietām. Pat tad, kad pieaug pretenzijas, un pārdošana īpašniekus joprojām neapmierina, daudzos gadījumos situācijas stabilizēšanā nekas netiek darīts. Darba vides situācijas ir unikālas, tomēr ir arī tipiskas vienojošas kļūdas, piemēram, darba kolektīva veidošanā, darba devēja un ņēmēja attieksmē, un pats svarīgākais, gaidās un cerībās par vēlamo un kopējo darījumu mērķiem. Naudu nopelnīt esot vienkāršāk, nekā tikt skaidrībā ar pārdzīvojumiem, kas rodas kompāniju ikdienas darbos. Principā katrs uzņēmējs var dalīties ar savu ne tikai veiksmīgo, bet arī ne tik spožo darba organizācijas pieredzi. Kādam ir „sabrucis" bizness tāpēc, ka nav skaidri cilvēciskie faktori. Nesamērība vai pārmērība attieksmēs rada problēmas, sliktu garastāvokli, kompleksus un iztukšo kabatas.

Mēs šobrīd koncentrēsimies uz svarīgāko – cilvēku, kurš ir iesaistīts darba attiecību, ražošanas, pārdošanas un pirkšanas procesā. Vainas izjūtai un tās variāciju izraisītajiem pārdzīvojumiem bieži vien nav gala. Mirklis ir īss. Sākumā neērti no tuvinieka, bet vēlāk no svešinieka, un pats svarīgākais ir, ka pats var nepamanīt šo maiņu un „kalpot" šai izjūtai neapzināti visu mūžu. Vainas apziņa ir viens no biežāk sastopamajiem pārdzīvojumiem, par ko sūdzas cilvēki. Raud, kritizē, devalvē, ieved sevi strupceļā, cieš, galu galā kļūst par neveiksminiekiem un cietējiem, izpērkot savu individuālo vainas izjūtu apkārtējās pasaules priekšā. Tas ir smags slogs, ja tas tiek izdzīvots bez nozieguma, par neko. Dziļi personisks pārdzīvojums, kas ietekmē lietas, kurām nav ar to nekāda sakara. Nu, kā tā – nav? Ir gan! Virkne cilvēku cenšas, un kāds nespēj padarīt darbu, jo ir destruktīvs. Biežāk neveiksmes var sajust tur, kur šādi cilvēki ir vairākumā.

Mēdz būt citādi, kad visu interesējošās lietas labā tikai viens, nepazīdams vainas apziņu, ir spējīgs glābt uzņēmumu. Apstākļu ietekmi uz cilvēka psiholoģiskajiem mehānismiem ir pētījuši pasaulslaveni psihologi, psihoterapeiti, psihoanalītiķi, filozofi u.c. Vainas apziņa ietekmē cilvēka brīvības izpausmi, un viņš reizēm rīkojas kā pele smiltīs – jo vairāk kārpās, jo dziļāk ieslīgst ne gluži smiltīs, bet pienākumos, aizbildniecībā, pakļautībā, kam vairs nav ne gala, ne malas. Tā var ne tikai ierobežot rīcību, bet arī vispār neatstāt izvēles brīvību, jo pārskata punkts ir atbrīvošanās no vainas izjūtas, ne konkrēti darba uzdevumi, ideju nodrošināšana, darbs kā tāds, bet emocionāla līdzatkarība no ģimenes locekļa, kurš, piemēram, ir alkoholiķis. Pats nelieto *sīvo*, bet visu mūžu attaisnojas.

Vainas apziņas ietekme uz darba jautājumiem ir tikpat liela kā kādā no iepriekšējiem stāstījumiem par vecākiem, kam ir vainas apziņa, piemēram, tāpēc, ka ilgstošas prombūtnes dēļ pašiem ir trūcis pašu bērna uzmanības un klātbūtnes. Pieaugušiem arī vajag bērnu uzmanību. Jo patstāvīgāki kļūst bērni, jo lielākas ilgas ir vecākiem, ne tikai pretēji, kad „bumba tiek sista vienos vārtos". Vecāki nereti ir greizsirdīgi un nevēlas šķirties no bērniem tieši šī iemesla dēļ. Izjūtas ir tik sarežģītas, ka bērnam nesagādā grūtības nojaust kaut ko nelāgu. Vainas apziņas dzimšana biežāk notiek tieši šajā periodā ar lēnu, bet neapvaldāmu tendenci progresēt. Vai nepietiekamas uzmanības gadījumos, kad no savām atvasēm atpērkas ar skaistām mantām vai pārmērīgi lielu kabatas naudu? Protams, ka tā notiek, taču nepiemirsīsim ko citu – to, ka tad, kad trūkst kāda svarīga cilvēka, lai mazinātu ilgas, tam, pēc kura tiecas, ir „jāprotas", un emocionālām vai materiālām kompensācijām ir jābūt. Vecāki, kas pārspīlēti piepilda sevi un bērnus ar materiālajām lietām, visos gadījumos nav vainas izjūtu vadīti upuri, kuri pērk un iepērkas, dāvā un dod tikai tādēļ, ka jūtas neveikli. Galu galā vecāki mīl savus lolojumus un vēlas savās jūtās dalīties ar to, kas pašiem pieder. Turpretim citi, kuri rīkojas ar atšķirīgāku motivāciju, jo tā viņiem šķiet mierīgāk un komfortablāk, izkļūst no ļoti šaurās vainas izjūtas ar materiālajiem labumiem. Vecāki mēdz pārdzīvot, ka nav pietiekami labi apdāvinātāji. Tāpēc, lai pieklusinātu kārtējo iekšējo vainas apziņu, jau kuro reizi atsakās no kaut kā par labu saviem bērniem, kaut gan tas ir lieki. Vai mēdz būt cita iespēja? Kāpēc tas ir gandrīz neiespējami? Tāpēc, ka tas ir izplatīts, bet neveikls mēģinājums šādi ietekmēt savu vainas izjūtu. Tāpēc, ka trūkst zināšanu un asociāciju, kā mīkstināt savu frustrāciju līdzīgos emociju novērojumos sevī. Nekas jauns – neapzinātība.

Vainas izjūta var būt tik spēcīga, ka tā var balansēt uz robežas ar dziļu iekšēju emocionālu sevis nepanesamību. Cilvēkam ar dziļu vainas apziņu ir tieksme ar grūtībām sadzīvot un pieņemt sevi bez vainas izjūtas. Tās ir emocionālas dabas sāpes. Tam seko nākamais solis – sevis sodīšana; un tad atpakaļ – pēc paša sodīšanas, vainas apziņa par to, ka sodījis sevi. Tā izpaužas vainas izjūta, tāpēc tā ir bezgalīga, kamēr visbeidzot apnīk un cilvēks sadusmojas, un beidzot apstājas šajā bezjēdzīgajā skrējienā. Agresivitāte ir nepieciešama un dusmas tāpat. Bailes no sadusmošanās attur dumpi. Tas nekādā gadījumā nav izkopts ļaunums, ja cilvēks apvainojas un sadusmojas par to, ka darba kolektīvā, pildot uzņēmējdarbības projektus un tamlīdzīgi, tiek izmantots. Dažreiz brutāli un nekaunīgi. Apkārtējie, pamanot šādu iespēju, rīkojas saskaņā ar izkopto ļaunumu – izmanto. Lieto kā lietu, nevis sadarbojas kā ar cilvēku. Bez šaubām, neviens stundām neanalizē, turklāt bez īpašām zināšanām to izdarīt nevar, bet uzvedību un attieksmi vienmēr var saskatīt un sajust. Izkopts ļaunums ir pamanīt šīs lietas un joprojām savtīgi izmantot otru. Ja nebūtu tik liels ieguvums no kāda vainas apziņas, tad apkārtējie sen to apturētu, taču darba vidē daudzi ir ieinteresēti vairāk saņemt un mazāk strādāt, novelt atbildību, nevis uzņemties to, atrast atrunas, nevis cēloņus un tamlīdzīgi. Sabiedrības apziņā parādās izpratne, ka „sliktais" vai „sliktie" ir jāsoda, lai „cieš tas, kas vainīgs". Vai pazīstama situācija? Teorētiski visi ir spējīgi vismaz laiku pa laikam atrasties abās pusēs. Izmantot to, kurš cieš no vainas apziņas dvēseliskās eirozijas, kā arī pats būt šīs iekšējās sagrāves galvenais cietējs.

Var pieņemt, ka vainas izjūta un sevis sodīšana realizējas „roku rokā". Nav iespējams izšķirt, kura no emocionālajām izjūtām ir sastopama biežāk – vainas izjūta un sods vai prieks un laime, zināms ir tikai, ka pirmais tandēms ir patiesi nopietns un biežāk rodas bērnībā, esot sasaistē ne tikai ar vecākiem, bet arī ar citiem tuviem cilvēkiem. Testa jautājums ir raksturīgs tiem, kas attaisnojoties cenšas novelt vainu uz citiem. Ja darbiniekam pajautātu: „Kāpēc konkrēti tu neesi pietiekami apzinīgs savos darba uzdevumos?", tad atbilde, ja to izdodas sagaidīt bez kārtējās izvairīšanās, ir saistīta ar paša iekšējām psiholoģiskajām problēmām, un tām nav nekāda sakara ar pārējiem un apstākļiem. Tieši pretēji, jo vairāk „vainīga" ir vide, jo nopietnākas problēmas ir pašam darbiniekam. Tāda izskatās apkopotā vismaz piecpadsmit gadus ilgā darba pieredze mūsu kompānijas kolēģiem, konsultējot personāljautājumu procesos uzņēmumos. Uzbrukt pircējam, ka viņš neprot iepirkties, ir mēģinājums neapmierinātību novirzīt uz līdzcilvēkiem. Tā ir projekcija. Pats neprot ne iepirkties, ne pārdot. Šādu piemēru ir daudz: jo lielāks ir birokrātiskajā sistēmā iesaistīto loks, jo lielāka ir iespēja savu nenoformulēto vainas izjūtu deleģēt kādam no apkārtējiem. Mēdz būt, ka tieši tādēļ cilvēki krampjaini cenšas saglabāt savus amatus, piesegdamies ar pseidointeresi par darbu un tā ideju. Demagoģija ir viens no spilgtākajiem veidiem, lai noturētos tajā darba lomā, kam patiesībā pats nenotic. Jāatzīst, ka eksistē gan individuālā, gan kolektīvā vainas apziņa, un tā ir sabiedrības vai pat dažu kultūru problēma. Antropologi varētu pastāstīt par šo fenomenu kā par jēdzienu kaut ko vairāk. Psihoterapeitiem un jo īpaši psihoanalītiķiem arī ir savas teorijas par šo nenovēršamo procesu tiem, kam ir vēsture un atmiņa.

Vainas izjūtu pārmanto no grupām vai kolektīviem. Mūsdienu uzņēmums arī var „slimot" ar vainas apziņu, pašiem darbiniekiem to neapzinoties. Šo sajūtu var radīt un nostiprināt kāds neveiksmīgs eksperiments, nepopulārs lēmums vai neparedzēts gadījums, personīgi pats līderis vai tā grupa. Lai veidotos kolektīvā vainas izjūta, nav nepieciešama savstarpēja pazīšanās. Paaudzes var nepazīt cita citu. Situācijā tieši neiesaistīto cilvēku kopums, kā arī notikuma vēsturiskais konteksts nav šķērslis vainas izjušanai pat vairākās paaudzēs pēc kārtas vienā un tajā pašā organizācijā! Cilvēks tiecas pēc savas identifikācijas, un tas *pārslēdzas* uz sabiedrību, tautu, reģionu, cilvēku grupu, dzimtu vai ģimeni. Šāda psiholoģiskā pielāgošanās norisinās automātiski, bieži vien bez analīzes vai pārdomām. Visa tauta kļūst daļēji atbildīga par kādu negatīvu situāciju, kurā kādreiz ir bijis iesaistīts kāds konkrēts negatīvs cilvēks. To pašu var attiecināt arī uz pozitīvu pieredzi, kad kāds tautas pārstāvis kļūst par tās godu un lepnumu un pārējie uzskata, ka tas ir viņu katra nopelns.

Atsauciet atmiņā pagātnes notikumus un cilvēkus, un jūs atradīsiet ne mazums tādu gadījumu! Visiem ir pazīstamas tādas vēsturiskas personības kā da Vinči, Šopēns, Bulgakovs, kā arī Hitlers, Staļins, Ļeņins u.c. Līdzīgas mijiedarbības un likumsakarības detalizētāk var pamanīt, analizējot katram savu kompāniju. Sociālās psiholoģijas teorijas šādos gadījumos arī var veiksmīgi palīdzēt.

Bankrotējuša uzņēmuma īpašnieks, kurš veiksmīgi pratis izkļūt no kļūmīgās situācijas, visticamāk tomēr zaudēs patērētāju uzticību, ja nemācēs nostiprināt pārliecību visdažādākajos līmeņos paša darbiniekos. Jādomā, kā veiksmīgāk rīkoties, lai šaubas un nepārliecinātība intuitīvi un verbāli nevēlami nenokļūtu līdz pircējam. Izkopts ļaunums ir realizēt sliktu preci un pasniegt to kā labu un vērtīgu. Agri vai vēlu nelāgas lietas atklājas, un ne jau tāpēc, ka darbojas karma, kaut gan daudzi nevar izslēgt tādu faktu kā liktenis, bet tāpēc, ka zemapziņa ir spējīga sajust informāciju un apziņa rīkojas. Piemēram, iemesli nav skaidri, bet cilvēks vairs nedara to, kam bijis uzticīgs kādu laiku, mainot dzīvesveidu, ražotāju, ieradumus, intereses u.c. Tie darbinieki un pakalpojuma saņēmēji, kas ir no nākamās patērētāju paaudzes, it kā var neko nezināt par uzņēmuma pagātnes ēnas pusi, tomēr ar to var būt par maz un tas nav iemesls, lai kavētos pārdošana. Tie, kam ar notiekošo nav nekāda sakara, mēdz pieņemt pagātnes neglaimojošo situāciju kā savu atbildību, bez izpratnes intuitīvi pieslēdzoties kolektīvajai vēsturiskajai vainai. Tas ir reāli. Sākumā nopietnākām studijām var izvēlēties palasīt psihoanalītiķa K.G.Junga teorijas. Tā, piemēram, ja kāds ir saindējies ar pārtikas produktiem un tas ir tapis plaši zināms, uzņēmumam radot nopietnus materiālus zaudējumus, par unikālo gadījumu emocionāli atbildību uzņemas dažādu līmeņu darbinieki, arī tie, kam nav nekādu tiešu saistību ar notikušo. Tādējādi klienta pretenzijas attiecas uz katru uzņēmuma darbinieku personīgi, jo strādā un komunicē cilvēks, ne robots. Reizēm ir vieglāk slēgt projektu, nekā reanimēt kompānijas labo slavu. Tas visticamāk piederas pie mārketinga vai sabiedrisko attiecību jomu specifikas; tas, kas ir mazāk apzināts un nebūtiskāks, ir iekšējais kolektīvais pārdzīvojums, kuru nevar izglābt reklāmas rullītis. Vēlams ir atklāt iekšējo vainas izjūtu, lai psiholoģiskais klimats un produkta kvalitāte no tā neietekmētos, pretējā gadījumā ieguldītās cerības un biznesa vīzijas var nesniegt vēlamo, nostiprinot vilšanos un vainas izjūtu par neveiksmēm, kas netika iezīmētas un metodoloģiski pareizi psihoemocionāli neitralizētas caur apzināšanos. Ir vērts pacensties labot savas kolektīvās kļūdas, lai neaizietu bojā ieguldījumi – labas idejas, veiksmīga izejas pozīcija, investētie resursi. Kolektīvā vainas apziņa ir kā rūsa, kas var saēst visu uzņēmumu vai kādu konkrētu projektu. Organizācijas darbiniekos, kas īsteno uzņēmuma mērķus, var veidoties vainas izjūta par kolektīvajām neveiksmēm, kaut gan galvenie vaininieki ir citi. Piemēram, darba devējs, iepriekš vai ilgāk strādājošie kolēģi, pagātnes neslava, mīts. Tāpat tā var būt kāda struktūrvienība, nodaļa, iecirknis, kurā vienkopus ir savākušies šie „līdzvainīgie". Kolektīvi jāizcieš neveiksme, kas ir nepatīkami, no kā neizdodas izvairīties, jo ir „jāizpērk grēki", kam nav noilguma. Vainas apziņa nav vienīgā, kas var apgrūtināt panākumu sasniegšanu.

Uzņēmumos mēdz būt divkosīga kultūra. Cilvēkiem ir interese citam par citu, un tā turpināsies vienmēr, darbojoties vienotā sociāli informatīvajā apritē, citādi nevar būt. Indivīds nevar palikt *autsaideros* pat tad, ja to vēlas, tāpēc, ka domas un izjūtas satiekas un ir līdzīgas starp svešiem cilvēkiem, kur nu vēl starp pazīstamiem. Zinātniskas idejas satiekas. Tās netiek zagtas, šo virtuālo saskarsmi nodrošina intuīcija, intelekts, zināšanas par saviem un visu pieņemtiem simboliem. Cilvēki, kuri interesējas par vienu un to pašu, var saprasties bez vārdiem. Pat tad, ja satiekas pirmo reizi, var atrast domubiedrus un draugus. Labs kolēģis ir tāds, ar kuru var viegli saprasties. Vainas izjūta panāk pat neiesaistītos. Ražotāja vai realizētāja vainas apziņa, tēlaini izsakoties, klejo no kolēģa uz kolēģi horizontālā varas subordinācijas līmenī, kā arī vertikāli – no augšas uz apakšu un, pagriežoties pretējā virzienā, pie emocionālā pirmsākuma. Tā šis kolektīvās vainas ritenis griežas, kamēr palielinās spriedze, stress un destrukcija, apdraudot ne tikai vienojošos uzņēmuma darbības panākums, bet arī garīgās vērtības un individuālo psihohigiēnu. Gribētu uzsvērt, ka kolektīvā valdoša negatīvisma, ignorances, paviršības, neiecietības, uzņēmības trūkuma vai aprunāšanas līmeņa paaugstināšanās cēlonis var būt kolektīvā vainas izjūta pat tad, ja nekas būtisks nav noticis. Testa piemērs ir par vainas novelšanu, skaidrojums – par kolektīvās vainas izjušanu. Vai cilvēks, noveļot vainu uz saviem kolēģiem, pats no šīs sajūtas atbrīvojas? Nē, tas nav iespējams. Pieņemt vainas izjūtu vai atgrūst to ir divas dažādas emocionālas un ideoloģiskas līnijas. Tās ir atšķirīgas pieejas un spējas, kas tuvina vai attālina cilvēku no realitātes. Piedot reizēm neizdodas, jo nav sapratnes par to, kas īsti būtu jāpiedod. Iespējams, ka cilvēks ir gatavs, bet viņam ir grūti identificēt pārinodarījuma raksturu. Vainas apziņa ir kā ritenis, kas griežas. Reizēm tā ir augstāka vai zemāka, bet relatīvi ir nojaušama. Tas liek domāt, ka vainas izjušanā tiek iesaistīti visi.

Salīdzinošais komentārs vērš uzmanību uz vainas apziņas veidošanās vidi un tās progresējošo nelabvēlīgo izpausmes ietekmi uz masām. Tas var notikt bez kāda īpaša gadījuma pat tad, ja savstarpēji nesarunājas. Tikšanās ar emocijām un intuīciju, nojausmu liek saprast, ka „kaut kas" nav īsti kārtībā. Piemēram, birojā ir bijis tracis, un kopš tas beidzies, ir pagājusi stunda. Mēs nezinām, kas ir noticis pirms laika, bet jūtam „kara cirvi gaisā". Vēl izteiktāk ir ar notikumiem, par kuriem esam dzirdējuši no vēstures, ziņām un citu cilvēku nostāstiem. Atrodoties uzņēmuma vidē, ne vienmēr pašiem un svešiem ir iespējams pazīt kolektīvās vainas izjūtas pazīmes. „Vainīgais" uzņēmums var būt ļoti dažāds savās izpausmēs. Korporatīvā kultūra var būt agresīva, kā arī pat mierīga. Visu izšķir rezultāts. Lūk, tas var būt viens no kolektīvās vainas izjūtas simptomiem. Pie neapmierinošiem rezultātiem var pierast, uzskatot tos par veiksmīgiem, atbilstošiem, pieņemamiem. Notiekošais ir pārlieku tuvs emocionāls pārdzīvojums, ko gandrīz nav iespējams pakļaut objektīvai analīzei. Tas ir saprotams, jo visi tieši vai netieši ir iesaistīti labumu vairošanā un dusmojas par to, ka tas nerealizējas. Mērķi ir sasniegti tikai aptuveni. Ja „vainīgais" uzņēmums sāks sevi kritizēt, kas vairos vainas izjūtu, tad iekšējā spriedze var būt tik liela, ka sasniegtais mazināsies. Darbinieki sāks sliktāk strādāt, nespēs koncentrēties, slimos un dažādi citādi negatīvi izpaudīsies. Redzēts simtiem shēmu, reorganizāciju, darbinieku rotācija, kas nav devis nekādu vērtīgu pienesumu. Pārliktas mēbeles ar visiem putekļiem, nekā citādi to nevar nosaukt. Ikviens augstākā vai vidējā līmeņa vadītājs atradīs iemeslu, lai attaisnotu jebkuru kļūdu vai neefektīvu rīcību. Tā ir psiholoģiskas aizsardzības uzvedība, jo cilvēks negrib atkārtoti justies vainīgs, tāpēc neuzklausa, bet attaisnojas. Saprotams, ka vainas apziņa regulē un ietekmē indivīdu biežāk, nekā to gribētos izjust ikdienas darba aktivitātēs. Turklāt, ja uzņēmuma kolektīvās vainas izjūtas iemesli ir vienkārši izskaitļojami, tad ir sevišķi nepieciešams novērst šo traucējošo frustrāciju, citādi darbinieku atbildes reakcija, kuri neapzinās, bet izjūt minēto kolektīvo vainas apziņu, var būt visneiedomājamākā – daļu izdevās ilustrēt jau iepriekš. Tas vēl nav viss. Neapzināti funkcionējošs kolektīvs ir bīstams biznesam, visai darījumu pasaulei, atstājot nopietnu iespaidu pat uz makroekonomiku. Līdzvainīgam *hronikim*, kas ir uzņēmuma īpašnieks vai vadītājs, ir pietiekami objektīvu iemeslu darbinieku atlaist vai pazemināt amatā, lai veidotos jauns iegansts personīgai līdzvainai. Indivīds ne vienmēr ir spējīgs veiksmīgi atšķirt to, kuri pārmetumi vai domstarpības ir attiecināmi konkrēti uz viņu pašu, bet kuri nebūtu jāuztver personīgi. Pieņemsim, ka uzņēmumā notiek darba vietu skaita samazināšana un kādam nākas uzņēmumu atstāt. Vainas apziņa nomoka ne tikai to, kurš pamet iesāktos darbus, piemēram, jūtoties vīlies sevī un citos, bet arī tos, kuri paliek, noskatās, apdomā, saraujas, uztraucas, aprunā u.c. Tā notiek pat tajos gadījumos, kad par radušos situāciju netiek runāts un tā tiek apzināti slēpta. Šādās situācijas klusums ir nosacīts, jo tiek apslāpētas patiesās emocijas – tas ir šķietams miers, ko raksturo trauksme bailēs no vainas.

Divdesmitais piemērs.
Situācijās, kurās izjūtat emocionālu diskomfortu, cenšaties sevi mierināt ar alkoholu.

Situācijas psiholoģiskā interpretācija

Bieži cilvēki tiek iztaujāti par patērētā alkohola daudzumu, lai modelētu ekonomiskās un sociālās tendences. Šādās aptaujās ieinteresētie jautātāji vēlas uzzināt, cik bieži un kādos daudzumos tiek lietoti grādīgie dzērieni, lai nekļūtu vai kļūtu atkarīgs no alkohola. Precīzāk varētu izteikties narkologs, jo tā ir viņa profesionālā ikdiena, un gandrīz tikai viņš spēs kompetenti pateikt, cik *glāzītes ir jācilā*, lai nekļūtu no atturībnieka par alkoholiķi un otrādi – no dzērāja par iedzērāju.

Gandrīz katram psihoterapeitam praksē ir nācies risināt līdzīgas problēmas, kad cilvēki sūdzas, ka nelieto alkoholu tāpēc, ka baidās radīt savu fobiju vai psihotisko stāvokļu saasinājumu, vai pretēji, aizpilda laiku ar grādīgajiem dzērieniem, jo cenšas apslāpēt savu neapzināto trauksmi, ciešanas un pārdzīvojumus, mīkstinot uzkrāto stresu, neveiksmes un citas nelaimīgas izjūtas. Alkoholisms nomoka klientu vai tā tuviniekus, jo ar sekām ir grūti cīnīties. Svarīgi ir saprast, ka alkohols ir līdzeklis, lai mazinātu realitātes izjūtu, piešķirot ikdienai nedaudz eiforisku skatu. Uzlabot savu omu nav slikti, tāpēc cilvēki ilgojas pēc saules, iet uz kino un sarunājas ar apkārtējiem. Pastāv robeža, kuru pārkāpjot, ir nepieciešama ārstu-narkologu profesionālā palīdzība. Tā ir nosacīta līdz tam brīdim, kamēr cilvēks pats var regulēt un ietekmēt savus stāvokļus. Atkarība no medikamentiem, azartspēlēm un pornogrāfijas ir un paliek psiholoģiska problēma. Pārmērīga ēšana, badošanās, smēķēšana, nemācēšana saimniekot ir grūtības, kas ir vienlīdz kaitīgas. Līdzīgas pēc savām spējām sagraut cilvēcisko, bet atšķirīgas saturā. Uz vizītēm ieradušos indivīdus nākas rupji sadalīt klientos un pacientos. Psihoterapeits strādā ar klientiem, bet narkologs un ārsts ar pacientiem. Tas ir principiāli svarīgs iedalījums pašam atkarīgajam, no kura izriet turpmākie nākotnes terapeitiskie ieguldījumi. Nav jāsatraucas par sadalījumu, bet jācenšas izveidot pareizāko metodisko pieeju, kas dotu vēlamo iznākumu. Tāpēc turpmākos komentārus alkohola izziņas jautājumos ir jāspēj izzināt pēc iespējas plašāk.

Tātad, ja tagadnes interese par grādīgajiem dzērieniem mainās, un tā salīdzinājumā ar pagātni kļūst aktuālāka, tad lietotājam ir pamats uztraukumam, jo līdztekus psiholoģiskajam pieradumam veidojas fiziskais. Kā tas izpaužas? Alkoholu sāk lietot regulāri, parādās rituāli, attaisnojumi, patēriņa kvantitāte sāk pārsniegt iepriekšējo daudzumu u.c. Ja iepriekšējais uzskaitījums lietotāju dara tramīgu, tad droši var teikt, ka „neatliekamo palīdzību” ir nepieciešams meklēt pēc iespējas ātrāk. Sākumā intuīcija var palīdzēt orientēties speciālista meklējumos. Nevajag mocīties. Mūsdienās ir milzumdaudz iespēju atbrīvot sevi no ciešanām. Ja nav uzlabojuma, tad droši var „pacelt cepuri” un doties meklēt palīdzību citur. Ir ne mazums piemēru, kad jau tā pazemotais cilvēks, nonākot neieinteresēta un rutinēta speciālista rokās, zaudē pēdējās pašcieņas kripatas. Reizēm vienveidīgais darbs notrulina profesionālās iemaņas tā, ka visi gadījumi šķiet vienādi, kas nu nekādi neatbilst īstenībai. Iedzertā alkohola kvantitāte un biežums mēdz būt līdzīgs, bet ne iedzeršanas vai hroniskas dzeršanas iegansts. Ar šiem „dzērājiem” neviens īsti nevēlas *ķēpāties*, jo palīdzēt klientam vai pacientam atbrīvoties no kaitīgajiem ieradumiem ir nopietns profesionāls izaicinājums pašam speciālistam. Savukārt ja bremzes netur, tad nevadāmu transporta līdzekli ir jāprot apturēt, un neviens nekad nevar saņemt iepriekšēju garantiju, ka nosēšanās būs mīksta. Tāpēc atkarīgajam atliek paļauties uz speciālistu, pašu un avārijas situācijas labvēlību, lai tā neizvērstos letālā visas dzīves katastrofā.

Ja cilvēks nespēj izvērtēt savu atkarību, tad var vērsties pie vairākiem speciālistiem un virzīties tālāk uz mērķi Gan psihoterapeits, gan ārsts pratīs identificēt „savu" klientu vai pacientu. Atkarīgs cilvēks ir brīvs sava speciālista izvēlē, vienalga, kas tas būtu – ārsts, narkologs, psihoterapeits, mācītājs, sociālais darbinieks vai cits. Lai nebūtu lieku vilšanos, jābrīdina, ka atkarīgam cilvēkam ir šķietama brīvas izvēles sajūta, jo, patīk mums tas vai nepatīk, atzīstam mēs to vai ne, cilvēkam ar šādām izpausmēm nevar būt liels psihoemocionālo iespēju potenciāls, citādi viņš jau sākotnēji izvēlētos būt neatkarīgs. Noteikti ir jāatrod savs speciālists un neveiksmes gadījumā nav „jāmet plinte krūmos". Pēc kādām pazīmēm izvēleties īsto speciālistu? Katram sava recepte, kurai katrs pats uzticīgs, tomēr, kaut gan tā ir personīgā pieredze, ne mazums gadījumos tā ir jāpaplašina. Vienu ideju „valkāšana" ir gandrīz tas pats, kā lietot vienas un tās pašas zāles, bīstamība ir pieradumā. Tieši šo emociju izpratne var izvērsties par lielāko un vērtīgāko ieguvumu.

Par ko galvenokārt ir jādomā, kad izvēlas padomdevēju atkarību apkarošanā? Visos gadījumos vispirms par sevi. Neanalizēt otru, bet sevi, esot saskarsmē ar to otro. Būtiski ir laikus paredzēt, ka dažos gadījumos no psihoterapeita klienta var kļūt par narkologa pacientu, ja laikus nerespektē sevī notiekošo. Dažiem tas ir principiāls jautājums, jo terapeitiskās metodes un pieejas ir atšķirīgas. Eksistē pašam priekš sevis noteikti uzvedības vai ieradumu signāli, kas var motivēt atbildīgāk izturēties pret alkohola ietekmi uz personīgo dzīvi. Tā ir briestoša problēma ar laika degli vai arī nekas sevišķs, dzīves plāniem netraucējošs reibums? Vai tā maz mēdz būt, kad nodzer māju un nekļūst par dzērāju? Jā, tā var gadīties. Cilvēks nav monolīts sakausējums, bet gan dzīva un radoša būtne. Saprāts pārvar neveiksmes, un nepatīkamais paliek atmiņā kā pagātnes pieredze. Dzērumā izteikts ass vārds, skandaloza uzvedība, nevēlama tuvība, vandālisms, notriektā nauda ir tieši tas, kas attur skaidro no nākotnes neprātībām.

Dzeršana ir kaitīgs ieradums, jo izdzertā tilpuma daudzums un stiprums pieaug, tāpēc ir kaitīgi aizrauties ar degvīniem. Pirms saslimtam ar alkoholismu, sevi ir jāpieradina pie grādīgiem dzērieniem. Pieņemts uzskatīt, ka alkohols nomierina vai uzbudina, tāpēc arī lielākoties tiek lietots. Novērojumam var piekrist, tomēr ir vēl ne mazums dažādu izjūtu, ko var sniegt alkohols. Cilvēki galvenokārt dzer tādēļ, lai sajustu emocijas. Intelekts un dzīves aktualitātes dod saturisko ievirzi, par ko dzert vai ko nodzert. Kad sadzīves grūtības, neveiksmes sirdslietās, mūzas izsaukšana, postoši materiāli zaudējumi ir situatīva rakstura, tad dzeršana kā buferis pasargā psihi, un, konfliktiem nokārtojoties, arī vēlme *cilāt glāzīti* pazūd šķietami pati no sevis. Piemēram, ģimenes vienīgais apgādnieks saslima ar „C" hepatītu, kas atklājās pēdējā, letālajā stadijā. Uzzinot par sava stāvokļa nopietnību, psihe neprata sevi citādi aizstāvēt, kā tikai ar relaksējošu vielu. Alkohols ir anestēzija, daži sāpju gadījumos dod priekšroku alkoholam, nevis medikamentiem. Dzeršana mēdz izpausties kā modes tendence, brīvā laika pavadīšana, tradīcija, kultūra, nabadzības vai pārticības simbols un pat politisks ierocis. Piemēram, Senajā Romā, lai valdošā vara varētu noskaņot tautu sev labvēlīgi. Alkohols tiek izmantots kā manipulēšanas ierocis un slēpto vēlmju piepildītājs. Ne viena vien sieviete ir tikusi pie bērna tāpēc, ka mēģinājusi vispirms piedzirdīt un vēlāk attiecīgi pielabināt sev tīkamo vīrieti. Alkoholu izmanto kā slazdu, lai kompromitētu, pazemotu un panāktu savu. Zaldātus piedzirda, un viņi zaudē savas kara pozīcijas, izdevīgo stratēģiju un novietojumu. Iedzērušos izmanto, lai tirgotājs iztirgotu preci. Par alkoholu nekad visi nebūs vienisprātis tāpēc, ka pat atturībnieki paši reizēm „grēko", lai ar tā starpniecību izkārtotu labumiņu. Alkohola ražotāji un tirgotāji mēdz būt sponsori, patērētāji, ceļotāji u.c.. Ja izdotos noņemt liekulīgo attieksmi, tad atklātos: lai reibinošā dzira tiktu patērēta vairāk, dažādās ieinteresētās puses manipulē. Par dzērāju nekļūst pēkšņi, bet pamazām, ģimene ir spējīga regulēt potenciālos draudus.

Lai testētu savu iespējamo atkarību no alkohola, pamatā pietiek atbildēt sev uz dažiem jautājumiem. Vai varat apstāties pēc trešās glāzītes? Ja tas neizdodas, tad nākotnē draud ne tikai ķīmiska, bet arī emocionāla atkarība. Iespējams, par kaut ko pārdzīvojot un cenšaties savām biedējošajām sajūtām uzdzert ko virsū, lai kļūst labāk. Tas ir īstermiņa glābiņš, jo trauksme ar laiku nemazināsies, un tās mazināšanai nepieciešamajai alkohola devai būs tendence palielināties un pastiprināties, tas jāatkārto vēl un vēlreiz. Vīna glāze, vēlāk jau pudele, kamēr psihe prasīs jau pāris litru, ko organismam būs grūti izturēt, jo palielināsies vajadzība pēc urinēšanas un mainītā apziņas stāvokļa sasniegšanai būs nepieciešams ilgāks laiks, kas var kaitināt lietotāju. Tas var uzbudināt atkarīgo, un viņš var kļūt neciešams, agresīvs un neadekvāts. Pašam nemanot, tiek mainīta dzēriena marka vai veids, paradumi u.c.. Patērējot degvīnu, reibuma stāvokli var sasniegt ātrāk, kamēr organisms un psihe nepierod un nepieprasa arvien spēcīgākus atslābinošus apreibinošos līdzekļus. Tāds varētu veidoties alkoholiķa dzīves ceļš, tomēr jāatzīst, ka ir izņēmumi. Jāuzsver, ka rīcība, kas var nest postu, gandrīz vienmēr ir atkarīga no paša indivīda. Ja kāds nespēj laikus apstāties, tā ir problēmu, ko var mainīt. Pārmērīga dzeršana ir traģēdija, šis vēstījums ir jāizprot. Tā nav nolemtība, ja pats vēlas rast izskaidrojumu savai nelaimei. Jāveido jauna „ķīmija", nevis ar savu atkarīgo personu un vielu, bet ar pagātni, tagadni un nākotni. Ne visi profesionāļi vēlas uzņemties saistības, jo darbs ar dažādi atkarīgajiem ir ļoti sarežģīts. Lai gūtu panākumus abpusēji, jāiziet cauri vairākām izziņas un savstarpējās sadarbības sistēmām. Jāapbruņojas ar pacietību, to panākt nav grūti, ja samēro ieguldījumus ar ieguvumiem. Lētāk un vienkāršāk ir iedzert, bet dārgāk un sarežģītāk ir zaudēt savu dzīves kvalitāti.

Alkohols atspoguļojas kā modes kaprīze, tas ir brīvā laika pavadīšanas veids. Orientēšanās alkoholā tiek popularizēta kā māksla, kā priekšrocība, kā īpaša zināšanu un intelekta kvalitāte. Alkohols tiek asociēts ar estētisku prieka avotu. Tas ir pieejams, nopērkams pārtikas veikalā, jebkurā atpūtas un izklaides vietā, bez tā faktiski nevar notikt viesības, biznesa pusdienas, darījumu noslēgšana. Alkohols atbilst jebkuram maciņam, apmierina dažādas garšas prasības. Alkohols ir universāls, laba dāvana gan ārstam, gan santehniķim. Tam ir pievienotā vērtība – pateicības izteikšana, atalgojums par pakalpojumu. Alkohols ir daudzpusīgs, tas iederas kāzās, kristībās, bērēs; tas ir rituāls, mūza iedvesmai. Alkohols ir vēsturiska vērtība. Alkohols var pieskaņoties jebkuram diennakts laikam – no rīta tāds, vakarā citāds. Tas ir svinību simbols. Kad tas ierodas, ir skaidrs, ka svinības ir sākušās. Alkoholam nav vecuma ierobežojuma, jo bērnu pie tā sāk pieradināt jau no agra vecuma – bezalkoholiskais dzirkstošais dzēriens tiek pildīts tādās pašās pudelēs kā alkoholiskais.

Šie novērojumi lai paliek sabiedrības ziņā. Alkohols rada dažādas ilūzijas – īslaicīgas un pastāvīgas. Vai alkohols ir izkopts ļaunums? Nē, drīzāk tā lietošana. Tomēr tas nav vienpusīgs apgalvojams, jo alkohols daudz neatšķiras no baltmaizes, mīlestības, seksa un grāmatu lasīšanas – pārmērīga lietošana ir kaitīga veselībai. Briesmas slēpjas tajā, ka alkoholam tiek piešķirta pārāk nozīmīga vieta sabiedrības komunikatīvajā apritē. Cilvēki devalvē savas personības spējas, uzskatīdami, ka bez alkohola nevar tikt galā ar kādu pārdzīvojumu vai uzdevumu. Neziņa par savām emocionālajām iespēju robežām rada bailes. Ikdienas uzdevumi var būt sarežģīti, un ar tiem ir jātiek galā. Mērķu sasniegšanai ir nepieciešamas spējas. Personības resursi nepilnveidojas, bet vide kļūst komplicētāka. Ja nav kur smelties iekšējos resursus un atbildības spiediens pieaug, bet atmest ar roku pienākumiem nav iespējams, tad iemalko „dopingu", lai tiktu līdz „finišam". Principā bailes nav no vielas, bet gan pazaudēt instrumentu, kā uzpildīt savus resursus. Mašīna bez degvielas nekustas. Bet cilvēks nav auto... Pašapziņa sarūk, kad apskaidrības brīžos atskārst, ka vairāk vai mazāk veiksmīgais darītājs ir nevis apzināta darbība, bet *uzpumpēta* apņēmība, drosme, enerģija, gandrīz jebkura izpausme.

Noslēguma komentāri

Testa jautājumi savstarpēji sagrupēti tā, lai izveidotos neliela pretruna, kas savukārt ir mērķis, kurš rada jaunu vielu pārdomām. Lasot un iepazīstoties ar interpretācijām, kad tikko formējas priekšstats, varētu just gandarījumu, bet uzreiz nākamajā mirklī rodas svaigas idejas un novērojumi, kas liek prātam un emocijām vingrināties tālāk. Reizēm saturs šķiet vienkāršs, pazīstams un sakrīt ar lasītāja pieredzi, taču viedokļi ne vienmēr ir līdzīgi. Dažkārt ir grūti izsekot domas pavedienam, ir vēlēšanās atpūsties vai izturēt un nonākt līdz atrisinājumam. Interesanta var šķist spontanitāte, netradicionāls skatījums un eklektika. Rodas vēlme veidot sevi veselīgāku un labāku. Pieaug apzinātība un atbildība savu līdzcilvēku priekšā, jo īpaši svarīga kļūst attieksme pret bērniem. Gribas pilnveidoties un sagaidīt savu nāves stundu izglītotākam un attīstītākam. Sāk *krist uz nerviem* trulums un slinkums. Cilvēki nešķiet tik nevainīgi un nevarīgi. Jāpiekrīt kāda pieredzējuša cilvēka teiktajam, ka tas, ko mēs redzam, var būt ilūzija. Piemēram, kāzu ceremonija.

Līdzīgu individuālu testu katrs ir spējīgs sacerēt patstāvīgi. Jautājumi nav izfantazēti, bet veidojas no katra personīgām dzīves situācijām un iekšējās konfrontācijas vidē. Testu iepriekšējie jautājumi kalpo kā paraugi, gandrīz nav iespējams uz kādu jautājumu atbildēt vienpusīgi, jo mums trūkst papildinformācijas, minēti ir tikai fakti bez kontakta ar cilvēku. Dažos gadījumos cilvēkiem ir tendence uztvert situāciju un reakciju personīgi un to attiecīgi interpretēt, tāpēc noteikti *jāpašķaida* priekšstati, lai tiešām saņemtu un izlobītu īsto un vienīgi sev svarīgo atbildi. Nevajag satraukties par laiku, jo tas ir mūžīgs. Ja nestrādājam ātro izziņu servisā, tad mūsu pienākums nav rīkoties strauji, bet gan pēc iespējas viedāk un precīzāk. Formalitāte traucē, tāpēc tas, ko darām, abpusēji ir jārespektē. Iecietības deficīts rada jaunas spekulācijas ap svarīgām tēmām. Vēlama ir holistiska analīze, jo indivīdu nevar atraut no vides, nepievēršot nozīmi sistēmai, kurā viņš veidojies par personību.

Lielākā daļa testa jautājumu ir par bērnu un vecāku savstarpējām attiecībām, jo tieši ģimenē veidojas sākotnējā psiholoģiskā nostādne. Piemēram, testa pirmais jautājums ir par robežām. Vai bērnam drīkst būt savi noslēpumi no vecākiem? Svarīgi ir, lai bērna noslēpumi ir viņam nozīmīgi. Tā ir viņa iekšējā pasaule. Jautājumu var pārfrazēt – vai bērnam ir nepieciešama sava iekšējā pasaule? Nākotnē bērnus apdraud tieši tas pats, kas vecākus – paša un līdzcilvēku frustrācija. Nozīmīga ir emocionāla spēja apmierināt savas vajadzības, dodot savai dvēselei un garam to labāko dzīves enerģiju. Paturot prātā, ka, neveicinot manipulāciju un izvairoties no tādām situācijām, var nodrošināt sev apzinātību, un pretēji – manipulējot jāziedo apzinātība par labu neapzinātībai.

Ikviena testa jautājuma mērķis ir uzskatāmi pierādīt, ka sākumā šķietami nenozīmīgi sīkumi var izraisīt mazākas vai lielākas sekas, kas neprognozējami var ietekmēt cilvēka psiholoģiskās pasaules uztveres mehānismu.

METODES, AR KURĀM VAR ATBRĪVOTIES NO SAVA IZKOPTĀ ĻAUNUMA

Simbioze, separācija (atdalīšanās), apziņa un zemapziņa

„Kā iepazīt un piesaistīt sev īsto dzīves biedru vienā tikšanās reizē?", „Kā runāt un uzrunāt, lai atstātu vēlamo iespaidu uz apkārtējiem?". Tā ir improvizācija par tematu „metodes". Reizēm tās var sniegt iespēju ātri nonākt līdz rezultātam, tomēr var būt nenoturīgas un īslaicīgas. Populistiskas spekulācijas par cilvēkiem svarīgām tēmām ir bijušas visos laikos, tāpat kā šarlatānisms.

Var mēģināt kopēt tos, kas mums ir likušies veiksmīgi, iegādāties zīmolu lietas, iekārtot pilis, izšūt, konservēt, imitēt iemīlēšanos vai ciešanas, veicinot iztēlošanos, un noticēt tam, ka spētu būt gandrīz jebkurš, ja vien mācētu veiksmīgi atdarināt. Piemēram, nostājoties no rītiem pie spoguļa trīs reizes skaļi izteikt savu vēlmi ar cerību, ka tas ir pietiekami, lai nodrošinātu līdzību un ilgu piepildījumu. Iespējams, ka arī tā var, bet nevar apgalvot, ka ar šādu minimumu var iegūt maksimumu. Spēlēšanās ar sabiedrību ir reklāmas un mārketinga darījumu interešu priekšmets. Tomēr tas būs plaģiāts, neradīsies emocijas, bet surogāts, jo ilūzijas kādreiz beidzas. Tiks veicināta ļaunuma rašanās caur dažādu negatīvu izjūtu pavairošanos, piemēram, vilšanos, skaudību, greizsirdību. Kādam par šo frustrāciju ir jāuzņemas atbildība, tāpēc sākas aprunāšana, iekārojamā objekta devalvēšana, šķelšanās, vainīgo meklēšana ārpus sevis un tamlīdzīgi. Izkļūt no masām radītās psiholoģiskās produkcijas ir iespējams.

Efektīvāk ir dot priekšroku neatkarīgai sevis atklāšanai, sevis pietuvināšanai un satuvināšanai ar savu unikalitāti. Tas, kas der visiem, īsti neder nevienam. Jāatrod un jāizveido sava personīgā metodoloģija gluži kā smaržas un šampūns. Tad pieaugs un nostiprināsies savs nozīmīgums savās acīs. Tas ir likumsakarīgi, jo reāli ir, par ko sevi cienīt – par progresu un saskaņu. Tādējādi tiek uzmeklēts un noiets savu vērtīgo atradumu ceļš. Tāpēc ir daudz jālasa, jādomā, jāanalizē, jāizglītojas, jāceļo, jātiekas ar cilvēkiem un tikai tad jāformulē attieksme, un jāveido sevi visa apzinātā mūža garumā. Vēlu veiksmi svešo ceļu atstāšanā un sava iepazīšanā!

Jāvienojas, ka katram ir gandrīz vai uzdevums atrast īstos vārdus un pieeju savai personībai, lai atbrīvotos no liekiem priekšstatiem, piesavinātām reakcijām, iegūtiem introjecētiem uzslāņojumiem, kuri vienmēr ir jāmeklē un jāiepazīst sevī pašā. Tas interesē psihoterapiju un psihoanalīzi, bet tā nav universāla pieeja visām problēmām, un uzskatu, ka šim procesam nav jāilgst visa mūža garumā. Tajā pašā laikā psiholoģisku palīdzību ir vērts uztvert kā dzīves pieredzi. Tā ir tikai viena no iespējām, kuru ir vērts pamēģināt. Esmu bijusi lieciniece ļoti labiem, pat izciliem sasniegumiem. Neviens nevar apgalvot, ka divritenis ir labāks nekā slēpes, katram sava vieta un gadalaiks.

Psihoterapija ir labs veids, lai kaut ko uzsāktu, tāpēc var apgūt dažādas pašterapijas metodes, kas ļautu sekmēt personības izaugsmi *ikdienas lietošanā* vai akūtas nepieciešamības apstākļos. Termins „nepieciešamības apstākļos" ietver gadījumus vai situācijas, kurās rodas vajadzība pēc jauniem sevis izzināšanas modeļiem, jo iegūtās klišejas neapmierina. Piemēram, jūs kļūstat par uzņēmuma direktoru un no jums tiek prasītas jaunas iekšējās kvalitātes – prast organizēt ne tikai savu, bet arī padoto darbinieku darbu. Kāds pirms jums jau to ir mēģinājis darīt, jūs neesat pirmais direktors, kas saskaras ar jauniem iekšējiem izaicinājumiem, tikai jums personīgi tie ir jauni pārdzīvojumi. Jūs varat un pat vajag izmantot to pieredzi, ko ir atklājuši citi, tomēr tai pašā laikā šī citiem vērtīgā pieredze jums var neizteikt neko, ja nemācēsiet lietot un pilnīgot to atbilstoši savām spējām un vajadzībām. Pēkšņi par vadītāju neviens nekļūst, daži piedzimst ar izteiktām spējām vai teicami apzinās misiju.

Pirmkārt, pasaule ir jācenšas izzināt tā, lai iegūtā informācija dotu reālu labumu. Ideālā variantā ir jāizgudro un jāatklāj savdabīga matrica vai šablons, kas būtu kā pazīšanas zīme sava izkoptā ļaunuma mehānisma likvidēšanai, lai katrs gribētājs šo metodi mācētu praktiski lietot un lai tā sniegtu atbrīvošanās sajūtu. Kaut ko līdzīgu pestīšanai teoloģiskajā izpratnē un, kā izteiktos psihoterapeiti – apskaidrībai, kas ir jau izveidots, kaut vai Mozus desmit baušļi. Tomēr ikviens cilvēku psiholoģisko iespēju pētnieks apšaubīs šo dažu tēžu vienkāršību un pieejamību, tajās dvēselēs un emocijās, un domās, kuras nepazīst empātiju, tie būs tikai teikumos savirknēti vārdi. Moralizēšana, nevis morāle.

Psihoemocionāli nesabojāts cilvēks nekad nezags, nemelos, nenogalinās, jo viņam ir skaidras robežas. Pati ideja, ka harmonisks cilvēks nevar būt destruktīvs, nav jauna, jo jebkurš pasaules līmeņa domātājs vai dižs zinātnieks ar savu darbu palīdzību ir centies sniegt cilvēcei labumu visdažādākajās jomās: vai tie būtu medikamenti vai vienkārša plastmasas pudele, šaujampulveris, mākslas vai arhitektūras darbs. Tālāk ar ieguvumiem katrs ir rīkojies attiecīgi pēc savām garīgajām un fiziskajām spējām. Var teikt civilizētāk – ieskatiem.

Ja medikamentiem netiktu dota līdzi to lietošanas instrukcija, mēs nezinātu, kā īsti rīkoties. Tie varētu arī sabojāt vai pasliktināt veselību. Pudeli kā taru mēs varam lietot sadzīvē tāpēc, ka to zinām. Šaujampulveris tiek izmantots, kad ir attiecīga vajadzība, un tikai zinātājs ar to prot rīkoties, lai nekaitētu, kaut gan gadās visādi. Vajadzība pēc mākslas vai kalpošana tai ir kāda mākslinieka meistarības nopelns, kas sniedz mums iedvesmu. Diezin vai mēs varētu *uzpildīties* bez vides, tikai paaugstinot iespējas. Respektīvi, lai mēs pilnveidotos, mums ir nepieciešams kāds pavadonis, kā Zemei Mēness. Sauciet, kā gribat – mūza, iedvesma, labs laiks, ērts dīvāns, skaists tērps, saldumi, automašīna, skolotājs, grāmata, psihoterapeits, psihiatrs, treneris, režisors.

Vai ikviens varētu atklāt universālu metodi, kas būtu noderīga un lietderīga neatkarīgi no vecuma, nodarbošanās, izglītības, tautības un reliģiskās piederības, lai atbrīvotos no izkoptā ļaunuma? Tas ir kaut kas līdzīgs dzeramajam ūdenim, kuru savā uzturā lieto ikviens jebkurā pasaules malā. Šķidrums kā matērija, ko pazīst visi. Tā ir saturīga viela, kuru spēj adaptēt ikviens organisms un bez kuras nav spējīgs pastāvēt viss dzīvais. Tāda viela, no kuras nemēdz būt alerģiskas reakcijas, ja vien tai nav kaitīgu vai nelabvēlīgu piemaisījumu. Tāpat kā skābekli, visi to labprātīgi pieņem un lieto, kamēr nelabvēlīgs piemaisījums sabojā labo ietekmi, izraisot intoksikāciju.

Izkopto ļaunumu var likvidēt, izmēģinot vairāk vai mazāk pazīstamās, iepriekš uzskaitītās metodiskās pieejas. Ja interesē psihoterapeitiskais veids, tad pēc šo pieeju izmantošanas ir jānotiek terapeitiskajam procesam. Piemēram, kaut kam no kaut kā ir jāatdalās, jāsavienojas, jāpietuvinās vai jāattālinās un tamlīdzīgi, tad iestājas gandarījums un bauda, jo ir atrasts īpašais komforta stāvoklis. Ūdens un gaiss bez piemaisījumiem.

Ir novērots, ka tādi pašattīstošie vingrinājumi, kā ikrīta nostāšanās pie spoguļa un vairākkārtēja sevi iedvesmojošu izteikumu atkārtošana, piemēram, „es mīlu visu pasauli un sūtu savu mīlestību visām dzīvajām radībām!” vai „es piedodu visiem saviem pāri darītājiem!”, veikti bez dziļas iekšējas pārliecības, nerada nozīmīgas pārmaiņas. Austrumos, kalnos dzīvojošs mūks – jā, bet rietumos pa zemi staigājošs indivīds diez vai ir spējīgs uz tādu nesavtību. Esmu vērojusi cilvēkus pēc dievkalpojuma, kuri, ejot ārā no dievnama, iesper savam bērnam vai pagrūž malā blakusejošo, lai pirmie tiktu pie izejas. Protams, man nav zināms, varbūt cilvēks pēc sprediķa ir sevī ievērojami mainījies, jo, iespējams, iepriekš tas bija spēris divām personām un pagrūdis malā vairāk cilvēku, tomēr es kaut kā neticu, ka šādas agresīvas darbības neatkārtojas līdzīgā vidē, kurā ir iespēja kādam brutāli aizsteigties priekšā. Piemērs ar baznīcu šķiet īpaši svarīgs, jo cilvēks cer uz brīnumu, ka, atrodoties sakrālā vidē, kāds ārējs spēks kā ar putekļusūcēju noņems to, kas ir piesavināts bez līdzatbildības.

Manā skatījumā būtiskākais ir tas, ka līdzīgas izpausmes dara nelaimīgu vispirms jau pašu „malā grūdēju" un tikai tad par ļauniem apkārtējos. Kāpēc šāda uzvedība var pielipt? Jo cilvēki cits no cita pārņem ne tikai labo, bet arī slikto. Piemēram, bērni automātiski identificējas ar saviem vecākiem jau agrā bērnībā. Pieņemsim, ka katram no vecākiem ir savas desmit īpašības, kas summā dod divdesmit. Bērns atlasīs tās iezīmes, kas viņam šķitīs labākās, un tās izpaudīs savā uzvedībā. Bērna izpratnē jebkuras vecāku īpašības ir ideālas un vēlamas. Vecāki var būt pretējās domās un uzskatīt bērnu rakstura īpašības, kaut arī pārņemtas no vecākiem, par negatīvām. Var teikt, ka vecāki vēro savas atvases un apbrīno, ka savās reakcijās bērni ir tik līdzīgi viņiem pašiem, ka reizēm tas pat kaitina, jo nekādā gadījumā vecāki nav vēlējušies, lai bērni pārmanto tieši šīs rakstura iezīmes... Pedagoģiskā morāle ir tāda: jo labāki vecāki mēs esam, jo mazāks risks bērniem ir pārmantot mūsu negācijas. Ja bērni dzīvo šķirtās ģimenēs, tad viņiem identificēšanās ar vecāku īpašībām kvantitatīvi ir mazāk izteikta. Respektīvi, viņi veic neapzinātu atlasi ne vairs no divdesmit īpašībām, bet no desmit. Jo lielāks ir šis skaitlis, jo bērniem ir lielākas iespējas veidoties „augstvērtīgākiem", nekā ir paši vecāki. Ja bērna tēvs vai māte izgrūž no vietas otru, bērns var to neatkārtot, ja vien viņam būs iespēja redzēt pozitīvāku paraugu.

Tā kā nodaļas saturs sagatavoja lasītāju pašizziņai, turpmāk pievērsīsimies praktiskākai un konkrētākai sevis izvērtēšanai. Turpmāk izklāstītie ierosinājumi veidoti kā gatavi paraugi, varbūt šabloni, uz kuru bāzes var analizēt savas dzīves notikumus, attieksmes, emocionālās izjūtas

Pirmā metode

Ar savu paraugu ieintriģēt apkārtējos identificēties ar jums. Piemēram, ja sastopaties ar rupjību vai nepieklājīgu izturēšanos, centieties to nošķirt no savas individualitātes. Katrs cilvēks jau no dzimšanas saskaras ar dažādiem trīsstūru attiecību modeļiem: māte – tēvs – bērns, tēvs – māte – bērns, bērns – tēvs – māte, bērns – māte – tēvs. Katram šajā trīsstūrī ir atvēlēta sava vieta un loma. Interesanti ir tas, ka tieši tādas attiecības, kādas ir bijušas šajos trīsstūros, tiek izspēlētas ārējā pasaulē. Kas vēl būtu jāņem vērā? Šādu trīsstūru cilvēku attiecībās ir neskaitāmi daudz – tik, cik ģimeņu, tik daudz arī attieksmju. Indivīds neapzināti izspēlē savu kārtējo lomu patiesībā ne ar jums, jo jūs esat kā savdabīgs trenažieris, bet gan ar sava trīsstūra attiecību personu. Grūdiens nav paredzēts jums, bet jūs tiekat izmantoti kā modeļi, kuriem tiek paustas pierastās vai aizturētās reakcijas. Tās reakcijas, kuras bija nepieciešamība izpaust savā attiecību trīsstūrī.

Iedomājieties, ka katram indivīdam ir savs personīgais attiecību trīsstūris... Ne visi apmeklē psihoterapeitu, kā arī ne visi, kas to dara, ir spējīgi apzināties savu lomu ģimenes trīsstūrī. Kāpēc cilvēki savā uztverē ir tik dažādi? Protams, ir miljoniem iemeslu, bet, ja kā teorētisko bāzi izvēlētos šos trīsstūrus, izrādītos, ka katram psiholoģiskā eksistence trīsstūros ir bijusi atšķirīga, un šīs atšķirības dod paraugu kontrastiem... Kāds kādu pagrūž vai nepagrūž... Ne vienmēr tā ir tikai labas uzvedības maniere, tā ir arī psiholoģiskās uztveres pieredze. Lai vienkāršāk varētu šos principus saprast, iedomājieties trīsstūra lineālu. Vienā no trijiem stūriem atrodaties jūs paši; pretējos stūros vizualizējiet savus vecākus! Ja jūsu vecāki ir šķīrušies vai jūs kādu no viņiem neatceraties, tad uzdevums ir sarežģītāks, jo kādā no trīsstūra punktiem ir iekārtojusies jūsu ideja par vienu no vecākiem, kas ir jūsu konstruēta un neatbilst īstenībai.

Paņemiet šo trīsstūra lineālu rokās un kontaktējieties ar saviem pašreizējiem ģimenes locekļiem vai draugiem! Jūs atklāsiet, ka, pirmkārt, jūs kontaktējaties ar apkārtējo pasauli tāpat kā ar saviem vecākiem, otrkārt, arī otram ir savs mazais trīsstūra attiecību modelītis. Biežāk šī iemesla dēļ, kad satiekas divi līdzīgi vai arī atšķirīgi trīsstūrīši, var veidoties konflikti. Ja pret jums tiek pausta agresija vai nepamatotas pretenzijas, tad bieži tā ir otra cilvēka trīsstūra shēma, kurā esat nokļuvuši un kura negācijas provocē jūsu īpašību kopums. Reizēm jūs varat nemaz nedarīt neko un tomēr nokļūt kāda cita indivīda attiecību trīsstūra saspēlē. Ja jūs zināt teoriju, tad varat to novērot arī praksē, piemēram, neidentificējot sevi ar kāda cita starppersonālo attiecību problemātiku un paliekot paša apzinātajā attiecību trīsstūrī. Piemēram, divas draudzenes ir sastrīdējušās, katra aizskrien uz savu pusi, pēc laika salabst, un vienmēr visos gadījumos strīda forma un salabšanas veids ir vienāds. Tie, kuri labi pazīst šīs draudzenes, neiejaucas ķīviņā, jo pārzina šo cikliskumu. Tā var notikt ne tikai ar draudzenēm, bet arī starp bērniem, dzīvesbiedriem, radiniekiem, kolēģiem un kaimiņiem. Padoms: izprast šos attiecību zemtekstus un nemesties tajos iekšā bez apzināšanās, tā var zaudēt spēku, enerģiju, cerības, veselību, labklājību un naudu.

Sava ļaunuma kompleksu apkarošanai ir nepieciešama nopietnāka sevis izpēte un analizēšana. Šeit nelīdz formāla attieksme pret sevi un uzskats, ka esmu ļoti labs, bet pārējie cilvēki ir tie sliktie... Starp citu, ikviens no mums savā dzīvē ir iekritis, šādi domājot par sevi. Es neesmu satikusi nevienu, kurš nebūtu kaut reizi mēģinājis citam uzvelt savu vainu vai kļūdu. Daudzi to māk izdarīt diezgan veikli, tāpat, kā prot melot. Protams, savai sirdij nevar samelot, bet tai var iestāstīt pilnīgi jebko, lai celtu savu nozīmīgumu savās acīs!

Otrā metode

Iemācīties saskatīt savas manipulācijas. Tipiskā reakcija uz šo pamudinājumu parasti mēdz būt divējāda. Viena daļa klientu uzskata, ka viņi manipulē un ka no tā ir jāatbrīvojas, lai nekļūtu par upuriem. Otra daļa nav pārliecināti par to, ka šādas darbības viņiem vispār būtu raksturīgas. Kāda vizuāli varētu izskatīties manipulācija? To nav vienkārši aprakstīt, jo situācijas sākotnēji šķiet nekaitīgas un pat it kā pozitīvas. Piemēram, pieaudzis vīrietis iedod brālim sava neizmantotā dzīvokļa atslēgas, lai viņš varētu uzsākt privātu un neatkarīgu dzīvi, papildus komunālajiem maksājumiem neprasīdams nekādu atlīdzību. Otrais brālis izmanto šo iespēju – iekārto dzīvokli, apņem sievu, rada bērnus. Tad kādā dienā, vīrietis, kura īpašumā ir šis dzīvoklis, vēlas, lai brālis viņam atdotu savu mašīnu, kaut arī tādas norunas pirms tam nav bijis. Brālis nu ir izvēles priekšā, jo otrs var apelēt pie viņa sirdsapziņas: „Nu, redzi, tad, kad man kaut ko vajag, tu nevari izpalīdzēt!" Problēmā iejaucas brāļu vecāki, kuri mēģina rast taisnību, un abas sievas, kuras arī vēlas risināt šo jautājumu. Šajā klasiskajā manipulatīvajā situācijā ir radies konflikts.

Manipulācijas var būt gan ar negatīvu, gan pozitīvu ievirzi. Pozitīva manipulācija būtu, ja abi brāļi sākotnēji vienotos par šādiem norēķiniem. Manipulatīvās darbības ir realizējamas tieši starppersonālajās attiecībās. Tās var būt gan apzinātas, gan arī neapzinātas. Indivīdi, kas pazīst savas manipulācijas un tās ir izpratuši, prot veiksmīgāk šādu rīcību novērot citos, tādējādi neiejaucoties situācijās, kas var radīt domstarpības un frustrāciju.

Kaitnieciskā rīcība tāpat kā labās domas un darbi atgriežas kā bumerangs ar dubultu spēku. Tāpēc arī vienam cilvēkam nekad neveicas un neveiksies, bet citam viss jaukais „birst kā no pārpilnības raga".

Trešā metode

Asociēt nelaimi, sagrāvi un nomāktību ar vienu vārdu: „zaudējums"! ...Kādā Āfrikas ciltī ir tradīcija, kas pēc darbības rakstura ir dziļi psiholoģiska, jo sagatavo cilvēku zaudējumam, kas savukārt cilvēka mūžā ir loģiska pieredzes sastāvdaļa. Tad, kad sievietei piedzimst bērns, viņai tieši pēc gada atņem vienu svarīgu un saimniecībā noderīgu priekšmetu, piemēram, karoti, bez kuras saimniekot jau ir grūtāk. Vēl pēc gada viņai tiek atņemts lielākais katls, bez kura pabarot kuplāku ģimeni ir vēl grūtāk. Trešajā gadā tiek atņemts vēl kāds nozīmīgs priekšmets, un tā tas turpinās, līdz bērns ir izaudzis. Kāda ir morāle? Māti sagatavo tam, ka kādreiz viņai no bērna nāksies šķirties, un, lai šī pārdzīvojuma mokas nebūtu tik sāpīgas, sievietes domas tiek ievirzītas tādā gultnē, kas liek apzināties citas alternatīvas. Ar katru gadu sieviete arvien vairāk psiholoģiski nobriest, jo mācās izturēt šo situāciju jaunos apstākļos. Tie ir simboli...

Bērns nav mātes vai tēva īpašums. Reizēm vecāki no bērniem gaida to, ko tajos ir ieguldījuši – līdzīgu attieksmi, uzmanību, materiālu atlīdzību u.c. Ne vienmēr tas ir iespējams, jo katra nākamā paaudze raugās nākotnē un atbilstoši evolūcijas principam vairs neskatās atpakaļ. Interese un atbildība par nākotni ir intuitīvi lielāka.

Vecāki novecojot nezaudē savus bērnus, ja vien paši to nav izprovocējuši. Ideālā variantā bērni rūpējas par saviem vecākiem, ja tas viņiem ir nepieciešams, tomēr par prioritāti uzskatot savus bērnus.

Zaudējumu raksturo tas, ka mums vairs nav tā, pie kā bijām pieraduši. Ir vēlams mērķtiecīgāk padomāt par ikdienas vai vecumposmu zaudējumiem. Vai reizēm nav tā, ka kaut ko sarežģījam, jo nemākam tikt galā ar zaudējumu? Psiholoģiskais infantilisms ir nespēja pieņemt to, ar ko pieaugušam cilvēkam bez nesamērīgiem satricinājumiem psiholoģiski ir jāspēj tikt galā. Piemēram, ar atteikumu, jo tā ir viena no zaudējuma formām; kritiku, jo tā ir spēja atšķirt, kuras lietas attiecas uz kritizējamo un kuras – uz sevi pašu. Psiholoģiski nobriedis cilvēks redz situāciju, bērns saskata kontekstu bez paplašināta vides redzējuma. Māte ir dusmīga, tātad noteikti uz mani – bērnu. Direktors neslavē, tātad neinteresējas. Tēvs atsakās sniegt turpmāku finansiālo atbalstu, tātad neuztraucas par manu dzīvi...

Zaudējums var rasties jebkurā dzīves etapā, ja rodas negatīvas emocijas. Vecumposmu krīze ir bailes zaudēt *knupi*, vecākus, jaunību, pievilcību u.c. Pazaudēt var maciņu, figūru, adatu siena kaudzē, bet ne dzīvi. Paanalizējiet, jo var atklāties, ka neprotat zaudēt!

Ceturtā metode

To ir sarežģīti pašam kontrolēt, jo tajā ir saistība ar uzvedības analīzi. Tāds piemērs: zālē ir daudz cilvēku, jo ļaudis ir sanākuši vienkopus uz ikgadējo pārvēlēšanu sapulci. Stāsts nav par sapulces norises gaitu, bet par individuālo satikšanos. Individuālais kontakts grupā. Ar ko jūs esat sevi nodarbinājuši šīs tikšanās laikā? Vai nemitīgi ceļat roku un tādējādi pievēršat sev uzmanību? Tātad jums ir aizdomas par sevi, jūs uztraucaties, ka neesat pietiekami novērtēti vai neesat pietiekami informēti. Iespējams, esat sagaidījis atrašanos oficiālā vidē, kurā uzskatāmi afišējat savu svarīgumu un kompetenci, nepamanot, ka tā ir neirotiska vajadzība ar nosacījumu, ka agresīvā uzvedība nemainās. Jūs nesagaidāt, kamēr kāds pabeidz savu runu, bet oponējat tikai tādēļ, lai paustu savu attieksmi un – pat ne par lietas būtību... Iejaucaties divu runātāju starpā, jo bērnībā esat raduši nošķirt vecākus no saviem brāļiem vai māsām. Runājat tikai tad, kad varat kādam piebalsot, pašam jums trūkst attieksmes, viedokļa, drosmes. Jūs diskutējat tik ilgi, kamēr apkārtējie liedz šādu iespēju, jo jūs nejūtat laika robežas un attiecīgi par to parūpējas citi, tas aizvaino un sadusmo. Greizsirdīgi noskaņojat kolēģus uz provokatorisku situāciju, kurā jūsu uzvara ir garantēta – piedāvājat pasākumu ģimenēm, skaidri zinot, ka vairākumam tādu nav.

Kādās interešu grupās apvienojas cilvēki? Kādu vietu un lomu tajās ieņemat jūs paši? Tā ir informācija, ko jūs varat apkopot un individuāli analizēt. Kas tad īsti ir šī metode? Uzdot sev jautājumus, kas mēs esam konkrētos apstākļos un situācijās! Objektīva metode, jo to var lietot, analizējot savus bērnus, kas spēlējas smilšukastē, jo viņi parasti atdarina māti un tēvu.

Tas ir temats, ko var labāk apgūt, iepazīstot grupas dinamikas likumus. Individuālās izpausmēs atrašanās starp vieniem un tiem pašiem cilvēkiem atsvaidzina emocijas, var satikties ar jauniem novērojumiem par sevi. Katra sapulce vai saviesīga tikšanās reize parāda mūsu iekšējās apzinātās un neapzinātās tendences, kādā virzienā tiek vērsts psihiskās enerģijas lādiņš.

Vēl viens radošs piemērs: deju zāle, kurā cilvēki dejo un atpūšas. Runa ir par spēju izjust mūzikas ritmu, iekļauties sistēmas noteikumos un robežās – vismaz censties tās ievērot un dejot ne tikai ar sevi un iedomām, bet spēt būt pašam un tai pašā laikā vienotam ar apkārtējiem, paturot prātā situācijas kontekstu, vidi un apstākļus, kuros atrodaties. Visu šo novērojumu kopums var izrādīties labs palīgs, lai saprastu, vai izdodas noturēt ritmu, dzirdēt mūziku, plastiski kustēties, paust attieksmi pret konkrētu partneri vai apkārtējiem dejotājiem un priecāties. Izrādās, ka tas nav tik vienkārši! Kāds runā par kaunu, kautrīgumu, tuklumu kā iegantsu. Kāds kungs, dejojot ar dāmu, pēkšņi novēršas un atlikušo melodijas daļu nodejo ar balonu, atstājot muļķīgā situācijā deju partneri. Viņai nākas, kā jau pamestai un atstātai novārtā, kustēties vienai. Visur ir psiholoģija, pat uz deju grīdas dēļiem sestdienas vakara klubiņā. Vielu pārdomām un novērojumus secinājumiem var rast bez maksas, vajag tikai vēlēšanos!

Piektā metode

Patstāvīga domāšana. Tīra domu frekvence. *Bezdomīgums*, kuru var panākt, koncentrējoties uz svarīgāko. Psiholoģiski jāpieņem un jāizceļ būtiskākais, viss – aktualitātes, notikumi, pārdzīvojumi, novērojumi, intereses – nevar būt vienlaikus vienlīdz svarīgs. Liela māka ir tajā, kā atlasīt un veidot veselīgu domu secību, jo cilvēku iekšēji plēš *daudzdomība*. Piemēram, dziedātājs uz skatuves nefokusējas uz dziesmu, bet uz skatītājiem, viņu reakcijām, atpakaļsaitēm, savu apģērbu, iespējams piemirsto, neizslēgto gludekli mājās un nesamaksāto telefona rēķinu. Dziesmas skanējumu mazinās ne tikai nejauši garām slīdošās domas, bet arī tās pavadošās emocijas – kauns, kautrīgums, uztraukums, bažas. Tas atšķir profesionālu dziedātāju no neprofesionāla un ir arī izšķirošs profesionāļu starpā.

Daudzdomība ir kaitnieciga ne tikai savas dzīves stratēģisko plānu veidošanā, bet arī ikdienā. Faktiski ir jāzina, kur, kad, par ko domāt, lai doma būtu ar pievienoto vērtību. Netērēt enerģiju nepareizai domu secībai, piemēram, ja gatavo maltīti, tad koncentrēties uz šo nodarbi, nevis galvā vienlaikus tīrīt māju, apmeklēt modes skati vai kritizēt kaimiņu. Tieši tādos momentos tiek pārsālīta zupa, *pārskrien* piens, piedeg pīrāgi.

Intelekta piedāvātais diapazons ir plašs, un emocijas netiek ar to galā. Jo produktīvāka doma, jo augstāka ir dzīves kvalitāte. Tas ir tāpat, kā vingrotājiem – sapratne, kā paveikt vingrojumu, rada iespēju to precīzi izpildīt. Ja mēs runājam par to, ka gribam kaut ko, bet nezinām, kā to realizēt, vainīgs varētu būt domas vājums – nespēja izdomāt, pietrūkst pacietības, uzcītības, koncentrēšanās, vārdu sakot, tas viss, kas atšķir bērnu no pieauguša.

Pretruna: ja cilvēki ir norūpējušies par to, ko par viņiem domā, vairāk nekā par to, kas ir pašos aptverams un sasniedzams, attaisnojot sevi, ka pietrūkst enerģijas vadīt domu līdz galam, tad, kur rodas enerģija domāšanai par citu viedokli par sevi?

Šajā nodaļā tiek piedāvātas piecas pamatmetodes, kuras izmantojot var gūt izpratni par izkoptā ļaunuma aizsākumu sevī. Paskaidroti piemēri un to psiholoģiskie uztveres mehānismi, kas var provocēt un neapzināti kultivēt frustrācijas pārdzīvojumu un pārmantojamību. Tajos momentos, kad izdodas pamanīt izkopto ļaunumu, varam elastīgi rīkoties, jūtoties pozitīvi, kļūstot par tādiem, kādi esam patiesībā. Bet nekādā gadījumā kā izkoptā ļaunuma ķīlnieki. Kāpēc tā? Tāpēc, ka esam cilvēki. Bērns piedzimst ar atvērtu un pozitīvu attieksmi pret vidi un uzņem sevī to, ko tam piedāvā apkārtējie. Reizēm ir tā, ka mēs nemanot attālināmies no savas būtības, jo iegūtie uzslāņojumi kā putekļi nosedz mūsu patieso sejas izteiksmi, un mēs apdraudam paši sevi.

Šīs piecas metodes nav vienkāršas, jo izslēdz stereotipizētas atbildes un atšķiras no tādiem psiholoģiskajiem testiem, kuros var izlasīt pareizo atbildes variantu un lietot vajadzības gadījumos, kamēr tie ir vispārīgi un attālināti no reālās dzīves. Šī netradicionālā testa priekšrocības slēpjas tajā, ka tas nav mākslīgi veidots un ir vairāk tuvināts dzīves realitātei. Ja pazīstat kādu izkoptā ļaunuma veidu, tad varat patstāvīgi novērtēt tā izpausmes pēc iepriekš izklāstītajām metodēm. Tas teorētiski ir iespējams, prakse lai paliek jūsu ziņā!

PAŠIZMAIŅU MODEĻI

Infantilitāte, briedums

Lasītājam tiek piedāvāts eksperiments. Piemēram, daži savstarpēji nesaistīti jēdzieni, aforismi, izteikumi, ko nepieciešams asociatīvi komentēt, brīvā stilā mutiski vai rakstiski izskaidrojot psiholoģisko zemtekstu interpretācijas. Kā to darīt? Vispirms pārdomājiet, kas pašreizējā brīdī jums ir aktuāls vai interesants sabiedriskajā vai personīgajā dzīvē. Tad dodiet sev laiku vismaz piecas minūtes. Šajā laikā izkristalizēsies „šeit un tagad" svarīgākais. Piemēram, vai doties uz frizētavu, ar ko sagaidīt gadu miju, kādā skolā laist bērnus, kādam biznesa virzienam pieķerties, kurp doties ceļojumā, vai mainīt dzīvesvietu, vai šķirt laulību, kā izvairīties no saslimšanas u.c.? Uzdevums ir, lai šajā īsajā laikā atklātos aktuālās tēmas virziens bez konkrētas atbildes. Atbilde nāks vēlāk, bet līdz tai ir jāizdara vēl dažas darbības. Tad, kad interesējošās tēmas loks ir apzināts, ir jāveido virsraksts apjomā līdz septiņiem, astoņiem vārdiem. Tas ir nepieciešams, lai paplašinātu un pilnīgotu individuālo iztēli un izceltu zemapziņas pārdzīvojumus.

Piemēram:

1. Neignorēt senās labās patiesības.
2. Potences zudums.
3. Parunāties ar otru un atbildēt uz jautājumiem.

Kad virsraksts uzrakstīts, netraucēti ļaujamies brīvam domu plūdumam. Kas ar to tiek domāts? Asociācijas. Emocijas bez kontroles tiks izklāstītas rakstiskā formā. Galvenais noteikums, kas ir jāievēro, nevajadzētu kontrolēt, bet ierunāt vai pierakstīt kaut vai savstarpēji nesakarīgus savārstījumus, kas tomēr tiek izteikti loģiskā secībā, vismaz psihei. Jāpaļaujas uz iespējamo neloģiskumu, jo psihe ir pareizi organizēta un tai nav svarīgas pieturzīmes, gramatiskās un stila kļūdas un vārdu atbilstība. Uzdevuma mērķis nav uzrakstīt skaisti un pareizi, bet nodot interesējošās dzīves aktualitātes, noskaņojumu un atklāt sev interesējošu atbildi. Kāpēc tas jādara tieši tā? Tāpēc, ka atbildes ne vienmēr „dodas rokās". Ir dažādi nosacījumi, kas „aizbarikādē" svarīgāko. Jo vairāk šo barikāžu mēs savā rakstītā tekstā atklāsim, jo vairāk mums būs atslēgas vārdu, ko varēsim analizēt un pētīt. Pat jautājums: „Ko tu šodien gribētu ēst?", ne vienmēr ir uzreiz atbildams, kur nu vēl svarīgāki jautājumi, kuri ir emocionāli piesātinātāki.

Pirmo vingrinājuma daļu var uzskatīt par noslēgtu tad, kad rakstīšanas vēlme pilnībā izzūd. Mēdz būt dažādi – virsrakstam var nesekot neviens vārds, un lapa paliek tukša, vai pretēji, kad uz lapas vairs nav vietas rakstīšanai, jo viss laukums pilnībā aizpildīts. Abi šie varianti ir derīgi pašanalīzei. Pirms sākam nākamo uzdevuma daļu, uzrakstītais vai ierunātais teksts vēlreiz ir jāizlasa vai jānoklausās kā „no malas", it kā pats nebūtu autors. Pēc izlasīšanas ir svarīgi pierakstīt tās emocijas, kas radās lasot, tāpat jāfiksē pārdomas, jautājumi, neskaidrības. Šo iegūto informāciju izceliet un lieciet sev atbildēt uz komentāriem tik ilgi, kamēr jutīsieties apmierināti ar iegūtajām atbildēm. Tas var prasīt dažas minūtes, bet var prasīt arī gadus. Ja ir interese paātrināt procesu, jo ir sajūta, ka kaut kas iekšēji kavē atklāties realitātei, tad ir jāizmanto otra cilvēka klātbūtne, lai nodrošinātu savdabīgu piespiešanas mehānismu. Tātad procesa beigas iestājas tad, kad ir gūts apmierinājums no atbildēm. Tomēr ņemiet vērā, ja iegūtā atbilde nav realizējama un nesniedz emocionālu un fizisku atvieglojumu, tad tā vēl nav atbilde, bet *atrakstīšanās*.

Kad izklāstīts viss darāmais, tiek piedāvāts konkrēts pašanalīzes paraugs. Mums ir iespēja izlasīt brīvās asociācijas un iespēju robežās kopējiem spēkiem paanalizēt ļaunuma psiholoģiskās sekas. Varbūt kādam būs interesantāk vispirms uzrakstīt savējo un tikai pēc tam, lai neietekmētos, iepazīties ar piedāvāto parauga tekstu. Iespējas ir dažādas. Tikpat veiksmīgi var izlasīt nodaļu līdz galam, saņemt trafaretu un patstāvīgi rīkoties. Jūsu priekšā ir trīs izklāsti, ar kuriem anonīmi piekrita dalīties trīs cilvēki, kas apmeklēja kāda psihoterapeita sociālos, ne terapeitiskos treniņus. Auditorijai pirms tam bija nolasīta neliela lekcija par izkopto ļaunumu un ļaunuma psiholoģiju, tā ietekmi uz cilvēka dzīves kvalitāti un lēmumu pieņemšanu. Vanda, Zeltīte un Juris nodeva savus rakstu darbus, kuri no psihoterapeita puses tika nedaudz gramatiski koriģēti, un izdarītie secinājumi apkopoti, lai publicētu. Ar tiem ir iespēja saturiski iepazīties un izmantot savu rakstu darbu patstāvīgo secinājumu paraugiem.

Temats Nr.1

Neignorēt senās labās patiesības

„Netaisnoties sev, bet rīkoties.

Restaurēt attiecības var no attāluma. Ir pazīstama tāda paruna: „Kā no acīm prom, tā no sirds laukā!" Tādā gadījumā tā nav bijusi vai nav mīlestība. Bērnus mēs mīlam arī tad, kad ar tiem netiekamies bieži un kad mūs šķir lielāks attālums.

Ja iedomājamies laulības dzīvi, tad otra cilvēka devalvēšana un savas nozīmības celšana ir atbilstoša atbildes reakcija. Tas, kas kļūst mazvērtīgs, nav vajadzīgs tādam, kurš jūtas lielāks un varenāks. Dažreiz cilvēkiem neizdodas saskatīt sev apkārt esošas vērtības, jo to esība jau šķiet normāla un saprotama.

Māsa ar brāli savā starpā nesatiek, bet, ja tie netiekas, tad interese vienam par otru paaugstinās.

Pusmūža vecumposma krīzes gadījumā var šķist, ka nekas vairs neinteresē un vairs nav īstas perspektīvas un stimula darboties. Dzīves galvenie uzdevumi ir izpildīti. Laikam Remarks kādā no saviem romāniem aprakstīja situāciju, kad kāds miljonārs bija saslimis ar neizārstējamu slimību. Romāna personāžs izvēlējās kādu vietu kalnos, kur pavadīt atlikušo dzīves daļu, un tad, kad nauda bija beigusies, izrādījās, ka šis vīrs bija izdziedinājies."

Komentārs: Viens konkrēts asociatīvs stāstījums nevar būt reprezentabls. No vienas epizodes nav iespējams objektīvi izvērtēt to, par ko runā un ko būtisku vēlas pateikt konkrētais indivīds. Iedomāsimies mēbeļu restaurācijas un mūzikas instrumentu darbnīcu. Vispārīgu stāvokli meistars var noteikt, bet procesa laikā var atklāties jauni bojājumi vai tehnoloģiski neparedzēti jaunumi, turklāt, lai detalizēti izprastu atjaunošanas etapus, ir jābūt līdzās bezmaz vai katram kultūrslānim, lai orientētos notiekošajā. Tāpēc atļaušos komentēt tikai to, kas ir vispārīgs un atklāti redzams.

Uzdevums bija uzrakstīt stāstījumu brīvo asociāciju stilā. Tātad Vandai uz tematu „Neignorēt senās labās patiesības" atbildes reakcija bija šāda: vispirms, apzinās viņa to vai ne, viņa iesaka sev netaisnoties, bet rīkoties. Jādomā, ka viņai padomā ir kāds konkrēts cilvēks, ar kuru ir mainījusies emocionālās tuvības iespēja. Viņā šīs attiecības uzjunda emocijas, ko Vanda cenšas intelektualizēt, kas ir labs rādītājs, jo apziņa (psihe) ir gatava pieņemt un, iespējams, ja ne adaptēt, tad uztvert svarīgo, kas bija nogulsnējies zemapziņā. Faktiski pirmajai publiskajai komunikācijai tas būtu pietiekami, jo ir jānoskaidro, kā Vanda uztver un reaģē uz iepriekšējiem apgalvojumiem. Svarīgi, vai komentāri sakrīt ar viņas novērojumiem, vai tas ir īsti abpusējs redzējums. Jāizvērtē dažādu pretestību klātesamība, jo tas, ko saka Vanda tālāk par bērniem, varētu norādīt uz to, ka viņa cenšas paplašināt mīlestības jēdzienu. Tas ir vairāk nekā iepriecinoši, jo infantilām klišejām par to, kādām jābūt mīlestības izpausmēm, ir cerības mainīties nobriestot un pieaugot. Citu iespēju nav. Redzējums apstiprinās, jo Vanda joprojām pilnveido domu un piedāvā arvien daudzveidīgākus, bet savstarpēji līdzīgus piemērus, mainās vārdi, bet ne attieksme. Mīlestības jēdziens atgriež katru pie savas izvēles un atbildības. Pat, ja mēs nezinātu nākamo teikumu, Vanda sev uzdod jautājumus, meklē savu attieksmi: ne to, kuru piedāvā vide, bet personīgo. Pieauguša cilvēka pozīcija, kurš ir spējīgs patstāvīgi pieņemt lēmumus. Turklāt pamanām, ka Vandai ir raksturīgi nodalīti teikumi, konkrētība un tiešums. Pamanāma viņas izglītība, intelekts un psiholoģiska patstāvība izprast notiekošo savā dzīvē

Gribētos piebilst, ka Vanda nav jauna, kas nākamajā teikumā apstiprinās, jo viņa dalās ar saviem novērojumiem, kuriem ir nepieciešams laiks. Turklāt viņa spēj veikt salīdzinājumus, sistematizēt pieredzi un veidot secinājumus. Vanda dalās ar savu eksistenciālo krīzi, uz kuras fona veģetē depresīvs noskaņojums. Vandai ir laba perspektīva justies labāk, jo viņa par spīti savai nomāktībai ir iekšēji aktīva. Viņa ir domājusi un pazinusi līdzīgas sāpīgas izjūtas un vēlas paust sev un attaisnoties citiem, ka viss, kas ar viņu noticis, ir normāli, ka nepavisam viņa nav vienīga. Tiek atstāstīts kādas autoritatīvas personības dzīves uztveres piemērs. Doma paplašinās, pamanāma vēlme iedziļināties, izprotot sevi kā dzīvu būtni, bet tam ir nepieciešams psihoemocionāls atbalsts un informācija no ārpasaules. Ar savu iekšējo pasauli vairs neiztikt. Tas, kas atrodas tajā, ir par maz vai par mazu, lai izprastu un veiksmīgi „pārlidotu" nomāktību un neapmierinātību. Tieši tā, jo krīze ir resursu trūkums. Pietrūkst paskaidrojošā un izskaidrojošā materiāla, lai apmierinātu frustrējošos impulsus. Vanda pieteicās uz grupas darbu tāpēc, ka izjūt nepieciešamību pēc pašpilnveides. Iespējams, ka viņa ir mēģinājusi lietot medikamentus vai gluži vienkārši vīlusies savās domās un idejās, tāpēc tiecas izzināt neapzināto. Noteikti tas ir veiksmīgs risinājums, lai neieslīgtu esošajā fāzē un veiksmīgi, brīvi un vienkārši sagaidītu un izietu nākamo dzīves gadu krīzi.

Vanda māk vai mācās sev sniegt atbalstu, kas raksturo nobriedušu personību attiecībā pret nenobriedušu. Tas ir tāds cilvēks, kurš jau saprot, ka pastāv pārdzīvojumi un notikumi, kuri tieši vai netieši cenšas ietekmēt, bet tos ir iespējams izzināt un transformēt vēlamajā vai visoptimālākajā virzienā patstāvīgi, nevainojot vienpusīgi vienu vai otru personu. Saskatīt likumsakarības un savu vietu un lomu tajās. Respektīvi, ja esi slims, neklaiņo apkārt, nesūdzies, nepadziļini savu stāvokli, nemeklē sabiedrotos, kurus galu galā var aplipināt ar vīrusu, bet ej gultā, ārstējies ar tēju, kamēr tev nav nepieciešamas nopietnākas zāles.

Vanda, lai gan vēl ne pilnībā, saskata un nojauš savu stāvokli, kurā ir iespējams iegūt labsajūtu. Viņā pat parādās (ne uzrodas, jo nav iepriekšējas informācijas) pārliecinoša noteiktība kā apgalvojums, ka viņas ietekmes spēkos ir vadīt un noteikt procesu, tātad pavērst uz labu savu stāvokli, situāciju, dzīves kvalitāti. Tikai vien Vanda zina, kas viņai ir nepieciešams, jo viņa nav konkrēti paudusi savas grūtības un mērķus. Viss, ko viņa dara, ir asociē kādu abstraktu apgalvojumu sociālpsiholoģiskā treniņā. Maksimums, uz ko var pretendēt, analizējot materiālu no malas, ir saskatīt *jaušas* un nejaušas psihoemocionālas likumsakarības starp to, ko cilvēks jūt, domā un dara.

Vanda joprojām dalās pārdomās, kurās ir iedziļinājusies jau iepriekš. Iespējams, ceļojusi vai bijusi piespiedu kārtā fiziski izolēta un šo laiku nav iztērējusi lieki, bet izvērtējot objekta un subjekta attieksmes un attiecības. Proti, vai ir spējīga un kā spēj tuvināties un attālināties no sev svarīgiem cilvēkiem un attiecībām? Cik sāpīgi un grūti viņai ir paveikt to šodienā? Rodas atbildes, kas ir pozitīvi, jo tiek pārskatīti pagātnes piemēri, kuri attiecībās ar dažādiem cilvēkiem vai konkrētu indivīdu ir bijuši veiksmīgi. Piemēram, ja kāds no svarīgajiem objektiem attālinās, ir iespējams pārdzīvojumu p ā r d z ī v o t, nejūtoties slikti, sāpināti, ar vainas apziņu vai kastrētai. Iespējams, ka vēl neizdodas pilnībā saglabāt savu psihisko kvalitāti, bet mājieni ir uz to, ka kļuvis vieglāk, atrodoties ar sevi, ja pat nav tuvumā tā, kuru mīli vai nevari bez viņa iztikt. Mīlestības objekts ir kļuvis ne tik apjomīgs, lai ar to nemācētu vai nebūtu bailes apieties. Izdodas sataustīt savas aprises, savdabīgu kontūru, kas psiholoģiski palīdz identificēt sevi, neesot tik mokoši ciešā konfluencē, līdz ar to nepārvaramā atkarībā, kad nevar pat mierīgi paveikt ikdienišķas ierastas lietas, ja otra nav blakus vai ir sajūta, ka neatrodas pietiekamā tuvumā.

Jājautā būtu pašai Vandai, kā viņai šķiet šāda interpretācija. Vanda teksta otrajā pusē atklāj savu ieguvumu, tad, kad atklāj objektu. *Zilais putns* nav tikai viens pasaku simbols, bet tas vienā un tajā pašā laikā var veidot dažādus izskaidrojošus atvasinājumus vienlaikus, tikai katru reizi ar atšķirīgiem kontekstiem. Tie var būt vecāki, pašā dzīves sākumā māte, tad, kad baro vai beidz barot pēc kārtējās ēdienreizes bērnu. Zīdainim ir sāpīgi, moka nemiers un rodas nepatika, ja piena avots aizkavējas, neatrodas līdzās vajadzības vai intereses nodrošināšanas gadījumā. Ļoti nepatīkami un psihoemocionāli sarežģīt ir samierināties un kur nu vēl pieņemt, ka kārotā krūts, kas ir ne tikai fiziskās, bet arī garīgās dzīves eliksīrs, varētu attālināties. Zīdainis ceļ trauksmi un šo pieredzi ar krūti paņem līdzi savā nākamajā attīstības cēlienā. *Zilais putns* nav vienīgi māte vai tās aizstājēji, tāpēc, ka saskarsme ir bijusi un šobrīd turpinās arī ar citiem cilvēkiem un simbolisko noslodzi padziļina notikumi, interpretācijas, apstākļi, intelekts u.c. Te nepieciešams paskaidrot, ka emocijas neiekonservējas. Kamēr cilvēks elpo, tikmēr joprojām notiek dažādi apmaiņas procesi, piemēram, iespaidi, pārdomas, izjūtas, novērojumi. Tāpēc cilvēki maina savus viedokļus, attieksmi, ieradumus, vērtības, un rīkojas citādi, nekā vēl vakar paši par sevi būtu domājuši. Tātad ne tikai viņa pati, kas, veikusi *lidojumu,* atgriezusies mājās pie sevis, vienpersoniski ir iesaistīta pārdomās, bet arī citi vismaz pastarpināti ir ietekmējuši savdabīgu emocionālo ceļu, kurā frustrācija ir sublimējusies vērtībā. Piemēram, ciešanas, kas rada nākamās ciešanas – sevis šaustīšanu, kritizēšanu, pazemošanu – ir negatīvie pārdzīvojumi, kam ir tieksme izpausties Vandā kā jebkurā cilvēkā. Tomēr viņai ir priekšrocības. Pateicoties pašas Vandas spējām būt apzinātai un viņas personības struktūrai, veidojas veiksmīgs rezultāts. Nelietderīga sevis *zākāšana* un neraksturīga sevis pazemošana neiesakņojas, jo Vanda apelē pie laimes jēdziena. Tātad iespējams, ka viņa ir atradusies šajā emocionālajā stāvoklī un vēlas tajā atgriezties, bet pašreizējā brīdī atrodas tā tuvumā.

Vanda novēro savas aizsardzības mehānismus un novēl citiem neatkārtot to, kas katram būtu pašam jāzina. Šķiet, ka viņa sarunā par apkārtējo viedokļiem uzsver patstāvīgas domāšanas vērtību. Vanda pieņēma ideju par izkopto ļaunumu un sāka šo jēdzienu momentāni izmantot. Nav zināms, vai attiecināt un saskatīt notikumus, informāciju, vērtēt novatoriski un elastīgi sevi ir pašas personas apzināts resurss. Psiholoģiski stabils cilvēks lieto vērtīgo un atmet nevērtīgo. Šāds mehānisms ir liela vērtība, jo sniedz stabilitāti. Zūd šaubas un bailes. Ko nozīmētu jēdzieni „normāli" un „nenormāli", runājot par emocijām? Piemēram, izdarīt bez šaubām un pārliecinoši to, kas sniedz labumu. Dzērvene kā oga ir vērtīgāks vitamīnu avots nekā cepums, kurā tādu nav, bet tas nenozīmē, ka uzturā par labu veselībai ir jāatsakās no saldumiem, ja to kārojas. Organisms un saprāts regulē procesu, ja vien kāds neiedomājas sevi gudrāku esam.

Domas, ka par turpmāko dzīvi vairs nav nekādas intereses, arī ir savdabīga saslimšana, pret kuru ir jāmeklē zāles. Attālums ir viens no brīnišķīgākajiem izdziedināšanās līdzekļiem. Attiecības ar sevi, kad paliec viens pats svešumā, ievērojami mainās – jo lielāka iekšējā krīze, jo vēlamāki ir ekstremāli apstākļi. Piemēram, labāk izvēlēties nevis krāšņu kūrortu, bet sūru ikdienu svešumā. Neuztveriet to kā pamācošu mājienu par to: ja jūs daudz ko zaudētu, tad pa īstam atjaunotu dzīves garšu! Nē! Nepavisam ne, jo tas tikai pavairotu šo izkopto ļaunumu. *Zilais putns* vienmēr ir atrodams mājās. Laime un pašnovērtējums - sevī! Bet savas situācijas apcerējums ir rodams tālumā tad, kad saskarsmē ar citiem jūs pa īstam uzzināt kaut ko jaunu par sevi.

Ar savu interpretāciju Vanda atbildēja, liekot padomāt arī mums, kā viņa sasaista ar sevi „neignorēt senās labās patiesības". Vandas tekstu var sadalīt trīs konkrētās daļās – ievadā, iztirzājumā un secinājumos. Viņa ļoti veiksmīgi prot konstruēt domas, lai tās būtu vērtīgas ar jauniem atklājumiem un secinājumiem. Viņai ir sava metodoloģija, kuru arī var dalīt ar trīs. Pirmā epizode – tēmas izcelšana, otrā – aktualizēšana un apcerēšana, pieredze, novērojumi un trešā – secinājumi ar sev noderīgiem lēmumiem un rīcības plānu.

Lielās pilsētās ir izveidotas dažādas psihoterapeitiska rakstura grupas – tādas kā pašpalīdzības un atbalsta „salas", kurās cilvēkiem ir iespēja uzzināt ko sev svarīgu un interesantu. Katra sāpe individuālā kontekstā ir nozīmīga, bet ilgstoša vienatne ar pārdzīvojumu var radīt nevajadzīgu spriedzi. Vēlreiz paldies Vandai un psihosociālā treniņa vadītājam par iespēju neklātienē iepazīties un gūt pārdomas, kā arī jaunus pārdzīvojumus par iepriekš veikto analizējamo materiālu.

Otru visiem pieejamu asociatīvo materiālu iesniedza Zeltīte.

Temats Nr. 2

Potences zudums

„Zivis iepriecināja tevi, tagad dari tās laimīgas! Mēs varam baudīt snurkelēšanu, pēc zemūdens peldes iedodiet tām maizi! Abpusēja enerģijas apmaiņa mazinās trauksmes sajūtu un sniegs gandarījumu par to, ka neesat palikuši laipnību parādā. Turklāt palielināsies jūsu pētnieciskās izziņas loks. Jūs pamanīsiet, kā rīkojas zivis – tās atspoguļo cilvēku rīcību. Tad, kad no stāvošas jahtas zilajā jūras ūdeni tiek iemesta maize, vispirms pēc barības ierodas bars ar mazām zivtiņām. Mazās sapeld uzreiz, un tās ir diezgan drošas, jo atrodas barā un rīkojas strauji. Ne vienmēr viņām ātruma dēļ izdodas satvert tuvu peldošu kumosu. Pēcāk pavisam sīkās zivtiņas ņemas pa apakšu, bet dažādo sugu un atšķirīgo nokrāsu lielās zivis piepeld pa vienai.

Ja tā būtu biznesa situācija, tad to varētu interpretēt šādi: uz kaut ko neparastu un jaunu sapeld dažādu nozaru speciālisti, kuri varētu sniegt vērtējumu pārējiem līdzīgajiem, ka produkts ir vērtīgs un ka tajā nav „zemūdens akmeņu". Epizode ar neparasti krāsainu un lielu zivju apskatīšanu beidzās ātri, jo lielās zivis pārliecinājās par to, ka ēsmai ir vienreizējs raksturs, vienā un tajā pašā vietā var izmest arī tīklus un ka tas var kaitēt pārējā bara veselībai, jo zivīm nav jāpārtiek no miltiem, tas ir pretdabiski. Prieks par skaisto skatu ir īss, atliek vērot tikai mazās zivtiņas, jo tās neanalizē situāciju, bet laimīgi mielojas.

Delfīnus, kurus nācās sastapt jūras ceļojumā, var redzēt tikai pārīšos. Maize no laivas tiem šķiet pārāk niecīga barība, lai būtu vērts apstāties. Delfīni ir vairāk pārliecināti par līdzšinējiem barības iegūšanas ceļiem un vērtību. Viņu uzvedībā var saskatīt romantiku, mīlestību un seksualitāti visskaistākajā šī vārda nozīmē."

Komentārs: No pirmajiem teikumiem atklājas divas būtiskas lietas. Vispirms, vārdi „potence" un „tās zudums" ir ar dažādu noslodzi, bet it visās variācijās ievieš bailes, tāpēc vieglāk ir runāt, piemēram, par zivīm, kuras kā simbols nav viennozīmīgas. Jāpajautā autorei, ko viņa konkrēti asociē ar zivīm, nevar uzspiest savu redzējumu, jo tas var novērst rakstītāju no patiesā, respektīvi, sava izskaidrojuma. Visu zivju kopējā iezīme ir atrašanās zemūdens valstībā un kustībā. Zemapziņa. Autore dalās ar konkrētu gadījumu un savu piedalīšanos. Viņa veica eksperimentu, un uz šīs bāzes vilka savas dzīves notikumu paralēles. Jāatzīst, radoša pieeja, kas tuvinās apzinātībai. Ne visiem izdodas domāt tēlaini. Reizēm iztēle ir par nabadzīgu, lai veidotos izpētes materiāls, tas palēnina vai padara par neiespējamu turpināt analītisko pieeju.

Šeit talkā var nākt milzum lielais psihoterapiju skolu skaits, lai atrastu piemērotāko pieeju savām spēju iespējām. Piemēram, biheiviorisms māca cilvēkam uzvesties dažādās standarta un nestandarta situācijās, veidojot pareizās vai vēlamās attieksmes, piemēram, lai neizjustu frustrāciju un nonāktu līdz sevi apmierinošam kontaktam. Grūtības ir dažādojušas un likušas pilnveidoties psiholoģisko pieeju un virzienu klāstam. Šobrīd pieejamais teksts iepriecina, jo tā autore var izvēlēties jebkuru psihoterapijas formu – gan psihoterapiju, gan psihoanalīzi, un viņai tas padosies. Pašai ir jāsaprot pagaidām tik daudz, ka viņa vēlas izprast vairāk par šīm „zivīm". Tad, kad Zeltīte līdzībās raksturo lietišķo darījumu apriti, viņa atklāj, kā formējas viņas doma. Cilvēkam var šķist, ka viņš izprot mehānismu, bet tā tas gluži vairumā gadījumu nav. Tāpēc aiz ļoti lielām spējām var slēpties paša individuālā nevērība. Būtiski ir nesteigties un uzzināt, precizējot, vai Zeltīte apzinās savas spējas vai tikai pavirši paslīd garām tam, pie kā ir pieradusi un ko pieņēmusi kā normu. Saņemtās atbildes noteikti dotu izpratni par to, kā apzinās un kādu sevi redz konkrētā persona. Viens no uzdevumiem ir atvērt apziņai savu unikalitāti un tad pēc patikas ekspluatēt, jo doma ir par personīgo panākumu un psiholoģiskās veselības palielināšanu.

Iepriekšējos izteikumos, jo tie tiešām ir vispārīgi, apstiprinās Zeltītes frāze par ēsmu zivīm. Ko ietver sevī šāda piebilde? Viņa pati, tuvu stāvošs cilvēks vai ilūzija? Apslēpta vēlme vai agresija? Nav tādas dzīvas būtnes, kas varētu iztikt bez uztura. Teikums ir svarīgs. Apraksts noslēdzas ar divu būtību savstarpējo attiecību aprakstu. Iespējams, ka tas, kas tiek piedēvēts citiem civilizācijas pārstāvjiem, ir pati Zeltītes iespēja un spēja atrasties pāra attiecībās. Neviens cilvēks nevar pat jokos neatveidot sevi. Katram augam ir sava smarža pat tad, ja tas atrodas līdzās pilnīgi citas sugas pārstāvim.

Viens no mērķiem ir šo rakstisko vai mutisko izteikumu, vārdu virknējumu atšifrēt, lai tas noderētu klientam, bet ne, lai gudrāks kļūtu terapeits. Īsākas vai garākas konsultācijas laikā apmeklētājam ir jāatklāj savas priekšrocības, bet nav jācenšas darīt laimīgu un apmierinātu terapeitu. Tāpēc var būt gadījumi, kad psihoterapeits netiek līdzi klienta vai pacienta spējām. Potenciāls tādā gadījumā ir atšķirīgs, bet tas nenozīmē, ka psihoterapeits ir nekam nederīgs, tas atklāj to, kas reizēm notiek ar katru dzīvē, satiekot mazāk spējīgu cilvēku, noticēt viņa apgalvojumiem kā absolūtai vai reālai patiesībai vairāk nekā pašam sev.

Nav nepieciešamības pamest terapeitu, ja atklājas un tiek novērotas šādām līdzīgas tendences, ja vien ir iespējams atklāti vienoties par veicamām korekcijām, kas ir adekvāts pienesums. Terapeitiskā procesa pienesums un dzīves realitāte, kad, piemēram, bērni pāraug vecākus. Tiem, kas ir pašpietiekmi un apzinās savas lomas uzdevumu noslēgumu, atzīt savu aizstājamību nenāksies grūti, jo attiecības ar bērniem nekur nepazūd, tās tikai būtiski mainās. Intuitīvi attiecīgajā brīdī ikviens var sastapties ar progresu, vērtīgi ir nedevalvēt panākumus, jo tieši tā tas arī notiek, un nekultivēt izkopto ļaunumu. Bērns un, alegorijās runājot, psihoterapeita klients iet savu ceļu un turpina sarunu, attīstību vai iegriežas tajos gadījumos, kad tas ir nepieciešams jebkuram nu jau pieaugušam cilvēkam. Tikai kāds kā bērns, ja sirgst ar mazvērtību, var uzskatīt, ka dzīvē viņam pašam nav iespējams kādu uzvarēt, noskriet, pārspēt u.c. Ar šo pēdējo piebildi gribētos noslēgt pārdomas un neklātienes konsultācijas analīzi Zeltītes gadījumā.

P.S. Delfīni ir cilvēka apbrīnoti.

Trešais piemērs ir Jura emocionālais īpašums, kuru nu jau daļēji var tā dēvēt, jo viņš ir laipni dalījies rakstiskās pārdomās par tematu „Parunāties ar otru un atbildēt uz jautājumiem". Pirms pievēršamies tuvākam raksturojumam, vispirms iepazīsimies ar tekstu.

Temats Nr.3

Parunāties ar otru un atbildēt uz jautājumiem

„Ja kļūdas uztver kā kļūdas, automātiski gribās sevi attaisnot, bet, ja tās pieņem kā cilvēka mūža sastāvdaļu, tad tās ir nepieciešamais veids, lai veidotos jaunas atziņas, kuras izmaina cilvēku un vidi. Iefiksēšanās uz kļūdām rada jaunus un nelabvēlīgus apstākļus un situācijas.

Šķiet, ka Jēzus Kristus vārdi, ka akmeni lai pirmais met tas, kurš pats ir bez grēka, ir viens no pasaules senākajiem piemēriem par to: lai kāds tu arī nebūtu un lai kādas kļūdas nepieļautu, tu vienmēr vari apturēt sevi un neatriebties savas bezspēcības dēļ, un izdarīt secinājumus ne jau par sevi. Citādi līdz ar katru personīgo neveiksmi dzīvot kļūst aizvien grūtāk... Grēksūdze ir vēl viens ceļš, kas ļauj nožēlot bijušo, veikt inventarizāciju un atmest to, kas vairs nav vajadzīgs, vai kur izkoptais ļaunums ticis iegūts pārpratuma dēļ. Pat tad, kad to ir grūti pieņemt.

Nebūšu utopists, teikdams, ka daļu laulību varētu saglābt, ja abi dzīves partneri ne tikai savstarpēji, bet arī individuālā grēksūdzē sev noskaidrotu savas ačgārnības. Mēs varam daudz vienkāršāk pamanīt otra kļūdas un zinām, kā vajadzētu uzvesties un rīkoties citam, bet likumsakarīgi un pat zinātniski pamatoti nevaram to pamanīt sevī. Tas nav jāuztver kā attaisnojums, bet kā iespēja dzīvot apzinātāk, tātad pilnvērtīgāk un laimīgāk. Tiklīdz mēs savlaicīgi neuzkopjam garāžu, mums jārēķinās ar to, ka tas vēlāk prasīs no mums lielāku laika ieguldījumu.

Kam vajadzētu pievērt uzmanību savlaicīgi? Pastāv dažādi priekšvēstneši... Pat tad, kad esam neiedomājami iemīlējušies un nespējam pret sevi būt objektīvi, mums tiek doti mājieni. Nepatikšanas laulības dzīvē nerodas vienkārši tāpat - cilvēki vai nu atsakās tās laikus pamanīt, vai arī pacietīgi uzkrāj negācijas... Ūdens traukā ietilpst noteikts šķidruma daudzums. Viena pile virs noteikta mēra var izraisīt šļakatas vai šķidruma noplūdi. Tas, protams, nenozīmē, ka nekad nav jāšķiras - dažreiz laulības dzīvi tiešam nav iespējams turpināt, tomēr tā nav visos gadījumos. Piemēram, ja kāds pilnveidojas, bet otrs „sēž" uz saviem priekšstatiem, tad tas var pamatoti aizkaitināt pirmo. Neviens cilvēks nav otra privātīpašums!"

Komentārs: Vēlams neliels ievads, atbildot uz vispārīgiem jautājumiem, pafilozofējot par to, kā psiholoģiski izpaužas „parunāšanās" un „atbildēšana". Moduļi ir šādi, jābūt dialogam ar sevi, kādu konkrētu vai abstraktu, pazīstamu, nepazīstamu, dzīvu vai nedzīvu objektu. Atbildes, savukārt, var sagaidīt un nesagaidīt, sadzirdēt un nesadzirdēt, kas nosaka interpretāciju dažādību. Mūsu uzdevums ir saprast, kam tiek veltīts stāstījums. Piemēram, tas var būt monologs, pirmā un vienīgā līdzšinējā izdevība saprasties ar to, ar kuru nav iespējams vienlīdzīgi komunicēt. Ievērojiet, ka Juris vispirms izvēlas runāt par kļūdām. Pirmā rindkopa izklausās kā pārmetums, kurš nav spontāns, bet formulējies iepriekšējā saskarsmes pieredzē, nu jau var apgalvot, ar kādu konkrētu personu. Tas ir uzbūvēts kodolīgi, saprotami, bez liekvārdības un īpašām paspilgtinošām emocijām. Kā novērojums un atziņa.

Tad, kad tiek apelēts pie sakrālas vēsturiskas personas, atspoguļojas mēģinājums sameklēt kādu, kurš varētu būt kā autoritāte pret to un tam, ar ko ir izveidojies konflikts. Un ne tikai, vajadzība ieviest attiecībās trešo ir spriedzes mazināšana starp Juri un kādu citu konkrētu personu. Teorētiskais jaunpienācējs tikpat labi var būt strīda iemesls. Juris atzīst, ka tas, kas ar viņu ir gadījies, atklājis iespēju domāt un analizēt citus.

Tas izskan trejādi. Juris parasti vaino sevi un vēršas pret apkārtējiem vienlaikus samērīgi, tomēr biežāk vainu uzņemas pats. Komentārs nav nejaušs, jo veido trīsvienību. Atšķiras trejādas izjūtas. Kuru vainot? Apkārtējos, sevi vai kādu citu, konkrētu, nepieminētu personu, kuras emocionālo klātbūtni var nojaust starp rindiņām. Juris neapzināti slēpj sev svarīgo personu, varbūt neslēpj, bet saudzē. Autors dalās ar saviem

303

atklājumiem un pastāsta, ka emocionālā iekšējā rotācija nav auglīga, vairāk mokoša. Iespējams, ka viņam nav skaidrības, ko iesākt ar šo trešo.

Ir pieminēta dzirdētā lekcija par izkopto ļaunumu, kas ir ierosinājusi jaunas izjūtas. Skaidrs, ka par spīti iekšējai trauksmei tiek veidoti un nostiprināti konsekventāki psiholoģiskie aizmetņi. Viņš ir gatavs nostāties pretstatā tam, kurš *uzbāž* savu autoritātes pareizību. Uz to vedina stils, kādā tiek ieturēts rakstītais teksts. Tas ir pārlieku nevainojams, it kā, Jurim darbojoties, kāds viņu novēro. Tāpēc ir neapzināta vajadzība būt *pareizam*. Iespējams, ka tik argumentētus domu izklāstus nākas veidot kā atbildes reakciju uz bailēm būt neloģiskam, neveiklam, neperfektam kādas nenosauktas, tātad neapzinātas personas ieskatos.

Uzrodas laulātā termins. Pamudinājums uz atvērtību, iekšējo pašanalīzi. Lai cik šis pienesums šķistu objektīvs, ja izskan termins „laulātais", neatstāj doma, ka tā, ar kuru nāktos sarunāties un attaisnoties, var nebūt tikai sieva, bet vēl kāda persona. Dzīvesbiedre ir tā, pret kuru tiek vērsts pārdzīvojums, bet „audzējs" var atrasties citur. Juris savos komentāros nav vienpusīgs un pieprasa vērīgāku iedziļināšanos.

Pagaidām nenoskaidroto papildina jauns jēdziens – garāža. Vieta, kurā norisinās, kaut kas svarīgs pašam Jurim. Vai vispār dabā eksistē šāda telpa, par to ziņu nav, bet pieredze ir iegūta. Juris kritizē, sniedz attieksmi un dod savu redzējumu, kaut ko līdzīgu padomam. Tam, kuram izdotos noklausīties vēstījumu, nāktos padomāt, bet tā kā konkrēto dzirdīgo ausu nav, ir jāatklāj un padziļinātāk jāizzina iekšējās konkrētās pretenzijas un to adresāts. Vislabāk būtu pajautāt pašam Jurim.

Pievēršoties iepriekšējam, nebija būtiski simboliku izskaidrot detaļās, bet pazīt. Parādīt pašam sev neviennozīmīgos jēdzienus, to salikumus un savstarpējās attiecības. Bez paša autora klātbūtnes to nevarētu izdarīt, jo pastāv individuālie un kopējie, visu cilvēku pieņemtie apzīmējumi. Abos variantos Juris kā visi cilvēki piešķir savu konkrēto attieksmi, un ir novērojams pieradums domāt bez kritiskas attieksmes. Tad, kad pamana šo ieradumu, ir nepieciešamība *pieslēgties*, lai veidotos apzinātāka līdzdalība. Pašanalīze ir vismaz izziņa, jautājumi, laiks, koncentrēšanās, iedziļināšanās, reizēm cīkstēšanās ar vienveidīgiem ieradumiem.

Viens no svarīgākajiem faktoriem ir izpētīts. Tas ir ar izkopto ļaunumu nenoslogots lēmums. Protams, ka šādam iznākumam nepieciešams sasprindzinājums! Un tad tā sekas nebūs kā vēl viens izkoptā ļaunuma pūznis, kurā vairāk vietas ir mikrobiem, nevis brīvībai

Pretenzijas, kas tiek vērstas pret ārpasauli, ir jāaptver un jāsaprot pirmām kārtām pašam priekš sevis. Pat tajos gadījumos, kad šķiet, man ir simtprocentīga taisnība. Kāpēc? Tāpēc, ka tad ir pamatota cerība, ka tapsi sadzirdēts. Tāds saprotošs cilvēks ir konkrēts un, ja apvainojas, tad ir spējīgs nošķirt, par ko un kāpēc. Izkopts ļaunums ir joprojām uzkurināt apvainojumu, neviena emocionāla būtne nav no dzelzsbetona. Ikvienam ir pazīstamas destruktīvas emocijas. Jautājums ir par to, vai tās uzturēt, vai izprast un iespēju robežās atbrīvoties no tām. Iespējams, ka vienmēr būs kāds trešais, kurš mēģinās iejaukties divu cilvēku attiecībās. Tieši tāpat būs tas otrais, kurš gribēs pārtaisīt pirmo. Tāda ir dzīves realitāte. Reizēm cilvēki konfliktē ne morālo atšķirību, bet emocionālo domstarpību dēļ, apgalvojot, ka ar personīgām ambīcijām tam nav nekāda sakara. Izkopts ļaunums sniedz konkrētus mājienus par katra indivīda izvēles brīvību. Respektīvi, ja būs vēlēšanās un iespēja pieņemt otra vēlmes un nosacījumus, sistematizēt tos, tad nebūs iespējama palikšana divatā ar izkopto ļaunumu. Psiholoģiski elastīgs cilvēks ir laimīgāks. Viņš zina un saprot, ka pasaule ir dažāda un ka vēlēšanās pārveidot to biežāk vainagojas ar fiasko. Izkopts ļaunums ir nelietderīgi ekspluatēt savu psihi, cenšoties kādam kaut ko uzspiest.

ĻAUNUMS NEDODAS ROKĀ, JO IR MASKĒJIES

Slinkums, aprobežotība, kūtrums, lētticība vai banalitāte, naivums

Papildus savam tiešajam darbam strādājot par volontieri vienā no psihoneiroloģiskās slimnīcas nodaļām, es koncentrētā veidā ieguvu ne tikai jaunas atziņas un profesionāla psihoterapeita praksi, bet klāt nāca būtiskas pārdomas par to, kā sociālie, filozofiskie, pedagoģiskie, kulturālie un psiholoģiskie aspekti laika gaitā pārtop par raksturīgāku problēmu, kura turpmāk ir traktējama un formulējama kā psihiskas slimības diagnoze un kuras seku likvidēšanai paredzēta medikamentoza terapija un psihoterapijas palīdzība.

Kā izprotams vārds „aspekti"? Piemēram, cilvēkam nav ne mazākā iegansta saslimt ar depresiju, jo, pirmkārt, neviens ģimenē nav predisponēts uz šāda rakstura slimībām, otrkārt, nekādi objektīvi notikumi to nav provocējuši. Depresijas pārņemtie sirgst ar nomāktību, neapjaušot cēloņus un ieganstus savai apmātībai. Vidē, kurā dzīvo un atrodas indivīds, nav notikušas nekādas provokācijas, bet nomākts garastāvoklis nelūgts uzglūn šķietami ne no šā, ne no tā. Sociāli, piemēram, ir tā – ja cilvēks nekļūtu par bezdarbnieku, viņš nekā nezinātu par savu depresiju. Zaudējot aktivitāti, devalvējas pašapziņa. Tas notiek īsi un ātri bez īpašiem saskaņojumiem un ievadvārdiem. Tā vien liekas, ka kāds šo depresiju ir ieviesis pret paša gribu, uzmācīgi *uzbāzis*. Šajā gadījumā darba zaudējums nav viss pēdējais provokatīvais notikums psihei, bet gan galvenais un vienīgais iemesls, ko indivīds pasniedz pats sev civilizēti kā inteliģentu attaisnojumu. Vienpatis kā pašattaisnojumu depresijai atrod izskaidrojumu – darbavietas zaudējums ir visu nelaimju cēlonis. To pašu depresiju var izraisīt paša fizioloģija, kādas vielas trūkums organismā, piemēram, joda, piena vai ūdens. Depresīva māte pamanās attaisnoties – zīdainis naktīs neguļ, tātad esmu nemākulīga māte. Kurš gan var apgalvot pretējo? Iespējams, ka mazuļa radītāja ir norūpējusies par niekiem vai ir bēdu sagrauta, tāpēc vaino sevi. Bezmiegs un hronisks nogurums novājina imunitāti un pasliktina garastāvokli, tas ir objektīvs iegansts un solis pretī depresijai.

Pašpedagoģija un depresija ir audzināšanas seku rezultāts. Izkļūt no depresijas ir sarežģīti ne tikai tāpēc, ka slimniekam trūkst ķīmisku vielu, lai uzlabotu savu anatomiju, bet arī tāpēc, ka cietējam ir izveidojies priekšstats par sevi un pasauli, kuru ir sarežģīti mainīt. Kultūras vides pārmaiņas var provocēt depresiju, ne tikai nonākot tālās zemēs, bet arī *ieprecoties* un saskaroties ar jaunām tradīcijām un sabiedriskām lomām. Piemēram, ikviens no mums ir pirmo reizi tēvs vai māte. Secinājums – kultūra ir definējama valstiskā un ģimeniskā kontekstā, jo indivīds veidojas sociumā. Katrā kontinentā, grupā un ģimenē ir atšķirīga uzvedības, attieksmju, izpausmju kultūra. To var nepieņemt, nesaprast un nerespektēt, bet, nonākot tiešā kontaktā, saskaroties ar šīm izjūtām, var attīstīties depresija. Psiholoģiskie depresijas jēdzieni ir specifiskāki un prasa pamatīgāku izskaidrojumu un secinājumus. Katrā konkrētā depresijas gadījumā ir nepieciešama individuāla iedziļināšanās. Tas, ko sakarā ar depresiju šobrīd varam secināt ir, ka depresijas iedīglis atrodas cilvēkā, bet vide sniedz attaisnojošus argumentus paša iekšējam trauslumam. Vienojošais elements ir, ka šīs iepriekšējās pieejas hipotētiski un praktiski satiekas psiholoģijas un psihiatrijas lauciņā. Līdz ar to rodas būtisks un konceptuāls jautājums, kurš un ar kādu pamatojumu uzņemsies izglābt patiesi depresijā ieslīgušo vaininieku. Šo jautājumu var pavērst citādi. Kurš uzņemsies atbildību par indivīdu, kas sirgst ar depresiju? Skola? Ģimene? Dzimtene?

Šķiet, tikai vēl pirms mirkļa kāda sociāla vai pedagoģiska rakstura problēma kļuva par psiholoģisku traumu ne tikai tam, kas aizgāja no dzīves, bet arī tiem, kuriem bija vienaldzīgs radinieka zaudējums. Vecā *kaluma* psihiatri un ārsti, kas domā eklektiski, piekritīs, ka cietsirdība un vienaldzība ir psihiatriska rakstura problēma, kuru varbūt tikai ar varbūtības teoriju var izglābt vizīte pie psihoterapeita, pirms tā kļūst par psihiatrisku jautājumu. Depresīvais radinieks, tēvs vectēvs, brālis ir miris, jo pārējiem ir bijis dziļi vienalga, kas notiek ar viņu pēc sievas nāves. Tad, kad viņš tika izlaists no kādas psihoneiroloģiskās klīnikas, neviens neatnāca viņu sagaidīt pie *sētas* durvīm. Nepavadīja līdz mājām un nepavirināja ledusskapi, lai pārliecinātos, ka tas nav tukšs. Nespējnieks ar ļoti vāju saprašanu un gurdenu ķermeni ielēca upē, no kuras viņa līķi izvilka pēc pāris dienām. Tuvinieki noplātīja rokas un atklāti brīnījās par notikušo. Esot bijis labs cilvēks. Pēc sievas nāves esot kļuvis tāds kā dīvaināks. Trīcējušas rokas, taujājis pēc palīdzības un sūdzējies par vientulību un bezmiegu. Starp radiniekiem, kas novēroja šos simptomus, bija gan jauni, gan veci – garāku mūžu dzīvojuši. Izrādās, ka nekad un neko par cilvēka pārdzīvojumiem, bēdām un skumjām viņi nav pratuši ielāgot. Visa dzīve tiem esot viens vienīgs brīnums un jaunatklājums. Kad kaut kas atgadoties no jauna, tad viņi visā veroties tikpat kā nevainīgi bērni. Arī šajā reizē - kā no jauna piedzimuši. To sirds dāsnums bija tik „spēcīgs", ka visiem kopā izdevās *samest* divām puķēm uz kapa. Apglabāšanas ceremoniju apmaksāja tie svešinieki, kas nejauši izvilka līķi no ūdens. Savējie atteicās. Empātijas nespējīgie „kropļi" nodomāja, ka pie ūdens tilpnēm visbiežāk dzīvo *biezie*, tāpēc viņi ir tik dāsni un saprotoši pret pārējiem, kas ir nabagi vai ne tik turīgi, lai spētu *samest* bēru ceremonijai. Tuvinieki spēja attaisnot savu nevēlēšanos apglabāt mirstīgās atliekas un novelt atbildību uz svešiniekiem, kas bija nejauši notikuma aculiecinieki. Šie svešinieki bija cilvēki ar pārliecību, ka mirušiem ir jāatrodas savā vietā un dzīviem savējā. Ne visiem mūsdienās ir veselīga pasaules uztvere. Tas ir milzum liels visas sabiedrības deficīts, ko ir satricinājušas dažādas politiskas, ekonomiskas un dabas kataklizmas. Atliek secināt, ka mazotnē saspiesti, šauri dzīves apstākļi, vecāki - alkoholiķi, kāda skolotāja dalījums „mīluļos" un „nīstamos", pastāvīgs naudas līdzekļu trūkums, neatbilstošs apģērbs bērnības laikā un tamlīdzīgi kalpo kā iegansts dažādām psiholoģiskajām pataloģijām un novirzēm no vispārpieņemtajām normām. Šķietami, neirotiķis nav tik bīstams sev un citiem kā narciss.

Novērojumi, ka cilvēki kļūst par psihiatru un psihoterapeitu pacientiem vai pastāvīgiem klientiem tieši šādu vai līdzīgu iemeslu dēļ, liek vēlreiz padomāt, kādas līdzīgās un vienojošās problēmas ir pacientiem, kas atkārtoti atgriežas ambulatorās nodaļās un ilgstoši sirgst ar mentāla rakstura disfunkcijām. Sociums noved indivīdu līdz trako kreklam un neapzinās savu līdzdalību. Nākas uzklausīt šausmīgas un baigas situācijas, ko atšķirīgi pārcieš garīgi slimi vai nelīdzsvaroti cilvēki, ka „mati ceļas stāvus". Ne visiem, bet tiem, kuri ir mentāli veseli, jo iepriekšējie ne vienmēr spēj protestēt tāpēc, ka ir pārlieku iejutušies savās problēmās. Pie vides var pierast, pat pie tās piedāvātām anomālijām. Dzīves „piedevas" nāk no tradīcijām, politikas, ideoloģijas, metodes, jebkuras neekoloģiskas tendences un parādības mikro- un makrosociumā. Šajā drūmajā pārstāstā vainīga ir iedzimtība, kuras psiholoģiskās novirzes izskaust nav vienkārši. Tuvinieki ir tādi paši garīgie sirdzēji, kas ir savstarpēji atraduši viens otru, stājoties laulībā, un savā neapskaužamajā psihoemocionālajā stāvoklī radījuši nākamās paaudzes.

Apturēt psihoorganiskās nobīdes ir apgrūtinoši vismaz divu iemeslu dēļ. Pirmkārt, masa ņem virsroku. Daudzums nosaka tendenci. Ģimenē, cits citā veroties un atrodot savu līdzību, sāk uzskatīt, ka ar viņiem „viss kārtībā", bet ar to vienu, kas varbūt izskatās kā izņēmums, nav „viss kārtībā". Tāpēc rodas efekts, kas pašam psiholoģiski liekas patiess, un savas mazspējas netiek konstatētas. Stāvoklis pasliktinās, jo rodas noturīga pārliecība pašam par sevi, ka „viss kārtībā". Līdzgaitnieki, kas šajā gadījumā ir tuvākais radu loks, savstarpēji veiksmīgi saprotas, jo tos vieno kāda psiholoģiska patoloģija. Piemēram, empātiskais pārdzīvojuma moments. Otrkārt, sociālā vide nepazīst mentālas grūtības, piemērojot dažādām psihoemocionālajām nobīdēm kādu nevainīgu raksturojumu. Pieradums atrasties frustrētā vidē uzliek savu zīmogu. Joprojām norisinās līdzdalība, jo „trakie" ir tie, kas uzskatāmi apdraud sevi un sabiedrību. Izveidojas pielāgošanās kā ieradums nošķirt garīgi nelīdzsvarotos no līdzsvarotajiem. Konstatēt, lai nošķirtos no neveselīguma, nekad nav par vēlu. Jācenšas palīdzēt sev un reizē citiem nekļūt par destrukcijas ķīlniekiem. Dažkārt var izsekot anomālijām atkārtoti no jauna. Neatkārtosies teikuma uzbūve, bet ideja un tās apraksts gan. Iracionāla rīcība vai lēmums ir jāuztver sevī vai apkārtējos ar interesi. Minētajā piemērā ar nelaimīgo nelaiķi var uzskatāmi novērot *Homo sapiens* neraksturīgo un nepieņemamo. Cilvēcīgi ir cilvēciski izturēties pret cilvēcīgo. Ko tas izsaka? Vai žēlot? Nē, tā tas nav. Empātija ir spēja, par kuras zaudēšanu ir runa. Tā nosaka indivīda vispārējo emocionālo stāvokli. Bez šaubām, ne tikai empātija, tā ir tikai viena no organisma veseluma pazīmēm. Pārējās netiek uzskaitītas ar nolūku, tādēļ, lai nebūtu pārlieku sarežģīti un neskaidri tiem, kas nav psiholoģiski izglītoti, bet vēlas izprast savas dzīves likstas un atklāt sev izkopto ļaunumu.

Līdzpārdzīvojums kā spēja ir pirmajā vietā. Ja notrulinās šī izjūta, tad bojājumu gadījumos vai traumatiskos apstākļos pārējām faktiski nav iespējams atdzimt. Izpratne un izjūta būt empātiskam ir numur viens. Jāatklāj aizsegi, kas nomāc šo cilvēcisko barometru. Tikko attiecīgais kompass būs kārtībā, mazināsies problēmas. Izjūta virzīs prātu. Saprāts akceptēs emocijas. Iestāsies savstarpējais prieks, kas vairos apzinātību.

Jebkuram cilvēkam bez iebildumiem un muļķīgiem attaisnojumiem, pārmetumiem un aizvainojumiem būtu jābūt pašsaprotami, ka novārdzinātu cilvēku no slimnīcas jānogādā mājās, veselā vidē. Ja ir dzīvi radinieki, tāds jautājums nekļūtu par lielāko pasaules brīnumu. Tāpat tie, kas neko nav dzirdējuši par depresiju, ir spējīgi atšķirt melanholiskus noskaņojumus. Sliktu garastāvokli vismaz epizodiski pazīst visi. Tāpēc apkārtējie cenšas novērst nomāktību, kas ir cilvēciski, ja tiem ir līdzpārdzīvojums un nevēlēšanās pašiem atrasties drūmā vidē. Piemēram, bērns, kas pamostas no rīta ar nelāgu omu, tiek apmīļots, tādējādi tiek uzlabots kopējais noskaņojums. Tikai tāds, kurš ir bez empātijas, ar aukstām un neizteiksmīgām frāzēm centīsies apklusināt troksni, ne bērnu. Normāli, ja māte vai tēvs izjūt diskomfortu, ka mazulis nejūtas harmoniski. Šāda emocija pēc savas būtības ir vesela un adekvāta. Otrajā norisinās neskaidrs negatīvisms, kas rada vēlmi noskaidrot un nepieciešamības gadījumā pacensties novērst pašam nenovēršamo. Nule pamodies bērns naktskreklā spēj mazāk efektīvi mierināt sevi nekā pieaugušie, kuri piecēlušies jau pirms kāda laika. Par šādu reakciju, kad interesē otrs, nav jābēdā. Veseliem ir jākrīt panikā, jo tā ir organiska emocija situācijai, ja indivīds ar nosacītām psihoemocionālajām iespējām, *sazāļots*, viens pats un bez naudas dodas kājām piecdesmit kilometru un šķērso tiltu, zem kura tek upe. Jebkura normāla cilvēka vajadzība ir to apturēt un nepieļaut. Psiholoģiski līdzsvarots cilvēks traģiskos notikumos atdos pēdējo, lai tikai ar pašcieņu godātu aizgājēju. Nauda ir atruna. Objektīvs iemesls, lai varētu neidentificēt savu psihoemocionālo un garīgo patoloģiju. Atkarībā no kultūras un tradīcijām katrā dzimtā ir pieņemti iepriekšējo priekšteču paradumi. Pārējiem ir tiem jāseko. Bez pretestības un iebildumiem. Tie, kas no tiem atsakās, nav apveltīti ar empātiju, tātad cieš no emocionāli psiholoģiskajām novirzēm. Kādam sāpīgi, bet fakts. Jāmēģina vēlreiz no jauna pievērst uzmanību tam, ka, piemēram, pēc ļoti smagas psiholoģiskas traumas, mūža nogalē zaudējis sievu, vīrs pirmajā *piegājienā* neveiksmīgi, bet cenšas izdarīt suicīdu. Stāvoklis ir smags. Ārsti cenšas palīdzēt, un psihoterapeits kopā ar psihiatru mēģina atrast īsto metodi, lai izglābtu un pasargātu jau tā nelaimīgo vīrieti no pārdzīvojuma un pašnāvības mēģinājuma. Pūliņi izrādās lieki, jo mājinieki neliekas ne zinis par slimnieku. Nejūtot atbalstu, vīrietis, būdams dziļā depresijā, ātri atrod momentu, kad padarīt sev galu.

Jāpacenšas pievērst lielāku uzmanību profesionālajiem ierobežojumiem psihiatrijā un psihoterapijā, kuri atgriež nelaimīgos un traumētos cilvēkus no jauna tur, no kurienes ikviens atgriežas citāds, jo pieredze, ko iegūst slimnīcās, psihoneiroloģiskajās klīnikās, nav viennozīmīga. Bez radinieku atbalsta ir grūti *izķepuroties*. Šī dažādā atgriešanās no slimnīcas mājās ir ārpus mediķu un psihoterapeitu iespēju robežām. Lūk, tas ir viens no objektīvajiem iemesliem, kāpēc ir tik grūti novērst notiekošo. Piemēram, cilvēks, kas ir badināts, nonācis vidē, kur tā nenotiek, pieņemoties svarā un nostiprinot veselību, joprojām ir dziļi nelaimīgs, tāpēc ka pēc sniegtās palīdzības tas atgriežas tur, no kurienes nācis. Pie tiem pašiem tikumiem un likumiem. Tādēļ novērsīsim savu uzmanību no speciālistiem un pievērsīsimies tiem, kas provocē negācijas. Vēl jo vairāk, ja nelaimīgais ir viens no mums. Tomēr ir kāds „bet"... Kāds pēc attieksmes ir šis tuvinieks? Un, vai mēs gadījumā neesam asinsradinieki? Ja ne gluži, tad kas mūs personīgi saistīja izvēlēties tieši šo konkrēto dzīves partneri? Tie ir būtiski jautājumi, uz kuriem ikvienam ir vēlams atbildēt. Ieteikums neizvairīties, lai nerastos neapzinātas domstarpības radu vidū, kas reizēm daudziem ir neizbēgamas. Elementāras savstarpējo attiecību kultūras trūkums reizēm nav nekas cits kā kaut kāda apvienojoša psihoemocionāla disfunkcija. Veselīgā vidē vecmāmiņas un vectētiņi tiekas ne tikai ar sava loka cilvēkiem, bet savu bērnu vārdā sazinās ar vedeklas vai znota tuviniekiem. Tas ir saprotams, ja viņus vieno veselīgi stimuli, kas skar ne personību reālijas, bet kopīgos ieganstus, kuru dēļ viņi ir kļuvuši radinieki. Atminēsimies jau vairākkārt izskanējušo domu: „kāda psiholoģija, tāda uzvedība". Kādi mēs īsti esam? Morāle ir jāuzsver tajos gadījumos, kad pietrūkst veselīgā psihoemocionālā stāvokļa. Kas mēs esam slimniekam – sabiedrotais vai ienaidnieks?

Diemžēl vai par laimi radinieku ietekme nav visvarena. Līdzīgās situācijās šī ilūzija ir jāmazina. Tāpēc tik smagā stāvoklī kā depresija ir jācenšas atrast „glābšanas salmiņu" pie speciālista, lai būtu stabilitātes iespēja, kas balstītu, kamēr pienāk jauni spēki, enerģija un idejas vai domas par sava nākamā dzīves posma veidošanu. Neviens nav pasargāts no traumām. Tikmēr, kamēr tuvinieki aizbildinās ar nezināšanu, naudas trūkumu un aizņemtību, ir laiks un izdevība izskaitļot viņu patiesās iespējas un motivāciju atteikties no tā, kas ir norma psihoemocionāli līdzsvarotam cilvēkam. Piemēram, apglabāt savu māti, brāli, tā sievu, vīru, bērnu, ja ir nepieciešams. Tas ir absurds, ja svešiem cilvēkiem, kas nejauši konstatējuši līķi savas dzīvojamās mājas tuvumā, ir jāuzņemas un jārisina apbedīšanas jautājumi. Līdzīgas situācijas ir ikdienišķas parādības. Kurš netic, lai paveras apkārt. Tiem, kuriem neklājas viegli, ir jāuzmeklē atspaids ārpus savas ierastās vides. Ko nozīmē viegli? Mierīgi. Rodas nemiers un jautājumi par sevi un citiem. Šaubas un kritika par savu nojausmu vai novērojumiem. Tā nav vienīgā izeja, bet pārbaudīta gan. Padoms ir šāds: apmeklējiet tādu speciālistu, kam jūs uzticaties. Nelasiet amata aprakstu un nepētiet profesionālo lomu, bet uzticieties savai intuīcijai, kas depresijā nonākušiem cilvēkiem ir jūtīga un atsaucīga, tātad spēcīga. Pretošanās savai izjūtai ir veselīgo izjūtu apspiešana. Ilgstoša emociju noliegšana var izvērsties par novirzi, ko ir sarežģītāk apkarot.

Kamēr psihiatri un psihoterapeiti *plēšas* par savu profesionālo taisnību, depresīvais slimnieks un viņa radinieki ir atstāti pašplūsmā. Jebkura novirze ir nosacīta. Tam var piekrist un nepiekrist. Šajā patiesībā ir rodami un apslēpti daudzi riski. Nopietnas un neapzinātas līdzatkarības, novirzes no normas, patoloģijas. Ar vienu vārdu sakot, neskaidrības. Piemēram, ja jau kāds ir tik emocionālpsiholoģiski vesels savā organikā, tad kāpēc neizjūt empātiju. Vīramāte, kas mitinās ar precētu jauno pāri vienā dzīvoklī, neklauvē pie guļamistabas durvīm, pirms vēlas kaut ko bilst vai ienākt. Tā ir tā sauktā nepieklājība, takta vai smalkjūtības trūkums, vai skaudība un greizsirdība, bet tā uztvert notiekošo nav pārliecinoši. Šķietami līdztekus rodas vēl kāds faktors, kuru pavecākā dāma varētu novērst vai mainīt, ja vērstos pēc palīdzības pie psihoterapeita. Psihiatrs, iespējams, viņai vēl nav nepieciešams, bet iracionālas darbības parādās, kas klasificējamas ne psihopatoloģijas klasifikatorā, bet savādā pasaules izpratnes uzbūvē. Kur ir divi, trešais vienmēr ir lieks. Lai tas nenotiktu, laikus jāmeklē racionāli risinājumi. Piemēram, jābūt lielākai ieinteresētībai par savu tuvāko un tālāko nākotni. Tie, kas nejūt nepieciešamību ielauzties citu dzīvē, gandrīz nekad nenonāks paaudžu konfliktos. Biežāk tādos apstākļos nonāk tie, kas uzskata, ka iejaukšanās nemaz nav iejaukšanās. Tā notiek, ne visi ir spējīgi sajust abpusēji izveidojušās neērtības. Tie, kurus skar anomālijas, biežāk vēlas saņemt apliecinošus pierādījumus un argumentus sev neizdevīgai situācijai, caur noliegumu noliekot malā svarīgāko. Būtiskākais ir papūlēties, lai pēc iespējas ātrāk un precīzāk atbrīvotos no negāciju cēloņiem. Cenšoties netiražēt psiholoģiskās uztveres nobīdes, bet pēc iespējas pazemināt tās darbības apjomus. Runa vairs nav par to cilvēku, kurš ir aizgājis aizsaulē sava depresīvā stāvokļa dēļ. Pēc šāda vai līdzīga notikuma jāanalizē katram sevi. Konkrēti un tieši, bez aplinkiem savā dzimtā. Ja neizdodas, tad jāiet pie speciālista, kam var jautāt: „Kur biju es savās domu idejās un sajūtās, kamēr mans tēvs, nelaimīgs un vientuļš, savā neapskaužamajā stāvoklī nepieskatīts, klīda pa pasauli?" Absolūtā patvaļa, jo juridiski pacients ir izlaists no klīnikas un nevienam par viņu īsti vairs nav daļas. Empātiskā fona deficīta dēļ trūkstošo atbildi uz saviem novērojumiem var saņemt no juristiem. Nomierināt apkārtējo satrauktos prātus un neskaidrības var likums. Ja būs pat sabiedrības spiediens uz radiniekiem, viņi savā emocionālajā mazspējā labāk algos likuma pārstāvi, nekā apmaksās ceļa izdevumus no slimnīcas uz mājām brālim. Naids ir spēcīgs tāpēc, ka neeksistē antonīms. Pastāv ienaida sinonīmi.

Psihoterapeits gaida finansējumu, bet klients nav spējīgs ne tikai apmaksāt individuālās sesijas, bet arī *aizvilkties* līdz psihoterapeitam galvas reiboņu un zāļu atkarības dēļ. Radi „mazgā rokas nevainībā", bet psihiatri apzinās un pēc savas pieredzes var apliecināt, ka jebkuras psihiskas problēmas dzimtā nav atrautā stāvoklī un tās var skart vai ietekmēt ikvienu tās locekli. Šis apstāklis izskaidro daudz ko. Piemēram, nespēju iejusties otra, pat vistuvākā, cilvēka situācijā. Tāpat, kā var iemantot tuvredzību, tāpat var pārmantot psihiska rakstura kaites. Apturēt garīgās veselības problēmas ir sarežģīts uzdevums. Ne jau psihiatriem, bet sabiedrībai. Tāpēc, lai kaut ko mainītu vai uzlabotu, ir jākonstatē fakti. Statistikas mums pietiek, bet emocionāli ir jācenšas atzīt savu destrukciju, kas ir vissvarīgākais uzdevums, lai *nepiesietu* demokrātiskuma trūkumu un iecietības deficītu pret citādiem. Tātad šovinismu. Tieši šī iemesla dēļ netiek translētas idejas, kas nevar vairs saglabāt esošo paaudzi, bet ir spējīgas atveseļot nākamo. Pašreizējās paaudzes egoisms, bailes pazaudēt savu varu un destruktīvismu, pompozitāti un uzpūsto pašcieņu ietekmē un tieši iespaido nākamo paaudžu garīgo, tātad arī fizisko veselību.

Noziegums ir, ka sabiedrība novirzes no vispārīgajām emocionālas dabas normām, to, kas ir tieši saskatāms un nojaušams, neuzskata par problēmu. Kurš iedomāsies kritizēt un apšaubīt cilvēku, politiķi, kurš nav harizmātisks, šļupst, ir piecas reizes precējies un šķīries, ar ārlaulības sakaros dzimušiem bērniem, šauru galvaskausu un palielinātu vairogdziedzeri, viduvējām vai vēl zemākām profesionālajām spējām kā absurdu tēlu un apšaubāmu personību? Cilvēks ar jebkura amata aicinājumu „nemetīs kažoku uz otru pusi", ja vien viņu nevaldzinās ilūzija par varu. Tieši tāds, jo „šķībāks", jo „līkāks", intuitīvi izjūtot savu nepilnību, tieksies pēc vajadzības apmierināt savu destruktivitāti. „Lāča pakalpojumu" šai konkrētajai personībai un sabiedrībai izdara tie, kas sāk „dziedāt slavas dziesmas" un attaisnot šo novirzi. Kur slēpjas patoloģija vai kur rodamas garīgās un emocionālās novirzes no normas? Psihiatri (protams, ne visi, bet tie, kam ir augsts IQ un erudīcija) varētu komentēt dažādas personības īpatnības daudz vispusīgāk nekā psihoterapeits ar psihologa vai pedagoga bāzes izglītību. Bieži vien psihiatrijas guru atsakās no publicitātes bailēs tikt pārprastiem. Viņu pašu dzīve tiem šķiet saistošāka un atbildība pret darbu svarīgāka nekā populistiska slava un sensācija. Tāpēc mums, sabiedrībai, ir jācenšas pašiem izlobīt un pazīt patiesības. Tas, kas šķiet vienkāršs, parasti nemaz nav tik vienkāršs. Jāatkārto šīs grāmatas lappusēs jau teiktais, bet patiesi ir grūti atturēties: „Tas, kas der visiem, neder nevienam". Lai kādas nebūtu mūsu iekšējās problēmas un konflikti, tieksimies uz izziņu, īsto pašatklāsmi, kas atbilst pašu konkrētajai pieredzei, un aizdomās paturēsim to, kurš cenšas mums iedvest, ka dažādi neproporcionāls un nesamērīgs indivīds ir savā ārienē citāds nekā iekšēji psihē. Ja sabiedrība būtu veselāka, tad tā pati noteiktu labvēlīgu izveseļošanās gaisotni tiem, kam nāktos to respektēt.

Kā cilvēks, kam nav ne mazākā priekšstata par psiholoģiju, var izvērtēt savu psiholoģisko un fizisko drošību sociumā, lai nemaldinātu un pasargātu sevi? Kā atšķirt, kad ir jāizvēlas, psiholoģiski stabilu no nestabila cilvēka. Bez šaubām, tikai speciālists var izvērtēt un diagnosticēt pacientus. Sabiedrībai nav jākļūst par psihopatologiem, bet tai varētu būt ne tikai interesanti, bet svarīgi neiespaidoties no tiem, kas pēc būtības tādi ir, bet izpaužas un uzvedas tā, ka šo disfunkciju varētu apšaubīt, aizsedzoties ar dažādām maskām. Piemēram, harizmātisks un īpaši apdāvināts sabiedriskais darbonis, atklāts un neiedomājami darbspējīgs pilsonis, runa un izteiksmes veids, kas neko neizsaka un neizskaidro, jo „iekšā ir", bet „ārā nenāk". Zināšanas, kas raksturo šo cilvēku, ir tik komplicētas, ka ar vienkāršiem verbāliem izteiksmes līdzekļiem viņš vairs nemāk sazināties. Aktīvists, kuru nav iespējams satikt un sazvanīt, kurš atbild ātri un strupi, ir pārblīvēts ar dažādiem uzdevumiem, tāpēc viņa komunikācijas stils ir tik nereprezentabls un nepopulistisks. Turklāt ir tādi, kam vienmēr, ja ir iespēja, ir vēlme cildināt sevi un salīdzināt savu ietekmi ne mazāk kā ar Jūliju Cēzaru. Arī Kleopatras klonu sabiedrībā ir gana, kuras savu iemīļoto vīriešu ēnā pārvalda katra savu karalisti ar apziņu, ka dara to labi. Ne visas ir runīgas tāpēc, ka ir visus savus labos darbus pārmērīgi un nesaudzīgi attiecībā uz sevi iztērējušas „iepriekšējā dzīvē". Indivīds, kurš atšķiras ar savu uzvedību sociumā, realizējot kādu no savām lomām, ne vienmēr ir spējīgs, bet, teiksim tā, neveselīgs. Pārspīlētas tieksmes un intereses ne vienmēr ir talants. Piemēram, alkatība nav tikai dzīšanās pēc naudas. Dažādas nianses mūsos un ap mums nav psiholoģiski vienpusīgas. Cilvēks, kurš hroniski nespēj organizēt savu ģimenes dzīvi, nespēs *savākt* valsti. Tieši tāds, kāds ir cilvēka mikrosocius, ir tā projekcija uz makrovidi. Mēs meklējam attaisnojumus, gribēdami izprast visdažādāko cilvēku ieradumus, lai varētu komfortablāk komunicēt un paļauties. Tomēr saprast jebkuras pārmaiņas vai netradicionalitāti ir iespējams, bet problēma ir tajā, ka mūs nesaprot. Indivīds, kam ir pašuztveres grūtības, nav spējīgs iejusties un saprast otru tieši savas destruktivitātes dēļ, kura viņam pašam šķiet kā konstruktivitāte. Pašai sabiedrībai ir jāatzīst, ka tā mēdz pārprast un piedēvēt savā ikdienā darba kolektīvos, interešu grupās un tamlīdzīgi apkārtējiem neesošas lietas, nepadomājot, kādi motīvi virza cilvēkus rīkoties. Kas var vēl palīdzēt vienkāršam cilvēkam saprast otra neveselīgumu, lai nekļūtu manipulējams? Iedomājieties ļoti vienkāršu uzdevumu no bērnu atjautības grāmatas, kurā tiek doti divi daļēji identiski zīmējumi, abos no tiem jāatrod piecas atšķirības. Tie, kuriem ir bērni, zina, ka reizēm šo atšķirību momentāni saskatīt un atšķirt nav vienkārši. Var paiet laiks, kamēr pēdējā, piektā, ieslīd bērna uzmanības lokā. Talkā var nākt nesamērības meklējumi. Kā gleznā, mākslas darbā, arhitektūrā *iekrīt* acīs disproporcionalitāte. Gluži tikpat līdzīgi ikviens no mums ir vairāk vai mazāk spējīgs ievērot disonansi. Pavisam vienkāršs tests: vīrietis, kurš iet sabiedrībā un tiekas ar cilvēkiem, nespēj noturēt mēli mutē – tad, kad aizraujas, labsajūtā izšauj to ārpusē. Šāda izpausme var būt nepatīkama apkārtējiem. Pārmest nevajag, ja vien cilvēks pats nav izteicis vēlēšanos. Aizrādīt nav mūsu, līdzcilvēku, uzdevums, bet savai zināšanai šādu izpausmi mēs varam paturēt atmiņā, lai vēlāk pārliecinātos par savu objektivitāti. Ja tiks ievērota vēl kāda neikdienišķa atšķirība, tad pēc kopējās ainas katrs varēs izdarīt savus secinājumus. Sieviete, kas izskatās pēc „traktora", diez vai būs spējīga *apbraukt* un respektēt kāda jūtas. Kungs, kam ir svarīgi, lai visi viņu saprot, un tam viņš ir gatavs paģērēt uzmanību no tiem, uz kuriem tas neattiecas, visdrīzāk būs atklājis un nostiprinājies vienīgi savā interesantumā.

Nosodīt un „mest acīs" atšķirības nevajag, jo mēs varam kļūdīties, veselīgi izturēties pret atšķirībām ir pat ieteicams. Kā lai citādi mēs uzzinām un atklājam savu patiesību un realitāti? Iespējams, ja izdotos atrast abu terapeitisko jomu nepilnības, varētu apzināti lietot psihiatrijas un psihoterapijas pieejas darbā ar slimniekiem un pacientiem, kas atgriežas savos psiholoģiski neapskaužamajos stāvokļos ne tāpēc, ka cieš no sava, bet gan no apkārtējās vides traumatisma. Tas vēl nav viss, tā ir tikai aptuvena ievirze. Vai tas nav tas, ko psihoterapeiti un psihiatri jau dara – lieto abu jomu metodes? Iespēju robežās tas tiek darīts. Paplašinātāk un padziļinātāk. Grūtības ir, jo zinošie speciālisti zināšanas nepopularizē masās. Iespējams, ka tas ir pareizi, lai nerastos spekulatīvas interpretācijas. Ierocis bērna rokās var izrādīties nāvējošs un apdraudēt arī pašu bērnu. Pilnīgi pareizi. Ja ir tikai vāja vai nav nekādas efektīvas sadarbības starp sociālajām struktūrām, tad šo vērtīgo informāciju no ārējās vides nav iespējams uztvert. Nesaprotamo, kas neatbilst ierastajam pieņēmumam, ir vienkāršāk noliegt, nozākāt un ironizēt. Sabiedrību veido dažādas uztveres indivīdi. Mērķis ir pieaugt un nobriest. Tik ilgi, kamēr cilvēks dzīvos pēc vienpusēji pieņemtajiem lēmumiem, būs neskaidrības par likumsakarīgām un izskaidrojamām lietām. Nebūtu vēlams pielāgoties. Maz ticams, gandrīz neiespējami, ka indivīds, kurš nespēj būt empātisks, pēkšņi tāds kļūs. Jaunu iemaņu apgūšanai ir nepieciešams treniņš. Pēkšņi ne no šā, ne no tā nekas nenotiek. Jāuzsver, ka sabiedrība nav viengabalaina masa. Tajā apgrozās veseli un nosacīti veseli indivīdi.

Jāpiebilst, ka šī dažādība ne vienmēr ir veselīga un savstarpēji pilnveidojoša, kā tas, piemēram, notiek gadījumā, ja vienā vidē vienkopus atrodas dažādu interešu, kultūras, reliģijas, nodarbošanās u.c. cilvēki. Tieši emocionāli stabilajiem problēmas samilzt un kļūst nepanesamas, ja nevar vienoties šķietami elementārās lietās. Šo uzdevumu nevar veikt, ja lielākajam vairumam nav iekšējas harmonijas. Izjūtas. Tieši šīs pašas daudzkārt minētās emocijas. Algoritms ir vienkāršs. Tie, kuri neizjūt nepieciešamību pēc kara, meklēs mierīga izlīguma iespējas. Interesanti, ka, būdami organiski pozitīvi veidoti, speciāli nedomājot par vidē notiekošo, šie cilvēki pret savu gribu var nonākt kara laukā. Tā kā neprevalē destruktivitāte, pašos nav izveidojusies nepieciešamība tai pretoties. Pietrūkst identifikācijas spēju. Piemēram, rozei ir nepieciešami ērkšķi, pretējā gadījumā tā nespēs sevi aizsargāt. Apstāklī, ka cilvēki pieņem lēmumus pēc savas izpratnes vērtībām, nav nekā pārsteidzoša. Projekcija: „Es esmu labs, un tas otrs arī labs, viņam tikai nav lāgā paveicies dzīvē." Šāda nekritiska pārliecība izraisa dažādas grūtības mazā un lielākā sociumā. Piemēram, indivīdi, kuriem trūkst empātijas, sadistiski vēršas pret citādajiem, nejūtot pat ne niecīgāko pateicību par sniegto *bonusu*. Nelīdzsvarots, emocionāli nestabils indivīds ir bīstams un var sagādāt daudz raižu un ciešanu. Tie, kas vēl šaubās, lai ielūkojas pagātnē. Vēstures zināšanas līdzīgu jautājumu risināšanā ir neaizstājamas. Tendences atkārtojas, jo cilvēka daba savā uzbūvē ir nemainīga. Cilvēks ietekmējas no vides, vide atspoguļojas viņā. Kāda veselība – tāda psiholoģija, kāda psiholoģija – tāda veselība utt.

Vai atšķirība ir tajā, ka psihiatrs strādā tikai ar psihiatrijas metodēm, un psihoterapeits – tikai ar psihoterapijas? Skaidrs, ka neatkarīgi no notikumu apstākļiem līdztekus cilvēka fiziskajam ķermenim līdzdarbojas tā psiholoģiskā uztvere. Tātad, ievērojot grūtības pakāpi un iekšējo psiholoģisko uzbūvi, lai atvieglotu apstākļus, stafeti par destruktivitāti pārņem psihiatri, psihoterapeiti un psihologi. Bet ar kādām metodēm var strādāt starpkulturālo jautājumu konfliktos? Vai tiešām psihoemocionālas grūtības var veidoties, iemīloties „aizjūras princī" – izvēloties sev par dzīves partneri cilvēku no tālām zemēm? Vai ir iespējamas domstarpības, kas nav saistītas ar katra individuālo uztveri, bet priekšstatiem, vērtībām un attieksmi? Sākumā viņš un viņa ir psiholoģiski stabili cilvēki, bet vēlāk kādam no viņiem vai pat abiem jādodas pie speciālista, lai sadziedētu traumu, kas izveidojusies kopdzīves laikā. Neapšaubāmi harmoniska ģimene producē veselīgus pēctečus. Iespējams, ka tie nonāk grūtībās, kā jau daudzi no mums, bet tie ir spējīgāki pārvarēt nepilnības jebkurā vidē. Izvēlēties var saprāts.

Tā ir iespēja katram sev izskatīt vēl kādu piemēru no dzīves, kurš pēc savas aktualitātes ir pazīstams daudziem. Kaut gan notikumi risinās starp divu dažādu ģeogrāfisku kultūru pārstāvjiem, šo abu cilvēku tikšanās iemesls ir pazīstams – mīlestība. Pret to, ko iemīlam, neesam pasargāti, tāpēc jau tā ir mīlestība. Jauna sieviete joprojām dzīvo tuksneša vidū, audekla būdiņā, bez ūdens, bez saziņas ar ārpasauli, nesaņemot medicīnisko uzraudzību, bet kopā ar mīļoto cilvēku, kurš šķiršanās gadījumā bez ierunām paturēs audzināšanā bērnus un palīdzēs „deportēties" no valsts. Tas ir saprotams un likumsakarīgs solis tiem, kuru kultūra valstiskā un visas tautas līmenī ir balstīta patriarhālajā dzīves uztverē. Ja svešinieks vēlas stāties laulībā ar savu mīļoto, tad tas apprec nevis vienu subjektu, bet reizē visu to, ar ko kā egregoru ir saistīts jebkurš indivīds. Starpkulturāli laulību konflikti var sagādāt raizes, un daudzos gadījumos tie ir skaidri prognozējami, ja kāds no laulātajiem nespēj sadzīvot ar tradīcijām. Sākumā attiecības šķiet rožainas, bet vēlāk... konflikti samilst, jo tā jau notiek cilvēkiem, kas stājas laulībā ar dažādiem intelektuālajiem potenciāliem. Iegūst tas, kam ir augstākas garīgās spējas, bet zaudē tie, kuri nepilnveidojas.

Vai tā tiešām vienmēr notiek? Nē, ja pret garīgumu nostājas fiziska izrēķināšanās, tad pirmajam ir jābēg. Mīļotais piedāvāja savu roku un sirdi bez izskaistinājumiem, bet sieviete cerēja, ka spēs to pārveidot. Cerība, ka mīlestība būs visvarena, lai pārceltu no brezenta telts tuvāk centram un mūra ēkām, izrādījās naiva ilūzija. Cilvēki var nešķirt šīs sarežģītās laulības, baidoties no objektīvajām un subjektīvajām problēmām, kas rodas līdzīgās situācijās. Psiholoģisks speciālista atbalsts nav nepieciešams, ja nav samilzusi problēma, ar kuru iekšējie psihoemocionālie pārdzīvojumi kvalitatīvi un apmierinoši netiek galā. Ieprecoties nepazīstamā ģimenē vai kultūrā, lai saglabātu laulību, nāksies ziedot kādu daļu no savas identitātes. Tieši jautājums, kas attiecas uz šīs atteikšanās apzinātību un sagatavotību, rada iekšēju spriedzi. Ja ir iespēja iepazīt savu jauno vidi un sagatavoties atšķirīgajai pasaules uztveres sistēmai ar visu savu būtību, tad problēmu, visticamāk, nebūs. Bet pavisam citādi un skumjāk mīlas stāsts izvērtīsies tiem, kas idealizē situāciju un attiecīgi arī sevi. Piemēram, pieļaujot, ka „nemaz tik traki" nebūs. Sieviete vai vīrietis, kurš nesaprot, objektīvi neintelektualizē vides nozīmi un ietekmi savā dzīvē, agri vai vēlu vilsies. Pieņemt nepazīstamo var izrādīties ne tik viegli, kā pirmajā mirklī tas varētu šķist. Beigas pienāk kā jebkurai kinolentei. Var nākties visas savas dzīves garumā mēģināt darīt visu, lai adaptētos tam, ko psihe noliedz. Veiksmīgāka savstarpējā sapratne ir tiem, kas savā pasaules izziņas sistēmā ir līdzīgāki. Tuvāk stāvošas kultūras spēj ātrāk atrast kompromisu nekā radikāli atšķirīgās. Runa nav tikai par reliģiju, bet arī par izglītību, jo valodu labas gribas gadījumā var iemācīties visi, bet apzināti pieņemt ticības fenomenu un izpratni par pasaules lietu kārtību visi nespēj. Dažās kultūrās piekrišana laulībai ir morāli vairāk vērta nekā parakstīts dokuments.

Dažādos kontinentos ar atšķirīgām klimatiskajām joslām ir satikti cilvēki, kas raud par savām izpostītajām dzīvēm. Tie visbiežāk neskumst par to, kas nav nopirkts, bet par to, kas nav izjusts kaut vai to pašu iepirkumu sakarā, un visos gadījumos tas nemaz nav tik banāli. Diemžēl vai par laimi neviena tablete nemainīs šo situāciju. Cilvēki mēģina savas iekšējās personības postažu izbeigt, ar kaut ko pārtraukt, lai nav jāpaildzina dažādie zaudējumi. Nezināšana neatbrīvo no atbildības, tāpēc kaut nelielai nojausmas daļiņai ir jābūt, ka nekad nevar būt tā, ka ir visu laiku vienādi labi, jauki un skaisti. Par to ir atbildīgs saprāts, jo veselāks, jo vērtīgāks pašiem. Pārmetumi nelīdz. Iespējams, ka konfliktu un pretenziju nebūtu, ja pievērstu lielāku uzmanību tai pašidentitātes daļai, kas nevēlas asociēties ar tām vides sievietēm, kuras tobrīd atrodas līdzās. Nav iespējams, ka jebkura situācija vai apstākļi ir ideāli vai veiksmīgi tikai vienai objektivitātei. Nav iespējams izpildīt visus solījumus un realizēt ieceres ar pārliecību, ka tās ir tās labākās un vērtīgākās. Mīlestība ir laba, un tā ir jāpieņem. Jāanalizē ne mīla, bet nevēlēšanās iemesli kļūt par vienu no sievietēm, kas gadu simteņos ir sekojušas savai sievišķības tradīcijai. Izkopts ļaunums ir neņemt vērā savus maldus, pārpratumus, neziņu, aprobežotību, vājības, ačgārnības, dažos gadījumos pat patoloģiskus stāvokļus, neveselīgus noskaņojumus, negatīvu iezīmju kopējo summu, novājinātu ģenētiku, sliktu iedzimtību un audzināšanas toni. Izkopts ļaunums ir augstprātība, ka siltos apvidos dzīvojošie teltīs ir mazāk intelektuāli nekā mūros mītošie. Izkopts ļaunums ir necieņa, vēlme un centieni kādu pārveidot pēc savas līdzības. Izkopts ļaunums ir sievietē, kura, zinādama noteikumus, izstrādā taktiku noklusēt nepatiku, apprecēties, radīt bērnu, tādējādi iesaistot notikuma apstākļos vēl daudzus citus cilvēkus, lai vēlāk sāktu īstenot savu plānu. Ko var sagaidīt? Tikai pretestību kā nepiekrišanu slepenajam nolūkam. Asaras nelīdzēs.

Jauna sieviete, ieskatījusies vīrieša dziļajās acīs, nereti redz sevi pašu un savā narcismā izvēlas laulības, neapzinoties tuvredzīgās izvēles tālākās sekas. Ģimene, kurā viņai nāksies dzīvot kā vedeklai, izturas ar labvēlību tik ilgi, kamēr viņa ir ar mieru respektēt tradīciju. Pēcnācēji tiek uzskatīti ne par viņas, bet visas dzimtas vērtību, tāpēc, ja sievietei kaut kas neškiet saistošs, viņa var doties uz turieni, no kurienes nākusi. Skarbi, bet ne vīra kultūrai; sievai tā šķiet netaisnība. Psihoterapeits neatgriezīs bērnus un nesniegs padomus. Maksimālais, uz ko var cerēt, ir sasniegt apzinātību šādās situācijās. Jāuzsver, ka nezināšana nepasargā no sekām un pārdzīvojumiem. Turklāt jāapzinās, ka apzinātība – tas nav nemaz tik maz. Neapzinātība ir neērtība. Grābstīšanās pa tumsu telpā bez logiem un durvīm. Nabaga bērns, kas nepavisam vairs nav maziņa, bija sacerējusies, ka varēs piemuļķot kādas dzimtas svētās tradīcijas. Jaunā sieviete pat nenojauta, ka eksistē konkrēti principi. Iespējams, ka viņas ģimenē manipulācijas ir organiskas. Bez šaubām, jāvēršas dažādās institūcijās, lai atdotu mātei bērnu, kas izrādīsies neauglīgi, jo vienas kultūras likumdošana neatzīs kādu citu. Tāpēc, pirms kaut ko darām, ir jākonsultējas ar savu apziņu.

Bieži vien mūsu apziņa ir aizmiglota ar nevērtīgo, piemēram, pieņemot par realitāti to, kas nav īstenība. Iespējams, ka nav jādodas nekur tālu projām no dzimtajām vietām, lai atklātu neiederīgo un nesaderīgo abiem dzimumiem. Bez šaubām, var atsaukties uz sirdsapziņu, bet tas izskanētu kā tukši argumenti pret sākotnējo norunu laulāto starpā. Jebkurai sievietei jārēķinās, ka, iegājušai svešā kultūrā, ir tikai viena iespēja – integrēties. Pretestība nosacījumiem, lielas grūtības, sadzīviskas problēmas rada tas, ka realitāti nav pieņemts prezentēt visiem glaimojošā gaismā. Jāapzinās, ka patiesība nav domāta visiem. Šāds apgalvojums ir objektīvs un starp rindām ir salasāms vēstures lappusēs. Tā kā zināšanu ir par maz, skolas mācību programmā to nav pietiekami, nav iespējams iztikt bez dzīves zināšanu robiem. Dzīvesveids nepazīstamā, atšķirīgā kultūrā var veicināt depresīvu noskaņojumu pat tad, ja pamatotu iemeslu nomāktam garastāvoklim nav. Cilvēks ir jūtīgs, tāpēc pakļaujas vides ietekmei, kaut gan pats neapzinās, kā ieslīgst pozitīvā vai negatīvā skatījumā ne pēc savas izvēles, bet pēc individuālās tieksmes pakārtoties apstākļiem. Depresija, pirms tā kļūst par klīnisku problēmu, ir atbildes reakcija uz apstākļiem.

Skolas vecuma bērni un jaunieši neko daudz nezina par sevi. Kas ir mīlestība? Ne tikai kā romantisks, bet psiholoģisks process. Kā izvēlēties sev dzīvesbiedru? Vai tā ir katra dzīves loterija, smalks aprēķins vai likumsakarība? Kādu literatūru noteikti vajadzētu izlasīt, lai veidotos neatkarīgs pasaules uzskats? Sociuma klišejas un stereotipi. Vainas izjūta. Spēja atšķirt savas problēmas no citu problēmām un tamlīdzīgi. Ir iespējams modelēt dažādas dzīves izvēles, kuru rezultātā ir nepieciešams psihoterapeits vai psihiatrs. Jaunākām paaudzēm ir jābūt progresīvākām un jāņem, jāizkopj tas labākais kā mantojums. Ja tā nenorisinās, tad tās ir kā sekas tuvredzībai, neapdomībai, nezināšanai, jo nākamās paaudzes audzinās un veidos, kā arī radīs jaunu evolūciju. „Ieraugu". Jebkurām izpausmēm ierosmi dodam mēs, kas šobrīd esam pieaugušie. Nespējot apzināti apstādināt sevi, jāuzmeklē kāds ārpus sevis esošs organisms, kas apturētu izkopto ļaunumu. Tā kā „ieraugu" dodam mēs, tad bērni un bērnubērni „iebaros" mums gala produktu kā pīrādziņus, kuru izcelsmi būsim veicinājuši mēs paši. Reizēm jebkura profesionāļa spēkos nav palīdzēt izvairīties no agresijas, sniedzot atrisinājumu un novirzot no grūtībām, bet abpusējā darbā radoši un cilvēka psihei saudzīgāk palīdzēt apzināties realitāti. Atrast, kā iziet no iekšēji saspīlētās situācijas tam, kuram šobrīd ir visgrūtāk. Jācenšas pret sevi izturēties maksimāli apzināti un atbildīgi. Rēķinu nāksies samaksāt pašam. Nepatīkams, bet patiess secinājums. Ilūzija, ka kādu var izmainīt, izvēršas nopietnā summā. Sieviete, kas nevēlas dzīvot pēc vīra tikumiem un likumiem, senās kultūrās tiek sodīta.

Māmiņas un tētiņa meitiņa vai dēliņš, kurš neatšķir mīlestību, kaisli, aizraušanos un iemaina to pret jebkuru atkarību, ir „pateicību" parādā saviem vecākiem, jo tie nav pietiekami skolojuši. Pieaugušās meitenes romantiskākā ideja var realizēties, un, iespējams, tas ir jāizbauda, bet kaut kur sirds dziļumos pašai būtu vēlams nojaust, ka dzīve ir cikliska un dažāda tāpat kā pati romantika. Gaistoša pieķeršanās literāro klasiķu daiļdarbos nav nejauša. Ne vienmēr ir jāiztuvas pret literatūras pērlēm kā pret veiksmīgu dramatizējumu vienkāršu iemeslu dēļ – aprakstītie romānu varoņi bieži vien esam mēs paši. Siers par brīvu ir tikai peļu slazdā. Brīnumjauks apgraizīts puisis, seksuāli iekārojams, tāds, kurš respektē senčus, vēlēsies sievu, kas ir ne tikai skaista, bet pakļaujas tradīcijām. Kas ir beigās? Vai beigu beigās? Baismīgi apjaust, bet dažos dzīves stāstos iznāk saskarties ar situācijām, kurās vienam vai otram nākas ciest. Noslēgums. Precīzi un izteiksmīgi piebilsts. Indivīds, esot netaisnīgs pēc savas iedabas, mēģina provocēt citus tieši uz to pašu.

Jaunā sieviete, cerēdama, ka spēs vērst situāciju sev par labu, kļūdījās, noturēdama nobriedušu vīrieti par „puisīti". Tās, ko nevar lauzt un ko nevar sajust no literārajiem daiļdarbiem, ir tradīcijas. Tad, kad nesaņem atbalstu, jūtas aizvainota vai aizkaitināta, uzveļ vainu vīram, konkrētai personai, kas ir kultūras mantojuma sastāvdaļa, bet ne visa sistēma. Sievietei šķiet, ka savā reakcijā vīrs ir neaprēķināms, vienkārši dusmīgs, iespējams, riebīgs un cietsirdīgs. Tā gluži nav, jo viņa tradīcijas ietekmē viņa darbību. Tāpēc, piemēram, ja sieviete vērsīsies varas un likuma institūcijās, tad viņai visticamāk neveiksies. Pirmkārt, tāpēc, ka tradīcijas ievēro savas valsts likumus, otrkārt, tāpēc, ka vienai valstij nav pa spēkam ietekmēt cita reģiona paražas. Tā, lūk, sākumā naivais un aiz likuma savu morāli paslēpušais notikums cieš kārtējo neveiksmi. Cilvēka uztvere ne vienmēr ir gatava samierināties ar to, ka kaut kam dzīvē var pienākt gals, piemēram, manipulācijām. Ne pašai dzīvošanai, kas nepadodas paviršai diskusijai, bet attieksmei. Pieņemt jaunu, biežāk zaudētāja, lomu ne vienmēr ir vilinoši. Pirmkārt, tāpēc, ka emocionāli grūti uztvert sevi savādāku, iekļauties jaunā un svešā lomā, asociēt un piemērot sev to, kas svešs un šķietami apdraud. Piemēram, sievietēm ne vienmēr ir pieņemama un tīkama sievas loma. Tieši tāpat mēdz būt ar vīriešiem, kad tiem jāpāriet vīra kārtā. Otrs iemesls, kāpēc ir grūtības apgūt jaunu lomu, ir virspusējs priekšstats par savām spējām un vispārīgs priekšstats par nākotni. Indivīds neredz savu vērtību tad, kad principiāli mainās tā āriene un dzīves mērķi.

Pretestība padziļina krīzi. Piemēram, jūtas laulāto starpā vienam pret otru var nemainīties, bet var šķist, ja kāds nevēlas nobriest un tādējādi iet tālāk. Kļūstot par māti un tēvu saviem bērniem. Dotajā piemērā, vīrietis, kurš veiksmīgi identificējas ar savas dzimtas vīriem, labāk būs šķirtenis, nekā paliks ārpus šīs piederības. Sievai tas var nepatikt, un tā var iztulkot vīra lēmumu kā nevēlēšanos sekot viņai un komfortablākai videi. Tā gluži nav. Būt vīrietim starp savējiem un savu sieviešu priekšā ir daudz saistošāk un svarīgāk, nekā doties nezināmās tālēs. Puisis negrib meitenes romantiku, viņam tās ir gana, viņš vēlas sievu, kura to respektētu un izceltu citu vīriešu vidū – tāda ir viņa romantika. Sākumā psiholoģiski ir jāpieļauj ne tikai pirmā vai otrā dalības loma, bet pat pēdējā. Šķiršanās no mīļotā cilvēka statusa un būt sievai kā iespēja. Rotācija ar dažādu lomu pārsvaru norisinās visas dzīves garumā. Muļķīgi ir pat iebilst šim dabas un sociuma noteiktajam procesam. Var pretoties, bet noslēgums vienmēr būs nenoliedzams kā fakts. Ikviens momentāni var mums savā dzīvē iedalīt pēdējo vietu, ja priekšstati un vēlmes nesakrīt. Pastāv visdažādākās kombinācijas. Nav jābēdā par atteikumu, bet par savu individuālo nespēju pielāgoties jaunai sociālai lomai, kas attālina no pašrealizācijas.

Traģēdiju cilvēkiem ir ne mazums, kad vasara pagājusi un nekas labāks dzīvē par to nav bijis. Tas ir, ne gluži tāpēc, ka tā tiešām ir, bet tāpēc, ka neesam pacentušies vēlēties kaut ko vairāk. Tā kā pārdzīvojums par aizvadīto vasaru ir spēcīgs, tās spožums uz vientulības fona iesēžas cilvēku apziņā kā vienīgā dzīves vērtība. Bērni un laulāto saistības kļūst par slogu, tāpēc gribas skriet prom. Ne mazums sieviešu un vīriešu izvēlas šo taktiku, nostiprinādami savu pieaugušā bērna stāvokli visas dzīves garumā. Piemēram, romantiska meitenīte piecdesmit gadu vecumā. Blonda izbalināta „zirgaste" uz pakauša un mini tērps; pastaigājas pa ielu cerībā ar savu skaistumu tāpat kā pirms divdesmit, trīsdesmit gadiem apturēt garām traucošo auto. Bezmērķība. Šajā vecumā būtu jāatrod citādi prieki, kas patiesi spētu sniegt lielāku un vērtīgāku ieguvumu. Mazbērna rociņa uz sejas. Mode apģērbā, kas izceļ tagadni, pieredzi, briedumu un eleganci, kas patiešām ir skaisti. Dodoties pie naktsmiera, neviens no mums nevar paredzēt, kāds cita vērtībām un atziņām izrādīsimies no rīta. Bez šaubām, tam var nepiekrist, var oponēt pret šo izpausmi, ja tā frustrē, var mēģināt cīnīties, bet svarīgākais ir apjaust šīs beigas un piedāvāt no savas puses vai nu pabeigt šo noslēgumu pēc būtības, vai beigu beigās atklāt jaunu sākumu jebkurā virzienā. Pret sevi vai no sevis pretējā virzienā. Ja kaut kas ir jānoslēdz cēloņu seku rezultātā, tad tas ir jāapgūst. Vai tā būtu ilūzija, ideja, sapnis, attiecības, attieksme, cerības, visdažādākie individuālās dzīves labumi vai ieguvumi. Tām ir jāpienāk – beigām. Ja kāda uztverē vairs neesat gluži tas, kas esat bijis, tad mēģiniet saprast, izdomāt un analizēt. Kas beidzas un kam? Attiecībā uz ko ir pienākušas šīs beigas? Beigas pienāk, galvenais nepalaist tās garām. Kam? Par ko? Kāpēc? Jāpamana, pretējā gadījumā ir psiholoģiski jāmājo procesā, kas nav dzīvotspējīgs. Parazitē uz tagadnes rēķina un neziņas. Piemēram, divi brāļi – sportisti, nelaimes gadījumā viens no viņiem aiziet bojā. Jaunākais uzņemas rūpes par vecākā sievu un bērniem. Palīdz materiāli un iesaistās ikdienas problēmās, apspiezdams vēlmi pamazām veidot savu dzīvi. Paiet vairāki gadu desmiti, nelaiķa brāļa bērniem ir jau savi bērni. Brālis nespēja laikus apstāties, turpinādams uzskatīt, ka ģimenei vēl ir nepieciešama palīdzība, kas, protams, vairs neatbilda realitātei.

Iedomājieties kinoteātri, kurā ir beidzies seanss, bet kāds no skatītājiem kategoriski atsakās atstāt sabiedriskās telpas. Nāksies izsaukt apsargus, lai piespiestu skatītāju aiziet ar varu. Kinobiļetes apmaksas laiks ir beidzies.

Līdzīgu piemēru ir ne mazums. Apstāšanās. Savlaicīga iezīmju un reakciju apstādināšana ir veiksmīgs veids apturēt sava organisma vai dzīves sabrukšanu. Droši vien esat ievērojuši, ka uzņemt ātrumu un nonākt paātrinājumā ir vienkāršāk, nekā apstāties kalna vidū. Pēkšņa apstāšanās prasa lielākas spējas. Tā kā to realizēšana reizēm ir paskopa, galu galā atliek izciest inerces iznākumu vai atsisties pret koku, vai nonākt tur, kur, iepriekš atrodoties kalna virsotnē, pašiem nelikās iespējams tikt. Slikti kļūst pamazām. Sākumā vismaz relatīvi ir labi, kamēr, ja nekontrolē vides gaitu un neko nezina par to, kur var nonākt, beigu beigās kādam no mums var būt pavisam slikti. Neievērojot apstākļus, var nonākt tur, kur iepriekš nav ieplānots. Gandrīz ikvienā dzīves stāstā un cilvēka individuālajā pārdzīvojumā ir nožēla, ka nav pietiekamu zināšanu par beigu beigām. Daži piemaisījumi ietekmē pārliecību un intuīciju. Piemēram, nesamierināšanās, bailes no vilšanās, realitātes ignorēšana, ieguvumu neizvērtēšana. Zīmes par to, ka tuvojas beigas vai atrodamies kaut kādā beigu procesā, vienmēr eksistē. Ja laižamies ar ragavām no kalna lejup, pa ceļam var izvērtēt trases drošību, ja interese ir vēl par kaut ko, ne tikai ātrumu. Izjūtas, vizināšanās aizrauj. Var saprast prieku, un nav vēlams domāt par to, kas īsti sagaida lejā. Sasniegtā gala pietura bieži daudzos var izraisīt apmulsumu, jo prieki ir beigušies. Nē. Tas ir pārpratums. Paši esam, kādi esam. Palikušas arī kamaniņas, bet tas, kā nav, ir skaidrs – ātrums. Tā līdzīgi notiek ar daudzām citām pasaulīgajām lietām. Mūžam esam savu bērnu vecāki, tikai viņi nav maziņi un mēs neesam vairs jauni. Ķermeņa figūra vienmēr būs ar mums, tikai tā mainīsies. Zobi mutē būs, tie var mainīt struktūru un izskatu. Var palikt bez darba, bet ne bez zināšanām, ja nav zināšanu, tad nav ko pārdzīvot, jāsāk mācīties. Skaistums ir mūžīgs, tikai mode ir laicīga. Konflikti agri vai vēlu rada bojājumus. Beigas nekad nav personīgas, parasti tās ir kādas sistēmas likumsakarība. Nāve ir organisma bojāeja. Visas sistēmas apstāšanās.

Vēl gribētos piebilst dažus vārdus par mīlestības beigām. Šoreiz tieši starp diviem pretējiem dzimumiem. Mīlestība beidzas, kad sākas mīlestība. Kā to interpretēt? Kā tas būtu jāsaprot? Atbilde vienkārša. Cilvēks vienmēr būs cilvēks, tikai mainās tā mīlestība. Atkarībā no intelekta, spējām, vēlmēm, motivācijas, gribas un intereses, vecuma, vajadzības, perspektīvas, dzīves vīzijas, atbilstības, vērtībām, politikas, ekonomikas, sabiedriskās iekārtas u.c. Kaut kas no visa uzskaitītā laiku pa laikam beidzas. Lūgums šeit neiesaistīt un nejaukt ar mīlestību to, kam ar šo visu teikto nav nekāda sakara. Mīlestība ir pati par sevi, un tikai cilvēkam var ienākt prātā, ka ar to ir iespējams manipulēt.

Pieņēmums, ka ļaunums ir maskējies, vēl nav viss. Svarīgi ir pēc iespējas censties izolēt savu personību no tā ietekmes, kā ir aprakstīts visas nodaļas garumā. Tāpēc ļaunums, kas maskējas un nedodas rokās, ir jāizbeidz katram sevī. Tas ir pirmais un būtiskākais solis. Visiem būs iespēja iepazīties ar grāmatas „Izkoptais ļaunums" noslēguma nodaļām, kurās autonomi tiks aplūkotas domas un novērojumi par to, kad beigām pienāk beigas. Kaut gan tas ir iespējams, tomēr nevaru atturēties no nepieciešamības savstarpēji sasaistīt šo grāmatas nodaļu ar nodaļu „Kad beigām pienāk beigas" vienkārša iemesla dēļ. Lai nostiprinātu iespēju apzinātāk ievērot individuālo izkopto ļaunumu, kas ir maskējies un ko šī iemesla dēļ ir sarežģīti identificēt. Tāpēc ir jādomā par noslēdzošo „Izkoptā ļaunuma" nodaļu laikus visas grāmatas garumā.

NOVĒROJUMI PAR IZKOPTĀ ĻAUNUMA BIEŽĀK IZPLATĪTAJĀM KĻŪDĀM

Ierobežojumi

Padomājiet par savu veselību! Kādas fiziskas kaites jūs nomoka? Kādos emocionālos brīžos jūs izjūtat saasinājumus? Nedomājiet tikai par gadalaikiem, bet par likumsakarībām, klišejām un atklājiet paradoksus. Cilvēka organismam ir raksturīga disfunkcija pavasaros, kad viss plaukst un zied. Tad, kad viss ir skaists, plaukstošs un krāsains, neviens nevar palikt vienaldzīgs, un tas var kļūt par papildu materiālu savu analītiski likumsakarīgo procesu pētniecībai.

Ir zināms, ka cilvēkam kā dabas sastāvdaļai ir raksturīgs cikliskums. Problēma, ja vien tā vispār ir problēma, periodiski atkārtojas, ja to provocē vide vai cilvēks tajā. Piemēram, dusmu lēkmes mēdz būt dažādas un var pavadīt kādu no nopietnām psihiskām saslimšanām. Iespējams, kaut kad tās nav bijušas tik kaitīgas un traucējošas indivīdam līdz brīdim, kamēr to intensitāte laika un izdalītās enerģijas ziņā ir mainījusies. Piemēram, tās atklājas situācijās ar bērniem, vēlāk papildus ar citiem ģimenes locekļiem un kolēģiem, kamēr vairs nav pat nepieciešamības pēc nopietna iegansta, lai dusmas pārņemtu indivīda saprātu un iztēli līdz sevis nepazīšanai. Bez šaubām, lai „iztaisītu remontu" vai aizlāpītu kādu spraugu, ir nepieciešama atklātība, tāpēc ir jāizveido gandrīz vai individuālais kalendārs vai dienasgrāmata, kurā tiek fiksēti un atainoti pārdzīvojumi un līdz ar tiem radušās ciešanas. Protams, nav noteikti jāpieraksta visi sīkumi, pietiek ar to, ka veidojas uzskaitījums, aiz kura „aizkariem" pavērtos sistēma (zemapziņa).

Ir iespējams atšķirīgi interpretēt jau iepriekš minēto pavasari. Eksistē vienkāršās, vienīgi pavasarim raksturīgās pazīmes, un reizē pastāv katram cilvēkam intīmie pārdzīvojumi un skaidrojumi šajā sakarā, kuru abstrakcija ir zināma vienīgi tās autoram. Līdzīgi ir ar sapņu interpretāciju – psihoterapeits, psihoanalītiķis pārzina koncepciju, teoriju, bet katrs klients tos izdzīvo personīgi, pretējā gadījumā, ja psihoterapeits vai psihoanalītiķis pilnībā paskaidrotu sapni savam pacientam, tad tas būtu vairāk paša analītiķa, bet ne analizējamā sapnis. Tātad savu psihoemocionālo izziņas ceļu var sākt, sākotnēji veicot novērojumus par sava fiziskā ķermeņa veselību. Viena daļa cilvēku tā arī rīkojas – tad, kad rodas veselības traucējumi, kurus ne vienmēr izdodas neievērot, vēršas pēc konsultācijas un palīdzības pie psihoterapeita. Tiem, kas vēl cer, ka fiziskas kaites var dziedēt ar tabletēm un injekcijām bez papildu ieguldījuma savā emocionālajā pasaulē, ne vienmēr var izrādīties taisnība. Zivs sāk pūt no galvas. Jāņem vērā, ka to, ar ko slimot, izvēlas un nosaka ķermenis, bet prāta sensibilitāte un attieksme ietekmē kopumā ikviena dzīva organisma izpausmes un atbildes reakcijas. Par šo likumsakarību atkārtoti laiku pa laikam ir jārunā un jāatgādina no jauna. Summējot visu iepriekš teikto, pirmais paštestēšanas jautājums, uz kuru ir jāsniedz atbilde ir:

vai jūsu ķermenis ir vesels?

Jā

Nē

Ja sniegtā atbilde ir pozitīva, tad, iespējams, esat spējis meistarīgi izveidot harmonisku līdzsvaru starp prātu un jūtām, tomēr tas nav vienīgais izskaidrojums, jo zemapziņas procesi var apziņā „pamosties" jebkurā dzīves epizodē, un pilnīgi iespējams, ka tādā ideālā gadījumā, kad nav nopietnu veselības problēmu, apziņā nonākušie zemapziņas impulsi veiksmīgi asimilējas. Piemēram, reizēm sajustais satraukums samērā vienkārši padodas intelektuāliem izskaidrojumiem. Respektīvi, saikne starp apzināto un neapzināto veiksmīgi sadarbojas, bez bojājumiem. Tas nozīmē, ka cilvēks ir pasargāts no dažādiem pārpratumiem starp apzināto un neapzināto.

Pievērsiet uzmanību tam, kādi dzīves notikumi norisinājās, kad sākāt slimot! Neviens jau nenomirst, būdams vesels, pilnīgi veselu cilvēku nav iespējams atrast! Ne augu, ne dzīvnieku valstībā nevar sastapt mūžīgo dzīvotāju. Ikvienai būtnei ir savs „noilguma termiņš" un ne tikai, ir arī individuālā spēja eksistēt un funkcionēt. Tā kā ideālu nav, tad pat slimības vēstures lapās tā arī pieņemts rakstīt – „nosacīti vesels" pat pēc ideālu analīžu iegūšanas. Konstatēt likumsakarību starp sajūtām un vides kairinātājiem un šo apstākļu sakritību izpētīt ir svarīgi, jo organisms ir tas, kas atsūta ziņu kā atbildes reakciju uz izveidotām, cilvēka radītām klišejām. Jau iepriekš minēju, ka saslimšanas moments ir papildu informācija, lai atklātu saslimšanas īstos iemeslus un cēloņus. Atklāt īstos saslimšanas iemeslus ir jāmāk, turklāt nākas būt uzmanīgiem un vērīgiem, veidojot un savācot anamnēzi, lai mūsu skatienam pavērtos jo lielākas izpētes iespēju robežas.

Ko tad mēs īsti uzskatām par veselības traucējumiem? Ir objektīvās un subjektīvās veselības traucējumu disfunkcijas. Pacientam var parādīties jebkura nopietnākas vai vienkāršākas saslimšanas simptomātika. Turklāt mums katram ir savs priekšstats par to, kad varam sevi uzskatīt par slimnieku. Piemēram, parastu saaukstēšanos katrs interpretē savādāk – hipohondriķim tā ir bīstama un tuvu nāves briesmām. Jāapzinās arī, ka katram piemīt savs sāpju slieksnis. Cilvēki var apspriest vienu un to pašu subjektīvo izpēti atšķirīgi tāpat kā jebko citu. Piemēram, notikumus, novērojumus, izpausmes, kas, bez šaubām, skar emocijas, var uztvert tikpat atšķirīgi kā priekšmetus, objektus un lietas. To pašu zaļo krāsu var pārliecinoši, bet objektīvi maldīgi uzskatīt par dzeltenu un tamlīdzīgi. Reizēm informācija par mums pašiem ir tik vienkārša, ka to tās primitīvisma un tiešuma dēļ ne vienmēr izdodas atšifrēt. Vai pievēršat uzmanību ēstgribas trūkumam vai pretēji – pastiprinātai apetītei? Ikviens to dara, bet pēc sava prāta, tātad atšķirīgi. Gadu desmitiem var slimot ar dažāda rakstura kaitēm un neapzināties sava stāvokļa nopietnību.

Prātā nāk kāds Otrā pasaules kara noziedznieks, kurš, sociāli paslēpies no apkārtējiem ideoloģijā, realizēja savu sadismu. Iespējams, ka viņš ticēja, ka rīkojas kādas impērijas interesēs, neatskārzdams savas anomālās tieksmes. Tas ir skarbs piemērs, jo minētā persona neapdraud tik daudz sevi kā apkārtējos. Viņš nenodarīja pāri sev, bet izvēlētajiem upuriem. Sekas viņa darbībai bija baisas, jo savas cietsirdīgās tieksmes viņš apmierināja, ņirgādamies un pamatīgi izbaudot notiekošo. Atliek izzināt vides apstākļus, lai noskaidrotu, kā sadisms veidojas. Kādai ir jābūt ģimenei, lai tajā bērniem rastos šādas intereses un tieksmes. Iespējams, ka indivīds, kurš novēro savas agresīvās atšķirības, nefiksēs, tātad neakceptēs sevī to, ka cieš no kaites, kuru padziļināti varētu definēt kā kādas šizofrēniskas vai organiskas saslimšanas diagnozes sastāvdaļu. Un atkal jāvērš uzmanība uz to, ka runa nav par galējo saslimšanas rezultātu, ko ir lemts dažādi interpretēt, bet gan par kādu starpstāvokli, kurš nekādā gadījumā ne sociāli, ne medicīniski nav traktējams kā psihiska rakstura saslimšana. Šo pārejas stāvokli var izprast, analizējot individuālo vai kādas grupas attieksmi un izpausmes, kurās ir novērojams sadisms, bet tā uzplaiksnījumi realizējas noteiktos ietvaros, normās, ko nav pieņemts uzskatīt par apdraudošu parādību. Vārdu sakot, neviens dēļ šiem individuālā sadisma uzplaiksnījumiem netiek ārstēts vai ievietots izolatorā. Izkopts ļaunums, bez šaubām, ir viena no sadisma formām, ko kopumā akceptē sabiedrība, uzskatot to par pieļaujamo, nekaitīgo normu. Līdzīgi ir ar pārtikas vielu stabilizatoriem, kas ir pieļaujami un akceptējami kā nu kurā variantā līdz noteiktai normai. Gandrīz nevienam nav iebildumu pret to un, galu galā, ja arī ir vai būtu, tad ir virkne normatīvu, kas pieļauj nosacīti nelielus indes daudzumus dažādos rūpnieciski ražotos produktos. Tātad cilvēks dod atlaides un piever acis uz lietām, ko viņš ēd vai jebkā citādi lieto savā sadzīvē, kas, bez šaubām, ir izkopts ļaunums; arī emocijas un jūtas, spontāno un apslēpto vēlmju realizāciju bīstamība bieži vien netiek pienācīgi izvērtētas, jo to pāri nodarījums, ja iedziļinās, ir pat satraucoši neglaimojošs. Piemēram, agresīvs un valdonīgs priekšnieks, kam ir varas monopols, apdraud savu padoto un citu darbinieku garīgo un fizisko veselību un attiecīgi dzīves kvalitāti. Jāatceras, ka psiholoģiska vardarbība arī ir sadisms. Darbinieks, kas pretojas agresivitātei, pirmkārt, nevajadzīgi novājina savu imunitāti, otrkārt, tērē savu enerģiju nelietderīgi un neauglīgi.

Sadisms ir populārs, un to var vērot privātā un sociāli plašākā vidē. Jāatzīst, ka dažkārt cilvēki vairs to pat nepamana, pieņemot, ka tā ir vienkārši nepieklājības izpausme. Piemēram, kūrortpilsētā kādā svētdienas rītā vīrs un sieva uzaicināja savus vecākus un draugus kopā ieturēt nelielas svētku atvadu brokastis. Kafejnīcā atradās tikai viens liels galds, pie kura varētu ērti sasēsties aptuveni desmit cilvēku, pārējās sēdvietas bija paredzētas mazākam viesu pulkam. Tā kā rīta maltītes baudītājiem īsti nepietika vietas, kur apsēsties, viesmīlis palūdza kādu sievieti pārsēsties pie blakus galdiņa un kā kompensāciju par sagādātajām neērtībām apsolīja papildu tasīti karstas kafijas. Rīta noskaņojums visiem bija sabojājies, jo sieviete kategoriski un strupi atcirta, ka savu sēdvietu neparko nemainīšot. Bez šaubām, virsuzdevums nav atklāt vai izzināt absolūto patiesību, ar to vajadzības gadījumā lai nodarbojas prokuratūra, mērķis ir saskatīt sadisma elementu šajā situācijā, un tas ir saskatāms. Sākotnējās emocijas iedarbināja uzvedību, kad viena sieviete visā kafejnīcas telpā sēdēja pie galda ar sakniebtām lūpām, bet desmit citi cilvēki stāvēja kājās, kamēr visbeidzot aizgāja meklēt laimi citur. Neliela vara un iespēja to realizēt paver sadistisku vēlmju īstenošanu.

Vēl viens piemērs, kas atspoguļo darījumu cilvēku rīcību, kad pārvilina klientus, izmantojot informāciju, situācijas apstākļus un monopolu. Bizness var būt dažāds, kādam piedāvājums var šķist pievilcīgāks, un katrs izvēlas to, kas ir tīkamāks. Tas ir loģiski, un tajā nevar atrast iemeslu kritikai, runa, bez šaubām, nav par veselīgu konkurenci. Izkopts ļaunums ir, kad visi otra komersanta centieni tiek apzināti nomelnoti, šādas darbības var veikt tikai sadists, jo viņam trūkst empātijas – psihiskās veselības elementa, kas nodrošina un atbild par sirdsapziņas veidošanos. Bez tās trūkst mēra izjūtas, cilvēks jūtas nepiesātināts. Sadisms ir alkatīgs, tas ir spējīgs apēst visu. Mēdz teikt, ka ēdelība var būt tik liela, ka „var noēst otram pat matus no galvas". Vērtīgi ir konstatēt savu individuālo sadismu, kas ir patvēries zem principiem, attaisnojumiem, godkāres un personīgās subjektīvās taisnības izpausmes.

Vēl ir vērts pārdomāt tās dzīves epizodes, kurās izpaužas šāda tieksme, jo, pirmkārt, tas pasargās indivīdu pašu no savas psihoemocionālās destrukcijas, kā arī, otrkārt, neradīs jaunas un noturīgas kroplības apkārtējos. Jautājums varētu izskanēt arī šādi: kurš, kad, kur ir pirmo reizi „aplipinājies", tātad pārņēmis vai sev pieņēmis sadismu kā atsevišķu varas eksistences sastāvdaļu? Neeksistē sadistu ģimenes, kurās piedzimst un veidojas nākamie „kulturālie" sadisti. Tas viss nav tik tieši, kad sadistiski vecāki iemāca fiziski un psiholoģiski rīkoties un darboties. Sadisms veidojas no dusmu pārmērības par kaut ko, kad sāpes par iepriekšējo pārdzīvojumu, pazemojumu vai nepiepildījumu zemapziņā ir tik spēcīgas, ka apziņa nespēj tās saudzīgi un elastīgi asimilēt. Jāpiekrīt, ka sadisms veidojas bērnībā, jo tieši tad emociju ir vairāk nekā zināšanu un intelekta, lai izskaidrotu notiekošo. Piemēram, piedzimst otrs bērns, un pirmais nespēj sevī tikt galā ar to, ka viņa dzīve ir mainījusies. Senais un visiem zināmais stāsts par to, ka šāds greizsirdības nomocīts bērns pieaudzis rod iespēju izpausties nosacīti „civilizēti", piemēram, pret saviem ģimenes locekļiem, kaimiņiem, kolēģiem un citiem nejaušiem līdzcilvēkiem. Sadisms ir sāpe, ko sadistam ir vajadzība izpaust. Ja tas netiek nodrošināts, tad agrāk vai vēlāk radusies emocionālā nepieciešamība izpaudīsies fiziskā vai garīgā disfunkcionālā realitātē. Ja indivīds jūt vai nojauš sevī cietsirdību, tad viņš visbiežāk cenšas no tās atbrīvoties divējādi – izpaužot vai apslāpējot. Pirmajā gadījumā tāpat kā otrajā tik un tā cietīs pats indivīds un apkārtējie, jo, lai kādu pašrealizācijas variantu neizvēlētos, cēloņa iemesls un tā apzīmētājs nemainās. Sadists joprojām ir sadists pat tad, ja vērš šo pārdzīvojumu pret sevi, reizēm pārtopot par mazohistu. Jāatzīst, kamēr sadistiskās tieksmes neizpaužas pārmērīgi vai galēji un nekļūst klaji bīstamas apkārtējiem, identificēt savu cietsirdību bieži vien gandrīz nav iespējams.

Lūk, vēl daži piemēri, ko varētu tā kā pa jokam kvalificēt kā sadzīves sadismu, ja vien pēc savas būtības ārēji tik naivie komentāri diemžēl nebūtu spožākie cilvēka sadistisko izpausmju un tieksmju paraugi. Tipisks piemērs – vīrs lūdz sievai seksuālu tuvību, bet viņa regulāri atsaka – pieņem no viņa visus materiālos labumus, bet tuvības brīžus savam dzīves partnerim liedz. Tālāk – māte nerunā ar saviem nosodītajiem bērniem trīs dienas. Kaimiņi blakus dzīvoklī nepārtraukti skaļi atskaņo mūziku un atsakās to izslēgt vai pieklusināt. Vēl viena situācija – nevīžīga un rupja attieksme pret apmeklētāju jebkura tipa un līmeņa organizācijā. Vienpersonīgi pieņemts lēmums par citiem, nezinot situācijas apstākļus. Vēlme atņemt citam mantojumu vai pārdalīt to vienīgi sev par labu. Psiholoģiski terorizēt, manipulēt, neatklāt vai noslēpt informāciju, liekuļot, izmantot varu, principiāli neizrādīt atsaucību un laipnību un vēl daudzi citi līdzīgi gadījumi ir sadistiskas izpausmes, kuru psihoemocionālās sekas dažos momentos ir neiedomājami postošas mikro- un makrovidē. Kontaktējoties ar sadistu, jebkuram veidojas lielāks vai mazāks pārdzīvojums. Šo emocionālo pāridarījumu nav iespējams vienkārši aizmirst vai izmest no savas jūtu pasaules. Tā aizvainojums nogulstas, lai piemērotā vidē rastu iespēju reaģēt. Atsauciet atmiņā inteliģentās, vizuāli pedantiskās personas, kas aiz publiskās vēlmes atbalstīt un cīnīties par taisnīgumu patiesībā ir noslēpušas savu sadismu. Kāds varbūt atceras eksāmenus, diplomdarbu aizstāvēšanu, rekomendācijas vēstuļu vai izziņu sniegšanu, publisku pasākumu, kurā kāds varas pārstāvis provocē pūli izpaust sadismu, jo pašam ir vēlme to īstenot, atstājot novārtā galvenos tikšanās iemeslus un tamlīdzīgi.

Cietsirdības ir pietiekami, un galvenais uzdevums ir pašam nekļūt par tās upuri vai par sadistu. Ar šo emocionālo iezīmi ir tāpat kā ar daudz ko citu – pieļaujot tās klātesamību cilvēks var zaudēt iespēju nodrošināt kvalitatīvu pašrealizāciju un dzīves kvalitāti. „Sadzīves sadismu" var remdēt ar cigaretēm, alkoholu, azartspēlēm, medikamentiem, izmantojot kādu vai kaut ko, un tas nepārprotami ir izkopts ļaunums, jo, lai to realizētu, ir nepieciešama vairākkārtēja darbība, savdabīgs treniņš, kas patērē laiku un enerģiju. Ja sevī novērojat dusmas, neapmierinātību, negatīvas domas vai domas, kas atgriežas šķietami pret paša gribu, pēkšņu vai hronisku satraukumu, sajūtu, ka nevienam neesat vajadzīgs, ka neviens jūsos neieklausās, ja nevēlaties tikties ar cilvēkiem, ja mēģināt paslēpties no apkārtējo uzmanības, ja vēlaties, lai visi jūs liek mierā; un pretēji – ja esat pārlieku aktīvs, ieinteresēts dažādos sociālos procesos, esat gatavs dalīties ar saviem uzskatiem jebkur un ar jebkuru, priecājaties par katru, kurš izcieš sodu un alkstat tā realizāciju, ja ir vērojamas pēkšņas garastāvokļa maiņas un kūtrums, turklāt jums nesagādā grūtības aizvainot apkārtējos, piedraudēt, neizrādīt interesi par vājo un slimo, kā arī nesniegt atbalstu pat savam tuviniekam, nerūpējoties par tiem, par kuriem jums ir morāls un sociāls pienākums rūpēties, tādā gadījumā ir vēlams kaut ko vairāk atklāt un izzināt par savu individuālo sadismu. Piemēram, lai cik sarežģītas ir personīgās attiecības starp cilvēkiem, ir nerakstīti morāli likumi, kas empātiskam cilvēkam neļaus palikt vienaldzīgam. Ja dusmas ņem virsroku pār šo emocionālo ētiku, tad kaut kas īsti nav kārtībā ne jau ar to, kuram tiek darīts pāri, bet ar pašu pāridarītāju. Piemēram, pāris nodzīvojis ilgstošā laulībā, un viens no viņiem agrāk pasteidzies aiziet no šīs pasaules. Kļuvis vientuļš, no traumatiskās pieredzes palikušais ir zaudējis spēju adekvāti rīkoties un ir kļuvis par otrās grupas invalīdu. Šīs laulības pieaugušie bērni neliekas ne zinis par viņu. Lai kādi arī objektīvi vai subjektīvi iemesli nebūtu šim lēmumam, ikvienam cilvēkam ir personīgā jūtu pasaule, un, ja tā ir vesela, tad nepieciešamības gadījumos atbildīgos dzīves momentos tā signalizē, lai cilvēks apzinātos, ka ir laiks kaut ko izlemt un atbilstoši rīkoties. Ja šīs maņas tiek nomāktas ar sadismu, tad ir skaidrs, ka neko jaunu saklausīt sevī nav iespējams. Turklāt, ja kopumā sabiedrībā prevalē līdzīgs sadistisks uzskats, tad sirdsapziņa, kas regulē morāli, notrulinās un ne tikai – jāatceras, ka vienaldzību var pārmantot kā vienu no psihisko slimību izpausmēm.

Kā zināms, prāta un emociju izpēte vēl nav beigusies, un cilvēci sagaida vēl daudzi jauni atklājumi. Iespējams, ka dažos gadījumos ir izdevīgi novelt savu „sadzīves sadismu" uz emocionālo neizglītotību. Ja nezinu kā, tad varu atļauties jebkā – emocionālā patvaļa, par kuru neviens cietumā neliek. Atminos kāda arāba stāstu, kurš apgalvoja, ka ikviens šajā mēlē runājošais ir iepazīstināts ar emocionālās patvaļas cēloniskajām sekām jau kopš bērnības un šāda morāle ir jāievēro, citādi sagaida Dieva sods, kas ir bargāks par brīvības atņemšanu. Arābi zina, ka ne visiem tas izdodas, bet kopumā tautas kultūras apziņā viņi cenšas nebūt vienaldzīgi pret sevi un citiem visas savas dzīves garumā par spīti tam, ka kādreiz paši varētu būt slimi vai nabagi. Valda uzskats, ka nav jābaidās no pieticības, bet jābaidās no sava un citu naida.

Notikumi risinās kādā ģimenē, kur tēvs savam tēvam, lai tas piesegtu ķermeni vecumdienās, sava dēla klātbūtnē nopērk vecu, smirdošu, netīru, caurumainu un lētu segu. Mazdēls noskatās uz to, tad paņem šo segu un pārplēš uz pusēm. Viņa tēvs painteresējas, kādēļ dēls tā darījis, uz ko viņš saņem negaidītu atbildi: „Ar vienu segas daļu tagad tu apsegsi savu tēvu, bet otro es paturēšu pie sevis līdz tam laikam, kad tavās vecumdienās nāksies apsegt tevi." Morāle šai mācībai ir dubulta. Tēvs parāda savam dēlam, kā izturēties pret vectētiņu, un mazdēls sāpēs par savas identitātes frustrēšanu, jo viņš izjūt savu vīrišķo piederību pie savas dzimtas falliskā klana, pārdzīvo, jo tas psiholoģiski vēstī apdraudējumu, ka uzbrukums no tēva tiek vērsts ne pastarpināti, bet tieši caur veco vīru uz dēla dēlu. Vēlmē nekastrēties, bailēs pazaudēt vai mazināt savu vīrišķo atraktivitāti, un lai reaģētu uz nepatīkamo emociju, dēls apsola savam tēvam, ka nākotnē atriebsies par vectēva pazemojumu, ko viņš saistībā ar visu iepriekš minēto ir uztvēris personīgi. Jāpieņem zināšanai, ka jebkuras bailes var izveidot labvēlīgu augsni sadismam. Piemēram, stūrī iedzīta žurka, nerodot citu izeju, uzbruks cilvēkam. Reizēm esam pārsteigti par kāda cilvēka neraksturīgo rīcību vai lēmumu un nespējam rast loģisku izskaidrojumu straujajām pārvērtībām, jo indivīds, nojaušot personīgos frustrējošos draudus, rīkojas sadistiski, savu neizzināto baiļu vadīts. Tās atrodas zemapziņā, un to klātienes izpēti sadisma apzināšanās nolūkā var un vajag uzticēt psihoterapeitam, jo ar to cilvēks diemžēl gluži patstāvīgi sākumā nemaz nav spējīgs tikt galā.

Minēšu vēl kādu ikdienas situāciju, ko nākas novērot laiku pa laikam. Tā ir skaudība, ko ir iespējams radīt cilvēku savstarpējā komunikācijā. Apskaust par kaut ko var savu un pretējo dzimumu. Kāds vīrietis atgriezās darbā pēc atvaļinājuma un satika savu kolēģi, kura daļēji pa jokam un reizē nopietni laiku pa laikam visu nākamo mēnesi centās viņam *iekost*, ka viņš izskatoties pārlieku glīts un atpūties un kur gan viņš ņēmis līdzekļus, lai tā sakoptos. Par šādiem un līdzīgiem komentāriem būtu jāaizdomājas ne šim kungam, bet šai kundzei, jo viņai nav miera, viņa nespēj adekvāti, atbilstoši emocionāli pieņemt redzēto, bet pārspīlē, pievērš uzmanību un pauž to laiku pa laikam apmēram četras nedēļas. Ja vīrietis ir spējīgs izanalizēt šo sākumā šķietami naivo situāciju un viņā pašā ir pietiekama stabilitāte, tad problēmu nebūs nevienam citam kā tikai šai sadistiski un neirotiski tendētajai sievietei. Savukārt, ja tā nenotiks, tad sekas var būt šādas: vīrietis, jūtot frustrāciju, sāk pielāgoties sievietes attieksmju modelim, jo viņam var šķist, ka *piespēlējot* viņa liksies mierā vai izturēsies saudzējošāk, piemēram, pievērsīs mazāku vērību viņa personībai. Apdraudējums ir bailēs zaudēt vai mazināt pārliecību, jo, iespējams, tiek apšaubīta, piemēram, viņa radošā vīrišķā atraktivitāte. Sieviete it kā pretendē uz šī konkrētā vīrieša radošumu un skaistumu. Viņai sāp, un viņa savās izjūtās attiecīgi izpaužas.

Šādu un līdzīgu piemēru ir pietiekami arī ģimenē. Piemēram, bērni vēlas veidot karjeru, bet vecāki to neatbalsta, ticēdami, ka cenšas bērnus atrunāt lielu un cēlu mērķu vārdā, bet realitāte reizēm ir citāda. Greizsirdība, kas veido nepilnības izjūtu, rada sadismu. Bērni tiek novirzīti no mērķa, viņiem tiek kaut kas atņemts, piemēram, sapņi vai mēģinājums eksperimentēt ar savām iespējām un talantiem. Ja tas neizdodas, tad veidojas atkal tās pašas sāpes, kas radīs sadismu. Izrādās, ka jebkura emocija veidojas savdabīgā ķīmiskā mijiedarbībā ar situāciju, radot mazāk vai vairāk tīkamu produktu. Negatīvs, psiholoģiski apdraudošs pārdzīvojums indivīdu jebkurā vecumā izveido, nostiprina vai provocē un iedrošina rīkoties sadistiski.

Ja mēs joprojām pievēršam savu uzmanību un interesi tai nosacītajai vidusdaļai, kurā jebkurai psiholoģiskai, anomālai izpausmei sabiedrībā ir attaisnojums, tad mums ir jāņem vērā, ka cilvēki neuzskata dažas izpausmes par defektu, bet tieši pretēji var sākt izmantot tās un lepoties kā ar efektu. Uz šīs neveselīgās bāzes rodas pieprasījums, kāds vēlas līdzināties, kopēt, piesavināties īpašības un izpausmes, kas šķiet interesantas, kaut gan būtībā tās ir patoloģiskas. Pieprasījums veido piedāvājumu, nosacītie robežstāvokļi, iespējams, ir izplatīti, tāpēc vajag pašsaglabāties, jo intuitīvi izjūtas, kas frustrē, ir nepieciešams novirzīt civilizēti, ar pašcieņu. Ir bail būt oriģinālam individuālistam ar konkrētu savu dzīves filozofiju un dzīves jēgas meklējumiem, jo sabiedrība par to soda. Daudziem tas ir zināms un tieši tāpēc ir bail. Pavisam kas cits ir tēlot un imitēt oriģinalitāti un individualitāti, tā ir līdzības pazīme, kas ļauj iekļauties sociumā. Bailes no patstāvības, atbildības uzņemšanās, drosmes deficīts un psiholoģiskā brieduma trūkums destabilizē personību. Izkopts ļaunums ir lepoties ar saviem trūkumiem un censties tos prezentēt, pārdot, demonstrēt, uzspiest ar lielu pašpārliecinātību kā absolūtu pravietisku patiesību. Neapšaubot „viltus pravieti", var nonākt maldīgos un pat traģiskos sevis meklējumos. Kas par to liecina? Bieži vien „pravietošana" ir vairāk interpretācija par tēmu, dzīves imitēšana, bet ne dzīvošana. Ar ko īstais atšķiras no neīstā? Oriģinālais no neoriģinālā? Ordinārais no neordinārā? Atšķirība slēpjas emocijās, piepildījumā, enerģijā, vērtībā, ieguldījumā, iecietībā, mīlestībā, kas daudziem ir svešas. Lai sevi glābtu, var *aizmālēt* patiesību un realitāti. Un kas tas būtu? Tās pašas, visiem zināmās vecās patiesības – egocentrisms, konkurence, bailes no kastrācijas, empātijas trūkums, skaudība, maldināšana, nabadzība, gļēvums, manipulēšana, kaisle uz varu un naudu.

Vienveidība it visur – uzturā, apģērbā, grimasēs. Faktiski tās ir pazīmes, kuras neatklāj neko jaunu un par kurām var izlasīt gandrīz katrā iknedēļas žurnālā, lai pretendentiem vai kārotājiem uz kaut ko līdzīgu būtu šablons, pēc kura virzīties uz individualitāti. Skarbi, jo šādas vajadzības nav iespējams kopēt, tas ir par seklu un nenodrošina personības ambīcijas. Sabiedrības laikmetīgie etaloni pieprasa daudz spēka, emociju un novirza no galvenā – harmoniskas un tādējādi veselas individualitātes veidošanās. Sadisms progresē tad, kad esošās kvalitātes šķiet nevērtīgas. Patiesi, to var objektīvi un subjektīvi pietrūkt, tieši tad veidojas iespēja ne tikai uzkrāt cietsirdību, bet arī nostiprināt vēlmi izreaģēt to kā emocionālu nepieciešamību. Tas nav stilistiski ideāls teikums, jo pati doma ir sarežģīta un pietiekami *stūraina*. Uz materiālajām vērtībām vērsta sabiedrība, kurā trūkst garīguma un cilvēcības, piecietīs, apspiedīs savas emocijas, humānismu, atbalstu labajam naudas dēļ. Tā ir liekulība, kas psihoemocionāli galu galā katram indivīdam var maksāt ļoti dārgi. Tā ir dubulta dzīve, kas liek justies slikti tam, kuram nav pietiekami nepieciešamā gandarījuma, kompetences, spriešanas un analīzes spēju, talantu, drosmes, gribasspēka, apzinātības. Par to nākas „maksāt" ar lietām, kas nepiepilda, bet nomierina sāpīgo frustrāciju. Kulta lietas tiek reklamētas ne tikai publiskajā telpā, bet arī dažādās vidēs, kas ietekmē personību, tātad individualitāti. Cilvēks pamazām var sākt dzīvot aizvien lielākos sapņos, attālinoties no realitātes, beigu beigās nezinot, kas viņš tāds ir un ko viņam īsti vajag. Līdz ar to varētu sākties apmulsums, kura laikā cilvēks, zaudējot savu identitāti, kļūst vēl agresīvāks, alkatīgāks, nenovīdīgāks utt. nekā iepriekš. Piemēram, lai izvairītos no individuālā sadisma, ir nepieciešams izzināt un radoši atklāt savas spējas un personības resursus. Tie nav tikai vārdi, tā ir viena no iespējām būt pašam, ar savām domām, pārliecību, ideju un harmoniju, izpratni par labo un slikto, principiem, ambīcijām, vēlmēm, situācijas redzējumu u.c.

Jo vienādāka mikro- un makrovide, jo bīstamāk pašai sabiedrībai. Cilvēkiem nevajadzētu ēst vienu un to pašu, tiekties pēc tā, kas ir kaimiņam, vēlēšanās balsot par vieniem un tiem pašiem kandidātiem, runāt vienādos teikumos un valkāt to, ko citi uzskata par apmierinošu, nevis pats. Tas ir izkopts ļaunums, un kāds to var noteiktā indivīdu grupā apzināti izmantot, lai celtu personīgo vai kādas citas grupas labklājību un apmierinātu savas intereses. Tuvākajā vai tālākajā pagātnē ir ne mazums rūgtu piemēru.

Tātad, lai veidotu sevi par psiholoģiski neatkarīgu un patstāvīgu personību, ir nepieciešams atbrīvoties no sadisma. Viens no pirmajiem varētu būt tāds virziens, kurā jebkurš iztrūkums, situācijas apstākļi ir it kā likuši pieņemt vēlamo par realitāti, neizvērtēto un nepārdomāto par absolūto taisnību un realitāti, noticēt tam, kas jūs nekad neesat bijis un nebūsiet, pretendēt uz to, ar ko jums nav nekādas saistības. Modernā dzīve paver milzum daudz iespēju. Cilvēks kopš senajiem laikiem ir progresējis, kļūdams izglītotāks, spējīgāks, veselīgāks, gudrāks, tādējādi paplašinot savas iespējas, tomēr vienmēr pastāv personības un vides ierobežojumi. Būtu utopiski pieņemt un uzskatīt, ka, piemēram, dzīvnieku valstī tas, kam lemts rāpot, kādreiz varētu lidot un otrādi – tas, kurš lido, varētu rāpot. Intelektuāli ir iespējams pieņemt šo apgalvojumu, bet ne vienmēr cilvēks ir spējīgs emocionāli noticēt tam, ka ne viss viņa dzīvē norisināsies tā, kā to sākotnēji varētu iedomāties. Jūtas ir tās, kas veido un ilustrē pārdzīvojumus. Izkopts ļaunums ir izmantot šo daļēji likumsakarīgo mehānismu, lai provocētu sadistisko vajadzību vairošanos. Piemēram, ja cilvēkam izdodas atklāt savas personības neatkārtojamo unikalitāti, tad viņam nebūs iekāres pēc svešas. Pašpietiekamība ir skaidra savas identitātes apziņa!

Iespējams, ka kāds piekritīs tādai idejai: ja visi vēlēsies vienu un to pašu, tad tā var vienkārši pietrūkt. Tā ir dzīves likumsakarība, ko būtu vēlams apzināties un neuztvert kā vilšanos, bet kā īstenību. Tātad sadisms formējas tad, ja visi vēlas kādu resursu (ne vienmēr tas ir labums), ar kuru jau sākotnēji nav iespējams apmierināt visu intereses. Neiegūstot to, protams, veidojas sāpes, kas transformējas cietsirdībā. Šķiet īsi un skaidri, vairāk skaidrot nav nepieciešams, vienīgi varētu papildus nedaudz piebilst, ka vienveidībā reizēm tiek saskatīta oriģinalitāte. Tātad, ja kādam ir tas, kas citiem, tas sniedz lielāku iekšējo apmierinātību, nekā ja kaut kas nav tā kā citiem. To var saprast un pat izskaidrot: ja, pieņemsim, kādā vidē nevērtē kaut ko, tad bez transformācijas ar to nav iespējams sadzīvot. Piemēram, ja apkārtējie ir ģimenes cilvēki vai vismaz viņiem ir pastāvīgi dzīves partneri, tad, ilgstoši atrodoties šādā vidē vienam, rodas negatīvi pārdzīvojumi, kas var likt justies nepilnvērtīgam. Tālāk, ja kāds nav apveltīts ar tādām iespējām, kādas ir citiem grupas dalībniekiem, tad arī tas var izraisīt kaut ko vairāk nekā vienkārši dusmas. Ja kāds nevar atļauties nopirkt to, ko otrs, tas var radīt sāpes vai vismaz asaru plūdus. Vēl kāds piemērs: ja cilvēks nav spējīgs novērtēt savu fizisko vecumu un tiecas pēc tā, ko eksistenciālu iemeslu dēļ nevar atgūt, viņš apskaudīs tos, kam ir atšķirīgas izejas pozīcijas. Šo uzskaitījumu katrs var turpināt tālāk patstāvīgi. Iespējams, agrāk vai vēlāk izdodas būt oriģinālam – nebaidīties no kastrācijas, individuālam – apzināties un definēt savu identitāti, nostiprināt personīgos dzīves jēgas meklējumus un filozofiju, t.i., atrast un izdzīvot savu psiholoģisko infantilitāti, spēju būt patstāvīgam un uzņemties atbildību vērtēt augstāk kā narcismu un tīksmināšanos par savu iekšējo bērnu, vairot drosmi uz glēvuma rēķina, tas, protams, vēl nav viss, tomēr padomāt par to ir svarīgi, lai varētu ne tikai izpildīt īslaicīgu testu, bet lai no iegūtās informācijas smeltos labumu. Pievērsiet uzmanību tam, ka izlasīt ir viens, bet to apzināties ir pavisam kas cits. Lai mainītos, ir jāsaprot un jāatklāj!

Nomākts stāvoklis ir pieķeršanās ilūzijām, ka, piemēram, laimīgu jūs var darīt kāds cits. Pieķeršanos apraksta budisma tekstos – tas esot viens no bīstamākajiem stāvokļiem, jo nenotiekot virzība un sasniegtais nedodot prieku, tādējādi sāpes un ilgas kļūst par laimes aizstājēju. Piemēram, ja mēs aplūkotu pieķeršanos kā negatīvu izpausmi, tad nevajadzētu to interpretēt tieši, jo tas var izrādīties pārspīlēti infantili. Jēdziens „pieķeršanās" psiholoģiski ietver kaut ko neaizstājamu, līdz ar to ir loģiski, ka mēs zaudējam savu adaptēšanās un elastības spēju, cerot un dažreiz esot pat dziļi pārliecināti, ka otrs spēs mūsu labā paveikt kaut ko labāk. Zaudējam ne tikai daļu no realitātes burvīguma, kas ir skumji, jo tas, kas ar mums notiek, var neatkārtoties un otras izdevības var nebūt, un līdz galam neapzināmies, ka raugāmies nākotnē ar netālredzīgām acīm. Lai spertu nākamo soli, iepriekš ir jārealizē pirmais. Atliekot darbību un cerot uz kāda cita spējām, bloķējas personiskās iespējas. Pieķeršanos tam var uzskatīt par kritizējamu – kultivēt savus kompleksus ir izkopts ļaunums. Iespējams, ka mūsdienu cilvēks psiholoģiski ir formējies tā, ka tas vairs nesūdzas par pieķeršanos, bet drīzāk par nepieķeršanos objektam. Ir infantili domāt, ka ir jāatraujas no pasaulīgajām lietām un jāsāk dzīvot konservatīvi vai pat fanātiski, ticot, ka viss apkārtesošais nav vērtīgs, jo tik un tā reiz tiksimies ar nāvi. Emocionāli var nomirt, arī fiziski dzīvam esot, piemēram, atsakoties vai apšaubot savas spējas un talantus, nedzīvojot pilnvērtīgi atbilstoši misijai. Šķiet, ka budisms vedina uz domām par to, ka nāve var iestāties tad, kad esam apstājušies. Apstājušies savos priekos par saviem sasniegumiem un bēdās, no kurām nemākam gūt labumu. Pārdzīvotu notikumu ir vēlams analizēt, lai veidotos pieredze un briedums. Nelaime var padarīt cilvēku nelaimīgu un arī laimīgu – tas ir atkarīgs no cilvēka paša. Tā vēsta kāda austrumu gudrība.

Atgriežoties pie psihoterapijas, jāsaka, ka satikšanā ar to, kas ir apzināti radīts, bet nav noderīgs, ir liels atklājums! Var izrādīties, ka no tā var atbrīvoties.

Secinājums:
1. katram ir iespēja analizēt sevi;
2. analītiskais efekts jebkurā gadījumā būs vērtīgs neatkarīgi no iemaņām un teorētiskām zināšanām;
3. ikviens var atrast sev piemērotāko metodoloģiju, lai nodrošinātu pašanalīzi, piemēram, lasīt, rakstīt, domāt, vizualizēt, apmeklēt psihoterapeitu u.c.;
4. analizējot sevi, vēlams būt pēc iespējas patiesam un motivētam uz izziņu;
5. fiksēt savus, iespējams, dažādos pārdzīvojumus;
6. meklēt kopsakarības starp fizisko veselību un vides apstākļu notikumiem;
7. paļauties uz savu viedumu.

Kādi var būt ierobežojumi, to klātbūtnes izpausmes, kas var ietekmēt nodošanos analīzei vai pašanalīzei nosacīti veseliem cilvēkiem. Vārds „nosacīti" ir aizgūts no medicīnas, jo medicīniski pilnīgi veselu cilvēku it kā nemēdzot būt. Vienmēr kaut ko varot vēlēties labāk. Grāmatas konkrētās nodaļas mērķis ir atgādināt, ka „ierobežojumu klātbūtne" tiek meklēta tajā vidusposmā, kurā starp dažādām galējībām atrodas indivīds. Cilvēks, kuram ir dažādas spējas, nav informēts, ka pārmērības, dažādi, piemēram, histēriski stāvokļi sākumā var veidoties ierobežojumu klātbūtnē, tas rada reakciju un pārmaiņas uzvedībā. Tas, kas jums sagādāja prieku, šobrīd liekas neinteresants. Protams, intereses var mainīties, iepeldot aizvien lielākā zināšanu okeānā... Slinkums kustēties, domāt un būt priecīgam it kā bez iemesla: jūs kaut ko vēlaties, bet nedarāt, atrodot attaisnojumus vai atrunas. Gribat ceļot, bet sūkstāties par naudas trūkumu, kas ir hroniska parādība, jo tās jums vienmēr pietrūkst savu ieceru realizēšanai. Tā ir zīme, ka jūsu dzīves kvalitāte jau ir pazeminājusies. Trūkst tādas vienkāršas lietas kā dzīvošana un darbošanās, prieks par to, ka ir uzausis rīts, vairs nešķiet iedvesmojošs.

Ko piedāvā pasaule? Tā izskan tipisks patērētāja jautājums ar zemtekstu: „Kas man būs par to, ka es augu, attīstos un pilnveidojos? Cik man par to samaksās?" Piemēram, ko saņem cilvēks, ja viņš apmeklē psihoterapiju, kurā naudas plūsma ir vienā virzienā: no pacienta –

dakterim. Patērētāja filozofija var gūt virsroku pār veselo saprātu. Cilvēks jūtas vīlies, ja nav strauju panākumu, un pretēji, viņš apmierinās ar minimumu, uzskatīdams to par maksimumu. Piemēram, cilvēks pieņem lēmumu turpmāk vairs neapmeklēt psihoterapijas seansus, jo viņa dusmas ir mazinājušās – no septiņām reizēm nedēļā uz piecām reizēm nedēļā. Labsajūta ir uzlabojusies, un ietaupītā nauda, kas būtu jāmaksā par psihoterapiju, tiek iemainīta pret materiāliem labumiem. Pašapmāns. Atlikušās dusmas neļauj brīvi izdarīt izvēli.

Nemainīt sevi, bet pilnīgot, jo pavisam pārvērst kādu nav pa spēkam pat plastiskajam ķirurgam. Šķiet, arī visa Radītājam būtu iebildumi pret to. Ja materiālās pasaules labumi sniedz cilvēkam lielāku izvēles un rīcības brīvību, tad tā kalpo kā kompensācija psihoemocionālajai destruktivitātei. Katrs var izvēlēties dot priekšroku apzinātai vai nepazinātai dzīvei. Dzīvnieks vienmēr pievērsīs lielāku uzmanību izjūtām nekā būdas krāsai, kurā viņš pārlaiž nakti. Bez šaubām, fauna nav cilvēks un tie ir daļēji nesavienojami jēdzieni, bet svarīgākais, ko vajadzētu atšķirt un saprast, ka materiālās vērtības pašas par sevi nav peļamas, turība vai materiālais komforts ir apsveicams, bet nedrīkst būt tā, ka lietas aizpilda emocionālo vakuumu, jo tā ir imitācija, savdabīga ilūzija, kas agrāk vai vēlāk liks sevi manīt. Jo vairāk maldu, jo nežēlīgāka īstenība, indivīds maldina sevi un novirza no svarīgā tad, kad realitāte ir skarba.

Piemēram, kāds vīrietis un kāda sieviete mīlēja viens otru, viņu attiecības turpinājās, un viņš vēlējās viņu precēt, bet sieviete par spīti ilgajām attiecībām un savstarpējām simpātijām atteica bildinājumam un emigrēja uz citu valsti, kur satika citu vīrieti, ar kuru noslēdza laulību un izveidoja ģimeni. Atteikums vīrietim bija sāpīgs ne tikai tāpēc, ka viņa devās cita vīrieša apskāvienos, bet tāpēc, ka bija vēl kāds iemesls, kas nepieļāva iespēju savienoties. Sieviete bija materiāli nodrošinātāka, ar izcilu izglītību, bet pamestais vīrietis – bezdarbnieks bez izglītības. Pēc trijām nedēļām kopš šķiršanās vīrietis piezvanīja bijušajai mīļotajai, lai paziņotu, ka pēc trim mēnešiem viņš precas un tādējādi vēlas darīt zināmu, ka iepriekšējās attiecības tiek aizmirstas. Viņš zvanīja agri no rīta, jo nevarēja sagaidīt piemērotāku diennakts laiku, lai paziņotu „vecajai mīlestībai" jaunumus. Turklāt ziņas saņēmēja īsti nevarēja izprast šī agrīnā paziņojuma zemtekstu, kamēr nesāka analizēt ne viņa, bet savas izjūtas.

To viņa veiksmīgi izdarīja šādi: vispirms viņa jautāja sev, kādas ir viņas izjūtas pēc šīs rīta ziņas, un izrādījās, ka bailes jebkad būt ar viņu kopā ir izplēnējušas. Viņa jaunā laulība ir kā zīme tam, ka viņš nepretendēs vēlreiz uz viņu attiecību atsākšanos. Tas būtu briesmīgi, ja viņai viņu vajadzētu uzturēt visa mūža garumā, jo tas raksturo vīrieša mazspēju, ja viņš ir psiholoģiski gatavs pieņemt no sievietes regulāru materiālo pabalstu bez pretenzijām un aizspriedumiem vai kritikas pret sevi. Greizsirdība neeksistē, jo tuvība ar vīrieti, kurš materiāli izmanto sievieti, ne visām daiļā dzimuma pārstāvēm ir uzbudinoša. Pašanalīze turpinājās, kamēr sieviete bija secinājusi, ka, izprotot sevi, var mēģināt izprast otra motīvus, jo telefona zvanam bija vēl kāds apslēpts motīvs. Trūkst faktu, bet ir nopietns iemesls domāt, ka vīrietis precas tik pēkšņi un vēlas, lai par to rīta agrumā uzzina bijusī dzīves partnere tādēļ, ka viņš prec citu vienīgi tādēļ, ka nav varējis vai nav bijis spējīgs apmierināt to, kuru patiešām mīlēja. Šāda psihoterapeitiska atpakaļsaite nav jaunums, tā ir raksturīga kļūda – maldīgi iztulkot savas emocijas un maldināt ne tikai sevi, bet arī apkārtējos. Ne velti līdz mūsdienām ir saglabājusies grieķu filozofa Ezopa fabula par lapsu un zaļām vīnogām. Stāsta morāle ir vienkārša – tad, kad nevar kaut ko „aizsniegt" savu nepilnību dēļ, sāpēs vai kāda cita pārdzīvojuma ietekmē, pirmām kārtām, rīkoties vēl izteiktāk pret savām patiesajām vēlmēm. Tā noteikti ir ne tikai dziļa iekšēja krīze, bet arī kļūda attiecībā pret sevi un apkārtējiem. Piemēram, atklāts homoseksuālis agoniskā mēģinājumā to noliegt, apprecas un rada bērnu, neizzinot, nedodot sev iespēju izprast sava lēmuma neapzināto pusi, aiz bailēm un trauksmes rīkojoties spontāni. Tas izskatās apmēram šādi: pirms nedēļas pārliecināts homoseksuālis, nosacīti vecpuisis, pēc dažiem konsultāciju apmeklējumiem pie psihologa, psihoanalītiķa neizprata, ka psihoterapija nav sociālā palīdzība un ka ar tās starpniecību nav jāatrisina problēma, bet gan kā minimālais mērķis ir jāizvirza procesuālā psiholoģiskā izpratne par kaut ko sev svarīgu, šajā gadījumā homoseksualitāti, ko reizēm pat nav ieteicams mainīt, jo atsevišķas intences nekad nepadosies totālām pārmaiņām, bet tās ir iespējams apzināties un apzināti pārvaldīt. Piemēram, cilvēka augums ir viens metrs un piecdesmit centimetri, bet viņa sapnis ir spēlēt profesionālā basketbola komandā. Maz ticams, ka viņš spēs realizēt savu sapni, kaut gan pasaulē ir gadījumi, kā, piemēram, 160 cm garais Tairons Bogss kļuva par izcilu basketbolistu un nospēlēja četrpadsmit sezonas dažādās NBA komandās. Iespējams, psihologs iesācējs vedinās savu klientu uz domām, ka viņš varētu līdzināties minētajam basketbolistam. Un tomēr dažos gadījumos šādu piedāvājumu var asociēt ar fantāziju. Kaut kur sirds dziļumos pacientam vai klientam tā neizklausīsies kā patiesība, bet vēlmes imitācija, kura nav realizējama, un šai atklāsmei kā nodarbei viņš var veltīt visu savu mūžu. Ir risks attālināt indivīdu no realitātes. Vēlēšanos var „saārstēt", un tā var izvērsties par lielāko dzīves kļūdu. Reizēm tomēr ir jāapzinās, ka no kaut kā dzīvē ir jāatsakās. Bērnam ar to ir grūti samierināties, bet pieaugušam cilvēkam būtu jāspēj šādu situāciju pieņemt bez īpašām grūtībām. Primārais jautājums: kas esi tu pats? Tad, kad tas ir atklāts, var interesēties par citiem un veidot etalonus, jo labs paraugs nepieciešams arī pieaugušam cilvēkam.

Nepārprotami, tie, kas lasa psiholoģiska un filozofiska rakstura grāmatas, nav bērni un apzinās, ka tikai agrā jaunībā var ticēt, ka visas iegribas ir noteikti jāapmierina. Būtiskākais ir, ka, neizvērtējot dažādu situāciju apstākļus, nevajag provocēt sevi un apkārtējos noticēt tam, kas ne vienmēr ir iespējams. Nu nevar ēst saldējumu un iet peldēt, kad cilvēkam ir četrdesmit grādu temperatūra! Maksimums, ko vēlams izdarīt – padzerties ūdeni, kas nav pārmērīgi auksts, vai to pašu saldējumu kādu laiku paturēt istabas temperatūrā, lai tas jau ir nedaudz pakusis.

Pēdējās situācijas apraksts ir ilustrācija iepriekšējo gadījumu paskaidrošanai. Pirmajā piemērā, apprecoties steigā, vīrietis pēc kāda laika atkārtoti jutīs savu mazspēju, un pēkšņā laulības riņķa uzvilkšana nemazinās notiekošo viņā pašā! Skumji un bezgalīgi žēl ir, ka liktās cerības neattaisnos līdzekļus. Ar vecumu pieaugs saistības, būs bērni, attiecību vēsture, manta, bet tas nemainīs patiesās vēlmes realizāciju, jo viņš ir saistījis savu dzīvi ar to, ko spēj, nevis ar to, ko patiesi vēlas! Tas izvēršas par savdabīga invalīda, ne brīva un kopumā vesela cilvēka risinājumu. Prognoze ir vienkārša – viens ķēdes posms pavilks un iesaistīs nākamo. Piemēram, zemapziņas neidentificēšana apziņā var, un tieši tā arī tas notiek, atsaukties uz turpmāko dzīves kvalitāti un tuvajiem cilvēkiem. Jāatzīst, ka pēc vairākiem gadiem gluži nejauši man gadījās satikt pieminēto vīrieti. Viņš tiešām pirmo reizi apprecējās četrdesmit gadu vecumā ar „pirmo pretimnācēju" tad, kad viņu bija pametusi iemīļotā un patiesi iekārojamā sieviete, kura bija dažādā ziņā galvas tiesu pārāka, un viņš to zināja un nespēja *turēt līdzi*. Spontānajā laulībā, lai attaisnotu un nomierinātu savu fundamentālo vīrišķo mazspēju nodrošināt ģimeni, konkrētais kungs rīkojās šādi: caur savu mīlestību, erotiku un platonismu realizējās neveiksmīgajā laulībā piedzimušajā meitā. Meitenītes māte bija izteikti greizsirdīga visa mūža garumā, jo meitenītes tēvs, dziedinādams savas sāpes, *pārmetās* vienīgi uz bērnu, ignorēdams māti.

Homoseksuālim laulība izrādījās par smagu, un vīrietis šīs attiecības risināja ar suicida palīdzību. Iespējams, kādam var rasties loģisks jautājums, kāpēc sieviete, kas nav homoseksuāli orientēta, pieņēma un stājās attiecībās ar vīrieti, kurš pilnībā atbilda iepriekš minētajām pazīmēm? Atbilde ir vienkārša. Pirmkārt, sievieti var apmierināt šāda vīra seksuālā orientācija, un viņa slēpj šo savu attieksmi. Otrkārt, starp dzīves partneriem nav emocionālas tuvības, notrulinājušās izjūtu maņas. Patiesība ir tāda, ka jebkura vienošanās ir iespējama tikai vismaz starp diviem, respektīvi, ikvienai situācijai ir līdzdalībnieki, skatītāji, aktīvi un pasīvi iesaistītās personas. Morāle – var attālināt realitāti, bet to nevar izslēgt. Kļūda identificējas tad, kad katram iesaistītajam ir tikai viena pareizā ilūzija, ko sev kā mierinājumu pieņem psihoemocionāli cietušais un iepriekš traumētais indivīds. Aizvērt acis uz savstarpējo attiecību realitāti un pēc vairākiem gadiem atskārst to, ka dzīves biedrs ir homoseksuāls kā negaidītu un nepatīkami pārsteidzošu jaunumu, patiesi ir panaivs arguments, ar kuru var attaisnot sevi sabiedrības un laulībā dzimušo bērnu priekšā. Attaisnot savu mazspēju patiesi ir sāpīgi. Piemēram, ka ģimenes veidošana ar homoseksuālu vīrieti pašai sievietei ir vienkāršāka nekā ar citādu, lielākā mērā falliskāku, apzinātāku, pašpietiekamāku un drošāku, ne tik atkarīgu un jūtīgu pret vides svārstībām. Bez šaubām, ar šādu prototipu ir grūti, reizēm pat neiespējami manipulēt, kas var būt neizdevīgi un frustrējoši pašai sievietei, tāpēc viņa izvēlas par sevi vājāku vīrieti, bet ne citu sievieti kā dzīves partneri. Viņas mērķis ir pakļaut pretējo, bet ne savu dzimumu. Tā ir psiholoģiska vajadzība uzurpēt varu pār vīriešiem. Sākumā tas ir viņas vīrs, vēlāk dēls. Izkopts ļaunums ir neieguldīt līdzekļus un laiku, lai mainītu vai novirzītu iekšējās uzmācīgās intences.

Gribētos piebilst, ka jebkura dzīvesbiedra mazspēja – psiholoģiskā un seksuālā var būt izdevīga otram laulātajam. Pirmais, iespējams, nemaz nenojauš, kādu ietekmi atstāj uz otro. To nevajadzētu pieņemt kā apgalvojumu, bet, ja rodas sūdzības, ka kāds vīrietis nespēj materiāli, seksuāli, emocionāli apmierināt sievieti, un viņa nebeidz par to sūkstīties, joprojām ar viņu uzturot laulību, šāda uzvedība var liecināt, ka sievietei ir izdevīgs šāds konkrēts vīrieša tēls vai viņa veido un uztur mītu, lai iekšēji savā narcismā attaisnotu sevi par savu nevarību. Izkopts ļaunums ir uzturēt sevī un apkārtējos šo pārliecību, ka otrs ir slikts, bet pats esi labs. Dubults izkopts ļaunums ir, nemēģinot analizēt sevi, noskaņot apkārtējos uz līdzīgiem viedokļiem par dzīves partneri. Vainas novelšana no sevis uz citiem ir dziļi nelaimīga un depresīva cilvēka stāvoklis. Jo vairāk cilvēkos ir neskaidras destruktīvas dusmas, jo proporcionāli lielāks daudzums tiek *izgāzts* uz otru. Tā, piemēram, skudru pūznis ārpusē virs zemes ir vismaz divreiz mazāks nekā tās iekšienē.

Nesamērīgas pretenzijas pret citiem ir nespēja identificēt tās savā personībā. Protams, runa ir par nopietnām, cikliski vienādām un vienotām savā negatīvismā un īgnumā iekšējām neapmierinātībām. Frazeoloģiski izsakoties, savai nelaimei cita laimi kā drošu plāksteri neuzliksi. Aizgūt var, bet rēķins par dzīves nepatiesām idejām pienāk katram, un vienmēr paslēpties nav iespējams, jo adresāta atrašanās vieta un „pasta indekss" ir viegli pieejams. Tā nav metafizika, bet objektīva patiesība. Piemēram, ja kāds no mums cer veidot attiecības ar nepiemērotu vai neatbilstošu partneri, nekas labs no tā neiznāks. Pareizāk būtu izprast sevi un izvēlēties atbilstošu kandidatūru pirms, nevis pēc notikumiem, tad, kad iekšējie individuālie konflikti nav vēl pārlieku samezglojušies, iesaistot tajos citus cilvēkus, reizēm nevainīgus – bērnus. Izkopts ļaunums ir cenšanās noliegt savu savtīgumu. Ēkas fasādi bez nopietnas renovācijas īslaicīgi var glābt kosmētisks remonts, līdzekļi attaisno mērķus, bet uz dažiem gadiem. Lēts vienmēr paliek lēts. Einšteins, runājot par matemātiku, ir izteicis domu, ko, psiholoģiski atvasinot, var mēģināt izskaidrot aptuveni šādi – attiecībām (domādams eksaktās teorijas un metodes) ir jābūt pēc iespējas vienkāršām, nevis prastām. Jāatzīst, ka novelt vainu uz otru un psiholoģiski neapzināties šo tendenci ir traģiski infantils emocionālās uztveres mehānisms.

Iznāk tā, ka to, ko mēs redzam, ir vienkāršāk saprast un pamanīt nekā to, ko jūtam. Šim secinājumam var piekrist. Piemēram, ja kāds no laulātiem reāli pieķer neuzticības faktu, tad apstrīdēt notikušo visām iesaistītajām pusēm kā neesošu ir jau pagrūti. Taustāma naudas summa ir neapstrīdamāks uzticēšanās pakts nekā solījums. Neapšaubāmi, Niagāras ūdenskrituma maģiskumu ir labāk pašam redzēt, nekā klausīties citu ceļotāju stāstos. Pat tad, ja cilvēkam ir attīstīta iztēle, materiālajai pasaulei ir tikpat liela nozīme kā emocionālajai. Lietas, priekšmeti rada vidi, kas ietekmē indivīda uzvedību. Uz tīra bruģa ir grūtāk nomest atkritumu nekā piesārņotā vidē. Ne visiem, bet tas tā varētu būt. Augstpapēžu apavos gaita mainās tāpat kā jaunā vai kāzu apģērbā un tamlīdzīgi. Ir teiciens: „Bagātais dara, kā grib, bet nabags, kā var." Nauda ir vara un spēks. Un atliek novēlēt, dod Dievs, lai vienmēr tā būtu tiem cilvēkiem, kam ir labi un cēli nodomi!

Nauda ir labākais līdzeklis, kā pārbaudīt savu emocionālo stabilitāti un dzīves filozofiju. Mantiskie resursi ietekmē indivīda un nācijas pašapziņas veidošanos. Nabadzība frustrē, un šie traumatiskie, emocionālie pārdzīvojumi neizplēn ne personībā, ne kādā tautā vai valstī. Agrāk vai vēlāk negatīvisms meklēs iespēju izpausties. Izkopts ļaunums ir nezināšana un nevēlēšanās izzināt un pilnīgot sevi. Piemēram, vienā klasē mācās divi skolnieki, kuru vecākiem ir atšķirīgi ienākumi. Pirmajam valsts piešķir brīvpusdienas, bet otrais, ejot uz skolas ēdnīcu, var pusdienās izvēlēties visu, ko vien sirds un vēders kāro. Jādomā, ka ir naivi pat iedomāties, ka tam, kuram jāierobežo savas iespējas, nav savu novērojumu un frustrāciju šajā sakarā. Neatkarīgi no vecuma jebkurš cilvēks ir pakļauts riskam izdzīvot sevī tādu frustrējošu pārdzīvojumu kā skaudība, pazemojums, kauns, neērtības un nevienlīdzības izjūta, kas var ne tikai pazemināt, bet pat graut personības psihoemocionālo veselību. Smagākajos un nopietnākajos gadījumos līdz pat psihozēm, depresijām un pašnāvībām. Piemēram, pieminot vārdu „cietsirdība" pirmajā momentā prātā vairāk nāk sadistiska aina, kaut kāda vardarbība pret kādu Dabas būtni, tomēr tā ir galējā robeža, līdz kurai ceļš vēl ir ejams un līdz kurai vēl ir jānonāk. Bērns jūtas traumēts šajā pusdienu piemērā, kaut gan viņam tiek nodrošināta iespēja nejust izsalkumu, kas pēc psiholoģiskā iekšējā akta ir mazāk būtiski nekā pārdzīvojums par pazemojumu notiekošajā situācijā. Ar šīm multiplicētajām izjūtām indivīdam ir jātiek galā, un viņš jebkurā gadījumā sava mūža garumā dažādi tās izstaros.

Šajā sakarā piemēru nevienam nevarētu aptrūkt, jo ir vairāki ceļi, pa kuriem psihe izvēlas virzīties. Vēlreiz ir jāuzsver, ka šo šķietami nelielo pārdzīvojumu sakarā ar skolas ēdnīcu tuvinieki un apkārtējie atbilstoši neizvērtē. Šāda notikuma neliela detaļa nepaliek nepamanīta zemapziņai. Ja necenstos to noliegt un iestumt zemapziņā kā nebijušu, varētu apziņā atrisināt šo situāciju. „Noliegt" – šķietami neievērot to, ka sāpēt var vienlīdz abiem ēdējiem par spīti materiālajai rocībai: tam, kurš saņem apmaiņā pret talonu pusdienas, un arī tam, kurš ar naudas starpniecību izvēlas kārtējo ikdienas maltīti. Tas, kas ieturas uz valsts rēķina, ievēro, ka apkārtējie pamana viņa materiālo stāvokli. Bez šaubām, pievērst caur šo notikumu lielāku vai mazāku apkārtējo uzmanību paliek viņa personīgā izvēle, bet to, ka šo dažādību ievēro citi, bērns apzinās simtprocentīgi. Tikpat pārliecinoši ir arī, ka klases biedrs vai vairāki skolas biedri pamanās tieši vai netieši saņemt un saskatīt negatīvās informācijas pienesumu. Nav iespējams noslēpt savstarpējās materiālās atšķirības, visiem tas ir uzskatāmi redzams, pārraugāms. Kā „sāp" tam, kuram ir gana naudas pusdienām? Dažādi. Vieni baidās nokļūt līdzīgā situācijā, citi izjūt nožēlu, turpretī kāds nepamanīs vai neizrādīs interesi, bet gan pārākumu sakarā ar savām iespējām. Kļūdaini ir cerēt, ka minētie pārdzīvojumi kādā bērnu kolektīvā var tikt abpusēji pilnīgi ignorēti. Atšķirības ir nepieciešamas, novērojumi pilnveido dzīves pieredzi. Nav jābaidās no kontrastiem, bet par sevi, ja nav spēju atšķirt vērtīgo no nevērtīgā. Vienmēr kāds var būt nelaimīgs, vērtīgākais ir spēja izkļūt no grūtībām. Ja mūsu psihe ir gatava dažādiem manevriem un nav mērķa būt par varoņiem, kuriem nav raksturīgas kļūdas, tad ir iespējams pilnveidoties, attīstīties un atrast sirdsmieru. Tikko mēs izvirzām standartus, rodas ciešanas. Piemērs par klasesbiedru ar brīvpusdienām ir pamācošs ne tik daudz pašam bērnam un viņa vecākiem kā pārējiem klasesbiedriem. Tas ir atgādinājums, ka par saviem bērniem ir jārūpējas gan materiāli, gan garīgi. Ja tas nenotiek, tad izvēles iespējas sašaurinās un ir jāiztiek ar to, kas ir. Reizēm, izņemot jaunību, nekā cita nav.

Nākamais piemērs par kādu jaunu sievieti, kuru nācās satikt otro reizi tad, kad viņa jau bija pusmūžā. Aptuveni divdesmit piecus gadus apkārtējo paziņu lokā par viņu nekas nebija konkrēti zināms, izņemot to, ka viņa ir emigrējusi uz ārzemēm. Tās, izrādās, nebija tenkas – kad viņai bija astoņpadsmit gadu, viņas izredzētajam, nākamajam vīram, kurš izrādījās turīgs un dāsns cilvēks, apritēja septiņdesmit gadu. Mūsu tikšanās notika tad, kad viņa tik tikko pēc vīra bērēm savu četrdesmit piecu gadu vecumā, ar dziļu mīlestību izrunājot nelaiķa vārdu, dalījās ar senajiem paziņām savas pagātnes galvenajos notikumos. Viņas mērķis bija viens – uz īsu mirkli atgriezties tajās mājās, no kurām viņa aizmuka pirms divdesmit septiņiem gadiem. Toreiz pēc viņas „raudāja" aptuveni pusotru gadsimtu vecu, neremontētu māju bēniņi, neliels logs uz pagalmu, labierīcības ārpus ēkas, ko viņai kā bērnam nācās izmantot dažādos gadalaikos, nepārtrauktā tualetes smaka, kas sasūcās apģērbā un ķermenī, čīkstošās kāpnes un tad vēl mazā māsa ar māti, kas tajā laikā vēl bija jauna, viņas pašreizējā vecuma sieviete. Māsa viņas atmiņās bija čīkstoša un pīkstoša, īpaši vāja ar slimu urīnpūsli, kas kopējo dzīves ainu vērta vēl dramatiskāku. Par tēvu nekas nebija zināms. Māte vienmēr efektīgi ģērbās, par profesionālo nodarbošanos informācijas no stāstītājas puses nebija, bija zināms vien tas, ka mātei patika tautiskās dejas, un viņa bieži vien, atstādama bērnus mājās bez iztikas un aprūpes, devās ārvalstu turnejās, atgriežoties ar jaunumiem savam personīgajam drēbju skapim. Jāatzīst, ka sievietes māte nebija ne alkoholiķe, ne narkomāne, ne psihiski slima sieviete. Galvenā grēksūdze šajā sievietes monologā bija bērnības atmiņas. Tikai dažas pagātnes epizodes uzpeldēja un noturīgi glabājās pusmūža cilvēka atmiņā. Vēlēšanās šķietami katapultēties, ne aizbraukt, bet pazust ātri un bez pēdām, maziņai esot, jau bija pazīstama vismaz trīs reizes, tāpēc pie pirmās izdevības, kas tika speciāli veicināta, bija izveidots plāns un tam sekots, lai pēc iespējas ātrāk apprecētos un dotos projām no dzimtās mājas, vides un cilvēkiem. Aizbēgt no tiem, kas ir aktīvāki vai pasīvāki novērotāji tā laika meitenes apstākļu un notikumu pazemojuma un kauna pārdzīvojumos.

Iedomājieties sajūtu, kad pamatskolā pēkšņi atsprāgst skolas klases durvis un uz sliekšņa parādās cilvēki baltos halātos un cimdos. Šķiet skats nav no jaukākajiem. Meitenes pārsteigumu papildina tas, ka blondajos tīrajos un spožām matu gumijām apvītajos matos tiek atrastas utis. Nevienam citam visā pamatskolā vairs šos parazītus neatrada, tikai viņai.

Tā bija viena no dienām, kad gribējās, lai klases sols strauji paceltos un uzņemtu ātrumu, lai varētu izšauties cauri skolas ēkas jumtam. Telpas bija jāpamet, bet caur durvīm, turklāt visiem redzot, lai saņemtu dezinfekciju. Par notikušo zināja visi. Aktīvākajiem bija iespēja komentēt meitenei savus novērojumus un izjūtas. Jāņem vērā, ka intuitīvi bērns jau toreiz nojauta, ka aiz šiem skolotājiem un skolēniem, un skolas medmāsas atrodas neredzamās, bet sajūtamās vienaudžu ģimenes ar citiem bērniem, mātēm, tēviem un vecvecākiem, ar to kaimiņiem un draugiem, jo ne visi ir spējīgi noturēties, nepadaloties ar tik netradicionālu jaunumu. Kā jūtas bērns šajā situācijā, empātiskai būtnei nav sarežģīti iedomāties, gribētos vērst uzmanību vēlreiz uz to, ka nosacīta emocionāla rezonanse eksistē un vibrācija attiecīgi arī. Meitene izjūt ne tikai tiešu nosodījumu, bet arī nojauš, ka tie, ko šī lieta personīgi nesaista, var būt pastarpināti iesaistīti šajā notikumā.

Līdzīgs efekts ir, kad sabiedriski veidotos medijos ik pēc stundas vai pusstundas par kādu tiek veidots sižets vai izteikums, un tā galvenā persona apzinās, ka par viņu vairāk vai mazāk spriež tie, ko tā personīgi nepazīst. Ne tikai tiešie paziņas, kas rada augsni visdažādākajiem pārdzīvojumiem. Mēdz būt orgasms – ne tikai fizisks, bet arī emocionāls, un ne tikai no saskarsmes ar kaut ko patīkamu, bet arī izjūtu līmenī, kad ir prieks vai bēdas. Piemēram, sadists *kaifo*, tīksminādamies par savu upuri sāpēm; kaimiņš priecājas, un šis pārdzīvojuma laimes sajūtas slieksnis ir tik augsts, ka iestājas nirvāna par to, ka blakus dzīvojošam cilvēkam nozagta mašīna. Tātad orgasms var būt, izjūtot pozitīvas un negatīvas emocijas, fiziskas sāpes vai labsajūtu, to var saņemt tiešā kontaktā, kā arī no attāluma. Tie, kam patīk virtuālais orgasms, mēģina provocēt vidē iespējas, kuras sniegtu un no kurām gūtu garīgu, emocionālu un fizisku baudu. Reizēm cilvēki vēlas un apmierina sevi perversi tādēļ, ka nemāk asimilēt frustrāciju tā, lai tā nonāktu līdz psihei „kulturāli". Ir tā, ka izārdītas jūtas prasās pēc vardarbīgas un varmācīgas atbildes reakcijas.

Piemērā ar meiteni var hipotētiski pazīt līdzīgu sāpju atreaģēšanas veidu. Nepanesamais pārdzīvojums, kas realizējas emocionālajā līmenī, ir smags pārbaudījums garam un miesai. Kāpēc? Tāpēc, ka pretrunā nonāk ne tikai emocijas, bet arī intelekts un morāle. Respektīvi, jūtas izjūt, prāts meklē savu iespēju robežās izskaidrojumu, bet sirdsapziņa mēģina attaisnoties. Kādam tas var būt daudz par daudz, kas var veicināt sajukumu un patoloģisku vēlmi provocēt tos, kam tiešā nozīmē ar provocētāju nav sakara. Citādi ir ar tiem, kuru eksistence ir atkarīga no kāda frustrēta cilvēka. Piemēram, kāds zina un nojauš, ka par tādu var izrādīties viņa darba devējs, laulātais, miesīgais bērns, jebkurš cilvēks, ar kuru ikdienā ir tiešs kontakts. Nelaime tāda, ka agresīvas izpausmes var pielipt kā vīruss. Ar ko to var pamatot? Ne vienmēr kontakta ilgums nosaka negatīvu emociju parādīšanos, būtiskāk ir, cik bieži ir saskarsme ar agresoru. Cik dziļi paši iespaidojamies kontaktējoties, ko iesākam ar iegūto negatīvismu un kāds mums pašiem ir potenciāls paturēt vai ignorēt šādas izpausmes. Turklāt, ja esam mazākumā pret agresīvi noskaņotajiem indivīdiem, tad agri vai vēlu varam sākt pieņemt esošo vidi bez kritikas un pretenzijām, nostiprināt priekšstatu, ka viss ir normāli un atbilstoši. Šāda pārliecība nerada pretestību, un cilvēks pats kļūst par agresoru, kurš tieši vai netieši iesaista savā darbībā un pasaules uztverē arī pārējos. Piemēram, kopdzīves sākumā sieviete raud, mēģina atspēkot vīramātes pārmetumus, bet vēlāk samierinās un pieņem agresīvās klišejas par normu. Attiecības, iespējams, neuzlabojas, bet manieres pielīp, un tas rada tādu kā kopēju ģimenes stilu jaukties citu personīgajā dzīvē. Sabiedrība interesējas par citu guļamistabām, grūtniecību, naudas maciņa biezumu ne jau tādēļ, lai kaut ko mainītu sevī, bet tādēļ, lai uzkrātu tēmas, par ko spriedelēt. Reizēm šķietami redzamais ir tikai ilūzija, tāpēc, piemēram, pašapziņu tā nav iespējams paaugstināt. Var interesēties par citiem no rīta līdz vakaram, bet panākumu nebūs. Ja varam izskaidrot sev šos mehānismus, kāpēc attaisnot savu pašapziņu neizdodas, tad līdz ar to smeldze netransformējas, bet koncentrējas jēdziena definējumā „frustrācija". Mums, cilvēkiem, pašiem nākas ciest, ja uzskatām, ka neesam agresīvi, skaudīgi, neapmierināti, greizsirdīgi un tamlīdzīgi. Jo vairāk attālinām no sevis un nepieņemam šīs īpašības kā savējās, jo ar lielāku ātrumu cenšamies piedēvēt tās citiem. Tāpēc tās kļūt par pārnesi vēlmē atriebties, pārmest otram, ka viņš ir sliktāks, atrast līdzīgas iezīmes citā un analizēt tās, piedēvēt otram to, kas raksturīgs pašam, ar lielu pārliecību un ticamību, reizēm līdz pat sirds dziļumiem pastāvēt uz saviem novērojumiem, darbībām, nojausmām, hipotēzēm. Nosacīts ienaidnieks ir neredzams, jo viņš atrodas mūsos pašos.

Iedomājieties, ka jūs dziļā tumsā ejat pa parku, jūs saskatāt ēnu un instinktīvi jūtat vēl kādu stāvu. Ko var konstatēt? Tas, ka parkā noteikti ir vēl kāds, ir skaidrs. Nenoskaidrotas paliek detaļas – dzimums, vecums, acu krāsa, nodarbošanās u.c. Tā mēdz notikt, tāpēc, lai noskaidrotu personību, nav jāriskē ar savu dzīvību. Raksturīgākā uzvedība, ko izvēlas cilvēki, ir ātrāk šķērsot šo parku. Iepazīstot sevi, mēs nezinām, kāds tēls atklāsies, un tas var biedēt. Tumšais parks ir zemapziņa, un bailes ir apziņa par neapzinātību, bet interese ir dažādi impulsi. Jebkurš no mums, kurš ir nolēmis atriebties, var nezināt, ka tiešām to ir nolēmis darīt, un vēl vairāk... Gribēt redzēt, just, uzzināt, beigās pārliecināties par atriebības iznākumu un neatzīt to par savas darbības augli. Vai ir izdevies sasniegt mērķi? Jā, atriebība ir notikusi, un pašam tā ir ļāvusi atreaģēt negatīvus pārdzīvojumus, neuzskatot sevi par atriebēju. Kas īsti ir ķīlnieks? Kurš ir nelaimīgāks – atriebējs vai upuris? Izkopts ļaunums šajā gadījumā nav paslēpies aiz vārda „atriebība", lai cik tas dīvaini neliktos. Tas atrodas cilvēka prātā un jūtās. Atriebība nav priekšmets, kurš nejauši vai tīšām nokļuvis kādam rokās un no kura ar steigu ir jāatbrīvojas, jo uzvarētājs ir tas, kurš spēj to izdarīt veiklāk. Kas tad ir atriebība? Teorētiski šo vēlmi, ja tā ir pārspīlēta, var uzskatīt par psihisku problēmu. Tomēr šim apgalvojumam nevar piekrist pilnībā, jo pastāv nosacījumi: cilvēka raksturs (ne psihiatrijas izpratnē), vērtības, galvenās intereses, audzināšana, intelekts, dzīves pozīcija un dzīves jēgas meklējumi.

Izkoptu ļaunumu var regulēt, un tas pakļaujas cilvēka gribai. Psihoemocionālās korekcijas var tikt realizētas pamazām, būtiskākais ir pašpilnīgoties, bet ne līdz mūža beigām izstrādāt vienus un tos pašus izkoptā ļaunuma mehānismus. Piemēram, atriebība pret atriebību, neatzīstot savu līdzdalību. Savu iespēju robežu paplašināšana ir elastīgas izveseļošanās garants. Bērnības traumatisko atmiņu procesu pārskatīšana – pieaugšana un briedums var notikt, lietojot vārda terapiju, psihoterapiju, psihoanalīzi. Vai ir arī citas iespējas? Protams! Ir dažādi veidi un metodes, lai nonāktu līdz apzinātībai. Psihoterapija ir viena no iespējām. Tad, kad indivīds nespēj pārvaldīt savas atriebības alkas vai, būdams agresīvs, uzskata, ka tāds nav, to var identificēt kā nopietnu psihoemocionālu problēmu sev un citiem ne tikai mikrovidē, bet reģionālā un pat valsts līmenī. Kāpēc? To saprast ir grūti, bet svarīgi. Jāatgriežas pie sākuma –

atriebība nav priekšmets. Ja mēs uz brīdi pieņemam, ka tā ir priekšmets, tad tomēr mums nav zināms, un mums nav garantijas, ka attiecīgais priekšmets ir saņemts no konkrētās personas vai situācijas. Un pat tad, ja mums ir droša pārliecība par priekšmeta izcelsmi, mēs nezinām, vai esam sapratuši un pareizi interpretējuši vēstījumu. Uz šāda tipa pārpratumiem balstīti teju visi seriāli. Starp citu, paranojas terminu ekspluatē ne tikai psihiatri smagu saslimšanu gadījumos. Psihologi, psihoterapeiti, publicisti, mākslinieki, matemātiķi u.c. atbilstoši savas nozares terminoloģijai to izmanto un interpretē atšķirīgi. Tas visos gadījumos nenozīmē, ka indivīds ar šādām izpausmēm ir psihiski slims. Piemēram, visādi citādi adekvāta četrdesmit piecus gadus veca sieviete ar īsiem, melniem matiem, kurai kopš bērnības nav atkārtoti bijušas utis, cenšas provocēt visu pasauli. Mērķis? Lai atskaņotu pagātnē neintelektualizēto bērnības emocionālo pieredzi kā sabojātu plati. Toreiz mammas nebija mājās, neviens neparūpējās, nepamācīja un neizskaidroja ne notikumus, ne pašas pārdzīvojumus, tikai sāpināja, šausmināja un nosodīja. Vairākums izvēlējās kritiski iesaistīties, jo katram bija bail ieraudzīt savas utis gan pārnestā, gan tiešā nozīmē. Pirmajā variantā iespējas ir aptuveni skaidras, otrajā variantā šo parazītu rašanos var izraisīt paaugstināts stress, infekcija un higiēnas trūkums. Ne visi var būt pārliecināti, ka neizjūt pārmērīgu sasprindzinājumu, spēj izolēties no lipīgām slimībām un ir pietiekami tīrīgi un kārtīgi.

Vēstījums, kuru tālās bērnības meitenei gribētos pateikt, ir jādzird šodienas sievietei, un tas ir aptuveni šāds: skatieties uz viņu, viņai vairs utis nav un nebūs, jo viņa, pirmkārt, zina kaut ko no savas dzīves pieredzes par utīm, otrkārt, māk no tām izvairīties, un, treškārt, viņas matu griezums izslēdz iespēju tām iemājot vēlreiz. Skolas laiki ir sen pagājuši, bet pārdzīvojumi ir tik tuvi un skaidri, it kā būtu notikuši nevis pirms vairākiem gadu desmitiem, bet tikai vakar. Tie ir tikai vārdi, pārdzīvojumi paliek pašā cilvēkā. Pagātnes pieredze neizbēgami iespaido šodienu. Mēs būtu naivi, ja noticētu tam, ka pāris izteikumu un laba vēlējumi var likt aizmirst pagātnes nodarījumus. Diez vai sieviete šajā gadījumā apzinās, ka īsus matus viņa izvēlas nevis modes dēļ, bet gan bailēs no jaunas utu epidēmijas.

Cilvēka psihoemocionālā daba ir fenomenāla. Atcerēties sāpīgo, neievērojot laika robežas, jaunus dzīves pavērsienus un pārmaiņas vidē. Pārsteidzoši ilgstoši cilvēks ir spējīgs nēsāt rūgtumu. Mūža laikā ir daudz labu notikumu – mīlestība, prieks par bērnu dzimšanu, draudzība, labs laiks, garšīgs ēdiens, labas ziņas u.c. No pārdzīvotā var paņemt gatavību atvadīties no negatīvām emocionālām fiksācijām tāpēc, ka labā būs vairāk nekā ļaunā. Kā to var zināt? Tāpēc, ka pieauguši mēs varam savu dzīvi veidot apzinātāk, un tā nebūs atkarīga no pieaugušiem – mammas, tēta, vecvecākiem, māsām, brāļiem, māsīcām, brālēniem, tantēm, tēvočiem, bērnudārza audzinātājas, kaimiņa vai pārdevējas veikalā. Psiholoģiski veiksmīgāk dzīvo tie, kas spēj būt enerģiski šodien. Vienkārši gribētos uzsvērt, ka ir nepieciešams laiku pa laikam aizdomāties par savas dzīves mērķiem, rīcības motivāciju un reakciju iemesliem, par to, uz ko esam tendēti – uz pagātni vai tagadni. Ja uz pagātni, tad šodien mēs joprojām maksājam nodevas pagātnei. Cietsirdīga attieksme pret sevi, kā ar āmuru pa pieri. Kā var justies tāds cilvēks? Vismaz apdullis. Tādā stāvoklī tā pa īstam viņš nespēj kaut ko apzināti ietekmēt savā dzīvē. Nav enerģijas apmaiņas starp pagātni un tagadni. Vēsturiskais konflikts liek emocijām laipot.

Vērtības ietekmē emocionālo labsajūtu un psihisko veselību, intelektu, uzvedību, iemaņas, reakcijas. Tā, piemēram, intelekts regulē emocijas un otrādi. Neirotiski stāvokļi bērniem saasinās, kad prāts nespēj izskaidrot jūtas. Tolaik mazā skolniece vairāk cieta neziņas dēļ nekā situācijas dēļ. Nebija informācijas par to, kas notiek ģimenē, kur palikusi mamma, kad viņu ļoti vajag. Līdz galam neizprasta bija apkārtējo līdzdalība un tās mērķi. Visbeidzot, saskare ar utīm bija kaut kas nezināms un biedējošs. Tas rada veselu patoloģisku uzvedības ķēdi. Svarīgākais, kā šie posmi tiks atšķetināti. Interpretējot šo situāciju caur intelektu, tieši veidojas vai neizveidojas traumas. Meitenes gadījumā radās jaunas nepatīkamas emocijas. Iekšējā stabilitāte nākotnē bija jāmeklē vecā kungā, kurš varēja būt tikpat labi kā tēvs vai vectēvs. Apprecoties ilgus gadus viņai nebija iespējams paziņot par sevi dzimtenē palikušajiem ne jau slikto sakaru dēļ, bet tāpēc, ka viņu vajāja ideja par utīm un pagātnes kaunu. Lai sirds dziļumos justu drošību, ka neviens nespēs atrast un atgādināt, aizskart un aizvainot, vajadzēja gūt pārliecību vairākus gadu desmitus.

Tikai tad, kad viņa jutās pietiekami laba un pārliecināta, viņa varēja ierasties ar zināmu pārsteiguma momentu skolas salidojumā. Visi sen bija aizmirsuši gadījumu ar utīm, izņemot viņu pašu. Viņa, lielā, modernā, no aizjūras zemēm pārbraukusī, ir atgriezusies un nenojauš, ka nevis pie saviem klasesbiedriem, bet gan, lai atgādinātu par sevi savam pagātnes psiholoģiski infantilam bērna rēgam. Bailes no šī vispārējā, neaptveramā monstra, kas piegādā iekšējās ciešanas un pārdzīvojumus, ir saprotamas. Iepakot un ielikt konteinerā, uzrakstīt un uzlīmēt nosaukumu, ielikt kādā no saviem dzīves plauktiem neizdodas. Mammas taču tuvumā nav, māsa nespēj novērtēt situāciju, bet pārējie ir svešie, kam nav un nevar būt īsti tādas daļas, kādu gribētos redzēt no mammas. Vai atceraties, kā notikums sākās? Ar to, ka netradicionālā laikā un neierasti atvērās klases durvis, kas jau pats par sevi bērnam bija satraucošs notikums. Trauksme dubultojās, jo ienācēji bija netradicionāli ģērbušies, turklāt tie pieskārās fiziskam ķermenim, kas ir katra personīgais īpašums, un visbeidzot galvenā darbība norisinājās uz pakauša, ko pats nevar pārredzēt. Neaizsargātība un neziņa, kā nodrošināt pašaizsardzību. Apmulsums, kā turpmāk darboties... Smakas, fiziskas neērtības un tad kur nu vēl kauns ne tikai par sevi, bet par mammu, māsu un nabadzību. Slogs kļūst smagāks, jo aizstāvju nav un paredzēt redzamo un neredzamo uzbrucēju kvantitāti un intensitāti nav iespējams. Meitenei atlika gaidīt pilngadību, vienlaikus mēģinot integrēties klases vidē starp tīrajiem, kam personīgajā dzīvē no vecāku attieksmes utis nav ieplānotas.

Otrā epizode, kad toreizējās meitenes atmiņā skaudri atausa nepieciešamība katapultēties, notika šādi. Pie skolas izejas varēja iegādāties karstus pīrādziņus, katram pamatskolniekam bija skaidrs, ka tam vajag tikai nedaudz naudas. Netālu no kioska stāvēja bariņš bērnu, kas, rokas izstiepuši, savstarpēji cīkstoties, tiecās pie kāda bērna mātes, kura laipni dalīja katram uzkost gribētājam nelielu naudas daudzumu. Potenciālo pīrādziņu ēdēju grupa dalījās divās daļās. Klasesbiedra māte, rūpīgi turēdama kārtējo naudas zīmi rokā, apsvēra, kam dot un kam nedot, katram iekšējā balss vairoja uztraukumu par to, ka, kaut gan spontāni izveidotais pūlis ir neliels, tomēr naudas var visiem nepietikt. Šo sajūtu pastiprināja apstāklis: jo aktīvāk vibrēja bērnu augumi, jo lēnīgāk pārvietojās sievietes roka, meklēdama īsto satvērēju. Galu galā tā bija viņas nauda un viņas pienākums nebija izdalīt to citiem, bet pagātnes meitene, kas jau bija piedzīvojusi utis, varēja, ņemot vērā savu pieredzi, iepriekš analizēt un prognozēt naudas izdalīšanas principus, un viņai bija taisnība, ka pūlis dalās divās frontēs, nauda tiek tiem, kuru vecāki nav ieplānojuši nevienu „utisku" situāciju viņu dzīvēs, bet bez pīrādziņa nāksies iztikt tādiem, kas tieši vai netieši varētu saskarties ar šo kukaini. Meitene saprata šos principus, bet viņai tā bija vismaz jau otrā reize, kad mammas nebija mājās tad, kad vajadzēja saņemt atbildes uz dažiem situatīvi radītiem jautājumiem. Par mēnešreizēm var uzzināt arī no vecākajām meitenēm, bet kā tikt galā ar pārējo dzīvi un tās novērojumiem? Drošu sarunu biedru, uz kura viedokli un labvēlību var paļauties, neatradīsi.

Ja mēs runājam par to, ka frustrējoši pārdzīvojumi var būt lokveidīgi, atgriežoties psiholoģiskā telpā, no kuras dzimuši, ar lielāku vai mazāku laika nobīdi, lai atriebtos tiem, kuru klātbūtnē ir norisinājušies pārdzīvojumi, un par interešu objektiem kļūst tie, kuru klātbūtni emocionāli pieļauj un nojauš, bet kurus nav iespēju saskaitīt, tad arī nav iespējams psiholoģiski nospraust robežas starp konkrētiem un iedomātiem indivīdiem. Par neirotisku vajadzību kļūst mērķis apliecināt savu svarīgumu pasaulei, jo attiecībā pret māti tas pat nav bijis iespējams. Ideālā gadījumā šādās situācijās bērnam būtu jāsaņem paskaidrojumi un izskaidrojumi, lai iepazītu sevi, pasauli un notiekošo tajā. Izkopts ļaunums nav visos gadījumos jāmeklē vidē, jo pasaule un tās procesi ir svārstīgi un mainīgi: veselai mātei būtu jāveido savā bērnā veselīga attieksme. Piemēram, tas, ka pasauli nevar un nav iespējams mainīt; tas, kurš uzvedas nesaprotami, ne vienmēr ir labs vai slikts. Pasaule nevar dalīties tikai baltā un melnā, aukstā un karstā. Tā vienmēr ir daudz niansētāka, kolorītāka un daudzšķautņaināka. Viss nav slapjš vai sauss, kaut kas ir pa vidu, reizēm mitrs.

Un tā... Cilvēki, ieraugot utis, reaģē dažādi. Daži no tām ļoti, ļoti baidās, velk pat baltus cimdus, un arī utis bēguļo no ļaudīm, jo slēpjas tādā ķermeņa daļā, ko ir grūti kontrolēt un pārraudzīt. Cilvēki ir sociāli mācījušies pazīt šo parazītu un domājuši par dažādiem ķīmiskiem veidiem, lai no tā atbrīvotos ātri un pašam cilvēkam saudzīgi. Tātad par utīm un to nozīmi „cilvēka mūžā" radoši un mīloši vecāki var nolasīt plašu populārzinātnisku lekciju, bet jāatminas, ka nolasīt lekciju ir par maz, jābūt tuvībai ar bērnu. Veicas tiem, kam ir spēja būt par labiem vecākiem. Šādās ģimenēs bērniem parasti nav lieku pārdzīvojumu. No tādām ģimenēm nākuši bērni viegli pārcieš apkārtējās vides svārstības. Nevēlama publikas klātbūtne nepiemērotā situācijā neizraisa dziļu pārdzīvojumu.

Cēli un gudri cilvēki vienmēr rīkojas adekvāti, jāatzīst, tāpat kā ļauni, skaudīgi un atriebīgi. Katrs cilvēks jebkuros apstākļos darbojas pēc savas pārliecības, kā ieradis. Provocējošā vidē ar negatīvu spiedienu sakāpinās dominējošās emocijas. Neticiet sev, ka šādos brīžos radusies reakcija ir jums netipiska Jebkuram bērnam var rasties *ķibeles*. Kādu vietu un lomu mēs ieņemam šādā situācijā? Lai kāda tā arī nebūtu, tā ir mums raksturīga. Pozīcijas izvēle vai nu veido vai neitralizē mūsos ciešanas. Bērnam tas ir jāielāgo un jāmācās atšķirt, lai neveidotos fobijas un histēriski noskaņojumi.

Lokveida transformācijas izpratnei ir divas noslodzes. Pirmo pusi pārstāv indivīds viens pats ar saviem personiskajiem pārdzīvojumiem, un viņš cīnās ar pasaulē saņemtām sāpēm. Otrā barjeras pusē atrodas šie dažādie novērotāji, kas tieši vai pastiprināti redz, nojauš notiekošo un, savu iekšējo motīvu vadīti, izvēlas dažādi un ar atšķirīgu aktivitāti vai pasivitāti iesaistīties. Piemēram, kāda māte, uzzinājusi, ka viņas bērna klasē kādam ir infekcija, savam bērnam pirmajā laikā regulāri drošības labad pārbauda matu stāvokli. Sociālais darbinieks iepazīstas ar situāciju ģimenē un atbilstoši savai profesionālajai kompetencei personīgi parūpējas par to, lai ģimenes miteklis būtu regulāri apkopts. Skolas psihologs veido nodarbību, kurā notikušajā iesaistītiem ir iespēja atklāti izrunāties par savām bažām, bailēm, aizspriedumiem, jokiem vai vēlmēm atriebties un uzlabot personīgo reitingu savās acīs uz vājāka vai neaizsargātāka rēķina. Kāds no vecāku komitejas, uzzinājis par notiekošo, jo stāsts nav par utīm, bet par cilvēkiem, nodibina dažādu speciālistu darba grupu, kuri apkopo, veido uzskaiti par ģimenēm, kam ir vajadzīga palīdzība, un cenšas to iespēju robežās sniegt. Skolotāja, iespējams, neuzticas, bet viņa cenšas iepazīt un saprast māti, kas pietiekami labi un atbildīgi nerūpējas par bērniem, nav amorāla un kam nepiemīt kaitīgi ieradumi. Skolā, notiekošo auglīgi pārrunājot, rodas labvēlīga platforma pozitīvajam pat tad, ja izvēlētā rīcība nav bijusi pārlieku veiksmīga. Situācija ir notikusi, un katrs no tās var iegūt kaut ko sev vērtīgu vai nevērtīgu. Neizkopt ļaunumu būtu apzināti vai neapzināti paņemt kaut ko lieku un laikus no tā atbrīvoties, piemēram, izmest. Jebkurā gadījumā vērtīgo ieguldījumu sarakstu varētu turpināt, vismaz ideju būtu daudz, kā arī iespēju izpausties saviem talantiem – fiziskajiem, emocionālajiem, garīgajiem un profesionālajiem, jo veidotos iespēja iemēģināt spēju būt iniciatoram, aizstāvēt savu viedokli, racionāli izprast situāciju, saskatīt tās zemūdens akmeņus. Galu galā redzēt cilvēka vai kādas grupas neviennozīmīgo dabu un neapjukt tajā reizēm ir māksla! Iespējams, ka, izvēloties šādu virzienu, utu nekļūtu mazāk, bet izkoptā ļaunuma nebūtu.

Par lokveida frustrāciju šobrīd vairs negribētos neko piebilst, tas ir viens no veidiem izdzīvot savu pārdzīvojumu. Šajā frustrācijas izpausmes formā aktīvākā sastāvdaļa atrodas „otrpus žogam", tie, kas atrodas tur, veido attieksmi un pārmet signālus, mājienus un vērtējumus tam, kurš nodots publiskai apskatei. Ja kaut nojausmas veidā netiek nodots pozitīvs, veiksmīgs izskaidrojums un atbalsts, tad, kā mums jau zināms, viens pats nav karotājs, un attiecīgi nekāda cita stratēģija nav sagaidāma kā infantila pretimdarbošanās pret tiem, kas atrodas, jāuzsver vairumā, otrpus vai pat ārpus žoga – ārpus sabiedrības uzmācošā un psiholoģiskā ieloka. Cilvēks ir sociāla būtne, bailēs no draudiem tikt izslēgtam viņš ir spējīgs dažādi reaģēt. Būtībā viss ir vienkārši, aplūkojot indivīdu, var nojaust, uz ko ir bijuši spējīgi viņa vecāki un sabiedrība.

Piemērā par pīrādziņu un naudas dalīšanu bērns atklāj, ka visi cilvēki savā starpā dalās pēc kaut kādiem principiem un nav vienlīdzīgi. Meitenītes emocijām sociāli cietsirdīgi un psiholoģiski nežēlīgi izskan šāds atklājums: apzināšanās, ka esi citāds, un atkārtota nonākšana sev sociāli nelabvēlīgā grupā, bez šaubām, frustrē. Neviens nav konkrēti aizrādījis, bet ar savu darbību un uzvedību ir norādījis, kur ir meitenītes īstā vieta. Kāda bērna māte dalīja pīrāgus tikai tiem, kas viņai šķita vērtīgi, interesanti, svarīgi. Atliek vienīgi minēt, kādi ir atlases principi, pēc kuriem kāds no klātesošajiem atbilst vai neatbilst kritērijiem. Toreizējā mazā, pusbadā dzīvojošā meitene ievēroja, ka ir jābūt glīti koptām rokām, nevainojamām kreklu un blūžu aprocēm, iešūtām pogām. Neviens, kurš neatbilda šādām ārējām pazīmēm, pīrāgnaudu nedabūja. Vēl esot bijusi kāda zīmīga papildu epizode, sieviete, pirms izšķīrusies atbrīvoties no kārtējās naudas zīmes, ielūkojusies acīs. Esot bijusi sajūta, it kā viņa vēlas iegūt vēl kādu papildu informāciju. Meitene, kas vēroja sievieti un bērnu pūli, vēlreiz pārliecinājās, ka „aiz borta" palika savstarpēji līdzīgie, tāpat kaut kas personisks apvienoja tos, kuri, saņēmuši naudu, steidzās to apmainīt pret kāroto miltu izstrādājumu. Meitene nu jau krietni vairāk nekā naudu un pīrādziņu vēlējās apstiprinājumu savai atziņai, jo kaut kas iekšējā būtībā urdīja spēcīgāk un dziļāk. Bars bija noskrējis, un sieviete ar savu bērnu devās sabiedriskā transporta virzienā. Tuvākajā apkārtnē nevienu dzirdīgu ausu un acu nebija, tāpēc varēja, lai cik arī nebūtu neērti, tieši pajautāt par to, kas šķita tik svarīgs. Mamma nevar būt vienmēr tuvumā, un atbildes uz uzjundītām jūtām var meklēt pie svešiem. Lēmums ir vairāk nekā veiksmīgs, jo tas norāda uz spēju būt psihoemocionāli elastīgam, izglābjot savu psiholoģisko veselību ar spēju emocionāli pielāgoties, radoši risināt un iepazīt savas sarežģītās jūtas, jo cilvēka emocijas nav vienveidīgas, bet dinamiskas kā laba kardiogramma. Tad, kad meitene panāca aizejošos sievieti, viņa pajautāja, kas īsti bija tie iemesli, kuri noteica klasesbiedra mātes izvēli naudas sadales jautājumā, kāpēc kādam iedeva, turpretī citam neiedeva kāroto monētiņu? Sieviete neesot bijusi pārsteigta par šo tiešo jautājumu, un tas esot līdz pat šodienai izbrīnījis pašu taujātāju. Izrādās, ka iemesls slēpjas tajā, ka viņai nepatīkot meitenes māte.

Otro frustrācijas atgriezenisko veidu var nodēvēt par duālo punktu, kad vienā jūtu gammas spektrā atrodas vienlaikus divas pretējas emocijas. Piemēram, meitene grib labu attieksmi un šajā gadījumā naudu, bet cieš no tā, ka kāds neieredz to, kuru viņa mīl. Vēl piemērs – gribas sāpi atreaģēt, bet tas nav pieklājīgi, gribas ēst, bet jātēlo, ka negribas. Pašam ir nepieciešama higiēna, bet nav iespējas nodrošināt sevi ar atbilstošu komfortu, par maz iemaņu, pieredzes un, visbeidzot, gadu. Labprāt pats nopelnītu pīrādziņu, bet ir vēl par mazu. Šādas pretrunīgas izjūtas ir psihiski bezgalīgi mokošas, tāpēc arī to var teorētiski apzīmēt kā psihotisku stāvokli, kas nojauc pamatni, bāziskos pieturas punktus, un cilvēks pamatoti neizjūt vairs psihoemocionālo drošību. Izvairīties no frustrācijas vienmēr nav iespējams, jo katram ir dota vārda brīvība un iespēja rīkoties pēc saviem ieskatiem, reliģiskās pārliecības un dzīves filozofijas, tāpēc tam, kam tā ir atšķirīga un nav nostiprinājusies psihoemocionāli garākas vai īsākas dzīves laikā, ir grūtāk izvairīties no šādām diametrāli pretējām psiholoģiskām traumām, kuru unikalitāte ir pretrunīgā kopībā. Atbilstoši kādam no reklāmas saukļiem: „divi vienā". Ideja ir tāda – divas konsistences atrodas vienā maisiņā: naids un mīlestība, kauns un vēlme būt vienotam, atšķirties un būt līdzīgam, dāvāt un paturēt, vēlme izpausties un atturēties u.c.

Vesela cilvēka pazīme, piemēram, ir psihiska spēja izšķirt radošo emociju un atbilstību konkrētiem notikumiem. Piemēram, apzināti aizturēt vajadzību nokārtot savas fizioloģiskās vajadzības. Tātad šajā gadījumā ir vienalga, ka rodas vēlme pēc vajadzības, organisms spēj tikt galā ar fizioloģisko nepieciešamību. Emocijas un saprāts uzvarēs, ņemot virsroku pār objektīvo, tomēr spontāno iegribu. Ja iegribas attiecas tikai uz emocijām, tad situācija, protams, var atšķirties. Piemēram, rodas vēlēšanās ar kādu būt kopā, bet objektīvu iemeslu dēļ tas nav iespējams. Ja šāds vai tamlīdzīgs emocionāls stāvoklis ieilgst, tad pārdzīvojuma moku dualitāte var novārdzināt organismu pa īstam. Cilvēks ir vienots kopums, un jebkura distruktivitāte var pazemināt fizisko un psiholoģisko imunitāti. Negatīviem pārdzīvojumiem likumsakarīgi ir jāizpaužas.

Tad, kad indivīds apiet lokveida frustrāciju, tad pastāv iespēja ieslīgt duālajā frustrācijā ar psihotiskām izpausmēm. Aizliegums reaģēt un vērst savu ļaunumu pret apkārtējiem, nemācēšana izprast un pazīt to, kā arī nevēlēšanās būt sliktam citu un savās acīs, rada lielāku trauksmi, kuras rezultātā indivīds lauž savus stereotipus līdz pat personības psiholoģiskai deformācijai. Piemēram, kāds mīl meiteni vai puisi un baidās bildināt, jo māte vai tēvs nav un nebūs ar izdarīto izvēli mierā. Galu galā iznāk atteikt nevienam citam kā tikai sev. Rodas dusmas, skaudība pret tiem, kam ir citādi vai kas ir spējuši noformēt savas vēlmes laulību saitēm. Naudas trūkums var pārtapt par pašiznīcinošu procesu, laulību šķiršanu un personīgo materiālo vajadzību atteikumu virpuli. Lai nezaudētu pēdējo cerību, indivīds izvēlas vērst enerģiju pret sevi un maina sevi, kļūdams nelabvēlīgi imūns pret empātiskiem un vispārpieņemtiem humanitāriem un psiholoģiski higiēniskiem vides notikumiem. Tā var būt nevērīga māte, egoistisks psihologs, narcistisks valsts prezidents, formālā laulībā stājusies sieviete, kura pienākuma dēļ ir dzemdējusi vīram mantinieku. Skops baņķieris, kas kā seno laiku augļotājs izspiež no apkārtējiem pēdējos sviedrus, lai iegūtu mieru, savdabīgu dāvanu par to, ka ir tik bezgalīgi aizmuguriski cietis un ir centies neuzbāzties sociumam ar saviem divdomīgajiem iekšējiem pārdzīvojumiem. Meitene palika neskūpstīta, vecāki nefrustrēti, vēders bez pīrāga u.c.

Cilvēkiem ir sirdsapziņa, un patiesā vēlme nedzīvot pretrunā ar to ir vērtīga. Izkoptais ļaunums ir vēršanās vienīgi un tikai pret sevi, neiesaistot notikumu apstākļos tos, kuriem nāktos būt līdzatbildīgiem. Cerība mirst pēdējā. Iespējams, ja meitenei mājās būtu iespēja kādam izstāstīt par dienas notikumiem, tad viņas sirdij nebūtu jānocietinās. Veselīga psihoemocionāla atkopšanās pēc aizvainojuma veidojas, ja pozitīvā ir krietni vairāk nekā negatīvā. Tad frustrācija nav vienīgais salmiņš, pie kura turēties, jo ikviens cilvēks vēlas jūtas, ja nav pozitīvo, tad viņš pieķeras pie negatīvā kā vienīgā vitāli svarīgā. Saviļņojošāk būtu steigties uz mājām pie mammas ar jebkādu dienas bagāžu, jo, nokļūstot gala mērķī, pretī raudzītos miers, labvēlība un sapratne, kas vairotu un nostiprinātu pašapziņu un netieši sniegtu mācību, ka visiem nevar patikt un visiem nevar būt mīļš, ka tā nav neapstrīdama prasība un nav uzdevums to nodrošināt vienmēr un visur. Tieši tāpat, kā kādam no mums kāds neiepatīkas, arī mēs kādam neliekamies simpātiski. Veselam cilvēkam tas būtu jāzina un nebūtu emocionāli jācenšas pārliecināt par pretējo tādus, kam tas nav nepieciešams. Reizēm ir vieglāk pateikt, nekā izdarīt. Cilvēkam nebūtu jācieš no atteikumiem tā, lai viņš nespētu sev izskaidrot notiekošo. Prioritārā stāvoklī ir tie, kas māk saskatīt situāciju. Piemēram, meitenei ar pīrādziņu ir dotības analizēt un izprast sievietes neapmierinātību ar viņas māti pagaidām vēl tikai iedīgļa līmenī, bet pašapziņas un identitātes aizmetņi sāk veidoties tieši bērnībā, tikai katram ir atšķirīga evolucionārā pieredze par patikšanu, nepatikšanu, atteikumu vai pretēji – dāvinājumu.

No psihotiski emocionāli duālistiskās situācijas var saudzīgi iziet, ja frustrācija netiek uztverta kā sods, un aiz tās neslēpjas emocionāla bezizeja, bet progresīva nākotnes ievirze. Nekas nav pastāvīgs un mierīgs, īpaši tas, kas ir saistīts ar cilvēka emocijām. Ikvienam ir iespēja attīstīt savas kvalitātes. Izkopts ļaunums ir ideja, ka ar visu ir jātiek patstāvīgi galā, ka taisnība var atrasties kaut kur pie otra, bet ne pie paša. Izpatikšana un stabilu vērtību neizkopšana ir tas pats izkoptais ļaunums. Katram ir savs stāsts, tāpēc ir atļauts minēt ne tik konkrētus, bet vispārīgus piemērus, lai tie kalpotu kā bāka, kā domas un jūtu izziņas ceļš. Psiholoģisko veselību nostiprina emocionālā stabilitāte, reizēm atliek mainīt ideju, lai nevēlamie frustrējošie elementi izietu no psihoemocionālās atmiņas. Vislabāk to izdarīt kopā ar kādu speciālistu, piemēram, psihoterapeitu.

Trešā frustrācijas nomācošā emocionālā forma, kas atrod izeju no cilvēka jūtu pasaules, ir padziļināti narcistisko iezīmju aktivizēšanās. Varētu uzskatīt, ka šis trešais stāvoklis izriet no iepriekšējā duālā, tikai tā traumatiskums ir vēl psiholoģiski disfunkcionālāks. Pārrāvumi starp Ego un Superego ir nopietnāki, jo indivīds, izņemot pašu, ap sevi nevienu neizjūt. Piemēram, cilvēks nejūt robežas, situācijas, apstākļus un uzvedas tā, ka vienīgi viņam ir labi un ērti. Faktiski narcistiskā sabiedrība veicina un nostiprina ilūziju, ka laime ir rodama, pašapmierinot sevi, sākot no mantām un lietām, līdz pat seksam. Tādā tīksmināšanās veidā ir savs racionalitātes grauds, un tas būtu trauslums. Narciss nespēj pieņemt konkurenci vai mājienu šajā virzienā tāpēc, ka viņam ir jābūt perfektam. Piemēram, šādi cilvēki nespēj paciest kritiku un viņi ir jūtīgi, jo ir pārmērīgi uzmanīgi attiecībā uz vērtējumu. Neviens psiholoģiski nedrīkst pretendēt uz viņu vietu. Narcisi ļoti smagi pārdzīvo, kad viņus pamet, un ļoti viegli pieņem iespēju šādi rīkoties ar citiem. Narcisi ir sarežģīti pacienti un klienti, jo ar viņiem ir grūti un sarežģīti izveidot attiecības. Kāds čehu psihoanalītiķis šajā sakarā, lai ilustrētu narcisu, studentiem izstāstīja anekdoti: Pēc ilgiem gadiem klasesbiedri ir satikušies skolas salidojumā. Dialogā ir iesaistījušies divi bijušie abiturienti, no kuriem viens ir akadēmiķis, zinātnieks, bet otrs – santehniķis, kas uzdod dažādus jautājumus, lai tuvāk iepazītu akadēmiķi. Līdz beidzot zinātniekam apnīk šī saruna, un viņš saka: „Pārtrauksim runāt par manu personību, šodienai tas būtu pietiekami, tāpēc labāk patērzēsim par manu jauno grāmatu."

Anekdote atveido narcistisku personību, kas ne vienmēr ir tik plātīga, šķiet katram ir zināms, ka lūdzošs ubags uz ielas, kurš izrāda savas ciešanas, arī ir narciss. Lai eksponētu savas emocionālās ekstremitātes, narciss ir spējīgs uz augstu nabadzības un zemu nabadzības slieksni. Piemērā ar meiteni un pīrādziņu ir jaušamas narcistiskas iezīmes. Bērnam ir jānoskaidro, kāpēc viņu nemīl, lai šķietami izdarītu neapzinātu izvēli, iemīlot sevi.

Esam nonākuši līdz šīs kādreiz jaunās, turpretī tagad pusmūža sievietes dzīves stāsta noslēguma posmam. Trešā reize, kad viņa katapultējās savās emocijās, bija tad, kad apkārtējie interesējās par viņas jaunākās māsas un mātes dzīves notikumiem un likteņiem. Tā kā narcistiskā būtība velk vienlīdzības zīmi starp sevi un perfekcionismu, tad tas būtu tas pats kā sevi, slimīgi čurājošo māsu un māti likt vienos svara kausos. Ja tādi ir tuvinieki, tad no viņu vidus pēc narcisa filozofijas loģiski nevar izveidoties kaut kas veiksmīgāks. Parasti šādi cilvēki, pārvērtējot sevi, jūtoties atmaskoti, aizbēg no vides, kurā ir norisinājusies „izgāšanās". Piemēram, ja darba devējs izvirzīs papildu prasības, narciss centīsies aizlavīties pie konkurenta, lai sagādātu iepriekšējam priekšniekam sāpes un pārdzīvojumus, ciešanas, kas speciāli tiek sarūpētas konkrēti viņam. Tie ir mācekļi, studenti, kas pēc aizmukšanas aprunā savu skolotāju, klienti un pacienti, kam šķiet, ka ir nenovērtēti un nesaņem vairs to, ko ir vēlējušies. Kas vieno narcisus? Vājuma brīžos tie apvienojas grupās, lai stiprinātos un atgūtu spēkus pēc ievainojumiem, pēcāk ceļ neslavu, cenšas iegūt jaunus amatus, statusus, lai šķietami atreaģētu savas ciešanas narcisma neatpazinējiem.

Finansiālās labklājības tēma šajā grāmatā sākās pirms vairākiem desmitiem lappušu. Lai šo tematu turpinātu, nepieciešami vairāku piemēru apraksti un analīze. Atcerieties gadījumu ar svečturiem V.Igo romānā „Nožēlojamie", kad mācītājs galvenajam personāžam – zaglim un katordzniekam sniedz vēl vienu iespēju mainīt savu turpmāko dzīvi ar sudraba svečturu palīdzību? Tieši tā, garīga palīdzība ar materiālo priekšmetu starpniecību. Precīzi un simboliski, jo tajos ir jāievieto sveces un jāaizdedzina uguns, lai sāktos jauns dzīves pavērsiens. Cik daudz cilvēku ir pasaulē, kas būtu spējīgi pakārtot lietas savu garīgo vajadzību idejām. Mācītājs ne tikai deva iespēju, bet pat piešķīra noziedzniekam lielāku dzīves jēgu. Par tās saturu sīkāk var uzzināt, izlasot romānu vai noskatoties kinofilmu. Cik pasaulē ir šo „mācītājveidīgo" personāžu pēc savas struktūras un cik daudz uz planētas ir cilvēcisku būtņu, kas personīgo frustrāciju metamorfozes rezultātu vērš pret izkopto ļaunumu, nevis tā norādītajā virzienā. Dažiem literārajiem varoņiem tas izdodas, un par tiem sacer grāmatas. Mantas, priekšmeti, lietas, vērtspapīri, nekustamie un kustamie īpašumi, dažādi biznesi ir svarīgi cilvēkiem, jo tie virza mūs uz garīgo brīvību. Pat baznīcas izdevumi kādam konkrēti ir jāapmaksā, kaut vai kā ziedojumi. Tad, kad nomirst cilvēks, pēc viņa paliek lietas un atmiņas. Ir nācies redzēt mājas un dzīvokļus, ko nelaiķi ir pārpildījuši ar visdažādākajiem *krāmiem*, no kuriem dzīves laikā ir bijis grūti atbrīvoties. Priekšmeti atspoguļo īpašnieka mūža būtiskākos momentus. Nav jārunā tieši par aizgājējiem, jo tos ir vērts pieminēt tik daudz, cik pēc viņiem ir jānovāc mēslu un labumu. Sabiedrībā nav gluži pieņemts apspriest mirušā cilvēka lietu kārtību. Jāatzīst, ka „dāvinātam zirgam zobos neskatās", un tomēr gribas vēl ko piebilst – kādreiz mantojums nemaz neizskatās kā dāvinājums, bet kā posta un bēdu ieleja, tāpēc ka aizgājēja iekšējā pasaule ir bijusi „bojāta". Tas nozīmē, ka viņš nav spējis būt organizēts, korekts un akurāts – mierīgs. Piemēram, lai uzturētu kārtību, tiešie izdevumi, ja ir vēlēšanās, var arī nebūt, pagalma tīrības labad var pat aizņemties grābekli un slotu no kaimiņa. Ne visi cilvēki ir spējīgi regulāri uzkopt māju un uzturēt to kārtībā ik dienu. Tās nav nabadzības sekas. Dažas saimnieces augām dienām ņemas pa virtuvi, nespējot saglabāt kārtību rosīšanās gaitā. Darbs darba galā. Kāds vīrs sūdzējās savai sievai, ka vecmāmiņa, ja vēlējās izņemt no *aukstā* skapja medus burciņu, vienkārši to izdarīt nevarēja, jo vispirms nācās tikt galā ar dažādām *grabažām*, kas aizšķērsoja pieeju. Viņš ir priecīgs, ka viņa sieva nerīkojas līdzīgi. Tātad pie mantotās medus burciņas varēs tikt bez grūtībām.

KĀPĒC IEVELKAS LĒMUMU PIEŅEMŠANA?

Neziņa, risinājumi, neskaidrība

Mēs, eiropieši, esam apguvuši tehnoloģiskos sasniegumus un piemirsuši elementāras, visiem zināmas cilvēcīgas lietas. Vientulība ir samaksa par progresu. Vispārcilvēciskais ir saziņas prieks, ielūkošanās citiem acīs, pieskārieni sarokojoties u.c. Šobrīd personība var apslēpt savu identitāti, vecumu, dzimumu, svaru u.c. Internets pavedina un iedrošina izdzīvot dažādu dzīvi, neizejot no telpas. Atšķirīgi tēli veido iekšējos konfliktus, kas nepaliek bez sekām. Iztēles augļi pielīp kā asi dadži un nelaiž vaļā. Nav sevi jāpilnīgo, jo nav motivācijas. Neesot fiziskā kontaktā ar cilvēkiem, neatklājas un nepastiprinās personīgie novērojumi. Liekulīgs gļēvums vai drosme kā narkotika, kuras iespaidā beidzot var būt par labo vai slikto tēlu. Neviens dators nevar aizstāt cilvēcisko. Tie, kuru dzīves telpa ir ārpus Eiropas, ir veiksmīgākā situācijā, jo tur ir spēcīgākas ģimenes tradīcijas. Ne visur, bet daudzviet. Dzimtas hierarhija ir strikta un noteikta. Neviens nepaliek bez ievērības. Ģimeniskumā svarīga nozīme tiek piešķirta emocionālajai labsajūtai. Virsvērtība ir cilvēka nodarbei dzīves laikā un tam, kas pēc viņa paliks. Galvenais un būtiskākais ir cilvēciskums. Tuvajos Austrumos spriež savādāk, un tā ir pavisam cita psiholoģija. Nevienu nevajag censties kopēt, kur nu vēl patapināt paražas vai ar spēku censties ieviest citu kārtību savās mājās. Reliģija iespaido izvēli. Piemēram, Korāns nosaka, ka uzturs ir jāpapildina ar vitamīniem – augļiem un dārzeņiem. To ņem vērā visu sociālo slāņu pilsoņi. Diegs katūna spolītē fetla (arābu val.), kas atbrīvo no lieka apmatojama bez konservantiem. Vīriešu neauglības un neliela dzimumorgāna izmēra profilakse – džinsu un apspīlētas apakšveļas nevalkāšana zēna vecumā, jo jebkura organisma daļa aug līdz paredzamam vecumam, un par to ir attiecīgi jārūpējas. Tuvo Austrumu iedzīvotāji tieši ievēro šos un līdzīgus paražu norādījumus. Kopumā pozitīva attieksme pret pasauli, labs vārds un smaids, prieks par iespēju baudīt un iepazīt dzīvi, interesēties par otru tik daudz, cik tas ir nepieciešams izziņai, nejaucoties un nemēģinot brutāli iztraucēt, pārveidot vai ietekmēt cita personību, tiešām ir liela māka. Respektēt jebkura personību ir labums, kas piepilda ar pozitīvismu ikviena individualitāti. Izkopts ļaunums ir neziņa par sevi, par to, kas pašam ir nepieciešams, lai varētu apgādāt sevi ar visu vajadzīgo, ne tikai ar pārtikas rudens labumiem ziemai. Sadzīvē ienākot progresam, eiropieši visumā ir zaudējuši kaut ko būtisku, kas atšķir priecīgo no bēdīgā, labo no sliktā, agresīvo no mierīgā un tamlīdzīgi. Informācijas vakuums par savām emocijām un ķermeni patiesi, dažkārt ir pārsteidzošs, pat infantils. Piemēram, dažos gadījumos, lai pazītu savu libido, ir par maz ar savu izjūtu vai sajūtu pazīšanu, var pietrūkt pārliecības, zināšanu un pieredzes, kā dēļ pazeminās ticība saviem spēkiem, spējām, izjūtu nojausmai un tamlīdzīgi.

Interesanti, ka daļu pārdzīvojumu veido šaubas, kas liedz iespēju pieņemt lēmumus. Protams, ka simtkārt vieglāk ir kaut ko izdarīt, ja ir skaidrs redzējums, kas īsti ir jādara. Tādas šaubu svārstību izjūtas un domas pavada visdažādākās dzīves jomās gandrīz jebkuru cilvēku. Iespējams, būtu grūti atrast kaut vienu, kurš nebūtu kaut reizi mūžā svārstījies, pirms pieņemt kādu no saviem lēmumiem. Šaubīties vai apšaubīt nemaz nav tik peļami, problēmas rodas, ja lēmumu pieņemšana ievelkas un kļūst emocionāli sāpīga un nepanesama pašam cilvēkam, deformējot tā dzīves jēgu un kvalitāti. Piemēram, kad domājam par biznesu, savu bērnu nākotni, sevi un veselību. Tās ir dažādas svārstības, jo šaubas ir pakārtotas dažādiem notikumiem, iepriekšējo atmiņu un notikumu vēsturei. Nepieņemti lēmumi var krāties līdz pat mūža beigām. Tikai ir jāatzīst, ka šaubas neatrodas nevienā ārpus esošā substancē, bet gan iekārtojas kā negatīvais cilvēka emocijās un prātā. Nepadarīti darbi krājas kaut kur, aizkavē citus procesus un tos ievērojami ietekmē. Ja mēs aplūkojam šaubas kā matēriju - kaut ko tveramu un taustāmu, tad, velkot paralēles, piemēram, ar biznesa vidi, nepieņemti lēmumi tieši var atspēlēties uz naudas plūsmu, uz līdzekļiem, psiholoģisko komfortu un veselību, kam seko nožēla.

Šoreiz runa nebūs par procesiem, bet par pašu lēmumu iekavēšanas faktu. Pirmkārt, tad, kad nepalīdz loģika, ir jādomā par pretestību, kas rodas mūsu emocionālajā pasaulē. Daudzi, iespējams, ir pamanījuši, ka vienā un tajā pašā situācijā jūtas mums liek pieņemt pretējus lēmumus. Tie, kuri uzskata sevi par konstruktīviem, apgalvo, ka emocijas ir blēņas. Turklāt tie, kuri ir pārlieku emocionāli, nonicina prātu. Šķiet, ka taisnību starp prātu un jūtām meklē filozofi. Psihoterapeitu lauciņš ir jūtu apzināšanās un apzināta domāšana. Esmu sastapusi savdabīgus ģēnijus, kam no dabas šis mehānisms ir savienots un pastāv veselīgā mijiedarbībā, tomēr daudziem tā pietrūkst, ievedot emociju vai prāta slazdos. Daba cilvēkam ir piešķīrusi brīnišķīgu iespēju just un domāt, domāt un just. Arī abas rokas ir vienlīdz labas, un katrai no tām ir savas priekšrocības. Piemēram, kārtējā dzīves situācijā emocijas atsauc atmiņā izjūtas, kas liek kādam baidīties, noslēgties, dusmoties, skaust, bēgt un tamlīdzīgi. Tā arī izpaužas šaubas jūtu līmenī, prāts mēģina pārliecināt, ietekmēt, novirzīt, attaisnot, iespaidot. Nekas nemainās, lēmumi netiek pieņemti tik ilgi, kamēr emocijas un prāts nevienojas veselā savstarpējā komfortā. Apmierinātība, enerģijas un drosmes pieaugums, piemēram, atveido šaubīšanās perioda noslēgumu.

Šaubas un lēmumu pieņemšana iesprūst kaut kur starp šiem diviem posmiem - emocionālajā un prāta līmenī. Ne vienmēr cilvēkam ir pietiekamas iemaņas apgūt lēmuma pieņemšanas tehnoloģijas. Runa nav par sociāla rakstura treniņiem vai psiholoģiska rakstura semināru, bet par individuāliem atklājumiem, ko var *atkost* individuālās psihoterapijas seansos. Piemēram, aplūkojot divas tik kardināli pretējas metodes kā geštaltterapiju un psihoanalīzi, var atklāt, ka geštaltterapija ekspluatē emocionālo bāzi. Vēlams noslēgt geštaltu sevī, pabeigt attiecības ar visu, kas saistās ar sevi un to „citu". Diemžēl vai par laimi, patstāvīgi cilvēks ne vienmēr ir spējīgs atklāt šos nenoslēgtos geštaltus, neskaidrās attiecības. Var notikt sajukums, nopietnas šaubu attieksmes visa apzinātā mūža garumā, kuru dēļ cilvēks var neatrasties tur, kur viņam ir jābūt, nedarīt to, kas būtu jādara, nedomāt un nejust to, kas būtu jāizjūt un jāpiedzīvo, un nemīlēt to, kas būtu jāmīl. Augsta cena par savām nepabeigtām vai nenoskaidrotām un nenoslēgtām attieksmēm visdažādākajās attiecībās un situāciju redzējumos. Geštaltterapija nav vienīgā metode, kas var veicināt iekšējo personības resursu progresu. Kā vienu no klasiskām psihoterapijas pieejām var un pat vajag minēt un akcentēt psihoanalīzi. Īpaši piepildīta un bagāta metode ar dažādiem individualitātes izziņas procesiem, kas ne vienmēr ir tikai medicīniska rakstura, bet arī psiholoģiski emocionāla personības izpausmes iespēja iemācīties, apgūt to, ko nav izdevies aptvert dzīves laikā, kas nepavisam nav unikāli. Psihoanalīze ir prāta terapija. Iespējas pašpilnīgoties ir dažādas. Katram no pasaulē vispārzināmiem psihoterapijas virzieniem un metodēm var atrast savus piekritējus un atbalstītājus. Jāatzīst, ka nepavisam nav tā, ka visiem vienādi viss noder un ir vienlīdz efektīvi, tāpēc katram ir jāatrod sev labāk piemērotais.

Grāmatas nolūks nav iepazīstināt ar psihoterapijas metodēm, bet gan iepazīt vispār dažādi eksistējošu izkoptu ļaunumu, kas ir maskējies un slēpjas aiz šaubu nastas.

Reizēm, ja cilvēkam nebūtu negatīvas nastas un viņš būtu patiesi viens pats bez piespiedu šaubām par sevi vai citiem, lēmumu pieņemšana nebūtu kā slogs, bet prieks par iespēju izlemt, noteikt, ietekmēt un vēlamā gultnē vai apstākļos virzīt savu dzīvi vai situāciju. Atceros kādu vecu stāstu, kad divas draudzenes mēģināja iestāties vienā augstākās mācību iestādes fakultātē tikai tāpēc, ka bija nešķiramas kopš agras bērnības. Iznākums ir visiem jau iepriekš prognozējams. Iestājās tā, kura aizskrēja tai otrai līdzi, bet savukārt tā, kura sapņoja par šo fakultāti un profesiju, palika „aiz borta". Dažos gadījumos arī šādi, neapzinātu motīvu vadīti, cilvēki izvēlas projekcijas un veido savas karjeras. Piemēram, ar psihoanalīzes starpniecību var izprast veiksmīgāk savas darbības jēgu, pirms tiek sperts vai atkārtoti izdarīts kāds nopietns dzīves solis vai lēmums. Ja jautā, ko īsti izvēlēties – psihoanalītiķi vai psihoterapeitu, kas strādā geštaltterapijas virzienā, tad atbilde varētu būt, ka pirmā evolucionāri veidojusies psihoanalīze, tai seko geštaltterapija. Tiem, kam patīk domāt un pilnīgot savas spējas, var ieteikt pamēģināt abus, lai varētu patstāvīgi izvērtēt iegūto terapeitisko pieredzi. Psihoanalīze var izrādīties garlaicīga, piemēram, tiem, kam nepatīk domāt ilgstoši un dziļi. Lai atklātu savu ieilgušo lēmumu iemeslus un cēloņus, ir jābūt gataviem ieguldīt lielu un nopietnu individuālu darbu. Vēlmei un nodomiem uzlabot savas brīvas un apzinātas izvēles dabu ir jābūt lielākai prioritātei nekā, piemēram, iesīkstējušiem priekšstatiem un ambīcijām par vai pret sevi. Tā ir kā šaha spēle vai matemātika, kurā nepieciešams sistēmas redzējums. Psihoterapija nav intelektuāls sports, tomēr, lai to produktīvi realizētu, intelekts ir nepieciešams. Piemēram, lai nodarbotos ar kādu no sporta disciplīnām, ir ne tikai jātrenējas, bet ir vajadzīgas arī dotības. Tā notiek jebkur, piemēram, mākslā – par baletdejotāju nevar kļūt visi, lai kā to arī negribētos, ir nepieciešamība pēc noteiktām fiziskajām un emocionālajām dotībām. Psihoterapija ir viena no iespējām attīstīties un paplašināt savas iespēju robežas. Izkopts ļaunums ir nemēģināt apšaubīt sevi tajā, kas ir jau sen pazīstams un zināms.

Vēlme iegūt aizvien lielāku stabilitāti ne vienmēr ir traktējama kā drošības meklējums. Dažos gadījumos tā var būt bēgšana. Piezemēšanās ir nepieciešama, lai neaizlidotu. Jautājums, kurp īsti ir bail laisties? Lēmuma pieņemšana ieilgst, ja apkrauj sevi ar smagām lietām, notikumiem, apstākļiem, situācijām, pienākumiem, iecerēm, nodomiem, ilūzijām. Cilvēks attaisnojas par kaut ko savā vai citu priekšā it kā tāpēc, ka esot aizņemts. Daļa patiesības tajā ir, indivīds nevar izlemt, jo šaubās. Kā zināms, darot un rīkojoties laiks skrien ātrāk, nekā šauboties. Turklāt pēc kāda laika, kad vides apstākļi ir mainījušies, var rasties pārliecība, ka viss ir nokārtojies pats no sevis. Tomēr tā gluži nenotiek. Notikumi ierakstās emociju atmiņā un laiku pa laikam par sevi atgādina. Piemēram, kādam skolas laikā bija mīļa meitene. Viņa esot bijusi īpaši skaista, maiga un gudra, izcēlusies pārējo klases biedreņu vidū. Puisis mīlēja viņu, izrādīja uzmanību un apliecināja savas jūtas ar visdažādākajām viņa vecumam raksturīgām izpausmēm. Abi pieauga, pienāca precību laiks, meitene izvēlējās citu, bet puisis nespēja vērst savu pieķeršanos jaunās attiecībās. Tad, kad viņam radās jauna simpātija, viņš necentās veidot ģimeni ilgu laiku. Stāsts varētu tā arī lasītājam beigties, tomēr jau vairāk nekā trīsdesmit gadus nu jau pieaugušais vīrietis, tiekoties ar savu bijušo simpātiju, joprojām cenšas viņai it kā starp citu iedzelt, sāpināt un pavilkt uz zoba par jebko. Šajā konkrētajā gadījumā runa nav tikai par pieķeršanos, kam ir psiholoģiska rakstura izpausmes un iezīmes, bet par šaubām, kas savas ieilgušās noturības dēļ ir radījušas sāpes, ar kurām nevar un nevajag sadzīvot. Šai virspusējā piemērā trūkst detalizētāka apraksta, lai pārliecināti analizētu, tomēr ir redzamas šaubas visa apzinātā mūža garumā. Piemēram, atteikties vai neatteikties no domas par to, ka šī kādreiz burvīgā meitene puisim nebūs nekas vairāk kā bijusī skolas biedrene.

Šaubas kā grauzējs saēd cilvēka emocijas. Vēl kāds stāsts par jaunu sievieti, kura īsu brīdi bija sava darba devēja mīļākā. Kopā pavadītais laiks esot bijis neaizmirstams, sieviete cerēja uz laulību, bet vīrieša plānos tāds turpmāko attiecību risinājums neietilpa. Sieviete ilgi šaubījās – iet prom no darba vai tomēr palikt strādāt un joprojām būt sava mīlas izvēles objekta mīļākā. Viņa neticēja, ka viņš varētu aiziet no ģimenes un pievērsties viņai, un tajā pašā laikā viņa šaubījās par to, vai kaut ko konceptuāli vajadzētu mainīt savā dzīvē, kaut vai attieksmi. Tādu reālu dzīvesstāstu ir pietiekami, un lielākajai daļai no tiem ir līdzīgas beigas – neapmierinātība.

Reiz lidmašīnas pārlidojuma laikā iepazinos ar kādu vecāku vīrieti, kurš izskatījās pārlieku izkāmējis gluži kā pusaudzis, nevis kā pieaudzis vīrs. Ceļā ar blakus sēdošo kaimiņu izvērsās saruna, kuras laikā viņš dalījās pārdzīvojumos, kas viņu nomoka un par ko viņš šobrīd šaubās. Izrādās, ka nākamajā dienā pēc sievas bērēm viņš bija nopircis pirmo aviobiļeti, kas gadījusies pa rokai, un devies projām kaut kur tālumā remdēt savas bēdas. Pavadītais laiks ārzemēs ir viņu izklaidējis, uzlabojusies ēstgriba, un parādījušās idejas, kā veidot savu dzīvi tālāk bez laulātās sievas klātbūtnes. Tomēr vēl esot liels iekšējais stress, arī šaubas, vai aizbraukšana ir bijusi tā pareizākā izvēle, kā risināt iekšējos konfliktus. Turklāt, ko par šādu gājienu viņa vecumā teiks bērni, radi, kaimiņi un draugi. Brīvas naudas arī neesot īsti bijis, lai šādi atļautos sevi restaurēt. Jāatzīst, ka šaubas ne vienmēr ir noteikts, skaidri iezīmējams emocionāls pārdzīvojums. Gluži kā jūrai ir ietekas, arī šaubām ir raksturīga vainas sajūta. Jo autonomāks ir lēmums, jo vienkāršāk to pieņemt, respektīvi, jo mazāk ir tieši vai netieši iesaistītu cilvēku, jo ātrāk var nonākt pie vēlamā pieņēmuma vai risinājuma. Piemēram, ir vēlēšanās doties ceļojumā, bet finansiālie rādītāji nav spoži. Iedalīt sev resursu, kuru faktiski nav, ir tas pats, kā domāt tikai par sevi, kaut uz laiku šķietami piemirstot par apkārtējiem. Piekritīsiet, ka kādam pieņemt lēmumu aizbraukt atpūsties būtu neizturami. Ir nācies dzirdēt, ka tad, ja lēmums ir ar grūtībām vai dusmās pieņemts, vienalga atvaļinājuma laiks ir sabojāts, mokoties ar domām par savu vainu.

Šaubas aiziet, atnākt, pieņemt, atteikt, izveidot, sagraut, tuvināt, atstumt, nodomāt, izteikt tiek producētas reizēm arī ar izteiktu vainas izjūtu. Piemēram, priekšlikums neņemt nevienu galvā ne vienmēr var būt sekmīgs, jo pēdējā piemērā reāli aizbraucējs atstāj mājinieku bez ikdienas iztikas līdzekļiem, paņemot sev līdzi visu. Ar šo komentāru gribētos uzsvērt domu, ka relatīvi eksistē objektivitāte, kas sagādā grūtības izvairīties no šaubām. Psihoterapija var sekmēt iespēju atšķetināt un apzināties šo objektivitātes faktoru, pretējā gadījumā cilvēks emocionāli tiek iedzīts stūrī. Rodas vēlme relaksēties ārpus ierastās ikdienas vides, un tajā pašā laikā justies brīvam un apmierinātam, kas nav iespējams, jo mājinieki paliek nelaimīgi, it kā apspiesti vai arī vēl pusbadā. Izvēles iespējas ierobežotas. Izkoptais ļaunums šajā stāsta izklāstā ir dažāds. Ļauni un slikti ir ierobežot savas intereses un impulsus, kā arī ignorēt citu vitālās vajadzības.

Jāatzīst, ka šajā problēmsituācijā galvenais konflikta cēlonis nav ceļojums un resursi, tās ir tikai izpausmes, kāda „auga odziņas", īstā sakne un iemesls šādai objektivitātei ir jāmeklē simboliskā auga saknē. Piemēram, no kurienes ir paņemts šāds savstarpējas atkarības, un gribētos pat piebilst, necieņas modelis no vienas un no otras puses pārstāvjiem. Ja to ievēros visa mūža garumā, tad nevarēs ne aizlidot, ne arī piesātināti vadīt dzīvi mājās.

Kāds vīrietis savai mīļotajai sievietei bija nopircis automobili, datoru, izremontējis dzīvokli, devis ikmēneša nelielu, bet pietiekamu uzturam paredzētu naudu, zelta kaklarotu un baltu bikškostīmu. Uzskaitījums ir tik precīzs tāpēc, ka ar katru no šiem dāvinātajiem priekšmetiem finālā kaut kas gadījās. Hipotētiski varētu pieņemt, ka sieviete nevēlējās šo vīrieti, bet laika gaitā noskaidrojās, ka viņa nezināja, ka savā dzīvē pati personīgi ar savu attieksmi un citām psiholoģiskajām klišejām izputina to, ko cits būtu pasaudzējis. Automašīna tika lauzta vairākkārt, paviršā attieksme maksāja pārlieku dārgi, un galu galā šo kādreiz jauno transporta līdzekli pēc kārtējā satiksmes negadījuma aizveda vienkārši uz autokapsētu. Dators tika izmantots vienīgi foto galerijas nolūkiem, nekādas citas darbības ar to netika veiktas, sākotnējā iecere strādāt un ar tā starpniecību pelnīt naudu zuda pēc pirmajām mācību neveiksmēm. Dzīvokli nācās atstāt, jo par to netika maksāta īres nauda. Zelta kaklarota vienkārši pazuda, un to vairs nekad neviens netika redzējis, bet baltais kostīms sakrāsojās, un to vairs nebija iespējams valkāt. Sievietei bija jaunas idejas par savu dzīvi – viņa vēlējās apgūt ģitāras spēli, bet kad uzzināja, ka tam nepieciešams vismaz triju mēnešu ilgs intensīvs treniņš, impulsīvā vēlme apsīka, tā arī īsti nesākusies. Uzskaitītās dāvanas tika dotas pakāpeniski. Vīrietis minētās lietas sievietei sagādāja pamazām, cerot, ka ar katru saņemto materiālo labumu nostabilizēsies viņas dzīve un veidosies pastāvīga patstāvība. Vīrietis kādu laiku bija pārliecināts, ka sievietei nekādas materiālās stabilitātes dzīvē nav, jo vienkārši nav paveicies, tāpēc, sagādājot sākotnēji labvēlīgu izejas pozīciju, būtu vieglāk un vienkāršāk virzīties augšup, tā vismaz to viņam apgalvoja sieviete. Protams, ka cilvēki dažreiz tic

373

brīnumiem, bet psihoterapeiti un jo īpaši psihoanalītiķi vairs ne. Spējas, attieksme un vērtības nemainās spontāni. Protams, „klikšķis" mēdz notikt momentāni pēkšņi, bet, lai tas realizētos, ir nepieciešams pārdzīvojums, jāpiebilst, ka frustrējošs pārdzīvojums, kas izraisa apmulsumu iekšējā psiholoģiskā uztveres sistēmā. Vīrietis sākotnēji skaidri redzēja, ka nekas mīļotās sievietes dzīvē nemainīsies, ar katru nākamo neauglīgi izdoto naudas summu šaubas pastiprinājās. Tomēr, kamēr nebija pazaudēts un izpostīts viss līdz nullei, kaut kāda iekšēja cerība uz pārmaiņām vīrietim vēl palika. Tātad šaubas ieilgst, ja cerība, ilūzija, jebkura fantāzija piedalās izvēles procesos. Protams, cilvēka emocionālā dzīve bez pozitīvām iedomām par kaut ko būtu pārlieku rutinēta un vienveidīga. Tas tā varētu palikt, tikai pašam būtu vieglāk, ja ieilgušu lēmumu laikā izdotos atbrīvoties no ilūzijām, ka ar kādu kaut kas pozitīvs varētu pēkšņi tā pats no sevis notikt. Vīrietis iztukšoja savus resursus, pēc vairākiem gadiem viņam tomēr izdevās apstāties un beigt šaubīties par to, ka no tik dažādi atkarīgas sievietes varētu izveidoties neatkarīga un patstāvīga, joprojām skaista būtne, ar kuru varētu veidot divu savstarpēji mīlošu un reizē neatkarīgu indivīdu savienību. Tātad dažos gadījumos šaubām varētu būt kaut kāds limits tad, kad cilvēks jūt, ka viņa iekšējais mērs ir pilns.

Mēdz būt tā, ka šaubas nomāc intuīciju, regresē dusmās un liek justies vai uzvesties sev neraksturīgi. Tā, piemēram, situācijās, kurās mēs nešaubāmies, lielu lomu spēlē impulsivitāte – pārliecība par savu patiesīgumu emocionālajā un intelektuālajā ziņā. Šaubas ieilgst, ja pietrūkst drosmes. Bez šaubām, tai ir jābūt iekšējai pārliecībai, vienkārša ārišķība neko nenozīmē. Iekšējās drosmes koeficients nosaka jebkura lēmuma progresīvo ilgumu. Jo cilvēks ir gļēvāks, jo svārstīgāks. Piemēram, vīrietis vēlējās kādu sievieti, bet baidījās uzturēt ar viņu ilgstošas attiecības, jo viņam šķita, ka viņš nebūs spējīgs ilgstoši apmierināt viņu intelektuāli un seksuāli. Viņam viņa šķita īpaša, bet pats sev viņš likās parasts un ikdienišķs. Viņam trūka drosmes domāt un izskatīt šo iespējamo savienību citādi, tāpēc pieauga greizsirdība, bez iemesla radās jaunas šaubas un neticība mīļotajai. Tātad nākas atzīt, ka šaubas ir dinamiskas, tās nestāv uz vietas, bet transformējas, mainoties pēc sava satura un kvantitātes. Sākotnēji vīrietis šaubījās tikai par sevi, bet tagad viņš apšauba arī sievieti.

Un iepriekšējā piemērā, pats būdams izdarīgs, vīrietis piedēvēja līdzīgas īpašības savai draudzenei, ignorējot virkni rakstura iezīmju, attieksmi, piemēram, nespēju organizēt racionāli savu ikdienas dzīvi, ko varēja skaidri pamanīt pēc izturēšanās pret mantiskām vērtībām. Vīrietis šaubījās par saviem novērojumiem un joprojām stimulēja personības izaugsmi vienā un tajā pašā virzienā. Tikai pēc četriem gadiem viņam pietika dūšas savas šaubas par jebkādām pārmaiņām realizēt dzīvē. Viņš pieņēma ieilgušo lēmumu nesaistīt savu turpmāko dzīvi ar histērisko sievieti, kas nekad, un to jau var apgalvot un attiecināt vispār uz visu, nespēs saglabāt un uzturēt neko, kas tiek dāvināts vai vienkārši iedots. Vīrietim nebija vairs šaubu, ka tāda postaža būs arī attiecībās, un tas nepavisam nav sekundāri, bet ir tipiska pieeja un skatījums uz dzīvi. Tātad šaubas dažkārt papildus rada arī žēlums, vainas izjūta, nožēla, greizsirdība un skumjas. Lēmumu pieņemšana ieilgst, jo šis daudzveidīgais emocionālo izjūtu kopums, bez šaubām, bieži vien tur cilvēku neapskaužamā emocionālā stāvoklī.

Reizēm, visam izjūtu spektram summējoties, slogs kļūst tik liels, ka indivīds var nonākt dziļā depresijā, psihotiskā stāvoklī, histērijā un tamlīdzīgi. Viena no elementārākajām ārējām ieilgušu šaubu izpausmju formām ir īgnums, neiecietība, agresīvs noskaņojums, raudulīgums, veģetatīvās nervu sistēmas traucējumi, kā arī visi iespējamie psihosomatiskie slimīgu izpausmju simptomi. Psihoterapija piedāvā iespēju atšķetināt šo emocionālo izjūtu jūkli, bet, protams, ir jāņem vērā: lai to paveiktu kvalitatīvi, lai nepaliktu „astes", ir nepieciešams laiks, bet izdarīt to noteikti var. Cilvēka emocionālā pasaule ir unikāla, aizsākums ir kā neliela sēkliņa, no kuras izveidojas augs. Turpmāk mēs redzam šo augu, bet par sēkliņu ikdienā aizmirstam. Mēs pat nevarētu pēc laika to atrast augsnē, jo tā ir pārtapusi par sakni. Arī tāpēc ar šaubām ne vienmēr var tikt galā patstāvīgi, kā arī to realizācijas laiks ir gluži kā pārtikas precēm, kas pārsniedz derīguma termiņus.

Šīs nodaļas sākumā nedaudz tika minēts, ka jebkurš būtisks laikā nepieņemts lēmums atstās savas pēdas cilvēka psihiskajā un fiziskajā veselībā un dzīves kvalitātē, kā arī nākotnē. Lai kā to necenstos sevī noliegt, diemžēl tā notiek. Gribētos uzsvērt, ka nopietnu lēmumu pieņemšana cilvēka personīgajā dzīvē nenotiek nemaz tik bieži. Bez šaubām, ikdienā nākas pieņemt simtiem lēmumu, bet ne visi no tiem ir globāli un cilvēkam stratēģiski būtiski. Mazie sadzīviskie lēmumi, tā tos varētu saukt, var sagādāt nepatikšanas, raizes, nelielus zaudējumus un tamlīdzīgi, kas pēc savas nozīmes proporcionāli cilvēka mūžam ir pārlieku sīkas vienības, bet, ja šo nelielo svārstīgo lēmumu kapacitātei ir tendence palielināties un cilvēks jūt, ka ar viņu „kaut kas nav kārtībā", tad šīs negatīvās pieredzes var veidot jaunus emocionāla rakstura surogāta modeļus, kas iekavē jau nozīmīgu lēmumu pieņemšanu. Piemēram, kāds vīrietis vairāk nekā piecpadsmit gadus nevar izšķirties, vai iet prom no savas sievas pie mīļākās. Tā šī trijotne, kurā ne visi ir informēti par lietas apstākļiem, vienlaikus noveco, ir pielāgojusies šādai situācijai, ko pārtraukt kļūst arvien grūtāk. Mīļākā, kas bija jauna un skaista, ir kļuvusi veca un slima. Protams, viņa nav vienaldzīga šī vīrieša emocionālajai pasaulei un ir nozīmīga dzīves sastāvdaļa. Par šo sievieti ir jārūpējas, un, kā izrādās, viņai ir sliktāka veselība nekā laulātajai sievai. Tagad ir jātiekas, lai apkoptu ķermeni, sagādātu zāles, pārtiku un aizvestu uz procedūrām, jo mīļākajai nav citu aprūpētāju. Šobrīd vīrietis staigā kā „melna zeme", jo ārstu noteiktā diagnoze ir plaušu vēzis. Kur lai rod spēku pateikt sievai, atrast iemeslus un attaisnojumus savai prombūtnei, turklāt visi šie pārdzīvojumi prasa papildu materiālos līdzekļus.

Dzīve nestāv uz vietas, reizēm, aizbraucot uz kādreiz pazīstamo vietu vai apvidu, vairs nevar atrast tās ēkas un tos cilvēkus, kas kādreiz tur ir mājojuši. Kāds aizkavējies lēmums savā ziņā ir akls, un tam ir raksturīgi neredzēt un neprognozēt nākotni. Var likties, ka laiks ir iekonservējies un ka tā „kaut kā" notiks vienmēr, vai arī rodas eiforija, aiz kuras nākotne nav redzama, tā šķietami atrodas tik tālu, ka nekad nepienāks. Protams, tā kādreiz notiek gan emocionāli, gan fiziski. Jo iluzorāka ir tagadne, jo ātrāk pienāk nākotnes realitāte un fakti. Tas notiek tik strauji, jo laimīgajiem ir raksturīgi pulkstenī neskatīties. Lēmuma pieņemšana aizkavējas, ja no kaut kā sev svarīga, neatkārtojama un īpaši labvēlīga ir jāšķiras. Var rasties emocionālas sāpes, garīgi pārdzīvojumi līdz pat psihosomatiskiem traucējumiem, ka it kā kaut kas labs no sevis jāatlaiž. Šaubas ir, piemēram, par to, vai tas īpašais, kas tiek izjusts, baudīts un saprasts, patiesi ir tas, no kā būtu jāatvadās uz mūžu. Cilvēka narcistiskā daba uzskata, ka tas, kas ir pozitīvs, noteikti pieder cilvēkam, tikai nav īsti zināms, kad tas notiks, atnāks vai gadīsies. Narcistiskā daba visu cilvēka mūžu ir gatava gaidīt šo pozitīvismu. Ilgošanās pēc nosacītas nirvānas (pastāvīgas labsajūtas) ievelk cilvēku kā lamatās. Tā ir dilemma, jo sadzīve, pienākumi, morāle, sirdsapziņa nevar pastāvēt līdztekus nepārtrauktai labsajūtai. Divpatība starp sevi un mātes krūti ir iespējama tikai vienu reizi cilvēka mūžā - zīdaiņa vecumā, kad māte nedalīti piedāvā savu Labo krūti. Cilvēkam ir motivācija atgriezties tur, kur pagātnē kādreiz ir būts un ir bijis labi. Viņam ir arī maldīga ticība, kas var iesakņoties zemapziņā, ka šo pašu stāvokli ir iespējams atkārtot. Atmiņa par šo pagātnes reālistiski piedzīvoto pieredzi šodien traucē apmierināt narcistisko dabu, veidojot konfliktu. Tāpēc cilvēks bieži, paļaujoties uz intelektu, apsverot ar prātu, nespēj pieņemt sev tik būtiskos lēmumus, jo viņš tiecas pēc pagātnes izjūtas. Rodas pamatotas šaubas, un prāts nespēj samierināties ar emocionālo aplaupīšanu. Viņa darbības lauks un uzdevums nav „tikt galā" ar to, ko zināmā mērā sauc par cilvēka dabu. Reizēm cilvēki cits citam sniedz padomus, jo ikdienā no malas it kā var skaidri saredzēt izveidojušās situācijas problēmas un tās risinājumu. Pat tie, kas paši šai mirklī šaubās, var izvērtēt otra dzīves samezglotību un ieteikt progresīvus risinājumus, bet paši to savā situācijā nespēj. Te gribētos piebilst, ka intelekts, prāts, zināšanas, izglītība ir pavisam kaut kas cits un atrodas citā kompetences lokā nekā intuīcija un narcistiskā iedaba. Prāts, intelekts centīsies, bet apmierinātību nesasniegs, ja nebūs atrasta saskaņa starp vēlmi redzēt un apmierināt savu narcismu un elementāru spēju izveidot un uzturēt harmonisku dzīvi, kurā frustrācija vai jebkādi citi traumatiski pārdzīvojumi, vai iekšējie konflikti neņemtu virsroku. Izkopts ļaunums nav attiecināms uz cilvēka instinktīvo iedabas pusi, bet gan uz morāli situatīvo. Vīrietis, kas apzinātu savas dzīves daļu nav pratis tikt galā ar savām sievietēm, rada ciešanas ne tikai sev, bet arī apkārtējiem. Tiešām tā ir kaut kāda nepilnīga un nepiepildīta dzīve, kurā pieaug savstarpējās saistības, bet beigu beigās netiek apmierināts pozitīvais narcisms, lepnums, mīlestība un cieņa pret sevi, pašpietiekamība un pat estētisks baudījums, kas ir vienlīdz svarīgs jutekliskos un fiziskos līmeņos.

Varētu izskaidrot dažus iemeslus, kāpēc ievelkas lēmumu pieņemšana un virsroku ņem šaubas. Iespējams, ka šis nelielais ieskats par šaubu dabu, sniegs iespēju padomāt vēlreiz par to, cik cilvēks patiesībā pēc savas emocionālās uzbūves ir sarežģīts un smalks mehānisms, tāpēc jau izdarīt reizēm ir vieglāk, nekā saprast, izdomāt, izvērtēt, izjust un pieņemt lēmumu. Ne visiem cilvēkiem ir iespēja, vēlme un interese apmeklēt psihoterapeitu, tāpēc ieteikšu dažas vienkāršas pašterapijas metodes, kas var noderēt arī kā eksprespalīdzība lēmuma pieņemšanā. Šo analītisko pieeju nevar nekādā gadījumā uzskatīt par zinātniski reprezentablu, bet nelielu pašpalīdzību, iespējams, tā ir pilnībā spējīga sniegt. Jau 610. gadā parādījās šīs metodes iedīgļi vienā no lielākajiem reliģijas virzieniem – islamā. Viena no būtiskākajām atšķirībām citu reliģiju priekšā, ka Korāna teksts un paustās domas ir pedagoģiski pamācošas un daudz mazāk, nekā tas ir pieņemts citās reliģijās, apcerīgas vai vienkārši neautoritatīvi izglītojošas. Kas varētu interesēt psihoterapeitu šajā reliģiskajā kontekstā, ir tas, kā ticības mācības fenomens disciplinē cilvēka prātu un atbrīvo emocijas no ciešanām. Izrādās, ka ikviens šīs ticības piekritējs, pirms iemieg, nododas tādai svarīgai nodarbei kā domāšana. Analizējot nu jau aizgājušās dienas notikumus vienatnē bez liekuļošanas, kas ir bijis labs vai slikts. Ļoti primitīvi un vienkārši sadalīt pagājušās dienas notikumus divās atšķirīgās grupās ar vienu jēgu – to, kas ir bijis pozitīvs, atkārtot, nostiprināt, uzslavēt un cildināt sevi, bet to, kas nav izdevies, censties vairs nedublēt vai gluži vienkārši neatkārtot un noliegt uz mūžiem sev tā rīkoties vai domāt. Šaubas gandrīz ikvienas reliģijas kontekstā tiek uzskatītas par grēku. Iemīlēties, mīlēt, būt laimīgam, priecīgam, apmierinātam ir svarīgi. Tiekties pēc psiholoģiskas vai fiziski materiālas evolūcijas ir ikviena organisma dziņa. Iespējams, reizēm tikai jāatminas, ka izkopts ļaunums ir veids, kā it kā pret savu gribu ieslīgt šaubās un attiecīgi sevis šaustīšanā. Sevis un citu maldināšana, melošana, manipulēšana, skaudība, informācijas slēpšana ir ieilgušo ļaunumu ēnas puse, jautājums ir tikai par to, kurā no diennakts daļām – saulainajā vai tumšajā, mums pašiem vairāk patīk dzīvot.

Manuprāt, analizēt ir vairāk nekā vērtīgi un interesanti. Iedomājieties, ka analizējamais objekts atrodas jūsu mājā! Patiesībā tā ir tikai iedoma, jo jūs nevarat fiziski atrasties vienā un tajā pašā telpā. Viesistabā atrodas jūsu emocijas, bet virtuvē - prāts. Iekārtojieties atpūtas krēslā un pavērojiet, kā jūs to darāt, padomājiet, kas jums ir nepieciešams komfortam! Tad jūs, būdami apzinīgi, iztraucējat savu atpūtu un dodaties uz virtuvi gatavot pusdienu maltīti sev vai savai ģimenei. Paanalizējiet, ko jūs darāt virtuvē? Kāda ir jūsu rīcības secība? Cik tā ir organizēta, ierasta un enerģiska? Pašanalīzes nolūkā jūs varat to pat pierakstīt! Padziļinātas informācijas iegūšanai izvēlieties citu vidi! Piemēram, jūs dodaties pie mašīnas, lai aizbrauktu līdz veikalam. Pirmā telpa ir jūsu individuālais transports, otra - iepirkšanās veikalā, kad jūs piepildāt iepirkumu grozu. Kā jūs braucat, ko un kā darāt? Tas, kā jūs iedarbināt auto, šķērsojat joslas un reaģējat uz apkārtējiem, ir pirmā salīdzinošā daļa, bet jūsu rīcība veikalā ir otra darbošanās puse. Jūs pārvietojaties ar prāta starpniecību, bet pieņemiet, ka veikals ir emociju telpa, kurā jūs relaksējaties, izvēlēdamies pirkumus! Pierakstiet to, ko pamanāt! Pēc neliela treniņa jūs atklāsiet, ka visās vides radītajās situācijās jūs rīkojaties v i e n ā d i neatkarīgi no tā, vai esat savā mājā vai atrodaties uz ielas starp svešiem cilvēkiem! Uzskatāmi atklāsies tas, ka nav nozīmes – lieli vai mazi lēmumi, bāze paliek tāda pati. Ir starpposmi, kuros aizkavējamies. Piemēram, jūs varat atskārst, ka neprotat atpūsties, nemākat baudīt sava mājokļa priekšrocības. Jūs, iespējams, neizmantojat to, kas jums ir, un domājat par to, kā nav.

Protams, jūs piepeši varat pamanīt arī pretējo: atpūtas krēsls sen jau ir nobružāts, un tā mehānismi sabojājušies; tajā nav ērti atrasties, un jūs pieverat acis, lai neredzētu apkārtni, kas kaitina vai pat nedaudz sāpina. Nepatīkamās vides dēļ jūs vairāk sasprindzināties uz naudas pelnīšanu vai pretēji - uz alus dzeršanu, tomēr finanses šobrīd nav svarīgākais. Būtiskākais ir konstatēt, ka jūs nemākat saimniekot, nezināt, kā rīkoties ar līdzekļiem, nemākat parūpēties par sevi un attiecīgi arī par citiem. Jūs, iespējams, neesat pamanījuši, ka esat kļuvuši vecāki un jums vairs nav jātiecas pēc tā, kas bija vitāli svarīgs kādreiz. To neizprotot, pasaule jums vairs nesniedz jaunus atklājumus.

Pieņemsim, ka virtuve simbolizē prātu. Jūs pagatavojat maltīti pēc pierastās receptes, neizmēģinot kādas jaunas sastāvdaļas. Pēc inerces paņemat rokās pannu un pārklājat to ar neregulētu eļļas daudzumu, kas, pārmērīgi lietojot, ir kaitīgi. Jūs zināt, ka tauki uzkarstot šļakstīsies uz visām pusēm, un, pirms tas notiek, automātiski paejat malā. Eļļa sprakšķ uz visām pusēm, virtuve tiek notašķīta, un jūs atlicināsiet laiku tās tīrīšanai, paralēli gatavojot ēdienu vai gaidot, kad pusdienas būs gatavas.

Bet varbūt jūs šo netīrību vispār atstāsiet uz nedēļu un nepievērsīsiet uzmanību nekārtībai, un neuzskatīsiet to par nekārtību, kamēr nesāksiet domāt un analizēt.

To pašu jūs atkārtosiet otrā salīdzinošajā situācijā, kad ar auto brauksiet uz veikalu. Bez prieka par to, ka pārvaldāt šo transporta līdzekli, nepamanot uz ielas notiekošo. Protams, var pavērties arī pavisam cita aina, ja jūs tomēr pamanāt sevi un izjūtas, kas jums sagādā prieku – dažādus interesantus garāmbraucējus un garāmgājējus, dabu un tās pārvērtības, to, vai jūs palaižat kādu sev priekšā, vai arī par visu varu cenšaties iespiesties satiksmes plūsmā. Pamanāt arī avārijas situācijas, savu reakciju satiksmes sastrēgumos, to, kas jūs izved no pacietības un kaitina. Vai, ieejot veikalā, maināt savu ierasto maršrutu un kādreiz sākat veikt savus iepirkumus no citas puses, vai pamanāt jaunus piedāvājumus, vai tiem atsaucaties un kā uz tiem reaģējat – ar interesi vai noliegumu?

Pašanalīze var sekmēt jaunu izpratni par emociju un prāta savstarpējām mijiedarbībām. Skaidrākas var kļūt attiecības starp to, kas izdodas un kas neizdodas, jo varbūt mums viss izdodas, tikai mēs to nepazīstam ne savās emocijās, ne darbībās. Ja mēs nododamies pašanalīzei, tad pozitīvi panākumi ir. Ja nu vienīgi mēs pamanāmies izturēties pret sevi divkosīgi. Lai par to pārliecinātos, noderētu iepazīties ar grāmatas nodaļu „Nemelo sev nekad!".

PĀRDZĪVOJUMU MOKAS

Empātija, koncentrēšanās, vērtības, īpašības un iezīmes

Kāda sieviete kafijas pauzes laikā teica saviem kolēģiem: „Vai jūs zināt, ka sviests būs dārgāks?" Klātesošie šo izteikumu uztvēra atšķirīgi: daži joprojām dzēra kafiju, it kā neliekoties ne zinis, atradās arī tādi, kas klusībā pavīpsnāja par šo nejaušo frāzi, citi piekērās šim tematam, lai to kopīgi apspriestu. Šķietami nevainīgs izteikums, ar kura starpniecību var nolasīt zemtekstu, ka vairāk nāksies strādāt, ekonomēt, plānot u.c. Apslēptas bailes par savu nākotni. Notikumi, kas norisinās ārējā vidē, var radīt intensīvas baiļu un trauksmes sajūtas organisma iekšienē. Cilvēki vienus un tos pašus apstākļus var pārdzīvot dažādi. Sviests ir viens un tas pats, bet cilvēku reakcija atšķirīga. Indivīdam var izrādīties neiespējami sarežģīti konstatēt savas fobijas, bet stāstīt par sevi caur sviestu ir ne tikai vienkāršāk, bet arī drošāk. Tādējādi, visiem spēkiem centīgi noliedzot baiļu klātesamības iespēju, nepamana, ka trauksme ir tik spēcīga, ka izlaužas ārpusē kopējā kafijas pauzē, kad, piemēram, jāsumina jubilārs un ar domām jāpieslēdzas otram, nevis sev.

Daudzi uzskatīs sevi par drosminiekiem tāpēc, ka bailes var šķist nesavienojamas ar viņa būtību, jo cilvēks dzīvo neadekvātās ilūzijās par sevi. Sabiedrībā nav pieņemts runāt par bailēm, jo tas ne tikai nav glaimojoši, bet arī tāpēc, ka par šo emocionālo izpausmi ir vienkāršots priekšstats. Bailīgi ir tie, kam nekā nav un maz pienākas, jo viņi nav apveltīti ar drosmes gēnu. Bailīgs cilvēks klusi runā, rokas krusteniski salicis, un bēguļo no konfliktiem tāpat kā no tumsas. „Drosmīgie" savos pieņēmumos nepazīst bailes un pieņem tās kā sadzīves fobiju, kā infantilu kaprīzi, kas, cilvēkam pieaugot, pāriet pati no sevis. Piemēram, bērns baidās no tumsas tik ilgi, kamēr psiholoģiski nobriest un no saviem novērojumiem ir spējīgs izsecināt trauksmes iemeslus. Patstāvīgi pašam sev jāvar izskaidrot, kāpēc „tam" un „šim" nevajadzētu nākotnē vairs iedvest bailes. Dzīvībai nav pamatota apdraudējuma, tāpēc nav jābaidās izkāpt no gultas tad, kad ir viens pats mājās.

Mēs varam izsekot līdzi baiļu izmaiņu klišejai. Vai tāda maz eksistē? Bērnības bailes, ko vairāk vai mazāk izjutuši visi, vismaz kā pašsaglabāšanās instinktu, izzūd vai atkāpjas, kad bērns kļūst pieaudzis. Tā notiek, un tā ir patiesība. Psihoemocionālajā atmiņā paliek baiļu pieredze. Tam, kura bailes izsīkušas, kopumā dzīvē būs mazāk bail no bailēm, bet tiem, kas tik tikko ir tikuši galā ar savām bērnības atmiņām par bailēm, klāsies grūtāk, jo bailes neuzsūksies, bet samilzīs kā augonis. Pieaugušais saprāts labākajā gadījumā šo notikumu patur zināšanai un neapzināti sevi maldina, ka ar bailēm ir pratis veiksmīgi tikt galā. Tā kā citus baiļu izpausmju veidus tas nepazīst, tiek nostiprināta ilūzija, ka ar šādu destrukciju kārtējais baiļu ķīlnieks nemaz nav sasirdzis. Priekšstats par bailēm traucē atklāties īstenībai. To, ko mēdz dēvēt par kompleksiem, var saukt par bailēm. Šāda versija neattiecas uz visiem, bet kautrība, pārmērīga vēlme pievērst sev uzmanību, vajadzība konkurēt, uzurpēt varu vai dusmoties ir bailes kaut ko izteikt, palikt pēdējam vai neievērotam, nerealizēties, nonākt atkarībā, nepārliecināt u.c. Visspēcīgākais milzis „uzpumpē" muskuļus no bailēm, nevis intereses dēļ. Pats turīgākais cilvēks kļuvis bagāts, lai aizmuktu no nabadzības. Bailes būt neauglīgam rada vēlmi pēc bērna. Tas kļūst pašmērķis, un aktivitātes, kas šķiet veiksmīgas, patiesībā aizmiglo īstenību. Bailes no bailēm.

Bailes nekādā gadījumā nesasaucas ar indivīda priekšstatiem par sevi, ja vide, kuru piepilda, viņam pašam šķiet vērtīga. Bailēs novecot tiek apņemts gados ievērojami jaunāks laulātais draugs. Norisinās cīņa pret kilokalorijām, grumbiņām uz sejas un matu izkrišanu. Bail izskatīties atbilstoši savam vecumam. Lūkojoties apkārt un neatrodot ieganstu būt neapmierinātam, cilvēks nenojauš, ka ir iemācījies *lavierēt*, izklaidējot sev apkārtējos ar lietām vai nodarbošanos, kas viņam pašam nebūtu svarīga, ja vien nebūtu aktīvas šīs zemapziņas bailes. Fobija šķietami ir saprotama, bet nav identificēta. Vidē pastāv kāds noteikts objekts, pret kuru mēdz būt nepārvarama nepatika. Bailes ir sarežģīti patstāvīgi diagnosticēt, jo bailes nomāc bailes, un cilvēks necenšas „aizrakties" līdz cēlonim. Bērnības priekšstatu ietekme par bailēm var būt ilgstoši noturīga. Bailes ir, bet, no kā īsti, nav svarīgi. Vienkārši jācenšas nomierināties, netikties ar noteikta tipāža cilvēkiem, nepiedalīties, atturēties no pašizpausmes, un bailes norimsies. Tāda ir izplatītākā attieksme, ko pauž patērētājs, pirms atver kārtējā veikala durvis. Skaidrs ir viens: tas, kas var izbiedēt bērnu, visdrīzāk emocionāli neskars pieaugušu cilvēku. Tumsa neizsaka neko vairāk kā tumsu, kamēr to nepiepilda indivīda iztēle.

Indivīds, kurš pārvarējis vai izdzīvojis bailes, ir ieguvis pārdzīvojuma pieredzi. Tas ir visnotaļ pozitīvi, jo veidojas pieredze un imunitāte pret baidīšanos. Ne gluži rodas, bet atklājas pārliecība par saviem spēkiem, spējām, un formējas paļāvība ne uz kādu citu ārpusē esošu personu, bet uz sevi. Tas ir tas, kas būtu nepieciešams – norūdīties. Tas ir jādara soli pa solim. Vienalga, vai tas būs bērns vai pieaugušais, bet, ja vides situācijā būs jānonāk pārāk strauji, var veidoties bojājumi. Jāievēro samērība. Piemēram, bērns baidās šķērsot autostrādes pāreju. Sākumā vecāki pavada, pamāca, pārrunā apstākļus, tad vēlāk, kas ir loģiski, pāriet pāri ielai, kad ir aktīva satiksme, vairs nešķiet tik grūti. Citādi ir, ja bērns baidās un viņu piespiež rīkoties psiholoģiski nesagatavotu. Tad var rasties dažādas problēmas. Ieslīgt bailēs arī nedrīkst. Visu skolas laiku vecākiem nav jāpavada bērns uz skolu pat tad, ja viņš lūdz un krīt panikā. Tādos gadījumos jāatklāj cēlonis bailēm, kas izpaužas pa ceļam, ejot uz skolu. Satikties ar bailēm apzināti ir veselīgs un apsveicams psihoemocionālu pārdzīvojumu modelis. Kā piemēru var minēt apmēram divdesmit piecus gadus veca vīrieša rīcību, kurš paniski baidījās no saskares ar elektrību, kamēr kādā situācijā, apstākļu spiests, par spīti savām bailēm spēra pirmo soli, lai novērstu problēmu. Iznākums bija veiksmīgs, un iegūtā pozitīvā pieredze guva pārsvaru pār bailēm. Tā nekļuva par pastāvīgu nodarbošanos, taču trauksme mazinājās. „Ārstēt” bailes, nonākot piespiedu situācijā, nav pareizākais ceļš. Nē. Speciāli nevajag ļaut slīkt cilvēkam, kurš nejūtas komfortabli ūdenī. Jāsaprot cēlonis! Bailes var nebūt gluži no elektrības, bet no jebkā nepazīstama. Un tas izskan citādi, daudz perspektīvāk un cilvēcīgāk. Elektrība ir enerģija, ar kuru jāprot rīkoties, tāpēc bailes no elektrības vairāk izskan kā nezināšana. Pagātnē, iespējams, kāds nav pratis piesardzīgi izturēties pret strāvu un ir cietis. Šo situāciju „izārstēt” nav iespējams, bet bailes gan. Patīkams atklājums ir tad, kad vairs nav bail no tā, kas agrāk licis sirdij sažņaugties. To noteikti var vērtēt kā sasniegumu.

Identificēt bailes, kas nav tieši saistītas ar vidi, un attiecināt tās uz sevi gandrīz nav iespējams. Problēma ir, ja cilvēks izjūt bailes un tās nepazīst, tādējādi vērsdams enerģiju nevis uz individuālo baiļu atklāšanu, bet gan pretēji – likdams neapzinātu uzvaru uz to noliegšanu vai izvairīšanos. Tuvināšanās bailēm var izraisīt ne tikai pretestību, agresiju, depresiju, pārneses vai projekcijas u.c., bet arī likt neordināri darboties vai pieņemt tādus lēmumus, kas nepavisam neatrisina radušos apstākļus vai pārdzīvojumus. Ir svarīgi konstatēt bailes, lai izvairītos no mokošiem emocionāliem pārdzīvojumiem, jo pēdējie biežāk izriet no pirmā – ir jāmeklē cēlonis. Var izrādīties, ka konkrētas pārvarētas bailes, ja vien tās nav saistītas ar dziļākiem psiholoģiskiem pārdzīvojumiem vai psihiatrijas kompetenci, nerada ilgstošu emocionālu diskomfortu, ja tām ir praktisks izskaidrojums, tāds, kurš cilvēkam sniedz drošu pārliecību. Ar baiļu sajūtām nav joki. Tās var nest cilvēkam lielu postu, atkarību un šausmas. Iedalījums ir šāds: sociāla, hipohondriska un psihiatriska rakstura fobijas, kas atrisināmas atšķirīgi.

Nodaļas sākumā minētajā piemērā par sviesta cenu kāpumu tiek pausti neverbalizēti, tātad neizprasti personīgi pārdzīvojumi par nākotni, kas nekādā gadījumā netiek saistīti ar sviesta vai kāda cita produkta sadārdzinājumu, bet tieši atklāj citu saistību – trauksmi par sevi un materiālo drošību tuvākajā vai tālākajā nākotnē. Stabils, mierīgs un gandarīts indivīds var nopelnīt vairāk naudas nekā trauksmains. Padoms ir šāds: drošību nākotnei var veicināt iekšējais psiholoģiskais komforts, tad sviestu var iegādāties bez piepūles un liekiem pārdzīvojumiem, vai atklāt jaunu alternatīvu, kas var aizstāt konfliktu ar sviestu.

Ja sieviete sāktu apmeklēt psihoterapeitu, runa vairs nebūtu par sviestu, bet gan par viņu pašu šajā situācijā. Kas varētu atklāties? Bailes būt psiholoģiski izkastrētai, tas ir, zaudēt vai mazināt individuālo fallisko, psihoemocionālo enerģiju. Domas par to, ka var zaudēt konkurētspēju darba tirgū var novājināt un radīt iekšēju nogurumu. Patērētās enerģijas nepietiks nekam vairāk kā tikai savu frustrējošo domu un izjūtu uzturēšanai. Bailes zaudēt drosmi un uzcītību, gribas pavājināšanās, nespēja ātri pieņemt novatoriskus lēmumus un apvienot privāto ar publisko. Bailes novecot, palikt bez līdzekļiem, pazemināt dzīves kvalitāti, mainīt ieradumus, iekonservēt vai pārorientēt savas vēlmes un plānus, laika patēriņš... Visu iepriekš minēto var apzināties un droši definēt kā bailes. Cīņa ar šādām bailēm atšķiras no fobijas par tumsu, jo tās nav tik abstraktas.

Pārdzīvot var daudz ko – katram ir būtisks savs pārdzīvojums, kura lielumu nevar izmērīt mērvienībās. Pārdzīvot var gan nopietnas, gan arī mazsvarīgas lietas un notikumus. Pārdzīvot var reti vai bieži, pasīvi vai intensīvi, maz vai daudz. Visus šos procesus pavada ne tikai dažādi psihes mehānismi, kas regulē pārdzīvojumu izpausmes, bet arī dzīves stils, ētika, intelekts u.c. Ja pārdzīvojums nav samērīgs ar to, ko cilvēka apziņa spēj pazīt un formulēt, tad var veidoties spriedze, kuras dēļ indivīds var neveselīgi mainīt savu attieksmi un uzvedību. Piemēram, nekad iepriekš nav kāvies, bet pēkšņi citu dēļ ne no šā, ne no tā ir sācis regulāri *palaist rokas*. Nekad nav izvairījies no darba pienākumiem, te pēkšņi sācis melot. Neslimoja, tagad to dara vienā laidā un tamlīdzīgi. Šādas uzvedības pārmaiņas cilvēks ne vienmēr var pamanīt laikus, jo uzticas tam, ka ar visu pārdzīvojumu nastu būs spējīgs patstāvīgi tikt galā tāpēc, ka nepieļauj, ka ar pašu var notikt kas nelāgs, bet apkārtējie biežāk uzskata, ka viss drīzumā tāpat nostāsies vecajās vietās.

Pret pārdzīvojumu kā tādu nebūtu iebildumu, ja vien tas dažos gadījumos nebūtu pārāk destruktīvs un tam nebūtu tendence nomocīt cilvēku līdz nepazīšanai. Instrumenti, ko lieto mokošais pārdzīvojums, visiem ir vairāk vai mazāk pazīstami. Biežāk tā ir vainas izjūta, šaubas, neziņa, stress u.tml. Reizēm šādus emocionālus stāvokļus neizdodas patstāvīgi regulēt, jo tie netiek uztverti kā nopietna problēma. Tie mēdz būt aizraujoši. Pasaules mākslas šedevri ir tapuši dažādu emocionālo stāvokļu augsnē. Tam jāpiekrīt, un tas nav pretrunīgi, jo bez pārdzīvojuma nav iztikusi neviena dzīva būtne. Tomēr, ja kāds apmaldās nomaļā mežā, tad lielākas cerības tikt atrastam ir tam, kurš nav aizmaldījies pārlieku tālu. Pārdzīvojums var atrasties tik dziļi zemapziņā, ka tas jūtami traucē, bet pazīt to apziņā ir grūti. Pārdzīvotais satraukums maina savu sākotnējo iemeslu un joprojām veģetē caur uzslāņojumiem ar tādu intensitāti, it kā psiholoģiski traumatiskais notikums būtu piedzīvots tikai vakar, nevis pirms vairākiem gadu desmitiem! Cilvēks nemanāmi kļūst atkarīgs no šī pārdzīvojuma, jo rīkojas neapzināti, pakārtojoties iepriekšējai pārdzīvojumu pieredzei. Piemēram, netuvojas uguns liesmām, jo ir bailes apsvilināt kādreiz apdedzināto roku. Otru reizi neprecas, jo iepriekš ir bijusi neveiksmīga laulība. Neīsteno savas ambīcijas, jo to pagātnē jau ir nesekmīgi mēģinājis. Atsakās no grūtniecības, jo iepriekš ir bijusi negatīva pieredze. Nemēģina atkārtoti pārlikt eksāmenu, jo ir ar to emocionāli sāpīgi „iepazinies"...

Tā ir pazemināta dzīves kvalitāte, jo indivīds cenšas izvairīties no iespējamo pārdzīvojumu mokām, ignorējot vai izstumjot notikumus no savas dzīves. To, kas ar mums ir noticis, nedrīkst noliegt. Ja tā darām, mums ir jārēķinās ar iepriekš uzskaitīto piemēru sekām un simptomiem. Negatīvā pagātnes pieredze traucē pašrealizāciju. Atmiņas par pārdzīvoto var izraisīt nopietnas bailes vēlreiz pieredzēt un emocionāli izjust to, kas reiz ir bijis mokošs. Zinātniskos atklājumos ir konstatēts, ka psiholoģiskas traumas veido mezglus, kas, savdabīgi fiksējoties, rada pretestību – nelabvēlīgu aizsegu veselīgam psihes informācijas apmaiņas procesam. Protams, tas ir populārzinātnisks pārstāsts, kas vienīgi liek aizdomāties, ka no šādiem psiholoģiskajiem mezgliem ir jācenšas atbrīvoties. Tos var uzskatīt par svešķermeņiem, kas parazitē uz cilvēku izjūtām un spekulē ar tām. Indivīds cenšas sajust dzīvi tā, lai nesāpētu un lai varētu apiet dzīves „asos stūrus". Tas nepavisam nav aicinājums tiekties pēc asumiem, kaut gan neapzināšanās ir salīdzināma ar dzīvošanu tumsā, realitātes noliegšana – ar bailēm no īstenības, pārmērīga sapņošana – ar vēlmi attālināt no sevis tagadni. Iedomājieties simbolisku kvadrātveida galdu! Cilvēks nevis iemācās apiet tā asos stūrus vai arī iekārtot telpu, lai galds netraucētu, bet apvelk tā kontūras ar mīkstu materiālu, it kā mēbeles vispār nebūtu. Sasisties var, bet ne tik sāpīgi. Tā, savukārt, ir maldināšana. Stāsts ir par iluzoru galdu – līdzīgi procesi norisinās cilvēka izjūtās.

Lūk, kāds piemērs. Kāds vīrietis apskauda savu bērnības draugu, ka viņam vienlaikus ir izdevies savā dzīvē apvienot intelektuālo ar materiālo. Kļūdams vecāks, vīrietis aizvainojumu par „dzīves netaisnību" izjuta arvien asāk, jo paša ieceres nebija sniegušas gaidīto gandarījumu. Draugs kā nerealizēts viņa paša atspulgs provocēja sāpes un pārdzīvojumus. Draugam ir viss, bet pašam – nekā. Kāda jauna sieviete apskauda savu brāli, jo viņš vairāk nekā viņa bija satuvinājies ar abu tēvu.

Mainās tikai situācijas, notikumi, apstākļi, stāstu varoņi, bet pārdzīvojuma izmisums kā konstanta emocionāla masa paliek – tā, līdzībās runājot, realizējas kā galds ar asajiem stūriem. Ir skaidrs, ka emocionālo moku iemesls ir nevis bērnības draugs vai brālis, bet gan doma, ka tie, kas ir sasnieguši to, ko viņi paši nav īstenojuši, ir tie „vainīgie". Personīgajai skaudībai ir paša vaina. Mānīga sajūta: ja nebūtu šo personu, nebūtu iemesla destruktīvām emocijām. Piemēram, kāds varētu padomāt tā: „Veiksmi nodarboties ar mīļoto darbu atņēma bērnības draugs, bet tēvu – brālis." Šāds uzskats ir viena no izkoptā ļaunuma kroplajām formām. Kāds, piemēram, pārkāpj laulību, un piekrāptais savu agresiju vērš nevis pret dzīvesbiedru, bet pret mīļāko, līdz ar to rodas maldīgs priekšstats, ka, izolējot sāncensi, ģimene vairs nebūs apdraudēta. Jāizkastrē konkurents.

Turpinot, jāsecina, ka minētajos piemēros par vīrieti un jauno sievieti–māsu darbojas līdzīgi mehānismi. Vēlēšanās izvairīties no kontaktiem, pazemot, noliegt, apmelot vai konkurēt ar nepārspējamo personu – tie ir veidi, kā atbrīvoties no savām ciešanām, lai vēlāk sasniegtu kāroto drauga dzīves kvalitāti vai iegūtu tēva atzinību.

Izkoptais ļaunums ir priekšstats, ka, ignorējot kādu, var iegūt kāroto. Šādu filozofiju var mantot no ģimenes: ieejot svešā mājā un novēršot saimnieku uzmanību, var kļūt par karalieni vai karali. Tas ir tas, ko ģimene var iemācīt. Ikvienā no tām tiek ielikti situāciju un pārdzīvojumu risinājumu modeļi. Lielākas vai mazākas mokas ir piemeklējušas daudzus, tāpēc izstrādājas veids, kā ar tām tikt galā. Tā kā pagātnē ir daudz piemēru, kad kādam ir izdevies piesavināties mantu, attiecības vai statusu, tad šo apgalvojumu ir grūti apstrīdēt, un tieši tāpēc daudzu cilvēku apziņā, ja tas ir bijis vērtīgs, tas ir tik noturīgs. Jāatzīst, ka pat tajos gadījumos, kad tiek gūti panākumi un nevēlamā persona neitralizēta, pārdzīvojuma mokas neizsīkst. Maksimālais, ko var sasniegt, ir šo sāpju mazināšana, bet, tiklīdz pie horizonta parādās nākamais kairinātājs, frustrācijai ir tendence kļūt spilgtākai. Jo veiksmīgāks ir pretendents, jo lielāka skaudība. Tā notiek, ja nevēlamais atgādinājums kā spoguļattēls ar saviem panākumiem tiek tuvāk skauģim. Tāpēc, lai „neaizrītos" ar savu nenovīdību, jācenšas panākumus guvušos „veiksmīgi" neievērot. Ģimenes tradīcijas un bērnības atmiņas par to ir dažādas. Arī valsts politiskā iekārta sekmē un nostiprina šo ilūziju – bērni un bērnu bērni vēl joprojām atrodas šajā valstī un pārmanto šīs manipulācijas kā vērtību sistēmu. Ne visos gadījumos saprotama, bet izskaitļojama stratēģija.

Izmantojot iepriekšējo piemēru: drauga darba devējs saņem kompromitējošu informāciju, un direktors atlaiž savu padoto, bet brālis, pamudināts no māsas puses, pārkāpj likumu un atrodas cietumā. Atbrīvojas ne tikai darbavieta, bet arī iespēja ieņemt psiholoģisko un fizisko telpu, lomu un tās uzdevumus. Darba devējs jūtas vīlies, bet tēvs pret dēlu izjūt sarūgtinājumu. Vēlamais no skauģa puses ir sasniegts. Vieta tukša it kā nepaliekot, tāpēc kāds to var iegūt. Biežāk pa rokai ar „labiem" nodomiem atrodas tie, kuri organizē savu mocību atbrīvošanas plānu. Tomēr modrību nedrīkst zaudēt par to, kas ir nākamās mokas, jo pieņemot, ka cilvēks ir aizstājams, jauniņajam, kāroto iegūstot, savu pozīciju ir jāprot nosargāt. Ieejot svešā un kārotā teritorijā, pat vispārliecinātākais un drošākais indivīds intuitīvi nejūtas mierīgs. Jebkurā gadījumā viņš ir ciemiņa statusā, bet pats to neatzīst. Nomocījies skauģis joprojām sargā savu vietu un pārdzīvo, ka ir netaisnīgi cietis, un atriebjas tam, kurš nav laikus novērtējis mocekli. Jāatzīst, ka cieš pamatoti, jo greizsirdība nezūd pat tad, ja pilnībā pārņem apskaužamā veidolu. Tas ir nopietni trauksmains un mokošs pārdzīvojums, kas katram izpaužas atšķirīgi. Atbrīvoties no šādas frustrācijas var, atklājot savu individualitāti, vērtību un dzīves misiju. Iekšējie emocionālie procesi pakļauj īpašniekus – bieži vien liekot izrīkoties pret viņu pašu gribu un morāles principiem. Progresē kauna sajūta, kura stimulē pārdzīvojuma mokas. Šādā gadījumā par sevi ir jādomā vairāk nekā par citiem, bet atšķirīgākā kontekstā. Jāatkārto doma, ka vide ir tikai iekšējo izpausmju provokators!

Nebūs ne drauga, ne brāļa klātbūtnes, bet emocijas laiku pa laikam uzplaiksnīs, un uzvēdīs sāpes. Parunā mēdz teikt: „No sevis nekur neaizmuksi!" Galvenais ir netērēt enerģiju tur, kur tā nenes noturīgus un vērtīgus panākumus. Vecāku iemācītajam ne vienmēr ir jātic. Vide ir mainīga, un nevar uzbūvēt mūžīgi pastāvošu un drošu konstrukciju – ja to tomēr mēģina darīt, tad, lai to noturētu, vispirms ir jāiegulda laiks, cerības, enerģija un vēlāk ir jāvelta sava dzīve tam, lai kalpotu šai iluzorajai vides pastāvībai. Dusmas ir lielākas, ja neizdodas īstenot savas idejas. Darba devējs izvēlas citu, un tēvs joprojām nes paciņas uz cietumu. Lielummānija rada mokas. Neviena vieta nepaliekot tukša.

Tādu domu prasītos atgādināt tiem, kas nav apveltīti ar smalkjūtību, novērošanas spējām un neinteresējas par pagātni kā vērtīgas izziņas avotu. Piemērs no pūļa psiholoģijas šķietami būs atbilstošs: izjūta, ka starp vidusšķiru un nelielo tiešām turīgo cilvēku skaitu ir tikai niecīgs pārrāvums, veido disbalansu starp realitāti un iluzoriem sapņiem. Šo šķietami reālistisko izjūtu nostiprina komercija. Sociālo zinātņu, vēstures, politikas, ekonomikas, jurisprudences, kā arī kultūras, mākslas pamatzināšanu trūkums var pavedināt uz tik kārdinoši banālu domu, jo nekad cilvēki nav bijuši sociāli vienlīdzīgi. Tāda iekārta nekur nepastāv. Cilvēkiem nav izdevies radīt ideālu sociāli vienlīdzīgu pasauli. Iespējams, ka tas nekad nenotiks, jo ir atšķirīgas ne tikai spējas un intereses, bet arī psiholoģiskā dzīves uztvere.

Pasaules evolūcijas gaitā ir izkristalizējusies noteikta sistēma, pēc kuras sabiedrība tiek iedalīta attiecīgos sociālos slāņos vai grupējumos. Iespējams, ka tie, kas atrodas ne tajā labklājības un iespēju pakāpē, kādā labprāt sevi redzētu, pārdzīvo. Izjūtas rada pārdzīvojumu, par kuru nākas iekšēji sūkstīties. Smaga situācija. Apmāns, ka visi labumi atrodas „viena rokas stiepiena attālumā", pievelk kā magnēts un ir tik ticams, ka ir milzum liela vēlme sapni realizēt. Šāda pārliecība ir kā inde, pie kuras nelielās devas var pierast. Panākumu nav, bet cerība paliek. Kas notiek, kad cilvēks atmostas no šī stāvokļa? Miega laikā cilvēka ķermenis ir gandrīz nekustīgs. Atkarībā no miega dziļuma mainās elpošanas ritms un acu zīlīšu kustību amplitūda. Pasīvs ķermenis, bet aktīvs prāts. Pamosties var tad, kad sapnis nav pilnībā pārdzīvots. Esot īgnam, nepacietīgi gaidot nākamā sapņu stāsta turpinājumu. Zemapziņas miega stāstu ne vienmēr izdodas izprast. Trauslā robeža traucē aptvert, kas ir iespējams īstenībā un kas ir konkrētais sapnis. Piemērs no pasakas „Par zelta zivtiņu", kad zemniece vēlējās kļūt par valdnieci. Pinokio tēvs, kurš iedomājās, ka no koka pagales var iznākt labs dēls. Tas ir literārs, talantīgs pārstāsts no cilvēku dzīves patiesiem vērojumiem. Strauja pāreja no apzinātas un neapzinātas snaudas var radīt periodiskus pārdzīvojumus, kas liek atgriezties iekšēji aktīvā, ārēji pasīvā stāvoklī, kamēr beidzas kārtējā nomoda stundas. Aptuveni tā varētu komentēt cilvēka miega neiropsiholoģisko uzbūvi, *samiksējot* to ar apzinātām un neapzinātām vēlmēm. Iekāre, kam nav nākotnes, rada mokas. Fizioloģisks process, vajadzība gulēt, kam ir saistība gan ar zemapziņas dzīlēm, gan ar apziņu, atpūtina no spriedzes miesu un garu, ko nomoka paranoīdas idejas, kuras nav iespējams realizēt. Var teikt, ka, attālumiem starp iespējamo un neiespējamo mainoties, sapnis balansē uz šīs daļējās realitātes robežas. Piemēram, ar minimālu darba ieguldījumu, pārmērīgu lieko svaru, nepievilcīgu ārieni, zemu intelektu, neizkoptām manierēm, bez svešvalodu zināšanām un iemaņām dejā sapņot par starptautiskas klases baleta primadonnas karjeru.

Tajā brīdī, kad sapnis tiek nodots apziņai, tādi uzplaiksnījumi mēdz notikt, un visbiežāk tam tad seko depresija. Cilvēkam paveras iespēja savu jaunieguvumu atziņu ne apraudāt, bet adaptēt ikdienas dzīvē. Nav jāsūkstās par to, kā nav, bet jābaidās no murgainām idejām. Apspiestā vai neapzinātā vēlme var tikt realizēta tad, kad ir iespēja skaidri izvērtēt saistību starp vēlmi un realizāciju. Nojausma, ka iluzorās idejas var nepiepildīties, pastāv, tādēļ vēl jo vairāk zemapziņa cenšas iemidzināt ceļu uz apziņu. Pietuvināta īstenība attālina no sapņa, daudzi ir pat gatavi iznīcināt tos, kas uzdrošinās apdraudēt un tuvoties nerealizējamām vēlmēm. Izkoptais ļaunums uzplaiksnī tad, kad negatīvo emociju kopums – greizsirdība, skaudība, mazdūšība, šaubas u.c. tiek kultivētas; tad, kad tiek darīts pāri tiem, kas neguļ, neauklējas ar nevērtīgām idejām un pret savām veiksmēm un neveiksmēm izturas apzināti. Mokas neveicina personīgo neapzināto vēlmju realizēšanos, ja vien tas nav pašmērķis. Būt moceklim reizēm ir izdevīgi, jo var nopelnīt vairāk, nekā strādājot. Jāpievēršas analogu vai līdzīgu pazīmju izjušanai sevī, kad snaužot tiek nospēlēts kārtējais teātra cēliens par neizdevušos dzīvi, kurā jāvaino, jāiežēlina, jākritizē apkārtējie. Kāpēc bija jāmin sapņošanas struktūras mehānismi? Psihoterapeitiskie pētījumi liek aizdomāties par to, ka psihe ir harmoniski sakārtota struktūra, kurā pastāv aizsardzības mehānismi. Tikko organisma smadzenes nogurst, rodas vajadzība pēc miega. Kamēr tās ir gatavas darboties, ķermenis nejūt nepieciešamību miegā atpūsties – cilvēks guļ pirms vai pēc šokējoša, traumatiska notikuma. Viņš var aizmigt tad, kad to nemaz nevēlas vai atrodas neadekvātā situācijā – ķermeni reizēm nekas nevar ietekmēt. Piemēram, pārdzīvojumi atņem lielu enerģiju un smadzenēm ir jāaizsargājas, tās nepieļaus darbošanos bez spēka tam.

Varam padomāt par līdzību kādā stāstā, kurā sieviete kopa savu slimo vīru pusgadu, nejuzdama miega badu: smadzenes krīzes apstākļos mobilizējas uz aktivitāti. Tad, kad vīrs ieslīga pirmsnāves agonijā, sieva iekārtojās blakus krēslā un aizmiga ciešā miegā, tādējādi savā psihē *pārlaizdama* vīra nāves brīdi. Tā nepavisam nav nejaušība – aizsargmehānisms rūpējas par psihohigiēnu, pretējā gadījumā notikums varētu izteikti nelabvēlīgi ietekmēt sievietes psihoemocionālo vidi. Iespējams, organisms nebūtu izturējis.

Reizēm cilvēki nožēlo savu rīcību vai pieņemtos lēmumus un izvēles un savu līdzdalību bieži apzinās tikai nožēlas laikā. Tas ir izbrīns par iepriekš veikto, jo šķietami tā bijusi kāda cita persona... it kā indivīds būtu bijis hipnozes ietekmē.

Tieši tā! Izkoptā ļaunuma paspārnē, kad prātu ir pārņēmušas frustrējošas emocijas, spēkā pieņemas skopums, alkatība, merkantilisms, varaskāre, lielummānija, sadisms, atriebība un citas negatīvas izpausmes.

Pārlasot pēdējo uzskaitījumu, kļūst neomulīgi, jo neviens negrib sevi asociēt ar ko tik baisu vai riebīgu. Tieši tādēļ prāts tiek iemidzināts, jo emocijas no šādām izjūtām nogurst. Iestājas pasīvs miega stāvoklis. Kāds tas ir? Protams, fiziski cilvēks ir nomodā, bet impulsi tiek apslāpēti, lai indivīds pašsaglabātos, neatklājot skarbo patiesību. Piemēram, kāda sieviete aptuveni piecus gadus bija iesaistīta prestižās sabiedriskās aktivitātēs. Apstākļiem mainoties, pieprasījumam krītoties, viņas sniegtie pakalpojumi vairs nebija tik aktuāli un nozīmīgi kā iepriekšējā organizācijas darbības laikā. Varas krēsls tika atņemts, un darbiniece nenojauta, kur turpmāk ieguldīt savas spējas. Vairāki kolēģi atklāti priecājās par bijušās „zvaigznes" apmulsumu. Kāds no viņiem tā arī pateica: „Tā tev vajag!"

Pūļa psiholoģija ir ļoti konkrēta, bieži vien bez kompromisiem: tos, no kuriem ir iespējama atkarība, aiz muguras nonicina, bet tiešā saskarsmē apjūsmo un cildina. Tiklīdz pozīcijas mainās – nesen vēl augsti stāvošā persona pūļa vērtējumā nonāk nesamērīgi maznozīmīgā lomā, tā cieņas izpausmes nav ne tuvu iepriekšējām. Kāda persona vēstīja: kad nodaļas vadītāju pazemināja par pārdevēju, iepriekšējā attieksme kolektīvā mainījās. Pret bijušo vadītāju izturējās ne līdzvērtīgi, bet pazemojoši. Tā ir konkrētas grupas atriebība, ka kāds ir bijis augšā un pārējie ir izjutuši ne sliktu attieksmi pret sevi, bet nenovīdību. Turklāt arī tādēļ, ka ir radusies kārotā iespēja pēc sirds patikas paust tagad to, ko nespēja atļauties iepriekš. Bieži tā rīkojas ļaužu grupa, lai celtu savu nozīmīgumu.

Lūk, vēl kāds piemērs, kad statusa pazemināšana izraisa pilnīgi citu reakciju. Kaut gan subordinācija bija mainījusies, bijušais nodaļas vadītājs, atgriezies pie pārdevējiem, ar saviem kompleksiem terorizēja visu kolektīvu. Cilvēks, kurš dalījās ar savu pieredzi, cenšas orientēties notiekošajā. Viņš atstāstīja, ka izbijušais priekšnieks vēl joprojām apkārtējiem uzmācas ar savām varas ambīcijām, deleģējot uzdevumus, sūtot kritiku, norādījumus vai uzmundrinājumus pa elektronisko pastu bijušajiem pakļautajiem organizācijas darbiniekiem, pār kuriem tam vairs nav iepriekš piešķirtās kontroles. Tad, kad bijušie padotie pauduši neizpratni, agrākais priekšnieks nekautrējies izrādīt savu sašutumu un centies pieminēt tos laikus, kad viņam ir bijusi vara, kā labākos visiem. Tamlīdzīga uzvedība spēj aizskart pūļa apziņu. Reakcija mēdz būt dažāda. Amatā pazeminātais darbinieks izmisumā nespēj samierināties ar zaudētajām varas izpausmes iespējām, bet tiem, kas joprojām tic, ka kā klaušu laikos var tikt sodīti par nepaklausību, ieteikums ir paanalizēt savu satraukumu.

Ikvienā sabiedrības iekārtā var atrast indivīdus, kas baida, un tādus, ko var nobiedēt. Psiholoģiskās uztveres klišejas darbojas visos laikos. Runa nav par nopietniem draudiem, bet gan par starppersonālām attiecībām. Ar to var izskaidrot dažu personību neformālo popularitāti dažādās sociālās grupās. Harizmātiska persona biežāk kļūst populāra kādā projektā, biznesa vai valsts struktūrās, piemēram, tāpēc, ka ir histēriska. Tas var piesaistīt un interesēt cilvēkus. Sieviete, kas stāsta par savu pieredzi, ir iemidzinājusi prātu, lai varētu izturēt iekšējo konfrontāciju. Statusa zaudēšana daudziem var būt nopietns pārbaudījums psihei. Dažādu amplitūdu emocijas, kas vienlaikus jāapvalda, ir kā kontrasta duša. Tāda procedūra norūda un reizē ir bīstama iesācējiem. Tad, kad emocijas nav apzinātas un tās sagādā ciešanas, galveno grūtību pārvarēšanu uzņemas prāts – ja *slūžas vaļā*, tam neklājas viegli. Atklāt, tuvināt savam prātam kaut ideju par to, ka ne jau kāds tur ārpusē esošs, bet tieši tu pats esi skaudīgs, nenovīdīgs, varaskārs, nepastāvīgs, augstprātīgs, valdonīgs, nežēlīgs vai bailīgs, kā arī manipulējams – šāds pārdzīvojums var izrādīties pārlieku spēcīgs, līdz ar to psihe visticamāk centīsies indivīdu pasargāt. Kā? Raksturīgas un visbiežāk sastopamas ir neirozes, kad cilvēks noliedz savu agresiju. Vēlme būt nereālam. Vienalga, vai slēp, vai neslēp savu agresiju, tās klātbūtne ir neizbēgama. Vērtīgāk ir apzināties un nebaidīties apzināties savu dabas doto otro pusi. Organisko ne tikai pozitīvismu, bet arī negatīvismu.

Ir dažādi transa stāvokļi – ar vienu nosaukumu ir apvienoti atšķirīgi miega dziļuma stāvokļi. Iespējams, lai par transu izveidotu precīzāku priekšstatu, ir jāapraksta tā virspusējā un dziļākā izpausmes forma, kas atšķiras no hipnotiska un padziļināta miega stāvokļa – ja nu vienīgi viegls snaudiens, kad acis uz mirkli viegli aizveras, arī ir transs. Cilvēks iemieg un paralēli ir spējīgs izsekot līdzi apkārtējā vidē notiekošajam – trokšņiem un skaņu vibrācijām, sarunām, smaržām un citiem jutekliskiem pārdzīvojumiem. Padziļinātā transa forma ir līdzīga kodēšanai, kad kādam uzdod ko darīt, nerēķinoties ar indivīda gribu, neveidojot attieksmi, bet deleģējot konkrētu uzdevumu vai darbību. Šādu stāvokļu paraugdemonstrējumi ir redzēti dažādās mācībās un šovos, kā arī zināmi no citu cilvēku nostātiem un aprakstiem.

Indivīds nespēj pretoties uzstādījumam. Svarīgākais, par ko šajā sakarā būtu jādomā, ir jāatbrīvojas no pārdzīvojumu mokām par labo un ļauno, lai tiktu tuvāk savām neirozēm. Un otrādi – neirozes aizvedīs līdz simboliskā „baltā" un „melnā" izvērtējumam pašos. Kas būtu jāzina par šo daļēji apzināto transa stāvokli? Kādēļ būtu jāsaista emocionālie pārdzīvojumi ar transa stāvokļiem? Atbilde ir sabiedrības „kodēšana". No masām līdz ģimenei un pretējais, tas, ko indivīds ienes sociumā personīgi, ir savstarpēji iedarbīgs. Šķiet, ka ir jābūt apveltītam ar īpašām zināšanām un spējām, lai varētu īstenot relatīvi plānoto rezultātu. Atturēt no individuālā un kopējā progresa. Cita laimi ne vienmēr ir vienkārši izturēt, ja pašam, līdzās esot, neklājas viegli. Kā reflekss atturēt citu, apskaust, maldināt u.c. izskan žēlabu formā. Tāpēc šīs šķietami pārdabiskās prasmes vidusmēra cilvēks cenšas piedēvēt kādas konkrētas grupas pārstāvjiem – magiem, šamaņiem, burvjiem utt., nenojaušot, ka paši tādi esam. Sadarboties, veidot saskarsmi un neticēt šādām spējām ir katra personīga izvēle. Grāmatas mērķis ir parādīt, kā var pazīt izkopto ļaunumu, kurš *vazājas* līdzi cilvēka ikdienā, jo ir kā paša ēna.

Visbiežāk minētais vārds, ar ko cilvēks sastopas savā dzīvē, ir viņa paša personvārds. Vairākkārt un, kas ir svarīgi, dažādās situācijās atkārtojot vienu un to pašu, izveidojas attiecīgā vārda psiholoģiskā pieradināšana. Piemēram, bērnībā mēs savu vārdu dzirdam visdažādākajos brīžos: kad tiekam slavēti, žēloti, uzmundrināti, kritizēti, rāti, pamācīti utt. Dažādo izjūtu savienojumā izveidojas fiksācija, kas raksturo mūs pašus un veido priekšstatu par sevi. Cilvēks jebkurā diennakts laikā ir gatavs atminēties savu personvārdu. Spēcīgs pārdzīvojums, kas izraisa dažādas emocijas. Ne visiem šķiet tīkams savs vārds un nav saprotams, kas vecākus ir pamudinājis tik tuvredzīgi rīkoties. Pašam sava vārda skanējums traucē kā skabarga pirkstā. Pasaule ir dažāda, kāds nedomā, vai savs vārds patīk vai nepatīk, turpretī cits apzinās un par to sajūsminās. Personvārds ir dāvana, vēstījums no ģimenes, kādam vecāku projekcija vai kompleksi, teicamas zināšanas vai daļējs analfabētisms, infantilitāte vai pamatīgums. Tie, kuri netiek galā ar vecāku doto attieksmi, ir gatavi mainīt ne tikai dzimteni, bet arī savu vārdu. Personvārds var būt modes tendence tāpat kā krāsa un tērpu modeļi. Katrs no vecākiem izvēlas veidu, kādā tiek atrasts piemērots vārds. Tos var uzmeklēt pēc intuīcijas. Piemēram, tad, kad kāds vīrietis uzzināja, ka tik tikko ir piedzimis viņa bērniņš, viņš devās uz bāru. Pirmajam satiktajam cilvēkam viņš apjautājās par tā vārdu. Viesmīlis atbildēja, un jaunais tēvs nokristīja savu dēlu dzirdētajā vārdā.

Dažkārt cilvēki vēlas sarežģītus un retus vārdus, aizgūtus no reālām un ne tik reālām vēsturiskām personām. Vecākiem šķiet pieņemami jauninājumi, viņus var nesatraukt nesaskaņa ar uzvārdu. Vārdu var dot par godu jaunības dienu mīlestībai, senčiem, labākajiem draugiem, paziņām, ietekmējoties no kādas filmas, stāsta un nosapņotā. Reizēm vecāki strīdas, un viņiem mēdz būt nopietnas domstarpības izvēlēties savam bērnam vārdu. Tātad personvārds ir kā vēstule no vecākiem, ko bērni var lasīt visa sava mūža garumā. Priekšstats par sevi. Situācija, kurā vēršas pret bērnu, ietekmē kopējo paštēlu savos priekšstatos. Vecākiem ir jābūt gataviem, ka bērni kādreiz no viņiem prasīs atbildību, interesējoties, kas un kādi ir bijuši iemesli, piemeklējot personvārdu. Vārds reizēm spēj izraisīt sarežģītas diskusijas vairāku iesaistīto pušu starpā. Izkopts ļaunums ir nerēķināšanās, vecāku egoisms bērna vārda izvēlē. Skolā un vēlāk dzīvē tieši savs vārds ir tas, kas būs tuvākais apziņas un zemapziņas sabiedrotais.

Viens no mirkļiem, kurš sagādā prieku zīdaiņiem un par kuru ir pārliecināti pieaugušie, ir kontakts starp bērnu un vecākiem. Mātes siltās, ar pienu pilnās krūts zīšana – laiku pa laikam iesnaužoties un atslābstot un tad atkal ķeroties pie krūtsgala sūkšanas. Tas ir *kaifs!* Eiforisks stāvoklis, ka tu kaut kas esi un tev kaut kas pieder! Nejauciet to ar prieku, laimi, spēka pieplūdumu vai labu garastāvokli! Tā ir augstākā satuvināšanās sajūta, kas nekad vairs neatkārtosies ne ar vienu citu dzīvu būtni visā Kosmosā. Kaut kas īpašs, absolūti intīms, ko cilvēki mēģinās atkārtot attiecībās un fiziskās izjūtās ar citiem nākotnē sastaptajiem.

Pārdzīvojums ir neciešams, kad māte kavējas ar visu savu krūti, bet, tikko viņa atgriežas un kļūst par privātīpašumu, iestājas miers un kārtība. Jāpārdzīvo tad, ja mātes piens ir rūgts un ar mazuma piegaršu. Tas ir tik sāpīgi, ka bez lielas kliegšanas to nevar izturēt. Labi ir vēl tad, ja māmiņas pieniņš ir trekns, tad ātri var izjust sātu un relaksāciju. Reizēm aizskar tas, ka tad, kad sajusts pirmais miegs, tiek aizspiests deguns vai pakutināts vaigs, lai nu jau piespiedu kārtā turpinātu maltīti.

Nelielā epizode ir fragments no katra cilvēka dzīves. Ikvienam ir sava mamma, krūts, ģimene un atmiņas, tāpat kā atšķirīga pieredze par savu klāt esošo vai neesošo māti, pilno vai tukšo krūti, ģimenes stāvokli. Pieaugot apgūtās komunikatīvās iemaņas paliek. Shēma, kas notiek ar cilvēku tad, kad svarīgs objekts tuvojas vai attālinās, vairāk vai mazāk darbojas kā paraugs no zīdīšanas laikiem. Jaundzimušie, kas zīdaiņu namos vai slimnīcās zīž personāla padotās pudelītes, objektus nākotnē identificē kā nedzīvas būtnes, neemocionālas, tātad automātiski bez empātijas, neaktīvas, vienaldzīgas, iespējams, aukstas, jo iepildītais maisījums mēdz straujāk atdzist, nekā iespējams to iztukšot. Vienkāršā plastikāta pudelīte daudziem neatšķiras no reālas savas miesīgās mātes krūts. Turpmāk bērns saprot, kāds pats, tāda pudelīte. Šo teoriju nav vērts noliegt, jo tās psiholoģiskā izpēte ir sākusies pirms simts gadiem, kopš Z.Freida laikiem. Tātad, lai piepildītu šo pudelīti vai mātes patukšo krūti, kļūstot vecākam, ir organiska nepieciešamība „kaut ko ar sevi darīt". Pretējā gadījumā, nejūtot savu vērtību, sekas mēdz būt vēl traģiskākas, nekā vienalga kā mēģinot sevi pozicionēt pasaulei. Piemēram, kā skaistuli, kā gudrinieku, kā alkoholiķi, kā nelaimīgo, kā apzagto, kā absolūti veiksmīgo, kā pašapmierinātu, kā strādīgu, kā populāru, kā bezpajumtnieku u.c. Lūk, šo „kā" ir bezgala daudz, katrs atlasa tos ne gluži pēc savas gaumes, bet pēc iekšējām psiholoģiskām idejām, kas neatbilst patiesībai. Aizsācies mazotnē, imitētais kontakts turpinās. Mēs varam uzkurināt savu meistarību šādā realitātes apiešanā līdz tādam līmenim, kad pazūd dzīves misija, izzūd identitāte un sociālās lomas. Krieviem ir teiciens: „Ne zivs, ne gaļa!", tātad, kaut kas pa vidu. Tas ir kā iekšējs glēvums, kuru nav drosmes pārvarēt. Vienkārši nav drosmes! „Ka tik pabarots, nav svarīgi, ar ko." Noliegt, ka barība tiek uzņemta, nevar, jo bez uztura neviens nevar dzīvot un izaugt. „Suns ir aprakts" pavisam citur, tur, kur rodas vārds „attieksme", stīga, kas tika aizskarta. Pašcieņa ir cietusi. Tāda ir visiem. Joprojām ir bail no tā, ka nesapratīs, nepieņems, nesadzirdēs vai nemīlēs. Tās ir bailes kļūdīties un vēlme pasargāt šādas vajadzības no ārējās vides. Kādas ir šīs vajadzības? Turēt slepenībā tik sāpīgu pārdzīvojumu. Piemēram, klaidonis gatavs izkropļot savu dzīvi, viņš rokas tuvākajās *miskastēs*, lasa tukšo taru, savāc atkritumus cerībā atrast piepildījumu – „uzpildīt krūti". Kas būtu nepieciešams, lai atbrīvotos no šīm šausmām? Tieši tā cilvēki mēdz raksturot savas ciešanas.

Viens no efektīvākajiem veidiem ir sevi apzināti atgriezt pagātnes notikumos, bet ar šodienas izpratni un pieeju, lai vēlreiz satiktos ar pagātnes sāpēm, pāri nodarījumiem, infantiliem secinājumiem un to interpretāciju, šaubām un neziņu. Šādu ceļojumu pagātnē patstāvīgi sev nevar noorganizēt, bet tas ir iespējams un īstenojams. Psihoterapijas virzieni var nodrošināt satikšanos ar pagātni tagadnē. Tātad mums pašiem ir jāpieņem atbildīgs lēmums par to, vai ar saviem pārdzīvojumiem joprojām mocīsim sevi un apkārtējos arī turpmāk. Vai problēmu mēģināsim atrisināt civilizēti vai arī paši ar lauzni? Reizēm cilvēki par maz domā par to, ka savās pārdzīvojumu mokās tieši iesaista tuviniekus, pakļaujot viņus stresa riskam, savstarpējām atkarībām, vainas apziņas paaugstināšanai, zemākai dzīves kvalitātei. Visbiežāk tie ir ģimenes locekļi – māte, tēvs, vīrs, sieva, bērni. Māte? Vai tad viņai nav jāmaksā „alimenti" vai jebkādas citas nodevas par to, ka nav pratusi zīdīt? Jautājums ir ļoti svarīgs, jo katram savs gadījums un briedums, tāpēc atbilde izskanēs ne tik tieši, bet pamazām visā grāmatā.

Kāda sieviete reiz teica: „Viņš atgriežas mājās, neapmierināts ar savu biznesu, tāpēc savus mokošos pārdzīvojumus kā netīru atkritumu spaini cenšas *izgāzt* uz mani! Tas notiek bērnu klātbūtnē, tagad arī viņi atļaujas rīkoties tāpat kā tēvs. Es esmu pa vidu... Tad, kad vīrs uz mani izpauž savas negācijas, es sāku pārdzīvot par mūsu laulību un ģimenes veselību. Ieteicu viņam doties pie speciālista, bet viņš atcirta, ka neviens nespēs palīdzēt atrisināt viņa pārdzīvojumus."

Vai iespējams, ka psiholoģija ir zinātne par emocijām un jūtām, kurai trūkst konkrētas sistēmas? Tā nav. Komersanti mēdz pasniegt psihoterapiju kā visiem pieejamu un efektīvu metodi, kas neatbilst patiesībai. Pieejas ir vērtīgas, par to var nešaubīties, bet ne visi var un māk šo darbu profesionāli piepildīt un ne katrs ir spējīgs veiksmīgi darboties psihoterapijā kā klients vai pacients. Cits maldīgs uzskats: saruna ar psihoterapeitu ir kaut kas līdzīgs sarunai ar draugu, tikai par naudu... Ja kādam no mums ir bijusi līdzīga pieredze un ir izveidojies līdzīgs priekšstats, pamēģiniet apmeklēt psihoterapeitu vēlreiz vai nu ar atšķirīgu domu, vai citu konsultantu, jo klientam pašam šāda vizīte ne vienmēr sākotnēji ir komfortabla. Galu galā tā mēdz vienkārši atrunāties, lai nebūtu jāmokās attaisnojumos ieinteresēto personu priekšā.

Tā ir maza atkāpīte un ieteikums vēlreiz padomāt par tiem, kuri tieši ir iesaistīti pārdzīvojumu mokās... Psihoterapija ir viena no iespējām, kā atvieglot šīs mokas.

Ja mēs savos pārdzīvojumos mokāmies, tad esam nonākuši krīzē. Mākslinieki, piemēram, var apzināti veicināt pārdzīvojumus, lai provocētu mokas un gūtu jūtu materiālu kāda mākslas darba radīšanai. Ja šādu pārdzīvojumu nebūtu, mums nebūtu iespēja baudīt mākslu. Katrā mākslas darbā ir attēlots pārdzīvojums. Izkoptais ļaunums tiek realizēts tajā brīdī, kad notiek publikas maldināšana, piedāvājot mākslas darbu, kas radies caur sadomātiem pārdzīvojumiem, nevis personīgi izdzīvoto... Mākslas lietpratējs spēs atklāt, patērētājs intuitīvi jutīs, ka viņa jūtas un emocijas tiek mākslīgi vai pat brutāli izmantotas, aizskartas un sāpinātas, falsificējot pārdzīvojumu. Doma ir tāda, ka mākslinieks, darbu veidojot no safabricētiem pārdzīvojumiem, aizskar to cilvēku jūtas, kas ir atnākuši baudīt viņa mākslu? Radošās mokas, tāpat kā dzemdību sāpes, ir nepieciešamas. Vērtīgākais ieguvums – atšķirt kvalitatīvo simbolisko mātes krūti no nekvalitatīvās.

Sabiedrībā var apzināti vai neapzināti veicināt dažādus pārdzīvojumus, par kuriem atbildība ir jāuzņemas pašiem indivīdiem. Tiem pašiem, kas izraisīja pārdzīvojumus, un skatītājiem. Vainas izjūta ir nepieciešama katram cilvēkam, jo tas ir savdabīgs termometrs, kas regulē uzvedību, ētiku un morāli. Veido motivāciju un palīdz izvēlēties savu dzīves pozīciju. Piemēram, tie, kuri ir bijuši kaujā, var dalīties ar pasauli tajā, kas piedzīvots. Ar tukšu bērnības pudelīti kā ar asu nazi var dažādi rīkoties. Māksla, radoša attieksme, vērtību pieaudzēšana sabiedrībai nes kopēju labumu. Jo vairāk cilvēki uzzinās par tukšo krūti, jo mazāk būs ciešanu bērniem un sabiedrība būs pašpietiekamāka. Nepiepildāmā un neapmierinātā kultūrvēsturiskā vide, ko veido paši cilvēki, ir kā bērnības pudelīte. Ja trūkst jūtu ierosinātāja, tas joprojām liecina par kolektīvo saslimšanu emocionālajā plaknē. Vainas izjūtai ir jābūt adekvātai, kas virza uz progresu, nevis destruktīvai. Jā, var būt frustrējoši pārdzīvojumi, bet tie nedrīkst ieilgt un tajos nevajadzētu iedziļināties *bezjēgā*. Starp bērnību un tagadni ir vajadzīgs vidutājs, lai laikus paglābtu no iespējamajām jaunām briesmām – melanholijas, depresijas, apātijas u.tml.

Cilvēkiem savstarpēji ir daudz kopīga. Viņus apvieno līdzīgi pārdzīvojumi. Labā ziņa ir tāda, ka savstarpēji ir vieglāk saprasties, sliktā – ka, ideoloģiski apvienojoties, lai attaisnotu „tukšās bērnības pudelītes", ir vairāk spēka un drosmes atrast citus, uz kuriem var novelt vainu. Ir pārdzīvojumi, kas savas atpazīstamības dēļ ir saprotami, jo ir pazīstami katram otrajam, tāpēc tiek uztverti nekritiski un atdarināti. Piemēram, dzīšanās pēc abstraktas laimes sajūtas. Kādā no žurnāliem bija tāds ieraksts: „Atstāju savu vīru, bērnus un devos īstas laimes meklējumos." Kāds lasot pazīst savas līdzīgās vēlmes, nespēj ieklausīties šīs publikācijas zemtekstos. Sieviete publiski paziņo: „Atstāju tukšās pudelītes, aizgāju meklēt savu mammu." Var iepatikties pārdzīvot, un šīs mocības var izraisīt mazohistisku vai sadistisku baudu un vēlmi to ilgstoši uzturēt un pat palielināt. „Tukšās pudelītes" traģiskums var saasināties, un bez šīs skaudrās izjūtas dzīvē var pietrūkt „asumiņa". Par dzīves jēgu kļūst dažādu risku un konfliktu pavairošana. Svešs pārdzīvojums savstarpējās atpazīstamības dēļ var pavairot vainas izjūtu un pretēji – individuāla vainas izjūta var nostiprināt pārdzīvojumu. Spekulācijas mēdz būt dažādas. Reizēm brutālas, kas izskan pārlieku vienkārši, lai būtu patiesība. Piemēram, tagad ir pat stilīgi dažādos ikdienas pārpratumos piesaukt psiholoģiju, iepriekšējos gadu desmitos politiku, baznīcu. Pēc būtības ir vienalga, kā to sauc, bet tas ir palīgā sauciens pēc vecākiem. Nepieciešamība izprotama, jo ir nepieciešamas zināšanas, paskaidrojumi, izskaidrošanās. Perfekts piemērs par to, ka nesaprotamais ir jāaptver ar prātu, jāintelektualizē. Izpratne un orientēšanās notikumos nomierina gan lielos, gan mazos. Tāda nu reiz ir mūsu emocionālā uztvere, uztraucamies, ja jūtas ņem virsroku pār prātu.

Piemērs no kādas situācijas skolā: pirmsskolas vecuma bērns, kas apmeklē sagatavošanas grupu, meklē iespēju pieglausties savai audzinātājai. Šo bērnu varētu raksturot kā mīlīgu, uzmanīgu, tādu, kurš tiecas pēc ciešāka fiziskā un emocionālā kontakta, koala, kas saēdies eikaliptu, mierīgs un atvērts pasaulei, tāpēc neaizsargāts. Audzinātājai savukārt tas šķita aizdomīgi, un viņa izdarīja secinājumu, ka bērnam mājās trūkst labu vārdu, uzmanības un mīlestības. Pedagogs neskopojās ar vārdiem un laiku, tāpēc savus secinājumus dāsni pauda mazulītes vecākiem, turklāt apgalvojuma formā. Nebūtu pārspīlēts novērojums, vecāku reakcija līdzinājās tuvu izmisumam. Vecāki, kas mīl savu bērnu un kam nav vienaldzīga attieksme pret viņu, saņem publisku situācijas redzējumu no profesionāla pedagoga, šādus vārdus saņemot kā negaidītu sitienu pakrūtē. Kāpēc tā notiek? Vecāki izjūt vainas apziņu, ka bērnam varētu trūkt mīlestības. Daudz laika un spēka velta darbam, lasa psiholoģiskas ievirzes literatūru, kas brīžiem iedzen vēl lielākos kompleksos. Ne vienmēr ir gatavība koncentrēties tikai uz sava mazuļa vēlmēm, paralēli jārealizē daudzi citi uzdevumi. Pajautājiet jebkuriem atbildīgiem vecākiem, vai viņi saviem bērniem velta pietiekami daudz uzmanības un mīlestības, un jūs saņemsiet atšķirīgas atbildes, jo vienmēr atradīsies iemesls aizdomām, ka, iespējams, viņi pret saviem bērniem varēja būt daudz dāsnāki un labāki vecāku misijas realizētāji. Mīlestībai nav robežu, un tās nesavtīgās formas var būt visdažādākās. Par šo nepārdomāto izteikumu: „Jūsu bērnam ir par maz mīlestības!", vecākiem nācās dārgi samaksāt. Sieviete bija stāvoklī, un audzinātājas neobjektīvais secinājums izraisīja viņā virkni pārdzīvojumu, kuros viņa ieslīga arvien dziļāk. Bez šaubām, nelaimes uzglūnēja cita pēc citas ne tikai tāpēc, ka skolotāja ir pārlieku pļāpīga, bet arī tāpēc, ka bija sagatavota „augsne". Sievietes psihosomātika atstāja iespaidu uz fizisko ķermeni, un viņas organisms izgrūda augli. Bērnu vairs nebūs, jo iepriekš viņa bija daudz domājusi par to, vai vecāku mīlestību iespējams vienlīdzīgi sadalīt vairākiem bērniem tā, lai tie neciestu. Jāatkārtojas, ka galvenā problēma nav audzinātājā, katrs ir tiesīgs veidot savus priekšstatus par otru. Kas tad īsti notika? Atšifrējums – audzinātāja izsakās: „Jūs bērnam dodat par maz pudelīti, un krūti viņš vispār nepazīst.", māte izsecina: „Esmu bez piena, diviem nepietiks." Savstarpēji un cieši saistīti ir psiholoģiskie (un arī fizioloģiskie) procesi. Reizēm tie ir spējīgi ietekmēt pat cilvēku likteņus. Kaut neliels sapratnes palielinājums sabiedrībai nenāktu par ļaunu. Atkārtojos sakot – kāda psiholoģija, tāda kultūra.

Pamēģināsim izprast, kāpēc bērns tik intensīvi meklēja emocionālu un fizisku saskarsmi ar savu audzinātāju. No kurienes mēs, speciālisti, esam *ķēruši* tādu uzskatāmi brutālu izskaidrojumu, tik vienkāršotu, aizgūtu no neirolingvistiskās programmēšanas, kas apbrīnojami populāra un pieprasīta ir tikai bijušās Padomju Savienības teritorijā. Uz izteikti vienkāršotu redzējumu būvēta nopietna teorija. Jāmin ne gluži izziņai, bet ar pārmetumiem un apvainojumiem. Tāpēc papildus nācās vairāk informācijas ievākt par abām iesaistītajām pusēm, tāds bija skolas direktora lūgums. No līdzcilvēkiem uzzinājām, ka abi vecāki ir pozitīvi noskaņoti pret pasauli. Viņus varētu raksturot kā sirsnīgus un psiholoģiski pārmērīgi atvērtus cilvēkus. Turpmāk neieslīgsim sīkākā atstāstījumā, bet pakavēsimies pie pirmā būtiskā novērojuma atklājuma. Iespējams, ka pirms nopietnu apgalvojumu izvirzīšanas par bērniem ir vērts paskatīties vispirms uz viņu vecākiem. Minētajā gadījumā, ņemot vērā abu vecāku kopējo sociālpsiholoģisko portretu, vismaz teorētiski nebija iespējams, ka bērns varētu būt *autsaiders* – nav līdzīgs saviem senčiem. Tomēr kāpēc bērns pēc tā tiecās? Kuram vispār pirmajam ienāca prātā ideja, ka bērns, *mīcoties* pa pedagoga klēpi, vēlas saņemt mīlestību? Atradām grēkāzi: vispirms tā varētu būt aplama teorija, balstīta uz praksi, neatbilstoša metodoloģija, zināšanu trūkums, skolotājas projekcija un mātes histērija kā organisma neveiksmīga atbildes reakcija. Iepriekšējais uzskaitījums nav nekas tāds, ko jebkurš cilvēks nevarētu sevī pārvērtēt un mainīt. Nedarīšana un ignorēšana ir izkopts ļaunums, jo tādā gadījumā cilvēks veicina pārdzīvojamo pārdzīvojumu.

Izrādās, ka pārdzīvot ir jāmāk! Pārlieku liela sensibilitāte var veicināt psiholoģisko galējību rašanos. Mīlestības pret bērniem mūsdienās ir daudz vairāk, nekā tās ir bijis mūsu vecākiem. Cilvēki izglītojas un jau apzinātāk domā par to, lai neatkārtotu savu vecāku kļūdas. Zīdaiņu namu, pamesto bērnu skaits Eiropā ir krietni sarucis salīdzinoši ar laiku pēc Pirmā un Otrā pasaules kara. Palūkojiet, cik daudz literatūras, televīzijas un radio pārraižu, lekciju, nodarbību ir veltīts vecākiem, brīvā laika pavadīšanas veidi ģimenēm, izklaides, ceļojumi u.c., visa tā apjoms ir krietni lielāks, nekā bija pieejams mūsu vecāku vecākiem!

Mūsdienās ir vieglāk izlasīt, kā izdzīvot „tukšo pudelīti". Neignorēt, bet censties saprast notiekošo – nebūt „neredzīgiem" un „nedzirdīgiem". Tas ir „tukšās pudelītes" zīmols. Cik tad var attaisnot savas bezatbildīgās neizdarības sekas? Piemēram, „lietot pudelīti", baudīt dažādus sociālos labumus, laiskoties, nesaspringt, neizprast, noliegt, attaisnot sevi, simpatizēt vulgaritātei, lētam spožumam, ticēt Laimes lācim. Nevar primitīvi novelt vainu un pārmest bezatbildību tikai priekštečiem. „Tukšajai pudelītei" ir savs izdevīgums. Vairums iepriekšējo paaudžu vecāki nezināja un nenojauta, ka starp viņiem un bērniem ir kāds vērtīgs sakars, ka viņi paši nav baudījuši mierīgas un siltas mātes krūti. Kari, politiskās represijas, apšaubāma ideoloģija veido vērtības; informācijas aprites ierobežošana, izpostītās ģimenes, vientuļās mātes, kontracepcijas nepārzināšana, aborti, alkohols, smags darbs, birokrātija, sodīšana, nosodīšana, principialitāte, personīgās dzīves izpratne u.c. ir daudzu mūsu vecāku pagātnes sabiedrotie. Nereti tie bija ideāli, pēc kuriem cilvēki tiecās – „modes lieta". Padomāsim, kāds izskatījās godīga pilsoņa tēls. Bez šaubām, tas nav gluži attaisnojams, bērns dusmojas un nevar saprast nesamērīgas vērtības, kas tiek liktas svaru kausos. Var gadīties, ka vainīgie nav jāmeklē, jo jādomā patstāvīgi katram par sevi, ko var darīt lietas labā. Sabiedriskā iekārtā ne visi ir spējīgi uz humānu un saudzējošu attieksmi, būt iekšēji harmoniski. Destruktivitāte ir palēnām aizgājušo paaudžu mantojums mūsdienās.

Ar mīlestības jūtām var manipulēt. Līdzīgi kā iepriekš minētajā gadījumā, it kā mīlestības daudzums uzreiz nosaka tās kvalitāti. Cerēsim, ka sieviete, kas tobrīd zaudēja iespēju laist pasaulē bērnu, sevī nekultivēs pārdzīvojumu mokas un ka viņa izdarīs secinājumus, sapratīs savas šaubas un attiecīgi rīkosies. Lielākā vērtība nav tā, ka mēs cenšamies nodzīvot dzīvi bez kļūdām, tā drīzāk var kļūt slims, bet gan, ko mēs ar šo pieredzi plānojam darīt. Tomēr ne visiem tas izdodas, jo cilvēki ne vienmēr ir atvērti pārdzīvojumu zaudēšanai tā, kā ir gatavi tos uzņemt un noturēt.

Visam ir savs psiholoģiskais konteksts. Pat, ja mēs apzināmies, ka neesam gatavi „atlaist" pārdzīvojumu, tas, vienalga, neizslēdz iespēju no tā iespaidoties. Iekšēji mums ir grūti nošķirt emocionālo vēsturi no tagadnes. Uzaugot noteiktā kultūrā, nav citu alternatīvu, kā vien apzināti vai neapzināti ietekmēties. Ko latviešu folklora un literatūra vēsta par pārdzīvojumiem un pārdzīvojumu mokām? Kādu skolu mēs bērnībā apgūstam?

Pirmais, kas nāk prātā, ir „Pasaka par eža kažociņu". Atminos, ka kāds uz teātri bija aizvedis savu piecgadīgo bērnu. Pasakas izrāde esot patikusi visiem, bet tās saturs licis par daudz ko domāt ne tikai bērnam, bet arī vecākiem. Meitenīte esot uzdevusi tik daudz eksistenciālas dabas jautājumu, uz kuriem ne tik ātri bijis iespējams atbildēt. Pastāstīšu, par ko interesējās mazā meitene. Pirmkārt, katrā morālē ir sava deva psiholoģijas, tāpēc atbildēt uz jautājumu - „Kāpēc princese uzreiz neapprecēja princi, bet ezīti?"- nav vienkārši pat tādiem vecākiem, kam ir laba humora izjūta. Ja to sasaista ar grāmatas nodaļas tēmu, tad dīvainības un aizdomas par princeses uzvedību un izvēli nebeidzas, jo princese jau sākotnēji ieinteresējās par citas sugas pārstāvi. Iespējams, princesei bija nepieciešami pārdzīvojumi. Precīzi! Tieši tā! Bet kādi?

Nākamais jautājums: „Kāpēc princese pati nesa ezīti priekšautā cauri visām tautiņām?" Hipotētiski to varētu saprast, ja princesei bija vajadzība pēc pārdzīvojumu mokām. Šādas izjūtas var *uzskrūvēt* līdz maksimumam, ja kādam no pārdzīvojumiem rodas skatītāji. Ezītis var sagādāt neērtības. Tas ir ass, par to vien jau var pažēlot princesīti. Auklēšanās ar meža radījumu pilsētā ir nevietā, kas var papildināt pūļa interesi. Notikumi norisinās atklāti gaišā dienas laikā, vecāki arī par to bija parūpējušies, izziņodami trauksmi. Turklāt princese ir par daudz skaista un cēla un neatbilst ezītim. Iespējamais skūpsts (visi mūsdienu bērni zina, ka pieaugušie bučojas un ka no tā var piedzimt bērni) var būt neērts. Trešais jautājums no bērna mutes: „Kāpēc princese pati novilka ezītim kažociņu?" Iespējams tādēļ, lai pārdzīvojums būtu komplicētāks, jo līdztekus viņas pārdzīvojumam sekos ezīša pārdzīvojums, kura dēļ varētu rasties kopējas mokas. Ceturtais un pēdējais jautājums, ko uzdeva meitene, bija: „Kāpēc princese sadedzināja eža kažociņu?" Atbildes nebija, jo katram bērnam tiek mācīts, ka bez atļaujas nedrīkst rīkoties ar svešām mantām un vecākus pārņēma pārdzīvojuma mokas, ka nonākuši tādā duālā situācijā kā ķīlnieki starp diviem pasaku varoņiem – princesi un ezīti. Princese katram bērnam, īpaši meitenēm ir pozitīvs tēls. Viņa, ļoti gribēdama laulību, ir ar mieru, spītējot sev un vecākiem, laulāties ar ezīti. Tik spēcīgas vēlmes dēļ viņa bez atļaujas iznīcina kāda privāto īpašumu, iespējams, pat dzīvi (ezīša īstās mājas ir mežā), lai paaugstinātu savu „pievienoto vērtību". Zemapziņā princese jūt, ka nav rīkojusies visai labi, tāpēc kā pateicību ir apņēmusies ezītim ziedot visu savu dzīvi un pūrā karaļvalsti.

Vecāku atbildēs ir sava deva humora, bet katrā jokā slēpjas daļa patiesības. Vai varētu būt tā, ka pārdzīvojumus, lai pašrealizētos, nerada vien mākslinieki? Iespējams, ka pārdzīvojums ir nepieciešamība pašrealizēties un izpausties. Iedomāsimies situāciju, kad spiež kurpes, ko mēs ar tām darām? Metīsim ārā vai vismaz nevalkāsim. Ezītis iežēlināja princesi! Viņa neizturēja, un pārdzīvojums uzvarēja saprātu. Kādus psiholoģiskas dabas uzdevumus realizē mūsu apziņa un zemapziņa ar pārdzīvojumu starpniecību? Pieļaujams, ka tiek paveikti daudzi uzdevumi, ko apzinoties būtu līdzīga sajūta, kā uzkāpjot uz atstāta un aizmirsta grābekļa. Nav vainīgo! Cilvēka spēkos ir patstāvīgi sašķirot pārdzīvojumus divās lielās grupās: pirmkārt, traumatiskajos pārdzīvojumos, kuros nav nekāda sakara ar mokošu izjūtu provocēšanu. Prieks nav no mokošo izjūtu apcerēšanas, jo mokas sagādā traumas. Otrkārt, tie ir pārdzīvojumi, ko cilvēki labprātīgi izmanto, lai manipulētu, atriebtos, reaģētu, ietekmētu, ievirzītu, noskaņotu, iebiedētu, nomierinātu, izglītotu vai audzinātu.

Minēšu piemēru otrās grupas pārdzīvojumiem. Vīrietis žēlojas par to, ka sieva viņam pārmet par nepietiekamu iesaistīšanos sievas mātes un tēva nepatikšanās. Ģimenes situācijas, kas saistītas ar viņas vecākiem, brāļiem, māsām un to bērniem viņam šķietot mazsvarīgas. Vīrietis nopietni pārdomājis šos pārmetumus, tāpēc jautājis sievai, kā viņa to īsti ir domājusi, jo viņš savā rīcībā nav varējis konstatēt nekādus neiecietības gadījumus. Tur jau ir tā „sāls"! Vajagot vairāk un aktīvāk runāt, pārrunāt, pieminēt, atgādināt vienam par otru. Biežāk zvanīt, satikties, palīdzēt. Izrādījās, ka sievai bija pretenzijas, ka viņš brīžos, kuros kāds ir jāglābj, vienmēr esot mierīgs un mazrunīgs. Vīrietis taisnojās, ka tāda esot viņa mentalitāte. Tāds esot bijis viņa vectēvs, tēvs, tāpēc arī viņš esot tāds pats.

Sievas ģimenē ir pieņemts daudz un ilgi runāt par to, kas tajā brīdī kādam ir aktuāls vai vēl varētu būt svarīgs. Arī viņai vecvecāki un vecāki esot tādi paši. Ar šādu pieeju viņi mazina stresu, tā tas varētu būt, jo runāšana ir viena no terapeitiskajām metodēm, kas, ja ne gluži īsina laiku, tad dod iespēju novērsties no svarīgākā. Starp vīru un sievu attiecības ir mokošas, ja viņiem ir dažādi dzīves uztveres stili. Ziemeļpols un Dienvidpols.

Var minēt pozitīvus piemērus, kad pārdzīvojumu mokas izglīto. Atminos kādu notikumu ar pusaugu meiteni, kas bija noskatījusies filmu, kuras sižetiskā līnija aizveda skatītāju līdz lielas un uzticamas mīlestības bojāejai. Jaunkundze nākamajā dienā nebija spējīga aiziet uz skolu, jo pārdzīvojumi bija tik mokoši, ka viņa nevarēja mitēties raudāt. Meitenes māte pastāstīja, ka tieši pēc šīs filmas noskatīšanās mainījusies meitenes attieksme pret mazākajiem brāļiem un māsām. Iespējams, ka šajā gadījumā tā ir tikai sakritība, bet tas, ka pārdzīvojumiem piemīt psiholoģiski pedagoģisks aspekts, ir jāuztver nopietni.

Cilvēkus vienmēr ir interesējuši savi un sveši pārdzīvojumi, jo tie liecina par cilvēku kā par dzīvu būtni. Tāpat tie salīdzina, izvērtē, pārspīlē, nomāc u.tml. Izkoptais ļaunums tiek provocēts tur, kur mēs apzināti citos izraisām sāpes vai šaubas, lai panāktu sev vēlamo. Cilvēks, kas koncentrējas uz pārdzīvojumiem, zaudē darba spējas. Ja viņš pārdzīvo nesaskaņas privātajā dzīvē, viņš nespēs produktīvi strādāt, radīt vai pieņemt pareizus lēmumus. Pārdzīvot vajag! Tikai – kā jebkurā lietā – nezaudējot veselo saprātu. Skumji, bet reizēm tā mēdz gadīties. Atgriežoties no komandējuma, vīrs greizsirdības lēkmē nogalina savu sievu, pats nesaprazdams savas emocijas. Saimnieks nošāva savu, ilgi kalpojušo suni tāpēc, ka tas iztukšojis nedēļu uzkrātās olu rezerves. Veča nodarīja smagus miesas bojājumus savam aizmigušajam vecim par bez atļaujas iztērēto pensiju. Reizēm par to, vai pārdzīvojums ir bijis adekvāts rīcībai, spriež attiecīgās tiesiskās institūcijas. Pārdzīvojums var būt stihisks kā vētra, un tā intensitāte var pārsteigt pašu *pārdzīvotāju*. Jau vārdā „pārdzīvojums" veidojas vārdu spēle, kaut kas līdzīgs *gaišdzirdībai*. Pāri dzīvot, dzīvot un pāri – pārdzīvot kādu. Tad kuru? Pārdzīvojums ir kaut kas, kas jāpārdzīvo, kam jātiek pāri. Tāds ir psiholoģiskais vēstījums.

Šīs nodaļas mērķis bija pievērst uzmanību pārdzīvojuma mokām, ko var veicināt tas pats joprojām aktuālais un līdz galam neapzinātais izkoptais ļaunums. Ko var iemācīties, izlasot šo nodaļu? Kaut ko ne pārāk didaktisku, bet kaut kas „prasās", jo tagad drusciņ kā ar nazi nošķelts – „līdz galam neapzinātais ļaunums". Varbūt kādu ierosmi nākamās nodaļas lasīšanai?

Izlasot šo nodaļu, var mācīties izprast savas un citu mokas. Pārdzīvojumu mokas var veidot mūs laimīgu un dziļi nelaimīgu. Ja mēs tās uzmeklējam, tad no tām ir sarežģīti atbrīvoties. Reizēm tās nevar sagaidīt, lai iegūtu enerģiju un vielu pārdomām. Nejaukt ar kvalitatīvu un auglīgu pārdzīvojumu veidošanu. Mokas, ko „piesauc", ir nepieciešamas tikai vienai konkrētai personai, lai sajustu savu mazohistisko vērtību. Pārdzīvojumu mokas atšķiras no speciāli provocētajām un kultivētajām mokām, jo tām ir intelekts un emocijas. Provocētajām mokām nav. Tās izpaužas, kā minimums, kā vardarbība. Pārdzīvojumu mokas nevar nesajust un uztvert kā patstāvīgu normu. No tām cilvēkam iekšēji ir nepieciešamība atbrīvoties, tāpēc viņš cenšas domāt! Pavisam citādi ir ar sevis provocētajām mokām – tās kā emocija var veidot dzīves pamatu un vērtības. Izprovocētās mokas biežāk traucē domāt citādas domas – radošas, auglīgas, vērtīgas. Vienā vai otrā variantā pārdzīvojumu moku gala iznākums var būt vienāds, ja indivīds laikus neaptur sevi. Piemēram, ilgstoša nespēja atbrīvoties no pārdzīvojumu mokām transformējas iekšējā vajadzībā pēc frustrācijas. Tādas nu reiz ir pārdzīvojumu mokas, vismaz šajos piecos, skaidri izlasāmajos un apkopotajos variantos.

SPĒLĪTES AR SEVI

Korporācija, darbs ar savu individualitāti, divkosība

Viena no aizraujošākajām nodarbēm ar savu prātu un emocijām ir spēlītes ar sevi. Protams, dažreiz mums ir nepieciešami iedomu tēli, lai būtu sižetiskā līnija, gluži tāpat kā bērniem ir nepieciešami multiplikācijas tēlu varoņi, pasakas ar labām beigām, kas iztēli aizved līdz mērķim. Tās palīdz rosināt fantāziju un iemidzināt realitāti. Piemērs nav par psihiski smagām saslimšanām, bet tiek aprakstīta vidēja cilvēka aizraušanās ar nerealitāti. Prāts patērē enerģiju, un emocijas sajūtas apmierinātas, jo izdodas izlādēt spriedzi. Bērni pamodušies dažkārt nosapņoto piemin realitātē tā, it kā tas ar viņiem tiešām būtu noticis. Pieaugušie saskaras ar kaut ko līdzīgu, būdami nomodā. Piemēram, darbā biroja menedžerei uzdod jautājumu: „Kāpēc nav pareizi noformēts e-pasts?" Atbilde ir: „Tāpēc, ka bija jāizslēdz tējkanna." Attaisnojums neiekļaujas ne tikai kontekstā, bet arī laikā un telpā. Kaut kāds apziņas posms izkrīt, un tad, kad cilvēks atgriežas, viņš attiecīgajā momentā ir nesakarīgs un neadekvāts. Dažkārt pazūd sezonalitātes adekvātums. Ziemas beigās, pavasarim tuvojoties, putnu čivināšanai skanot, strādnieks no rīta apņēmības pilns dodas dienas darbos – nosiltināt kanalizāciju. Reizēm zūd sajēga par gadiem, kad māte noceļ savas meitas līgavaini. Mēdz izplēnēt telpiskuma izpratne, kad cilvēks nespēj izvērtēt vides iespējas. Piemēram, vieta un telpa deformējas, kad divi sarunājas, un viens no viņiem strauji maina tematu un sāk aktīvi runāt par sevi. Pieaugušo rotaļīgums ir bezgalīgs un mēdz būt pašiem ļoti aizraujošs, jo vienmēr pa rokai var atrast tādus, kas piespēlē spēles noteikumiem – vispirms pēc kārtas iesaistās pirmais, tad otrais. Atceros, ka kāds puišelis prasīja mammai ceptus kartupeļus, ko varētu mērcēt šokolādē, apgalvodams, ka tādus viņi iepriekšējā dienā esot iegādājušies veikalā. Kad mamma iebilda, ka tādas lietas reizē neesot iespējams ēst, mazulis raudāja, jo viņam bija dziļa pārliecība, ka tādu ēdienu viņš ir baudījis un ka mamma vienkārši spītējas. Pieaugušie arī var darboties „šokolādes kartupelīšu" līmenī, spēlēdami, piemēram, rotaļu, kā no avīžu zēna kļūt par princi.

Tā kā visi cilvēki naktī guļ, viņi redz sapņus. Reālus, melnbaltus, krāsainus, aktīvus un pasīvus notikumus u.c. Tos redz bērni un pieauguši cilvēki. Sapņiem ir savdabīga loma cilvēka dzīvē. Šobrīd neizklāstīšu dažādās psiholoģiskās pieejas sapņu interpretācijā. Par tām var tuvāk painteresēties psihoanalīzes un psiholoģijas žanra literatūrā. Turpmāk analizēsim sapņošanas formu, ko nevar asociēt ar nomoda sapni, kuram ir saistība ar zemapziņas informatīvo starpposmu uz apziņu. Pēc K.G.Junga teorijas mēs caur sapni piedzīvojam to, ko esam nojautuši vai intuitīvi pieredzējuši. Indivīds ir iegrimis miegā, bet tajā pašā laikā reāli apzinās, ka izbauda miega stāvokli. Piemēram, K.G.Jungs klāsta savu pieredzi kā vīziju par ezeru, gar kuru Otrā pasaules kara laikā ir pastaigājušies bērni, kuri pēc tam tika nogalināti, bet dvēseles joprojām iemājoja tajā vietā un it kā ar laika mašīnas palīdzību joprojām pastaigājas gar ūdens tilpni. Tās ir vīzijas... teorijas par sapņiem nomodā. Šo piebildi par kara notikumiem pie ezera vieglāk būs izprast tiem, kuri ir iepazinušies ar K.G.Junga zinātnisko mantojumu. Šis piemērs gandrīz neko neizsaka tiem, kas nav tuvāk interesējušies par nomoda sapņiem. Grāmatas nodaļā šis kāzuss ir obligāti jāpiemin tāpēc, lai interesenti varētu saprast, ka turpmākajā tekstā netiks iztirzāti nomoda sapņi un ka aprakstītajai teorijai nav nekādas tiešas saistības ar K.G.Junga kolektīvo bezapziņu. Īstenībā mūs šobrīd interesē reāls sapnis, kurš tiek bloķēts ar savdabīgiem, neatbilstošiem, sadzīviskiem apgalvojumiem. Sapnis, no kura it kā nekad neiziet laukā. Cilvēks kustas, darbojas, viņa intelekts ir aktīvs, bet dzīves aktivitātes paiet garām neapzinātas. Šo sapni varētu nodēvēt par sadzīves sapni.

Grāmatā sapnis ir ņemts kā salīdzinoša ideja par to, ka cilvēks notic, ka viņa fantāzija ir kļuvusi par īstenību. Laiku pa laikam iekšēji cīnoties par savu mistisko ideju, viņš saskaras ar pretestību, kas ir pamatota. Piemēram, pusaudži mēdz ticēt tam, kā nav - neprotot atrisināt situāciju, viņi melo un pārliecina sevi, ka iedomātais ir īstenība. Netaisnīgi uzskatīt, ka tā ir raksturīga iezīme tikai šai vecuma grupai. Tieši to pašu mēdz darīt arī pieaugušie.

Tāpat kā mēs iedvesmojam sevi pozitīvajam, tā arī mēs esam spējīgi savu darbību un domas vērst uz negatīvo, izkopjot nelabvēlīgas un kaitīgas emocijas. Tāpat kā cilvēki saudzē dabu, respektē attiecības, vēlas justies harmoniski, tāpat viņi tic arī mesijai, pārdabiskiem notikumiem, labiem panākumiem, kas neatbilst īstenībai. Pieļauj augstu pārdošanu, pārdabiskus biznesa panākumus, ideālistisku sevis novērtēšanu. Identifikācija, intensifikācija, globalizācija, absolutizācija, optimizācija, aktivizācija, stabilizācija, modifikācija, integrācija u.tml.

Apbrīnojami, kā cilvēki reizēm notic, ka mūs neviens nemīl un ka nevienam neesam vajadzīgi. Pat tad, ja esam apņemti ar mīlestību, joprojām ticam tam, ka neesam gana labi. Ir par maz mīlestības un labvēlības izpausmju savām nepilnībām, sarūgtinājumam, labiem nolūkiem u.c., tāpēc piekāpjamies izkoptā ļaunuma priekšā. Iespējams, tas ir pamatoti, jo jebkura modifikācija rada blakusapstākļus. Dažkārt šīs blaknes ir tik spēcīgas un mums pašiem netīkamas un nepieņemamas, ka mēs pieķeramies šim negatīvismam un nepievēršam lielāku uzmanību pozitīvajam. Gandrīz jebkurš *mikslis* sākotnēji tika veidots kā labas gribas izpausme un labā atspulgs. Varbūt mēs labo nobradājam, pārejam pāri pozitīvajam, jo frustrējamies no aktivitāšu sekām. Ar tādu pašu ticības enerģijas devu kā pret pozitīvo un negatīvo, mēs nododamies citu absurdo prātu piedāvātam scenārijam. Mēs pakļaujamies no realitātes atrautajiem priekšlikumiem un dzīves skatījumiem, jo atrodamies sadzīves miegā. Respektīvi, sadzīviskā sapņošana mūs iesūc vairāk nekā nomods un realitāte. Mēs it kā ieslīgstam viduvējās vērtībās un nespējam pacelties virs tām. Tas ir objektīvi: lai redzētu mākoņus no augšas, nepieciešams gaisa transports. Savukārt, lai lidotu, ir jānopērk biļete, kurai bieži vien nepietiek naudas, jo jāaizlāpa kārtējais sadzīves caurums. Jāatzīst, ka, no augšas raugoties lejup, šos ielāpus nevar redzēt. Piemēram, strādāt, mobilizēt resursus, ieguldīt laiku, zināšanas „glābšanas misijās", kurās neviens ne no kā nav jāglābj, ir raksturīgi sadzīves miegam. Ne visiem ir dots saprast un patiešām zināt, kas otram ir nepieciešams, lai viņš atmostos no sadzīves miega. Dažkārt apkārtējie veicina sadzīves miegu, radot drošības sajūtu, ka viss ir kārtībā un var gulēt tālāk. Ģimene, skola, partija, sociālā sfēra, bizness par visu parūpēsies. Nepieņem šo sadzīves miegu tie, kuros prevalē citādi uzskati, reliģija un vērtības.

Kāpēc sevi maldinām? Tāpēc, ka bieži vien nav pietiekamas informācijas un zināšanu par sevi. Ne visi pārzina savas erogēnās zonas un proporcionāli tieši tāpat pārliecinoši nevarētu apgalvot, ka pārzina sevi emocionālajā sfērā. Piemēram, neprātīgi iemīlējies vīrietis kādā tuvības brīdī pateica savai mīļotajai, ka tā viņu seksuāli neinteresē. Viens no galvenajiem pāra kopdzīves motivējumiem bija tieši sekss – viņu attiecības sākās un formējās tieši uz šīs bāzes un pieredzes. Vīrieša teiktais sievietē izraisīja ko līdzīgu šokam, jo, apzinoties abu seksuālo pieķeršanos, viņu nomāca bailes pazaudēt partneri. Sieviete uzsāka jaunu seksuālās tuvības „programmu". Viņa zināja, ka vīrs pēc dabas ir seksuāli aktīvāks nekā citi bijušie vīrieši. Motivācija pacensties vīra labā bija neaprakstāmi liela, jo laulība draudēja izjukt. Turklāt greizsirdība, nevēlēšanās dalīties ar kādu citu radīja neciešamus pārdzīvojumus. Pēc kāda laika viss nostājās vecajās vietās, un vīrs vairs nekad neizteica līdzīgas frāzes. Kas īsti izdevās? Novērst domas no sevis un iegūt spēju analizēt otru, šajā gadījumā – vīru. Neizdabāt manipulācijām, bet saglabāt objektivitāti. Iebildumi pretējam dzimumam dažkārt mēdz būt bez iemesla, jo projekcijas ne vienmēr izdodas atklāt bez starpnieka, piemēram, psihoterapeita palīdzības. Arī pārdzīvojums palika kaut kur pagātnē, pazuzdams no viņas apziņas kā ūdens burbulis līdz brīdim, kad vīrs aptuveni pēc pusgada sievietei paziņoja ko jaunu. Viņš nejūtot sievas mīlestību, viņas pieskārieni un attieksme vairs nav aizkustinoša un uzbudinoša. Līdzība ar bērnišķīgu rotaļu, kaut kāda patvaļa – te kāds patīk, te nepatīk. Sievietei svārstīgā partnera dēļ ir grūti iegūt sirdsmieru. Tomēr situācija mainījās, jo sieva vairs neņēma vērā vīra ambīcijas un projekcijas. Ne jau viņa bija seksuāli vēsa, bet gan vīrs. Tieši viņam bija problēmas ar seksuālo vēsumu, bet ne sievai.

Loģiski, ka sieviete bija aizvainota, jo nejuta sevī emocionālas pārmaiņas. Vajadzībai pēc vīra esot iepriekšējai, viņa sāka sarunu ar vīru, ka varbūt ir vērts šķirties, ja jau viņš jūtas tik nelaimīgs. Gandrīz jebkurš psihoterapeits pateiks, ka vienmēr nav jādomā par savām kļūdām (sauksim to šobrīd tādā vārdā), bet ir jāpievērš uzmanība tam, kas notiek ar pašu, uzklausot otra cilvēka izjūtas, pārdomas vai pārmetumus. Pārdzīvojums par netaisnību bija tik liels, ka viņai tas izdevās. Ieklausīties sevī. Atklāt to, ka vīram ir vairāk jāpiedomā par savu nepastāvīgo dabu. Iespējams, ka kādam stāstītais šķiet kā murgs. Turpretim citiem šķitīs – kārtējās dzīves peripetijas, konflikts ģimenē, dziļa nesaprašanās vai pat nelaime.

Protams, esošās attiecības ir problemātiskas, bet ne vienmēr ir iespēja apmeklēt psihoterapeitu, turklāt daudziem ir labi izkopta intuīcija un spēja analizēt. Virknei dzīves notikumu nav nekādas saistības ar psiholoģiju. Izglītības, sociālās pieredzes, patstāvīgas un neatkarīgas domāšanas deficīts. Sieviete sev jautāja, kāpēc vīrs, būdams ar viņu laimīgs un nevēloties šķirties (to viņa uzzināja sarunā ar vīru), izdara uz viņu tik milzīgu, apstākļos pretrunīgu emocionālu spiedienu, kas jau sāk līdzināties teroram – te sieva tam šķiet pati pilnība, bet pēc brīža viņš nav apmierināts un izsakās kategoriski un nesaudzīgi. Laiks, ko sieviete veltīja pārdomām, nevis pašpārmetumiem, nesa panākumus. Sieviete sāka justies pilnvērtīgāka, pašpietiekama, viņai sāka veikties karjerā, jo pēkšņi viņa pamanīja, ka nav bezdarbniece, neveiksminiece un neapzinīga, aizmigusi būtne. Kādā sarunā viņa atklāja vīram, ka vairs nebaidās no šķiršanās un ja viņš izvēlēsies to atstāt, viņa atbildēs adekvāti. Sieviete ievēroja, ka vīrs ir kļuvis greizsirdīgs un ka viņu aizskar nevis apkārtējo vīriešu interese, bet gan sievietes neatkarība no vīra emocijām, jo savu sievu viņš bija ieradis laiku pa laikam pakļaut, pabiedējot un pazeminot viņas pašnovērtējumu.

Tad, kad sieviete jutās emocionāli pietiekami stabili, viņa atklāti pateica savam vīram, ka viņš melo, cenzdamies viņu pārmācīt diezgan cietsirdīgi. Vīrs izbrīnījās un atzinās, ka baidās viņu zaudēt, tāpēc baiļu trūkums no sievas puses viņu biedē, jo viņam pašam nav nekā cita ko piedāvāt kā vienīgi seksuālo attiecību joma. Iestājās „pamiers". Tomēr pēc laika sievietes vīrs sāka viņu atstumt, aizbildinoties, ka viņam nav īsta noskaņojuma pēc tuvības. Nav zināms, kā tālāk risinājās abu laulāto attiecības, bet sievietei atklājās vīra rotaļa ar viņas emocijām. Turklāt viņai izdevās nodalīt savu sašutumu no īstenības un neieslīgt pārdzīvojumos, sākot spēlēties ar savu prātu un emocijām un iegūstot arvien jaunus kompleksus vai neveselīgu greizsirdību pret citām sievietēm.

Pamazām, izkopjot savu seksualitāti, ticot, ka Kamasutras pārzināšana glābj laulību, to tomēr var izglābt tikai paši tās dalībnieki. Kamasutra ir tikai līdzeklis, lai aizbildinātu savu seksuālo infantilitāti. Protams, ka seksa pozu pārzināšana un pārvaldīšana ne visiem ir emocionāli un intuitīvi pieejama, tāpēc reizēm ir nepieciešami uzskates līdzekļi. Austrumnieki paredzēja šādu nepieciešamību, nespēju piesātināties ar seksuāliem priekšstatiem. Mūsdienās ir populāri nepieļaut, ka sekss ir garlaicīgs, to nostiprinot ar pornogrāfiju, seksuālo atribūtiku, kas gan vairāk ir paredzēta cilvēkiem ar psiholoģiskajām problēmām, impotentiem vai cilvēkiem ar ierobežotām iespējam. Vienvārdsakot, tā ir pieeja un atribūtika, ko šobrīd mūsdienu uniseksa mārketinga atbalstītāji ir nosaukuši par brīva cilvēka izpausmēm, seksuālas būtnes atribūtiku. Lai nu tas paliek citu spēles spēlētāju ziņā. Neviltots prieks ir par sievieti, kura nepieņēma spēles noteikumus un neiekrita vīra saprāta „multenītes" tīklos.

Par sarežģītiem spēles elementiem, protams, var nosaukt arī tos instrumentus, ko definē kā pārneses, kontrpārneses, izstumšana, projekcijas un tamlīdzīgi. Atšķirt citu rotaļas nepavisam nav slikti. Tā ir brīvība, pretējā gadījumā, kļūstot par dalībnieku, rodas iekšēji un ārēji konflikti. Šo terminu nepazīšana var nopietni ietekmēt dzīves kvalitāti. Vienkārši sakot – sabojāt dzīvi. Atcerēsimies arī to: lai pārtrauktu vai prastu kontrolēt savu negatīvo emociju plūdumu, ir nepieciešamas dažādas pozitīvas pretestības. Tāda kā sacelšanās pret „pastāvošo varu". Tā varētu būt pašcieņa, kas ignorē citu rotaļīgumu. Sava nozīmīguma apzināšanās paša acīs: sieviete, kas vēlas seksu un par to domā, nevar būt neseksapīla, it īpaši, ja viņa jūt, ka mīl konkrēto vīrieti. Erotika nav tā joma, kas stihiski mainās no vienas galējības otrā - te patīk, te atkal neaizrauj. Kaisle nav kontrolējama, bet vēlme pēc tuvības piemīt visiem cilvēkiem dažādos vecumos. Mīlestība ir dažāda, bet, ja cilvēkā tā pastāv, tad viņam ir jācenšas par to rūpēties, nevis graut, jo ar katru nākamo reizi, kad neapdomīgi paustas negatīvas emocijas, arvien grūtāk ir atsākt rūpēties. Ir riskanti pakļaut sevi prāta un jūtu neīstajām spēlēm, jo var sākt ticēt tam, kā nav, atgriezties iepriekšējā emocionālajā stāvoklī, kļūstot citiem par emocionālu pakalpiņu „smilšu kastē". Pasaulē ir ne mazums cilvēku, kuri var ieinteresēt spēlēt un piedalīties spēlē, lai vairotu savu materiālo labumu un īstenotu citus savtīgus nolūkus. Izkopts ļaunums nosaka to, ka viņi ir spējīgi pasniegt psiholoģisko spēli kā ikdienišķu un dabisku, kā arī organisku parādību.

MALDU UN ILŪZIJU CEĻI

Krīze, morāle, ētika, griba, zināšanas

Iepazīstot jebkuru reliģiju, var apgūt mācību, kā cilvēkam sevi pasargāt no maldu ceļiem: *nomaldījušās avis* no viltus skolotājiem, no neticības Dievam, kā dēļ samilzt pārdzīvojums, kas vedina domāt par vēlmi padarīt sev galu tad, kad iestājies dzīves strupceļš. Kad domājam augstākās kategorijās, var pastiprināties diskomforts, ja iekšējā emocionālā atvieglojuma ilgstoši trūkst. Stāsts ir par to, ka izturēt ciešanas ne vienmēr izdodas tā, lai no tām būtiski neciestu psihe. Emocionālā izmisuma laikā cilvēkam nereti pietrūkst plašāka redzējuma un citas objektivitātes vai pat dzīves pieredzes. Pēdējā ir svarīga, ja runa ir par emocionālo komfortu. Apzinātie noslēgtie geštalti (attiecības) nostiprina psihisko un fizisko veselību. Pagātnes notikumi kalpo kā ieguvumi. Piemēram, ja vienu reizi ir iziets tumšā naktī caur mežu, tad nākamās iespējamības gadījumā būs emocionālā pieredze, kas ļaus izvērtēt apstākļu lietderību. Bailes vai šausminošas sajūtas loģiski mazināsies, salīdzinot ar nepieredzētību šajā jautājumā. Biežāk otrreiz piekrist operācijai ir vienkāršāk, nākamā tikšanās ar personu, ar kuru savstarpējās attiecības ir svarīgas, ir paredzamāka. Nākamais posms ir drošāks, ja ir iepriekšējie priekšnosacījumi un tamlīdzīgi.

Tātad grūtākie momenti emocijām ir tādi, kuri norisinās pirmo reizi un kuros trūkst skaidrības un veiksmīgas iepriekšējas pieredzes. Piemēram, ir izdevies pieņemami atrisināt pārdzīvojumu ar nelieliem zaudējumiem, respektīvi, cilvēks jūtas vismaz salīdzinoši labi! Adekvāti, jo ne vienmēr pēc psiholoģiskajām vai fiziskajām traumām var atgriezties iepriekšējā stāvoklī. Bet par spīti visam ir nostiprinājusies pašapziņa un jūtas līdztekus iegūtām jaunām atziņām. Ir atgriezusies lielāka drošība un paļāvība uz sevi, kaut kas līdzīgs drosmei, kas rosina virzīties dzīvē uz priekšu laimīgāk. Prātā nāk kāds stindzinoši baiss gadījums, kad māte un tēvs zaudēja savu pusaudzi meitu gāzes noplūdes dēļ. Eksplozija notika, kad meitene bija atgriezusies mājās no skolas un vecvecāki gatavoja viņai pusdienu maltīti. Vienā mirklī meitenītes vecāki zaudēja savu bērnu un vecākus. Traģēdija, pēc kuras ne tēvs, ne māte vairs nevēlējās turpināt savu laicīgo zemes dzīvi. Notikumi ritēja savu gaitu, un noraudzīties vai ņemt tajos tiešu vai pastarpinātu līdzdalību bija smagi. Jāatzīst, ka ar šādām emocionāli grūtām situācijām laiku pa laikam gadās saskarties ikvienam.

Iegūtie pārdzīvojumi nezūd, un tie meklēs veidus, kā izlauzties ārpus zemapziņas. Pat tad, ja indivīds līdzīgam gadījumam neveltīs lielu vērību, emocionālajos „failos" atmiņas uzkrāsies, un tām gribēsies atreaģēt. Dažkārt rodas neticība, ka tā notiek, jo daudz kas šķiet pārāk teorētisks un praksē nesastopams, nerealizējams.

Izkoptā ļaunuma izpratnē attālināšanās no ticības ir teoloģiska rakstura grēks. Lai piedod man teologi, bet nodaļas nolūks nav analizēt Bībeli vai kādu reliģijas. Svēto rakstu tekstu uzdevums nav tulkot visiem zināmas patiesības no psihoterapeitiskā skatījuma, tomēr jāatzīst, ka teoloģiskie vēstījumi ir reizē psiholoģiskie vēstījumi.

Iespējams, ka dažas zinātniskas un teoloģiskas idejas var pārklāties vai tām var būt atšķirīga dubulta nozīme. Piemēram, uzticēšanās sev, pieļauju, reliģiskā kontekstā ir Dieva zaimošana, jo mācītāji savos sprediķos māca, ka vienīgais, kam cilvēks var uzticēties pa īstam, ir Visuvarenais. Kā ir ar uzticēšanos sev, ja uzskata, ka domas vada Dieva roka? Ja izprotam, tad tā vairs nav individuālas gribas paušana, jo patiesību var nest tikai logoss, ne cilvēcīga būtne. Patiesība ir noglabāta kādā kopējā zināšanu traukā Visumā. Cilvēks var būt pārlieku merkantils, ar svārstīgu skatījumu, un tas pats par sevi nav nosodāmi. Nepareizi ir tad, kad cilvēks sāk uzskatīt, ka viņa lēmumi ir pareizāki. Dievs ir radījis Visumu, tātad viņa zināšanas ir virs tā, bet tai pašā laikā šo jautājumu dažas reliģijas traktē savādāk. Runā par vienu un to pašu, tikai ar atšķirīgiem simboliem. Reliģijas un psihoterapijas temats ir tik delikāts, ka bez nopietnām akadēmiskajām zināšanām teoloģijā un psihoterapijā neiztikt, bet tas nenozīmē, ka starp psihoterapeitiem nav neviena, kurš pats ir reliģiozs, pieder pie kādas no draudzēm, kā arī tādi, kuri mēdz būt dziļi reliģiozi pēc savas pasaules izpratnes. Psihoterapeits, kurš ir kādas konfesijas pārstāvis, atšķirs idejisko atšķirību un individuālo projekciju no reliģiskā vēstījuma. Nav noslēpums, ka Dievs ir kā pārnese. Ne visi apzinās: ja sarunas un domas par tēvu sagādā grūtības, vieglāk un saudzējošāk ir runāt par savu miesīgo tēvu caur Dievu. Reizēm cilvēkiem izdodas neapzināti manevrēt savā emocionālajā pasaulē ar tik komplicētiem pārdzīvojumiem. Par Dievu var runāt daudz un tikai tādēļ, piemēram, lai nevajadzētu sarunāties par bioloģisko tēvu. Tad, kad situācija ir apzināta, tad sarunas par Dievu mazinās. Ne tāpēc, ka to aizmirst, tieši otrādi – ar to var satuvināties un censties izzināt bez starpniekiem tieši un atklāti.

Tik tālu būtu skaidrs. Ja nav īstas izpratnes par šo, tik sarežģītās tēmas komentāru, satraukumam nav pamata, jo mēs runāsim nevis par Dievu, bet par sevi. Ticību sev, kam nevajadzētu sastapties ar baznīctēvu neizpratni. Cerēt var, bet tas, iespējams, nepiepildīsies tāpēc, ka viena daļa ticīgo iestājas par to, ka noteikšana pār savu dzīvi cilvēkam nav liela, to visu viņa vietā izlemj kāds cits, ar to konkrēti domādami Dievu. Līdz ar tādu attieksmi mazinās psihoterapijas efektivitāte. Citi turpretī uzskata, ka reliģija nedrīkst aptraipīt sevi ar zemapziņas jautājumiem, šo cilvēka daļu pārvalda pats Nelabais. Līdzīga attieksme nošķir iespēju saņemt psihoterapeitisko palīdzību, jo cilvēks neuzdrošinās iedziļināties savā neziņā.

Daudzi reliģisko konfesiju pārstāvji interesējas par psihoterapiju kā par papildu metodisku pieeju teoloģiskās konsultēšanas procesā. Ir novērotas dažādas kombinācijas. Tieši tāpat, kā psihoterapeits, piemēram, dodas uz kārtējo grēksūdzi, mācītājs apmeklē individuālās terapijas kursu pie psihoanalītiķa. Šādas situācijas ir jo īpaši vērtīgas tāpēc, ka liels daudzums neziņu un šaubu, savstarpēji komunicējot, atklājas un nāk par labu abiem personīgajā un profesionālajā darbībā. Daudz kaitīgāk un nesaprotamāk ir, ja, piemēram, kardināls smēķē un ļaujas pasaulīgiem kārdinājumiem un psihoterapeits lieto psihotropās vielas, lai relaksētos pēc garas darba dienas, atveldzētos no konflikta ar sievasmāti un aizpildītu medicīniskās kartītes. Nē, nē, no sadarbības starp zinātni un reliģiju nav jābaidās, tieši pretēji – tā ir apzināti jāveicina.

Tāpēc, lai iedziļinātos tālāk tematā „Maldu un ilūziju ceļi", jāatliek sānis iespējamā nesaprašanās un jāatklāj tas, pēc kā tiecas ticības mācība un, piemēram, geštaltterapija – atrisināt savus maldīgos priekšstatus, nekalpot tiem un neuzskatīt tos par realitāti. Uzticēšanās sev psihoterapijas kontekstā ir svarīga, jo tā var iegūt savu patiesības izpratni. Šķiet, ka reliģija daudzviet, kaut ne visās konfesijās, mudina uz kaut ko līdzīgu. Vismaz patiesības izpratnes jēdziens noteikti ir būtisks. Pie šāda pētījuma priekšmeta mēs varētu palikt, saglabājot to un vienojoties, ka visiem mums rūp emocionāli harmonisks cilvēks. Vai šajā patiesībā nevar mājot izkoptais ļaunums? Cilvēks var veidot savu patiesību, balstoties uz pārņemtajām kļūdām vai neizpratni par šādām vai tādām situācijām. Pilnīgi precīzs novērojums, jo mēs taču nevaram cerēt, ka atziņas kāds ielies mūsu prātā bez mūsu tiešā akcepta! Apzināšanās psihoterapijā ir Svētā gara klātbūtne reliģijā. Tāpēc vēl jo svarīgāk ir piezemēties un apzināties savu personīgo maldu un ilūziju ceļu, liekot mierā kādu konkrētu teoloģisku pieeju vai psihoterapijas virzienu.

Cilvēkam ir raksturīgi maldīties. Reizēm izdodas kultivēt slinkumu un kūtrumu, cerot uz apkārtējo un Dieva žēlastību. Atliek kārtīgi slinkot un sagraut savu dzīvi, kā tūlīt atradīsies glābēji, kas palīdzēs slinkot arī turpmāk un nostiprinās nevīžam priekšstatu, ka piedzīvotais nav vis slinkums, bet dāsna dāvana no kāda īpaša spēka. Turklāt apkārtējie traktēs nepieciešamību dalīties kā garīgu misiju, un aiz tās kristāliskās tīrības nebūs pat aizdomu par to, ka visu labo ir sapostījis paša slinkums. Cik sarežģīta situācija, ja mēs pieņemam, ka slinkums nav vis kaut kāds nieks, bet nepanesams iekšējais stāvoklis, kas nedod izaugsmes iespējas. Tādā gadījumā viss ir precīzi, ja kādam ir slikti, tad mūsu uzdevums ir nevērtēt, nesodīt un neanalizēt, bet pēc paša brīvas gribas palīdzēt, cerot, ka gūtā pieredze būs kā mācība. Mūsu pilsoniskais uzdevums ir palīdzēt tiem, kam to vajag, bez savas subjektīvās attieksmes un audzināt sevi. Iespējams, ka tas otrs ar mums nesaprotamo motivāciju ir dots, lai mēs pilnveidotos.

Padomāsim vēlreiz kopā, pamodelēsim jebkura cilvēka nozīmi un dziļi simbolisko jēgu mūsu dzīvē. Kāds ir viņa galvenais ierašanās iemesls? Nepatikas gadījumā iznīcināt šo ienācēju vai savu nepatiku. Reliģija aicina risināt šo konfliktu miermīlīgi, caur piedošanu, ticību, pacietību un tamlīdzīgi. Nav šaubu, ka daudziem cilvēkiem izdodas sasniegt šādu dvēseles emociju stāvokli, neradot sev neirotiskas sekas un līdzīgas psihoemocionālas problēmas, kā arī šaubas par to, vai tiešām piedošana ir realizējusies un tas nav pašapmāns. Jābūt ir pilnīgai pārliecībai, ka piedošana ir realizējusies. Piedošana, kas nav īstenojusies, aizvien paliek ilūzija un vēlme, kuras pārdzīvojums joprojām ievaino cilvēku. Dilemma. Cilvēks vēlas piedot, bet nespēj. Cieš tāpēc, ka neizdodas. Tad, kad saņemas vai uz laiku notic saviem panākumiem, jūtas labi un patiesi paša izraudzītā ideāla priekšā, līdz kamēr labākajā gadījumā pamana, ka tā ir viltus ticība, neīsta patiesība, ka ir atbrīvojies no pārdzīvojuma caur piedošanu.

Nepatīkamākais, ka reizēm psiholoģiski nav iespējams piedot, jo ir tādi apzināti pāridarījumi, kurus nav iespējams objektīvi saprast, kur nu vēl piedot. Morāli un ētiski pārkāpumi, ko nav iespējams attaisnot. Tāpēc, veltot pat vislielākos pūliņus un gribu, piedošana nav iespējama. Par to nav jāšausta sevi, bet atrisinājums ir jāmeklē. Iespējams, ka tas ir tuvu, bet tas var izskanēt un izpausties savādāk. Tāpēc ir mācītājs, kas var sniegt padomu, un psihoterapeits, kas var izprast situāciju. Protams, ka abi var vēl vairāk un dziļāk palielināt savas darbības kompetenci un sniegt milzum lielu atbalstu tam, kurš nomokās, ka nespēj piedot to, ko faktiski cilvēka prāts un emocijas nevar izdarīt jau pēc definīcijas, jo tas būtu necilvēcīgs lūgums.

Šajā kategorijā pie „neiespējamām piedošanām" nav vietas stāstiem, ka kaimiņu govs ir noēdusi svešu zālienu. Tas nav patīkami, bet govij nāksies piedot, jo viņa aizmaldījusies, cilvēku nepieskatīta. Tas nepavisam nav tas pārdzīvojums, ko nevarētu saprast, tāpēc no tā jāatbrīvojas, jo ātrāk, jo labāk gan pašiem, gan arī govij, jo viņai par šo problēmu ir savs viedoklis, bet varbūt tā ir fantāzija. Govs apdomā to, kas mums, cilvēkiem ir svešs un nepazīstams, tāpēc neizprotams. Reizēm cilvēks sadomājas par to, kā īstenībā nav. Šajā piemērā govij ir autonoma domāšana. Varam pilnīgi droši apgalvot, ka govs, kā nelūgts viesis apmeklējot svešo pļaviņu, nerēķinās ar īpašnieka domām un jūtām, jo viņai apziņā, izņemot savējās, citas domas neeksistē. Jebkurš zoopsihologs varētu apgalvot, ka govs nedomā, ko par viņu domā, kādu iespaidu viņa atstāj kaimiņu sabiedrībā. Viņa pat nenojauš, ka par viņu kādam var būt viedoklis un viņa var patikt vai nepatikt. Turpretim pļaviņas saimnieks ir cilvēks, kam ir pretenzijas gan pret pašu govi, gan pret tās saimniekiem, un viņš par šīm emocijām nav spējīgs tikt skaidrībā, iekuļoties arvien lielākās nepatikšanās. Piemēram, koncentrējoties uz šo problēmu emocionāli, nemeklējot principiālus reālus risinājumus. Jā, bet kā rīkoties, ja govs pārrauj tikko salaboto iežogojumu? Atbilde: *nieciklēties* un meklēt dažādus risinājumus, lai tā nepārvērstos par nopietnu psiholoģisku problēmu pašam.

Tā, lūk, kāda sieviete nevarēja piedot savai māsai, ka reiz, kad viņas vēl bija bērni, jaunākā, no rīta, pamodusies pirmā, vecākajai pirms iešanas uz skolu *nocēla* kurpes. Piedot neizdevās līdz pat šodienai – sirmam vecumam. Tā ar pienu, kas piesātināts ar naidu par pagātnes apaviem, sieviete zīdīja savas meitas, kas šo saņemto „skābputru" vēlāk „atraugāja" uz savām māsīcām. Zaudētājs nekad nav tikai viens! Katrs lai pats izvērtē, kurš. Nākamo paaudžu bērni savā starpā nesatiek, bet vēsturiskās kurpju pazoles jau sen ir nodeldētas.

Saglabājušās atmiņas, ko indivīds reizēm respektē pārmērīgi jutekliski, atņem iespēju nobriest un pieaugt. Saprast situāciju plašāk ir lielāka māksla, nekā uzskatīt, ka māsa ir sazvērējusies un nevēlas, lai otra īpaši skaista, kārtīga un visādā ziņā neatvairāma dodas uz skolu. Tā kā jaunākā māsa ir mirusi, vecākajai nekad, nekad nebūs iespēja izrunāt šā notikuma iemeslus. Apzinoties, ka to nav iespējams saprast, cilvēka izjūtas līdzīgos gadījumos mēdz būt neapskaužamas. Tāpēc paša labā ir piedot jau sākotnēji un sarūgtinājuma gadījumos apzināti pacensties bez steigas un vardarbības pret sevi izanalizēt savu diskomfortu, vilšanos, sāpes un tamlīdzīgi. Ieguvums ir vērtīgs. Pārdzīvojums būs abos gadījumos – gan tad, kad piedod „priekšlaikus", kad emocijas vēl nav gatavas izstumt „augoni", gan arī kaut kad vēlāk, kad būs par vēlu. Otrajā gadījumā frustrācija būs spēcīgāka. Aizgājējs var atrasties aizsaulē, paša veselība var būt kritiska, un, pats svarīgākais, šo piedošanu sadzirdēs paša sirds ar cerību, ka Dievs atlaidīs grēku, jo šai laikā būs izaugusi jau vesela paaudze, kas būs inficējusies ar izkopto ļaunumu.

Maldīties esot cilvēcīgi – tajā ir kaut kāds šarms. Orientēšanās sports – ieejot nepazīstamā vidē, iepazīt, saprast un laikus atrast pareizo izejas vietu. Kāda sieviete ieminējās, ka kopš astoņpadsmit gadu vecuma līdz pat pašreizējiem trīsdesmit ir „izstaigājusi" dažādas reliģiskās organizācijas, kamēr izvēlējusies kādu konkrētu, īsto un patieso. Tā arī mēdz būt, ka patiesā informācija un sapratne nedodas rokā vienkārši. Nav nepieciešamības atklāt sakrālu kodu, bet gan savu skatījumu. No ceļa var nomaldīties ikviens, svarīgākais ir laikus atgriezties. Reizēm no lielceļa jānogriežas, lai baudītu dabu, salasītu ogas, būtu vientulībā, nokārtotu dabiskās vajadzības.

Nomaldīties var ne tikai ģeogrāfiski, bet arī citādos neceļos. Var ticēt politiķiem vairāk nekā sev; var uzticēt savu mantību blēdim, kurš šķiet kompetentāks par pašu; bērnus – cilvēkam, kas neliksies ne zinis; veselību – ārstam, kam nepatīk iedziļināties problēmās. Apmaldīties var tik tālu, ka var atjēgties dziļā vecumā, slimībā, vientulībā, bez tuviniekiem un draugiem, pajumtes un mīlestības. Šāda realitāte ir iespējama, ja iegrimst pārlieku dziļos maldos, citu uzskatot vērtīgāku par sevi.

P.S. Enerģisks vīrietis iepērkas suvenīru veikaliņā Tuvajos Austrumos. Viņš pasūta, lai viņam iesaiņo trīs krūzītes. Pārdevējs viņam jautā, kāpēc tieši trīs? Pircējs atbild: „Sievai, meitai, dēlam.". Pārdevējs neizpratnē bilst: „Tu gan sevi zemu vērtē, ja neieskaiti sevi paša ģimenē kā labu vīru un tēvu."

NEMELO SEV NEKAD!

Manipulācija, histērija

Apsēsties un uz brīdi atstāt savas dzīves maskas stūrī. Vai tas maz ir iespējams? Vai ir nepieciešamība? Vai ir iespējams konstatēt un izvērtēt maskas klātesamību?

Psihiatrijā ir jēdziens „dekompensācija", un tā izpaužas šādi: tad, kad indivīds rāda pasaulei tādu personības daļu, kas neeksistē, izliekoties par to, kas patiesībā nav. Šajā sakarā ir iespējamas patoloģijas, kuru plašāks apraksts ir jāmeklē citur. Tie ir smagi saslimšanas gadījumi, kad indivīds patstāvīgi nespēj izsekot līdzi savai novirzei, uzdodamies par kādu vai kaut ko citu. Robeža starp apzināto un neapzināto reizēm var izrādīties ļoti trausla, un tas, kas neinteresē psihiatrus, var ieinteresēt psihoterapeitus. Piemērs: klients cenšas prezentēt psihoterapeitam savu sabiedrisko aktivitāti un panākumus, kas reāli nav sasniegti un neatbilst paša stāstītāja pārliecībai. Šādas un līdzīgas situācijas risināšanā ir vismaz divas iespējas. Pirmajā variantā psihoterapeits ievēros šo neatbilstību un izmantos novērojumus sesijās ar klientu pēc attiecīgā konteksta un jēgas, lai iegūtais materiāls būtu auglīgs pašam klientam. Emocionāli smagi ir uzturēt mītu par sevi, iedomātu un uzpūstu tēlu, tas prasa attiecīgas nodevas un nav nemaz tik nevainīgi psihei. Otrajā variantā klients pamazām pats var sākt apzināties savu rīcību un izdarīt secinājumus ne tikai psihoterapeitiskajās sesijās, bet arī patstāvīgi ārpus tām, piemēram, uzturot komunikāciju ar apkārtējiem, ar mērķi uzkrāt novērojumus, lai analizētu sevi. Kāda sieviete stāstīja, ka nejauši piekērusi sevi, ka izturas pārlieku dīvaini dažu kolēģu klātbūtnē. Mainoties un sākot sevi cildināt, uzskaitīt savus labos darbus un augstos mērķus, uzsvērt savu pozitīvo tēlu, kam pati nav varējusi noticēt. Tas, ko viņa iztēlojās, nebija slikti, tikai tas neesot stāsts par viņu pašu. Ar laiku tas esot sācis pašu kaitināt. Pirmie neatbilstību pamanījuši apkārtējie, sākdami izturēties ar aizdomām un apšaubīt teikto. Parasti pēc šādām tikšanās reizēm viņa jutusies nogurusi un iztukšota, īsti nesaprazdama, kā vārdā tas tiek darīts, jo neviens izteikums neatbilst realitātei. Kāds vīrietis dalījās savos novērojumos. Viņa piemērā tika atklāta pašmaldināšana caur melošanu. Melošana – ar pārliecību pausts neesošs apgalvojums. Šādu maldināšanu varētu kritizēt, ja vien nebūtu kāds „bet"... Cilvēks uz kādu mirkli notic tam, ka viņš tiešām ir tas, kas vēlas būt. Tas ir līdzīgi kā laivā, kas ienesta līdz upes vidum – nespēt patstāvīgi no tās izkāpt, kamēr kāds nav atsteidzies palīgā padot airus vai kamēr laiva nav piestājusi krastā pati.

Lai apturētu individuālo melošanu, sevi ir jāpieķer melos. Vai arī tas būtu jāpaveic kādam citam, lai būtu jūtama konfrontācija starp sevi un realitāti. Abus variantus var realizēt, tomēr jāatzīst, ka ne visos gadījumos tas ir tik vienkārši izdarāms. Meli var šķist kā manipulācija, kas daļēji tā arī ir. Melus var neuzskatīt par morālu konfliktu. Tie var būt tik pašsaprotami, ka organiski iekļaujas cilvēka dzīvē bez jebkādiem pārpratumiem. Piemēram, kāds darbinieks nav savu darba uzdevumu augstumos. Viņam jautā, kāpēc nav iesniegts projekts, uz ko saņemta atbilde, ka nav bijusi iespēja laikus atgriezties birojā. Iespējams kolēģis vēlēsies iedziļināties situācijā, tāpēc iztaujās darbinieku, kāpēc darba uzdevumā aizkavējies. Pēdējais sāk jokot un koķetēt, ka objekts ir neparedzams, tur vienmēr ir problēmas. Viņš joprojām liegsies, meklēdams jau konkrētākus iemeslus: kāds esot nobloķējis izbraukšanu viņa automobilim, pārdūris riepas un norāvis spoguļus. Kolēģis jautā, vai tad tiešām neesot bijusi iespēja atrast bezatbildīgo automašīnas bojātāju, lai laikus varētu ierasties administratīvajā korpusā, jo objekts ir mazs un pārskatāms, līdz ar to arī strādnieku skaits nav liels. Izrādās, ka darbinieks ir cerējis, ka situācija atrisināsies pati no sevis, tāpēc nav uzstājis. Plānotais pārskats nebija sākts rakstīt. Īstais pārskata nenodošanas iemesls bija cerība, ka radīsies risinājums. Ir nepieciešama drosme, lai nonāktu līdz patiesajam secinājumam. Šajā gadījumā pārskats ir viens no darba uzdevumiem, kas nepieciešams sekmīgas uzņēmuma darbības vadīšanai. Tas ir naivs un tipisks piemērs, kuru var ieraudzīt gandrīz jebkurā uzņēmumā, tomēr tas ir spilgts paraugs tam, kā cilvēks nepazīst savu melošanu un tās iemeslus. Morāle varētu būt šāda: līdzīgās situācijās analizēt sevi un censties nenovelt atbildību uz citiem. Ja tas netiek veikts, tad cilvēks var ieslīgt arvien lielākos melos. Tie var kļūt automātiski un nemanīti paslīdēt garām personīgajai cenzūrai. Lielāks kaitējums tiek nodarīts indivīdam, nevis uzņēmumam, jo no melošanas cieš personības kodols un var parādīties aizvien lielāks manipulācijas iespēju klāsts, melošana piesedz melus un pašu meli vai apmeloto. Tā pieņem tādu formu, ka apkārtējiem ir grūti apšaubīt tās patiesumu. Visticamāk iepriekš minētais kolēģis, jautājot par pārskatu, interesējās par notikumiem darbā, nevis par darbinieka personību un personīgām grūtībām. Problēma atklājās ne tikai darbā, bet pašā cilvēkā. Bezjēdzīga atrunāšanās ir izkoptā ļaunuma veids, jo indivīds to pašrocīgi veicina.

Savā pašizziņas laboratorijā ir jāielaiž patiesas attiecības, kas kalpo kā antivīruss datoram, tik tikko kā rodas vēlme melot. Un tas, ko ir iespējams uzzināt par sevi, varētu būt graujoši! Priekšstats par sevi un realitāte var nesakrist. Kāds no mums var nopietni tikt frustrēts. Par meli savā vai citu priekšā var izrādīties jebkurš. Tam nepavisam nav jābūt tikai tirdzniecības zīmola pārstāvim, par tādu var izrādīties zinātnieks, kas rada kaitniecisku produktu; daudzbērnu māmiņa, kas izmanto sava bērna invaliditāti, lai *izsistu* personīgo un savtīgo labumiņu; vīrietis, kas tēlo, ka ir impotents, lai nebūtu jāapmierina sieva; tēvs, kas izvairās no darba, lai nenāktos lieki sasprindzināties neinteresantajā lietā, un piesedz savu mazdūšību. Dzīvojam ar interesi! Kas notiks un kas veidosies tālāk pēc sevis pašizziņas.

Melošana ir ne tikai izvairīšanās veids un mazdūšība, bet arī fantāziju piepildīšana un to uzturēšana. Maldinot sevi, var apaugt ar nopietnām ciešanām un sagādāt psiholoģiskas traumas gan sev, gan citiem, jo sākuma stadijā melošana šķiet aizraujoša un nevainīga. Tai ir cēloņi, un biežāk tie rodas tādos dzīves brīžos, kad nav bijusi iespēja emocionāli vai fiziski atrisināt situāciju. Piemēram, kāds draugu pulkā paziņo, ka šobrīd ir gatavs veikt jebkuru darbu ar mērķi nopelnīt naudu. Lūgums pats par sevi nav nekas īpašs – cilvēks, šķiet, atklāti izstāsta, ka ir nonācis naudas grūtībās un vēlas, lai citi viņam palīdz. Kāds atsaucas uz vīrieša teikto, jautādams, ko viņš prot darīt. Uzskaitījums bija pagarš, arī svešvalodu mācīšana. Domāts – darīts! Uzreiz radās cilvēki, kuri vēlējās apgūt vācu valodu. Valodu pratējs minēja savas materiālās ambīcijas un piemetināja, ka iepriekš pedagoģiskās pieredzes viņam nav bijis, bet cena, kuru par darbu prasot, ir tāda pati kā darba tirgū skolotājiem ar pieredzi. Viņš gan neesot mācījis citus, bet par privātstundu likmi esot informēts.

Sarunas gaitā tika nokomplektēta neliela interesentu grupa, kas pēc neilga laika izjuka. Vīrietis – sarunas iniciators, teica, ka tas esot normāli, jo cilvēki bieži kaut ko apņemas un tad zaudē interesi, ar zemtekstu, ka viņš ir uzdevumu virsotnē, bet pārējie nav spējīgi izvērtēt ieguvumus. Šādi novērojumi ir zināmi, tomēr, aptaujājot cilvēkus, noskaidrojās, ka vīrietis gan ir pratis vācu valodu, tomēr viņš nav pārzinājis pedagoģisko metodiku, kā pareizi pasniegt mācību vielu. Nodarbības nebija veiksmīgas. Vai kāds guva pieredzi no šī eksperimenta? Šķiet, ka ne visi. Svešvalodas pratējs, kas vainoja citus, palika zaudētājos un ne pirmo reizi, kā arī bez naudas un nākotnes papildu nodarbes tāpēc, ka neapzinās savu divkosību. Jaunu pieredzi guva pārējās iesaistītās personas, kam bija skaidrs, ka turpmāk ir jābūt valodas pasniedzējam, kurš ir ar pieredzi un nav gatavs darīt visu pēc kārtas, lai nopelnītu. Tas nav unikāls piemērs, kad cilvēks, kam trūkst atbilstošas kvalifikācijas, mēģina konkurēt ar cilvēkiem, kuriem tāda ir. Var piekrist tam, ka trūkst sensācijas, tomēr šis piemērs ir attiecināms uz daudziem, kas aizraujas ar melošanu. Cilvēks joprojām dzīvo ar domu, ka viņš ir pedagogs. Klaja melošana pašam sev. Loma, kurai cilvēks nav piemērots vai atbilstošs, ir pašapmāns. Kāds var oponēt un teikt, ka viņš jau sākumā tika paziņojis par praktiskās mācīšanas pieredzes trūkumu un tā ir bijusi pārējo atbildība – pieņemt vai noraidīt piedāvājumu. Protams, tā ir, tomēr katram ir jādefinē sava identitāte. Gandrīz visur dzīvē ir subordinācija. Tad, kad esam mācekļi, ir jāiegūst pieredze, ko novērtējot, tiek veidota pakalpojuma summa. Patērētājam ir izvēle iegādāties lētāku preci un pakļaut sevi eksperimentam; tas, kurš to nevēlas, izvēlas drošāku, lai arī dārgāku. Daudziem tas ir zināms, bet viņi iekrīt. Pilnīgi pareizi! Viļas, ja paši melo.

Melošana sev ir kādas noteiktas dzīves kārtības un likumsakarību graušana. Tā kā metodiska pieeja tiek piemeklēta, lai lauztu uzspiesto vides stilu. Tam nav jābūt saudzējošam vai postošam. Tas nav būtiski. Svarīgākais ir lauzt ietekmi, lai panāktu savu. Reizēm tā ir bērnišķīga cerība, ka likumsakarības var ignorēt līdzīgi kā iepriekšējā piemērā – sasniegt optimālus rezultātus, apgūstot svešvalodu pie tā, kuram nav atbilstošas kvalifikācijas. Bērns, kurš nevēlas tīrīt zobus, ir gatavs melot, lai izvairītos no vecāku uzspiestām prasībām un kārtības. Ir bērnišķīgi cerēt, ka bez speciālajām zināšanām studentiem varēs iemācīt svešvalodu bez pretenzijām par kvalitāti. Netīrītus zobus pēc laika vecāki pamanīs.

Šajā gadījumā ir vēl arī cita iespēja, kad otrs ir atvērts un vēlme nemelot sev ir ļoti patiesa, tāpat kā apgūt svešvalodu. Ideja laba un pat cēla, bet nav sasniedzama, jo realizētājs nav gatavs. Tāpēc tā ir fantāzija, kas attālina no realitātes vācu valodas skolotāju, kurš pēc savas kvalifikācijas un iemaņām neatbilst standartiem. Tas ir tāds pats šarlatānisms, kad ārsts bez sertifikāta uzdodas par speciālistu. Valodas mācīšanu un veselību nevar salīdzināt pēc kaitējuma sekām, tāpēc cilvēki atļaujas izmantot izglītības, apkalpojošo, politisko sfēru, jo viņiem šķiet, ka te viņi nav spējīgi radīt bojājumus vai zaudējumus. Var saskatīt lielāku vēlmi palīdzēt, nekā spēj piedāvātais resurss. Potenciāls neatbilst mērķim. Mākslīgi tiek uzturēta pašapziņa un pašvērtība. Uzticēšanās bez reāla pamatojuma un pieredzes apkopošanas ir izkopts ļaunums. Konkrētajam valodas skolotājam nav tālejošu mērķu. Apvainošanās sašķeļ grupas vadītāju un pārējos dalībniekus divās nometnēs. Netiek atklāti un izrunāti neveiksmju īstie cēloņi, jo cilvēki patiešām nemāk tos saskatīt. Ir vēlme būt kaut kam labam, un aiz šīs vēlēšanās cilvēks neredz atbildību. Būtu vēlams neboikotēt grupu, bet kļūt patiesam un apzinīgam. Pretējā gadījumā iznāk nepatīkami šķirties un palikt katram pie sava viedokļa, kā arī bez svešvalodas un pedagoģijas zināšanām.

Kļūstot patiesam pret sevi, var noskaidrot savus maldīgos priekšstatus un grūtības, un, ja tad vēl nav iespējams rast kompromisu un draudzīgi šķirties, zūd arī kaut kas vērtīgs. Geštalts būtu noslēdzies tajā brīdī, kad visi piemērā minētie cilvēki apzinātos savus individuālos melus. Kādi meli ir jāapzinās interesentu grupai? Iznāk, ka arī viņi paši meloja par pasniedzēja neprofesionalitāti. Kādi varētu būt varianti? Nenovērtēt reālo situāciju un mesties apšaubāmā darījumā; nedzirdēt to, ko saka otrs, bet joprojām apkalpot savu iztēli; skriet palīgā katram, kurš to lūdz. Tas ir tas, kas ir izdarīts. Bet kas nav izdarīts? Nav iepazīti savi stereotipi. Ieteikums neaizrauties ar klišejām; pārliecināties par savu motivāciju; spēt saskatīt savas rīcības motīvus, kad rodas grūtības vai pretestība; nebūt neadekvāti ambiciozam. Pēc geštalta teorijas te ir virkne „darāmo lietu". Ne tikai nezināšana vai neprasme, bet arī manipulācijas gan no skolotāja, gan no skolnieku puses. Gan viens, gan otri pievēra acis uz savtīgumu ar lozungu: „Mēs par zināšanām!" Nevis meli, bet izkopts ļaunums ir nojaust un neatzīt manipulācijas. Atgriežoties pie novērojuma, nenovērtēt reālo situāciju ir raksturīgi *pašmelotājiem*, jo to, kā pietrūkst, var iegūt iztēlojoties. Mēs varam skaidri redzēt, dzirdēt un just ar visām savām maņām, ka piedāvājums nav pārliecinošs un drīzāk izklausās pēc afēras, tomēr kaut kas mūsos pagaidām neizprotams nostrādā, un mēs novirzāmies no saviem novērojumiem un intuīcijas, bez skepses sākot ticēt tam, kā nav. Darījuma gaitā joprojām jāuztur sevī iluzora ticība, ka notiekošais ir realitāte. To liek darīt cilvēka daba un psiholoģiskie mehānismi, jo narcisms un patmīlība neļauj pat sev pašam atzīt, ka varam būt lētticīgi, naivi, bezatbildīgi, noticot un pavedinot sevi uz to, kā nav. Ilūziju uzturēšanai vajag veltīt daudz spēka un psihiskās enerģijas. Tas nenoliedzami aizņem domas un novirza no būtiskākā – atzīt realitāti.

Nedzirdēt, ko saka otrs, nozīmē nesaklausīt to, kas būtu jādzird. „Es esmu gatavs darīt visu, lai nopelnītu naudu!" Šāds paziņojums ir morāli diskutabls. Kā tas ir? Jebko par naudu? Kā tas sadzīvo ar personīgo morāli? Var domāt, ka cilvēks, kurš paziņo šādu gatavību, pieļauj iespēju pieņemt jebkādus nosacījumus, lai tikai nopelnītu. Auditorijā atrodas cilvēki, kas saprot un atbalsta šo psiholoģisko vēstījumu, jo paši ir tādi *visdarītāji.* Iespējams, ka tā nav noturīga un stabila cilvēka pazīme. Drīzāk tas liecina par svārstīgu un nepārliecinātu personību, ar kuru studentiem nāksies sadarboties visa apmācības projekta laikā. Nepārliecinātība par sevi un paviršība ietekmē darba uzdevumu kvalitāti. Tas ir būtiskākais, ar ko bieži nav apmierināti tie, kas izmanto „lēto" darbaspēku, prestižu zīmolu pakaļdarinājumus, iegādājoties piesolītās kvalitātes produktus, kuru neatbilstību solītajam pamana pēc pirkuma iegādes. Pārliecināties par meliem var izrādīties pārāk sarežģīti, tāpēc neauglīgi. Līdz ar to radīsies vēlme pārtraukt šo sadarbību bez pārliecības. Mazums, nesanāca, tā taču mēdz būt. Biežāk pēc tam, kad jau būs iztērēti resursi un izjusta vilšanās. Pusceļā atstāts labs nodoms. Tādu cilvēkiem dzīves laikā mēdz būt daudz. Tie paliek pusdarīti bieži vien tāpēc, ka nav skaidri īstie pretestību iemesli. Piemēram, ja būsim ieguvuši atziņu, ka skrienam palīgā ikvienam, kas to lūdz, tad, iespējams, turpmāk pratīsim atšķirt, kam patiešām ir vajadzīga palīdzība un kas spekulē ar savu nevarību. Piemērā aprakstītais vīrietis nebija sagatavojis savu piedāvājumu un rīkojās spontāni, izmantojot situāciju, kad apkārt bija tik daudz sociāli aktīvu un maksātspējīgu cilvēku. Ja viņā ielūkotos dziļāk, tad saskatītu gara auguma, neirastēniskas uzbūves cilvēku – tipu, kurš zaudē svaru pat tad, ja ļoti daudz ēd. Varētu iztikt bez pēdējās piebildes, jo tā nav izšķiroša *pašmeļu* iezīme, gribējās radīt portretu, lai veidotos labāks priekšstats, ka melošana var kļūt par jebkura sabiedroto, pat pieaugušu vīriešu un ļoti koptu dāmu. Profesionālās

428

aprindās ir pazīstami meļi, viņi piedalās dažādās uzņēmuma sēdēs, konsultē projektus. Sociāli aktīvi un aizņemti cilvēki, neprecējušies, laulāti, šķirteņi, bez un ar bērniem, bez kaitīgiem ieradumiem... Vārdu sakot, viņi atstāj ideālu cilvēku iespaidu, kuriem vienkārši nav paveicies privātajā dzīvē, tāpēc viņi ar prieku pievēršas darbam.

Miniet sev kaut vienu iemeslu, kāpēc būtu jāsteidzas palīgā šādam cilvēkam! Padomāsim par saviem patiesajiem iemesliem, kāpēc ar tik lielu enerģiju gribam palīdzēt bez jebkādas situācijas analīzes! Kādi iekšēji motīvi dzen nezināmā virzienā? Ja esam nolēmuši ziedot, tad atradīsim īsto adresātu: bieži notiek tā, ka tie, kam patiešām ko vajag, tik klaji nepauž savas problēmas. Ja ir nepieciešama palīdzība vai atbalsts, apzināts lūdzējs būs sev definējis, kas tieši viņam būtu nepieciešams, un neizmantos līdzcilvēku sirdsapziņu. Melot sev nozīmē apšaubīt savas spējas un intereses! Izkopts ļaunums – sniegt nepatiesas ziņas par sevi.

Minētais pasniedzējs liekulīgi izturējās pret apkārtējiem, un klausītāji to nemanīja – stereotipi un projekcijas paveica savu darbiņu. Cilvēks ir izmisis? Nekas vairāk par vienu izteikumu par to neliecina. Cilvēkam ir daudz centienu? Jūs neko par tiem nezināt. Cilvēks ir nonācis finansiālā krīzē tāpat kā daudzi citi? Visās krīzēs atrodami arī savi ieguvēji. Cilvēks ir vientuļš? Bet vientulību pats izveido, ar to nepiedzimst. Rīkojoties, neizprotot savas rīcības patiesos motīvus, zūd kaut kas vērtīgs, un tā ir pati pamatvērtība.

Nu nemelo sev nekad!

Cilvēks sev melo, lai attaisnotu savu nozīmīgumu. Vīrietis spēka gados kļūst mazspējīgs par spīti savai spožajai izglītībai. Ja kaut ko nemāk vai līdz galam neizprot, tad jāformulē, kas īsti nav patiesi un kam nāktos turpmāk veltīt lielāku vērību. Melošana ir vājuma un bezcerības izjūtas izpausme. Jebkurai spējai ir psiholoģiska daba, savukārt psiholoģisku izturību vai vājumu nosaka emocionālas ievirzes. Nekrist panikā ir jāmācās tiem, kas to nav apguvuši bērnībā, un, lai to iemācītos, noderēs ne tikai psihoterapeitiska pieeja, bet arī dažādas reprezentablas filozofijas skolas, norūdīšanās, pašdisciplīna, nemanipulēšana, morāle un laba griba. Piemēram, psiholoģisko izturību var trenēt, nodarbojoties ar Austrumu cīņām un vingrošanu, kā arī veicot rīta rosmi vai rūpīgi izravējot burkānu dobi. Tās ir filozofijas skolas? Tieši tā! Elementāras dzīves patiesības.

Pamēģiniet katru rītu pamosties priecīgi un par sevi pārliecināti! Būs iespēja pārbaudīt savu psiholoģisko noturību. Savu stabilitāti vai labilitāti var novērot brīžos, kad to gandrīz nav iespējams ietekmēt. Saglabāt labu vai sliktu omu var būt par grūtu. Kaut kas mūs var pēkšņi iepriecināt un tik pat negaidīti apbēdināt. Pašsaprotamāk un pieņemamāk cilvēka psihei ir ļauties stihiskiem impulsiem. Tas ir normāli, ja mums dienas laikā mainās garastāvoklis. Par to nav jāuztraucas, jo esam dzīvas būtnes, kam ir nepieciešami dažādi noskaņojumi. Citādi ir, ja mūsu stabilitāti pārņem labilitāte. Mēs pārlieku pārdzīvojam, zaudējam noskaņojumu un sliecamies uz melanholiju. Melot ir vienkāršāk, nekā nemelot; nesmaidīt, nekā smaidīt; nedomāt, nekā domāt. Iespējams, ka reizēm par savu labilitāti ir jādomā vairāk un to var izdarīt bez psihiatra iejaukšanās.

Sarunājoties ar apkārtējiem, paanalizējiet, cik no dienā dzirdētā esat sadzirdējuši, kā sapratuši, ko pārpratuši. Kā to reāli var izdarīt? Dažādi, piemēram, izvērtējot savu labilitāti un stabilitāti, garastāvokļa ietekmi uz dienas kārtību, novērtējot apmierinātību un panākumus, analizējot savas sajūtas, vēlmju apmierinājumu un gandarījumu. Jāatklāj, cik uzkrātajos dienas notikumos ir vēlamais un cik – patiesais? Ja tas izdodas, tad jāpārdomā, kādas iekšējās pretrunas jūs nomācat ar savas iztēles palīdzību? Cilvēks nevienā vecumposmā nevar iztikt bez fantāzijas. Par ko šobrīd sapņojam? Cilvēks no dabas ir apveltīts ar iztēli, tāpēc, ka ilūzija spēj sniegt iedvesmu praktisku mērķu realizēšanai. Prātam ir jāatpūšas, un prātam ir jālido. Cilvēks nevar vienmēr būt apmierināts ar savu tagadni. Pat tad, ja tas nav iespējams, ir auglīgi izdzīvot ilūziju caur iztēli, jo tas ir nepieciešams kā starpposms, kurā indivīds tiek emocionāli sagatavots realitātei. Cerēt ir vērtīgi, lai darbotos, pretējā gadījumā cilvēki varētu atteikties kaut ko darīt savā un citu labā.

Kāda ir šī teikuma saistība ar minēto izteikumu par pretrunu slēpšanu ar iztēles palīdzību? Tāda pati kā visos citos līdzīgos piemēros, kad mēģinām atrast īsto patiesību. Cilvēks māk nomaskēt patiesību pats no sevis. Šo spēju viņam ir devusi Daba. Iemesls ir pasargāt savu psihi no iespējamiem postošiem pāri darījumiem. Pašaizsardzība. Tā kā melošana ir īstenības noliegšana, reizēm tā ir nepieciešama, lai pasaudzētu psihi. Tie ir īpaši neikdienišķi gadījumi, kas ir attaisnojami, jo apzināti saprotami tuvākā vai tālākā perspektīvā. Savādāk ir ar izkoptā ļaunuma „toksiskajiem atkritumiem", kad melošana ir kā ierocis, lai nostiprinātu savu nepatiesību. Atklājot šo niansi, kādam varētu sākties depresija... Kāpēc lai būtu jāārstē slimība, ja nav cerību uz izveseļošanos? Tāpēc, ka cilvēka resursi var būt neizmērojami augsti. Cilvēkiem ir jāpievērš lielāka uzmanība tām fantāzijām, kas disonē ar pašu un apkārtējo vidi. Cerībām uz labo nelaimes brīdī ar pliekanu fantāziju nav nekāda sakara. Melojot vājības un nevarēšana pastiprinās, tā var parādīties tur, kur tas gandrīz nav iespējams. Mīlošu cilvēku vidū, vecāku un bērnu attiecībās, pretojoties labajam, strādājot, domājot, radot u.c. Jo agrāk atskārtīsim melus, jo ātrāk apzināti varēsim organizēt patiesāku savu dzīvi. Vēlreiz gribētu atgādināt – paveikt to nav grūti, ja apzinās, ko īsti ir nepieciešams izdarīt. Tā ir patiesība – jo konkrētāka izpratne, jo precīzāks izpildījums. Piemēram, jebkura ārstēšanās ir sekmīgāka, ja lieto pareizu terapiju. Attiecības ar pasauli ir produktīvākas, ja tās prot sekmīgi veidot un uzturēt. Mīlestību var labāk izjust, ja prot pazīt un izkopt jūtas bez meliem. Gandrīz visur ir nepieciešams psiholoģiskais treniņš. Šķiet, ka arī lūdzot ir nepieciešama neliekuļošana.

Reālistiska attieksme pret sevi ir patiesības atzīšana. Var būt tā, ka, esot patiesam pret sevi, otrs nespēj tik ātri mainīties līdzi. Tāpēc nav jāietekmējas. Nepiemirstiet, ka objektīva realitāte nevar būt negatīvāka nekā iluzors priekšstats par sevi! Cilvēki par sevi mēdz izfantazēt negatīvo subjektivitāti, kas bieži vien ir nepatiesi meli. Mūsu stāsta varonis – pasniedzējs noticēja tam, ka naudas dēļ ir spējīgs veikt jebkuru darbu. Izveidotais priekšstats par paštēlu ir neadekvāts realitātei. Ja viņam būtu izdevies to konstatēt, vīrietis sevi nekompromitētu citu acīs. Patiesa attieksme pret sevi ir greznība, ko ne visiem izdodas sasniegt. Ideālā versija varētu izskatīties šādi: kāds no mums konstatē, ka melo sev tāpēc, ka ir slinks, un izvērš pret sevi pretslinkuma kampaņu, radot tādus apstākļus, lai šo īpašību iemainītu pret čaklumu, pacietību un izturību. Līdzīgi, piemēram, kāds ievēro savu nenovīdību un izzina tās cēloņus, kāds cits piezemē savas nepamatoti augstās ambīcijas. Protams, ir cilvēki, kas viegli var atzīt savas negatīvās īpašības un attiecīgi rīkoties, lai tās izskaustu, tomēr novērojumi liecina, ka šāda uztvere sociumā nepavisam nedominē. Tādus cilvēkus parasti apbrīno, par viņiem uzņem filmas un raksta grāmatas. Kāpēc tā notiek? Tāpēc, ka cilvēkam ir gandrīz neiespējami atzīties savos melos, un tad šie meli kļūst par izkoptā ļaunuma sastāvdaļu.

Cilvēki spēlējas ar vārdiem, lai sevi mierinātu. Melus mēs dalām „baltajos" un „melnajos", lai mīkstinātu savu rīcību, un paši tam ticam. Indivīds, kurš ir apņēmies vairs nemelot, ir bīstams. Tas nav tik vienkārši, kā sākumā var likties, jo notic tam, ka vairs nemelo. Iedomājieties – tiklīdz indivīds pārstāj melot sev, viņš saka tikai taisnību arī jums! Tas var sagādāt neērtības. Tad sanāk, ka labāk ir joprojām melot? Nē, tas nav nepieciešams, jo īstenības izjūtas nevienam, šķiet, nav par daudz. Patiesības izteiksmes mēz būt dažādas. Teikt taisnību nemelojot un izteikties taisnīgi otram izskan ar niansi. Nemelot sev nenozīmē, ka kāds savā jaunajā nostājā pārzina absolūtu patiesību, respektīvi, nemelotājam nav tiesību uzskatīt, ka viņš ir pilntiesīgs patiesās īstenības paudējs. Ir nācies dzirdēt, ka kāds izsakās: „Es viņam pateicu patiesību, un viņam tā nepatika!" Jā, var būt, ka jūs pārzināt kāda negatīvo un slēpjamo pusi, tomēr pamudinājums nav „paust patiesību", bet spēt nemelot SEV. Kad visas iekšējās un ārējās norādes ved uz sevis maldināšanu, var veidoties nevēlama prognoze. Piemēram, vairākkārt vērsties pie cilvēka, kurš smalkjūtīgi vai arī tieši pauž nepatiku pret jums, ar cerību, ka nākamreiz viņa attieksme būs mainījusies. *Krist uz nerviem* viņam un izdomāt apmeklēšanas iemeslus, kas ir svarīgi jums, nevis otram. Meli ir, ja, jūtot otra nepatiku pret sevi, caur melošanu cenšamies uzspiest savu gribu.

Nemelot sev nozīmē pārliecināties par reālo situāciju. Pasaule ir iekārtota tā, ka ne visi cits citam esam patīkami un interesanti. Vienīgi ideālā bērnībā var šķist pretējais. Pieaugušiem cilvēkiem vairs nav sev jāmelo, lai izietu no frustrācijas, kāpēc nav tā, kā agrāk bija šķitis. Indivīds, kurš sev nemelo, rīkojas apzinātāk un saprot, ka nevar visos gadījumos panākt savu un tāpēc nav jāmelo.

Psihoterapeitiskais kontakts iepriekšējā aprakstā ir šāds: indivīds, kurš sev nemelo, spēj izcelt apziņā zemapziņas procesus. Tas viņam padodas veiksmīgāk nekā *pašmelotājam*. Psiholoģiskais paradokss ir, ka melošanu sev sabiedrībā atbalsta un veicina vairāk nekā nemelošanu. Jūs vēlaties vēl kādu piemēru? Lūdzu! Ielūkojieties savas ģimenes lokā, un jūs atradīsiet ne vienu vien ilustrējošu piemēru, kad tiek veicināti meli – kad vēlamies gūt materiālu vai emocionālu izdevīgumu, noskaņot otru vai apzināti izveidot nepareizu viedokli, novirzīt no mērķa, piesaistīt vai veicināt jebkādu atkarību... Padomājot par darba kolēģiem, atklājas situācijas, kurās maldināt sevi un citus par saviem panākumiem, sasniegumiem un perspektīvām daudziem ir vienkāršs darījums. Kolēģi ir spējīgi pārliecināt apkārtējos, sabiedrotos, patērētājus, daudzus citus ieinteresētos, ka viņi var realizēt to, kas patiesībā viņiem nav pa spēkam. Iespējams, ka atbilstošas zināšanas ir, bet psihoemocionālais portrets nav glaimojošs. Tāpēc arī panākumu nav un ieguldītais darbs nerada vajadzīgo atgriezenisko saiti! Indivīds pārstrādājas, nejūt gandarījumu, viļas, krīt depresijā vai agresijā, paššaustīšanā, šaubās un kritizēšanā. Sevis pazemošana, negūstot labumu var pazemināt vai paaugstināt vēlmi turpināt melot.

No kā būtu jāuzmanās? Tiklīdz kāds no mums vēlēsies pārtraukt sev melot, iestāsies izbīļa periods, kam nevajadzētu pakļauties. Respektīvi, pēkšņi cilvēks saprot, ka ir melojis sev, iespējams, visās frontēs. Šoks par savu vājību. Var gadīties, ka par pagātnes melīgo mīlestību ir jāmaksā ar šķiršanos šodien! Pārstājot sev melot privātajā dzīvē, var kļūt skaidrs, ka jūtas ir bijušas vieni vienīgi meli sev! Piemēram, jau attiecību sākumā likās, ka partneris nav spējīgs veidot ilgstošas attiecības. Loģiski savirknējot pagātnes epizodes, var atklāties, ka jau sen bija iespēja saskatīt dzīvesbiedra kūtrumu, dogmatismu un nespēju rūpēties par ģimeni. Sarunas ar draugiem viņš vērtēs augstāk par laika pavadīšanu kopā ar tuviniekiem. Nemelošana sev it kā izsniedz atļauju šķirties bez šaubām vai sirdsapziņas pārmetumiem. Meliem vienmēr ir sekas.

Šādas atziņas un novērojumus ne visi ir gatavi psiholoģiski pieņemt, tāpēc izvēlas melot tālāk. Nemelošana sev ir iespēja spert soli pretējā virzienā. Melu konstatēšana ne vienmēr nosaka šķiršanos, piemēram, partneru attiecībās. Meli kā izlikšanās jātransformē patiesās un jaunās ģimenes vērtībās abpusēji, un tādējādi risinās grūtības. Nevar būt tā, ka attiecībās nesaskaņas izjūt tikai viens! Iespējams, abiem ir jātiek līdz pašapmāna cēloņiem laulībā.

Piepildījumu sniedz tikai jaunas jēgas meklēšana. Sev ļoti līdzīgu cilvēku vidū atturēties no meliem nav viegli. Šī skola maksā ne tikai naudu, bet arī garīgas un dvēseliskas mokas. Tas, kurš pirmais necenšas melot, izjēt, ka pasaule rotē ap viņu. Izrādās, ka nav iespējama pilnīga laimes izjūta, ja ir tieksme sevi apmānīt! Kas par to liecina? Ja katru dienu ēdīsiet vienu un to pašu ēdienu, nebūs tik spēcīgas gastronomiskās baudas sajūtas. Melošana kā ieradums ir viena no kaitīgākajām atkarībām. Cilvēks nejūt savus melus. Kāpēc? Piemēram, tāpēc, ka žēl zaudēt labos un veiksmīgos savas dzīves nostāstus. Reiz kāda brīnišķīga būtne izteicās: „Attiecības ir divu cilvēku savienība. Jūtu, ka kaut ko zaudēju. Baigi iedomāties. Nekad tas neatkārtosies, un nekad nenotiks kaut kas līdzīgs. Ne jau tādēļ, ka viss ir neatkārtojams, bet gan tādēļ, ka ir kaut kas tāds, ko nav iespējams atkārtot. Vienreizīgums nav atkārtojams. Kā man dzīvot tālāk? Kā?... Attiecības vairs neturpināsies. Visu manu laiku un domas aizpilda šīs attiecības. Skumjas un ilgas. Līdz pat histērijai un bailēm zaudēt, bet ko? Ne jau šo cilvēku, bet sajūtas, ko sniedz šis kontakts."

Gudrs cilvēks, jo spēj atdalīt realitāti no sapņiem. Kaut kādā ziņā varone, drosminiece, kas ir gatava nemelot sev, jo pēc viņas atstāsta jāsecina, ka attiecības iepriekšējā emocionālajā bāzē ir noslēgušās. Nerēķināties ar attiecību cikliskumu, iespējams, kādu piespiež sev samelot. Zaudējuma sajūta mīlestībā ir viens no neapnesamākajiem pārdzīvojumiem. Par mīlestību iestājas lielie un mazie, un tās vārdā tiek izdarītas izvēles, kas ne vienmēr ir glaimojošas. Jebkurā gadījumā meli ir kaitīgi personīgā un pasaulīgā mērogā.

Nemelo sev nekad!

Cilvēks, kas sev samelo, izskatās skumjš, neveselīgs, neapmierināts, neiedvesmo sevi un citus uz priecīgu noskaņojumu. Tikai iestāstot sev to, kā nav, var panākt kaut ko tamlīdzīgu. Sevi ir jāpiespiež darboties pret savu gribu tā, lai veidotos sajūta, ka pats esi vēlējies darboties degradējošā virzienā.

Nenodariet sev to!

PAR KO MŪS APSKAUŽ APKĀRTĒJIE?

Devalvācija, auglība

Neviena materiāla vērtība nespēj izraisīt tādas greizsirdības jūtas, kādas izraisa kāda cita cilvēka emocionālā brīvība. Harmonisks, pašpārliecināts, vesels, finansiāli nodrošināts cilvēks ir mūsdienu sabiedrības etalons. Cilvēki ar masu mediju starpniecību cenšas iegūt padomus, kā tam aizvien labāk atbilst. Protams, šo ideālu katrs iztēlē var pilnveidot pēc saviem ieskatiem, ja vēlas būt iederīgs sabiedrībā. Katram ir sava vēlmju latiņa. Ko cilvēki izvēlas un kam dod priekšroku – emocionālajai labsajūtai vai lietām? Iespējams, ka nevienam nav īsti pa spēkam apzināties savas prioritātes, jo abas pieejas var būt vienlīdz svarīgas un savstarpēji viena otru papildināt. Jūs droši vien piekritīsiet, ka jebkuru taustāmu un redzamu lietu var nopirkt, tāpēc jau tā ir lieta, lai to pirktu. Pirkums arī var sniegt pozitīvas emocijas, labsajūtu un komfortu. No lietām nekādā gadījumā nevajadzētu atteikties, bet daļa cilvēku bīstas no atziņas, ka varētu tikt uzskatīti par materiālistiem. Nevēloties atzīt savu savtīgumu, apskauž tos, kas neizvairās no mantiskās vajadzības kā galvenās savas dzīves prioritātes. Enerģija, kas motivē, ir vajadzība sniegt sev materiālu gandarījumu. Cilvēki atsakās no sava slinkuma, aizspriedumainības, nezināšanas un tamlīdzīgi, lai sasniegtu vēlamo materiālo slieksni. Tiekšanās pēc garīguma, ignorējot mantisko, ne vienmēr ir tā vienkāršākā izvēle. Tādā gadījumā kādam ir jāuzņemas šefība samaksāt rēķinus. Cilvēki var tīkot pēc statusa un apskaust tos, kas, piemēram, ieņem kārotos amatus. Skaudība var pārņemt tad, ja liekas, ka iet secen galvenā dzīves misija.

Šajā sakarā ir labs piemērs, kad divi atpūtnieki kūrortā runājās ar kādu jaunu pludmales strādnieku. Sarunā viņš pastāstīja, ka labi protot runāt angliski, bet nezinot alfabētu un līdz ar to arī neprotot rakstīt. Ja viņš to mācētu, tad viņam pavērtos lielākas iespējas plašajā pasaulē. To viņš saprotot, jo redzot, kā dzīvo citi cilvēki, kas nav analfabēti. Klausītāji sniedza viņam sekojošu padomu.

Tā kā vīrietis ikdienā satiekas ar ļoti daudziem tūristiem no visas pasaules, kā arī ar cilvēkiem, kas apmetas viņa dzimtenē ilgāk, viņam ieteica noskatīt kādu laipnu personu, kas būtu ar mieru viņu mācīt, bet pretī lai viņš piedāvā savus pakalpojumus, piemēram, uzkopt dzīvokli, pagatavot ēdienu, pieskatīt bērnus, nomazgāt mašīnu un tamlīdzīgi.

Apmaksājama ir gandrīz jebkura darbība. Nav jābēdājas, ka nav naudas, lai īstenotu savu sapni, barters ir spēkā visos laikos, un šobrīd, šķiet, tas būtu jārealizē.

Jauneklis pēc teiktā stipri apmulsa un sāka meklēt visdažādākos iemeslus, lai tā tomēr nerīkotos. Ideja viņam ļoti iepatikās, bet viņš nevarēja pārvarēt savu kautrīgumu. Viņam bija neērti kādam atklāt savu nezināšanu, darīt otram zināmu savu stāvokli un ar saviem priekšlikumiem uzrunāt svešiniekus. Viņš negribēja vai vēl nespēja virzīties tālāk, lai sasniegtu lielākus mērķus. Kādam emocionālais briedums un atbildība par savu dzīvi var būt svarīgāka nekā apkārtējo viedokļi par sevi. Bet puisis neieklausījās padomos un nerealizēja ideju, tāpēc viņam drīz vien par savu neuzdrošināšanos nāksies ciest. Skaudības dzirksts iezagsies un bojās omu. Izglītība sekmē materiālo stabilitāti, bez lasīt un rakstīt prasmes divdesmit pirmajā gadsimtā vairs nevar iztikt.

Pieaugt var tikai tajā gadījumā, ja kaut ko paveic – tad rodas lielāka drosme un pārliecība par to, ka var tikt galā ar kaut ko vēl lielāku un nozīmīgāku. Kā vieglatlētikā pacelt augstlēkšanas latiņu par desmit centimetriem augstāk... Tāpat arī katram privātajam vai darba projektam ir tendence kļūt aizvien sarežģītākam un unikālākam. Sasniegtie iekšējie panākumi nostiprina dažādas iekšējas pārliecības, kas mazina vajadzību skaust. Ļauties šai izjūtai nekļūst saistoši ne vienmēr tāpēc, ka pašam savi panākumi ir interesantāki, bet tāpēc, ka jebkura uzvara pieprasa ieguldījumus. Kā ar akmeni, kas, palaists no kalna, ripojot uzņem aizvien lielāku ātrumu. Sākumā to ir grūti iekustināt, bet tālāk tas ripo pats no sevis. Līdzīgi ir ar drosmi un emocijām – pat neatliek laika lielām pārdomām par sevi vai šaubām, kad uzņemts vēlamais kurss. Skaudība ir lielāka tiem, kas neko nedara un savas mazdūšības dēļ izcieš frustrāciju. Galvenokārt jādarbojas ar savu personību, tad sociālie panākumi nekur nezudīs. Tie, kurus nemāc skaudība, atzīstas, ka it kā kāds nezināms spēks virza viņus uz priekšu. Enerģija nav metafizisks process: tā ir gan emocionāla, gan fiziska likumsakarība. Jāpiepūlas – tas vairo briedumu. Ja emocionāli svārstās, tad progresija var pārtapt regresijā. Tad neizdodas, zūd pārliecība un pazeminās pašvērtējums. Tāpēc ir nepieciešami papildu stimuli. Bērniem patīk mānekļīši un bonusi, tad viņi pakļaujas dienas kārtībai un paklausa pieaugušos. Nevienā vecumā nedrīkst palaisties! Tad, kad izdodas uzvarēt sevi un izdarīt kaut ko jaunu, rodas cieņa pret sevi, jo nav viegli respektēt vārguli, kurš nevar paveikt neko nozīmīgu! Dusmas rodas brīdī, kad kāds ir spējīgs domāt un rīkoties labāk par mums. Otra brīvība vairo mūsu skaudību un nespēju.

Vīrietis, kurš apzinās savu pievilcību, ir spējīgs piesaistīt gandrīz ikvienas sievietes uzmanību, un tie, kas vēlas to pašu, var just greizsirdību. Tādi paši likumi ir spēkā arī sievietei. Ja mēs protam lasīt šo sākumā šķietamo Morzes ābeci, tad kļūstam par savas dzīves noteicējiem. Skaudība posta labus aizsākumus. Tās īpašnieki vienkāršāk uzķeras uz reklāmām, solījumiem, kas iemidzina skaudību pat tajos gadījumos, kad IQ ir augsts. Skaudība var būt sabiedrotā gudrajiem un tiem, kas tādi nav, maznodrošinātiem un turīgiem. Nabadzīgie apskauž cits citu un bagātos, naudīgie tādus pašus un ubagus, jo pašai naudai nav nekāda sakara ar skaudību. Tā var veicināt un sagādāt mokošus pārdzīvojumus, bet ne visos skaudības diagnostikas piemēros ir vainojama nauda tiešā nozīmē? Apskaust var apstākļus, veidus, caur kuriem pieplūst nauda. Jāmēģina nošķirt sevi no iespējamās skaudības. Tas nav vienkārši, bet tas ir jādara, lai skaudības iespaidā netiktu pieņemti izšķiroši lēmumi, izdarīti secinājumi un izvēle. Skaudība var ietekmēt rakstura iezīmes un uzvedību, sarunas tematus, intereses un nodarbošanos, darba kvalitāti, saturu un jēgu. Uz šo iezīmju kopumu noraudzīsies bērni, kas vienmēr ir spējīgi pretrunīgi uztvert vecāku vājības. Attiecīgi šo izkopto ļaunumu kā vienu no nevēlamajiem suvenīriem var pārmantot ne tikai pašu, bet arī bērnu bērni.

Ir bīstami apskaust citu izjūtas un nerespektēt savas vērtības. Skaudība ir savas personības devalvācija. Un ne tikai, tās ir nepietiekamas varas izjūtas sekas. Bez ietekmes cilvēks jūtas „ļengans", bezformīgs savās izpausmēs, jo ir veselīgi uzņemties atbildību un likt lietā savu kompetenci, lai sajustu savas spējas. Jārealizē ne tikai profesionālā, teritoriālā, vecāku vara, bet arī radoša, cilvēciska varēšana, spējas un zināšanas. Raksturīgs pārpratums ir nekoncentrēties uz savu spēju realizēšanu kā iekšējās varas un gribas izpausmi, bet dzīties pēc tukšiem, pliekaniem, formāliem varas apliecinājumiem – „papīrīšiem" pie sienas, veidojot sāncensību starp makulatūru un talantu. Iekšējais psiholoģiskais konflikts, kas provocē skaudību, ir sacensība starp šīm divām izvēlēm. Sākotnēji šī konkurence ir iekšēja, kad cilvēks izvēlas varas formas izpausmi, jo katrs realizē savu varu, pat ja viņš to nepazīst un neatzīst. Tad, kad ir pieņemts lēmums dzīties pēc tās vai citas varas izpausmes, cilvēks paraksta sev spriedumu – viņš satiekas ar savu izvēli, ar kuru viņam nāksies sadzīvot visa mūža garumā. Piepildīt sevi ar sabiedrībā konkrēti pazīstamu un identificējamu varas simboliku vai ar varu, kas izriet no spējam, talantiem, zināšanām. Ir iespējams pārliecināties par to, kura no varas iespējām ir spēcīgāka un ietekmīgāka. Ja saprotam šo sakarību, mums nav nepieciešami dziļāki pētījumi par varas pārspīlējumiem, kas var sakāpināt un provocēt skaudību. Cilvēka psihei var būt par grūtu izturēt skaudību, un tā var pārtapt ne tikai par psiholoģiska, bet pat par psihiska rakstura problēmu. Tie, kuri jūt savas izvēles aplamību, ir spējīgi dzīves laikā mainīt savu varas redzējumu. Šajā sakarā ir kāda anekdote. Zvirbulis nejauši satiek lakstīgalu un ziņkārīgs jautā: „Uz kurieni tu, lakstīgala, dodies?" Lakstīgala atbild: „Es dodos kārtot kārtējo vokālo eksāmenu, lai saņemtu sertifikātu." Zvirbulis izbrīnījies turpina: "Kādu sertifikātu, ja tu dziedi par visiem putniem labāk?" Lakstīgala atbild: „Man vajag sertifikātu tāpēc, ka vistas to prasa."

Sabiedrība pati veicina skaušanas apjomus. Daudz kas sociumā tiek izdomāts un radīts, lai nostiprinātu, bet ne iznīcinātu skaudību. Skaudība piesedz skaudību. Un skaudība atsedz skaudību. Skaudīgie netic neskaudīgajiem, un neskaudīgie nespēj iedomāties, ka viņus var apskaust. Tajās valstīs, kurās tauta cieš politisko svārstību dēļ, kurās nav stabilas sociālās garantijas, ir bezdarbs un kopumā zems dzīves līmenis, sabiedrības skaudības koeficients ir augstāks nekā tajās, kur sociālā labklājība ir augstāka.

Skaudība mēdz būt arī „dusoša skaistule" – to var pamodināt paša būtība, prāts, spējas, talanti, nolūki, idejas, finansiāla rocība, dzīves mērķi, ģimene u.c. Bet „pie vainas" var būt arī citu personības būtība, prāts, spējas, talanti, nolūki, idejas, finansiālā rocība, dzīves mērķi, ģimene u.c.

Cilvēkam skaudība var pāraugt greizsirdībā, kas kā emocija nav sveša. No greizsirdības kā jūtu izpausmes pat nevajag censties izvairīties, ja tā nekaitē, jo tā ir cilvēka dabas organiska sastāvdaļa. Saaukstēšanās gadījumā mums nav jāatbrīvojas no deguna, bet no iesnām. Jāpievērš uzmanība konkrētām skaudības izpausmēm un ievirzēm, ja tādas eksistē. Kurp un pret ko tās tiek vērstas? Jāapzinās tendences, adresāti un iemesli, to cēloņi. Tas būtu vērtīgi, jo skaudība reizēm ir kā dinamīts, kas var eksplodēt. Izvairoties un nerisinot skaudības simptomus, „labākais ir tas", ka katrā nākamajā reizē mēs rīkojamies citādi, lai sasniegtu mērķi vai gandarījumu, pieverot acis uz savu skaudību. Mēs paplašinām savas iespējas, kad apliecinām sevi. Ja cilvēks ir skaudības pārņemts, „atslēdzas" spējas, jo tās samazinās. Ikviena sieviete vai vīrietis var brīvi izvelēties to partneri, kurš šķiet labāks un nepieciešamāks pašreizējā dzīvē. Drošības izjūta, fiziskās attiecības ir vienlīdz svarīgas, tomēr tās nav vienīgās, kas liek izdarīt galīgo izvēli. Apzināta izvēle bez skaudības piemaisījuma rada sajūtu, ka mūs virza un palīdz kāds gaišāks spēks, bet tā enerģija esam mēs paši! Dažiem tā varētu būt kā privilēģija – bez skaudības piemaisījuma realizēt savu izvēli. Neizjūtot nepieciešamību, piemēram, kādu maldināt, melot, idealizēt, pakļaut, ietekmēt, mocīt, draudēt u.c.

Atziņas veļas kā lavīna, dzīvot kļūst aizvien interesantāk un vienkāršāk. Šķiet, ka senatnē bija pat profesija, ko dēvēja vārdā „ragana". Mūsdienās šādus cilvēkus mēs varētu satikt pat *supermārketā* – visu redzošus un visu dzirdošus. Tie respektē sevi un citus, mācās no savām nepilnībām, tver dzīves nianses, saprot simboliku un savu misiju. Šādus drosminiekus sabiedrība neizvirza par vadoņiem, jo tie šķietami apdraud sabiedrības vērtības. Augstākais sasniegums ir, ja, apelējot pie sabiedrības sirdsapziņas, tos dēvē par labiem cilvēkiem, bet tikai pēc nāves. Vide tiecas un uzticas, respektē un atbalsta tādus, kuri nevis konfrontē, bet atrodas saskaņā ar sabiedrības vērtībām, pat tad, ja šīs vērtības nav īsti vērtīgas. Par to katrs var pārliecināties sadzīvē, palūkojoties uz to, kam simpatizē. Skauģis skauģi jūt ar visām savām maņām, tāpēc, jūtot konkurenci, visiem spēkiem cenšas vismaz intuitīvi pretdarboties. Nepalaist garām, aizlikt kāju priekšā un tamlīdzīgi. Iespējams, ka mūsu nemīlētās personas vienīgā vaina ir tā, ka viņš ir pārāk labs? Bet varbūt mēs nepazīstam labumu, projicējot savu sliktumu, un tāpēc esam draugos ar izkopto ļaunumu?

Skaudība kā mantojums? Vecākiem jāmāca bērniem, ka par mums padomās, ja mēs paši par sevi domājam. Fiziskajam vecumam nav nozīmes, tas ir nelāgs attaisnojums nedomāšanai. Tomēr ir jāņem vērā: jo vecāki mēs kļūstam, jo mazāk ir izredžu kļūt elastīgākiem un atvērtākiem. Tas ir vienkārši izskaidrojams, ja mēs neuzticamies savām emocijām. Biežāk ir vienkārši bail kaut ko mainīt. Materiālās pasaules labumi sniedz cilvēkam lielāku izvēles un rīcības brīvību, ne mazāku kā brīvs gars un veselīgas emocionālas izpausmes. To, ko mēs redzam, ir vienkāršāk saprast nekā to, ko jūtam, bet tas neizslēdz iespēju atvērt sev jaunus dzīves kvalitātes apvāršņus. Kā teicienā: „Bagātais dara, kā grib, bet nabags, kā var." Nauda ir vara un spēks. Ja nav pārliecības par instinktiem, kas virza uz jebkuriem, arī materiālajiem sasniegumiem, tad plika nauda nespēs pilnībā aizpildīt skaudības alkas. Nāksies grūti, jo būs par maz, nebūs gandarījuma, īslaicīgs emocionāls komforts, un cilvēks pats, to neatskārstot, kļūst par priekšmetu. Izturoties pret sevi kā pret lietu, nedzīvu būtni, ko ekspluatē kā darba, naudas, mantas pavairošanas mašīnu. Dzīves ievirze kļūst priekšmetiska. Tāda attieksme nepaslīd garām, tā aizķeras emocijās un fiziskajā ķermenī. Skauž jau tāpēc, ka iegūto lietu vide nosaka pašvērtējumu, nevis pretēji. Saprast šo kalambūru nekad nav par vēlu. Nauda ir masa, tā pati par sevi bez piešķirtās attieksmes nav nekas vairāk kā materiālās kultūras simboliskā sastāvdaļa. Un, dod Dievs, lai vienmēr tā atrastos pie tiem cilvēkiem, kam ir labi un cēli nodomi, teicama psihiskā un apmierinoša fiziskā veselība! Nauda ir labākais līdzeklis, kā pārbaudīt savu emocionālo stabilitāti un dzīves filozofiju. Īsā mirklī skaudība var sabojāt visus iepriekš ilgtermiņā uzskaitītos labumus. Cilvēki dziļi maldās, ka nauda viņus sabojā. Tā gluži nav. Ļaudis pamanās paši „ar savām rociņām" salauzt labus nodomus un piešķirt naudai savu attieksmi. Kāda tā īsti ir, jāspriež katram pašam.

Atcerieties gadījumu ar svečturiem V.Igo romānā „Nožēlojamie", kad mācītājs galvenajam personāžam deva iespēju laboties, mainīt savu turpmāko dzīvi ar šo sudraba svečturu palīdzību – iegūt garīgu līdzsvaru ar materiālo lietu starpniecību. Nav daudz cilvēku, kas būtu spējīgi strauji pakārtot lietas savām garīgajām vajadzībām. Šajā gadījumā mācītājs ne tikai deva iespēju, bet pat lielāku dzīves jēgu romāna galvenajam varonim.

Lietas nosaka mūsu garīgo brīvību, iespējams, ievirza izvēles. Pēc mantām spriež par cilvēku, ne tikai viņam dzīvam esot. Kad cilvēks nomirst, pēc viņa paliek lietas. Mājas un dzīvokļi, pārpildīti ar visdažādākajiem krāmiem, no kuriem nelaiķim dzīves laikā ir bijis grūti atbrīvoties, bet kuru uzturēšanai ir veltīts daudz viņa dzīves laika. Kad ceļojam un satiekamies ar citiem ceļotājiem, redzam, ka patiesībā nav nepieciešams daudz mantu, lai būtu gandarīts. Un tas rada prieku!

Laulātie atgriežas pēc darba savā komfortablajā mieklī noguruši un ieslēdz televizoru. Ieveļas gultā ar pārpildītiem kuņģiem un vienaldzīgi uzgriež viens otram muguru. Izšķirties nevar, jo vieno kopdzīvē iegūtais materiālais labums. Šādi tiek nodzīvota atlikusī kopā būšana, tomēr, ja gadījumā seko smaga šķiršanās procedūra, tad naudas dēļ, kad tiek sadalīta visa mantība.

Skaudības fenomens savstarpēji sadarbojas ar dažādām cilvēka rakstura iezīmēm, ideoloģiju un attieksmi. Skaudība kā negatīva augsne var cilvēkos pilnīgot destruktīvas izjūtas. Skaudība nav „karma", to ir iespējams ietekmēt un apkarot. Skaudība ir bīstama tāpēc, ka iznīcina personību. Tā nerada un nesniedz patiesas vērtības. Skaudība ir emocionāla un materiālistiska pasaules uzbūve. To var mantot nākamās paaudzes, to var saņemt pūrā, nejauši atklāt starp dzīvām un nedzīvām būtnēm. Skaudību mēdz būt grūti pazīt un apslēpt zem skaļām frāzēm. Skaudība ir katram kā dzīves eksāmens. Skaudība var būt veicinoša, ja galu galā netiek „nogalināts" apskaužamais, bet gan pašu pārprastā attieksme.

Konfrontācija ir nepieciešama, lai būtu iespēja objektīvāk izvērtēt savu domu gaitu, apzinātās un neapzinātās vēlmes, mērķus, cerības, ilūzijas, pretestības un tamlīdzīgi. Šie vārdi kādam varētu likties formāli, ja kaut reizi nav izjusts kauns, neērtība, nav bijusi nevēlēšanās ar kādu personu vai indivīdu grupu atkārtoti tikties vai padziļināt komunikāciju. Nevēlēšanās tikties ar tiem, ar kuriem iepriekš vismaz kādu laiku ir bijušas kopīgas intereses, mēģinājums pielāgoties jaunai vai citai videi, dusmas vai skumjas, kas spontāni cikliski atkārtojas, reakcijas, rīcības modeļi, kas, šķiet, ne vienmēr apmierina, dažādas galējības vai ieilgusi emocionāla mērenība bez īpašām dzīvības intensitātes pazīmēm. Piemēram, jūs uzrunā kāds tirdzniecības aģents un jūsu atbildes reakcija vēlāk izrādās destruktīva jums pašam. Pašapmelošanas epizode iestājas tajā mirklī, kad, jebko sevī pārdzīvojot, netiek fiksēts „pārkāpums", bet attaisnojums. Skaidrs: ja ir iekšēja pārliecība par patiesību, tad nav ne vēlēšanās, ne motivācija, tātad arī vajadzība kaut ko pārstrukturēt.

Iedomājieties nezāļu pilnu dārzu, ja neprot tās pazīt, tad rudenī raža, iespējams, būs neliela, ne tik bagātīga kā sakoptā vagā. Tomēr kaut ko būs iespējams novākt un pat apēst, kas nostiprina ačgārno priekšstatu par savu „pareizību". Nevar noliegt, ka pašu izaudzēto dārzeni tiešām paturam savās rokās un tajā, šķiet, nekādu blakus melu nav. Jāatzīst, ka ir gan, jo radītais augsnes materiāls ir paškultivēts. Dažreiz mēdz būt arī tā, ka iesētais ir iznīcis paša rīcības dēļ, bet vainots tiek nokrišņu daudzums vai tamlīdzīgi, un tā gadu no gada. Virsuzdevums nav pieradināt pie labas kvalitātes augļiem vai dārzeņiem, bet dot iespēju pamanīt epizodes, kas devalvē dzīves un mērķu kvalitāti.

Piemēram, kad notika kārtējās pašvaldību vēlēšanas, kāds ginekologs nolēma vairot savu publicitāti šādi: viņš no reģistratūras paņēma pacientu slimības vēstures un, izmantojot pieejamo datu bāzi, nosūtīja pacientēm–vēlētājām savas pārstāvētās partijas politisko reklāmu. Sievietes, kas tiek ginekoloģiski izmeklētas, reizē tiek „apstrādātas" un izmantotas savtīgiem mērķiem. Saņemt šādu ziņu no ginekologa ir dīvaini, un lieki būtu vēlreiz minēt ētiku, jo, šķiet, ir pašsaprotami, kam ir paredzēta medicīniskā kartīte. Tāpat var iedomāties jebkuras sievietes sašutumu, kad viņa nojauš, ka kāds ir patvaļīgi *grābstījies* gar viņas personīgo dokumentu. Un tomēr, lai iedziļinātos pašmelošanā, ārsta tēls ir perfekts savā negatīvajā paraugā, vēlme būt populāram, vēlamam un pieprasītam tiek īstenota divkosīgi. Pirmkārt, ārsts melo sev, ka viņu interesē pacienti, ne tikai savi, bet arī citu kolēģu, un to labklājība vairāk nekā savējā. Instinkta līmenī jebkurš ir tuvāks pats sev, bet manipulācija ar sevi ir tik filigrāni pārliecinoša, ka tiešām jebkurš, pat ētiskas dabas pārkāpums sevī ir attaisnojams, jo tiek interpretēts līdz nepazīšanai. Tā ir arī ar juridiskajiem likumiem, kad to lietošanā vai interpretācijā var būt atšķirīgi traktējumi. Gandrīz jebkuru lietu, emociju, pārdzīvojumu, notikumu un motivāciju psiholoģiski sevī var interpretēt līdz nepazīšanai. Pat Taro kārtīs ir jāprot izlasīt objektīvu informāciju, nepiesārņojot to ar savu attieksmi. Atvainojiet, bet šo ārstu varētu pat uzskatīt par nelieti, jebkura no „aplaimotajām" pacientēm to var savā prātā brīvi izdarīt. Protams, kāda izvērtēs šo mācību dziļāk un pieņems attiecīgus lēmumus. Sievietes, kas ir apmeklējušas šo ginekoloģisko klīniku, pēc šī notikuma var būt pat ieguvējas, jo jebkurš indivīds dažādos apstākļos pamatā psiholoģiski rīkojas līdzīgi, būtība nevar krasi mainīties par 180°. Tikai to, ja vien nav īpaši apstākļi, tiešām ne vienmēr izdodas atklāt.

Paanalizēsim šī ginekologa psiholoģisko portretu neklātienē, lai saprastu savus personīgos pacienta resursus. Vispirmām kārtām, viņam ir tendence rīkoties paslepus, respektīvi, viņš nav spējīgs atklāti darboties. Viņa daba ir tāda, ka vienmēr ir jārīkojas tā, lai būtu, ko slēpt no citiem; Z.Freids, iespējams, būtu teicis, ka no mātes vai tēva. Tā kā viņam bērnībā bija jābūt paraugzēnam šortiņos un pusgarās baltās zeķītēs, kamēr pārējie brauca ar riteņiem un apdauzīja ceļgalus, mūsu dakterim ginekologam nācās to pašu darīt *pa kluso* un vēlāk melot pieaugušajiem, ka ir cietis nevienlīdzīgā kautiņā ar vienaudžiem. Šķiet, ka ideja ir skaidra, nav iespējams pēc būtības izzināt precīzus bērnības notikumus, kas ir radījuši šo vēlmi paslepus darboties, bet var populistiski saprast manipulācijas cēloņus. Mūsu dakteri ginekologu nevar atraut no profesijas, respektīvi, psiholoģiskā izvēle atspoguļojas arī darāmajā darbā. Zināšanām ar to nav nekāda sakara, tāpat kā diplomiem un sertifikātiem. Ja vien dakteris necentīsies izprast sevi, neviens pasaules spēks nespēs mainīt viņu pašu un viņš vienmēr pret saviem pacientiem izturēsies ne tikai personīgi, bet diemžēl arī profesionāli divkosīgi. Un nedomājiet, ka viņš jūs izārstēs līdz galam bez vilcināšanās, viņš jūs *vazās aiz deguna,* dažādi terapeitiski maldinās procesa gaitā, pats to lāgā neapzinādamies.

Ievērot cilvēka uzvedību un objektīvi saskatīt tās labirintus ir vērtīgi pašam vērotājam: ja izdodas pamanīt sevī šos algoritmus, tad ir vienkāršāk izvairīties no apkārtējo pašmeliem. Šim aprakstam varētu pielikt punktu, ja vien tā interpretācijas ticamību nepaspilgtinātu vēl kāds fakts: sieviete, kas uzticēja mums minēto notikumu, bija ārstējusies pie šī ginekologa.

SIEVIETES LAIME UN NELAIME

Vēsture, vēstījums, pieņemšana, noliegšana, interpretācijas

Starp bērniem un laimi vai nelaimi ir noteikta saistība, jo caur viņu klātbūtni reāli iepazīstam ne tikai prieku, bet arī sāpes. Tad, kad viņi slimo, nonāk negadījumos, tad, kad viņiem neveicas skolā, darbā, mīlestībā. Bērni ir vecāku apkopotais vai integrētais dzīves vērtību eksāmens.

Laime nepazīst dzimumu. Identificējot sevi, katrs var definēt vai pazīt savu laimi. Šobrīd, ja tiek izcelta sieviete, tad eksistē kopējā vai vispārējā laimes esība (esot par māsu, meitu, māti), kā arī individuālā, nu un tas patiesi jāzina katrai patstāvīgi. Diemžēl ne visas sievietes realizē savu radošo potenciālu, lai pilnīgotu savu attieksmi. Psihoterapijas klientes, atrisinājušas problēmsituāciju, nespēj pat iztēloties, ka varētu vēlēties iegūt vai izprast ko vairāk. Ja galvassāpes vairs nenomoka, vai varētu kaut ko vairāk vēlēties. Tas ir tāpat, kā uzskatīt horizontu par robežu, aiz kuras šķietami nekā nav. Tā nav patiesība, visi to zina, bet pārliecība eksistē, jo redzējums un filozofija ir tāda, kāda nu tā ir – vienveidīga un ierobežota. Cik gan tālu ir spējīgs aizsniegties skatiens, vērojot no viena un tā paša punkta, ir skaidrs katram. Tāpēc jāmudina vēlēties ko vairāk nekā to, ko pieprot vai apzinās visas. Kas tas īsti būtu? Mēs vienojāmies, ka silesiešu vidū pastāv kopējas laimes iezīmes, bet vai visas jūtas laimīgas kā mātes? Tas būtu ne tikai skaļš apgalvojums, bet arī liekulīgs. Tā nelaimes sajūta arī ir daļēji vienojoša, ne velti visi sieviešu žurnāli ir pilni ar līdzīgiem pārdzīvojumiem. Sievietes reizēm sanāk vienkopus, lai *aizlaistos* no savām ģimenēm, kurās ir vīri un bērni. Piekritīsiet, ka problēma jau nav ģimenē, bet pašās. Uz šīs savdabīgās trauslās robežšķirtnes satiekas sievietes laime un nelaime. Ja instinkts nav nokauts, tad par savu ideālo ģimeni sapņo ikviena meitene.

Mēģināsim koncentrēt uzmanību uz laimes un nelaimes saskarsmi, šo pašu ideju ir iespējams pārfrazēt – labuma un ļaunuma esība sievietes dzīvē. Jau vēsturiski sievietes tika uzskatītas par mazāk vērtīgām nekā vīrieši No viņām gandrīz nekāda labuma īsti nav bijis. Šis vēsturiski psiholoģiskais rudiments ir briedis līdz mūsdienām un joprojām pilnveidojas savā negatīvismā. Ir skaidrs, ka sievietes tiek vainotas dzīves likstās, kas piemeklē vīrieti. Piemēram, ja pieaugušais bērns ir zaglis, tad gandrīz pēc jebkuras psihoterapijas definīcijas viņš ir konfliktējis ar māti, tāpat, nedod Dievs, pieaugušais dēls ir kļuvis par pedofilu, par to jau atkal ir atbildīga tā pati māte. Daļēja patiesība šajā secinājumā ir rodama, tomēr šoreiz nav runa par šo nelaimīgo bērnu, bet par māti, kuras dēls neklaiņo vairs pa ielām, bet pa cietumiem. Gribas nopūsties, jo uz mātes pleciem gulstas ne tikai bērnu slimības un kaites, bet arī to izvirzītie mērķi, cerības un lēmumi. Ikviens bērns „kaut kā" domā neatkarīgi no tā, vai māte fiziski atrodas tuvumā vai tālumā. Dažbrīd pat savos visdziļākajos pārdzīvojumos māte nenojauš to, ko īsti savā prātā domā viņas bērns. Ne velti reizēm pedagogi apgalvo, ka vecāki nepazīst savus mīluļus: kad viņi atrodas atstatus un ir neaizsniedzami saviem vecākiem, rīcības motīvi var ievērojami atšķirties no vecāku vīzijām un prognozēm.

Raugoties uz šo situāciju empātiski, redzam, ka jau tā nelaimīgā māte par sava bērna nedienām tiek vairākkārtīgi sodīta. Frustrācija no individuālās vai dziļi personīgās līdz pat ārējai savā amplitūdā ir spēcīga. Ciest nākas, piemēram, no paššaustīšanas, kā arī par to, kā mātes bērnu rezonē sabiedrība. Sievietes laime ir dzemdēt un izaudzināt veselu un harmonisku pēcnācēju, un nelaime ir radīt slimu un destruktīvu bērnu. Gandrīz jebkura sieviete, kurā nav nokauts mātes instinkts, piekritīs šim apgalvojumam. Bērns ir ne tikai personīgais atspulgs, bet arī „kaut kas tāds" patstāvīgs, līdz kuram nesniedzas mātes vara un griba. Reizēm vecāki nav īsti apmierināti ar to, ko ir veidojuši, audzinājuši un izglītojuši, tāpēc arī kritizē, pārmet un ar visdažādākajām metodēm mēģina ievirzīt bērnu sev vēlamā gultnē. Mēdz būt, ka sievietes mātes laime ir tāds bērns, kas atbilst merkantiliem mērķiem un ilūzijām. Pat vislabākā māte, kas respektē sava bērna izvēli, ir izveidojusi priekšstatu, kādam ir jābūt viņas bērnam. Nelielas novirzes, iespējams, nevar aizskart, bet ģenerālo priekšstatu vai vadlīniju pārrāvumi, iespējams, var būt sāpīgi un pat traumatiski. Atceros kādu tēvu, kurš, atklājis sava dēla atkarību no narkotikām, saslima ar diabētu. Bērnu nedienas somatizē vecākus.

Kāds psihiatrs dalījās savā pieredzē par kādu klīniski slimu pacientu, kas ar lielām pūlēm tika *sastutēts*, lai varētu atbilstoši savam veselības stāvoklim adekvāti funkcionēt sociumā. Reizēm jau tā notiek, ka pacients vai klients pat nenojauš sava psihiskā stāvokļa nopietnību pat pēc tam, kad jūtas labāk. Pacienti un psihoterapeiti dažos gadījumos var prognozēt dažādu nākotni, ja netiek pareizi modulēta tagadnes terapija. Tātad šis pats psihiatrs satiekas ar savu pacientu atkārtoti agrāk, nekā tas bija paredzēts. Akūts psihiskais stāvoklis, kam it kā vairs nevajadzēja šādi izpausties, protams, radīja vēlmi interesēties par atkārtotās izpausmes progresīvo ātrumu. Izrādās, ka tik tikko *sastutētais* pacients pēc dažām vizītēm pie psihoterapeita ir sācis pastiprināti pievērsties savām attiecībām ar māti. Jaunizveidotais priekšstats ir novedis viņu jaunā, šaurākā strupceļā, kas ir veicinājis atkārtotas psihozes parādīšanos. Pacients sāka atklāti nīst savu māti, taču viņa bija vienīgā radiniece, kas varēja uzņemties atbildību par savu sasirgušo dēlu, jo savas ģimenes vai draugu viņam gluži vienkārši nebija un vairs nebūs. Iespējams, ka psihoterapeits, pie kura vīrietis bija vērsies pēc palīdzības, savā profesionālajā jomā bija iesācējs, jo ir dažādas pieejas un metodes, kas attiecīgajā situācijā jālieto kā darba instrumenti. Jāievēro mērenība, nevar un pat nedrīkst paspilgtināt emocijas, kas jau pašos pamatos ir piesātinātas un spēcīgas.

Neanalizēsim šo situāciju no uzraudzības aspekta, bet gan apspriedīsim to, kā jūtas māte. Iespējams tāpat, kā kaut kad iepriekš, kad viņas bērns izteica viņai pirmās pretenzijas vai iebildes. Piemēram, mazi bērni reizēm skaļi vai čukstus izdveš: „Mamma, tu esi stulba!" Protams, jo tieši viņa ir tā, kas ievirza, nosaka, pamāca un attiecīgi ierobežo. Nevienam jau tas īsti nav pa prātam, kad viņa uzstāj aizsiet zābaku saites, lai nesapītos tajās un krītot neapdauzītu degunu. Piemērs no apdegumu sērijas – bieži mātes, kuru bērni ir guvuši tādas traumas, stāsta līdzīgu stāstu, kad karstā tējas krūze ir mazulī vairākkārt izraisījusi interesi, tāpēc attiecīgi tā tikusi pārlikta citā drošākā vietā. Kā šie notikumi attīstās tālāk, ir skaidrs, jo pastāv vienojošas priekšnojautas absolūti visām mammām. Bērns nepaklausa, nerespektē vecāku pieredzi un saņem attiecīgu fizisku un garīgu pārdzīvojumu. Iznāk, ka māte, lai kā to vēlētos, nespēj pasargāt bērnu no sadzīves likstām un vēlāk cieš savas nevarības dēļ. Mēs minējām šo iekšējo un ārējo frustrāciju. Jebkurš ārsts traumpunktā jums uzdos jautājumu, kā īsti risinājās notikumi līdz tik skumjam finālam. Secinājums var būt šāds: māte nedrīkst dzert tēju tad, kad atrodas ar mazuli vienā telpā. Sarkastiski vai neiespējami – nevar realizēt dzīvē šo mākslīgo padomu, jo māte ir cilvēks, ko ne vienmēr grib un var saprast, un attiecīgi pieņemt bērns. Piemērs ar karsto šķidrumu ir vienkāršs un ir aktuāls mātēm, kam ir mazi bērni, bet ļoti zīmīgs un dažādi analizējams tas ir nākotnē.

Mainās notikumi, bet attieksme un atbildes reakcijas paliek vienas un tās pašas. Māte vēlas saīsināt pārdzīvojumu ceļu, ievērojot savu dzīves pieredzi, bet bērns to ignorē un tiecas apmierināt savu interesi un vajadzības. Psihoanalītiskajā procesā, bez šaubām, tiek skarta mātes tēma. Katrs ir nācis no sievietes, attiecīgi ikvienam ir izveidojusies visdažādākā individuālā attieksme. Jautājums ir par sievieti, tās laimi un nelaimi, piemēram, izspēlējot sevī mātes lomu. Jāpiekrīt, ka kaut visniecīgākā mērā katrs bērns ir psiholoģiski vai fizioloģiski līdzīgs savai mātei, tomēr kaut kas ikvienā ir dziļi personīgs, neraksturīgs vecākiem. Iedomāsimies jebkuru priekšmetu, piemēram, tādu ģeometrisku figūru kā apli – figūras daļa pieder pašai konfigurācijai, bet uzvilktās līnijas – tās autoram. Tātad, ja pat mēs apzināti un mērķtiecīgi censtos ietekmēt savus bērnus, vienalga, viņi pārvaldīs sevī kaut ko dziļi personīgu un atšķirīgu no mums – mātēm. Reizēm tas var izvērsties pozitīvi, dažos gadījumos negatīvi, bet noteikti būtu jāsaprot, ka pilnveidot vai pretēji – lauzt šo svešo vecākiem, bet personīgo bērnos vairs nav mūsu varā.

Kas tad tas īsti būtu? Neirotiskas reakcijas, kuras bērnībā tiek iegūtas neatkarīgi no tā, kā rīkojas māte. Piemēram, tiek izteikts vārds, bet attieksmi un vērtējumu, izdarot savus secinājumus, izveido pats bērns. Māte var censties apstrīdēt apgalvojumu, bet bērns var palikt pie sava. Reizēm ir nācies iepazīt ģimenes, kurās bērni pamanās ievērojami atšķirties no saviem vecākiem. Šķiet, kā tādiem burvīgiem vecākiem var būt tik nesimpātiski bērni, protams, ir arī otrādi – bērni paspilgtina savu pozitīvo atšķirību uz vecāku fona. Ne visās alkoholiķu ģimenēs bērni kļūst par dzērājiem, tāpat, kā ne visās profesoru ģimenēs atvases tiecas mācīties. Šis fenomens ir interesējis vairākas zinātniskas nozares. Pirmā, kas nāk prātā, ir ezoterika. Tieši tajā tiek meklētas atbildes uz jautājumiem par savstarpējām atšķirībām starp ģimenes locekļiem, ģēniju un neliešu vai noziedznieku rašanos. Izplatītākais pieņēmums ir, ka bērns ir autonoma garīga substance, kas izmanto mātes augumu, lai attīstītu un radītu savu fizisko ķermeni. Iespējams, ka to var izskaidrot arī šādi, ja trūkst citu zinātniski objektīvu piemēru un apgalvojumu. Kaut ko šajā sakarā varētu minēt astrologi, un bez saviem komentāriem nepaliktu teologi atkarībā no ticības un reliģijas virziena.

Nepieciešamības gadījumā par šīm atšķirībām var painteresēties periodiskajos izdevumos, bet mūs šobrīd interesē psiholoģiskā konteksta atšķirības. Tās var iedalīt divos dažādos līmeņos. Pirmkārt, mātes uzvedība, klātbūtne, attieksme, stereotipi un reakcijas izveido adekvātas atpakaļsaites bērnos. Izteikti pozitīvās būtu garīgi un fiziski vesels bērns, pretēji – vājš, neirotisks, nomākts. Šajā līmenī sevišķi būtiska ir mātes līdzdalība un harizma. Otrkārt, gadījumos, ja māte neizmanto sasaisti ar bērnu, tad garīgais līmenis neatkarīgi no kvalitātes saskarsmē ar māti ir katra cilvēkbērna paša rokās. Respektīvi, bērna empātiskās spējas nosaka, vai viņš pievērsas vai nepievēršas mātei. Tomēr bērns vienmēr tieksies pie mātes. Bērns vienmēr ir spējīgs būt par savas mātes bērnu, bet māte ne vienmēr ir spējīga būt par sava bērna māti. Uzdevums ir apjaust, kā šādā situācijā rīkoties. Atbilde ir šāda: to, ko nevar paņemt vai saņemt no mātes, var mēģināt aizpildīt. Tas nav vienkārši. Nav izslēgts, ka šādā gadījumā rodas un veidojas personības individualitāte. Un neviena psihoterapeitiska pieeja nespēs neko šajā *failā* mainīt, ja mēģinās interpretēt klienta vai pacienta asociācijas caur vecāku, konkrētāk mātes prizmas ietekmi kā absolūtu patiesību. Piemēram, daudzbērnu māte bez vīra audzina bērnus, strādā vienkāršu darbu, un viņai ir pieticīgs dzīvesveids. Bērni pieauguši kļūst par ievērojamiem uzņēmējiem, savas vajadzības apmierina neskopojoties, pat izšķērdīgi, dod priekšroku atraktīvām izpausmēm. Tiek veidotas stabilas ģimenes, maksimālais bērnu skaits ir ne vairāk kā divi. Apmēram šādi izskatās ārējā atšķirīgā forma no mātes dzīvesveida, bet šāds uzskats var būt maldīgs, jo forma pēc savas būtības tomēr līdzinās vecāku interesēm. Var atšķirties tikai mērogi, kuros pašrealizējas šīs divas paaudzes – naudas apjoms, izglītība, statuss, amats un tamlīdzīgi. Iespējams, ka salīdzinoši šie paaugušies bērni ir daudz rezervētāki un atšķiras no vienaudžiem un līdzīgā apritē nonākušajiem tieši ar šo pieticību.

Tā bija neliela atkāpe par to, ko mēs varam ieraudzīt, un ka tas, ko mēs varam saskatīt, ne vienmēr atbilst patiesībai. Individuālā atbildība par personīgo izkopto ļaunumu iestājas tad, kad ikviena apzināta būtne izvēlas savu atšķirīgo dzīves ceļu, filozofiju, attieksmi, kultūru, vērtības un pasaules izziņas pieeju vai metodoloģiju. Pēdējais minējums ir svarīgs tāpēc, ka no tā būs atkarīga pieeja, ar kādu tiek uzrunāta un uztverta pasaule, ne tikai darvinisma vai metafizikas, bet arī kā labvēlīga vai postoša. Lai nonāktu uz Zemes, ir nepieciešami vārti – mātes grūtniecība un dzemdības. Te nu sievietei ir jāuzņemas atbildība, jo tieši viņa ir tā, kas ar visdažādākajiem simboliem dod rupjus un tiešus mājienus par to, kāda ir pasaule. Piemēram, mātes tramīgums, vājums, iekšējā nestabilitāte ietekmē bērna labsajūtu un attieksmi. Ja māte iedvesmo un iedrošina, tad apkārtējā vide tās visplašākajā apjomā caur izziņas procesu pilnīgo ikvienu jaunpienācēju. Kādi ir cilvēki? To uzvedības motīvi? Dažādu apstākļu skaidrojumi? Interpretēt, izskaidrot neapšaubāmi ir katras mātes varā. Pēc tam, kad bērns ir saņēmis pirmo uztveres sēklu, pati augsne rada pamatu, kura forma, kvalitāte, intereses, vitalitātes intensitāte vairs nav atkarīga no vecākiem. Piemēram, sagatavojot augsni pēc vislabākās sirdsapziņas un izvēloties labāko un piemērotāko stādu, to rūpīgi kopjot, tomēr, ja to apsēž kaitēkļi vai ir pārmērīgi nokrišņi, iznākums vairs nav atkarīgs no dārznieka attieksmes. Var piemeklēt citus raksturīgus piemērus, jo iepriekšējā gadījumā vide izposta to, kas ir labs, bet vēl mazs vai nesagatavots. Tomēr īpašības un spējas bērnam nākas attīstīt un izstrādāt sevī pašā. Galvenā iezīme fiziskajā jomā ir imunitāte, psiholoģiskajā – tā ir spēja pretoties. Būt pašam.

Biežāk mātišķu sieviešu mīnuss ir tas, ka viņas atslābina bērnos spēju ražot savas individuālās iezīmes, piedāvādamas citu vai svešu, šajā gadījumā mātes variantu. Tā ir atsevišķa substance pasaules raksturojumā, kas ir jāpiemēro, jāadaptē jaunajam organismam. Piemēram, cilvēki, ar kuriem tiekas, draudzējas, spēlējas vai kā citādi kontaktē bērns, šķiet vecākiem nelabvēlīgi, un vecāki izvēlas nošķirt bērnu no šīs nelabvēlīgās kompānijas. Ideja nav peļama, bet ir jāapzinās, ka kaut kas pievelk bērnu šai videi. Jo ātrāk identificēsiet šo vajadzību, jo straujāk bez konfliktiem risināsies notikumi vēlamajā virzienā. Šajā epizodē atkārtoti tiek dota iespēja izpausties mātes ietekmju robežām. Palaižot nosacīti pašplūsmā bērna interešu un vajadzību loku, izveidojas unikalitāte, kas var rasties tikai un vienīgi patstāvīgā darbībā. Māte ir gudra vai viņai ir jābūt gudrai, lai veidotu un parādītu dažādus kontrastus, tādējādi paplašinot pasauli. Prieks var būt dažāds, ne tikai no narkotisko vai alkoholisko vielu apdullināšanās. Ja māte neko daudz nezina par priecāšanos, tad nemācēs to radīt arī bērnos. Apkopojot nule teikto, secinājums ir: eksistē dažādas vides, kuru saskarsmes punkti laiku pa laikam atduras pret vai saduras ar māti, bet pārējais laiks pieder vienīgi pašam bērnam. Tā ir sievietes laime, jo veidojas saskarsmes harmonija. Tāds kā plūdums – vēlā rudenī upi sāk pārklāt ledus kārtiņa, ziemā tā aizsalst, bet agrā pavasarī tā uzņem apgriezienus, lai turpinātu savu iesākto ceļu un misiju. Visos dzīves momentos bērna mammai pat nav jābūt klāt, bet laime ir tad, ja sieviete organiski izjūt tos mirkļus, kad patiesi tas ir nepieciešams un atbilstošs. Lai nenotiktu tā, ka kaut kas būtu nokavēts, izvēršoties par sievietes nelaimi, jo tām, kam ir bērni, tas varētu būt nozīmīgi visā mūža garumā.

Viens no lielākajiem pārdzīvojumiem, kas rada sirdssāpes un sagādā ciešanas, ir tieši bērni. Izkopts ļaunums iestājas tad, kad māte atkārto savas mātes kļūdas vai nepilnības. Atminēsimies – bez saknēm neveidojas koks. Tajā, kas no mātes ir saņemts bērnībā vai pieaugot, ir pietiekami daudz pozitīvā, tomēr pat visideālākajā modelī var būt nepilnības. Kritika, mātei esot, par māti var realizēties dažādi. Izkopts ļaunums ir arī tad, ja ne tikai atdarina savas mātes neveiksmes, bet arī noliedz iepriekšējo, neveidojot savu attieksmi, iesaistot šajā duelī bērnus, attiecīgi mazbērnus un neveidojot jaunus veiksmīgākus attiecību modeļus starp māti un bērniem. Grūti būtu apgalvot, vai visās ģimenēs un dzimtās valdošās attieksmes veidošanās virzienu nosaka sieviete māte, tomēr nevar noliegt, ka mātes ietekme ir milzum liela un būtiska katras personības rašanās procesā. Vēl jāievēro, ka individualitāte sāk savu attīstību pēc piedzimšanas. Pirmais, ar ko satiekas bērns, ir viņa māte.

Kāpēc var veidoties naids pret māti – pret pirmo cilvēku? Izkopts ļaunums vai likumsakarība? Vispirms ir jājautā: „Vai vispār eksistē naids pret māti?" „Protams, ka jā," apgalvotu Z.Freids, bet pārējie? Iespējams, ka dažādi. Atmiņā uzpeld ģimene, kurā ir piecas māsas, cita citu apskauž, protams, neatzīstot sev un apkārtējiem, ka cīņa norisinās par mātes uzmanību un mīlestību. Ar nožēlu jāatzīst, ka agresija pret māti pastāv. Tā var būt latenta. Ja jau par to sūdzas austrieši, tad kas gan varētu būt konceptuāli atšķirīgs Austrumeiropas iemītniekiem, kam vides apstākļi vēsturiski ir bijuši agresīvi un psiholoģiski smagi aizgājušo militāro režīmu dēļ.

Un tā... Māte. Jāatzīst, ka enerģija pieaug vai uzkrājas tur, kur nav vienaldzības. Īsumā analizējot, mēs nesatraucamies par to, kas mums ir mazsvarīgs vai nenozīmīgs. Māte ir būtiska, lai kā to negribētos sev atzīt. Otello nogalināja Dezdemonu, jo bija greizsirdīgs, bet par mātes galēšanu nekas zīmīgs literatūrā nav aprakstīts. Varbūt, ka tas tiešām nav iespējams vai arī neviens nav uzdrošinājies publiskot vai apspriest savus novērojumus un sāpi. Patiesi, bērnu savstarpējā konkurence un rūgtums ne vienmēr pieļauj atzīt to, ko nāktos apspriest. Ikviens bērns tiecas attaisnot savu vecāku rīcību, ieceri un darbību. Vecāku tēma, jo īpaši mātes kontekstā, ir ļoti sāpīga. To varētu droši uzskatīt un pieņemt kā tabu. Kādu īsti iemeslu dēļ tā notiek? Kāpēc ir grūti negatīvi izteikties par māti? Galu galā neviens nav eņģelis! Māte arī ir cilvēks, kāpēc lai viņu nepakritizētu? Izrādās, ka māte ir kaut kas īpašs un starp viņu un citiem nav iespējams novilkt vienlīdzības zīmi. Algoritms ir vienkāršs: ja es kā bērns degradēju savu māti, tātad attiecīgi pazeminu sevi. Zināms, ka pret pašu roka neceļas. Gribas par katru cenu būt labākam. Atceros, kad piekēru zagli autostāvvietā, paziņoju, ka zvanīšu policijai, uz ko viņš lūdza, lai es to nedarot, jo viņš neesot zaglis, bet gan starpnieks, tātad kaut kas labāks un vērtīgāks. Viņš mēģināja sarunāt ar nepazīstamu sievieti kā ar savu māti. *Aizmālēt acis.* Šajā situācijā naids, dusmas, neapmierinātība, sauciet to, kā vien vēlaties, pret māti pastāv un ir reāla tieši tāpat kā piekeršanās, mīlestība un empātija pret to pašu māti. Kā šajā situācijā izpaužas nepatika pret māti? Bailēs. Zaglēns sevi attaisno, gribēdams būt labāks savas mātes acīs, nekā viņš patiesībā ir spējīgs būt. Tā kā viņš nespēj atturēties no nelikumīgām darbībām un jūtas par to neērti savas mātes priekšā, viņam psiholoģiski vieglāk ir devalvēt māti, nekā pašam laboties. Piekertais puisis pats nespēj būt pozitīvs, un par to viņš vaino māti, uzskatīdams, ka nejauši satiktā sieviete arī ir atbildīga par viņa personīgajām neveiksmēm. Vēlēšanās izpatikt mātei nesakrīt ar iekšējo potenciālu. Iznāk, ka viņš ir sliktāks, nekā viņam gribētos par sevi domāt. Satiktā sievietē ieraudzītais mātes tēls viņam par to atgādina. Mīlestība un naids - divas pretrunīgi emocionālas nostājas, kas var iekšēji plosīt un arī plosa bērnu. Sievietes priekšrocība var būt tāda, ka viņa saprot un apzinās, ka ir gan meita savai mātei, tātad bērns, kā arī, turpinot sava dzimuma tradīciju, reizē kā viena no vecākiem savam bērnam. Rodas iespēja izvairīties no izkoptā ļaunuma, atsaucot atmiņā sevi kā bērnu, esot mātei savam mazulim. Vērtīgākais šajā emocionālajā atmiņu pieredzē, ja ir bijušas domstarpības ar māti, ir tas, ka domstarpību dēļ nemainās savstarpējās attiecības. Notikušais konflikts tiek noslēgts, neizvirzās pretenzijas ne mātei pret bērnu, ne arī bērnam pret māti. Tā ir apzināta situācija. Citādi ir, ja māte vienmēr paliek uzvarētājos, bet bērns – zaudētājos. Viņš it kā nojauš, ka nekad nevarēs būt gana labs, tāpēc zagšana viņam ir vairāk piemērota nekā likumpaklausīga dzīve. Bērns izprot, ka nespēj būt pozitīvs nekādos apstākļos.

Agri vai vēlu visi bērni pieaug, un viņu emocionālajā dzīvē ienāk citi cilvēki. No bērnības velkas līdzi dažādi konflikti un neskaidrības, kas kļūst par pārdzīvojumiem pieaugušā dzīvē. Mātes tēlu nomaina partneris.

Ikviens mīlošs vai vismaz kaut reizi mīlējis cilvēks mācētu atbildēt, ka mīlestība ir pārdzīvojama, pat ja nav sekojušas turpmākas savstarpējās attiecības. Vai mīlestības sāpes var pārdzīvot, ja šķiroties netiek turpināta komunikācija ar bijušo mīļoto? Tieši tā, no mīlestības neviens neesot aizgājis bojā, bet no šķiršanās gan. Ko jaunu lai pasaka pasaulei, ja tik daudz dzejas un romānu, melodiju, skaistu gleznu un skulptūru mums ir stāstījušas savus mīlas stāstus? Mēs, kas esam mīlējuši un mīlam nesavtīgi, zinām, ka mīlestība pret pretējo dzimumu ir spējīga mūs pārvērst līdz nepazīšanai, liekot nožēlot notikušo vai pretēji – mēģināt sev apgalvot, ka izvēle un iznākums ir bijis veiksmīgs un pat vairāk pareizs pozitīvā un negatīvā kategorijā. Un tomēr... Satikt otru, kurš prastu nolasīt to, ko cilvēks pats nemaz nevar sevī uzreiz sameklēt, tad atkal no jauna pazaudēt savu „skābekļa balonu", ir kā īsta trauma.

Ir milzum liels prieks atklāt sevi sev pašam. Ja izlasa šo teikumu kā izteikumu, tad maksimālais ieguvums ir atziņa, bet, ja izdodas pēc iespējas vairāk ienirt sevī kā ar zemūdeni, tad pētniecības iznākums dažos gadījumos varētu būt pat graujošs. Lai izzinātu sevi patstāvīgi, ir nepieciešama otra cilvēka, pretējā dzimuma, klātbūtne. Tas ir ne tikai fascinējoši un valdzinoši, bet arī vērtīgi, jo, piemēram, seksapīla klātbūtni nevar izvērtēt savas „sugas" pārstāvji.

Par sievietes laimi un nelaimi tomēr būtu kas piebilstams. Ja viņas ļautos savai sievišķībai un sensibilitātei par spīti tam, ka ir pratušas sagaidīt savus vīrus no kariem un „plostiem", tad sievietes būtu līdzsvarotākas un harmoniskākas, ne tik agresīvas un pārņemtas ar varu. Virsuzdevums ir saglabāt savu unikalitāti, kurā ir gana varas, tikai jāprot to identificēt, necenšoties to atņemt vīriešiem. Lai to īstenotu, ir nepieciešams garīgs spēks, un nez vai vīriešiem tā pietiktu. Negribas salīdzināt sievieti ar vīrieti, tas būtu pavisam nevienlīdzīgi un neefektīvi – kāds gan sakars jūras zirdziņam ar jūras zvaigzni? Nu nekāds! Būtiskākais, ko nāktos saprast sievietei, ir apzināties savu identitāti. Lai attīrītos, ir nepieciešama jauna atklāsme. Kur to ņemt? Iespējams, no saviem vīriem, ja runa ir par precētajām, vai vismaz no tiem vīriešiem, kas ir tuvumā. Iespējams arī brālis var kaut ko ieteikt māsai, ja starp viņiem ir saskaņa, ko vecāki necenšas vairs apzināti vai neapzināti ietekmēt. Lai sieviete realizētu savu sievišķo sūtību, svarīgi ir pēc iespējas ātrāk izveidot apstākļus, kuros izceļas personīgās grūtības un pretrunas ar sevi. Šādi novērojumi palīdzēs pašu ātrāk noķert aiz *astes*, nekā to būs izdevies apjaust ar prātu. Piemēram, nevar izveidot laulības dzīvi bez partnera. Būšana kopā ar konkrētu cilvēku var atklāt sievietes neskaidrības, neziņu, neizpratni par vīrieti. Tā nav vīriešu problēma, ka sievietei ir grūtības partnerattiecībās, ja šīs grūtības nav saistītas ar konkrētu vīrieti, bet gan ar pašas sievietes attieksmi. Sieviete pirms attiecību uzsākšanas var pat nezināt, ka viņai būs kādi sarežģījumi šajā jomā. Reālā saskarsmē sieviete sliecas vainot vīrieti par to, kas pašai neizdodas. Šādas attiecības nav veiksmīgas.

Pirmkārt, jāatzīst, ka sievietēm patīk panākt savu, un viņas ir pietiekami ietiepīgas. Mīlotais cilvēks var ne tikai kritizēt, bet arī cildināt, kas veido pozitīvas izjūtas, no kurām var kļūt atkarīgs. Sievietes ir valdonīgas, pat tās, kurām nav izveidojusies spoža karjera un kuras runā pieklusinātā balsī. Jāatzīst, ka pieklusināts balss tembrs ir viena no varas pazīmēm. Kā vēl varētu raksturot sievieti? Dažādi. Viņa spēj uzkalpoties līdz valdnieces statusam dažādos līmeņos; jo lielākas ir ambīcijas, jo augstākas ir pašrealizācijas iespējas. Ne visas sievietes tīko pēc varas, dažām tīk pašrealizācija, un tikai dažos gadījumos kaut kādas indivīdes kļūst par vēsturiskiem pielūgsmes objektiem visu laiku vīriešiem.

Nonācām līdz individualitātei, kas raksturo ikvienu personību. Atveidot pašam sevi reizēm varētu būt pat baisi. Daudzas sievietes ir izteikušās, ka vēlas iepazīt sevi. Histērija, ko raksturo emocionāla bezizeja vai iegrožota vēlmju un pašizpausmju iespēja ir vairāk raksturīga sievietēm nekā vīriešiem. Dažkārt sievietes tiecas izzināt sevi, lai varētu justies laimīgākas un priecīgākas. Psihoterapijas seansi ir viena no iespējām apmierināt vēlmes, tomēr tas var nebūt tik vienkārši. Piemēram, kāda kliente ap četrdesmit gadiem sūdzējās, ka divas meitas, kas palika pie viņas pēc laulības šķiršanas, nevēlas pamest mātes māju. Viņu vecums ir pietiekams un arī finanšu iespējas ir pietiekamas, lai uzsāktu patstāvīgas dzīves gaitas. Tomēr jaunkundzes nevēlas atstāt dzimto ligzdu, jo pie mātes joprojām jūtas bērni un vēlas saņemt tādu pašu aprūpi kā līdz šim, ar ko nav apmierināta sieviete, jo jūtas pietiekami jauna, lai veidotu attiecības un, kas zina, neiebilstu arī pret grūtniecību.

Vecāki manipulē ar aizliegumiem, kas bērnos rada bailes. Reizēm tās ir pārvaramas, bet ne vienmēr. Tāpēc bērni rīkojas paslepus vai arī nerealizē savas vēlmes. Laime rodas tajā, ka varam visu pieredzēt un izdzīvot. Tikko mēs nesasniedzam kāroto pārdzīvojumu, mūsos paliek mieles. Grūtāk ir tiem, kas sapņo par mīlestību, bet to nepiedzīvo. Tāpat arī tiem, kam gribētos to vēlreiz atkārtot, bet tas nav iespējams. Tam nav iekšējas enerģijas, jo eksistē dažādas neapzinātas aizlieguma formas. Tāds kā kaifs slēpjas riskā, ka būs par daudz emociju, izjūtu, kuru apjoms būs tik liels, ka nepietiks vieduma, lai to regulētu. Mīlestības pārdzīvojumus bieži vien asociē ar laulības pārkāpšanu, seksu, saistībām un pienākumiem. Cilvēkiem ir grūtības vienkārši apkampties, jo tie baidās, ka fiziska saskarsme būs divdomīga. Tajā pašā laikā dažos gadījumos ir intriga izpētīt aizliegumu. Tādā ceļā bieži vien var atklāt, ka galvenās bailes ir būt nepiedienīgam. Ir būtiski gūt šādu atziņu, jo vecāki, radīdami aizliegumus, ir devuši mājienus par aizdomīgu vēlmju nosodāmību. Respektīvi, sevi jākontrolē, lai nejauši neizlauztos „preversijas", kas patiesībā neeksistē. Sievietes baidās būt nevīžīgas, muļķīgas, neglītas, nestilīgas, neprecētas, neveiklas, netendētas uz karjeru un uz publiskām aktivitātēm. Sievietes nebaidās būt nemātišķas, nejuteliskas, savu būtību neizpratušas, tāpēc, ka par to nav saņēmušas divdomīgus vecāku aizliegumus.

Sievietes cita citai sniedz padomus sirdslietās, kulinārijā, stila niansēs, figūras saglabāšanā. Neizskaidrojama reizēm ir sievietes vēlme. Prāts cietumā. Jāsecina, ka reizēm savu prātu esam iespundējuši vien paši, citi tikai piepalīdzējuši. Nu ko mēs darām ar savu dzīvi!? Ar ko tik nepiekraujam savus *bēniņus*! Nemieru varētu vairot apziņa, ka otra sieviete dzīvo pareizāk, respektīvi, laimīgāk nekā es. Par to ir ne mazums uzmācīgu literatūras un informācijas piedāvājumu. Ietekme ir spēcīga, tāpēc sievietēm ir vēlams atgriezties pie savas intuīcijas, šarma, sievišķības. Tas ir atbruņojoši pret agresīvo mārketingu un sabiedrības stereotipiem.

Kā apgalvot, ka jaunības gados tomēr nedaudz pietrūkst prāta? Pieaugušās dzīves sākumā raujas uzņemties jaunas saistības, bet brieduma gados nožēlo, ka tik agri ir bijusi vēlme iesaistīties atkarībās un pienākumos. Nav skaidrības par savām interesēm, kas rada pārpratumus un maldīgu izvēli. Sieviete ne vienmēr ir apmierināta ar saviem sasniegumiem. Trīs bērnu dzemdēšana nav šķērslis, lai atstātu tos vīram un ietu meklēt laimi un iekšējo piepildījumu pie cita vīrieša. Tad, kad sieviete šķiras no vīrieša ar lozungu: „Beidzot esmu brīva un laimīga!", neviens viņai nepasaka, ka tas ir pārpratums, ja viņa uzskata, ka attālums no bijušā dzīvesbiedra nesīs vēlamos labumus. Nav problēmu un nosodījuma pašā šķiršanās faktā, neskaidrības ir pārpratumā un ieguldītajās cerībās. Turklāt pamudinājums šķirties masu medijos izskan daudz biežāk, nekā ieteikums nešķirties. Cilvēkus izmanto, lai paaugstinātu izdevuma reitingus. Nevienu neinteresē, kā dzīvot laulībā bez vēlmes šķirties. Sabiedrību daudz vairāk interesē uzmācīgi jautājumi par krīzēm un viedokļu atšķirībām. Šķiršanās ir separācija – atdalīšanās, kas ir sāpīgs process. Aiziešana vienam no otra nekad nevar būt rožaina.

Ļaunums tātad ir viena no daudzajām cilvēku raksturojošām īpašībām. Sievietes stimulē cita citu uz šķiršanos. Tas notiek apzināti un neapzināti. Ilūzija, ka sieviete var labi justies bez vīrieša, ir pagātnes ideoloģijas sekas, tās iezīmes nav viendabīgas, izpausmes ir dažādas. Tās nekādā gadījuma nav tikai dusmas, kaut arī aiz plata smaida var slēpties pamatīgs un dziļš niknums. Cilvēks, kurš vienkārši par kādu interesējas, mēdz būt savtīgs, lai vēlāk varētu izdarīt slepenos gājienus.

Piemēram, sieviete lepojas ar visām savām draudzenēm. Tieši viņa cenšas tās iepriecināt jubilejās, grūtās dzīves situācijās, slimībās un neveiksmēs. Tad nu vienā mirklī situācija mainās. Labākajai draudzenei rodas mīļākais. Atlikušās savācas un apspriež notiekošo, iesaka izbeigt sānsoļus, jo vīrs ir tik ļoti vērtīgs, labestīgs un spēj ideāli materiāli apgādāt.

Visām tā neveicas. No visas savas sirds viņas pauž pozitīvu attieksmi un vēlas pārliecināt „nomaldījušos avi" atgriezties iepriekšējā dzīves režīmā. Tā kā sievietes vīrs nojauta pārmaiņas savā dzīves partnerē, viņš atrada īsāko ceļu līdz patiesībai. Vīrietis taisnā ceļā devās pie sievas labākajām draudzenēm, kas, gribēdamas būt labas, sīki atstāstīja sievas kreisos soļus. Domāts – darīts. Iznākums iepriekš paredzams. Konflikts, kas var beigties ar laulības iziršanu. Protams, ka šo notikumu neizprovocēja draudzenes, bet kaut kāda nelāga, gandrīz visām sievietēm kopēja tendence tam piemīt.

Dažkārt ir grūtības neiesaistīties un saglabāt neitralitāti jautājumos, kas skar citu cilvēku dziļi personīgos uzskatus. Sievietes pasteidzas iejaukties, pieņemt lēmumus, sniegt padomus un, kas ir pats bīstamākais, izdarīt „lielos secinājumus". Jau bērnudārzā meitenes cenšas ieņemt līderes lomu un savā starpā sadalīt varu, lietojot paņēmienus, kuri visbiežāk ir noskatīti no mammas. Noteikti jāuzsver, ka tā ir tendence, ne visas meitenes ir ar mieru cīnīties par vietu grupējumā, tāpēc pārmetas pie puišiem vai izveido pasīvu, neieinteresētu attieksmi, kas pasargā no asākiem konfliktiem „karaļvalsts" sadalīšanā. Tādas meitenes, kas atturas no intrigām, apkārtējie grupas dalībnieki visbiežāk nerespektē. Viņas soda ar izstumšanu no „karalistes", ja viņām neizdodas veidot draudzīgu savienību ar līdzīgi noskaņotām meitenēm vai atsevišķi ar zēniem. Puiši nesaprot šīs „meiteņu lietas" jau kopš bērnudārza, tāpēc turas pa gabalu lielākā vai mazākā grupā, lai saglabātu savas intereses un identitāti.

Meitenes, kas paliek ārpus grupas, nonāk nopietnas izvēles priekšā – pievienoties vairākumam vai joprojām būt uzticīgām sev. Novērojumi liek secināt, ka ārpus centrālo meiteņu loka paliek arī tās, kas vēlas piedalīties „karalienes" statusa dalīšanā, bet netiek pat tuvumā. Ko nozīmē līderes statuss? Tas nepavisam vienmēr nav izskats, bet gan harizmātiska spēja pakļaut, ieinteresēt, ietekmēt, vēlme sajust līdzās „galma dāmas", kas apbrīno, lišķē, izrāda labvēlību un respektu. Individuālo nozīmi sieviešu grupā biežāk var paaugstināt tās meitenes un vēlāk sievietes, kas teicami māk pateikties par sniegto labvēlīgo pakalpojumu. Piemēram, uzaicinot uz savām dzimšanas dienas svinībām. Viešņas kļūst par izredzētām, jūtas svarīgas un, kļūstot pieaugušākas, šādos pasākumos aprunā tās, ko neaicina. Izkopts ļaunums ir šāda savas personības degradēšana.

458

Aizraujoties ar šādu laika pavadīšanu, palielinās ne tikai telefonu rēķini, bet arī individuālā vientulība, ko ir jāpapildina kā patukšotu bankas kontu. Resursi tiek iztērēti, attiecīgi ir nepieciešamība iegūt dažādus papildinājumus, lai pārliecinātos par svarīgām lietām. Piemēram, vai „galma dāmas" atrodas iepriekšējos „posteņos". Tāpēc, pieaugot un kļūstot par kāda grupējuma un interešu grupas dalībnieku, ir svarīgi nepazaudēt pozīcijas un neizkrist no aprites. Lai nonāktu apbrīnojamo sarakstā, daudzām ir smagi jānopūlas, tāpēc nereti ir tā, ka visi līdzekļi ir labi, lai nostiprinātu savu statusu.

Bariņš draudzeņu izpatīk precētās draudzenes vīram, jo soda draudzeni ne gluži par kopdzīves nodevību (par to viņām nav daļas – „rokas par īsu"), bet par uzvaru konkurencē. „Karaliene" tiek paslepus gāzta par to, ka apprecējusies ar labāku vīrieti, nekā ir pašām. Turklāt šo veiksmīgo komplektu, papildināt vēl ar mīļāko sievietei, kam jau tā nekā netrūkst, ir par daudz, tāpēc jāpacenšas atņemt, kompromitēt, pazemot. Ne visas sievietes ir spējīgas priecāties par citas sievietes izvēli un dzīvesveidu, tāpēc „censhas" pilnīgi par brīvu, atstājot novārtā savas ģimenes, spējas, talantus u.c., ziedojot visu iepriekš nosaukto „par labu" citai. Tas, ko vēlas draudzenes, ir skaidrs – kompromitēt, izpostīt ģimeni. Viņām nav nekādas daļas gar draudzenes mīļāko. Viņas izmanto šo faktu, lai manipulētu.

Reizēm vīrieši iedziļinās sieviešu jautājumiem veltītajā periodikā, bet apskaidrību tā īsti negūst. Tā varētu būt, jo reizēm kaut ko saprast nemaz nevajag, jo tam tik un tā nav jēgas. Vīrietim, kam rodas grūtības sievas aizraušanās dēļ, vēlams personīgi runāt ar savu sievieti un nemeklēt „advokāta" palīdzību pie svešām, kuras agri vai vēlu izrādīsies liekas. Iespējams, izskan augstprātīgi. Sieviešu dzimums bezmaz tiek nonicināts. Nē, tas tā nepavisam nav! Ja kādam tā šķiet, tad ir jāpievērš uzmanība savai psiholoģiskajai domāšanai un attiecīgi uzvedībai. Iespējams, ka aizskarts ir kaut kas personisks, raksturīgs un pazīstams pašam. Par to nav jādusmojas uz citiem, bet uz sevi. Ja ir vēlēšanās apturēt šīs frustrējošās emocijas, tad lielāka uzmanība jāpievērš cēloņiem. Ne visi ir gatavi apjūsmot kāda iedomas, tāpat kā ne visiem ir svarīgi uzturēties nosacīta galma tuvumā. Tāpēc, ja kāda vēlas apvainoties, viņai uz to ir visas tiesības, un tam nav nekāda sakara ar grāmatā paustajām idejām un attieksmi.

Tā, piemēram, cilvēki pārtrauc apmeklēt psihoterapeitiskās sesijas, jo atklāt sevī slikto ir neiedomājami sāpīgi, patiešām sāpīgi un mokoši! Dažkārt psihoterapeitiem jāuzklausa un jāsaņem komentāri no klientiem par to, ka sesiju laikā tie liek pārdzīvot, domāt, analizēt, raudāt, saprast savas nepilnības un to izturēt esot grūti. Psihoterapeits kā kaut kāds necilvēks, kurš „pūkainam" un visādi pozitīvam apmeklētājam liek justies slikti. Bez šaubām, šādas un līdzīgas idejas prātā var ienākt, jo dažu sarunu laikā cilvēki nav spējīgi saredzēt savu ļaunumu tādā mērā, ka projicē iegūto materiālu uz savu psihoterapeitu un saglabā sevī ilgas un noturīgas atmiņas visu atlikušo mūža daļu. Paša sagādātais pārdzīvojums ir jaudīgs, līdz ar to tas paver iespēju darboties pret savām interesēm. Cilvēks nenojauš, ka, šādi aiziedams, viņš apkalpo savu neirozi. Piemēram, nespēju apjaust un pieņemt savas nepilnības un nemākulību. Tas nostiprina skaudību, nenovīdību un greizsirdību caur to, ka cilvēks neredz savas priekšrocības un vērtības. Atkal jāmeklē sabiedrotie, kas palīdz noregulēt satricināto pašapziņu. Par neirotiskiem aizvainojumiem var uzzināt no pašām sievietēm, kas mēdz tieši un netieši atstāstīt un pārmest savu personīgo neveiklību apkārtējiem. „Visi slikti, bet es pati laba." Jāpiebilst, ka reizēm paiet gadi, bet, vienalga, neizdodas izkļūt no sava aizvainojuma, no tā paša sendienu iekšējā un ārējā konflikta starp pašu un sevi apkārtējo meiteņu vidū. Diemžēl tā notiek biežāk, nekā mēs spējam iedomāties. Vīrieši salīdzinoši nav tik tendēti meklēt vainīgo ārpus sevis kā sievietes. Pieaugot mēdz būt dažādi, bet bērnībā tā nav. Puikas bērnībā izkaujas un pat tad, kad aiziet paraudāt pie mammas, ir spējīgi atgriezties atpakaļ smilšu kastē pie rotaļu biedra. Meitenes nav tik elastīgas.

Ļaunums *noēd* visu cilvēcisko, jo iegūtie aizvainojumi neliek mieru. Aizvainojumi ir ļoti jūtīga un sensibla emocionāla reakcija. Mēs taču nevaram vienmēr iegūt īsto attieksmi pret sevi mums ērtajā un vēlamajā vidē! Reizēm ir jāpagaida, jāpalaiž cits sev priekšā, jāaizkavē pārdzīvojums un tamlīdzīgi. Ir ļoti sāpīgi, ja ar to nākas saskarties un ja mūsu acu priekšā kāds no tā visa biežāk pamanās izvairīties nekā mēs. Tad kādai no mums visbeidzot aptrūkstas pacietības, un mēs eksplodējam. Starp mums ir tādi, kas ir veiksmīgāki, mīlētāki, lutinātāki, talantīgāki un tamlīdzīgi. Skaudība ir gandrīz neizbēgama, un laimīgs ir tas, kurš neizjūt greizsirdību, kuram no sirds ir bijusi vienaldzīga „karaļvalstī" pastāvošā iekārta. Tādai meitenei, kas nav centusies ieviest valstī savu valsti, mamma ir bijusi gandrīz ideāla, kā mēdz teikt – ne par daudz, ne par maz. Visticamāk, ka šīs meitenes mamma bijusi pašpietiekama un to pašu ir pratusi nodot tālāk savam bērnam.

Sava ienaida „nesagremošana", aizvainojums, skaudība un greizsirdība, liekulība, nodevība u.c. – atliek sev jautāt, kā lai no tiem atbrīvojas un vai vispār ir nepieciešams izvairīties, jo kaut kam ir jānāk vietā un... kas tad tas īsti būtu? Negatīvās īpašības ir jāaizstāj ar pozitīvajām? Jā un nē. Kāpēc nē? Tāpēc, ka ne no šā, ne no tā brīnumi nenotiek. Protams, var iestāstīt sev daudz ko, kas var stabilizēt sirdsmieru. Bet, piemēram, nevar pārtaisīt abas kājas par kreisajām. Nekas labs no tā neiznāks. Principā, lai viss paliek vecajās vietās, bet ar produktīvāku un apzinātāku attieksmi. Vai ir recepte, kā domāt un metodiski vingrināt, virzīt sevi, lai atbrīvotos no negatīvo īpašību radītajām ciešanām? Protams, ka eksistē tādas zināšanas, labprāt dalīšos individuālās laboratorijas pētījumos un rezultātos. Tikai ir jārēķinās ar visdažādāko resursu ieguldījumu, tomēr tas ir vienkāršāk un ērtāk, nekā ciest no iekšējas frustrācijas. Tas ir viens no būtiskākajiem iegūtajiem labumiem.

Vispirms svarīgi, lai mums dotos rokās jebkādas zināšanas, es gribētu uzsvērt domu "lai mums dotos rokās", jo mēs varam mācīties un mācīties gan no mācību grāmatām, gan arī dzīves skolā, bet neko tomēr neiemācīties. Tā kā šajā gadījumā ir paredzēta nopietna, padziļināta zināšanu apgūšana, sākumā ir jāuzticas tam labajam, viedajam, mātišķajam sievišķās identitātes aizsākumam, ko aizēno ne tās vērtīgākās sievišķās pseidoidentitātes puses. Piemēram, mēs uzticamies un pielūdzam sekundāro, bet svarīgāko pametam novārtā. Pilnīgi iespējams, ka šāda attieksmes pēctecība un noskaņojums var sākotnēji šķist kas līdzīgs mistikai: kaut kas notiek, iekšēji pavada sajūta, ka ap tevi kaut kas virmo, kņud, bet to izskaidrot pagaidām nav iespējams un nevajag, jo sievietes dažkārt mēdz par daudz sarunāties un par maz izjust sevi un vides apstākļus. Sievietēm allaž ir daudz dažādu darīšanu, tāpēc iemācīties sajust nekad nevar būt par vēlu. Saskaņa ar sevi nav metafizisks stāvoklis, kad pavadošais miers ir neizskaidrojams, neapzināts. Ja uzvirmo šādas

461

domas, tas, protams, nav pat pusceļš, bet ļoti labs starta kapitāls, ideāls sākums sākumam, jo bez šādām neizpratnes izjūtām nav iespējams individuālais progress. Bez emocionālās un prāta „vingrošanas" nav iespējama pāreja uz jauna viļņa.

Ģenerāluzdevums ir pārslēgt sevi uz pēc iespējas saturīgāku un apzinātāku pašaktualizēšanos. Katrai sievietei tam ir jānotiek atšķirīgi. Uz šo unikalitāti nedrīkst pretendēt ne politiskais režīms, ne sabiedrības intereses, mode, uzspiests dzīves stils un vērtības un citas tamlīdzīgas spekulācijas, kas liek sievietei būt tik aizņemtai ar notiekošo ārpus sevis. Vērtīgas zināšanas var uzņemt, ja organisms ir pēc iespējas relaksēts. Tikko ir jūtama spriedze, tā aizkļūt pie sevis ir apgrūtinoši. Piemēram, grupu terapijas nodarbībās sanāk dažādi cilvēki, pirmo reizi cits citu redz. Jāmēģina saprast notiekošo, jāpieslēdzas atšķirīgākai ikdienas pasaules uztverei, bet neizdodas. Kādai ir jāatstāj ieslēgts mobilais tālrunis, lai regulētu ārpusē uz mirkli bez viņas uzraudzības atstāto vidi. Ar vīriešiem šādi gadās daudz retāk, jo biežāk sievietes zvana viņiem, nevis otrādi. Iespējams, ka šāds situācijas apraksts ir pārlieku vienkāršots. Sievietēm, kam ir augsts intelekts, savas pārmērīgās aktivitātes iespējams realizēt citādi: uzsverot savu darbošanos kā ļoti svarīgu un nozīmīgu, cēlu un pat idejiski mērķtiecīgu. Kaut kā negribas ticēt, ka tik liela pašuzupurēšanās, kad sievietei nav laika mājās izvārīt zupu, noklausīties lekciju, klusumā sakārtot domas, ir tik nesavtīga, bez nopietna aprēķina. Neapzināts emocionāls pārsātinājums veicina stresa noturību, pazemina domāšanas efektivitāti, ierobežo izvēles brīvību. Labākajā gadījumā sieviete iejūtas lomā un nespēj vairs no tās atteikties, jo baidās pazaudēt savu pašaktualizēšanos. Apziņai nemanot, aizslīd gadi, un kļūst aizvien sarežģītāk sevi bremzēt. Vairojas iekšējā histērija, neziņa, kas nes sev līdzi lielāku satraukumu, jo vairs nav pa spēkam „gāzt kalnus". Rodas vēlme atvilkt elpu, mainīt dzīvesveidu, izvirzīt jaunas, piezemētākas un reālistiskākas vajadzības, gribas vīrieti, kurš varētu atbalstīt, bet arī viņš vairs nav sasniedzams, jo ir „iegājis sevī".

Ne vienmēr notiek tieši tā, galvenais, kas ir jāsaprot, ir tendence. Jāatklāj pirmās pazīmes un paralēles, kas neveicina sievišķās identitātes atklāsmi. Daudzas zina, nojauš, pēc ārējām pazīmēm cenšas identificēties ar sieviešu dzimumu, bet ir jāatklāj ļoti nopietna lieta. Sieviete saprot, ka ir sieviete, bet viņa nezina, kāda. Paveikt šo uzdevumu ir svarīgi, tas ir būtiskāk, nekā mēs brīžiem spējam aptvert. Biežāk sievietei par sevi ir ideja, kāda viņa ir vai vēlas būt. Tā kā šis izvēles auglis neatbilst personības struktūrai, ir pilnīgi loģiski, ka vairojas iekšēja neapmierinātība un histērija. Vēlme vērst destruktīvo stāvokli par labu sev, ir apsveicama. Var censties sevi pārorientēt uz pozitīvām izjūtām. Daudzas ne no šā, ne no tā izvēlas ļauties idejām, kas vairo ilūziju un uz laiku sniedz pozitīvo.

Piemēram, sieviete nojauš, kāda viņa ir, un šo traģēdiju retušē, apkraujot sevi ar liekām dzīves aktualitātēm. Pat vislabākās un „vispareizākās" nenojauš, kas viņas tādas īstenībā ir. Piemēram, mēģina būt laba sieva, bet nevar to. Iedzīvojas neirozēs no ietiepīgās vēlmes, bet realizēt iedomāto tā arī neizdodas. Maksa par sapņiem ir augsta, daudz dārgāk, nekā būt pašai. Ne visas ir gatavas būt atklātas pret sevi, tāpēc mēģina pārspēt pašas sevi viltībā. Vīriešus vēlas, bet rūpēties par viņiem nav gatavas, ikdiena ar gadiem kļūst par nopietnu nastu. Šādas pretrunas ir gandrīz visās iespējamajās dzīves sfērās. Tiešām žēl, ka visām nav tik vienkārši izprotams, kāda kura ir sieviete. Tā, lūk, jānomokās visu mūžu, lai pieveiktu depresiju, ko provocē cenšanās atbilst tam, kāda neesi.

Jau pirms vairākiem gadu simteņiem vācu pilsētā Nirnbergā vīrieši nezināja, ko īsti iesākt ar nepaklausīgām sievām. Vietējie iedzīvotāji mēģināja kopējiem spēkiem publiski ar baznīcas starpniecību apkarot sieviešu spītēšanos. Par to var pārliecināties, apmeklējot šo pilsētu un iepazīstoties ar vēstures monumentālajiem lieciniekiem – pieminekļiem. To šajā pilsētā ir uzkrītoši daudz. Pieminekļi pauž vīriešu traģisko pārdzīvojumu un neziņu, ko iesākt ar sievietēm, kas atsakās pildīt sievas un mātes lomu. Par to mūsdienās varam pārliecināties, ielūkojoties atstātajā kultūrvēsturiskajā mantojumā. Tas var palīdzēt mums izdarīt pareizo izvēli, konfrontēt ar savu sociālo lomu. Diezgan pamācošs un iespaidīgs skats. Dzīves enerģija tika vērsta uz apspiešanu, nevis uz sevis atbrīvošanu.

Piemēram, mēs varam aiztaupīt sev liekus pārdzīvojumus, pāriet labākā dzīves kvalitātē, izvairoties no ilgstoša emocionāla diskomforta, nepametot sev tuvus un mīļos cilvēkus, nekļūstot par vieglas uzvedības sievieti vai neaizbraucot „aiz trejdeviņiem kalniem un trejdeviņām jūrām" lasīt sniegpārslas ar oficiālu atrunu – dodos peļņā, bet ar neformālo un īsteno vēlēšanos *aizlaisties* no pienākumiem.

Kopumā, lai apgūtu jaunas zinības, ir jābūt paļāvīgam un zinātkāram noskaņojumam. Noskaņojums ir svarīgs, lai neveicinātu labvēlīgu vidi priekšlaicīgiem aizspriedumiem, kas nesekmēs izaugsmi, bet padziļinās nezināšanas plaisu. Būtiskākās sadaļas ignorēšana būtu tas pats, kas lidmašīnai mēģinājums pacelties bez skrejceļa. Pietrūks izjūtas vērtējuma, būs vien vienpusīgs intelektualizējums. Tādā gadījumā nav vērts vairs lasīt šo nodaļu tālāk, jo turpmākais līdz ar to nebūs saprasts un attiecīgi pieņemams. Tāpēc ir jāatgriežas atpakaļ pie savām domām par to, kāda vēlos būt, neignorējot iespēju izzināt, kāda esmu.

Iespējams, tas nav vilinošs darījums, jo radīsies jaunas problēmas. Kur likt to, kas ap sevi ir savākts? Tās var būt ne tikai attiecības, konkrēti cilvēki, bet arī priekšmeti, lietas, kas ir iegādātas iedomātai sievietei, ne sev pašai. Ja ir izdevies radīt intrigu, tad kaut uz mirkli, bet, protams, vērtīgāk ilgstoši, mēģināt izbaudīt šo iedvesmu! Varbūt kādu citu, līdzīgu izjūtu, kas atver mums milzum daudzos ceļus uz sevis un pasaules izzināšanu. Iedomāsimies mākslinieku, kas pirms skulptūras veidošanas noraugās uz neapstrādātu materiālu, kurš vēlāk atspoguļos viņa domu un jūtu pasauli. Dažam tēlniekam ar to vien ir par maz. Radošais panākums slēpjas tajā, ka mākslinieks nepārveido, bet izceļ, respektē dabas materiālu. Kādam tas ir tāpat kā pirms seksa nojaust tās izjūtas, kas drīz vien pārņems ķermeni un emocijas, un notiks atvēršanās kaut kam patīkamam, aizraujošam un pozitīvu izjūtu nesošam!

Sievietes mēdz izteikties, ka priekšnojautas eksistē, tikai tām neizdodas uzticēties. Vienmēr esot kaut kas svarīgāks un nozīmīgāks, nekā pievērsties sev. Kaut kādām priekšnojautām ir jābūt katram cilvēkam, un ieguvējs ir tas, kurš, ja nav spējīgs pielāgoties vides diktētajiem apstākļiem, politikai, sabiedrības vērtībām un masu dzīvesveida modei, neliek sev emocionāli un morāli vardarbīgi pārveidoties, bet, jo vairāk apzinoties savu unikalitāti, atrod piemērotāko un atbilstošāko nodarbošanos, dzīves stilu un saskarsmes punktus ar ārējo vidi. Sievietes nemanot var kļūt par kādas ekonomiskas un politiskas spēles sastāvdaļu, virzot savus spēkus par labu kādam sociālam grupējumam, bet ne sev, saviem bērniem, ģimenei. Sievietes mūžs nav melnraksts, ko iespējams pārrakstīt. Viņa ir svarīga caur tām vērtībām, ko reproducē pasaulei. Lai sajustu un iegūtu zināšanas, ir jāpriecājas, ka kāds vēlas dalīties ar mums tajā, kas viņam ir svarīgs, vērtīgs un interesants.

Kurš gan ir tas dāsnais labvēlis, kas dalīsies ar mums tajā svarīgākajā teorētiskajā un praktiskajā metodoloģijā, lai nonāktu līdz savam emocionālajam kodolam? Neviens cits kā mēs pašas un nedaudz zinātnes, ticības, labvēlības un vēlmes kļūt par aizvien apzinātāku un pietuvinātāku sev.

Pirmais uzdevums ir paveikts, jo ir radusies motivācija atrast pareizo un pēc iespējas precīzāko „sevis pielietojumu". Nav nozīmes, cik gadu mums šobrīd ir, svarīgi ir atklāt, kāda mēs kura esam sieviete. Nākamais uzdevums ir atbrīvoties no priekšstatiem, no nepamatotām idejām par sevi un nenosakāmām apkārtējo fantāziju improvizācijām. Pat tad, ja šķiet, ka kādam ir bijusi pilnīga taisnība, vērojot mūs no malas, nav izslēgts, ka viņš kļūdās. Šajos priekšstatos vairāk jāorientējas uz sevi, nevis uz apkārtējiem, citādi var apmulst svešu ideju virpulī. Piemēram, vecmāmiņa, kam ir uzticēta mazmeitas audzināšana, var būt pārlieku skarba savā audzināšanas veidā un stilā. Pieaugot bērns var būt pārlieku prasīgs pret sevi un izaudzis vairāk atgādina vīrieti svārkos. Kategoriska, agresīva, autoritatīva, gandrīz nenogurdināma būtne, kas nevar iekļauties ģimenes dzīvē. Viņa ir daudz trauslāka un ievainojamāka, nekā pati to apzinās. Par to liecina viņas iekšējā konfrontācija, hroniska neapmierinātība. Protams, tās nav vienīgās pazīmes. Turklāt sieviete izvēlas savā tuvumā ieviest trauslus, smalkus, gaisīgus priekšmetus – neparasts savienojums.

Trešais uzdevums ir atklāt savas „nenovēršamās" pretrunas. Kā to labāk izdarīt? Elementāri, viss ģeniālais esot vienkāršs – paveroties sev apkārt. Vidē ir noskaņa, smaržas, priekšmeti, tā ir izveidota pēc kaut kādiem principiem. Uzmeklējiet šos algoritmus! Pamēģiniet aplūkot detaļas. Kāds ir jūsu mājas slieksnis, kādam cilvēkam ir paredzēts ik dienas to pārkāpt? Vai šis konkrētais „es" to vēlas? Vai tā ir nejaušība, likumsakarība vai apzināta izvēle?

Ceturtais ir rituāls, kas tieši un tēlaini izskaidro sievietes vajadzības. Iespējams, ka kādai no mums ir nepieciešama citāda dzīves telpa, ko var un vajag apdzīvot. Iespējams esošā ir par plašu vai šauru, piezemēta vai ambicioza. Pilnīgi iespējams, ka citāda sieviete „šajā visā" justos kā *niere taukos*, bet ne tā, kam ikdienā ar to ir tik cieši un tieši jāsaskaras. Tad tā pārvēršas par kalpošanu un nodevu fantomam.

Piektais uzdevums ir saprast un apzināti pārstrukturēt. Ne vienmēr tas ir iespējams uzreiz, tāpēc jārīkojas pēc plāna. Citas sievietes ir pretējās domās, viņas uzskata, ka vajag rīkoties strauji. Tas būs pareizs lēmums tām, kas ir spontānākas un apveltītas ar lielāku drosmi. Tieši šajā piektajā etapā atklājas personīgās iezīmes. Jābūt ļoti vērīgam, lai neuzspiestu, bet veicinātu padziļinātu izpratni par sevi. Nevajadzētu būt paviršām, bet gan vērīgām un uzmanīgām. Jāatbrīvojas no pagātnes rēga un jāatgriežas pie saviem sievišķīgajiem un emocionālajiem pirmsākumiem. Jārekonstruē pagātnes „puzle", kas dzīves laikā tika izjaukta. Jāatrod raksts, kas saviено pagātnes detaļas. Jāizvērtē, kā tika pieņemti lēmumi. Kā tie saskan ar pašas interesēm, dotībām, veselību. Augstākais apzināšanās punkts ir iekšējā un ārējā harmonija. Visbiežāk virsotnes sasniedz tās, kas pašas pilnveidojas un neieslīgst pašapmierinātībā. Vislielākais labums, ko sieviete sev var sniegt, ir dzīvot saskaņā ar savu identitāti.

Liels paldies visām tām sievietēm, kuras grib un prot izaudzināt laimīgus bērnus, iedrošināt apkārtējos labiem un vērtīgiem darbiem, saudzēt un vairot mīlestību, atturēt no agresijas, alkatības, stresa; kuras iestājas par pašpilnveidi, vēlas realizēt sevi, atturas no manipulācijām, neveicina skaudības un konkurences rašanos starp pretējiem dzimumiem. Katrai sievietei ir jāveido un jāatklāj sava inversija. Vēlams, lai tas, kas attiecas uz sievieti pašu, notiek pēc viņas prāta un lai šis prāts būtu nosvērts, auglīgs, apcerīgs.

Tad no darbiem ir jāķeras pie Darbiem. Vēlam panākumus!

VĪRIEŠA LAIME UN NELAIME

Sievietes loma, pašpietiekamība, kastrācija

Nepavisam nav sarežģīti aprakstīt vīrieša problemātiku; salīdzinot vīrieti un sievieti, ir viena, bet būtiska atšķirība, kuras dēļ rodas lielākas vai mazākas intrigas. Daudz kas izjūtu un domu pasaulē abiem dzimumiem ir pat vienāds, bet tieši anatomiskā uzbūve nosaka vīrieša psiholoģisko portretu. Kā tas notiek? Ķermenis un tā uzbūve konstruē iekšējo pasauli, kas ir piemērota risināt dažādus uzdevumus, tādus, ar kuriem sievietes ķermenis un attiecīgi arī psihe nav spējīga tikt galā. Mēģinājumi ir, bet tā vienmēr būs imitācija, jo falls pieder vīrietim. Vīrietim no Dabas ir tas, uz ko atklāti vai klusībā var cerēt sieviete. Piemēram, daudzas mātes priecājas par dēlu dzimšanu vairāk nekā par meitu, jo ir radījušas pašas savu simbolisko fallu, par kuru ir liela sajūsma. Beidzot kaut kas reāls pieder arī viņai, turklāt tas ir manipulējams, vēl atrodoties mātes varā.

Nodaļas mērķis nav salīdzināt dzimumus, bet interesēties tieši par vīrieti. Reizēm ar šo apzīmējumu un sev vien raksturīgo *atribūtu* vīrietis jūtas laimīgs un ne tik laimīgs. Apkopojot gandrīz divu gadu desmitu darba pieredzi, ir skaidrs, ka tipiskākais, kas saista paša vīrieša uzmanību, ir bailes no kastrācijas. Risks zaudēt savu radošumu, uzņēmību, potenciālo spēku, līderismu un tamlīdzīgi. Tieši šādas iezīmes tiek piedēvētas simboliskajam fallam. Palūkosimies vēstures lappusēs un mēģināsim atklāt ikviena laikmeta būtiskāko norišu saistību un ietekmi uz vīrieša pašapziņu, vērtībām, uzskatiem un seksualitāti.

Pagājušā gadsimta sākumā pasauli turpina iekarot jūgendstils. Psiholoģiskais vēstījums ir orientēts uz apcerīgu dabas, tehniskā progresa un materiālisma sintēzi. Daudz kur vīrieši nodarbojas ar darījumiem un ir apmierināti ne tikai ar to, ka spēj apgādāt savas sievietes, bet priecājas, ļaujot viņām vaļu rūpēties par mājas soli, tīksmināties ap sevi un moderni skumt, lasīt dzeju un rakstīt dienasgrāmatu. Vienkopus saplūda intelekts, zināšanas un tehniskā evolūcija. Cilvēki kopumā jutās progresīvāki nekā iepriekšējās paaudzes, kas bija ietekmējušās no Lielās franču revolūcijas un Napoleona kaislīgās mīlestības pret Žozefīni. Pagājušā gadsimta sākumā vīrietis ir pašpārliecināts, nav ne dons Huans (donžuāns), ne Kazanova. Viņu interesē ienākumi, stabilitāte, patstāvība, savu spēju pilnīgošana, kas nostiprina paļāvību un drosmi. Lietišķā pasaules daļa piederēja vīriešiem, bet sievietes atkarībā no vīrieša sarūpētā dzīves līmeņa baudīja to. Pasaule uzskatāmi sāka dalīties divās daļās – bagātos un nabagos. Abās pusēs atradās tipiskajām bioloģiskajām pazīmēm atbilstoši vīrieši, kas psiholoģiski savā starpā konfrontēja, un notika fiziska un morāla sadursme. Protams, politiskās peripetijas ir vēl komplicētākas, nekā šeit aprakstīts. Mēģinot iedziļināties vīrieša paštēlā, var redzēt, kā situācija strauji mainās. Iespējas rodas tiem, kas nekad nevarēja pat cerēt uz tik radikālas sabiedriskās lomas un statusa pārmaiņām. Vīriešu konkurence par „vietu zem saules" saasinās. Izzūd robežas, pasaules lietu kārtība un secība izšķīst, dodot priekšroku dažādām jaunām idejām, kuru realizācijai principā ir nepieciešamas divas lietas. Iepriekš nepopulāras rakstura iezīmes un spējas, kā arī līdzās sieviete, kam savstarpējās attiecībās jārealizē jauni uzdevumi. Vīrietim, kas līdz pagājušā gadsimta otrajai pusei piedzīvojis divus karus un revolūciju, ir nepieciešama mīļotā, kura pati tiek ar sevi galā un kurai ir pietiekami enerģijas atbalstīt vīrieti vairs ne gluži personiskos centienos, bet pāra kopējos un kolektīvos pasākumos.

Tie vīrieši, kas dzīvoja pirms simt gadiem, piedzimuši savās ģimenēs, uzskatīja, ka pastāvošā iekārta un tās vērtības būs mūžīgas. Protams, ne visiem, bet lielai daļai tendence kā vērtība bija tāda, ka sociālo un materiālo dzīvi nav iespējams uzlabot bez zināšanām, meistarības, izglītības un iecietības; arī subordinācija tika respektēta. Tā kā sieviete audzināja bērnus, rodas jautājums, kā viņa psiholoģiski realizēja šo svarīgo uzdevumu? Kāda bija viņas pedagoģija, kamēr vīrs, bērnu tēvs bija aizņemts darbā? Vai sievietei kļuva par šauru? Garlaicīgi? Viņa izjuta greizsirdību un skaudību par vīra panākumiem, tas radīja vēlmi atriebties, mainoties lomām. Iespējams, ka apmēram tā, jo sievietēm bija liegta iespēja apmeklēt universitāti, ietekmēt sabiedrisko domu un apmeklēt džentelmeņu klubus. Tā laika sieviete nejūtas tikai kā māte, bērnu audzinātāja, precēta sieviete. Par spīti gadu simteņos noturīgajai sievietes lomai abu dzimumu priekšstatos uzkrātā pieredze strauji mainās. Ir nepieciešami nieka daži desmiti gadu divdesmitajā gadsimtā, lai pilnīgi mainītos sievietes vieta sociumā. Vīrietis nojauš sievietes gatavību iekļauties stiprā dzimuma darbaspēka tirgū, apņēmīgāku iziešanu sabiedrībā un revolucionārās idejas, kas vizuāli veicināja ārējo transformāciju. Tas uzskatāmi redzams arī mākslā – mainījās portretējums. Sieviete caur sociālo lomu vēlējās konkurēt un pazemināt vīrieti. Ārējais veidols abiem dzimumiem kļuva identisks, vienu un to pašu apģērbu varēja valkāt pārmaiņus gan viens, gan otrs. Nu jau abiem nācās iet uz darbu un pelnīt iztiku.

Dzimuma vienlīdzība pamazām tuvojās triumfam. Tāpat arī pārvērtības karjerā. No sētnieka varēja kļūt par politiķi un otrādi – no uzņēmēja par tautas ienaidnieku. Mainījās ne tikai sieviešu ieņemamie amati, paši no sevis tie nevarēja „piekļūt" interesentiem, bija nepieciešamība pēc jauna psiholoģiskā tēla. Drosmes, apziņīguma, zināšanu, pašpārliecinātības, pašapziņas u.c. skalā notika nevis nelielas nobīdes, bet būtiskas pārmaiņas. Lai varētu veicināt jaunās sabiedrības uzdevumus, bija nepieciešama universāla psiholoģiskā pieeja notikumiem un jauniem, nepieredzētiem faktiem. Tāda izturība, uz kādu aizgājušā gadsimta sieviete un vīrietis psiholoģiski nebūtu spējīgi. Piemēram, visaptveroša vardarbība, pakļaušanās kaut kam neizprotamam un agresīvam, ģimeniskuma devalvācija, kolektīvas nodevības un masveida deportācijas. Nebija iespējams sev skaidri definēt, uz kuru debespusi doties un pie kā? Sabiedriskā vide kļuva daudz sadrumstalotāka. Līdz ar to cilvēki frustrējās, kļuva depresīvāki, psihopātiski, neirotiski, varaskāri, atriebīgāki, skaudīgāki. Vīrieša falliskums objektīvi tika apdraudēts no visām pusēm – palielinās konkurence darba tirgū, rodas nepiedzīvotas starppersonālās attiecības, ir izjaukta ierastā subordinācija un hierarhija. Vīrietis kļuva psiholoģiski sasprindzināts, jo rodas nepiedzīvoti, no iepriekšējām paaudzēm nenoskatīti uzdevumi. Vairs neeksistēja tāda vīrieša paraugs, kam varētu līdzināties, tas tika sagrauts. Turklāt sievietes tēls ir mainījies ne tikai sociumā, bet arī seksualitātē.

Uz neziņas fona jaunā statusā parādās sieviete kā pretendente, konkurente un vēl viena tīkotāja uz centrālo un atbildīgo sabiedrisko lomu mikro- un makrovidē. Viņa ir kā agresore, pretendējot uz darbavietu un to aizņemot, profesionāli kompetenta, mērķējot uz priekšnieces, darba devējas statusu. Sieviete ir ne tikai spējīga atņemt „krēslu", jo aiz tā atrodas atvieglojums un iespēja apgādāt savu ģimeni. Viņa cīnās un šajā procesā ir spējīga būt atšķirīgāka, ne vairs tāda, kādu bija iepriekš pierasts sastapt sociumā. Sievieti interesē paņemt „krēslu", lai parādītu vīrietim, ka ir līdzvērtīga. Tas daļēji izdodas. Vīrietis piekāpjas, aiziedams no vienīgā ģimenes apgādnieka lomas, pametot iepriekšējo paaudžu vīriešu mantojumu, iestrādes un zināšanas. Viņš sāk nodarboties ar ko pagadās, bez kā varētu iztikt, kur ir rodama vara varas dēļ. „Pajumte", kur varētu uzturēties pēc iespējas ilgāku laiku un iegūt līdzekļus, nedomājot par finansiālo veidu un avotu. Vīrietis kļūst aizvien atkarīgāks, nezinošāks un nedrošāks. Nav, no kā saņemt padomu, lai stiprinātu savu psiholoģisko svārstīgo pozīciju. Daļa vecāko vīriešu jūtas līdzīgi kā jaunākie, ir izkropļoti karos, dezorientēti vērtībās, pārbijušies no sociālām pārmaiņām, apmulsuši un dažādi sajukuši prātā, aizgājuši bojā. Vajag kaut kur pieglaust galvu. Viens pats kā pirksts nedzīvosi, tāpēc kā sarunu biedrs lietišķās pārdomās un jautājumos, politikā, karjeras sakārtošanā, finansiālo perspektīvu modulēšanā un izmantošanā konsultācijas un ieteikumus bez iepriekšējas pieredzes sniedz sieviete. Tā kā teorētisku un praktisku zināšanu nebija, sievietes psiholoģija bija paredzama. Viņu interesēja vai nu caur vīrieti uzlabot savu stāvokli, vai pašai turpināt tiekties uz augstāku labklājību. Sievietei nācās pilnīgoties izkoptajā ļaunumā, jo viņa nebija vienīgā sava dzimuma pārstāve, kas nēsāja sevī līdzīgas domas. Uzplauka intrigu, apmelošanas, divkosības un savtīguma periods. Vīrietis bija vidū starp šādām sievietēm, jo viņš tiecās pēc sievišķā – rūpēm, tuvības un sapratnes.

Vīrietis palēnām iepazīstas ar sievietes psiholoģiju. Viņam ir būtiski to izprast, lai varētu pasargāt savas mainītās, bet falliskās psiholoģiskās iezīmes. Sāk svārstīties par sevi izveidotais priekšstats. Izrādās, ka gandrīz nekas daudz speciāli nav jādara, lai sadzīvotu ar sievieti un nejustu savas identitātes frustrāciju. Sievietes pašas savstarpēji visu nokārto, vīrietim vajag paklausīt un uzklausīt, piekrist un apstiprināt sievietes ieteikto, tik vēlamo un kāroto. Atzīt, ka viņa ir tā pati labākā un vērtīgākā.

Aizgājušā gadsimta loloto sapni – atdot savu sociālo lomu sievietei – vīrietis ir piepildījis. Sievietes sāka no jauna pielūgt vīriešus par to, ka viņi kļūst kopti, saprot, kur tērēt naudu, prot izvēlēties īsto. Intelekts un zināšanas nav mazsvarīgas, lai pietiktu drosmes aizvest uz attiecīgo vēlmju piepildījumu zemi. Tīkotājas kļuva aizvien košākas, jo nepieciešamība pēc vīriešiem auga, bet kandidātu kļuva aizvien mazāk. Demogrāfiskā situācija strauji mainās, sieviešu pārsvars dominē, viņas kļūst krāšņākas, gribošākas un iekārojamākas pavedinātājas. Rodas kinozvaigznes un modes industrijas pārstāves. Uzvedība, manieres, nodarbošanās, profesijas un amati, caur kuriem sieviete realizējas, ar manipulācijām iesaistot savā dzīvē vīrieti. Vairs nešķiet par grūtu būt vientuļajai mātei, rūpnīcas strādniecei, fabrikas direktorei, skaistuma karalienei, dzērāja, bet laba cilvēka sievai. Visbeidzot ir, kam līdzināties, parādās jauni elki un ideāli. Šo sieviešu un vīriešu etaloniem attiecīgi piemīt sava psiholoģija. Kāda? Nepiepildīta dzimuma identitāte. Senču vīrišķīgi sarūpētā sistēma sen jau sabrukusi.

Sieviešu vide ir stimulējusi citādu psiholoģisko pasaules uztveri, nekā tā ir bijusi pirms simt gadiem. Sociālās demokrātiskās sistēmas atbalsta jaunizveidotos mutantus, kas īsti nav ne viens, ne otrs. Piemēram, lai kļūtu par muižnieku, ir jābūt tradīcijām, iemaņām, audzināšanai, ieradumam kā iekšējai nepieciešamībai ēst no sudraba traukiem un darboties savas muižas interesēs. Cilvēkiem, kam ir līdzekļi, lai iegādātos cēlmetāla servīzi un uzbūvētu „muižniecības stila" māju, nav paša svarīgākā – piederības izjūtas un atbildības par konkrēto teritoriju. Vīrietis, kas pārgurst no finanšu jūga, nav spējīgs būt radošs un meklēt jaunas dzīves alternatīvas. Vīrietim, kam nav laika lasīt, nav iespējas domāt. Vīrietis, kas izvēlas sievieti ar piezemētām interesēm, ar laiku pats kļūst līdzīgs. Vīrieši apgūst sieviešu profesijas, atrodas viendzimuma vidē un tādējādi aizpilda sieviešu iekšējos konfliktus. Sievietes, uzaugušas bez tēviem un vīriešiem, ilgojas pēc tā, ko kādreiz nestabilo politisko situāciju un sava rakstura dēļ ir zaudējušas.

Grūti pateikt, vai vīrietim šobrīd ir nostaļģija pēc neietekmēta vīrieša tēla. Pēc subordinācijas, kurā būtu vieta vienīgi vai pārsvarā vīriešiem. Tiešām sarežģīts un ne viegli atbildams jautājums. Iespējams, ka vīrietis nevar iedomāties līdzās sev sievieti ar atšķirīgām ambīcijām. Skaistuma ideāli ir mainījušies. Šobrīd vizuālo tēlu ātri var savest kārtībā, nevajag ilgstošus ieguldījumus, jo masās pēc tā nav pieprasījuma. Vīrieši salīdzinoši vienkārši šķiras un atstāj sievietēm audzināšanā kopējos bērnus. Vīrietis pēdējos simt gados ir kļuvis lielāks sapņotājs un fantazētājs.

Daži piemēri. Mājā tika pabeigts remonts, kad vīrs ar otu izdarīja pēdējo baltās krāsas triepienu virtuvē. Apmierināts un mierīgs sakopa instrumentus un sevi, piegāja pie sievas, kas gaidīja trešo bērnu, noskūpstīja viņu un pateica, ka tūlīt pat un uz visiem laikiem aiziet pie citas sievietes.

Vīrs ir krietni korpulents. Sieva aizliedza viņam virināt ledusskapi, uzturā lietot gaļu un treknas zivis, saldumus, piena produktus. Viņa atļauj viņam ēst zaļumus, īpaši svaigus kāpostus, kas rūpīgi jāsakošļā pirms norīšanas. Sievai nepatīk smaržas, mūzika un televīzija. Vēl sievai ir pretenzijas, jo vīrs bez viņas apmeklē savu māti. Sieva vēlas, lai vīrs lieto pretgrumbu krēmu, ko viņa uzdāvinājusi viņam dzimšanas dienā.

Īsta un patiesa laime uzsmaidīja vīrietim. Viņš sen jau domāja par precēšanos, un sievietes viņam liptin līp klāt, bet nelielā alga, ko viņš nopelna, nevar iepriecināt viņa sirdsdāmu. Tā bija brīnišķīga sajūta, kad sieviete intuitīvi sajuta abpusējo mīlestību un uz jaunas ģimenes sākumu uzdāvināja vīrietim dzīvokli. Viņš labprāt to pieņēma un taujāja pēc mēbelēm. Tās tika iegādātas, un nauda līdz ar šo pirkumu izsīka. Kopš tās dienas ir pagājuši pieci gadi. Vīrietim joprojām ir neliela alga, viņš nedzīvo ar šo sievieti, un viņa gods neļauj bildināt tik skaistu būtni, kā arī atteikties no dāvanām.

Situācija pirms simt desmit gadiem. Sievietei būs trešās dzemdības. Nav vēl zināms, kas piedzims – puisītis vai meitenīte, tāpēc pamatā tiek mainītas divas lietas. Izremontēta bērna vajadzībām atbilstoša istaba, kas atrodas tālāk no vecāko bērnu guļamistabām, lai jaunākais netraucētu mācīties un naktsmieru. Izmantota iespēja izmēģināt kaut ko jaunu – flīzes virtuvē. „Kuru katru dienu jāpiedzimst bērnam. Sieva ir pieredzējusi, tomēr vairs nav tik jauna," ienākot mājā, aizvērdams aiz sevis durvis, trīs bērnu tēvs nodomāja un noskūpstīja savu sievu.

Sieva iegādājusies ikmēneša laikrakstu, kurā ir raksts ar nosaukumu „Kungu ēdienkartes nepilnības". Tā kā ārā bija ziema, šāds uzraksts saistīja uzmanību, jo, izņemot romānu lasīšanu, nekā interesantāka nebija, ar ko aizpildīt laiku. Kulinārija ir saistoša, ja tajā orientējas un izprot tās mērķus. „Tas ir izaicinājums un pārbaudījums savām mākām un pacietībai," pie sevis nodomāja sieviete. Pēc pāris mēnešiem vīrs, pats to nezinot, bija zaudējis dažus liekus kilogramus. Vēlāk, ievērojis pārmaiņas, viņš teica sievai: „Skaties! Esmu tā kā plānāks kļuvis." Tas ir fragments no kādas lasītājas Amēlijas Kalnas vēstules laikraksta „Mājas Viesis" redakcijai rubrikā „Mīli savu tuvāko kā sevi pašu".

Kaimiņu nu vairs ne puisis, bet trīsdesmit gadus vecs vīrietis pārnāca mājās no kara. Viņš pateica vecākiem, ka esot visu nokavējis: visas meitenes esot izprecinātas, turklāt viņš nav sakrājis mantību, lai precētos. Tāpēc, lai nekristu kaunā, viņš atsāka studijas, sameklēja darbu un pats saviem spēkiem būvēja māju.

Vīrieša psiholoģiskais portrets ir atšķirīgs – pašreizējais un iepriekšējās simtgades, pirms tika iznīcināts genofonds un sabiedrībā radās nepieciešamība pēc jaunas morāles. Vēlreiz jāatkārtojas – kāda psiholoģija, tāda morāle. Cik daudziem izdodas neizjust psiholoģiskās kastrācijas draudus, par to lai katrs spriež pats. Saprotams, ka visi tādi nav, bet tie, kas izjūt savu nedrošību, var apzināti censties stabilizēties. Pārsvarā ir divas iespējas, kā to panākt. Jāapzinās vides faktora ietekme un iekšējā destruktivitāte. Gribētos piebilst dažus vārdus par ārējiem apstākļiem, kas mēdz būt pārlieku konfrontējoši ar iekšējo emocionālo stāvokli. Piemēram, lai gan laiki un tikumi ir mainījušies, eksistē mūžsenas patiesības, ko vienkāršāk ir izzināt, vai vismaz būt par tām informētam, lai tuvākajā vai tālākajā nākotnē nebūtu iekšēji emocionāli jāviļas. Eksistē savdabīgi likumi vai likumsakarības, kas par laimi vai nožēlu ir dzīvotspējīgas jebkuros apstākļos un situācijās. Tēvam nav jābūt īpaši runātīgam, lai ar savu paraugu vai labo gribu iemācītu savam dēlam elementāras dzīves gudrības, ko ignorējot atbildība jāuzņemas vienīgi pašam. Nedrīkst iesaistīt savā infantilitātē nākamās paaudzes, tas ir izkopts ļaunums.

Kāds vecāks vīrs sēdēja uz mājas sliekšņa un sarunājās ar savu mazdēlu. Dialogs notika starp vīriešu kārtas pārstāvjiem, meitenes – zēna māsas un māsīcas – atradās turpat līdzās, klausījās un neiebilda ne vārda, baidīdamās kaut ko nesaprast vai nesadzirdēt. Vecaistēvs pamācīja: lai nobriestu kā vīrietis, vispirms jānodrošina sev apkārt labvēlīga vide. Jābūt līdzīgi domājošiem draugiem, paziņām, skolotājiem, treneriem. Vīrieša ķermenis ir dzīvs, bet tā impulsiem tāpēc nav jāpakļauj visa dzīve. Pirms pārved mājās sievu, ir jāredz viņas ģimene. Var tam nepiekrist, bet pēc gadiem, kad pats būsi sievastēva lomā, sieva būs gandrīz tāda pati, kāda ir potenciālā sievasmāte. Ja tev patīk, ko redzi, tad daudz vairs neprātuļo, ņem tik ciet šo brīnumaino sievieti, bet, ja tu neesi pārliecināts un, iespējams, pēc laika dzīvosi savā darbnīcā ārpus mājas, lai aizmuktu no sievas manipulācijām, tad arī daudz vairs neprātuļo, „ņem kājas pār pleciem" un mūc ātrāk prom. Ja vēl šaubies par savas rīcības pareizību, atceļā uzmet skatienu bijušās līgavas vecmāmiņai, piemēram, kā viņa reaģēs, kad tu pateiksi viņai, ka viņas mazmeitas roku nelūgsi.

Tā kā tu pieaudz, tev var glaimot tas, ka meitene tev „skrien pakaļ". Tieši tā viņa rīkosies arī turpmāk tavā dzīvē. Sākumā viņa to darīs ar smaidu, bet vēlāk ar kontrolējošu un pakļaujošu attieksmi. Varbūt tā uzskatīt ir kļūdaini. Pilnīgi iespējams, ka meitenei nebūs „mugurkaula", un viņa, lai tev izpatiktu, visa mūža garumā gaidīs no tevis komandas un katrā tavā vārdā klausīsies, mutē skatoties, bez tavas atļaujas nebūs spējīga pat soli spert.

Sieviete, kas māk ātri izģērbties, to pašu darīs arī citu vīriešu priekšā, tā kā tu nebūsi vienīgais aplaimotais. Pajautā savai izredzētajai, kādu viņa iedomājas savu nākotni, un tu sapratīsi, vai tev tajā ir vieta un kāda loma tev ir uzticēta. Ieklausies sevī, un tu sajutīsi prieku vai skumjas. Pavēro, kā viņa strīdas, izrāda savu neapmierinātību, izturas pret tavu māti un tēvu. Cik ilgi dusmojas, vai respektē tevī to, kas pašai nešķiet saistošs. Ielūkojies viņas acīs, lai pārliecinātos, vai viņa tevi un sevi cels vai abus gremdēs.

Neesi pārlieku prasīgs, *cimperlīgs* un iedomīgs, citādi paliksi tukšā, bet esi saprātīgs un uzticies savām izjūtām. Tev jārūpējas par savu ģimeni. Tavā mājā nedrīkst trūkt miera, harmonijas un mīlestības. Ja tev būs bērni, tu esi viņu tēvs vārda visplašākajā nozīmē un tu nekad nedrīksti aizmirst par saviem bērniem un bērnu bērniem. Tev jābūt amatam, nodarbei, kas sniedz tev emocionālo un materiālo stabilitāti. Tev ir jārespektē sevi, attiecīgi vide darīs to pašu.

Atceries, ka ģimene ir pati svarīgākā. Ja tā neizdodas, sirds sāp visa mūža garumā, un iegūtā pārdzīvojuma dēļ tiek sastrādātas vēl lielākas muļķības.

Vecaistēvs pabeidza sarunu, visus mazbērnus apskaujot un iedodot katram pa saldumam. Kāda no mazmeitām aizsteidzās pie savas mammas, kas bija vecā vīra vedekla, un visu dzirdēto ātri atstāstīja. Mamma ļoti uzmanīgi klausījās, viņa to prata profesionāli, jo viņas specialitāte ir psiholoģija. Noklausījusies, māte psiholoģe teica, ka vectētiņš esot labs, tikai uz vecumu zaudējis veselo saprātu, tāpēc šādus autoritatīvus un pārņemtus stāstus jācenšas pēc iespējas ātrāk izgrūst no apziņas. Labi, ka brālis ir tik maziņš, ka no vectētiņa stāsta neko neatcerēsies. Sašutusī sieviete aizsteidzās pie vīra, lai viņš zina, cik bīstami bērnus atstāt uz ilgāku laiku pie vecvecākiem. Vīrs ļoti uzticas savas sievas profesionalitātei, iedarbina mašīnu, un visa sašutusī ģimene pamet lauku mājas. Mājupceļā sieva visu laiku klāstīja, cik svarīgi ir būvēt savu dzīvi, paklausot impulsiem. Prāts nav nepieciešams, lai veidotos attiecības. Katram ir jādzīvo iekšēji nesasaistīti. Katrai dienai ir jābūt kā jaunai, neatklātai un eksperimentējošai atklāsmei. Nedrīkst šķirot dzimumus, visiem jābūt vienādiem. Sievietei jāizvēlas, nevis vīrietim, jo viņa dzemdē bērnus un „sargā pavardu". Mūsdienās nevienu vairs neuzrunā aizgājušās buržuāzijas paliekas. Vecais ir sajaucis laikmetus. Sieviete bija dusmīga.

„Katram ceļam pienāk beigas, laiku pa laikam pārsēšanās ir nepieciešama," aizspiezdami ausis, nodomāja sievietes vīrs un dēls. Puika uztraucās: „Vai tiešām mans tēvs šobrīd ir laimīgs? Ko nodomāja vectētiņš, kad es ar visiem kopā pēkšņi iesēdos mašīnā un aizbraucu projām, pat īsti neatvadījies? Vai satikšu viņu vēl maz kādreiz? Nebūtu māsa „palaidusi muti", nekas tāds nenotiktu, mēs visi kopā vēl uzkavētos dažas dienas. Kāpēc mamma tā aizsvilās? Kāpēc tēvs aizskrēja līdzi? Vai viņš par kaut ko vainīgs? Par ko?"

Liels paldies vectētiņam un viņa ģimenei, kas pastāstīja un ļāva publicēt šo situācijas aprakstu.

Katram vīrietim būtu savs stāsts par savu laimi un nelaimi. Varbūt kāds izmantos iespēju un izdarīs savu laimīgo izvēli par labu visiem, ieskaitot māti, sievu, meitas un mazmeitas.

Mēs ietekmējamies no saviem vecākiem un idejām par viņiem. Var mēģināt ironizēt par atstāsta pirmo daļu, kad vectēvs sarunājas ar mazbērnu, otro, kad māte kā psiholoģe komentē notiekošo, trešo, kad parādās mazdēla komentāri. Bet kā konkrēti pietrūkst? Skaidri definēta ne vectēva un mazdēla, bet tēva attieksme. Turklāt novērojums ir šāds: attieksmju ievirzi ģimenē nosaka sieva.

Liksim mierā iepriekšējos piemērus, kur ir salīdzinātas trīs dažādas, tomēr savstarpēji līdzīgas situācijas ar atšķirīgām psiholoģiskajām pieejām, izmantojot vēsturisku fantāziju, iztēlē pārceļoties laikā aptuveni pirms simt gadiem. Tāpat arī otro stāstu, kurā tika iesaistīts vectētiņa atstāsts. Kāpēc jāliek mierā? Tāpēc, ka vīrišķās identitātes meklējumi ir tik dziļi, ka

476

katram ir jāmeklē savas izcelsmes saknes, lai nonāktu ne pretrunā, bet saskaņā ar tām. Vīrietis intuitīvi jūt savas nepilnības. Ja tās apstiprinās, tad jāatzīst, sieviete māte, sieviete sieva, sieviete meita, sieviete kolēģe ir tie labākie un „nesavtīgākie" padomdevēji. Nevajag norobežoties, iegrimt pretējā galējībā, bet pārlieku cieša sadarbība tikai ar sieviešu dzimumu ne vienmēr ir tik nevainojama un nesavtīga.

Piemēram, dažreiz pašām sievietēm, izjūtot pastāvīgu saskarsmi ar savu dzimumu, ne ģimenē, ne darbā nesaskaroties ar vīrieti, var apnikt sieviešu sabiedrības raksturīgie trūkumi, rodas nepieciešamība laiku pa laikam mainīt vidi. Piemēram, mājās ir māte un divas meitas, pati šķīrusies un strādā par sieviešu frizieri. Augu dienu starp sievietēm, un prātā neienāk neviena konfrontējoša ideja vai frustrācija no vīrieša. Tādai sievietei milzu vara un vēlme lobēt savus pasaules priekšstatus ir saprotama. Šādā kolektīvā vīrietis kā administrators ne vienmēr var iedzīvoties, ja vien viņu pašu tas neapmierina.

Kādam lielas ražotnes vadītājam, kas organizē vairāku simtu darbinieku darbu, mājās atnākušam, jāslēpjas tualetē. Viņš tur ir iekārtojis atpūtas telpu, smēķētavu un nelielu bibliotēku. Tas ir viņa ikvakara rituāls – „nokārtoties" pāris stundu, līdz mājas sievietes, nogurušas viņu gaidīt, kļūst mazāk enerģiskas un impulsīvas. Dažādi vīrieši meklē atšķirīgus risinājumus, mēģinādami aizsargāties no kastrācijas sindroma. Kādu vīrieti var pārņemt izmisums, ja katru dienu viņu salīdzina ar kādu citu vīrieti, izturas pret viņu kā pret visu nelaimju cēloni. Kaut kas nav izdarīts pa prātam, par maz, par daudz, tāpēc kaut kas nav tālāk izveidots, paveikts, realizēts. Katrā dzimtā ir atrodami savi veiksmīgie un neveiksmīgie stāsti par dzimtas vīriešiem.

Noslēgumā vēl daži teikumi kā sentences, ko ir nācies noklausīties no sieviešu stāstītā.

Ja esot nopietnas ginekoloģiskas problēmas, labāk esot apmeklēt ārstu vīrieti, jo viņi esot uzmanīgāki apskates laikā.

Ja bērns vēlas doties uz ballīti, tad atļauja jāprasa tēvam, viņš atšķirībā no mammas vienmēr atļaus.

Ja vīrietis ķeras pie darba, viņš vispirms iepazīstas ar instrukciju.

Vīrietim pēc seksa patīk saldi un relaksēti aizmigt.

Vīrietim kā jebkuram cilvēkam arī ir savas garšas kārpiņas, ne tikai sievietei.

Vīriešiem ir vajadzība profesionāli realizēties un izvirzīt ambīcijas.

Vīrieši pārdzīvo, kad nav savu uzdevumu augstumos. Viņi nemēdz ar citiem vīriešiem, kur nu vēl ar sievietēm, apspriest savu frustrāciju.

Vīrieši, kad jūt ka noveco, atmet sev ar roku. Vīriešiem vajag mazāk, lai justos apmierināti vai gandarīti.

Vīrieši labprāt interesējas par sarežģītām zinātniskajām disciplīnām un teorijām.

Vīriešiem grūtāk tikt skaidrībā par savu iekšējo histēriju.

Vīrieši baidās no savām mātēm un vēlāk no sievām, paši to neatzīstot.

Vīrieši iekšēji izjūt lielāku nepieciešamību pēc mātes un tēva, nekā viņi ir spējīgi to atzīt.

Vīrieši, ja nebaidītos zaudēt savu darbu, pusdienlaikā labprāt neapmeklētu kārtējo kolektīvo kūkas ēšanu.

Vīrieši labprāt nodarbotos ar seksu biežāk. Viņiem nebūtu iebildumu, ja varētu uzsākt tuvības aktu bez jebkādas ilgas iesildīšanās.

Vīrietis var vēlēties nopirkt jaunu uzvalku un nekad to nenopirkt.

Vīrietim ir sarežģītāk iztikt bez ģimenes, ja vien viņš psiholoģiski jūtas kā vīrietis.

Visi „vīriešu darbi" labāk padodas vīrietim.

Ja vien vīrietis spētu, viņš izvēlētos sev vadītāju pēc sava prāta.

Noslēdzot šos izteikumus, kas nepretendē uz absolūtu patiesību, atliek secināt, jo ciešāka saikne vīrietim ar savu instinktu, jo mazāka kļūs vides ietekme, kā arī nelabvēlīgas sekas. Salauzta sirds, bez ievērības palikuši bērni, vairākkārtējas šķiršanās, konflikti ar dzimtu un dzimtā, nepamanītie talanti, spējas, nodomi un ieceres. Nepabeigtie darbi, stress, satraukums, neziņa, mantiskā nestabilitāte, finansiāli iztrūkumi un visbeidzot veselība.

Vīrietis ir pat ļoti spējīgs, tā ir laime, bet nelaime ir, ka ne vienmēr viņš to spēj apzināties.

TAD, KAD NEVAR PANĀKT SAVU

Veids, forma un saturs, vajadzības

Tad, kad nevar panākt savu. Kā tas izpaužas? Kā to var pamanīt citos un sevī? Stādieties priekšā nervozu cilvēku. Kāpēc uzreiz nervozs? Kāds sakars starp „nevar panākt savu" un nervozitāti. Pat tuvāks, nekā mēs to varam iedomāties. Indivīds, kas nerealizē „savu", vienmēr būs neiecietīgs, īgns, *pūcīgs*, depresīvs, vienā vārdā – nelaimīgs. Jo vairāk būs šo atteikumu, jo lielāka spriedze mocīs cilvēku. Tādus var satikt itin bieži. Neapmierinātība uzvedībā ir pamanāma daudz kur, piemēram, kaut vai stāvot, gaidot rindā apkalpošanu, pie veikala letes. Pierēģistrējot savu kārtas numuriņu poliklīnikā. Pārvietojoties transporta līdzeklī kā vadītājiem vai pasažieriem. Steiga, spriedze, lai kāds neaizsteidzas priekšā rindā, neizvēlas labāko gabaliņu maltītes vitrīnā, pamācīšanas kāre (pie tās mēs noteikti atgriezīsimies vēlreiz), nelaipna attieksme, uzbrūkošs balss tembrs un tamlīdzīgi. Minētajos apstākļos faktiski stresu izjūt vairāk nekā daži „neapmierinātie". Vienmēr tur, kur ir ne mazāk kā divi, būs iespēja par kaut ko ar kādu paķīvēties. Pircējs nav spējīgs nomierināties, vēlas „kaut ko" saņemt, bet pārdevējs apkalpojot arī ir cilvēks, kas, atrodoties savā darba vietā, arī vēlas pašrealizēties. Divām gribām saskaroties, rodas eksplozija, un pēc tam vismaz viens no viņiem izjūt stresu. Diezgan raksturīga situācija, ko, protams, var pamanīt uz ielas, birojos, veikalos valsts un privātās struktūrās un mājās savā ģimenē.

Uz ko gan var cerēt *Homo sapiens*, ja pat dzīvnieku valstī ir novērojamas līdzīgas parādības, kad viens zvērs uzglūn citam. Citreiz pabiedējot, iekožot, nostumjot sānis, bet dažkārt gluži vienkārši notiesājot pusdienās. Dažādās dabas pētnieku teorijās atzīts, ka atšķirībā no cilvēkiem dzīvnieki it kā neesot īsti noturīgi nervozi. Nervozitāte parādās vienīgi tajos gadījumos, kad ir izsalkuši vai jūtas teritoriāli apdraudēti. Piemēram, zivīm esot trīs minūšu atmiņa. Lai dziļāk izprastu šo jautājumu, nāktos jautāt zoopētniekiem. Tā kā pie rokas tādu nav, nāksies iztaujāt psihoterapeitus ne par dzīvniekiem, bet par cilvēkiem, kam ir grūtības realizēt savu ja ne gluži gribu, tad vēlmes. Psihiatri var protestēt, jo griba ir jēdziens, kura izzušana ir jāārstē ar medikamentiem. Filozofi gribu noteikti saistīs ar ētiku un ne tikai. Iespējams, zoopsihologi gribu skaidros kā kaut ko aktīvu, tādu, ko katra dzīvnieku suga pauž individuāli. Integrējot jāsecina, ka griba ir kaut kas tāds, ko cilvēkam izdodas un reizēm neizdodas pārvaldīt, savaldīt un apmierināt. Kādā no grāmatas nodaļām griba ir pasniegta tā, lai padomātu, ka mums, cilvēkiem, griba nosaka to, vai izkoptais ļaunums, kam mēs paši palīdzam, ņem virsroku pār mums. Pa daļai mēs esam tik spējīgi, ka varam ar šo gribas izpausmi manipulēt. Tad, kad vēlamies, varam būt tik labiņi, un tad, kad negribam būt tie pozitīvie, vienkārši pēc savas pavēles un brīvas gribas kļūstam negribīgi. Reizēm esam patoloģiski nespējīgi apzināti regulēt savu gribu. Šis pašregulācijas apstāklis, apelējot pie gribas jēdziena, būtu jāņem vērā.

Pēc šī nelielā atgādinājuma jāatgriežas pie nodaļas galvenās domas „Tad, kad nevar panākt savu", kurā ir iesaistīts gribas jēdziens, bet tā nav galvenā analizējamā cilvēka īpašība, kas varētu palīdzēt mums apjaust pamatgrūtības, kuras sagādā cilvēkiem frustrāciju un veselības, dzīves kvalitātes pazemināšanos. Atliktu „panākt savu", un sabiedrība kopumā būtu apmierinātāka. Tādai populācijai nebūtu grūti kādreiz piekāpties. Grūtības rodas tiem, kuru vēlmes regulāri tiek ierobežotas, un tādiem, kas uzskata, ka viņi tiek ierobežoti savās izpausmēs.

Kurš no mums bija vainīgs? Pircējs vai es, pārdevējs?! Sieva vai vīrs? Santehniķis vai skrūvgriezis? Suns vai kaķis? Skābs piens vai elektriskās plīts elektrības padeves spriegums? Esat varbūt pamanījuši, ka ne visiem ir viegli pārdzīvot, nomierināties tad, kad nav izdevies panākt savu. Kurš tad negribētu daudz ko laist „pār galvu"? Vai to vispār var apgūt? Ar kādām īsti rakstura iezīmēm ir jābūt apveltītam cilvēkam, lai spētu sevi laikus saņemt rokās?

Epizode „Iz dzīves".

Kādu rītu mazs puisēns pamodās agrāk par vecākiem. Viņam vairs nenāca miegs. Bērnistabā rotaļas bija apnikušas, nebija iedvesmas jaunām idejām, lai izklaidētu sevi rīta agrumā. Zēns mēģināja vispirms uzmodināt vienu no vecākiem, tad otru. Neviens no viņiem nevarēja pamosties. Tad, kad zēna lūgums nebija sadzirdēts, viņš sāka raudāt. Tā nebija bērnišķīga kašķēšanās, bet izmisums, ka jāpavada laiks vienatnē ar sevi, bet tam pietrūkst fantāzijas un spēka. Gribas, lai kāds no pieaugušajiem beidzot atmostas un palīdz dažādot agro rīta cēlienu, un kliedēt vientulību. Bērna vēlme ir svarīga tieši šobrīd! Vēlāk tā zaudēs savu nozīmi un aktualitāti. Zēns sāk izmisīgi lūgties. Izmisumā izvēlas uzrunāt to no vecākiem, kurš viņam šķiet vairāk iekustinams. Apelējot pie savām jūtām, viņš izraisīja žēlumu un vainas izjūtu savā vecākā. Puisēns pieminēja mīlestību. Izklāstīja, cik ļoti jūtas vientuļš un nelaimīgs tad, kad vecāki ignorē viņa jūtas, atstājot viņu vienu pašu rīta agrumā bez svarīgākā – uzmanības. Tēvam miegs pazuda, jo viņš atcerējās citādas situācijas ar līdzīgu noskaņu savā bērnībā. Vairs nav viegli ļauties rīta miegam, ja kāds blakus jūtas nelaimīgs un satraukts. Viņam negribas laupīt bērnam vecāku uzmanību, jo ikdienā tā jau tam atliek maz laika. Pieaugušā ķermenis un prāts ir noguris, bet tik un tā mierīgi nogulēt vairs nav iespējams.

Epizode „Šis vīrs zina, ko dara".

Ir pienākusi vēla vakara stunda. Mājās ir mierīgs un kluss, jo bērni ir devušies pie miera. Brīnišķīgs mirklis, lai baudītu divvientulību. Sieva saposās, lai ļautos vakara turpinājumam. Aizdedzināja sveci, servēja nelielu tējas galdu un palūdza vīru atnest šampanieti. Te negaidīti atskanēja telefona zvans. Zvanītājs bija kāds vīra draugs, kas aicināja vīrieti pie sevis ciemos, lai varētu kopā noskatīties basketbola spēli. Uzaicinājums skanēja vilinoši. Gribējās nomainīt mājas drēbes, nopirkt alu un traukties projām. Pārim bija skaidrs bez paskaidrojumiem, ka situācija ir mainījusies. Viņa joprojām vēlas to pašu, bet vīrs nupat kaut ko citu. Tā domas mainījās. Sievai ir vēlēšanās palikt ar vīru divatā, bet vīram neērti mainīt sievas ieceri, turpretī viņam nav vairs īstas intereses palikt šobrīd mājās, ja nu vienīgi pienākuma pēc, jo visas domas un intereses ir pie drauga. Vakars ir sabojāts. Sieva jutīs vīra emocionālo promesamību, kaut gan saglabāsies fiziskā klātbūtne, bet vīrs nevarēs atgriezties vecajā noskaņojumā, jo fonā ir mainījušās intereses.

Kādam no viņiem ir jāpiekāpjas, bet kurš tas būs? Vīram ienāk prātā ideja. Tā, lai „kaza ir dzīva un vilks paēdis". No iepriekšējiem laulībā pavadītajiem gadiem viņam ir zināms, kas sievai sniedz emocionālu gandarījumu. Tie ir mirkļi, kad viņš atzīstas mīlestībā, ceļ viņas nozīmīgumu pašas acīs un cildina viņas spējas, talantus un unikalitāti. To viņš apzināti mēģināja darīt arī šoreiz. Ne patiesu jūtu vadīts, bet lai panāktu savu vakara izdošanos. Viņš apskāva sievieti un teica, ka viņa ir vienīgā visā pasaulē, kas ir spējīga tā pa īstam viņu saprast. Ka viņš to augstu vērtē, ka viņa ir vienīgā, kas redz viņu objektīvi, jo viņš jau neesot nekāds eņģelis. Ka viņa ir brīnišķīga sieviete un spēj saprast viņa kļūdas, un uztver tās caur „rozā brillēm". Viņš to augstu vērtē, jo pirmā sieva to nekad nav sapratusi. Tāpēc, lai tagad sieva pasaka, vai viņai ir būtiski redzēt viņu apmierinātu un laimīgu. Viņš taču neko sliktu viņai nenodarīs, tikai aizies pie drauga nedaudz *iesūkt aliņu*. Lai viņa ar mierīgu sirdi dodas gulēt, un liels paldies viņai par to, ka ir tik gudra un neatkārtojama.

Epizode „Vairākas reizes precas ar vienu un to pašu cilvēku".

Kāda sieva paņēma bērnu un aizgāja dzīvot pie cita vīrieša. Vīrs noklausījās sievas pārmetumos, ka kopā nodzīvotajos gados viņš nav bijis pret viņu pietiekami uzmanīgs. Protams, viņš ir apsveicis sievu dzimšanas dienā. Rūpējies par darbu, naudu, mājām, bet ir staigājis bez zobiem, nav mainījis savu tēlu, drēbes, nav bijis atraktīvs un nav rīkojies spontāni. Sekss ir kļuvis formāls, kaut gan sievai to šobrīd ir gribējies vairāk nekā jaunībā.

Nepilno desmit kopdzīves gadu laikā nav bijuši nopietni strīdi. Intelekts sakrīt, ja ir bijis laiks, tad vienmēr ir bijis, par ko runāt. Alkohola problēmu nebija ne vienam, ne otram. Bijusī laulātā draudzene turklāt ļoti daudz darījusi, centusies izskatīties pievilcīga, lai viņam vienmēr patiktu, bet viņš sācis pūliņus uztvert jau kā pašsaprotamus. Rūpes par ģimeni viņai nozīmē daudz ko, bet gribētos kaut ko vairāk vai savādāk.

Citi vīrieši viņu neinteresēja līdz tam brīdim, kamēr viņu neuzrunāja kāds „īstais", kurš mācēja piedāvāt to, kā kārojās. Sapratne abiem radās pēkšņi, un sieviete bez ilgas domāšanas atstāja vīru. Sievietes lēmums aiziet no vīra bija straujš, un tas bija kā zibens spēriens no skaidrām debesīm visiem trim pieaugušajiem un arī bērnam. Neviens nevarēja viņu atrunāt no lēmuma šķirties.

Pagāja pusgads, kopš izveidojās jaunā ģimene, kad pirmais vīrs sāka aktīvi darboties. Sirds viņam bija pilna, savu sievu viņš mīlēja, bet nemācēja to atgūt. No viņa stāstījuma varēja saprast, ka viņš savu sievu ir pratis uzklausīt un sadzirdēt tikai pēc laika, ar novēlošanos. Viņai esot bijusi taisnība, jo viņš ir pieļāvis daudz muļķīgu, bet labojamu kļūdu. Bijusī sieva viņu tiešām ir mīlējusi un vairākas reizes ir runājusi ar viņu par to, ko vēlas saņemt un pēc kā alkst. Pēc laika pašam vīrietim bija par sevi jābrīnās, paraugoties atpakaļ nesenajā pagātnē, jo tas, ko sievai ir kārojies, ir nokārtojams, neizejot pat no dzīvokļa. Atlikušo iztrūkumu var nopirkt vienkārši veikalā. Lielākais darbs, kas viņam būtu jāpaveic, ir pārvērtēt savas prioritātes. Sākumā viņš gribēja ar pierunāšanu, draudiem, raudāšanu atgūt sievu, bet viņa nereaģēja. Tas bija kaut kas jauns! Nežēloja un nesolījās atgriezties. Vecās metodes vairs neiedarbojās. Vīrietis stresa dēļ sāka novājēt. Domāja par sievu gan dienā, gan naktī. Viņam bija tikai viena vēlēšanās, lai sieva atgriežas pie viņa uz visiem laikiem un lai viņai nebūtu vēlēšanās skatīties atpakaļ uz savu jauno, otro vīru. Viņš izvērtēja savas priekšrocības un mīnusus sāncenša priekšā. Pārtrauca paštīksmināšanos par sevi, jo to, ko ir darījis līdz šim, ir darījis vairāk nekā labi, bet tajā nav realizējies būtiskākais katra vīra pienākums. Nozīmīgākais bijušajai sievai būtu justies precētai sievietei, piederīgai kādam vīrietim, kurš atsauktos uz sievietes nepiepildīto vajadzību pēc lielākas tuvības, uzmanības. Aizgājusī sieva esot paskaidrojusi viņam, ka gribētos no viņa puses izjust kaut nedaudz greizsirdības. Nedaudz šo jūtu padara laulību pievilcīgāku. Rodas sajūta, ka tu esi vajadzīgs un ka otram ir bail pazaudēt to, kurš ir nozīmīgs, jo vīrs tomēr neesot brālis vai labākais draugs, tā uzskatīja šķirtā sieva.

Viņš ļoti mīlēja sievu. Viņa to spēja novērtēt, jo jūtas bija abpusējas. Bet viņai tik ļoti kārojās kaut mirklīti justies ne kā ar radinieku, bet kā ar partneri, ka viņa nebija spējīga pretoties kārdinājumam izbaudīt izdevību, aizejot pie cita. Mainījās abu bijušo laulāto uzvedība. Bijušais vīrs un viņa šķirtā sieva nevarēja nepamanīt šo jauno noskaņojumu. Sievišķīgais aizvainojums mazinājās, kamēr izzuda pavisam. Kad vīrs, kurš viņu joprojām saistīja, pievērsās tām pamatlietām, ko viņa uzskatīja par jebkuras laulības prioritāti, viņa atstāja savu otro vīru un atgriezās ar bērnu pie pirmā

Epizode „Kā glezna.

Gaiša vasaras pēcpusdiena. Eleganta sieviete sēž parkā uz soliņa pilsētas centrā un gaida savus bērnus no skolas. Tā viņi palēnām cits aiz cita parādījās nākam. Viņi bija trīs. Tā nu visi četri – māte ar savām atvasēm kādu laiku joprojām sēdēja un čaloja katrs par sev svarīgo. Pa gabalu lūkojoties, veidojās idilliska, ģimeniska aina. Skaista sieviete ar trīs bērniem kā izkāpusi no kāda vecmeistara gleznas. Dabas vide vēl sekmēja to. Viņa jau tuvojas pusmūža slieksnim, bet vēl līdz tam ir atlikuši daži gadi. Viņa noteikti ir precēta, laulātais ir goda vīrs un ideāls ģimenes tēvs. Savai draudzenei viņa bija ieminējusies, ka nevar par bērnu tēvu teikt nevienu kritisku piezīmi vai sliktu vārdu. Harmonisks vīrietis, kas ar savu būtību spēj sekmēt ģimenes gaisotni.

Šo ideālo ainu parkā vēroja kāds sievietes vienaudzis – vīrietis. Viņš nekad nebija bijis saistīts laulības saitēm un nekad nebija dzīvojis ne ar vienu sievieti ilgāk kopā kā pāris brīvdienu nedēļās nogalē. Pārliecinātais vecpuisis jutās aizkustināts un personīgi dziļi aizskarts, skatot tādu skaistumu, ko, viņaprāt, daudzi nespēj novērtēt. Viņš izjuta kaut ko nebijušu, tāpēc acīs sariesās asaras. Pārdzīvojuma laikā viņš saprata, ka nav izdarījis savā dzīvē līdz šim pašu galveno – nodibinājis ģimeni, kaut gan bērnus vienmēr ir gribējis. Viņš izdomāja riskēt un uzticēties saviem impulsiem. Tās pašas dienas vakarā viņš pajautāja sev, vai vēlas šo konkrēto ģimeni – sievieti ar bērniem par sievu. Atbilde bija – jā! Nākamajā dienā viņš atgriezās parkā. Pamatotas bailes, ka vairs nekad neredzēs tieši šo sievieti, palielināja satraukumu. Beidzot pienāca mirklis, kad viņa parādījās no jauna ar visiem saviem bērniem tajā pašā vietā. Viņš uzrunāja sākumā bērnus, tad viņu. Tā viņi tikās pāris dienu un runāja par vispārīgām lietām un notikumiem. Pēc vairāku dienu sarunās pavadītā laika vīrietis nespēja aptvert, ka tādu sievieti kāds ir spējīgs atstāt novārtā. Tas, kurš nedomā par šādas rīcības sekām, ir traks. Tāpēc viņš uzdeva sievietei divus tiešus jautājumus, lai apstiprinātu savas aizdomas. Vai viņa ir šķirtene? Uz ko viņa atbildēja ar smaidu – nē! Otrs jautājums bija šāds: tad, iespējams, viņas vīrs ir gejs? Nē, neesot, bet... Šis jautājums viņā neizraisīja vairs smieklus, bet pārdomas. Ne par vīru, bet par sevi. Saruna beidzās, un viņi izšķīrās līdz nākamajai dienai. Sieviete atgriezās mājās domāt. Tad saprata, ka izskatās pēc tādas, kas dzīvo savu dzīvi atrauti no vīra. Labā nozīmē nepiesaistīta. Tā kā nepiederīga, bez īpašnieka, atrauta vērtība pilsētas parkā. Kad viņi tikās no jauna, vīrietis izteica viņai bildinājumu. Un viņa to nepieņēma, bet viņu mocīja pašas jautājums, vai rīkojusies pareizi, jo šis gadījums viņas dzīvē ir bijis ar kādu simbolisku nozīmi. No labiem vīriem ar trīs bērniem neaiziet. Pēc pāris gadiem viņai piedzima ceturtais bērns.

Epizode „Nr.5".

Viņš bija biežāk redzams sliktā omā nekā labā. Bija sievietes, kas pameta viņu, un otrādi – ar kurām viņš nevēlējās nopietnas, pastāvīgas attiecības. Viņa kapitāls bija brīnišķīgs izskats un pašpārliecinātība. Viņš nebija izglītots, bet izcili „apstrādāja" cilvēkus. Daudzi no viņa baidījās. Viņš bija izslāpis pēc varas. Vecākam kļūstot, darba statuss viņu neapmierināja un naudas bija par maz. Gribējās iegūt mieru un drošību. Viņš noteica sev mērķi apprecēties un caur to mainīt savu dzīvi. Nosacījumi bija zināmi. Viņai ir jābūt ne tikai skaistai, lai varētu ar viņu palepoties sabiedrībā, bet arī gudrai, jo ar dumju grūti dzīvot kopā. Ja sieviete ir skaista un gudra, tad, loģiski, viņa ir materiāli nodrošināta. Domāts – darīts. Nākamais uzdevums bija padomāt par vidi, kurā apgrozās šādas sievietes. Apkārtējie vīrieši juta greizsirdību, jo viņš savu panāca īsā laikā.

Epizode „Nr.6".

Ārsts pirmo reizi satika viņu psihiatriskajā slimnīcā. Viņa bija cietusi no vardarbības jau tad, kad tai bija divpadsmit gadu. Meitene palīdzēja mātei piepelnīties, pati vēl neaptverdama savas nodarbošanās morālās, fiziskās un psihiskās sekas. Viņa tika izmantota, jo vecākiem šķita, ka šādi var un vajag rīkoties pret mazo meitenīti. Vīrieši vēlējās apmierināt sevi, un tie zināja, uz kurieni doties, lai apmierinātu savu dzimumtieksmi.

Otro reizi tas pats ārsts tikās ar šo pašu meiteni, kad viņa bija pieaugusi jauna sieviete un nesa zem sirds savu pirmdzimto. Viņa jutās slikti un, neviena nepavadīta, pieteicās brīvprātīgi ārstēties no kārtējā nervu sabrukuma. Bērniņš nāca pasaulē vesels, bet māte joprojām jutās slikti. Iespēju robežās viņa cīnījās par sevi, lai drīzāk būtu ar savu mazuli. Periodiski viņai izdevās būt apzinātai, un viņa pēc šādas izpratnes tiecās.

Pēc četriem mēnešiem viņa juta spēku atstāt slimnīcu. Ar bērnu uz rokām viņa izgāja no ārstniecības iestādes teritorijas ar divām naudas zīmēm, ko iedeva ārsts, lai jaunā sieviete varētu doties turp, kur viņa vēlas. Jaunā māmiņa ilgojās atgriezties savās mājās, un viņa joprojām tur atrodas.

Būtiska ir intonācija, ko mēs izmantojam. Tonis, kādā mēs kaut ko iesakām un kā izrunājam un sniedzam padomus. Ko mēs izvēlēsimies darīt ar saviem pārdzīvojumiem? Tukša vieta neeksistē. Ar vārdu sakot, ja tukša vieta tiek aizpildīta, tad ar ko īsti mēs to piepildām, ja ne ar sevi. Ar kuru sevis daļu? Tas ir nopietns jautājums sev, jo jebkurš panāk savu, tikai jautājums, ko īsti mēs vēlamies realizēt, bieži vien paliek neatbildēts. Kuru sevis daļu mēs, cilvēki, tiecamies apmierināt, ne vienmēr ir skaidrs. Bieži vien nav gandarījuma par saviem nepiepildītajiem sapņiem, nerealizētajām attiecībām, dzīvesveidu, sasniegumiem, jo enerģija tiek tērēta ne vienmēr tajā pareizākajā virzienā. Vēl jāpiebilst, ka dažkārt cilvēkiem šķiet, ka tie tuvinās saviem ideāliem, bet patiesībā ar katru savu pārprasto tuvību attālinās no tiem. Iespējams, ka neeksistē pareizie un nepareizie veidi, lai „panāktu savu". Tas, kā dēļ ir vērts saspringt, ir apzināties savas patiesās vēlmes. Kaut ko mēs sevī tomēr apkalpojam, izpatīkot savai iedabai. Pievērsīsimies nopietnāk tam, ko mēs īsti vēlamies un kā cenšamies panākt savu. Iespējams, ka panākt savu kādam ir svarīgāk nekā pats rezultāts. Pagātnes neskaidrības var atraisīt vēlmi panākt savu sev negatīvā virzienā. Vai mēs veiksmīgi izmantosim savus panākumus sev par labu vai sliktu? Tas ne vienmēr pašam ir skaidrs. Kļūt ļaunākiem vai labākiem ir mūsu cilvēciskās izvēles privilēģija. Ūdens traukā mēs varam iepildīt tēju, izdzert to, lai tas mums sniegtu gandarījumu, bet tajā pašā laikā mēs paši dusmās varam sadauzīt ūdens trauku un vēlāk, naidam nomierinoties, nožēlot par trauka neatgriezenisko zaudējumu. Tieši šāds pēcpārdzīvojums ir visfrustrējošākais, un tam ir agri vai vēlu jārealizējas, vēršoties pret vai par labu sev. Tātad veselīgākais mūsu attīstībai ir pēc iespējas lielāka apzinātība, izpratne par sevi un savu vajadzību adekvātumu. Redzesloka paplašināšana, kvalitatīva domāšana, jūtu harmonija, mīlestība un interese par dzīvi. Ja daudz kas no iepriekš uzskaitītā cilvēkam pietrūkst, tad izkoptais ļaunums pieaug, un cilvēks kļūst vēl ļaunāks, jo ļaunumam ir iekārtota piemērota bāze.

Ja mēs zinām, ka esam pirmrindnieki savā profesijā, tad mēs nododamies savam darbam ar visu būtību, panākot, piemēram, savu – labu rezultātu. Ja mēs tādi esam, bet to neapzināmies, tad nespējam būt laimīgi, darot savu darbu, jo liekas, ka darbs atņem visus spēkus, nevis mēs tos tērējam paši. Tā notiek, ja neuzticamies sev, pārlieku analizējam sevi, šaustām sevi, esam nemierīgi, nelīdzsvaroti un norūpējušies par to, kā panākt savu. Var gadīties, ka mūsu domu un jūtu struktūra koncentrējas, fokusējas uz kaut ko vienu, kas paņem no mums dzīves enerģiju, novirza no misijas, nedodot iespēju izkopt mums pašiem savus talantus. Mēs zaudējam sevi apkārtējās un savas iekšējās vides realitātē, jo kļūstam subjektīvi. Mēs izplūstam dažādos introjektos, projekcijās, ambīcijās un aiz šiem uzslāņojumiem nepanākam savu. Tā piemēram, ja jūtamies neglīti, tad, ja kāds garāmgājējs iesmejas un skatās uz mums, pirmais, iespējams, kas ienāks prātā ir tas, ka svešinieks ir ievērojis mūsu neglītumu. Glītais, kurš zina, ka ir glīts, šādā situācijā smieklus tulkos atšķirīgi: re, cilvēkam labs garastāvoklis vai atcerējās ko jautru u.c. Adekvātā sevis uztvere pasargā no pārdzīvojumiem, bet projekcijas pretēji – veicina tos. Ja mēs apzināmies savu vietu, iespējas, talantus un nelolojam liekas cerības, kuru nepiepildīšanās nes liekus pārdzīvojumus, tad aiztaupām savus spēkus un biežāk panākam savu.

NU NAV!!! NU NAV!!! Nav lemts lidot tam, kam ir jārāpo, un otrādi. Nesavtīgums pret sevi ir milzum liela vērtība! Katram savā dzīvē un apkārtējo dzīvēs. Tāpēc, ka tā ir brīvība. Ja man ir autovadītāja apliecība, es droši pārvietojos pa auto- ceļiem, es zinu, ka man ir autovadītāja tiesības un neviens policists visā pasaulē mani nesodīs par to, ka es atrodos pie stūres. Un mums nevajadzēs tērēt neauglīgi spēkus, cenšoties panākt savu, ja vien mēs nebūsim sacerējušies un necentīsimies nepamatoti iekārot policista amata uzdevumus, neizturēsimies pret sevi kā pret objektiem, respektēsim savu būtību un sūtību. Sodīt var par jebkuru citu pārkāpumu, bet ne par to, ka nav tiesību vadīt auto.

Ja mēs adekvāti apzināmies sevi, to, kādi esam, tad būsim pasargātāki, mazāk izbrīnīti, var būt pat mazāk pārsteigti par j e b k o, kas izriet no mums pašiem un citiem. Ja, piemēram, es pastāvīgi zinu to, kāds es esmu un kā apkārtējie uz mani reaģē un mani uztver, jo dažādās situācijās es esmu atšķirīgs tāpat kā visi citi, tad mazāk būs vēlme pārliecināt, mēģinot panākt „kaut ko" savu. Viss, kas ir cilvēkā, un tas, kas viņā mīt, pieder un pienākas vienīgi viņam pašam. Pavisam citādi ir saprast un pazīt sevi, lai varētu piekrist visam minētajam. Nesamierināšanās un tiekšanās panākt savu ir kā simboliska zīme, ka trūkst skaidrības par sevi. Protams, ka jācenšas panākt savu, bet ir jāizprot motīvi. Lai veiksmīgāk saprastu, kā to paveikt un piemeklētu pareizo un vērtīgo izpratni šajā jautājumā, ir vēlreiz jāpārlasa visa šī nodaļa. Lai panāktu savu, ir nepieciešamas zinības, intuīcija, iedziļināšanās un padziļinātāka sevis izpratne. Piemēram, ja mēs zinām, cik esam spējīgi būt atvērti un labi, mums nebūs negatīvu pārdzīvojumu, ja kāds ir labāks un atvērtāks par mums vai ja kāds mums aizrāda, ka neesam pietiekami labi un atvērti. Tas neizraisīs pārsteigumu, un nebūs cenšanās pierādīt, panākot kaut ko savu. Mums paliek izvēle – pilnīgot vai nepilnīgot sevi, bet nebūs vēlmes neirotiski, par visām varītēm panākt savu. Starp citu, kaut kas ir jāatstāj arī apkārtējiem. Piemēram, viņu pašu viedoklis.

Kāds esmu, piemēram, kad dusmojos, cik daudz esmu spējīgs pateikt, vai nodarīt otram pāri, kad esmu noskaņots naidīgi? Katrs, kurš vēlēsies to uzzināt, var atklāt sevi jebkurā sev ērtā momentā. Kad es gribu būt labs, es esmu labs, bet, kad gribu būt slikts, es esmu slikts. Vai tā ir, ikviens var pārliecināties, veicot novērojumus, kā, kad, kāpēc un par ko īsti cenšas panākt savu.

IZKOPTĀ ĻAUNUMA ATRISINĀJUMS

Veselība, laime, panākumi, apzinātība, pieaugušā spriedumi, spējas un izvēle

Ikviens pārdzīvojums, vissarežģītākā un nopietnākā situācija atrisinās īsākā vai garākā laika sprīdī. Gandrīz katrs ir pārliecinājies, ka laiks izšķir daudz ko un nošķir no pārdzīvojumiem. Ne tikai laiks, bet arī tās emocionālās pēctraumas, kas izraisa mūsos ievērojamas emocionālās pārmaiņas, seklākus vai dziļākus neaizmirstamus pārdzīvojumus. Mēs iegūstam šo dzīves skolu, ieprogrammējam to savā atmiņā un pieredzē ar savstarpēji atšķirīgu nolūku. Pieņemt nākamo pārdzīvojumu mēs varam tad, kad iepriekšējais pavājinās. Piemēram, uz kāzu ceremoniju neierodas līgava. Līgavainim iestājas grūts laiks, kamēr viņa emocionālajā dzīvē ienāk kaut kas spēcīgāks par iepriekšējo pārdzīvojumu. Gandrīz līdz tam laikam, kad nāk jauna pieredze un izdodas sevi pārliecināt, ka turpmāk var būt arī citādi. Cilvēki ekspluatē iegūtās jūtas. Tāpēc ir jāpiekrīt tiem, kas uzskata, ka vajag sevī ielaist jaunas emocijas. Iespējams, ka tagad daudziem būs saprotams iemesls būt atvērtam gan pret pozitīvām, gan negatīvām emocijām. Uzdevums ir iepazīties ar jūtu pasaules resursiem, nevis uzturēt un kultivēt negācijas. Mūsos ir jābūt radaram, kas pasargā no izkoptā ļaunuma tuvošanās. Tā kā jauni debesu ķermeņi ir jāidentificē, lai dotu nosaukumu, tieši tāpat nav jābaidās just pārdzīvojumu. Cilvēkam vajadzīgas izjūtas, bet ir jādarbojas un jātiecas nekultivēt un lieki neaizkavēt sevi frustrējošās emocijās. Piemēram, ja nerastos domstarpības, kas veicina domāšanu, tad nebūtu personības izaugsmes. Reizēm tas ir neiespējami grūti tiem, kuri neanalizē izjusto emociju spektru. Tādā gadījumā organismu pārņem dusmas, vientulības izjūta, agresija u.c.

Ja runājam par dažādām emocionālajām, ne materiālajām sasaistēm, tad dažkārt ir ļoti grūti pieņemt lēmumus, jo mēs nedzīvojam izolēti. Mēs esam un būsim vienmēr savstarpēji atkarīgi. No tā nav jābaidās. Jāizvairās no neveselīgām, patoloģiskām un tādām saistībām, kas negatīvi ietekmē psihi. Piemēram, kāds nevar iztikt bez kāda, jo sajauc mīlestību ar simbiozi, tādējādi laiku pa laikam nonākot psihotiskā stāvoklī, kurā vajā savu pieķeršanās objektu, vēlēdamies to atgriezt visneiedomājamākā veidā, lai izjustu dvēseles mieru. Vienmēr ap mums kāds rotē fiziskā vai garīgā plānā. Tas ir normāli, jo esam sociālas būtnes. Bet... mūsu priekšrocība ir izvēlēties tos, ar kuriem vēlamies būt kopā, un nesadarboties ar tiem, kuri mums nav tīkami. Mūsu spēkos ir veidot dažādu sadarbību un intimitātes dziļumu ar ikvienu. Būtiski ir izskaidroties par savu izvēli sev, lai nenonāktu savu projekciju ietekmes varā. Galvenā vērtība ir apzinātība vienmēr un it visā. Piemēram, ja paļaujamies vienīgi uz savu taisnības izpratni, tad tā var mūs iegāzt. Mēs varam ar laiku nesaprast sevi un citus. Mēs esam iesaistījušies kā lielāka vai mazāka daļiņa kāda dzīvē un pretēji – esam ielaiduši to kādu citu savējā. Tā ir jābūt, jo esam ieinteresēti pilnīgoties. Mums ir patīkami, kad varam parūpēties par citiem un kad apkārtējie piedāvā mums to pašu. Apmēram šāds ir skaidrojums, bet tas nav pilnīgs, jo cilvēki cits citam ir nepieciešami ne tikai, lai pieņemtu vai sniegtu rūpes, bet arī citu iemeslu dēļ, kaut vai, lai radītu nākamo paaudzi. Katrs var izteikt to, ko vēlas, un tik, cik vēlas, bet nekādā gadījumā tās nedrīkst būt paša projekcijas. Bez šaubām, bez tām nav iespējams iztikt, bet raksturīgākās ir jāatklāj, lai nav jācīnās caur otru ar sevi. Melot vai kā citādi liekuļot un izvairīties no atklātības ir bērnišķīgi un muļķīgi. No mazotnes zinām, ka „meliem īsas kājas". Norunāt vienu un darīt pavisam kaut ko citu ir kaitnieciski visiem. Sadzīvē no tā gandrīz nav iespējams atbrīvoties, jo domas ar darbiem dalās duālās pašuztveres dēļ. Tāpēc ne viss, ko mums sola kurpnieks vai politiķis, ir vērā ņemams.

Godaprāts ir saistīts ar harmoniju. Destruktīva persona pēc savas būtības nevar būt izpildīga, jo šī persona ir nervoza, un tas negatīvi ietekmē jebkuru. Piemēram, ja cilvēks apsola vairs nelauzt darba norunas un nejaukt projektus un attiecības ar klientiem, ar to ir par maz. Tā neatspoguļojas gluži morāle, bet gan nespēja būt psiholoģiski viengabalainam. Ja kādam par sevi ir līdzīgi novērojumi, tad tas ir jāmaina. Tā nu mēs savā kopdarbībā ar grāmatas tēmas starpniecību virzāmies uz priekšu. Katrs var izveidot savu jautājumu sarakstu un nesteidzīgi sagatavot atbildes. Piemēram, kāpēc es nejūtos gandarīts par to, ko daru? Kam ticu? Un kam kalpoju? Lūdzu, apsēdieties un padomājiet koncentrēti par to sākumā piecas minūtes, lai organisms pierod domāt auglīgi, tātad ar mērķi. Ar laiku domāt būs arvien interesantāk, līdz kamēr nevarēs atrauties no šī procesa, jo tas sniegs daudz vērtīgu atziņu, kas kalpos kā pamats pašizziņai un veselībai.

Virzāmies uz priekšu lēni vai ātri, tam nav sekundāra nozīme, jo tā var kaut ko „nogulēt". Tāpēc jau pasaulē bez mums ir vēl cilvēki un nepavisam ne sliktāki un neintelektuālāki par mums. Uzdevums ir tikai parādīt šīs nobīdes, jo pašam indivīdam noķert šādas aplamības sākotnēji gandrīz nav iespējams. Tas ir pat neiedomājami sarežģīti un grūti, tāpat kā izveidot sev matu sakārtojumu pakausī tā, kā to būtu izdarījis profesionālis. Nevienu jau nav jācenšas pārveidot pēc sava prāta un līdzības, jo tas nav humāni, turklāt šādu rīcību var uzskatīt par vardarbību. Ikviens ir unikāls, tāpēc vienmēr ir jāatstāj izvēles brīvība pašam. Paša lēmums ir likums, un tikai viņa izvēle simtprocentīgi izšķir turpmāko procesa gaitu. Piemēram, būt atkarīgam vai brīvam cilvēkam. Mainīties, būt elastīgam vai pretēji – ļoti noteiktam vai striktam. Izniekot savu dzīvi neauglīgās gaidās un cerībās vai piepildīt to ar saturīgām attiecībām. Var riskēt un iedot jebkuram to, ko viņš nevar paņemt. Un pretēji – kāds varbūt ir daudz reižu pārāks par mums, un nav izslēgts, ka ar savu ierobežoto pasaules izziņu mēs viņu varam „pavilkt uz leju". Piemēram, kāds dziedātājs, komponists un dzejnieks izšķīrās no savas sievas, atstājot pieaugušus bērnus. Viņa izvēle atspoguļojās mākslinieciskajā daiļradē un uzvedībā. Par radošu mākslinieku viņu ir grūti nosaukt. Nekas daudz par viņu nav dzirdams. Tagad viņš pļauj mauriņu, raksta neizprotama žanra dzejoļus un gandrīz nedzied. Viņa otrā sieva ir kundze, kam ap gadiem četrdesmit izdevās noslēgt laulību. Viņa mīl kārtību un necieš dzīvniekus savās mājās, dod priekšroku pelēkam apģērbam, nekad nelieto parfimēriju un *neizlec* kompānijās. Ļoti klusa un smaidīga persona, kas mīl pedantisku vidi. Dažus tas var pārlieku nomierināt, liekot kļūt tā kā par mietpilsoņiem. Ne visiem radošiem cilvēkiem ir vērts veikt šādu sievu rotāciju. Protams, mēs neesam informēti par pārmaiņu detaļām. Tā kā mums tā īsti gar to nav daļas, mēs būtiskāko varam izdarīt caur vides piemēriem, veikt secinājumus ne par otru, bet par sevi. Kaut vai tādēļ, lai nevairotu daudzsievību vai daudzvīrību, pamatā veidojot to kā masku savām radošajām grūtībām. Jaunā sieva nav ieinteresēta ievirzīt savu vīru citā gultnē, tā nojauš, ar ko tas viņai var beigties. Ai! Atmetīsim šai ģimenei ar roku, jo nav vērts aizkavēties tur, kur nav enerģijas.

Bērni, radi, draugi, mīļākie, nejaušie garāmgājēji, kaimiņi, kolēģi, biznesa partneri, līdz pat mājdzīvniekiem ir loģiska mūsu dzīves sastāvdaļa. Ar kādu no iepriekš minētām personām mēs savās izjūtās tiekam ātri galā, turpretim ar citu lēnāk. Tas arī ir pilnīgi normāli. Iesprūstam attiecībās ar tiem, kuru vieta un loma mūsu savstarpējā eksistencē šķietami ir skaidra. Patiesībā realitātē ir citādi. Dažreiz mums šķiet, ka esam iepazinuši cilvēku, situāciju vidi. Ja tas tiešām tā būtu, tad mums nebūtu ciešanu vai vilšanās. Pieņemsim, ir reāls priekšstats par savstarpējām robežām, tad noformējusies attieksme nekur nezudīs. Mēs skaidri zinām, ar kuru no viņiem un par ko sarunāties, un nejūtamies personīgi aizskarti, ka, piemēram, kolēģis pietiekami nepārzina savu arodu, māte nelaiž meitu uz balli, bet vecaistēvs atsakās novilkt āra apavus, kāpjot uz istabas paklāja. Ar ko doties ceļojumā, kam sniegt savu skūpstu, uzdāvināt savu smaidu, mīlestību vai naudu, kā arī izteikt atteikumu vai aizliegt savu draudzību, komunikāciju, jebkādas attiecības un tamlīdzīgi, ir katra paša privilēģija. Tikai vēlreiz jābūt vērīgiem, lai vismaz neprojicētu un tādējādi nepārprastu situācijas apstākļus.

Šajās kopattiecībās pastāv bezgalīgs nianšu daudzums, kas ir piesātināts ar tik svarīgo informāciju, kas mazinās šaubas un dos pārliecību par to, ar ko katram no mums ir vēlams nodarboties un kur ieguldīt tik svarīgo savas dzīves laiku. Gluži kā krāsu paletē! Mēs nosakām nokrāsu gammas izvēli. Un bieži nepamanām to mirkli, situācijas, epizodes, kad emocionāli par daudz iesaistāmies un kļūstam savstarpēji atkarīgi savās paletēs. Piemēram, nespējot uzvilkt baltu blūzīti, mēs apskaužam to, kas to atļaujas. Nedarām to, ko vēlamies, bet ierobežojam citus, atrodot argumentus, kas šķiet ticami un neapstrīdami. Lūk, uzvelc tumšāko variantu, tā tev labāk piestāvēs. Pazīme! Tie, kas raujas būt labiņi, nepavisam tādi nav. Katrs „nelabiņais" to zina un apvainojas, kad viņu atgriež miera stāvoklī. Reizēm nekā nopietna šajās klišejās nav. Dažādi nieciņi, ko var m i e r ī g i neņemt vērā un aizmirst, ja tiek izprasta sistēma. Nevar būt tā, ka desmit klasesbiedri ir draudzīgi, bet vienpadsmitais ir briesmonis. Jāatzīst, ka viņš ir apvainots bez iemesla, un, jo ātrāk to sapratīs, jo labāk būs viņam pašam. Šķiet, ka vecmāmuļu padoms „ko tu saki par citiem, tāds esi tu pats" kārtējo reizi ir vietā. Briesmoņi ir tie desmit, kas cietsirdīgi, nepiekļājīgi un egoistiski nespēj būt korekti. Censties izvairīties no cita, kompānijai piederoša cilvēka pašos pamatos ir neveselīgi. Ar ko nodarbojas tie desmit, lai paaugstinātu savu pašvērtību? Biežāk ballītē aprunā vienpadsmito, kurš tieši vai netieši ir licis neērti justies apkārtējiem. Paldies tādiem indivīdiem, jo tie ir kā eksāmens mūsu cilvēcīgumam.

Mēs pieņemam daudzus lēmumus, ievērojot citu, ne savas intereses, izjūtas un vēlmes. Interesanti, ka tad, kad redzam filmā sentimentālas ainas, tad dažāda vecuma abu dzimumu cilvēki raud, tādējādi līdzpārdzīvodami, bet tad, kad jāuzaicina uz pasākumu vienpadsmitais bijušais skolasbiedrs, tad izjūtas ir citādas. Tas ir saprotams, jo izkopts ļaunums ir biedrošanās ar citu, ne savām domām. Pakļaušanās vairākuma netaisnīgumam ir dziļa maldīšanās sevī. Mēs apspiežam savu gribu, jo darbojamies šo citu personu labā. Mūsos uzkrājas naids un vēlāk, iespējams, nožēla. Mūsu emocionālā dzīves telpa samazinās, un mūsu dzīves izvēle kļūst ierobežota! Pat cilvēks ar visnoturīgākajiem uzskatiem ir ietekmējams, salaužams un pieejams. Vienmēr var atrast vājo posmu, uz kuru uzspiežot primāri, iedarbojas apkārtējo, ne savas vajadzības. Mēs nedzīvojam īsti savu dzīvi, bet kaut kādu kopdzīvi, gluži kā komunālā dzīvoklī. Asi, bet precīzi. Nemanot kļūstam ne tikai kādas sabiedrības daļas kopējā šova skatītāji, bet jau vairāk līdzjutēji, kas ir mūsu organismam garīgi un fiziski vēl neveselīgāk. Tas, ap ko nākas noņemties – ne ap sevi, bet ap citiem. Turklāt šādi mēs „iezīžam" neveselīgo informāciju. Bezkritiskuma slieksnis pieaug, un tam pāri mēs nesaskatām to, kas pašiem būtu jāredz, – atspulgu. Piemēram, pieņemt un uzskatīt, ka laulības saišu pārtraukšana ir brīvības un neatkarības simbols. Ka stilists un ekspreskurss pie psihologa ir spējīgs izdarīt mūsu dzīvē ievērojamas pārmaiņas. Ka atliek regulāri lietot tableti, lai nokristos svarā. Ka principā „bagātie arī raud". Tā kā tie, kas vēlas, lai viņus uzskata par bagātiem, vienkārši raud. Var izmantot iespēju saņemt jebkuru orgasma veidu no attāluma. Piemēram, vērojot citus ēdam, pats var remdēt izsalkumu u.c. Līdzīgi kā ar apskaloto akmeni jūras krastā – ūdens iedarbība ar laiku maina tā formu. Gribot vai negribot mums it kā ir jāpielāgojas apkārtējiem un jāpiedalās šajā kopējā savstarpējā mijiedarbībā. Jā. Bez šaubām. Atliek neatbildēts jautājums, kā saglabāt sevi un savas dzīves misiju. Tieši tā. Pirmkārt, tas ir tik dziļi eksistenciāls jautājums: lai sev uz to atbildētu, ir jābūt dotībām, domas skaidrībai, emocionālajai iesaistītībai un erudīcijai. Otrkārt, nekad nav par vēlu būt pašam. Pat ja par pārējo ir šaubas un neziņa, var vērst savu uzmanību uz to, lai tas piepildītos.

Uzskats, ka cilvēka mūžs ir īss vai garš, ir atkarīgs no mūsu dzīves kvalitātes. Dzīvot – šo iespēju varam izdzīvot dažādi priekš sevis un citiem.

Homo sapiens nenāktos un pat nevajadzētu izturēties pret savu dzīvi vienaldzīgi, kaut kā pavirši. Nedrīkstam būt pasīvi savas dzīves vērotāji. Katram ir tiesības uz tādu savu dzīvi, kādu pats to veido. Tie, kuri nav mierā ar to, var uzkrāt zināšanas. Pamēģināsim atkārtot šos vārdus: „Mana dzīve!" bez steigas vairākas reizes. Ne formāli, bet ar izjūtu. Var atklāties atšķirīgāka dzīves jēga, dižāks skanējums, daudzšķautnaināka pieskaņa un nozīme. Šim brīnišķīgajam izteikumam ir gan pagātne, gan tagadne, gan nākotne. Eksperiments netiek piedāvāts kā mēģinājums pašiedvesmai, zombēšanai vai kādai citādai novirzīšanai no galvenā, bet kā veids aplūkot savu dzīvi no visām pusēm. Kā mākslas darbu, kā šedevru, kas neatkārtojas un nepieder nevienam citam kā pašam. Skaisti. Un patiesi. Pagātne līdz ar to ietver sevī ne jau nožēlu, bet ko vērtīgāku, kas sniedz iedvesmu nākotnei. Cik skaisti ir šie vārdi! Tajos var atklāt sev tik daudz nozīmīga. Šķiet, nekas nav tik saturīgs, tik pilnīgs kā paša dzīve. Un nekas nav tā vērts, lai mēs jebkādu citu pasaules dārgumu iemainītu pret šo iespēju dzīvot saskaņā ar sevi. Laimīgi. Tas ir pavedinoši... Un dod, lūdzu, Dievs, mums spēku nemelot sev un apkārtējiem. Tie ir saturīgi un maģiski vārdi. Gluži kā mantra, tā ir jāatkārto bez steigas un vairākas reizes no jauna. Piemēram, „tā ir mana dzīve", „tas ir mans ķermenis", „tās ir manas emocijas", „tā ir mana veiksme", „tie ir mani bērni", „tās ir manas spējas", „tās ir manas iespējas" u.c. Nebaidieties pieņemt pretējo: „tāda ir mana dzīve" (bez eiforijas), „tāds ir mans ķermenis" (bez nolieguma), „tās ir manas emocijas" (bez kritikas un objektīvi), „tā ir mana veiksme" (tajā ir neizmantotas iespējas), „tie ir mani bērni" (un es esmu viņu tēvs vai māte. Brīnišķīgi. Tāpēc, ka cienījami), „tās ir manas spējas" (jāpriecājas un jāpilnīgo), „tās ir manas iespējas" (jo neesmu „multenīšu" iztēles auglis).

Tas ir pavisam vienkārši, lai attīrītu savu prātu, jūtas un vidi. Es priecāšos, ja kādam izdosies iedziļināties šajā: „Tā ir mana dzīve." Tad vairs nepavisam nebūs vienaldzīgi, ar ko nodarbojamies, par ko domājam, kā jūtamies, ko lasām, pie kā un ko apgūstam, kā izturamies, ko ēdam un kā sevi pozicionējam, kas ir mūsu draugi un ienaidnieki. Tas ir apvērsums tiem, kas intuitīvi mēģina uztaustīt virzienu, kurā pilnveidot pašiem sevi. Vajag palikt, iespējams, pirmo reizi tā pa īstam vienatnē ar sevi. Patiešām pat nedaudz baisa šī tikšanās var izrādīties tiem, kas nekad nav to darījuši. Tiem, kas uzskata, ka ar viņiem viss ir labākajā kārtībā, bet visās vai daudzās lietās vainīgi ir citi. Sievai, kas „pampst" no bezdarbības un noveļ vainu uz vīru. Vīram, kas dzīvo kā mucā, nekur un nekad nav bijis ārpus savas māmiņas un papucīša priekšstatiem, kas nekad nav savu sievu mēģinājis iepriecināt. Vecākiem, kuri spieduši bērnus mācīties to, kas viņus neinteresē. Pieaugušajiem, kas pamet bērnus novārtā, jo nevar sadalīt kopdzīvē iegūtos labumus. Vecmāmiņai, kas ir rupja un neiecietīga pret mazbērniem. Vectētiņam, kurš tūlīt nopīpēs savu pēdējo kāju. Mazmeitai, kurai nav laika apciemot slimos vecvecākus. Mazdēlam, kas plēš no vecīšiem naudiņu. Vecākiem, kas audzina zēnus kā meitenes un meitenes kā zēnus. Zinātniekam, kam ir pretenzija pret savas nepilnīgās formulas pareizību. Grāmatu veikala pārdevējai, kas iesaka bērnam nenoderīgu pirkumu. Neomulīgi, jo virsvērtība ir tieši tik liela, cik lielu jūs to piešķirat.

Jūs varat just kaut ko līdzīgu panikai vai kādu citu līdzīgu spēcīgu satraukumu, ja vien pamanīsieties atklāt to, ko gribu nodot jums caur šīm rindām. Tad tiešām man ir vērts tieši ar jums dalīties savā pieredzē arī turpmāk. Jo tā tiek lietota arī praktiski, un jūs to attiecināt arī uz saviem novērojumiem un dzīvi kopumā. Galvenais ir, ka tas, par ko nu jau esmu pārliecinājusies vairākkārt savā dzīvē un darba praksē, ir noderīgs arī tev, manu dārgo lasītāj. Tad, kad esam iekļuvuši emocionālā strupceļā, vienkāršākais, ko izvēlas daudzi no mums, ir savdabīga kapitulēšana. Piemēram, ilgstoši dusmojamies uz vienu un to pašu objektu un par vienu un to pašu lietu. Mēs esam kā noburti, it kā kaut kāds šķietami nezināms spēks nedod mieru. Izjūtam naidu. Nepārprotami, šo vārdu izlasot, gandrīz neviens cilvēks nesasaistīs to ar savu personību un darbību, izvēli, attieksmi u.c. Rupjš un bīstams jēdziens.

Piemēram, pāris aizgāja uz pastu saņemt sūtījumu no vecmāmiņas. Izrādījās, ka par saņemto dāvanu ir papildus jāmaksā. Sieviete, kas apkalpoja laulātos, pateica konkrēto, ar likumu noteikto summu. Saņēmēji tielējās. Tie uzsvēra, ka pārzina starptautiskos muitas likumus un pielāgotā cena neatbilst īstenībai. Darbiniece satrūkās un uzmeta uz letes milzum lielu blāķi informācijas. Saņēmēji *izrakās* cauri informācijas daudzumam un atrada atbilstošo kodu, kurš korekti nosaka par sūtījumu maksājamo summu. Ierēdne piekrita iegūtiem apliecinājumiem un turpināja veikt savus darba uzdevumus. Vīrs ar sievu apņēmīgi rīkojās. No viņiem dvesa pārliecība un pieredze, šķietami pārlieku pašapzinīga un pretencioza. To ievēroja darbiniece un dalījās savās izjūtās ar kolēģi. Viņu šie divi kaitināja. Uzbāzīgas smaržas, *zīmēšanās* ar zināšanām par nodokļiem, pārliecība. Turklāt vīrietis ieteicās „mēs esam trīs ģimenē". Šī frāze vientuļajai mātei iecirtās sirdī. Nauda, ko tie vicināja, prezentēja neviltotu izpratni par notiekošo. Vajadzēja atriebties. Strauji uzmeklēt kolēģi „asinssuni", kura savā neveselīgajā pasaules uztverē un saskarsmē ar cilvēkiem „lika ielāpus" saviem un viņas kompleksiem. Viņas labi sastrādājās – viena pazina, otra sodīja. Pirmajai patika vērot, otrajai – reaģēt.

Tas ir „veiksmīgs" tandēms, kurš raksturīgi attaisno daudzu cilvēku motivāciju ilgus gadus strādāt vienā un tajā pašā darba vietā. Aiz amata uzdevumiem ir paslēpušās divas darbinieces, kas izmanto savu statusu izklaidēm. Juridiskos likumus reizēm var interpretēt dažādi. Abas kolēģes izmantoja iespēju ar tiem manipulēt ne jau valsts interesēs, bet sava nozīmīguma celšanai. Nav viegli panest sevī nepanesamo, piemēram, aprobežotību, kas sašaurina pasaules izziņu. Tas ievieš neskaidrību. Reizēm pamatīgu katastrofu, jo ir cilvēki, kas nezina ģimenes veidošanas pamatprincipus. Bāziskas likumsakarības starp iemaņām un profesiju, zināšanām un naudu. Mēdz pārņemt niknums par citu rezultativitāti, jebkuru produktivitāti. Var saprast ieganstu. Iemesls ir tajā, ka cilvēks neizprot netaisnības principu attiecībā pret sevi. Otram ir, bet man nav. Izjūtām, kas rodas, ir milzum liels spēks, kura ietekmi var izlasīt revolūciju lappusēs un to sekās. Postažu sekas stiepjas līdz pat mūsdienām.

Arī to var saprast un pamatot, jo neziņa par principiem un likumsakarībām nav apgūta. Cilvēki pārzina un pārvalda principus, kas un kā jāveido, lietu kārtību, secību. Patiesās un mūžīgās vērtības ir mazākumā. Masās šo sistēmiskumu sameklēt nevar, un skolās to nemāca, tāpēc neizpratne un nezināšana tik traģiski ietekmē cilvēku. Principā, par otru cilvēku ir jāinteresējas, īpaši par harmonisku, kurš var būt paraugs, vērtīgs un labs piemērs savas harmoniskās sistēmas veidošanā. Vārdam „sistēma" ir būtiska nozīme: ja kaut kā pietrūkst vai iztrūkst, tas ir saistīts ar to, ka šī sistēma nav pilnvērtīga. Pamanīt iztrūkumu un pārliecināties par objektivitāti var tad, ja aplūko un ņem vērā visu sistēmu. Piemēram, par visuma organizētību var spriest, pēc objektiem informatīvajā laukā. Pazīmes un īpašības, pat tās, kas ir oriģinālas vai kaut kā citādi netipiskas, tik un tā ir savstarpēji pamanāmas un uzskatāmas par debesjumam piederīgām. Tā, lūk, joprojām attīstot piemēru, Saules sistēmā ir noteiktība. Nevar pat cerēt, ka mēs tajā atradīsim kaut kādas vienības, kas neattiecas uz šo telpu. Nekad tajā neiemaldīsies svešķermenis. Kaut ko tādu pieļaut būtu absurds, jo nevar līdzās Venērai atrast dārzeni un Mēness vietā Plūtonu. Uz Zemes dzīve ir citāda, un ar cilvēkiem mēdz atgadīties tas, kas nevar notikt debesīs. Ja šo piemēru ilustrētu, tad attēlu varētu veidot kā atjautības nodarbību bērnu grāmatā, kurā būtu uzdevums atrast neatbilstību un izsvītrot vai izdzēst lieko.

Pie mums, cilvēkiem m i e r ī g i var līdzās Venērai sastapt dārzeni, kā arī Plūtons var sagribēt ieņemt Mēness vietu. Tas, ka tā notiek, ir dramatiski. Sajūk lietu vērtība sistēmā, un neviens vairs neatceras, kā tā ir izskatījusies iepriekš. Tiek meklēti jauni izskaidrojumi un adapteri, lai pielāgotu pielāgojamo pie pielāgotā. Ar laiku par normu kļūst pieņēmumi, ka tas ir n o r m ā l i. Jāatzīst, ka sacerēties var, bet tas tomēr n a v n o r m ā l i. Bez šaubām, tas nav noslēpums un neiedomājams atklājums, bet visiem tas tomēr nav pieejams, jo nav mātes vai tēva, kas spētu šo to vairāk par to pastāstīt. Izskaidrot un paskaidrot, kādas neloģiskas pretrunas un klišejas var būt, kas veicina un provocē cilvēkus rīkoties un uztvert dzīvi tik psiholoģiski analfabētiski. Nākas izlikties un šo izskaidrojošo daļu noliegt, piemēram, apgalvojot, ka ir stilīgi neiekļauties harmoniskā un organiskā sistēmā, slēpjoties no savas neiederības izjūtas aiz jēdzieniem, frazeoloģijas, ekscentrisma un aktivitāšu, kā arī domu imitēšanas. Piemēram, skolnieks paņem no skolotāja molbertu un krāsas bez skolotāja piekrišanas un atļaujas. Skolotājs pieķer mācekli un ir ass savā kritikā un neapmierinātībā. Skolēns apvainojas un aizstāvas ar vislielāko pārliecību par savu taisnību. Kāda tā ir, šī audzēkņa patiesība? Tieši tikpat izteiksmīga, cik paša saprašana. Ir jāizmanto tas, kas ir pieejams. Nemācītais tā arī rīkojas, pieļaudams, ka ir gana liels gudrinieks. Jādzīvo ar paša prātu, jo atkal māte un tēvs nav mācījuši, pirmkārt, ka eksistē būtiska atšķirība starp mācāmo un mācītāju.

Tā ir realitāte, kas nekad nemainīsies. Pat tad, ja skolnieks ar laiku savās iemaņās pārspēj skolotāju. Šai psiholoģiskajai subordinācijai nedrīkst pieļaut pārmaiņas. No tā vispirmām kārtām cietīs pats skolnieks, jo viņš domā, ka šīs atšķirības nepastāv. Izjūta, ka, paņemot molbertu un krāsas, tādējādi kļūsi par to, kas neesi – augstāku vai vienlīdzīgi pietuvinātu personu skolotājam, ir psiholoģisko robežu sajaukums. Nespēja izšķirt un orientēties situācijā ir nelabvēlīga tendence un kaitniecība pašam pret sevi. Par sevi un sistēmu var uzzināt tad, kad iepazīstas un apgūst kontaktus ar apkārtējiem. Bez vērtējuma saglabājot suverēnu objektivitāti, ko var dēvēt vārdā „cilvēciskums". Tas, kas nav cilvēcīgi tolerants, nav cilvēcīgs, līdz ar to attiecīgi lieks. Šis apstāklis nav jānožēlo, bet jāuzņem ar prieku. Venērai ir jābūt savā sistēmā, bet dārzenim – savējā. Plūtons realizējas savos apstākļos, bet Mēness – savējos. Satiekoties, nojaušot un zinot, ka pastāv sistēmas sistēmiskums, neradīsies liekas frustrācijas, traumas un pārdzīvojumi. Tas ir skaidrāk par skaidru, un zināšanas pieejamas ikvienam.

Niknumam nav pamata rasties, ja vienkārši zina: ja nemācīsies rakstīt, nevarēs rakstīt. Ja nedarbosies, tad darbības nebūs. Ja nemīlēsi, tad mīlestība nebūs ar tevi. Ja dosi sev atlaides, tad personība formēsies un sastāvēs no atlaidēm. Ja nemainīsies, tad būsi nemaināms, kaut kāds, ne tāds, jo dzīves laikā norisinās pārmaiņas. Cilvēks kļūst vecāks, un mainās viņa proporcijas. Šādas un daudz tamlīdzīgu lietu būtu jāzina, bet atkal no jauna jāpiesauc tie paši vecāki, lai glābj situāciju caur intelektuālo un emocionālo jēdzienu apzinātību. Mēs varētu krietni pasaudzēt savus nervus, ja spētu psiholoģiski piemērot sistēmas un sistēmu izpratnes sev. Saprotams, ka māte un tēvs noder šajā lietā. Viņi ir gandrīz tie vienīgie, attiecīgi unikālie šī stāvokļa dēļ, kas spēj iedot šo labumu – izpratni par pasaules uzbūvi un lietu kārtību. Ne visiem veicas ar šādiem vecākiem, tie, kuri ir saņēmuši šo informāciju, ir veselāki, apmierinātāki un apzināti. Tos var apskaust, neciest, iznīdēt, sodīt, maldināt, kritizēt u.c., bet jēgas lāgā no tā nebūs. Tāpēc, ka pirmie par spīti citu greizsirdībai, tik un tā paliks savā, citiem pielūdzamā iekšējā emocionālajā stāvoklī. Viņi zina un apzinās principus, par ko lai tie *psiho*? Par to, ka kādreiz novecos? Ka bērni pametīs „ģimenes ligzdu"? Vai viņi patiesi „atklās sev Ameriku", kad ievēros krunciņas sev zem acīm un nespēs pamīlēties ik nakti? Vai tā varētu notikt, ka ieslīgs depresijā, kad mīļākais pamet? Vai tad, kad, izšķērdīgi vai nesamērīgi šķiežoties ar naudu, pietrūkst iztikas līdzekļu? Brīnās, ka bērnam ir vajadzīgi ne tikai tēvs un māte, bet arī ģimene? Ka savu produktivitāti nedrīkst ierobežot, jo tad iestāsies neauglība? Vai par savu garīgumu ir jārūpējas pašam, vai tas ir jādara citiem? Vai diploms izsaka kompetenci un profesionalitāti? Vai drīkst nelasīt grāmatas? Kur atrast gliemežvākus? Kā atšķirt zvaigzni no debesīm? Kāds telefona numurs jāizmanto, lai izsauktu ugunsdzēsēji? Kāpēc „kāpēc" beidzas ar „c"? Visu šo un tamlīdzīgo izprot cilvēki, kuriem māte un tēvs ir mācījuši pasaules izziņu.

Ir pazīmes, pēc kurām tas vai cits objekts atbilst vienotai lietu kārtībai. Likumsakarīgi procesi, pat ļoti izteikti tieši un precīzi savā sistēmiskumā. Dažkārt šis neatvairāmais tiešums un precizitāte noved cilvēkus līdz naidam. Muļķis dzīvo, domā, saskata viscaur sev apkārt muļķību, jo pats tāds ir. Blēdis redz iespējas, kurās var blēdīt. Viņš var kaut vai izstiepties, bet neko citu viņš nespēj pazīt, kā tikai to, ko pazīst. Blēdis visur ir un paliek blēdis. Pat mīlestībā tas piesaistīs blēdību. Viņš pamanīsies savu blēdību realizēt, tādējādi devalvējot šo jēdzienu, jo viņa psiholoģiskā izpratne par mīlestību tā pati blēdība vien ir. Nav starpības starp Venēru un dārzeni. Galvenais ir iegūt blēdības ieguvumus. Mēdz izteikties: „Mums nekā te nav." Saprotams novērojums, jo pašam nekā nav. Lai šeit „kaut kas būtu", ir jāzina, uz ko vērst savas maņas. Ja neizprotam mūziku, tad tā var šķist kā troksnis un pēc skaņas atšķirīgie mūzikas instrumenti kā viens vesels. Tiešām, kāds ienāk telpā un saka: „Te nekā nav." Otrs nenotic un ieskatās, lai veidotu savu viedokli. Izrādās, ka ir trīs priekšmeti, un otrais nosauc redzēto par minimālismu. Trešais – par modi un stilu. Ceturtais – par nabadzību. Piektais – par vientulību.

Tā, lūk, veidojas šīs sistēmas. Sāpīgas? Tieši tā, jo izteikti trāpīgas savā nenovēršamajā sistemātiskumā. Pat vecumā daudzi var sagribēt atkal savu mammu un tēti. Un tieši šajā momentā sākas visvissvarīgākais pašam. Vecāki, kas nedalījās zināšanās par pasaules likumsakarību sistēmām, diezin vai spēs izspiest no sevis kaut ko vērtīgu šajā sakarā. Tāpēc tie, kuriem vecāki ir bijuši dāsni, var atslābināties, bet tie, kuriem vecāki nav bijuši tik bagātas personības, var ieklausīties šādās pārdomās. Lai to sekmīgāk atveidotu, pirmām kārtām, jāapcer vecāku loma bērna dzīvē, par kuru ir vairākkārt un pamatoti tās nozīmīguma dēļ pārspriests šajā grāmatā. Tomēr, domājot katram par sevi, aizvien ir jāatgriežas pie savas mātes un tēva. Tādēļ, ka vērojot savus vecākus, mēs, bērni, varam izprast sevi. Ja vecākos „tur nekā nav", tad arī bērnos „tur nekā nav". Piemēram, kaķim ir ūsas un teicama oža, jo arī viņa vecākiem bija ūsas un oža. Ja kaķis neņem vērā savas ūsas, tad tās paliek neizmantotas to nolūkam. Vecāki, šajā gadījumā kaķene, iemāca izmantot ūsas apzināti. Kaķēns nepazīst savu māti, bet viņā saglabājas vērtības no mātes. Ja ir vērīga māte, jo tā prata rīkoties ar ūsām, kaķēns automātiski kļūst tāds pats.

Iemaņu daudzums veido summu, kas nodrošina brīvības, neatkarības un pašpārliecinātības sajūtu. Sistēma skaidra. Ahā! Izrādās ūsas nav visiem, tikai mūsējiem. Ja tā ir, tad kaut kur ir *nesavējie*, svešie, citādie. Mūs veido pazīmes, īpašības, iezīmes, līdzības, kaut kāda īpatnība, loģiskums. Skaidrs. Un saprotams uz mūžu. Paldies mammai kaķenei, jo visi kaķi ir savās vietās. Laimīgs mūžs veidojas tiem kaķiem, kas atkarībā no savas kaķu mammas nonāk attiecīgajā sistemātiskuma vidē. Uz ielas, pītā groziņā vai pagrabā. Kaķēns var neieredzēt dzīvi groziņā, ienīst par to savu, ar ciltsrakstiem „aplipušo" mammu, bet citur viņam vairs nav vietas. Psiholoģiski tas neadaptēsies uz ielas. Tas pieradīs, tomēr jutīsies „ne šis, ne tas". Informatīvais kods no senču priekštečiem un vides ietekme radīs psiholoģisko „aborigēnu". Tam nebūs izprotami, līdz ar to uztverami apstākļu, attieksmes un vērtību principi. Pat tajā gadījumā, ja uz ielas nonāks ne tiešā, bet nākamā paaudze, saglabāsies emocionālas, sociālas un fiziskas grūtības pielāgoties sociumam. Sakarā ar šo sarežģījumu nāksies joprojām pielāgoties, atdarināt, dažādi *izlocīties* un nejusties savējam starp svešajiem. Principā sugas šķirņu dzīvnieki, nonākuši ārpus sava režīma, nespēj lāgā izdzīvot. Piemēram, kāmīti, kas ir pieradis dzīvot telpās, ja viņš nonāks uz ielas, ātri pusdienās notiesās medīgs runcis vai kaķene. Protams, grauzējs var izteikt savu nožēlu un *nogrūzt* vainu uz saviem vecākiem, kuri nav iemācījuši izdzīvošanu ārpus ierastajiem mājas apstākļiem, bet tie būtu tikai tukši vārdi, jo kāmīša vecāku pienākumos un, galvenais, izpratnes jēdzienos neietilpst tas, kas atrodas ārpus to saprašanas. Dzīvnieks izvēlējās atrasties tur, kur tam nav vietas.

Pārceļoties atpakaļ pie mums, cilvēciskām būtnēm, kas ir inteliģentākas, notiek kaut kas līdzīgs tad, kad atsakāmies pieņemt vecāku labumus un noliedzam nepieciešamību pēc tiem, uzskatot, ka mums pietiek ar to, kas pašiem ir. Izjūtot šādu pārākumu, atliek viens ceļš, kurš ir realizējies daudziem. Tā ir dzīvošana ar savām zināšanām. Iztikšana ar paša priekšstatu par jebkuru pasaules jēdzienu. Tā izveidojušies priekšstati reizēm ir pārmērīgi ierobežoti un šauri. Pēc šīm piebildēm var rasties jautājumi. Kā gan citādi? Bērni atrodas pie un ar saviem vecākiem, kamēr tas ir nepieciešams, vai tikmēr, kamēr tas ir iespējams, un tad dodas vieni paši plašajā pasaulē, lai uzkrātu savu pieredzi. Tieši tā notiek, un par to šaubu nevienam nav. Bet runa šobrīd nav par to, ka bērniem ir jāatdalās no saviem vecākiem, ne vienai, ne otrai pusei nevajadzētu pretoties šim procesam. Uzdevums ir, ar kādu prātu bērns aiziet no mājām. Kas tajā atrodas? Cik liela ir tā bagāža? Vērtības un zināšanas. Kāds noskaņojums valda bērnā?

Ja atceramies, tad vienā no nodaļām izskanēja surogāta krūts un tukšās pudelītes interpretācijas. Saturs ir svarīgs, jo no tā bērns pārtiek, un pēc tā, kāds tas ir, tiek raksturota bērna psiholoģiskās uztveres nākotne. Pietiek atklāt pudelītes saturu, lai atklātu vecāku un viņu bērnu attiecības, kas aizstiepjas nākotnē mazbērnos. Šajā brīdī mērķis ir virzīties tālāk, pirmkārt, savā izpratnē, otrkārt, savā potenciālā. Jāsper nākamais solis no vecāku attieksmes pret bērniem un tās sekām uz pretējo nometni, kas paliek zaudētājos, ja tās senči ir sekli un nav tālredzīgi savā piedāvājumā. Tie ir bērni, savu nezinošo, nemākulīgo vecāku upuri. Komentārs izskan spēcīgi. Bērni, kuru vecāki ir dāsni sava piena kvalitātē, neprotestēs, un tas ir pareizi, jo viņi uztver personīgi novērojumu un agresīvi vērsto kritiku pret visiem vecākiem kopumā. Pretenzijas neizvirzīs tie, kas uzskata, ka vecāki ir to parādnieki. Tieši pēdējie ar savu neatlaidīgo attieksmi pret miesīgiem vecākiem ir uzmanības vērti, jo izjust negatīvismu pret saviem vecākiem ir grūti un sarežģīti bērniem visos vecumos.

Pretenzijas pret saviem tuviniekiem ir nopietns pārbaudījums paša personībai. Kāpēc? Tāpēc, ka nav vienkārši dzīvot ar negācijām. Pirmkārt, tās ir izjūtas un domas, kas prevalē izaugsmei, tā ir regresija. Otrkārt, bērniem ir svarīgi vecāki, un, tā kā tie dažos gadījumos nespēj attaisnot dažāda vecuma mazuļu cerības, bērni jūtas ne tikai devalvēti, bet arī sāpināti savā neveiksmē. Savā ienaidā pret vecākiem bērni var nogremdēt visu savu mūžu. Paši nepazinoties problēmu, rīkoties par spīti vecākiem un atkārtot identiski tās pašas kļūdas. Pamazām vēlams psiholoģiski nobriest. Pieaugt un uzlūkot savus vecākus ne kā ļautiņus, no kuriem būtu jāmūk, bet kā cilvēkus, kam būtu vērts tuvināties. Tas ir sarežģīti, jo bērnos var pamosties vēlme pretoties šai idejai. Vispirms bērns, kurš ir pieaudzis, teiks: „Es nevēlos nekā kopīga ar šīm personām. Satieku ģimenes pasākumos, un man ar to pietiek. Nevēlos ar viņiem apspriest personīgos jautājumus. Esam veidoti no dažādas „mīklas"." Un tamlīdzīgi. Nākamā pretinieku grupa iebildīs, ka vecāki viņus neaizkustina. Maigumu pret tiem viņi neizjūt, un nevajagot apspriest to, kas ir dziļi vienaldzīgs. Jāsecina, ka vārdu birums var būt dažāds tāpat kā enerģija, ar kādu tiek izteikts apgalvojums.

Bet ir kas svarīgāks par šiem trauslajiem vārdiem, un tā ir neziņa. Kāmītis, domādams, ka varēs pārspēt savus vecākus, pamet ierasto vidi un tiek kaķa nomedīts. Mums trūkst informācijas, lai izveidotu kopainu, kādos apstākļos tas norisinājās, tāpēc atliek minējumi. Fantazēt, kā kāmītis nokļuva zvēra kuņģītī. Iespējams, ka kāmītis nekad nebija redzējis neko tik lielu un spalvainu. Paļaudamies uz savu izjūtu, tas vienkārši bēga no bailēm, bet tā solis izrādījās par īsu. Turklāt ir arī cita improvizācija. Kāmītis iemīlēja kaķa sugas pārstāvi, un šī projekcija vērsās pret viņu pašu. Dzīvnieki mēdz būt ziņkārīgi, un nabaga dzīvnieciņš, vēlēdamies papildināties, vērsās pie pūkainā kalna kā pie guru, ar domu iegūt apskaidrību. Tajā pašā laikā jebkuram var nejauši paslīdēt kāja, un šoreiz starp tiem bija kāmītis, kurš dzīvoja kaimiņos kaķim. Tikpat labi kāmītis jutās varens un tāpēc izgāja uz kara takas ar kaķi, varonīgi zaudēdams kauju. Viņam, iespējams, nepatika kaulēties, izmainīt savu individualitāti „sīknaudā", tāpēc tas kļuva par gabaliņu ņaudētāja organismā. Kāmīša motīvus nav iespējams precizēt. Toties ir iespēja konstatēt būtiskāko. Kas tas īsti būtu? Tas, ka kāmītis vēlējās būt citāds, atšķirīgāks, iespējams novatoriskāks nekā vecāki. Kāmītim bija pārliecība, ka esot tādam, kāds tas ir pēc savas konstitūcijas un mantojuma, viņa vieta varētu būt citur. Tas meklēja jaunus izpētes laukus, citādi nebūtu aizlaidies no iepazītās vides. Dažs labs tuvinieks varētu apskaust kāmīti, jo tas izrāda interesi un drosmi. Novērotāji varētu viņu uzskatīt par varoni. Plikam stāties pretī ienaidniekam – rociņas kailas un kājiņas basas. Zirneklīšu savītu aizsēju un suku, juku sajauktām kažoka pūciņām, tas, romantikas pārņemts, devās ārpus būrīša iepazīt nežēlīgi reālistisko pasauli, par kuru mazotnē bija salasījies grāmatās. Nav ko liegties, nav vērts, kāmītis bija sava laikmeta atspulgs. Iespējams labākais, kurš, nebūdams egoists, bet altruists, nospļāvās uz dzimtas labumiem un, nepaņemdams neko līdzi savā sainītī dzīvei, devās glābt un veidot pasauli. To var saprast, jo kāmītis reizēm lūkojās televīzijas zilajā ekrānā un vēroja pasauli. Tam patika sevi salīdzināt ar citiem, un laiku pa laikam tas izjuta pārākumu. Kāpēc gan ne? Visiem ir tiesības uz savu viedokli, un katrs ir personība. Kurš tam nepiekrīt, lai nokaunas. Vecāki ir vecmodīgi, privātīpašnieciski un kritiski, noklausīties to pamācības nav gudri. Kāmīša pārliecība ir tā dzīves eliksīrs, un tas aiziet, lai atgrieztos, kas nekad nav par vēlu. Turklāt visi zina vai nojauš, ka eksistē paaudžu konflikts. Vecie nesaprot jaunos, un jaunie nevēlas neko no vecajiem. Provizoriskais pastāts par kāmīti ir beidzies. Katrs, kurš vēlas, var turpināt to izspēlēt savā prātā.

Iekšējā kinofilma katram ir savējā. Kāpēc ir jākavējas pie tik nenozīmīgas un bezgaumīgas alegorijas? Tāpēc, ka drošāk ir apelēt pie kāmīša nekā pie cilvēka. Pieaugušie bērni ir spējīgi reaģēt bez žēlastības un iecietības, ja kritika tiek vērsta nevis vecāku, bet viņu pašu „dārziņā". Ar ko nodarbojas, kā īsti rīkojas šie bērni? Oh! Vai patiesi ir nepieciešami komentāri? Grūti noticēt. Apspiesta personība nevar būt brīva savās domās. Indivīds, kurš nav apmierināts, nevar gūt gandarījumu. Būtībā bērnus var apbrīnot, jo viņi veicina revolūcijas, sociālas svārstības, likumdošanas, nodokļu, vides avangardu, filozofiskas idejas, sinonīmus un, galvenais, pārmaiņas. Tās darbības, kas ir ačgārnas un atrodas ārpus visu pieņemtajām normām, sistēmām, apstākļiem un situāciju attieksmes vērtējumiem, nav gluži aspratība, bet uzjautrināšanās par saviem vecākiem. Turpmāk mums ir jāanalizē divas būtiskas attieksmes. Bērnu attieksme pret vecākiem, kas ir pārnese, pretenzija sociumam. Kā arī sociālo vecāku attieksme pret pieaugušo indivīdu.

Katrā profesijā ir priekšteči, senči, kas ir radījuši ne nu gluži bērnu, bet arodu, amatu, zinātnisko vadlīniju un tamlīdzīgi. Piemēram, psihoterapeiti, kuri *apceļ* psihoanalīzi, nerespektē tēvu. To nolūks ir saprotams – protestēt, un tiešām Dievs ar viņiem, jo bez bāziskām zināšanām psihoanalīzē un psihopatoloģijā iztikt un profesionāli nobriest būs grūti. Tas ir bīstami pašam psihoterapeitam, jo tas bāziski paļaujas ne uz tēvu, bet uz radiniekiem, kuri ir vienaudži vai pat jaunāki par pašu. Ikviens nojauš, kas notiek ar nopietnām un atbildīgām lietām, kuras uztic tiem, kuri nav spējīgi tās novērtēt. Turklāt eksistē bīstamība, ka, spēlējoties ar sērkociņiem, nezināšanas un iemaņu trūkuma dēļ var nodedzināt māju. Vecmāmiņas saka, ka nejauši var „izliet ūdeni no vanniņas kopā ar bērnu". Tie, kuri neatsakās un pieņem savus vecākus, ja vien izmācījušies mūziku, zina, ka muzicēt uz vijoles bez zināšanām par Stradivari ir tikai spēlēšana un nošu pārzināšana. Daži ir apvainojušies, jo noslēpums instrumenta veidošanā, kuru kapā sev līdzi paņēmis Stradivari, esot cietsirdība pret nākamajām paaudzēm. Saprast aizrādījumu ir iespējams, jo tā vietā, lai „nostiprinātu" ideju, pašiem nāksies papūlēties, sasprindzināties un veidot eksperimentu pieredzi.

Jebkurš bērns var apvainoties, ka tēvs un māte kaut ko nedara viņa vietā. Saite bērniem ar vecākiem ir interesanta. Piemēram, estrādes baletpulciņa „Egoists" dalībnieces negrib un nevēlas iepazīt klasiskā baleta pamatprincipus. Meiteņu deja ir orientēta uz brīvību, domas un kustības elastīgumu, ēterisku sajūtu, kurā stājai nav nozīmes. Katrs kustībā izpaužas brīvi un demokrātiski. Apvaicājoties jaunavām par Maiju Pļisecku, dejotājas pārliecinoši atbildēja, ka par tādu māti nav informētas. Tiešām, savās attieksmēs bērni ir patiesi. Tā, lūk, desmitgades aktrises titulu saņemot, kāda spēcīga būtne izteicās, ka esot lepna, ka ir saņēmusi šo balvu. Tas apstiprinot viņas talantu, taisnību un pašaizliedzīgumu, jo tajā brīdī, kad mira tās mīļotais teātra pedagogs, viņa ir atradusi spēkus nedoties vis pie viņa, bet atbraukt pēc balvas un atklāti pozēt medijiem. Tautai esot jāredz savi varoņi. Lomas, kas tika atveidotas līdz trīsdesmit gadu vecumam, ir bijušas spilgtas un specifiskas. Visi nebūtu izturējuši, iznesuši, attaisnojuši Kamēliju dāmas tēla atveidojumu. Paldies skolotājiem, vokālajiem pedagogiem un stilistiem, ka videofilmas ir sasniegušas adresātus. Publika, kas saprot aktualitāti un domā simboliski. Aktrise savā pateicības runā teica, ka simboliskā domāšana nav pieejama visiem. Pacelties savās iedomās patiesi nav vienkārši parastam, ar kredītiem apkrautam skatītājam. Aktrise tiešraidē raudāja. Viņas augums bija trausls un reizē spēcīgs. Tās galvenais uzdevums bija ziedot sevi mākslai. Skatītājs to juta un apbēra mākslinieci uz skatuves ar ziediem. Bioloģiskie vecāki netika uzaicināti, jo nesaprastu notiekošo, tāds bija radošās būtnes vērtējums. Pasaule ir maza. Tajā pašā laikā kāds puisis prezentēja savas zināšanas. Visiem absolventiem, arī viņam, amatniecības skolu beidzot, diplomdarbā bija jāuztaisa gulta. Puisis bija īpaši spējīgs. Tehnikumā neviens nevērtēja talantu, tāpēc viņš atrāvās no visiem neprašām un pozicionēja sevi caur savu izpratni, kas viņā pašā darbojās atsperīgi. Kamēr citi virpo gultu, viņš izveido ideju par gultu, piepūzdams un savā starpā savienodams prezervatīvus. Puisis izjuta sašutumu un lepnumu reizē, jo vecie pedagogi nesaprata, bet jaunie žūrijas komisijas pārstāvji sajūsmā gavilēja ne par meistarību, bet par drosmi izteikties. Izkopts ļaunums ir sagrozīt faktus un interpretēt tos pēc savas sirds patikas un pēc sava attīstības līmeņa.

Var priecāties, ka Hipokrāts nav dzīvs, un viņš personīgi nevar saukt pie atbildības. Katram ārstam esot sava kapsēta, īpaši tādiem, kas gudrības smeļas tikai no savas dzīves pieredzes, neizdarot secinājumus ne par savām zināšanām, ne personības iezīmēm. Pirmkārt, dakterītim būt ir skaisti. Balts halātiņš un cieņa no slimnieka. Dažos gadījumos tie skatās tikai mutē savam dakterim, iespējams, lai saskaitītu zobus, jo dažkārt pacients interesējas par ārsta privāto dzīvi vairāk nekā par savu slimību. Parupja piezīme, bērni pēc šāda komentāra var pa īstam apskaisties. Var sākties trači. Jānolinčo māte un tēvs, kuri redz savu bērnu stiķus un par to soda. Ikviens *sīkais* zina, kur jāzvana, lai pasūdzētos par grūto dzīvi. Tiešām, tie vecāki var būt pretīgi līdz riebumam. Nabaga bērns tik tikko uzsāk patstāvīgās gaitas, kā tēvs un māte tūlīt klāt, lai pamācītu.

Lūk, vēl kāds pazemojošs gadījums no vecāku puses attiecībā pret bērniem. Meitene iestājas svešvalodu fakultātē kā normāls cilvēks, bet tēvs tūlīt izmaksāja privātskolotāju rumāņu valodā. Nepietiek, ka tā jau nācās grūti atrast svešu mēli, ko visi nepieprot, kā tēvs klāt ar saviem labumiem. Kas atliek bērnam? Protams, mācīties. Šķiet lielāku izgāšanos nesagaidīt. Ā! Vēl. Vientuļā māte aizsūtīja savu meitu uz lielpilsētu mācīties. Skuķis ir īsts malacis, tiešām iestājas augstskolā. Tā kā izrādījās spējīga, paziņoja mātei, ka vēlas pilsētas nomalē īrēt dzīvokli. Mammīte arī *malace*, pārdeva dzimtas māju un, lai meitai netraucētu, devās uz nespējnieku namu, un visu naudu atdeva meitai. Bērns, priecīgs būdams, neizniekoja sevi, noīrēja sev dzīvokli pilsētas centrā, iegādājās zābakus, aizgāja uz diskoklubu un tur satika savu mīlestību. Puisis kā ozols, gudrs kā Buda un pieredzējis kā Napoleons. Kura atteiksies no šādas iespējas? Tikai dullā. Tāpēc nācās turpmāk dalīt karmu ar puisi. Bērnu dzemdēt vientulībā. Mātes dienā jaunā māmiņa sēdēja un raudāja, jo tā bija viena diena visa gada garumā, kad ar lieliskām spējām apveltītā mammīte tikās ar savu bērnu, kuru audzināja patēva, kurš jau ir miris, māsīcas dēla ģimene. Cilvēki, kuriem naudas kā spaļu, kuri nepazīst sirdssāpes un uzliktā likteņa smago nastu, ko novērtē sieviete, kas pēc dažu mēnešu pavadīšanas pilsētā un universitātē atgriezās savos laukos pie mātes onkuļa pirmās sievas kā skaistumkopšanas salona administratore.

Ieteikums: vairāk jāieklausās bērnos. Īpaši pieaugušos, jo tiem par saviem vecākiem ir ko teikt. Kāpēc uzcēla Rīgu bez piekrišanas? Kāpēc piedzima strādnieku ģimenē, kurā arī viņiem nācās piedzimt? Kāpēc piedzima reģionos, kas nav prestiži? Kāpēc dotās naudas nav tik daudz, lai pietiktu visam mūžam? Kāpēc nauda, kas dāvāta tērēšanai, izplēn ātrāk, nekā tas ir normāli? Kāpēc, piemēram, meitenēm iedzimst aizvēsturiskas formas? Kāpēc puiši lūr uz puišiem? Bez šaubām, kāds var nosmīnēt par šādu attieksmju interpretāciju, bet ne jau tie bērni, kas izturas nopietnāk pret saviem vecākiem. To iebildumi ir daudz argumentētāki. Vecāku vajāšanas un savas vainas novelšanas iemesls ir daudz pamatotāks. Tā, lūk. Trandlim tēvs, būdams kalējs, izkala pakavu, ar kuru zirgs Balzikārs aizķērās sacensībās, un tādējādi tika zaudēta iespēja uzvarēt. Maldaviārai māte, būdama friziere, sabojāja manikīru. Tagad meitenei pēc divdesmit pieciem gadiem pie psihoterapeita jāraud par pazemojumu, ko tāpēc izjutusi. Ienadzīši bija nemākulīgi izgriezti, naga sakne sabojāta. Keroliānam māte ielēja kvadriciklā dīzeļdegvielu, un tas noslāpa. Visi puiši vēroja, kā jaunā zēna dvēselīte pārdzīvoja mātes vieglprātīgo soli. Tie ir bērni, kas cieš no vecākiem. Turpretim ir tādi, kas respektē tos.

Piemēram, mammīte bija jauna, faktiski viņai bija četrpadsmit gadu, kad viņa aizlaidās no mājām. Meitenei grūti nācās veikt izvēli. Mamma laba, bet traka. Tā mācēja regulēt sevi. Ārpus mājas vides viņa bija salda kā medus, bet mājās cietsirdīga. Zilumi bija sīkums, grūtāk nācās ar mācībām. Interese bija, bet mammīte novērsa uzmanību. Te viņai jauna lēkme, te depresija, te striķi kar lampas vietā. Meitene aug un kavē skolu, tāpat kā tās, kas ignorē iespēju mācīties. Mācību iestādes vadība sadumpojas un nosūta jaunieti uz internātu. Viņai iedod „pantu" – klaidone. Pēc trim gadiem tā atgriežas pie mātes un metas ceļos, lūgdama piedošanu par savu prombūtni. Jaunā sieviete ir jauka, smaida, kaut gan mati „ezītī" un dažu zobu trūkst. Māte raud. Nav dumja un saprot, ka meitene kropļota viņas dēļ, bet viņa ir slima un baidās parādīt sevi. Bērnam nelūdz piedošanu, jo tas ir lepns un neuzskatīs to par pāridarījumu. Māte izjūt vainu, ļoti baidās, bet mīl savu bērnu. Baidās no sevis, jo tās bērns ir cietis, tāpēc sāk klepot, tad aizelsties, līdz beidzot nomirst. Meitene nopūšas, tagad ir vienkāršāk, tagad var domāt tikai par sevi.

Neliela upe. Krasts nav tālu. Visapkārt skan lādiņu troksnis. Nav šaubu, ir karš. Laivā nav vietas. Braucēju ir vairāk, nekā iespēju to izmantot. Viņi ir trīs – māte un divi bērni. Lai laiva nenogrimtu, māte izlec no laivas, kaut arī neprot peldēt. Apmēram pēc piecdesmit metriem mātes augums pazuda dzelmē uz mūžiem. Māsa un brālis palika divatā laivā starp svešiem cilvēkiem, kas joprojām cerēja uz iespēju izdzīvot.

Bērni ar dažādu attiecību vēsturi satiekas vienkopus. Agri vai vēlu, bet tas notiek. Šķiet, šobrīd būtu vērts ieturēt pauzi, jo kopējā masā parādīsies pieaugušie bērni, kas iebildīs, kas apgalvos, kam atradīsies iegansts dalīties ne tik sentimentālās ainās. Par ko un kā mīlēt tēvu, kurš ir bērnībā izvarojis? Kā var respektēt māti, kas pēc tēva nāves nepaturēja piemiņai no viņa pat diega galu. Ko var teikt un just pret vecākiem, kuri aizlaižas uz ārzemēm un pamet bērnus svešiem cilvēkiem. Pret vecākiem, kas neatdod savu nieri par labu saviem bērniem.

Lai cik pretrunīgas ir izjūtas, mērķis ir viens – iegūt vērtīgo, kas varētu kalpot par pamatu. Dīvaini. Neticami, jo, piemēram, vecāki-alkoholiķi ir bez vērtības. Prostitūta ir tukša. Normāli domājošs bērns momentā saprastu, ka no tik tukšas būtnes nav ko ņemt. Tas ir tāpat, kā atvērt ledusskapi, kurā nav ne grama pārtikas. Ne tikai tipiska, bet savas dualitātes dēļ raksturīga situācija. Ar devīzi. Es kā bērns, protams, mīlu savus vecākus, bet viņi neļaujas šai mīlai, tāpēc vērtīgāk ir iet savu ceļu. Atrauto.

Cēloņi ir dažādi, bet izvēle vienāda, attieksme tipiska, rīcība tradicionāla – atteikums. Apmēram šādi: „Tu mani nepazīsti, es tevi nepazīstu." Kaut gan pašiem bērniem vērtīgāk būtu pārfrāzēt šo izteikumu: „Tu mani nepazini, es tevi nepazinu." Tieši tā, jo lielākas ir bērnu pretenzijas pret vecākiem, jo lielāka līdzība ar senčiem. „Dots pret dotu" nav tikai izteikums, bet reālistiska situācija vai attieksme. Piemēram, tēvs riebīgs, būdams frizieris, dēlam neaktuāli apgrieza matus. Viņam vajadzēja pūlēties izveidot kaut ko garāku, lai puika, mācoties trešajā klasē mazpilsētas skoliņā, šajā ziņā būtu līdzīgāks pārējiem. Toreiz pārsvarā visiem esot bijuši gari ataudzēti mati. Turklāt tēvs pareizi neasināja slidas. Vajadzēja no augšas uz apakšu, bet viņš vilka asmeni uz pretējo galu – no apakšas uz augšu. Tā kā tēvs agri no rīta cēlās, viņa uzdevums bija iekurt uguni un uzvārīt putru. Māja varēja būt siltāka, iespējams, vajadzēja vairāk un biežāk piemest malku, un putra par saldu. Tik ķēpīgi lipīga, ka var aizlipt ar cukuru. Dēls apavus pēc to notīrīšanas, nebija nolicis iepriekšējā vietā. Tēvs pamācīja, ka pēc tīrīšanas ar smēru vajagot pavēdināt, lai asā smaka nepiepilda istabu. Tāpēc zēnam nācās pārtraukt braukāšanos ar riteni pa pagalmu, lai pabeigtu tēva uzdoto darbu.

Dārzs – tās bija mocības. Tēvs vēlējās izpatikt puisēna mātei, savai sievai, tāpēc katru gadu atjaunoja siltumnīcas karkasu. Viņš nevarēja norimt, atrada aizvien jaunus darbus. Bērns nevēlējās vicināt āmuru virs tomātu plēves mājas, viņam bija savi sapņi par putnubūri. Gribējās konfliktēt, norādīt tēvam īsto vietu, bet tā augums bija dubultliels, rokas platas un uzacis biezas – īsts monstrs. Kā tādam iebildīsi? Māte arī nebija diez kādos augstumos – lika lasīt grāmatas, kas nepatika. Bija piepirkusi pilnus plauktus ar diezin ko. Māsa dabūja vairāk trūkties, jo viņai nācās palīdzēt mizot kartupeļus, atšūt aizkarus un masēt tēvam sprandu. Māte bija medmāsa un gribēja, lai bērni kaut ko saprastu no medicīnas. Māsa ar brāli necieta svētkus savās mājās – sanāca viesi, pēc kuriem vajadzēja palīdzēt vākt traukus. No visas bērnības tikai viena laimīga epizode, kad saulgriežos izdevās pamukt no vecāku ietekmes un varas, lai padzertos aliņu pie citiem kaimiņiem, kuru vecāki bija lojālāki. Vecāku bērnības mājā varēja atrast priekšmetus no vecvecākiem. Dažādas mēbeles, fotoalbumus un kādu pusdienu servīzi ar sudraba piederumiem. Bērni bija noraizējušies, jo Lieldienās parasti tika uzklāts vecmāmiņas baltais galdauts, un tas sagādāja neērtības. Bija jāēd mierīgi, ar taisnu muguru un nedrīkstēja noraidīt tradicionālo svētku zupu. Māte ieklausījās tēva viedoklī un izteica savējo tad, kad bija noklausījusies viņa teikto. Bērniem pieaugot, māte un tēvs teica, ka nāksies vairāk iesaistīties mājas saimnieciskajā dzīvē un ka tie gaidot jau mazbērnus, lai censtos iemācīt to, ko ir mācījuši saviem bērniem. Jau toreiz māsa ar brāli zināja savu lēmumu bez vajadzības nespert kāju tās mājas pagalmā.

Pamudinājums aiziet no mājām bija. Galvenais bija atrast iemeslu, nopietnu argumentu vecākiem, lai aizietu legāli. Kas meklē, tas atrod.

Radās iespēja iestāties skolā, kas gaida audzēkņus, piedāvā internetu, gultasvietu, nelielu stipendiju. Abi radinieki devās tālēs, lāgā nenoskaidrojuši, par ko un kāpēc ir piesolīti šie labumi, ko nāksies apgūt un kā tas notiks. Vecāki vēlējās „iebāzt degunu" bērnu lietās, bet māsai un brālim izdevās laikus tos nobremzēt, jo viņi mācēja pastāvēt par savu taisnību. Kāda tā bija? Vecumam un pieredzei nav nozīmes, jo viņi ir divi un spēs viens par otru pastāvēt. To mērķis, neapšaubāmi, ir mācīties, un problēmu nebūšot. Piekrišana tika izspiesta, bērni devās savās dzīves gaitās, atstādami savā pagātnē tēva celtniecības un remontdarbu instrumentus, friziera šķēres, mātes šujmašīnu, zināšanas pirmās medicīniskās palīdzības sniegšanā, masāžā un racionālā uzturā, vecmāmiņas galdautu un zupu.

Gadu māsai un brālim nebija daudz, kad viņi palika faktiski bez vecākiem. Māsa pēc neilga laika iemīlējās. Puisis bija labs, solīja mūžīgu mīlestību un bērnus. Aizveda viņu uz savām tēva mājām un aizbrauca pelnīt naudu. Bērni auga paši par sevi, brīvībā. Sievietei radās iespēja pastrādāt vietējā krodziņā. Iziet cilvēkos bija patīkami, bet kolektīvs nebija īsti labs, īpaši saimnieks un saimniece. Brālis sevi veidoja citādi nekā māsa. Viņš iestājās augstskolā, par kuru nācās maksāt. Tēvs un māte finansiāli atbalstīja vēlēšanos pilnveidoties. Brālis bija apveltīts ar labu gaumi un smalkumu, ar laiku viņš nevarēja panest kopmītnes troksni, ar ko bija piesātinājies jau iepriekšējā mācību iestādē. Tāpēc vecāki atrada viņam nelielu, bet saulainu dzīvokli pilsētas centrā, lai būtu ērtāk un lētāk aiziet līdz bibliotēkai, uz tirgu un vakaros nebūtu bailīgi atgriezties mājās pēc kino. Brālis visu mūžu mocījās ar iegūto bērnības pieredzi. Neapšaubāmi, pabeidzis augstskolu, viņš vēlējās studēt tālāk. Vecāki bija laimīgi. Māte reizi mēnesī brauca tīrīt dzīvokli, bet tēvs, neaizmirsdams savus stiķus un ieradumus, allaž, kamēr sieva rosījās pa dēla dzīvokli, pamanījās kaut ko paremontēt, pievilkt, pieslīpēt un uzlabot. Šī viena diena kopā būšana bija kā zobu sāpes. Neciešama. Dienas nogalē, kad vecāki devās atpakaļ uz mājām, dēlam nācās obligāti katru reizi relaksēties. Aizdedzināt ēteriskās eļļas lampiņu, iedzert glāzi laba konjaka un piekost gabaliņu rūgtās šokolādes. Pēc gadiem bija pabeigta doktorantūra. Vecāki uzbāzās ar domu, ka jāsāk pelnīt pašam, ka viņi ir par vecu un baidās uzņemties vēl kādas saistības. Vīrietis nespēja pretoties spiedienam, ko demonstrēja vecāku vara, un beidzot atrada sev labus darba apstākļus. Viņš strādāja par administratoru un menedžeri kādā nelielā skaistumkopšanas salonā. Sieviešu kolektīvs, parfīms un sarunas tikai par skaisto vīrieti puslīdz apmierināja, kamēr viņš ar kādas personīgās pazīšanās starpniecību uzzināja, ka var piedalīties zinātniskās pētniecības projektā kā eksperts. Darba grupu finansēja kāds fonds, kura pārstāvji uzticējās tikai tiem, kam ir doktora grāds un kāda darba pieredze. Vīrietis atbilda izvirzītajiem kritērijiem. Viņa uzdevums bija uzskaitīt, kad sievietes vēlas un dod priekšroku skaistumkopšanas procedūru apmeklēšanai un kas īsti viņas saista šajos pakalpojumos, lai nākotnē varētu piedāvāt efektīvākas skaistumkopšanas procedūras. Vecāki neko no tā visa nesaprot, bet tas nav brīnums, jo viņi tāpat nekad neko nav gribējuši un varējuši saprast.

Nedaudz banāls stāsts par to, ka bērni nevēlas iedziļināties labumos, ko no vecākiem varētu paņemt. Pakavēties savu vecāku vērtībās nav intereses, tās nevar iedot pret paša gribu, jo nav, kas paņem. Tas, ko zina, prot un realizē vecāki, līdzīgos piemēros pašos pamatos ir noliegts no bērna puses. Māsa un brālis atkārtoja vecāku pasaules modeli. Nekur tālāk par vecākiem viņi nepavirzījās. Māsa palika pie mājas, un brālis – frizētavā ar mūsdienīgāku skanējumu. Kas tur slikts? Gluži nekas. Bērni neatkārtoja vecāku dzīves, bet uz to bāzes improvizēja un modernizēja savējās. Viņi nevērtēja vecākus un, veroties viņos, neapzināti uzskatīja, ka paši tādi ir. Izveidojās projekcija, kurai noticēja, un kuras ideoloģijas paēnā nodzīvoja visu savu mūžu ar kādu ļoti būtisku atšķirību – bērni dzīvi "ņēma" seklāk. Piemēram, pēc principa, ka pārskata punkts ir „patīk, nepatīk, labi, slikti", pretojoties pilnīgi nekaitīgām iemaņām un zināšanām par dažādiem arodiem.

Negūstot iemaņas, cilvēks kļūst atkarīgāks, un tam ir vairāk laika fantāzijām. Aiz bērnišķīgā aizlieguma un pretestības atrodas krājumi, kurus pilnīgojot un attīstot, varētu uzbūvēt impēriju. Ja ir augsne, sēkla vienmēr izdīgs, pārējais ir atkarīgs no kopēja. Bērni visdažādākajos vecumos nav nemaz tik padevīgi un atvērti labuma gūšanai no vecāku kapitāla. Naudu gan, bet iemaņas un vērtīgās iezīmes – nē. Pārpratums, iedoma un priekšstats var sabojāt visu vērtīgo. Reizēm ideāliem vai tuvu tam esošiem vecākiem nākas ciest no bērnu devalvācijas. Tie spēj visu mūžu glabāt aizvainojumu par cietsirdīgo apiešanos. Šo reakciju ir vērts analizēt, jo pāridarījums un cietsirdība varēja tikai izlikties, bet patiesībā nebūt. Piemēram, māte un tēvs lika lasīt neinteresantas grāmatas. Patiesībā bērnam nepatika lasīt, un viņš nespēja sev piemeklēt grāmatas, jo visas šķita garlaicīgas, un neveidojās personīgais priekšstats par sev interesanto tematu. Pats bērns sevī iegulda par maz darba, un vecāki, to ievērodami, uzstāj uz saviem zināšanu kvalitātes kritērijiem. Uz standartiem, kuriem bērns savas infantilitātes dēļ nespēj piekrist. Viņa apziņā vecāki uzvedas kā varmākas, jo liek piespiesties, bet kam gan tas patīk? Nevienam tas nešķiet lāgā pieņemami.

Vecāki uzspiež, bērni tos atgrūž. Paaudžu konflikts šķietami ir tāds, ka vecāki, mācīdamies vai intuitīvi saprazdami savas pagātnes nepilnības, vēlas saīsināt apzinātības ceļu saviem bērniem, lai tiem nenāktos mocīties, vilties, lieki ciest, neatgriezeniski kļūdīties un tamlīdzīgi. Bērni nenotic saviem vecākiem, un tas ir apdomājams atklājums, kā vērst šo secinājumu par labu bērniem attieksmē pret vecākiem. Apdomīgums ir nepieciešams, lai rastu, ja ne konkrētu risinājumu, tad ievirzi, kurp būtu vēlams iet tiem bērniem, kuri cieš no šādiem simptomiem. Viņi izjūt empātiju, mīlestību, labvēlību, bet vecāki tos kaitina savas uzstājības, agresijas un infantilitātes dēļ. Eksistē vēlme saprasties, bet panākumu nav, tie apraujas, vēl nesākoties emocionālajai tuvībai. Neliekuļots un atklāts skaidrojums. Indulgenci sasniedzot, problēma nav atrisinājusies, jo vislabākais visiem, pēc kā varētu tīkot, ir bērnu uzticēšanās vecāku garīgajām, materiālajām, kultūrvēsturiskajām, intelektuālajām un dzīves pieredzes bagātībām. Tieši bagātībām, tas izskan korektāk salīdzinājumā ar vērtībām un attieksmi, jo tās ir morāli svārstīgas un pakļautas masu ietekmei, politikai, inflācijai, modei un ideoloģijai.

Dāvinātam zirgam zobos neskatās. Tā kā vecāki kopumā ir nepieņemami, izvērtēt un ievērot vērtības gandrīz psiholoģiski nav iespējams. Nepatika ņem virsroku. Iedomāsimies, ka tā ir siena, aiz kuras reāli atrodas ikviena bērna pamats, identitāte un stabilitāte. Nav šaubu, ka bērns protestants uzskatīs, ka ir progresīvs, un noliegs iepriekšējās paaudzes pārliecības. Mikrovidē, tāpat kā makrovidē ir gana spilgtu piemēru, kas raksturo iepriekš teikto. Piemēram, atteikšanās no senču mantojuma ir radījusi absurdas situācijas milzum lielos mērogos. Azovas jūra izsīka, jo bērnam bija ideja mainīt ūdens gultni un virzienu.

Revolūcija 1917.gadā neapšaubāmi ir apvērsums pret vecāku vērtībām. Porcelānu nomainīja plastika. Ģimeni – vientuļās mātes, bērnunami un patversmes. Piemājas saimniecības kļuva par kolhoziem un sovhoziem. Bērna kristīšana – piesaistīšana egregoram par izziņu no vietējās administrācijas. Dabīgās pērles par bižutēriju. Kalpones par kundzēm. Pavīdēja doma, ka vecāki ir lieki. Vecvecāku bufetes un servīzes – buržuāzijas atliekas. Muižu apkalpotāju bērni, skolojušies un apguvuši zinības, par klaušu būšanām neko dzirdēt nevēlējās. Aristokrāti baidījās atklāt savu senču identitāti tieši tāpat kā kalpu bērni un mazbērni. Kauns vai negods par iepriekšējām paaudzēm liek aizvērties apziņai. Nācās visu mainīt. Ne tikai dzimumu lomas, bet vārdadienu kalendāra saturu. Tabitas vietā uzradās Traktorīna, Reiņa vietā – Revolucionīds, Spulgas vietā – Elektroīda. Tik moderni progresīvā vidē jebkurš bērns rausies noliegt vecākus. Lubenes, kas, salīdzinot ar Ļ.Tolstoja „Karš un miers", aptveramas viegli, ir reālistiskā vērtība. Muižas, pilis, mežģīnes, balta apkaklīte, precīzs pasts, pieklājīga telegramma vai mātes cieņas pilnā klanīšanās saimniekam un tēva pietāte pret ministru paliek pagātnē.

Jāpārceļas nākotnē pie laikmetīgā indivīda, kas ir brīvs. Apteksnes meita, kļūdama par augstu amatpersonu savā valstī, pati uzbūvē māju. Nesamērīgu videi un ģeogrāfiskajiem apstākļiem. Kūrortpilsētā, kurā paaudzēm ir dzīvojuši īstie mantinieki, kas nepieprot mājas darbus, bet prot teicami vadīt saimniecību, kas esot iedzimts un apzināti pārmantots mantojums. Puisis bēga no vecāku klaušām un izmācījās valsts augstskolā, kļuva par arhitektu. Kopš tā laika viņš projektē apdzīvojamās telpas un ventilācijas lūkas dažādiem populāriem cilvēkiem no bijušā blakus ciematiņa. Vecāki nav etalons, un tie nav nieka graša vērti, kad jāpārspriež kabrioleta īpatnības ziemeļvalstu sniegoto ceļu pārvietošanās grūtībās. Izciest vecāku pagātni ir frustrējoši. Jāatzīstas, ka priekšteči ir mazvērtīgāki, nekā to gribētos bērniem. Veiksmīgiem bērniem veiksmīgus vecākus! Ar „normāliem" ciltsrakstiem. Izvirzīta nopietna pretenzija. Ikvienam mūsdienu administratoram pa muižiņai! Naudas ieguldījums, kura depozīts ir izdevīgs visam atlikušajam mūžam. Ja kāds uzskatīs, ka tā nenotiks, apvainošanās būs ne pa jokam, jo visi esam šķietami līdzvērtīgi. Pēc savām vajadzībām jā, bet ne pēc sava mantotā potenciāla. 2007.gadā Krievijā rodas personvārdi Vladputs un Borsglis. Bērnu vecāki dzīvo

Maskavā, un tiem ir augstākā izglītība. 59% Krievijas iedzīvotāju pazīst Krievijas Federācijas karogu. Tad, kad atklājas dažādas nepilnības sevī, nav grūti saprast bērnus, kam riebjas banālas vērtības un nabadzīgās izcelsmes saknes.

Bērni dod priekšroku noliegumam, lai uzsāktu savas dzīves gaitas. Bērni nepamanās ievērot būtiskāko – manieres, runas veidu un ātrumu, lingvistiku, domas un valodas saturu, izturēšanos, kur atklājas izcelsme. Tāpēc ir ļoti svarīgi no saviem radu rakstiem izcelt vērtības. Jo lielāks noliegums, jo uzjautrinošāk tas izvēršas tiem, kam ciltsraksti ir „kārtībā". Vai kāds var iedomāties amatniecisku dzeju? Augsto modi, ko ir radījis indivīds, kas nav domājis, vērojis, ceļojis? Tēlnieku, kas veidojies pēc savas izjūtas, neko nenojauzdams par mākslas vēsturi. Var pagatavot ēdienu, neko nezinot par pārtikas produktiem, bet nav garantijas, ka to varēs lietot uzturā. Kaut kas ir jāzina, un to varētu aizgūt no saviem vecākiem. Ne tikai pārtikas produktu pārstrādāšanas tehnoloģiju, bet higiēnu, drošību, praktiskumu un varbūt pat filozofiju, lai vairotu un nostiprinātu savu bērna pašapziņu. Iemaņas un indivīda izcelsmes saturs veido tā pamatu. Uzskatīdams, ka vecāki ir nekādi, bērns neapzinās, ka šāds skatījums traucē viņam pašam, jo nāksies apkalpot to „nekādi". Ikviens bērns pateiks, ka mājas pamatu veidošana un stiprināšana ir dārgs un darbietilpīgs process. Lai nezaudētu enerģiju un nekļūtu par laimes meklētāju, vēlams atgriezties pie savas cilts izcelsmes pirmsākumiem un apzināti izvērtēt, un ar pārliecību pieņemt to labo, kas piemīt jebkuram no vecākiem. Tas, kurš ir spējīgs uz šādu attieksmi, noteikti būs uzvarētājs salīdzinājumā ar tiem, kas iecirtīsies un joprojām noliegs vecāku vērtības.

Meitenes un puiši ar vecākiem var sasniegt daudz vairāk nekā bez viņiem. Sportā – jo labāks treneris, jo augstāki sasniegumi. Lai kāds nebūtu trenera raksturs, apbrīnas vērtas ir tās viņa spējas, ar kurām tas māk pilnveidot sevi un audzēkņus. Bērni reizēm nobīstas, jo ir jālauž savi priekšstati, un viņiem var likties, ka var zaudēt savu individualitāti, ja ieklausīsies, izvērtēs, adaptēs mantojumu. Piemēram, kāds vīrs vaļsirdīgi atzinās, ka, lai gan viņam pašam ir septiņdesmit gadu, viņš jūt nepatiku pret savu astoņdesmit septiņus gadus veco māti tāpēc, ka viņa agrā jaunībā ir uzspiedusi savu viedokli, regulējusi, norādījusi uz nepilnībām. Kreklam piedurknes par īsu, bikses slikti izgludinātas, dermantīna soma neiederas, zobi pārāk dzelteni un tamlīdzīgi. Māte visu savu dzīvi esot bijusi slaucēja, neko vairāk par kūti savā dzīvē nav redzējusi. Ar māti viņš tiekas reti, viņa ir spējīga apkopt sevi un esot gana žirgta, lai palīdzību nelūgtu.

Šo sūdzību uzklausīja vēl kāds sarunas dalībnieks, kas ieinteresēti norādīja, ka vecais vīrs savulaik ir bijis viens no pazīstamākajiem un populārākajiem advokātiem visā valstī. Ikviens zinot, ka viņš pieprot vijoles spēli un vēl tagad tulko tehniska rakstura literatūru no zviedru valodas. Jebkurš šo vīru respektē un ciena par intelektuālo potenciālu. No kurienes slaucējai ar iepriekš dēla sniegto raksturojumu tik teicami izglītots dēls? Izrādās, ka par māti kādam citam ir savs raksturojums – vienaudzim, bērnības draugam, kas uzdrošinājās izteikt savu redzējumu par apstākļiem, kuri veicinājuši vīra panākumus. Zēns uzauga otrā pasaules kara laikā. Karš paņēma tēva dzīvību, un māte kļuva par vienīgo apgādnieci un aizbildni pašas bērnam. Viņa nebija analfabēte, jo ciematiņā, kurā viņa uzauga, bija skola un mūzikas skola, šūšanas artelis un neliela ražotne. Mātes tēvs bija zviedrs un no mazotnes biežāk mājās sarunājās savā dzimtajā valodā. Savam mazdēlam viņš bija stāstījis, kā nokļuvis šajā valstī, kādi apstākļi to bija sekmējuši. Kad puikam palika seši gadi, vecaistēvs nomira. Māte palika viena ar saimniecību. Mājas viņa nepameta, kaut gan kolhoza laikā varēja pretendēt uz dzīvokli. Augstās skolās māte nebija gājusi, bet teicami prata saimniekot, rīkoties ar naudu un plānot darbus. Māja un pagalms vienmēr bija tīrs un akurāts. Pēc sava rakstura viņa bija noslēgta, bez iemesla ar ļaudīm netikās, skarba un noteikta savos vērtējumos. Izklaidējās, skatoties televīziju, sūkājot ledenes un pārlasot jaunības dienu sieviešu romānus „Konsuela", „Rebeka", „Džeina Eira", „Sieviete baltā" u.c. Puiku audzināja stingri, piecu gadu vecumā tas prata lasīt un sešu gadu vecumā – rakstīt, uz skolu devās kā „profesors". Uzspieda mūzikas pamatskolā spēlēt vijoli, kas bija palikusi mantojumā no bērna tēva. Kontrolēja visas mācības, kamēr bija spējīga izprast uzdoto. Tad, kad pārsēja govi, vienmēr līdzi ņēma mazu ķeblīti (tas bija kā ieradums), pāris minūšu pasēdēja un devās tālāk savās gaitās. Par ko viņa īsti domāja, neviens nezina. Tāpat nav ziņu, kāpēc tieši pie lopiņa. Puika redzēja un zināja, ka māte tā mēdz darīt. Mammai bija divas goda kleitas – vasarai un ziemai. Zēnam vienmēr uzvalks un svinībām balts krekls, kurpes. Ikdienā viņš staigāja līdzīgi kā citi puiši, bet svētkos goda kārta viņam bija korekta. Zviedru valodā viņš iemācījās lasīt pamatskolas laikā pats no sevis aiz gara laika, jo māte neatbalstīja skraidīšanu apkārt bez īpaša iemesla. Māte divas reizes mūžā ir uzrunājusi viņu mīlināmā vārdiņā, kad viņš bija smagi slims. Puikam lika palīdzēt mājas solī un apgūt saimnieciskos darbus: izkapti asināt, naglu iedzīt, kūti iztīrīt, salabot elektrību un ūdenssūkni, un tamlīdzīgi.

Bez šaubām, zēnam bija savi pārdzīvojumi ar mātes pārprasto partnerību, bet šajā brīdī, kad tas ir apzināts, ir jānoņem aizliegums, iekšējā sajūta joprojām pretoties mātes dāvātajam pamatam – zēna intelektam. Kā lopkopei viņai bija lielākas priekšrocības un iespējas nekā citiem. Tas izskaidro viņas personīgo mantojumu no saviem vecākiem, ko tā nenoliedza. Viņa juta, ka kārtība, sistemātiskums izglītībā un saimniekošanā ir pamats, uz kura var būvēt visu savu dzīvi. Viņas tēvs un māte nebija šķīrušies, un, kad tēvs kļuva atraitnis, viņš neslēdza otru laulību, bet savās jūtās palika ar vienīgo, aizsaulē aizgājušo sievu. Jebkura izvēle ir veiksmīga, ja tā ir apzināta. Lēmums raksturo principialitāti un personības pamatīgumu, nelokāmus ideālus. Mīļākās uz mājām netika vestas. Tēvs meitai palika kā tēvs, un māte kā sieviete, ko ir mīlējis un joprojām mīl tēvs.

Šajā momentā varētu iejaukties psihologs, lai aizrādītu, piemēram, ka zaudējums, sievas nāve ir iesaldējusi cilvēku un ka varētu hipotētiski pieļaut, ka viņš ir atkarīgs vai pat depresijā. Jā. Tā arī varētu būt, bet bez tā ir vēl kaut kas – stabils priekšstats par dzīvi un lietu kārtību. Ja cilvēks nevēlas laulāties divas reizes, un tas ir apzināts lēmums, tad nevienam gar to nav darīšanas. Pārvest mājās svešu sievieti ne vīram, ne bērna tēvam, kurš ir pamatīgs šajā lomā, nav iespējams, jo tā morāle un audzināšana ir veidota uz dzelžainiem dabas likumiem. Stārķi un gulbji to saprastu, zvirbuļi un kanārijputniņi ne. Toreizējā zēna māte atkārtoja sava tēva vērtības un savā izvēlē rīkojās līdzīgi. Viņa bija sapņotāja un romantiķe. Viņa nebija monstrs, to raksturo interese par ledenēm un sieviešu romāniem. Iespējams, viņa neapguva lielās zināšanas, bet viņa skaidri uzticējās iepriekšējo paaudžu vēstījumam, ka mācīties ir labi. Acīmredzot bērna pretestība to nebiedēja, viņa neko nezināja par moderno psiholoģiju, bet apjauta, ka dēls spēs novērtēt pēc iespējas labāku izglītību. Vīriešu darbi mājās veicināja interesi par tehniku, no mātes mantota precizitāte. Viņa nebija no tām vientuļajām māmiņām, kas nezina, ko iesākt ar saimniecību. Arī patstāvība ir no senčiem, neatkarīgas un patstāvīgas domas pastiprina jebkuru profesionālo jomu. Spēja konkrēti izteikties un „nedzesēt lieki muti" ir noderējusi vīram viņa darbā un dzīvē. Viņam ir viss nepieciešamais, lai savā vecumā joprojām būtu tas, kas viņš ir. Viņš nav nodzēries, ir cienījams un godājams vīrs ar vienīgo sievu, bērniem un mazbērniem, savrupmājā ar vijoli goda vietā, bibliotēku, auto un, iespējams, spriežot pēc viņa mātes, arī ar naudas uzkrājumiem, jo viņa mātei tādi bija. Viņš nestaigā apkārt treniņbiksēs, kad atnāk viesi, bet uzvelk tīras, atbilstoša garuma bikses. Viņš pieceļas, kad telpā ienāk sievietes, pasniedz mēteli un nerunā muļķības par politiskajiem un ekonomiskajiem procesiem, un joprojām pasūta Zviedrijas laikrakstu „Dagens Industri" jau pāris gadu desmitus. Beigu beigās viņš var kļūt arī ilgdzīvotājs, jo māte un tēvs dāvājuši teicamu veselību un sīkstumu.

Stāsts noslēdzas ar klusumu. Iespējams, ka katrs domā par sevi. Un atrod ieganstu joprojām nepieņemt mantojumu, kaut arī šī kunga biogrāfiskie fakti ir veiksmīgi pārliecinājuši, ka viņš varēja patstāvīgi ieguldīt un uzaudzēt mantoto kapacitāti tāpēc, ka mātei ir bijušas labas saknes. Toreizējajam puikam ir laimējies ar mātes principiem, zviedru valodu, tēva vijoli u.c. Bet, lūk, šeit ir vēl kāda meitene, kas nav meitene. Viņas māte bija cūkkope, kas neiegādājās vis televizoru, bet visu naudu skrupulozi krāja zeķē. Kad bija brīvdienas, lielāko daļu nodzēra un meitai neko nekad nepirka, neuzstāja uz mācībām, rupji izrunājās un mājās veda „tēviņus". Aizbēgt no tādas mātes ir bijusi laime. „Ko no tādas mātes var paņemt? Kādu pozitīvo mantojumu? Cūkas?" painteresējās kāds diskusijā iesaistījies aktīvists. Problēma nav jāmeklē cūkkopībā. Jādefinē mantojuma ieguvums. Nav jāattaisno māte, bet jāsaprot tās vērtības, lai varētu sev palīdzēt bez idealizācijas, attaisnošanās un žēluma pieņemt to mantojuma vērtīgo pusi, kurā nav vietas izkoptajam ļaunumam. Vērtīgo un tik pamatoti būtisko. Tāpēc ir nepieciešama papildu informācija, kas izskaidro vēlamo. Izrādās, ka sieviete ir vairākkārtīgi apbalvota par savu darbu, piešķirti vairāki godaraksti un pat medaļas par priekšzīmīgu darbu. Būdama alkoholiķe, sieviete ne reizi nav nokavējusi darbu, nav atstājusi lopus bez ēšanas. Turklāt, lai visu mūžu celtos trijos no rīta un bristu pa neceļiem, vajag atrast motivāciju. Sieviete, bez šaubām, par kaut ko juta emocionālu diskomfortu, citādi nebūtu mierinājusi sevi ar degvīnu. Viņu postīja kaut kāds iekšējais izmisums. Ir bijusi vēlme uzkrāt naudu, respektīvi, viņai bija žēl sevis, sava darba, kaut kāda sava ieguldījuma, bet tajos brīžos, kad sirds bija skumja, viņa mēģināja izlīdzēties ar savu saprašanu, iespējams, ignorējot iepriekšējo paaudžu vērtības.

Ir pilnīgi likumsakarīgi, vecākam kļūstot, interesēties un pievērsties senajam. Savai izcelsmei. Jāatklāj vieta, no kuras esi nācis. Ne vien ģeogrāfiski, bet psiholoģiski pedagoģiski. Pašuztvere paaugstināsies un paplašināsies, pagātnes arheoloģiskajos izrakumos varēs atrast savu negatīvo un pozitīvo prototipu. Prātā nāk kāds nepatīkams vīrietis, kurš izraisa nelabvēlīgu attieksmi savas ģļēvulības dēļ. Šāds cilvēks ir bez principiem un spējīgs pie visām varām pastāvēt kā nodevējs, kā pakalpiņš un lišķis. Sīkumains un skops. Aizvedis dāmu pastaigā uz Jūrmalu, nenopērk tēju pat pats sev, kur nu vēl sievietei. Vīrieša māte pēc savas vērtību sistēmas bija savādāka. Jau bērnībā viņa ievēroja dēla divkosīgo dabu un mēģināja to labot, par ko vecumdienās izpelnījās sodu. Viņš aizveda māti uz nepazīstamu vietu, par nelielu samaksu iekārtoja tālā lauku viensētā pie tādiem pašiem veciem, pilnīgi nepazīstamiem cilvēkiem un aizmirsa. Pilsētas dzīvokli pārdeva, savējo joprojām remontē vēl šobaltdien. Viņu var satikt kā tulku gandrīz visās sabiedriskajās organizācijās, kuru interešu sfēra ir finanses. Ar dažādu normatīvo aktu tulkošanu viņš nodarbojas ne tādēļ, ka ir profesionāls tulks, bet tāpēc, ka, absolvējis ģeogrāfijas fakultāti, nespēja atrast darbu izvēlētajā specialitātē. Skolotāja darbs nesaistīja. Ar viltu viņš likvidēja visu, kas ir saistīts ar māti. Savāds ir tāds cilvēks, kurš cer šādi atbrīvoties no mātes spoka. Tā ir aizbēgšana no mātes fiziskās klātbūtnes, bet mātes „sērga" atrodas šī vīrieša galvā. Viņš nesaprata, tāpēc arī nenovērtēja mātes mantojumu. Viņš uzskatīja, ka māte ir slikta un no viņas ir jāattālinās. Iespējams, ka tas ir kā aizsegs, lai varētu brīvi izpaust savu zemisko dabu. Ja toreizējam bērnam būtu lielāks potenciāls, viņš vērstu mātes ieteikumus sev par labu, jo ar tik nožēlojamu dvēselīti ir grūti nostiprināt savu psiholoģisko stabilitāti. Mātei taisnība, tas drīzāk vairos nestabilitāti, kas piespiedīs būt svārstīgam, šaubīgam un aizdomīgam.

Ikviena bērna dzīvē ir epizodes, kurās vecākiem ir absolūta taisnība, jo viņi, piemēram, dažos gadījumos veiksmīgāk spēj modulēt situācijas kaut vai tāpēc, ka ir ar lielāku dzīves pieredzi un kaut reizi dzīvē paši ir izjutuši nožēlu, ka nav ievērojuši vecāku padomu. Nolieguši mantojumu kā padomu. Jebkuram dāvinājumam ir sava unikālā simbolika. Piemēram, tēvs kritizē meitu par pārlieku īsiem svārkiem. Viņam ir nepatīkami, ka meita (pēc viņa vārdiem) rāda pasaulei plikus stilbus. Bērns apvainojas un uzskata, ka tēvs kaut ko nesaprot. Mēdz būt dažādi, tomēr viņam ir savas domas šai sakarā, no kurām tas kādreiz ir smēlies šādu attieksmi. Viņa aizrādījumu nepavisam nevajag uztvert tik primitīvi, it kā tikai vieglas uzvedības sievietes ko tamlīdzīgu valkātu. Tā nav, valkā arī tās, kurām ir skaisti augumi. Iespējams, ka tēvam taisnība, apģērbs meitenei nav piemērots, jo izceļ neglīto kāju formu. Kāda sieviete pārdzīvo, ka viņas māte nevalkā glītu apģērbu, kaut gan iespējas ir. Visu mūžu viņa valkā tikai halātus arī svētku reizēs. Var saprast bērna neapmierinātību ar savas mātes izskatu. Tieši tāpat var saprast tēvu, kuram netīk meitas stils. Ko pozitīvu var mantot no šiem piemēriem? Daudz ko, bet minimums – patstāvīgu viedokli. Varētu iegūt vairāk, ja izdotos kaut ko papildus atklāt par personību. Vajag izzināt mantojumu: ja māte neiederas, neizjūt situāciju, apstākļus, netaktiski izturas pret pārējiem, liekot justies neērti, tad meitai jāpadomā, vai viņa savā dzīvē nerīkojas līdzīgi. Iespējams, ka pozitīvā mantojuma daļa ir šī fakta atklājums un likumsakarību identificēšana. Kas un kāpēc mātei liek tā darīt? Ja meitas vārdi un redzējums ir patiess, tad meitai, kam ir pretenzijas pret māti, ir izveidojies estētiskais priekšstats. Izjūta, ka mātei pietrūkst harmonijas. Sarežģīti, bet tajā jēgu var un vajag atrast, ja reiz ir parādījusies interese aizrādīt.

Savu vecāku bērni! Ja kādam neizdodas iemantot vērtīgo no vecāku mantojuma, tad ir jāturpina pašpilnveides ceļš. Tas ir mūža darbs, kas nevar garlaikot. Katru gadu miljoniem tūristu dodas uz kādu valsti, lai atklātu un izzinātu vēsturi, kultūru un spožākos intelektuālos un dabas veidotos projektus. Cilvēki apmeklē muzejus ne tikai tādēļ, lai smeltos informāciju par kādu konkrētu vēsturisko laika periodu, bet arī tādēļ, ka turpina izprast savu tēvu un māti. Jo spēcīgāka vēlme, jo niansētāka un daudzveidīgāka izteiksmes valoda. Runa atspoguļo daudzpakāpju domāšanu. Māte un tēvs nebūs tik primitīvi, labi vai slikti. Ļauni vai labvēlīgi. Devīgi vai skopi. Izglītoti vai aprobežoti. Līdz ar to mums, bērniem būs iespēja apzināti izmantot ģenētisko pusi, pašpilnīgot sevi.

Vecāki ir sarežģītāko un grūtāko iedevuši „uz paplātītes" – iespēju attīstīties un domāt. Ja neizdodas, tad jādomā vēl un vēl. Ikdienā nevajadzētu pastāvīgi iztikt bez divām lietām, tādām kā ūdens un domāšana. Ķermeņa un prāta higiēna. Pamēģināsim visi kopā vēlreiz uzzināt kaut ko par saviem vecākiem bez intervēšanas, no attāluma ar pieauguša cilvēka acīm. Tātad bez idealizēšanas un pretenzijas attaisnot, bet ar mērķi izprast ar pieaugušas un nobriedušas personības mēru.

Izkoptais ļaunums ir stiprs un reizē vājš. Spēcīgs caur to, ka izkopts. Mantojums kā sūtījums no pagātnes pieklauvē pie cilvēciskās zemapziņas un, apziņā iedzīvojies, manipulē ar to, piesolīdams mūžīgo mīlestību par to, ka tam uzticas. Stāsta, ka tas, kas visapkārt un pašā norisinās, ir mirāža vai sazvērestība un tajā vainojami apstākļi, vide un ģimene, dzimtene un skola, medicīna un laika apstākļi, ģeogrāfija un teoloģija, sieva vai vīrs un tamlīdzīgi. Apzināt izkopto ļaunumu ir svarīgi. Sākumā var šķist, ka tā ir kāda sarežģīta krustvārdu mīkla, bet atliek to sākt risināt, kā tūlīt pieaug iemaņas kā jaunas zināšanas, impulss, miers un stabilitāte. Var piekrist vai nepiekrist izkoptā ļaunuma teorijām, un tas izrādīsies mazsvarīgi, jo var pastrīdēties par terminiem un koriģēt, bet tas nemainīs lietas būtību.

Ja katrs atbildīgi un nopietni neizturēsies pret izkoptā ļaunuma iezīmēm sevī, tad kāda no nākamajām paaudzēm, personīgi nepazīstot mūs, saņems bandroli no pagātnes negaidīti un pēkšņi. Tas būs kā pārsteigums, dāvana, kuras saturu negribēsies uzzināt, bet nāksies. Katram, ielūkojoties savā dzīvē. Cik tā pilna? Un ar ko? Cik piepildīta un saturīga? Vai empātija dzīves laikā ir pilnīgojusies? Vai sirds atrodas turpat, kur tā bija, kad piedzimām, vai apmainījusies vietām ar žulti? Jāizjūt aicinājums apvienoties, lai saņemtu un pieņemtu labo mantojumu. Tas ir brīnišķīgs aizstājējs izkoptajam ļaunumam. Jāaptur sevi gaudās par neveltīto uzmanību veikalā, nepareizi iedalīto saldējumu kūrortā u.c. Nemeklēt taisnību, bet meklēt patiesību! Protams, psihoterapeits ir tas, kurš „izmeklē" procesu, bet katram pašam ir daudz kvalitatīvi jādomā. Ikvienam dzīvē ir dažādi posmi, tas ir normāli. Pārspīlējumi, tendences, autoritārisms, tieksmes, cietsirdība, aprobežotība, saslimšana, maldi, muļķība, apmāns, divkosība, savtība, kļūdas, nevērība, sadisms, skaudība, neziņa, nodevība, atriebība, tūļība, intrigas, vājums, dusmas, bēdas, untumi, lejupslīde, bankrots, lempība, netaktiskums, bezgaumība, greizsirdība, neziņa, šoks u.c. Tajā visā figurē izkoptais ļaunums, kas atspēlējas pašos. Tas ir sprosts, kurā trūkst ventilācijas. Dzīves laiks aizkavējies caur izjūtu atmiņām. Notikumi un neizreaģētās vai neizprastās emocijas ņem virsroku pār veselo saprātu. Tāpēc pazeminās dzīves kvalitāte, pat tajos gadījumos, kad pietiek naudas nopirkt jebkuru luksusa preci, jo runa nav par lietām, bet par to lietotājiem, cilvēkiem. Ja kādam nerūp viņš pats, tad lai padomā par mazbērniem, kaut šādas domas nesaista. Jāsāk domāt par saviem mazbērniem, lai mantojums būtu izcils, pēc iespējas saturiski un emocionāli vērtīgs. Lūk, kāds fragments – vecmāmiņas veltījums mazmazmeitai.

„Es Tevi neredzēšu, un es nezinu, vai Tu esi meitene vai zēns, bet es ļoti paļaujos uz visiem tuviniekiem un esmu pārliecināta, ka kopā ar mūsu dzimtas mājām un maniem izšuvumiem, kā arī dažām mēbelēm un sienas pulksteni Tu saņemsi, ja ne šo konkrēto vēstuli, tad gudro un labo ziņu no manis, ka tas viss, ko Tu redzi, pieder Tev! Mans vīrs pievienojas manam vēlējumam, jo tieši viņš bija tas, kurš būvēja ēkas un stādīja mežu pakalnē. Iespējams, ka Tu šo vēstuli saņemsi, bet nevarēsi izlasīt, jo būs citāda rakstība, bet, lai nojaustu mūsu labvēlību, Tev nevajag nomocīt sevi ar neziņu, bet ielūkoties pulkstenī, kas Tev vienmēr vēstī pareizu laiku. Līdz ar to Tu nekad neko nenokavēsi un nesasteigsi, tas mērīs laiku Tavā vietā, Tavs uzdevums ir šo laiku aizpildīt. Ja Tu vēlēsies pārcelties uz dzīvi citur, tad pārdod mājas un sirdī paturi atmiņas. Piemēram, manis darinātais dvielis nebūs Tev par smagu nastu jebkurā tālā ceļā. Bet, ja Tu to pazaudē, tad nebēdā, jo neviens nav pasargāts no zaudējumiem. Iemācies izšūt kaut vienu vārdu uz jebkura auduma, piemēram, manu – grāfiene Viktorija Santa Marija Lielā. Man ir par vienu vārdu vairāk nekā citiem, jo mani vecāki mani ļoti mīlēja. Un ne tikai viņi, arī tavs vecvectētiņš un ļaudis, kas mūs apkalpoja un mūsu labā strādāja. Es jau minēju, ka mans vīrs dievināja darbu un centās to pilnveidot. Viņš ziedoja laiku un līdzekļus, saaicināja vietējos vīrus salikt dzīvniekiem mežos barotavas un putniem būrus, lai tiem būtu ne tikai, kur patverties, bet arī lai to dziesmas iepriecinātu sirdis. Viņš bija ļoti garīgi bagāts un spēcīgs cilvēks. Viņš varēja nodoties darbam, aizmirstot padzerties, paēst un gulēt. Reizēm es aizmigu savā guļamistabā ar mierīgu pārliecību, ka viņa tik un tā šajā brīdī nav muižā.

Pateicībā par gaidīšanu vecvectētiņš ierosināja rīkot masku balles. Parasti tās sākām organizēt desmit mēnešus pirms noteiktā pasākuma datuma. Tas bija liels darbs, viesi sabrauca no malu malām. Es ļoti gaidīju ciemiņus, jo īpaši māsīcu un viņas vīru, jo viņi atvēra skolu nabadzīgiem bērniem, un mani interesēja, kā uz to reaģē vietējā sabiedrība. Turklāt es šķīros no labas guvernantes, kam nācās dažu mūsu bērnu vietā mācīt vairākus tādus, kuri nepazīst grāmatu vērtīgo ietekmi, zīmēšanu, muzicēšanu un dejošanu. Varbūt esmu sasapņojusies kaut ko lieku, jo bērniem, kam nāksies strādāt mājas un lauku darbus, lielāka vajadzība ir pēc lasīšanas, rakstīšanas un lūgšanām nekā pēc labas zīmēšanas.

Neviens par sevi nevar zināt par daudz. Ir dzirdēts, ka ļautiņi atsaka darbu, dodas uz lielākām pilsētām, lai rastu sev vieglāku dzīvi. Tādu piemēru netrūkst. Dažām meičām izdodas atrast savādu darbu. Piemēram, Krievijas cara Nikolaja II sievai Aleksandrai Fjodorovnai bija problēma – pērles, ko viņa dienā valkāja, vakarā bija oksidējušās. To virsma vairs nebija tik spoža, un tās vajadzēja pulēt. Tāpēc viņa lika savai kalponei vakarā ietērpties pērļu virtenēs un gulēt ar tām visu nakti. Tā tām atgriezās spožums, un no rīta cariene varēja no jauna uzposties ar pērļu virtenēm. Tas nav vienīgais stāsts, kur meitenes no laukiem atrod sev vietu galmā.

Līdzīgi ir arī ar puišiem, kas dodas viegla darba meklējumos no laukiem uz pilsētu. Turpat Krievijā Katrīnas dīķos bija vajadzīgi darbinieki. Katrīna Lielā lika tajos ielaist karpas, kurām pirms tam pie žaunām piestiprinātas sudraba plāksnītes ar uzrakstiem, lai nākamās paaudzes zinātu zivs vecumu. Tās bija īpašas zivis, jo tika aicinātas uz maltīti no laipas, uz kuras dīķu apkopējs, noliecies pie ūdens, zvanīja zvaniņu. Zivis kā dresēti suņi, dzirdot šo vibrāciju, peldēja laipiņas virzienā, lai barotos. Citādi izvilināt karpu no tumšā dīķa nevarēja un nebija arī iemesla. Kaut gan nākotnē Katrīnas dīķu jaunie mantinieki vienkārši izmakšķerēs visas karaliskās, vēsturiskās karpas un apēdīs, jo tās, radušas atsaukties uz zvaniņa vibrāciju, kļūst par vieglu upuri tiem, kas vēlas izbaudīt savu varu un zināšanas par šo Katrīnas Lielās iedibināto tradīciju. Iemesls ir saprotams.

Daudzi vēlējās sev par vecākiem tādus, kādi mēs ar vīru bijām saviem bērniem, bet mēs bijām un esam, un būsim mazākumā, jo tādi vecāki, kas

523

spēj nodrošināt reizē garīgi un materiāli, nav tik daudz. Tāpēc var saprast, ar kādu sparu pagasta bērni metās mūsu pilīs un muižās, lielās dzīvojamās ēkās, lai tās sadalītu savā starpā. Iejustos mūsu miesīgo bērnu vietā. Kad viņi atklās, ka nav iespēju visiem pretendēt uz kaut ko vienu – ideāliem vecākiem, viņi, jūtot izmisumu, izsalkumu un aukstumu, dusmās saskaldīs mēbeles un iekurs ugunskurus. Vēlāk viņi vēlēsies izstumt cits citu un sastāstīs dažādas nepatiesības, lai atbrīvotu kaut nelielu mūsu ķēkšas istabu savai ģimenei. Tas neglābs, jo ideālo vecāku pietuvinātie, kas būs apmetušies to apartamentos, vienalga, nesaņems to, pēc kā nākuši – mīlestību un greznību. Tādi vārdi neskanēs un, visticamāk, nekad vairs neatgriezīsies modē, jo neviens bērns nebildīs ne vārda par mīlestību, jo to uzskatīs par aristokrātisko vērtību paliekām. Iespējams, ka tā ir viena no precīzākajām piebildēm, jo no visa labā un vērtīgā piemēra, kā arī lietu vērtības atlika tikai sausais atlikums – fakti. Bērni, uzskatīdami, ka mīlestība ir arī nauda, uzskatīja un pieņēma, ka tas tā ir. Vērtēja savus vecākus un izdarīja secinājumus. Atņemt, lai būtu vienlīdzība. Es uzskatu, ka visiem jāiet skolā. Kurzemes hercogienei Annai Šarlotei Dorotejai fon Bīronai bija labs padoms līdzīgi kā manai Polijas māsīcai: nostiprināt ļaudīs zināšanas par īstām vērtībām. Vecāki ar saviem bērniem dalās novērojumos, kas nelāgi iespaido viņu psihi. To nāktos pārtraukt, jo naudu un tās nozīmi cilvēku mūžā ar katru paaudzi vecāki ar bērniem ja ne gluži apspriedīs, tad minēs biežāk nekā mīlestību.

Pareizi būs rīkojušies tie bērni, kas nepametīs savas mājas, lai dotos labāku vecāku meklējumos. Paliks savās ligzdās, kur ir to īstā vieta. Piederības trūkums būs visu nākamo paaudžu problēma. Visapkārt klīdīs dažāda vecuma bērni, kas joprojām meklēs un konkurēs ar hipotētiskajiem vecākiem. Būs daudz maldu, personīgo vilšanos, slimību. Holēra, salīdzinot ar to postu, kas sagaida bērnu dvēseles, ir mazākais ļaunums. Pār visiem nāks bērnu atriebība. Viņi nevīžīgi izturēsies pret savu arodu, klibos pienākuma apziņa un atbildība. Tā kā viņi joprojām savās domās būs aizņemti ar ideālo vecāku piemeklēšanu savai personībai, nāksies savus bērnus nodot kolektīvai audzināšanai vai vienkārši pamest. Tādi paši, kas darbojas līdzīgi, saprot un atbalsta viņus, nostiprinādami ilūzijas, ka rīkojas apdomāti. Savukārt būs arī tie, kam nav pretenziju un ir patstāvīgi vērtējumi par vecāku mantojumu, kuru saņēmuši no saviem priekštečiem, piemēram, iespēju apzināties, nošķirt, domāt, analizēt un patstāvīgi vērtēt, pieaugt un nobriest, rūpēties, saudzēt, gādāt u.c.

Tā, lūk, zviedru rakstniece Astrīda Lindgrēna, kuras grāmatas Tev obligāti lasīs priekšā Tavi vecāki, ļoti mīlēja savus vecākus, un vecāki mīlēja viņu. Rakstniecei bērnībā netika liegts it nekas. Viņa mantoja šo vecāku un bērnu mīlestību, apkopoja to un novēlēja bērniem, kuriem tās nav. Tad, kad viņai pasniedza Nobela prēmiju, viņai jautāja, ko darīt, lai pasaule būtu labāka? Tas bija formāls jautājums. Astrīdai Lindgrēnai bija sagatavots teksts, ko būtu vēlams dzirdēt pašas un citām tautām. Iespējams, ka tie, kas spieda šādi rīkoties, neko nezināja un pat nenojauta par vērtībām, kuras jāpiesavinās no vecākiem. Speciāli, pārdomāti un ar prieku. Astrīdas Lindgrēnas gadījumā viņai bija tas, kas acīmredzot nebija pieejams citiem, tāpēc tie nezina, pēc kā tīkot. Ja pats jūtas kā mīlestība, tad lielāku un augstāku cilvēciskuma pakāpi sasniegt vairs nevar. Nobela prēmijas saņemšanas runa bija sagatavota, bet Astrīda Lindgrēna to ignorēja. Iespējams, ka viņai piedāvāja citēt it kā kaut ko vērtīgu no sevis, un viņa to nenovērtēja. Jā, tā varētu būt, bet, tā kā viņa to neidentificēja kā savu mantojumu, attiecīgi noliedza un atteicās pakļauties tiem dažāda vecuma bērniem, kas joprojām neprot pieņemt pozitīvo mantojumu un savā starpā konkurē par vietu pie ideāliem vecākiem. Pateicoties Astrīdas Lindgrēnas mantojumam, daudzi bērni tika aizstāvēti ar likumdošanas maiņām par tiesībām uz labu veselību, skaistu bērnību, bez vardarbības. Tas ir tas, kas veido pasauli labāku pēc viņas mantotām domām un idejām. Par iegūtajiem līdzekļiem Astrīda Lindgrēna restaurēja savas bērnības mājas ar nolūku, lai tās apmeklētu visi pasaules vecāki un mācītos nodot nākamajām paaudzēm savu pozitīvo mantojumu, un lai visi pasaules bērni, pastaigājoties pa Astrīdas Lindgrēnas bērnības mājām, iemācītos pieņemt pozitīvo vecāku mantojumu. Tā pasaule kļūs labāka, tā ir objektivitāte, par to var pārliecināties, veroties sev apkārt. Simboliskā nozīme ir vienkārša – viss, kas šķiet pievilcīgs, interesants, skaists un vērtīgs, tas, kas ir pamatīgs, veselīgs un progresīvs, ir pozitīvais, kā pozitīvais mantojums.

Man nāksies beigt šo vēstuli, kaut gan es labprāt vēl rakstītu, bet mans uzdevums nav visu atnest Tev uz paplātītes, bet rosināt domāt un vērot. Tev ir visi priekšnosacījumi, lai turpinātu veidoties pati mūsu augsnē. Ja Tu piedzimsi kā meitene, tad Tev būs jo īpaši liela vara un noteikšana, līdz ar to atbildība, jo kādreiz būsi māte. Šim jēdzienam ir plašs konteksts. Tu vari būt konkrēta māte saviem bērniem un māte pasaulei kopumā. Piemēram, ja būsi skolotāja, Tu vari palīdzēt bērniem mācīties, izdomāt, kā vislabāk to izdarīt. Ja būsi kulināre, vari lietot tās receptes, kas iepriecina bērnu vēderiņus. Ja būsi arhitekte, būvēsi namus, kuros bērniem būs vieta augt un pilnveidoties. Ja būsi precējusies, un tev būs vīrs, tad Tu rādīsi labāko mātes un sievas paraugu saviem bērniem. Es novēlu Tev, mans dārgais bērns... Ja Tu naktī guli, vai Tevi nomoka bezmiegs, tad lai tam par iemeslu nebūtu nekādi sirdēsti, bet domas un sajūtas par to, cik Tev labi viss padodas un ka Tev ir milzīgi paveicies, jo Tev ir atstāts un Tu esi pratusi saņemt pieklājīgu mantojumu.

Tā kā vecākiem ir savas iespēju robežas un viņiem vienmēr jāpatur prātā tas, ka laikus ir jāprot atturēties pat no vislabākajiem padomiem un novēlējumiem, es labprāt sekošu šim labajam un smalkajam tonim.

Ar vislabākajiem novēlējumiem, patiesā cieņā Tava vecvecvecvecmāmiņa savā un vecvecvecvectētiņa vārdā.

Dažas epizodes pēc dzimšanas V.S.M. Lielā."

Lūdzu izlasi un, kad pienāks īstais laiks, padod tālāk: „Paša vecāku pozitīvais mantojums eksistē, tas var būt ļoti vājš, bet tas eksistē. Meklē. Un stiprinies caur to. Attīsti un pilnīgo sevi." Paaugstināsies sensibilitāte, spēja just, izšķirt, pazīt un saprast. Tādā gadījumā varēsi saprast un iepazīt sevi. Piemēram, paliekot ar savām domām par vecākiem, ar paša radīto viedokli, bet ne vairs tik vientuļš un nestabils, ne tik neaizsargāts un naivs, vēlāk dusmīgs par šo visu, bet pamatīgāks. Tātad paša viedoklis par vecākiem paliek, iespējams, pat nemainīgs, bet tam pievienojas pozitīvais vecāku mantojums, un Tu kļūsti par cilvēku vai veidojies par personību ar savu nostāju un senču kapitālu. Tas izskan pārliecinoši un ticami, jo joprojām veido savu dzīvi neatkarīgu un patstāvīgu, neatsakoties no saviem ideāliem, priekšstatiem un vēlmēm. Tā ir veselīga separācija, nabas saites pārgriešana, psiholoģiska brīvība, emocionāla labsajūta un fiziska iespēja būt pašam, zinot un dzīvojot ar apziņu, ka esi piedzimis un radies vērtīgā saturiskā vidē, jo pamatvērtība ir iespēja kā spēja pieņemt pozitīvo mantojumu, kuras priekšā izkoptais ļaunums nobāl un izskatās kā liels pārpratums, domstarpības, bet ne traģēdija. Nosliekties uz vienu vai otru pusi ir mūsu personīgā atbildība, jo vairāk, ja vēlamais virziens ir atrasts un identificēts. Atliek piekrist vai nepiekrist. Respektīvi, pieņemt vai nepieņemt. Kāda ir Tava izvēle? Tāds esi Tu pats, ne tavi vecāki, bet Tu pats, kurš ieradies un nācis šajā pasaulē nebūt par vecākiem, bet būt pašam par sevi. Katrai nākamajai paaudzei ir jābūt visādā ziņā labākai nekā iepriekšējā. Tādēļ ir nepieciešams izpētīt un atklāt vērtīgo un neizgudrot divriteni no jauna, lai ieekonomētu laiku un aiztaupītu sev nepatīkamos brīžus. Atbildes rodamas pašā cilvēkā, laimes izjūta un bēdas vairāk ir subjektīvs jēdziens, bet objektivitāte ir brīvi pieejama visiem.

NESAVTĪGA INTERESE PAR SEVI

Objekts, subjekts, radošums, stagnācija

Cilvēks mēdz būt mazāk vai vairāk savtīgs ne tikai pret citiem, bet arī pret sevi. Savtīgumā ieskanas negatīvs tonis, jo būt savtīgam nav glaimojoši. Savtību neviens neakceptē, bet nosoda un kritizē, kaut gan šāda attieksme netiek attiecināta konkrēti uz sevi. Savtīguma atklāšana apkārtējos ir svarīgāka nekā pašos. Dažkārt cilvēki ir tik pretrunīgi savās iegribās un vēlas savtīgā sociumā izskatīties nesavtīgi. Izkoptā ļaunuma tendences – izlikšanās. Jo nabadzīgāka sabiedrība, jo savtīgāka. Tā kā spriežam paši, cik gan mēs varam vēlēties nebūt savtīgiem. Savtīgs pilsonis ir aizņemts ar savām rūpēm, un viņš pat nespēj identificēt kaut ko citu ārpus sevis. Tāds pat sev sagādā klapatas un kļūst par šo kņadu sastāvdaļu. Tādu kā reklāmu savam savtīguma zīmolam.

Cilvēks uzlūko pasauli caur savu prizmu, redzot kā izdevīgākus tuvākos izdevīgumus, nevis nākotnes. Pēc būtības izdevīgumam ir jābūt izdevīgam, bet eksistē tādi izdevīgumi, kas ir apveltīti ar negatīvu noskaņu. Piemēram, nerūpējoties par savu veselību šodienā, nākotnē var zaudēt darba spējas. Tā ir objektivitāte, kas apdraud ikvienu, kurš uzskata, ka tā nenotiks. Iespējams, ka pirmatnējā sabiedrībā gudrie mēģināja iedvest sabiedrībai kaut ko tamlīdzīgu. Nevajag būt tik jūtīgiem pret citu savtību, bet vērst lielāku uzmanību uz savējo. Tikai paša savtība var izsūkt spēkus un nogurdināt. No tā mirkļa, kad sākam noliegt savu savtīgumu, mūsu dzīvēs ar paātrinājumu ieslēdzas atpakaļgaita. Psiholoģiski regresējot, rodas materiālas un garīgas intereses, ko nāksies apkalpot visu savu nākotni. Tas ir kā šodien apkopot no pagātnes saņemtās telegrammas. Prasības, kas tiek izvirzītas, nav apzinātas, tāpēc masās ir tik daudz sāpīgu frustrāciju, pašapziņas deficīta un gandarījuma trūkuma par sevi. Izturēt stresu ir grūti, un tas tiek izgāzts uz ārpasauli, piemēram, kontrolējot cita savtību, lai nepaliktu *jaņos*.

Pazīstot savus melus, mainās lietas būtība, un savtīgums izskan pārliecinošāk. Šādi: „Es esmu savtīgs!" Protams, jāatzīst, ka katrs bieži vien esam savtīgi! Kā īsti mūsos izpaužas šī savtība? Konstatēt nav vienkārši, ja neizprotam savas izšķirošās attieksmes. Savtīgs indivīds izturas pret sevi dažādi. Piemēram, kā pret objektu, nedzīvu priekšmetu, konstrukciju, kas vairāk atgādina robotu, kurš padevīgi izpilda saimnieka uzdevumus. Reizēm ļaudis lielās savā starpā un apskauž kāda paklausību savam īpašniekam, samērojoties ar visdažādākajiem ieguvumiem. Šie rezultāti bieži vien mēdz būt līdzīgi un atšķirīgi. Cilvēks eksperimentē, liek uz kārts savu fizisko un garīgo veselību, attiecības ar ģimenes locekļiem, personīgās intereses, profesiju, dzīves stilu, jebkuru savu potenciālu, lai aizpildītu savu alkatīgo savtīgumu pret sevi. Paši esam pārlieku iztapīgi pret savu savtīgumu, tāpēc mēdzam justies nelaimīgi un neapmierināti. Izkoptā ļaunuma ietekmē un mīlestībā pret savu savtīgumu cilvēks bieži vien iegūst ne tikai labumus, bet arī kaites, problēmas un nepatikšanas, kas pazemina pašvērtību un dzīves kvalitāti. Iznāk tā, ka biežāk pakalpo tam, kas nav svarīgs pašam, uzskatot, ka tiek dzīvots saskaņā ar sevi.

Jāatkārtojas, ka tāpēc jau pietrūkst apmierinājuma un gandarījuma. Tie, kuri izjūt gandarījuma trūkumu, meklē vainīgo ārpus sevis vai reizēm koncentrējas savā pašanalīzē un uz nepatiesiem iemesliem. Individuālā savtība sev izvirza mērķus, kuriem cilvēks skrien nopakaļ. Piemēram, iedoma, ka vajag novājēt un paveikt to īsākā laikā, nekā tas organismam iespējams. Kāds tiecas pabeigt divas augstskolas un, lai, eksāmeniem gatavojoties, naktī neaizmigtu, tur kājas ledusaukstā ūdenī. Līgavainis vēlas iepriecināt savu līgavu ar kādu dārgu dāvanu un dodas veikt darbu, kas viņu nesaista un degradē. Māte atstāj slimu bērnu mājās un dodas palīdzēt draudzenei veikt mājas remontu. Cilvēkam neatliek laika miegam, bet viņš iegādājas dzīvnieku, kura dēļ katru dienu ir jāceļas vēl kādas pāris stundas agrāk, kas ir vēl grūtāk. Vecāki iekārto bērnu prestižā skolā, no kuras pēc stundām nav iespējams patstāvīgi atgriezties mājās, tāpēc viņam nākas visu dienu līdz vēlai pēcpusdienai uzkavēties pilsētā, gaidot pieaugušos, vai pieaugušiem pašiem ir jāatstāj svarīgi darba uzdevumi, lai, stresojot un pārkāpjot ceļu satiksmes noteikumus, izbraukātu tālo maršrutu turp un atpakaļ. Mājsaimniece, ko apgādā vīrs, neatbilstoši līdzekļiem izšķērdīgi tērē naudu. Savtīgums nav nekas cits kā mēs paši. Pārspīlējumi, prioritātes, nesamērīgums un harmonijas trūkums uztur mūsu pašu modificēto, tāpēc neatpazīstamo ikdienas savtīgumu.

Izkopts ļaunums ir bojāt sev un citiem dzīvi sava neapzinātā savtīguma dēļ. Iepriekšējos piemērus derētu pārlasīt, lai apdomātos un atturētu sevi no savtīguma. Tie ir nodokļi, no kuriem var atbrīvoties. Neaizraujoties ar to, bez kā var iztikt. Visi, kas vēlas, var iztikt bez sarežģījumiem. Tā neizpaužas pienākuma apziņa, bet drīzāk vieglprātība pret sevi un saviem tuviniekiem. Savtīgumu pārmanto, izprecina, uzdāvina, pielipina, uzspiež, provocē un izraisa. Apmēram šādi varētu izpausties savtīgums pret sevi. Jāsecina, ka to nav vienkārši pazīt. Īpaši pēdējā piemērā par mājsaimnieci, kas dzīvo, „cepuri kuldama", aiz vīra platās muguras, neraizējoties par vīra stresu. Tajā aizvējā slēpjas lielākā kaitniecība tieši pret sevi, nevis pret vīru, kā tas varētu šķist pirmajā mirklī. Tā mugura laika gaitā mainīs formu, un eksistēt aiz tās attiecīgi nebūs vairs tik komfortabli.

Ikvienam ir ne tikai savs pacietības mērs, bet arī izturība un iespēju ierobežojumi. Pat savtīgs cilvēks, kurš ir orientēts uz pozitīvo, saudzēs savu tuvāko un tādējādi sevi, lai vadzis nelūztu, piemēram, lai nepaliktu bez vienīgā apgādnieka. Spēcīgā vīra mugura var mainīt formu, kļūstot plānāka, lokanāka un skoliozāka. Tā prātu var ietekmēt skleroze, kurā nebūs ierastās vietas sievai. Savtība, kas piemīt ikvienam indivīdam, tieksies pašrealizēties. Saprotams, ka neviena spēkos nav mainīt savu ģenētiku. Samainīt gadalaikus vai pārcelties uz pastāvīgu dzīvi citā galaktikā. Tāpēc mums ir dota kārtējā iespēja menedžēt savu arsenālu, kurā atrodas visdažādākās mūsu iezīmes, piemēram, nenoliegt, bet iepazīt savu savtīgumu. Cilvēkam ir iespēja apzināti manipulēt, lai vērstu šo iezīmi uz pašpilnveidi. Iedomāsimies, ka kādam patīk likt kopā klucīšus. Visu savu bērnību viņš pakārto savam vaļaspriekam. Neiet uz kino, netiekas ar pusaudžiem, neiemīlas, bet uzticīgi savai idejai ar neatlaidību izkārto kvadrātveidīgo konstrukciju. Pieaudzis bērns kļūst par dižu arhitektu. Kur šeit savtība? Pašā virspusē, dziļi nav jāmeklē. Viņš nav palīdzējis mammai mājas darbos, atteicis tēvam makšķerēšanu, norakstījis mājas darbu no klases biedra. Pakārtodams pārējos sev, tas sasniedz mērķi. Diploms par izglītību ir kabatā.

Tomēr arī nesavtīga attieksme pret sevi ietekmē veiksmīgi, lai virzītos uz progresu. Ja bērns uzticas sev tajā, ka viņš var gan palīdzēt mammai, gan makšķerēt ar tēti, gan arī spēt izspēlēt visas viņu interesējošās klučV spēles, tad viņš ir mierīgāks un viņam nav sajūtas, ka kāds viņam kaut ko var atņemt. Varētu uzskatīt, ka pirmajā variantā zēnam ir nenoturama interese, kuru tas nespēj bremzēt. Tāpēc tās priekšā piekāpjas māte, tēvs, skolasbiedrs. Tomēr tik vienkārši tas nav. Viņš neuzskata apkārtējos par kaut ko īpašu, lai uzņemtos pienākumus, kas tam nešķiet saistoši. Pārējie ir viņa dēļ. Tiem ir jāsekmē viņa iedoma kļūt par labāko arhitektu. Izteikta savtība. Sevis noliegšana, jo mērķis nav būt pašam, tātad organiskam, bet par kaut ko īpašāku, tātad citādu, nekā tas atbilst realitātei. Daudzi noskatās un atdarinot rīkojas tieši tāpat. Paliek dzīšanās un cīkstēšanās kā konkurence. Ne par sevi, bet ideju kā sevi. Tik neiejūtīgi pret sevi izturas savtīgi indivīdi jau kopš bērnības. Kā datori tie ievada ideju un tad tikai *dragā*. Par arhitektu var būt cilvēks, kurš pārzina vidi, jo tikai tāds, kas būs organisks, radīs telpisku būvi, kurā būs labi, ērti un patīkami dzīvot. Viņam nav jācenšas kļūt arhitektam, jo viņš tāds jau jūtas. Iespējams, ka viņš vēl nezina savu nākotnes profesiju, pašrealizāciju un izpeļņu kā konkrētu apgalvojumu, bet viņš respektē sevi un neizturas pret sevi kā pret lietu. Vērtīga projekcija, kuru viņš attiecinās uz apkārtējiem. Izprojektētā dzīves telpa būs domāta cilvēkiem, kuru apziņā pastāvēs vieta un izpratne par lietu kārtību. Jau no mazotnes puišelim, kurš krāmē klucīšus, būs iedalīta vieta mātes virtuvei, tēva makšķerei un rakstāmgaldam, pie kura jāpilda skolā uzdotie mājas darbi. Izcili un ideāli tāpēc, ka pamatā visiem ļaudīm ir līdzīgas vajadzības. Iracionalitāte, iziešana no sistēmas ne vienmēr ir labākais risinājums.

Savtīga motivācija ir, piemēram, izvēlēties apgūt profesiju, ar kuru var labi nopelnīt, nevis tādu, kas saista un padodas. Šādi savtīgi motivēta izvēle bremzē pašrealizāciju, uzliekot par pienākumu gādāt ne par sevi, bet par idejām, kas šķietami veido pašu. Nesavtīgi interesēties par sevi nozīmētu ieklausīties emocijās un paļauties uz savu intelektu kā vērtību, tad materiālie labumi nezudīs. Jo lielāka nesavtība pret sevi, jo precīzāk tiks izdarīta izvēle. Žēl, ka skolā nav mācību priekšmeta, kurā apgūtu galvenos sevis iepazīšanas principus. Lai iepazītu, izprastu, atklātu sevi, nav iespējams izlīdzēties tikai ar psiholoģiju. Šos sevis izpētes principus pārzina un attiecīgi izveidojušās iemaņas pārvalda katrs nesavtīgs cilvēks. Izkopt savas spējas, bet ne izniekot. Nesavtīgi vecāki saviem bērniem mantojumā nodod nesavtību pret sevi. Viņi mīl savus bērnus radoši.

Nesavtīga interese par sevi ir ekstravagance, kam piemīt savs šarms. Cilvēkiem, kam izdodas nesavtīgi interesēties par sevi, nebūs neparedzamu problēmu, kuras saistītas ar veselību, personīgo dzīvi un darbu. Viņi neatslābst un pilnīgojas visa mūža garumā. Ir sabiedrības, kurās šādus cilvēkus apbrīno un par viņiem sajūsminās. Tāpat ir sabiedrības, kurās cieņā ir savtīgums. Piemēram, ja nesavtīgu un atbildīgu cilvēku izdodas satikt un iepazīt, viņš izteiksies pārliecinoši un neatkarīgi, jo viņa galvenā vērtība ir viņa cilvēciskums – dvēsele. Viņš it kā bez teikšanas zina, ka jebkurai profesijai, ievērojot cilvēcisko faktoru, neesot savtīgam, veiksmīgs un pārliecinošs panākums ir neizbēgams. Galvenais, kas ir jāpatur prātā, ir neiekrist uz citu savtīguma. Kamēr savtīgie cīnās, tikmēr nesavtīgie progresē. Piemēram, būvē ēkas, skolo bērnus, strādā un darbojas savās interesēs, bet ne pēc konkurentu idejām. Starp citu, savtīgo vidū nav vietas pašiem, bet idejām un improvizācijām par citu savtību gan. Sabiedrību eksaltē šāda izturēšanās, tāpēc tie, ko tas skar, „ieslēdz" savu destruktīvo savtīgumu, neizprotot notiekošo.

Nesavtīgs cilvēks izvirzīs pret sevi tādas prasības, kas veicina viņa intelektuālo drošību un emocionālo patstāvību. Nesavtīga interese pret sevi ir vajadzība pēc zināšanām un veselības. Tāds cilvēks nav altruists, bet viņš spēj caur savu interesi paveikt apkārtējiem megasvarīgas lietas. Tādus cilvēkus virza interese, kuras nesavtīguma piedeva rosina padziļinātāku radošumu un sistēmu izpratni.

Nesavtīgs cilvēks nemetīsies uz galvas ūdenī, kamēr nebūs pārliecinājies par grunti, jo ir savtīgs pret savu veselību. Viņu saistīs interese par sevi un līdzcilvēkiem, kā tālāk noritēs viņu dzīve, ja pats būs slims vai invalīds. Pēdējais vārds, kā apzīmējums nav īsti korekts. Mūsdienās ir pieklājīgāk pateikt nevis invalīds, bet cilvēks ar īpašām vajadzībām. Lietas būtība nemainās, ideja gan, jo starp mums ir visādā ziņā pilnīgi veseli cilvēki, kas ir ar īpašām vajadzībām. Tās tiek izceltas, kultivētas, pārdotas un izpirktas. Tātad pieprasītas. Savtīguma tirgus ir nepiesātināms. Piemēram, aicinājums apgūt skaistumu. Vai to maz var apgūt? Iespējams, var. Visi neņemas to apgalvot, uzskatot, ka tas nav apgūstams caur mārketingu. Vai nu tas ir, vai tā nav. Citi varianti neeksistē. Tāpat esot zināms jau iepriekš, ka skaistumu nepārdod, ja vien tas patiesi ir skaistums.

Par mīlestību runājot... Tā arī nav prece, bet izjūta, kas jāvairo pašam. Savtīgo pircēju tirgū ne visi šādam apgalvojumam piekrīt, tāpēc labprāt iegādājas attīrīšanas līdzekļus, kas šķietami tiražē mīlestības izjūtas. Dažādas attieksmes izpērk savtīgie. Piemēram, piesolītos labumus, izfantazētos nostāstus un neiespējamās iespējas. Savtīgo tirgus ir allaž atvērts viltus zīmoliem tiešā un pārnestā nozīmē. Vienkāršs ierindas indivīds, kas cenšas savu savtību lietderīgi ieguldīt, likmes liks uz sevi. Tāpēc viņš gandrīz nekad nepiedzīvos vilšanos, jo vienīgais, kas viņu pašu var iegāzt savās acīs, ir nepietiekama savtība pret sevi. Dīvaini skan, bet šajā vārdu spēlē ir racionāls grauds. Var tikai par maz zināt, pietiekami labi nerūpēties par savu veselību, pietiekami labi nesagatavoties konferencei, neizprast kādas lietas vērtību, bet šīs visas neziņas grozās tikai ap vienu personu – sevi pašu. Bezmaz vai katru dienu var salīdzināt sevi ar sevi pašu – vakar, šodien un rīt. Papildināt, ierosināt, stimulēt, izprast, veicināt un attīstīt nesavtīgu interesi par sevi. Un nav ne sekundes jāizšķiež savs nesavtīgums pār tiem, kas vēlas kaut ko citu, piemēram, iesaistīt konkurences skrējienā ar lozungu: „Savtīgums!"

Vēlreiz jāuzsver, ka neiesaistīšanās principā ir visu panākumu atslēga. Dzīvo un darbojies saskaņā ar sevi un Dabu. Ne mirkli nekrītot kārdinājumā, ka ir pasaulē vērtības, kam bezvērtīgi jādzenas pakaļ. Kādos momentos ir svarīgs savtīgums? Tad, kad notiek pārestības sev vai citiem, no kurām var izvairīties. Vieglprātība pret sevi un citiem nav nesavtība. Cilvēkam jābūt savtīgam tajos gadījumos, kad viņu provocē uz āriškībām, uz muļķību, uz bravūrību.

Protams, indivīds, kam piemīt uzskaitītais savtīgums, visos gadījumos nav orientēts uz pragmatismu un rutīnu. Viņš nav garlaicīgs, bet nav arī sabiedrības „klauns". Šādi uztvert personību būtu pārlieku primitīvi. Visādā ziņā pēc savām spējām tāds cilvēks uzreiz acīmredzami neizceļas uz citu fona. Vienīgā atšķirība starp savtīgo un nesavtīgo interesi pret sevi (jo abi interesējas par sevi) ir atbildības pakāpe pret sevi un citiem. Šādus nesavtīgi ieinteresētos sevī var sastapt visur, tomēr ne tik bieži kā savtīgos. Pateicoties viņiem, mums ir saglabāta kultūra, dzimtu un vēsturiskās vērtības, klasiskie ideāli, ekoloģija, daba un mīlestības etaloni, būtiskākie zinātniskie sasniegumi, medicīna, dāvinājumi, fondi, mākslas šedevri, kosmosa pētniecība u.c.

Biežāk savtīgie pret sevi apmaksā nesavtīgajiem ieinteresētajiem iespēju attīstīties un pilnīgoties, jo paši uzskata, ka patiesībā viss ir pretēji. Ja viņi zinātu patiesību par sevi, viņi kļūtu nesavtīgi. Mazinātos pašapmāns, skaudība, konkurence, lieki sasprindzinājumi un pārpratumi. Kamēr savtīgie pret sevi dzenas pakaļ vējam, tikmēr nesavtīgie pret sevi virza progresu. Nesavtīgie pret sevi prot saglabāt un vairot cilvēciskās vērtības un pārstāvēt kultūrvēsturisko mantojumu. Reizēm nesavtīgajiem pret sevi ir jāiet bojā, jo viņi pārstāv kādu ideju un viņiem ir apzināta dzīves jēga. Pateicoties viņiem, visiem mums, cilvēkiem, kuri ir savtīgi ieinteresēti sevī, ir iespēja iepazīt absolūtās zināšanas un nesavtīgu mīlestību. Mums viesiem ir pazīstama savtība. Mēs nevaram noliegt, ka tā vispār ir. Tāpēc rīkosimies ar savu savtību kā ar organizētu elementu, kas var mūs pilnīgot, nevis šķelt. Lai nesavtīgais ļaunums kalpotu mums.

Neko vairāk papildus man nav vēlmes piebilst.

BŪTISKĀKAIS – APKAROT PŪĶI SEVĪ

Neapmierinātība, regresija, represija, retrofleksija, pretrunas

Kādā no psihoterapijas grupas nodarbībām klienti ieinteresējās par tādu simbolisku jēdzienu kā „pūķis". Tā definēšana un parādīšanās kā prezumpcija. Ideja ir brīnišķīga, jo var izteikt pieņēmumus un mētāties ar visdažādākajiem spriedelējumiem, neaizskarot nevienu konkrētu personu. Tāpēc jau ir pilnīgi vienalga, kā mēs šo briesmoni saucam, galvenais ir atrast apzīmējumu kopīgi izveidotajam tēlam. Svarīgākais ir to pazīt un identificēt. Pūķis mūsu tautas mitoloģijā ir gana svešs un nezināms simbols. Lielāka saskarsme ar šo mitoloģisko tēlu ir austrumu kultūrām. Šajā faktā ir rodama simbolika. Mūsu teritorijā rodas jēdziens, kurš ir svešs, aizgūts no citiem. Turklāt tas ir izgudrojums, fantāzija par kaut ko tādu, kas neeksistē.

Ikvienai negācijai ir savs vārds, dažādas izpausmes un pamatojums. Pretinieks, ar kuru nākas cīkstēties vai rēķināties, nav reāla būtne, bet iztēles auglis. Gandrīz ikvienas ieceres pamatā ir vīzija, kurai vēlāk seko vai neseko darbība. Pirms veidojam dārzu, tas jāiztēlojas. Ja priekšstatu fantāzijas ir spēcīgākas nekā pūķis, tad ir lielāka iespēja realizēt savu fantāziju dabā. Turpinājums sekos, ja sākotnēji neapstāsimies savās iecerēs, jo pūķa tēls izrādījies spēcīgāks, bet mēs vājāki. Piemēram, puisis vēlas konkrēto meiteni par sievu, iztēlojas un nobīstas no labās ieceres, jo nenotic idejas īstenošanai.

Pirmā, kas apmeklē prātu, ir ideja, turpmāk tam var sekot aprēķins, projekts, tāme, modulēšana, pilotāžas tests u.c. Pūķis bieži vien ierodas tad, kad ir emocija un nav vēl sagatavoti prātam nepieciešamie argumenti. Iespējams, mums ir gadījies satikt cilvēkus „laimes krekliņā", kam izdodas materializēt savas vēlmes. Šķiet, viņiem atliek vienīgi vēlēties, lai iecerētais piepildītos. Protams, ieceres nenotiek bez pūlēm, bet viņus no apkārtējiem atšķir tas, ka viņi spēj pašrealizēties un panākt sev tīkamu rezultātu, nenobīstoties no nezināmā. Ne visiem tas izdodas, kaut gan centienu atbrīvoties no izbīļa radītā glēvuma ir daudz.

Kāds semināra dalībnieks uzdeva jautājumu: „Kāda ir būtiskā atšķirība starp diviem noteiktiem indivīdiem?", lai sapratu, kāpēc viens tiek galā ar vizualizācijas bailēm, bet otrs buksē, izšķiroties par labu briesmonim un par sliktu sev. Ir daudzmaz vienādas vai līdzīgas sākuma pozīcijas – intelekts, izglītība, ģimene, profesionālās iemaņas, darbības jomas, bet panākumi ievērojami atšķiras. Atbilde varētu būt šāda: jebkuru panākumu atslēga, un arī šajā gadījumā tā varētu būt kā raksturojošā iezīme, ir dažādas individuālas sazināšanās spējas ar pūķi. Iekšējā komunikācija starp iztēli un paļāvību uz saviem spēkiem. Ne katrs ir spējīgs iecerēto izpaust darbībā tāpēc, ka fantāzijas apcērtas jau impulsīvo emociju sākumā. Tā kā tās ir spēcīgas, spriedzi izturēt grūti. Tas ir uzbrukums organismam un garīgās izaugsmes deficīts. Reizēm cilvēki uzskata, ka ne mirkli nedrīkst nodoties sapņiem un nekādā gadījumā savās klusajās vēlmēs dalīties ar citiem, pretējā gadījumā tiks bloķēta iespēja realizēt izloloto. Māņticība, sarūgtinājums par iepriekšējām neveiksmēm novirza no galvenā cēloņa. Labas idejas nerealizējas nevis mistikas iespaidā, bet savas uztveres dēļ. Skolās nemāca piepildīt ieceres. Bērni nenojauš, ka darbībai trūkst rezultāta tāpēc, ka viņi nobīstas no tās vilinošiem labumiem. Sākumā, ja neiedziļinās, jebkurš kontroldarbs var izraisīt izbīli, kaut arī saturs ir vienkāršs. Vienatnē vajag uzdrīkstēties pasapņot, lai realizētos nodomi.

Semināra dalībnieki identificēja problēmu – pūķi, kas ierodas neaicināts, lai pašā sākumā *apcirptu* iespēju paplašināt vai padziļināt savas darbības iespējas. Piemērs grupā: starp dalībniekiem kāds vīrietis ir iegādājies lauku īpašumu, kas nav rentabls. Izrādās, ka līdzīgas iespējas ir gandrīz pusei no interesentiem. Īpašumi, kuros nekas nenotiek un kuros saimnieko vējš. Domas par neizmantoto platību klīstot visdažādākās. Tieši šo ideju neidejiskums apvienoja un savstarpēji uzrunāja klātesošos. Varētu atvērt veco ļaužu pansionātu, viesnīcu, atpūtas un izklaides zonu jauniešiem un tamlīdzīgi. Kāds no klātesošajiem piemetina, ka personīgi tieši viņam šādu neapdzīvotu īpašumu esot vairāki, arī tajos svilpo vējš un neviens īsti nezinot, ko iesākt ar šo neapdzīvotā un neapstrādātā fonda nastu. Laiku pa laikam mēģinājumi reanimēt šos nekustamos īpašumus ir bijuši, bet kaut kādu iemeslu dēļ iniciatīva esot aptrūkusies un iesāktie centieni apsīkuši. Šādu un līdzīgu piemēru interesentu grupā ir bijis ne mazums, un visi grib vienu un to pašu – rentablu atdevi no ieguldītajiem līdzekļiem. Lielākajai daļai klātesošo neveiksmes bijušas līdzīgas, labums nav iegūts, jo neviena no idejām nav bijusi noturīga un nav pārliecinājusi pašus. Tāpēc nodarbību semināru varētu uzskatīt par slēgtu tematisko „klubiņu", kurā cilvēki apspriežas par to, ko īsti iesākt ar saviem nepelnošajiem īpašumiem, ja vien viss notikušais nenorisinātos tematiskā psihosociālā seminārā, kura informatīvo vidi un emocionālo lauku veido paši dalībnieki.

Visiem dalībniekiem ir skaidrs, ka semināra mērķis nav izveidot biznesa plānu un veikt tirgus izpēti, bet gan, esot grupā, individuāli atklāt to, kas īsti traucē darījumus vai tos ietekmē, uzzināt un pārdomātāk nostiprināt savu darījumu panākumus. Pirms vairākiem gadiem kāds miljardieris vizītē pie psihoterapeita sūdzējās, ka daudz ko pārlieku pārdzīvo, jo nespēj atdalīt izdevīgo no neizdevīgā. Un vēl – lai nesabojātu attiecības ar cilvēkiem, viņš izvēlējies tādu biznesa risinājumu, kas nav īsti racionāls, toties negatīvi neietekmē attiecības. Bez šaubām, tas nav ne labi, ne slikti. Tas, ko viņš vēlas pateikt, ir, ka jūtas kā „rīkļu rāvējs". Viņam ir svarīgi saprast savu attieksmi; izveidojoties izpratnei, būs iespēja attiecīgi noregulēt vidi. Ja viņš spētu visās situācijās redzēt citu objektivitāti, tad, pirmkārt, viņam nebūtu nopietnas problēmas ar veselību un, otrkārt, viņš labprāt vairāk nodarbotos ar labdarību, pats veidotu sabiedrībai nepieciešamos projektus un kontrolētu to realizācijas procesu, naivi neuzticētos tiem, kas cenšas viņu aptīrīt, neviltos sevī un citos. Stāsts nav par miljonāru, bet par cilvēku, kurš pārdzīvo, un mums nevar būt daļas un savtīgas intereses par viņa maciņu. Ja mēs vērtētu cilvēku pēc viņa neikdienišķajiem ienākumiem un turības un mūs neinteresētu konkrētā cilvēka izjūtas, tas liecinātu ne par viņa, bet mūsu alkatību un sliktu audzināšanu. Sapņi par labklājību un finansiālu nodrošinājumu katram ir personīgi, tāpēc necentīsimies vienoties par kādu kopēju izpratni, kas varētu apvienot, bet mēģināsim patstāvīgi izpētīt procesu, kuru varētu dēvēt vārdā „panākumi". Grupas dalībnieki brīvprātīgi sadalījās trijās daļās ar mērķi atrast pūķi, kas provocē „mistiskās" neveiksmes.

Paliek neiztirzāta un nepabeigta līdz galam atšķirība starp tiem, kam ir īpašumi, bet viņi neapjēdz, kā tos apsaimniekot, un vienu, kurš teicami saprot, kā saimniekot, lai būtu pienesums, bet nomokās ar saviem iekšējiem pārdzīvojumiem, realizējoties ar zināmu „atturību". Viņš varētu būt enerģiskāks un paveikt daudz vairāk visu labā, bet, rēķinoties ar dažiem indivīdiem un to manipulācijām, vairāk zaudē, nevis iegūst konkrēto labumu sev un citiem.

Idejiskais pavediens sarunu gaitā pilnīgojās. Tas pūķis esam mēs paši. Tas, ko piedēvējam šim tēlam, atrodas mūsos. Piemēram, ne tikai izkoptais ļaunums, bet arī visdažādāko zināšanu trūkums. Jāatzīst, ka nemācīšanās arī varētu tomēr izpausties kā izkopts ļaunums. Nekas labs biznesa apritē nenotiek, ja nepārzina nianses, trūkst analītiskās domāšanas, elementārās intereses un motivācijas izveidot saturiski piepildītu projektu. Grupas dalībnieki ir pārmērīgi aizrāvušies ar sevi, pūķis ir viņi paši. Cik un uz ko ir spējīgs šis teiksmainais tēls? Jāpalasa austrumu literārajos sacerējumos. Bērnu grāmatās pūķis ir kaut kas lidojošs, šņācošs, reizēm daudzgalvains, kuru vajag uzvarēt. Dažu cilvēku prāti un emocijas tiešām grozās ap savas narcistiskās personas svarīgumu. „Samaksas diena" pienāk visiem, par „izpriecām" un „aizraušanos" kādam ir jāmaksā, biežāk tie esam mēs paši. Dusmas, skaudība, nevīžība, neiecietība, slinkums, aprobežotība, kūtrums, neziņa galu galā veido glītu „summiņu". Ne tikai sagrautu lauku īpašumu... Tā ir iekšējā pūķa uzturēšana. Lai saprastu gan sarežģītas, gan ierastas lietas, reizēm ir jākoncentrējas uz vienu un to pašu vairākkārt. Tātad... Vēlreiz no jauna atkārtosim dažus faktus.

Pūķis kā metafora ir izvēlēts ar klātesošo akceptu un ar īpašu nolūku, jo daļēji šo būtni var uzskatīt par dzīvnieku, bet tā izcelsme ir cilvēku iztēles auglis. Ļaudis ir radījuši tādu eksemplāru, kura reālu esību neviens nevar apstiprināt, tomēr par to ir pietiekami nostāstu. Daudziem ir zināms, ka tam ir raksturīgi spļaut uguni, lidot, šņākt, izvalbīt acis, agresīvi rīkoties, uzbrukt, postīt un iekarot. Kāpēc cilvēkiem ir jārada tāda dzīvības forma, kādas dzīvē nav? Atbildi, šķiet, ilgi nebūtu jāgaida. Psiholoģiski indivīdam ir grūti pieņemt, ka pūķis ir pa lielākai daļai viņš pats, gribētos to *nogrūst* kādā citā neeksistējošā substancē vai aizsūtīt kaut kur tālāk uz austrumiem, kur šķietami mitoloģiski tas ir materializējies. Pūķim tāpat kā cilvēkam, ja vien izdodas vienoties, ka pūķis ir cilvēka modificēts atspulgs, ir tieksme izrādīt, izpaust un realizēt savas intences jeb dabu. Viena no savdabīgajām *pūķiskajām* iezīmēm, ko apcer literārajos daiļdarbos, ir nejauša garāmgājēja māka, spēja nepamodināt snaudošo eksemplāru, lai vēlāk nerastos nepatikšanas, lieki starpgadījumi, problēmas un citi tamlīdzīgi trači. Nedaudz ar humoru un sarkastiski par nopietnām lietām stāsta dažādu tautu un reliģisku tradīciju lappuses. Lielākie starpgadījumi un ikviena stāsta vai notikuma apraksts sākas tieši tur, kur kāds pamanās savas neveiklības, nezināšanas, naivuma, stūrgalvības, aprobežotības vai lielummānijas dēļ tomēr pamodināt šo dusošo, nevienam pēc būtības netraucējošo nezvēru. Tātad „kaut kāda" iekšēja emocionāla provokācija izaicina darīt to, ko īsti nevajadzētu, šī procesa sekas ir jau skaidri paredzamas un ikvienam prognozējamas. Skaidrs, ka, pūķim pamostoties, cilvēkā pamazām padziļināsies dažādas īpašības un iezīmes, par kurām nebija ne jausmas pašam, kur nu vēl citiem. Kādi iemesli vērš pūķi ļaunāku? Kāpēc tas nav vienāds pēc savām izpausmēm visa cilvēka mūža ilgumā? Tāpēc, ka tas noveco. Tas nav slikti, bet pašuztvere pūķa galviņā reizēm nesakrīt ar vides objektivitāti.

Pūķa iezīme ir prāta kūtrums, jo pūķis dusmās gandrīz nedomā, tas rīkojas, šaudoties uz visām iespējamām pusēm, neatbildot par sekām. Kāds ir būtiskākais apdraudējums? Neiedziļināšanās tagadnē, atbildības neuzņemšanās par nākotni. Fantasta nolūks ir nobiedēt, jo īstenībā viņš pats ir pārbijies, jo bijis dziļā snaudā un lāgā nesaprot, kas īsti šobrīd norisinās. Ar ko izskaidrojams miegs? Simbols narcismam un neapzinātībai. Pūķa priekšrocība nav domāšana, bet gan gulēšana. Tieši tā. Šķietami nav nekā lielāka par viņu, kas spētu to disciplinēt. Iekšējā varenība kā spēja ir pārspīlēta. Ģimene, darbs, ikviena nodarbošanās interesē tik daudz, cik tajā ir paša narcistiskais izdevīgums. Ja nu reiz cilvēka prāts un emocijas ir kaut ko radījuši, tā ir vai ir bijusi nepieciešamība. Individuālais mērķis ir saprast apstākļus. Iespējams, tas ir universāls bērnības aizstāvis pret māti, tēvu, brāli, māsu, skolas biedriem, kaimiņiem vai svešiem, bet tagad pieaugušā dzīvē kā nu kurā variantā, jo katrs savu pūķi pazīst kopš savām bērnu dienām. Ar to var rotaļāties, to var izkrāsot krāsojamajā grāmatiņā, ielīmēt kā uzlīmi, noskatīties multiplikācijas filmā, atstāstīt cits citam anekdotē, izlasīt grāmatā un ietērpties kā maskā kādā no gadumijas pasākumiem.

Pūķis nav dinozaurs, kas kādreiz ir skraidījis un reāli pastāvējis. Neviens to vaigā nav skatījis. Nevienam nav bijis jāpaliek mājās, kā tas mēdz būt vējbaku gadījumā, tāpēc vien, ka pūķis apdraud aktivitātes. Pūķis ir, un reizē tāda nav. Veidojas neparasta situācija, un ir jāsasprindzinās, lai atrastu vēl kādu līdzīgu fenomenu. Jebkuram parādot bildīti ar pūķi, uzreiz būs iespēja saņemt zināmu komentāru, ka tas jau esot tas pats portretējums. Tā kā nekas bez iemesla dabā un dzīvē neveidojas, arī pūķa rašanās nevar būt nejaušība. Jebkurš no mums ir spējīgs uz kaut ko „tādu", kas nekad iepriekš nebūtu ienācis prātā pat vismurgainākajos vai pretēji – labvēlīgākajos un saldākajos sapņos. Organismā parādās disfunkcija, ja tas ir predisponēts uz noteiktu saslimšanu. Vājais posms piesaista saslimšanu. Ārējā vide var izraisīt jebkuru nopietnu diagnozi, jo ķermenis bāziski ir nokomplektēts ar visu nepieciešamo un atbilstošo, lai varētu identificēt sev pazīstamo. Ko izsaka šis bāziskais komplekts? To, ka mūsos ir viss nepieciešamais, lai mēs būtu spējīgi uzturēt savu veselību, bet tajā pašā laikā mums ir risks vides ietekmē zaudēt sev tik dārgo lietu. Mēs varam saslimt ar jebkuru kaiti, ja mūsu organisms nepretosies un nenoliegs iniciējošos faktorus. Ārējā vide var „iedvesmot" uz saslimšanu, un indivīds var atsaukties, jo cilvēka struktūra bāziski nodrošina to, lai mēs iekristu jebkurā galējībā. Katram ir sirds, plaušas, aknas, nieres, kājas, rokas un tamlīdzīgi. Notikumi ārpus ķermeņa var ietekmēt orgānu veselību. Smadzenes pašas no sevis nesaslimst, ir jānāk „kaut kam" no ārienes, lai rastos bojājumi. Jābūt pamatīgai spriedzei, šķietamai vai reālai bezizejai, traumatiskai situācijai, nepanesamai atbildības gūzmai, hroniskai neapmierinātībai ar sevi, situāciju, apstākļiem, lai attīstītos fiziskas disfunkcijas. Jebkurš ķermenis reaģē uz ārējo vidi. Tas, kas ir iekšķīgi vājāks, atsaucas pirmais. Pūķis ir emocijas, rakstura iezīmes, jūtas, izjūtas. Aizmigušais pūķis var būt jebkura pasaulē zināma rakstura iezīme. Psihes konstrukcijas, savdabīga puzle ir tā, no kuras veidojas kopējā aina. Ne velti pieredzējuši psihiatri uzskata, ka psihe ir neizpētīta „melnā kaste", pat jaunās paaudzes zālēm ir savi ierobežojumi. Ar klepu var tikt galā, farmaceiti palīdz, bet ar psihi, ja tā „klepo", lai paveiktu to pašu atveseļošanos, ir krietni vairāk pašam jāiesaistās un jāpašpilnīgojas.

Ikviens no mums ir spējīgs uz kaut ko jaunu sev pozitīvā un negatīvā skatījumā, jo, pirmkārt, noteikti ārpusē esošais kaut reizi izvilks kādu no cilvēka iekšējās puzles fragmentiem, otrkārt, indivīdam nav īsti pārliecības, no kuras puses tas būs – no baltās vai melnās. Ar nagu novelciet svītru uz savas ādas un jūs redzēsiet svīku vai kādas citas pieskāriena pēdas. Tāpat reaģē jūtu pasaule, jebkura visniecīgākā kustība, neminot lielākas vides svārstības, izaicina emocijas uz mazāku vai lielāku pārdzīvojuma pieredzi. „Mazs" pārdzīvojums ir tāds, ko izdodas p ā r d z ī v o t. Piemēram, zīdainis pieaugot un nobriestot iemācās mierīgāk sagaidīt nākamo ēdienreizi tad, kad tas vairs nešķiet psiholoģiski grūti un

542

nesaprotami. Nākamais piemērs ir nedaudz drastiskāks, bet tāpat noderīgs, jo sniedz ilustrējošāku ieskatu. Jāatzīst, ka cilvēks adaptējas un pielāgojas jauniem apstākļiem, notikumiem, situācijām. Problēmai nemainoties, cilvēks aprod ar jaunām domām un frustrējošās informācijas gūzmu. Jebkurš vai gandrīz jebkurš satricinājums līdzīgā situācijā ar laiku mazāk šokē. Piemēram, jauns, pārsteidzošs notikums jau pēc kāda laika, tai pašai situācijai atkārtojoties, vairs neliekas tik emocionāli sakāpināti traģisks, nekā pirmo reizi dzirdot, jo ir izdevies jau vienreiz to p ā r d z ī v o t. Piemēram, kāds uzzina, ka viņa nepilngadīgais bērns ar vienaudžiem nodarbojas ar seksu, pīpē un lieto alkoholu. Pirmajā mirklī tāds atklājums sāpina, sakāpinās emocijas, bet, laikam ritot, izjūtu satraukums pavājinās un nav vairs tik intensīvs. Laulātais draugs ir neuzticīgs. Tieši tāpat kā iepriekšējā piemērā izjūtu spektrs saasinās, un tikai pēc tam ir spējīgs pieslēgties prāts, kad pirmā mirkļa izjūtas ir norimušas. Prāts „nedzird", kamēr spēcīgas emocijas traucē tam darboties. Automašīna ir atkārtoti nokļuvusi satiksmes negadījumā. Žēlums par švīkām pēc laika sprīža mazināsies, bet pirmajā mirklī, iespējams, satraukums tomēr būs. Tomēr ar katru nākamo iegūto saskrāpējumu sirds sāpēs mazāk, sajūta nešķitīs vairs tik frustrējoša. Piemēram, bankrots ar katru nākamo reizi var kļūt psiholoģiski vienkāršāk asimilējams, nav vairs tādu baiļu zaudēt. Galu galā iztrūkusi bikšu poga kādas dāmas klātbūtnē nākamajā reizē līdzīgos apstākļos neizraisīs vīrietim tieši tādu pašu iepriekš pieredzēto, neveiklo apmulsumu kā pirmajā reizē. Viņš zinās, kā šādā situācijā jārīkojas, tas viņam nebūs nekas jauns. Tāpat jaunības dienu pārdzīvojumi vecumdienās liksies atšķirīgāki. Pēc pārdzīvotā iegūtā jūtu pieredze vairs nešķitīs tik biedējoša, ielūkojoties pagātnē, kā tas likās pirms vairākiem gadu desmitiem.

Pūķis esam mēs un ikviens no mums! Viņš nav gluži jāapkaro, kā tiek piedāvāts šīs grāmatas nodaļas virsrakstā, ja tas nepadodas, bet ir jāpārvalda, jāmenedžē šīs *pūķiskās* elementārdaļiņas. Pagātnes vēstures lappuses, kari, kuros norisinājās vesela cilvēka saprātam neiedomājami notikumi – vide provocēja cilvēkā tādas izpausmes, kas citos apstākļos nepamostos. Cietsirdība, sadisms, atriebība, varas un naudas kāre, autoritārisms, vēlme pārveidot un pakļaut, neiecietība un tamlīdzīgi. Mūsdienās, esot piena veikalā, šādas izpausmes nav iespējas pamanīt un iepazīt ne sevī ne apkārtējos, jo vide ir saudzējošāka. Jā, tā tiešām ir, ka ar marodierismu neviens nenodarbosies, stāvot pie letes, bet nav izslēgta iespēja, ka indivīds uz kaut ko tādu ir spējīgs *parakstīties* vai arī viņš gaida brīdi un sevī apsver iespēju to provocēt. Maz ticams, ka šāds vai līdzīgs pūķis būs izkaujams. Pasaulē nav neviena cilvēka, kurš kādreiz, pārdomājot savu uzvedību, reakciju, izpausmi, nav bijis pārsteigts, ka ir bijis spējīgs uz iepriekš sevī nenovērotu darbību, kas ir ārpus vecajiem priekšstatiem par sevi. Piemēram, lai iegūtu sev labumu, izmantojot situāciju, brutāli melot. Iesist mazam bērnam. Aprakt nule dzimušus kaķēnus, aizsienot maisam galu tā, ka pieredzējis jūrnieks nespētu vajadzības gadījumā ar to tikt galā, ar nolūku spīdzināt, nevis eitanazēt. Nozagt. Apmelot. Izdomāt un pārveidot situāciju tā, lai apkārtējie noticētu pretējam. Piedēvēt cita labumus un izgudrojumus sev. Pazemot, lai ieņemtu cita vietu. Slinkot un simulēt slimību, kuras nav. Maldināt, lai neatklātos īstenība. Tēlot, lai izvairītos. Noslēgties, lai nebūtu jāuzņemas atbildība. Pāriet ielas otrā pusē, lai nav jāsatiekas un jāsveicinās ar to, no kura ir kauns. Vienatnē esot, onanēt vai masturbēt, lai neatklātos dzimumdziņa. Atvemt to, kas ir dienas laikā apēsts, lai nekļūtu resns. Iedvest, ka neesošā nauda ir palikusi mājās. Panākt atvainošanos tur, kur tai nav vietas. Dažādus pārpratumus prezentēt kā patiesību, lai pelnītu naudu un slavu. Pagrūst otru un neatvainoties. Ielikt sliktu atzīmi tam, kurš ir pelnījis labāku. Sadomāties par to, kā nav un nav bijis. Provocēt iedomātu grūtniecību. Novirzīt ticīgo uz neticīgā ceļa. Neapstāties tad, kad uz ceļa ir notikusi avārija. Atbildēt rupji, kad otrs lūdz pēc palīdzības un tamlīdzīgi. Izveidojas diezgan skarbs uzskaitījums, kam nav gala.

Ar šo visu varētu itin labi „sadzīvot", ja nepamodinātu pūķi. Tad arsenāls uzsprāgst, jo tam ir pielikta dzirkstele. Psihiatri ar nožēlu secina, ka ne vienmēr ir skaidrs, kā šim metaforiski satrakotajam pūķim izdodas aizraut un iesaistīt apkārtējos pūķus, kas līdz šim ir gulējuši dziļā miegā. Viens vienīgs pūķis ir spējīgs radīt situāciju, kad pārējie aktivizējas, lai piebiedrotos pirmajam, tādējādi veidojot viendabīgu pelēku masu. Šāds vienveidīgs veidojums, savu dusmu pārņemts, nepamana dziļākus procesus, kas agrāk vai vēlāk skars tā personīgo un sociālo dzīvi. Ne vienmēr ir iespējams pazīt un identificēt psiholoģisko patoloģiju. Vesels cilvēks var ietekmēties un pamazām kļūt līdzīgs, iegūstot novirzes no psihiskās normas, ja apkārtējā vide ir pārlieku agresīvi monotona. Ar laiku rodas vēlme apšaubīt savus priekšstatus. Tāda situācija bieži vien ir neizbēgama, un cilvēkam nav psiholoģiski vienkārši iekļauties kopējā burzmā vai izvēlēties palikt ārpus kāda sociuma. Vientulībā nav sabiedroto, ilgstoši tajā atrodoties, var veidoties arī pārmaiņas psihē.

Pūķa apkarošanas pieeja ir visiem zināma, tas nepavisam nav jaunums atzīt tā klātesamību. Noliegums nemaina notikumus, tas ir aizsprosts, aiz kura virmo negācijas. Piemēram, kāds vīrietis kādā no psihoterapijas seansiem atzinās, ka ienīst savu māti un vēlas to labāk redzēt mirušu nekā dzīvu. Protams, šādas izjūtas un nodomi nav viegli paciešami. Tāpēc jau ir radīta psihoterapija, lai izprastu dažādas apziņas deformācijas. Bet tajā pašā laikā cits vīrietis, nīstot savu māti, bet, tēlojot „labiņo", neved un neapmaksā ārstu, ļaudams ielaist slimību. Turklāt, viņš iegūtās negācijas neizreaģē uz savu negatīvo emociju cēloni un necenšas ieguldīt dažādus resursus un līdzekļus, lai pie psihoterapeita uz kušetes izzinātu un atbrīvotu sevi no šiem pārdzīvojumiem, bet visa mūžā garumā dzīvo daudzsievībā un nodarbojas ar pedofiliju. Tiešu ārējo, vizuālo izpausmju nav, bet šādu cilvēku var nejauši satikt piena veikalā, neko nezinot par tā zvērīgām izdarībām. Atskārst, ka tu ar perversu izvirtuli dali sēdvietu autobusa pieturā, ir pretīgi. Ne mazāk riebīgi ir sarunāties ar visu godātu un cienījamu cilvēku, kas aiz šī aizsega slēpj savu samaitātību un kaisli pret meitu. Apkārtējie izturēsies atbilstoši sava pūķa priekšstatiem. Jo saldāks miegs, jo slābanāka uztvere. Pārdevēja smaidīs, apsargs atvērs durvis un pados groziņu iepirkumiem, nodaļas vadītājs piešķirs atlaižu karti un uzaicinās uz degustāciju.

Neieslīgsim detaļās, uzdevums ir saprast un padziļināt savu izpratni par „pūķoloģiju". Izkopts ļaunums ir ignorēšana. Tautā mēdz teikt, ka pūķis dzīvo pudelē. Alkohols ir tas, kas it kā iemieso un sekmē šo nelabo īpašību izpausmi. Jāatzīstas, ka man nav gadījies pārliecināties par to, ka jebkāda cilvēku radīta tautas vai zinātniska metodoloģija ir bijusi spējīga atbrīvot indivīdu no atkarības bez viņa paša līdzdalības. Vai tas būtu alkohols, azartspēles, nikotīns vai narkotikas. Jāsecina, ka pēc „puzles teorijas" ikviens pasaules pilsonis ir spējīgs aizrauties un pavedināt sevi uz jebkuru no iepriekš minētajām nodarbēm. To nenosaka un neietekmē rakstura vājums vai tā svārstības, vairāk jāsliecas domāt, ka tā tomēr ir

545

vides ietekme un iekšējā pūķa aktivitāte, veselība un morāle. Piemēram, azartspēles kļūst bīstamas tad, kad pazūd vai mainās interese, kas notiek ārpus spēļu automāta – tā ir panākumu atslēga! Uzkrātā terapeitiskā pieredze apliecina, ka cilvēks pie spēļu galda īsti neapzinās, kādi ir īstie iemesli un motīvi atrasties tieši tur tajā brīdī. Gandrīz neviens pasaulē nezina, kā šos atkarīgos atgriezt uz „īstā ceļa", katram psihoterapeitam šajā jautājumā ir savs redzējums. Iespējams, jo labāk klients apzinās savu pūķi, jo labāk iemanās to lieki neiztraucēt no neveselīgā miega. Vai miegs ir neveselīgs? Tāds miegs ir neveselīgs, jo tas ir nomoda miegs. Cilvēks nevar relaksēties, jo viņa intuīcija liek nojaust, ka jebkurā negaidītā brīdī pūķis var izgaismot viņa personību nevēlamā griezumā gan sev pašam, gan sabiedrībai. Apzināties pūķa esamību un izprast tā klišejas ir svētīgi. Iespējams, ka tā ir vienīgā un pareizā recepte, tāpēc nevienu nav iespējams mainīt vai pārveidot līdz nepazīšanai.

Daži klienti tā arī līdzīgi ir apgalvojuši – es redzu un zinu, ka kāds no maniem paziņām apmeklē psihoterapeitu, bet kopumā man viņš liekas tieši tāds pats kā iepriekš, bez pārmaiņām. Psihoterapija nav frizieris vai stilists, vai plastiskais ķirurgs, kura uzdevums ir pārveidot indivīdu līdz nepazīšanai. Tas ir tiešām labi, ka tas nav mūsu profesionālais uzdevums, jo mūs interesē kaut kas individuāli personiskāks. Cilvēka psiholoģiskā struktūra kā virtuoza inženierija, kas sagādā atvieglojumu vai grūtības pašam cilvēkam. Šķiet, viens no profesionāļu mērķiem ir sekmēt iespēju iepazīt un menedžēt katram savu pūķi. Piemēram, ragana vienmēr būs ragana. Tāpat prusaks vienmēr būs prusaks visos apstākļos, pat tad, ja to vidū pieteiktos psihologs. Hiēna meklēs ikdienas pārtikai maitu, bet eņģelis, ja tāds ir, vienmēr lidos.

Iekšējie sarūgtinājumi, dažādas frustrācijas rodas tāpēc, ka cilvēks psiholoģiski neapzinās „savu vietu". Padomājiet, kas notiktu, ja Indijā kāds no zemākas kastas pretendētu kandidēt uz parlamentu. Ievērojiet, ka runa nav par etnisku vai sociālu šķiru apspiešanu, bet par psiholoģisko robežu ievērošanu. Provokācija ir tad, ja izaicinājums uz „kaut ko" ir kas vairāk, nekā indivīds ir spējīgs asimilēt adekvāti savai psihei.

P.S.

A. Tukši īpašumi ir daudziem, ne visiem ir muižnieku saknes.

B. Piedēvējam citiem to, kas esam paši pozitīvā un negatīvā skatījumā.

C. Bieži vien pietiekami nepiepūlamies, lai pilnīgotu vērtīgo.

D. Pavirši izturamies pret savu neveselību un nemākam atšifrēt citu patoloģiskumu.

E. Ignorējam izkopto ļaunumu.

P.P.S.

Sociālie un individuālie psiholoģiskie procesi iet roku rokā ar ārējo un iekšējo savstarpējo apstākļu kopiedarbību. Jo lielāks pašapmāns, jo lielāki maldi sociumā.

Pasaules dižākie zinātnieki un radošo profesiju pārstāvji vairāku gadu simteņu garumā ar saviem intelektuālajiem sasniegumiem ir uzrunājuši sabiedrību, brīdinājuši par kaitējuma sekām, kurās līdzdalību ņem alkatība, neizglītotība, pārprasta tieksme pēc varas un neadekvāta vēlme pēc virspeļņas.

Savas garīgās veselības un iekšējās harmonijas aizmiršana izjauc līdzsvaru ne tikai organismā, bet arī dabā. Kā izkopts ļaunums tā vēršas pret visdažādākajiem lēmumiem, ko pieņemam un realizējam mēs paši, reizēm destruktīvie un emocionāli novājinātie indivīdi.

Ja ikdienas paradoksi neizraisa pretestību un kļūst par pašsaprotamu lietu, tad šo absurdo normu kaitniecība dubultojas. Veidojas izkoptais ļaunums, un izsīkst vispusīgas zināšanas par realitāti. Vērīgs skatījums nekad nevar būt lieks, tāpēc mums ir jāpateicas tiem Gudrajiem, kas ir ar mieru dalīties savos novērojumos un zināšanās. Mēs nevaram noliegt savu vainu un attaisnot savu pūķi, kas mostas ar dusmām par to, ka viņam neļauj gulēt tālāk. Reizēm tas ir uzblīdis ne no miega un labiem sapņiem, bet no negācijām, kurās vaino tos, kas, apzinoties sava pūķa mežonīgumu, infantilitāti, merkantilismu un aprobežotību, cenšas ne tikai dažādi „terapeitēties", bet, gūstot panākumus, dalīties un izskaidrot pārējiem savu pieredzi. Tā kā runātājs biežāk ir tiešs un tuvu pazīstams gandrīz katra pūķa individualitātei, pēdējais to vēlas iznīcināt, pazemot un noliegt.

Apskaidrotie izdara secinājumus un pakļauj sevi dažām izvēlēm, kuru klāsts ir diezgan paredzams un prognozējams. Piemēram, joprojām brīdina sabiedrību par vispārīgām manipulācijām, ko apzināti un neapzināti izmanto individuālie un korporatīvie interesenti. Par mijiedarbībām starppersonālos procesos; par to, ka tas, kas atrodas virsslānī ne vienmēr ir „zelts, kas spīd", bet gan „siers peļuslazdos". Ja apgaismotie pagurst vai novēro bezjēdzību un neatsaucību, un neiztur naidīgo neizpratni, viņi atstāj sabiedrības socializācijas priekšrocības, lai nodotos tālākai pašpilnveidei bez iekšējas nepieciešamības pārveidot attieksmi tiem, kas vēlas būt „paši".

Iespējams, ka pūķiem tas nemaz nav tik bēdīgi, jo tiem ir iespēja atrasties tur, kur tiem ir jāatrodas – pie sava saimnieka. Katram no mums ir sava virsotne, ko mēs apdzīvojam. Himalajos nonāk tikai retais. Augstākais punkts ir sava pūķa savākšana un savaldīšana.

P.P.P.S.

1825.gadā izcilais un pasaules slavu ieguvušais Onorē de Balzaks iegādājās tipogrāfiju. Viņa biznesa iecere cieta fiasko, un dižais rakstnieks bankrotēja. Naudas summa, ko viņam nācās atdot, bija 90 tūkstoši Francijas franku. Visu savu apzināto mūžu Onorē de Balzaks atmaksāja zaudētos līdzekļus un pilnībā no parāda atbrīvojās īsi pirms savas nāves.

Romulāna Romīte un Kenijs Romītis 2010.gada rudenī apskauj savu pieaugušo dēlu, kas ieslīdzis naudas parādos, tāpēc ieradies pie vecākiem, lai izkratītu sirdi un saņemtu atkārtotu atbalstu. Tā kā vecākiem savs dēliņš ir mīļš, viņi cenšas viņam palīdzēt. Viņš ir vairākkārt mēģinājis beigt augstskolu, oficiāli noslēgt otro laulību un atrast savu „īsto" vietu un aicinājumu dzīvē. Biežāk biznesa darījumi ir vainagojušies ar neveiksmi. Vecāki to visu saprot, tāpēc cenšas palīdzēt un atbalstīt joprojām jauno un nepieredzējušo dēlu. Viņiem ir atlikuši vēl pāris nekustamo īpašumu, ko varētu pārdot, lai izpestītu dēlu no kārtējās finansiālās krīzes. Nekustamā īpašuma tirgus ir pasīvs, tāpēc iepriekš izstrādātais un vairākkārt atkārtotais plāns vairs nerealizējas. Romulānas un Kenija Romīšu dēls atstāj dzimteni un savus tuviniekus, kas ir aizņēmuma galvotāji. Šobrīd Romīšu atvase ir devies nezināmā virzienā un tiek meklēts visā pasaulē. Bēdīgs, bet arī slavens notikuma atstāsts.

KAD BEIGĀM PIENĀK BEIGAS?

Noslēgums, pazīmes, panākumi, nākotnes vīzija, perspektīva

Zieds vāzē iznīkst, kad izsīkst tā resursi iegūt ūdeni. Tās ir beigas ar negatīvu noskaņu. Nav ziņu, kā jūtas zieds, bet cilvēkam – nožēla, lieks darbs, neestētisks baudījums. Bet, kad dzemdību sāpes beidzas, tad bērns nāk pasaulē. Pēc sāpīgā seko milzum liels prieks. Beigām pienāk beigas, kad kāds process ir veicis savu progresīvo līniju, un tā subjektīvu vai objektīvu iemeslu dēļ vairs nespēj turpināties.

Katrai lietai, procesam vai notikumam ir savs sākums un savas beigas (nobeigums). Pirmais, kas ienāk prātā, ir zemeslode kā simbols, kaut kas apaļš, kam būtu sarežģīti noteikt lineāras robežas, ja nu vienīgi ģeogrāfiskas. Mākslinieki lēš, ka olai ir visideālākā forma. Tas būtu sakāms par redzamo, bet kā ir ar cilvēku attiecībām? Vai starp to komunikāciju pastāv robežas? Kā ar dažāda rakstura starppersonāliem notikumiem, kam līdzdarbojas izjūtas? Empātija. Varat to saukt kā citādi, arī par līdzpārdzīvojumu. Vai tas kaut kur konkrēti aizsākas un tikpat pārliecinoši noslēdzas? Ikviens psihoterapeits pazīs savā praksē pārdzīvojumu un raksturos saprotami un precīzi savam klientam to, kas ar viņu notiek. Ignorēt jušanu nav iespējams pat tad, ja dabā nespējam to sevišķi objektīvi apskatīt. Neviens nav „sejā redzējis", bet sajutis gan. Viss nepadodas intelektualizēšanai: ja kaut kas ir virs mūsu saprāta, tad tas ir sarežģīti definējams. Reizēm skeptiķi aizsargājas, uzņemoties spriest par patiesībām, kas nav identificējamas viņu prātam. Jūtu reakcija ir atbilde uz apkārtējās vides apstākļiem un notikumiem. Mēs nevaram apgalvot, vai novērotā atbilde ir pozitīva vai negatīva neapzināta stāvokļa paudēja. Apkārtējie ir spējīgi secināt un izvērtēt atgriezeniskās reakcijas risku un bīstamību attiecībā pret pašu cilvēku un sabiedrību, bet viņi neko nezina par otras personas „kaut kādu" sākumu un šī „kaut kāda" sākuma beigām. Iespējams, cilvēka emocijās vai viņa prātā kaut kas mirst. Tā, piemēram, izrādās, ka ne tikai vajag mācēt aizvērt uz nakti savas mājas durvis vai aukstā laikā logus, vētrā piesiet laivas pie krasta, nofiksēt rokassomiņas slēdzeni, ejot pa ielu, un tamlīdzīgi, bet tikpat loģiski ir radīt vēlmi katram sev trenēt savu emocionālo slēdzeni, atstājot nekaunīgos viesus, kas vēlas izmantot saimnieku labvēlību, aiz durvīm. Saprast to, ka sociālajā mijiedarbībā kopējā attiecību mozaīkā mēs katrs esam viens no kristāliņiem, kas kādreiz maina savas atrašanās vietas laukumu, un tas ir nozīmīgi. Pēkšņi kāds cilvēks var palīdzēt mums kaut ko saprast. Pirms viņa nevienam neizdevās.

Emocijās norisinās neizbēgama attiecību plūsma apzinātā un neapzinātā līmenī. Mēs nedzīvojam vieni un satiekam citus savā sirdī un prātā. Kāds no tiem pamanās mūs iemidzināt vai atstāt nomodā. Lai izzinātu sevi, ir nepieciešams personīgais audits, kaut kas līdzīgs tam, ko dara grāmatveži gada beigās katrā uzņēmumā. Jāapskata sava bilance. Kādi esam? Ko darām? Un ko ar to darām? Ko vēlamies panākt? Ieguvumi un zaudējumi. Interesanti, ka cilvēki ir skopi sev svarīgākajās lietās – emocijās. No citiem prasa, bet paši saglabā rezerves. Visam atrodas laiks un nauda, bet personīgais emocionālais komforts bieži vien nav prioritāte. Nomira „kaut kas", tāpēc jau neies skumt. Pastāv maldīgs priekšstats, ka uz to ir vērts ietaupīt, jo jaunu mašīnu redz visi, bet radītās neirozes, kas mums liek darboties vai rīkoties pret savu īsto gribu, var noslēpt no sava un citu skatiena. Jāpiemetina, ka automarkas izvēle arī var būt kā neiroze. Veids, kādā tiek piemeklēts transporta līdzeklis, ne vienmēr ir apzināts. Ja vien cilvēki apzinātos, cik daudz dzīves enerģijas viņi izšķiež veltīgi, tad pieaugtu motivācija saskaņot savu dzīvi starp miesu, garu un emocijām.

Kā vēl var atšķirt vajadzību pēc kaut kā no neirotiskas nepieciešamības? Neirozes sajūtas izpaužas, piemēram, šādi: kaut kas mūs it kā neliek mierā. Mums ir nepieciešamība *uzmesties* kādam par māti, par tēvu, pat savā darba kolektīvā, garāmgājējam uz ielas, radu vidū, mājās, kad neviens to neprasa un nevienam to nevajag, bet mums pašiem tas ir tik ļoti nepieciešams, ka nespējam rast mieru, sāpināmies, viļamies, dusmojamies, līdz zaudējam veselību. Mēs dabūjam punu, un joprojām kā magnēts mūs pievelk neapjausts iekšējs spēks un liek atkārtot iepriekšējās kļūdas. Ilgošanos pēc kāda cilvēka mēs pārtransformējam uz kādu citu cilvēku, piedēvējam otrajam pirmā īpašības un *dragājam* savu neapzināto programmu tālāk. Nepiemirsīsim, ka cilvēki ar savām neirozēm lepojas, jo uzskata savu iekšējo uzmācību, piemēram, par neatlaidību, lielu enerģiju, pat drosmi un nesavtību. Neirotiski piekeramies idejām un uzskatām, ka darām kaut ko labu sev un apkārtējiem. Neirotiķi uztraucas un pretojas, kad viņiem atsaka tīkoto iespēju. Pasaule var šķist ienaida pilna. Viņi neprot un nespēj sevī atrast mieru.

Kā var mēģināt apzināties un noteikt, ka ar mani emocionāli kaut kas nav īsti kārtībā. Puspajokam, bet, ja rodas vēlme zvanīt un lūgt padomu kādam abstraktam televīzijas vai radioraidījumam, tad intuitīvi nojaušam, ka tiecamies pēc tā, lai kāds mūs mierinātu. Iespējams, ka pārraides saturs it kā atbilst psiholoģiska rakstura problēmātikai, un mēs vēršamies pie noteiktā adresāta, cerot, ka tas spēs vispārīgi atrisināt izveidojušos iekšējos konfliktus. Tas ir saprotams, un nekā peļama tajā nav. Bet mēs, kaut neticam, tomēr pieļaujam, ka kāds par mums personīgi varētu zināt labāk. Tāpēc uz nekādu jautājumu ir abstrakta atbilde. Nopietnāku nolūku nemēdz būt, jo nekādas iekšējās pārmaiņas nav paredzamas, nav vēlmes atbrīvoties no sava neirotisma, tāpēc ir nepieciešama vide, kurā varētu spriedelēt bez personīgās atbildības par sekām.

Nav īsti skaidrības, kāds sakars ir neirozei ar publisko telpu? Ja sabiedrība visumā ir neirotiska, tad tā neārstējas, bet apkalpo savstarpējās neirozes. Par vēlamo un labo kļūst tas neirotiķis, kas pamet „ēsmu" otram tādam pašam neirotiķim. Piemēram, cilvēks, kas nejūtas drošs, kaut realitātē viņu nekas objektīvi neapdraud, ir neirotiķis, ja šo sajūtu viņš cenšas aizpildīt nekritiski ar visu pēc kārtas, kas pagadās pa rokai. Tādējādi vajadzība piesegt nedrošību padziļinās, jo nav iespējams piepildīt šo trauksmi ar apzinātu mieru bez personīgās iedziļināšanās un izpratnes. Tāpēc, piemēram, tikko cilvēks nospiež televizora taustiņu un sadzird kompetentas personas apgalvojumu, ka ir nelabvēlīgi „gulēt uz kreisajiem sāniem", tā cilvēkam paaugstinās trauksme, ko ir nepieciešamība ātri nomierināt. Zvans uz studiju, tam seko jautājums, uz kuru mierīgi un pārliecinoši atbild „māmiņa" vai „tētis", un neirotiķis rod mieru, kamēr pienāk nākamais līdzīgais gadījums, kurš atkārtosies tāpat pēc tādas pašas shēmas. Televizors vai radio kļūst par personīgo psihologu. Citādi ir, ja cilvēks, sadzirdējis kaut ko sev satraucošu, personīgi sasprindzinās, lai atklātu savu sāpi. Tas vēl nav viss, kas šajā sakarā jāpasaka. Jāatminas, ka neirotiķis cieš, bet viņam sagādā baudu būt par „pusārstētu". Šādu interesi var saprast, jo netiek iegūts miers un atņemta iespēja tiekties tālāk pēc uzmācīgās neiespējamības. Tāpēc, vai nu mēs uztveram publiskos padomus kā izklaidi, vai arī mūsos ir iestājies izmisums.

Ar teicamām zināšanām to īpašnieki pārlieku nebārstās, tas būtu pārāk naivs uzskats, jo tas ir nopietns ieguldījums savā intelektā. Gudri cilvēki mēdz būt viedi, un viņi zina, ka tas, kas der visiem, tā pa īstam neder nevienam. Saprotams, ka neirotisks sociums vispirms rūpējas par savu neirotismu, popularizē idejas, kas var momentāni nomierināt, kas pēc būtības nav patiesi, bet iluzori. Piemēram, jaunattīstības valstī, kurā nav iepriekšējo paaudžu amata brāļu pieredzes, par padziļinātu profesijas izpratni var tikai sapņot. Neirotiskai sabiedrībai pietrūkst vecāku, kuri piepilda ilgas, tāpēc tā veido pieprasījumu un saņem piedāvājumu. Raksturīgākie pieņēmumi: „Kā kļūt par karalieni", „Pārvērtības uz skaisto un harmonisko piecu minūšu laikā", „Laba izglītība trīs gadu laikā", „Ja vecāki kaut ko nezina par savu bērnu, tad psihologs izstāstīs un parādīs", „Tikai viena tablete dienā, un veselība ir garantēta". Ja mums sniedz atbildi abstraktā formulējumā saldā balsī un mēs mēģinām koncentrēties, lai ievērotu šo padomu, tad ir vērts pievērst lielāku uzmanību sev nekā tam otrajam, kurš ir tas teicējs. Iemesls ir noskaidrots jau iepriekš. Tas, kas ir domāts visiem, neder nevienam. Tāpat, kas ir iedots bez atlīdzības, bieži izrādās, nav pat nieka vērts, jo nav prasījis nekādu personīgo piepūli un attiecīgi atdevi. Izņēmumi ir vienmēr, bet tie parasti attiecas tikai uz dažiem no mums, tāpēc jau tie ir izņēmumi. Publiskās konsultācijas, protams, ir lētākas, bet tā nav psihoterapija, tāpēc mēs neiegūsim vajadzīgo efektu. Būtu citādi, ja neirotisko sabiedrību izglītotu, paplašinot apziņu, bet, lai to realizētu, ir nepieciešams kvalitatīvāks darbs, laiks un gribēšana. Neirotiska sabiedrība vēlas iegūt slavu un naudu, gandrīz neko nedarot. Nobriedušākā vidē tā vis nedomā, tāda pieeja var strauji izraisīt bankrotu un atnest neslavu, profesionālo un cilvēcisko degradāciju. Neirotiķa mīnuss ir tas, ka viņš nespēj pats laikus apstāties. Uz mirkli iedomājieties vienu „kārtīgu" un „izteiksmīgu" neirotiķi. Ko gan viņš var sabiedrībai savārīt?! Un tagad divus, trīs, četrus kopā... Neirotiķi mēdz apvienoties lielākos un mazākos kolektīvos, lai ar humāniem saukļiem realizētu neapzināto iekšējo trauksmi. Ar sabiedrību tam nav nekāda sakara.

Iestājusies krīze citam ilgst visa mūža garumā, jo tā nav tikai krīze, bet neiroze. Vai tīkama dzīves laika pavadīšana. Aprunāties ar kādu, kam var uzticēties, grūtā brīdī nav mazsvarīgi. Kāds īsti ir tas, ar kuru sarunājamies? Brīžiem nebūs iespēju to noskaidrot, jo neiroze steidzinās nepieciešamību pēc komunikācijas pašas komunikācijas dēļ. Vienkārši meklējam jaunu veidu atbildēm, kas atrodas turpat mūsu tuvumā. Neirotiķis nevēlas nekādus citus skatījumus kā tikai savējos un sev līdzīgus. Kādam nesagādā grūtības iegriezties pie zīlnieces. Skatīšanās tuvākā vai tālākā nākotnē jau izsenis ir interesējusi cilvēkus. Ar mistiku neirotiķis var saprasties labi, tikai ne filozofiskā, bet neirotiskā aspektā. Reizēm ir pilnīgi vienalga, kāds ir pārvietošanās līdzeklis, galvenais ir nenokavēt iekāpšanu tajā. Neirotiķim noteikti ir jāapmierina sava neirotiskā vajadzība, citādi tas nebūs neirotiķis. Pie zīlnieces tāds cilvēks kavēsies ilgāk nekā pie psihoterapeita, jo psihoterapeits cilvēkam liks pievērsties savai neirozei. Protams, ja vien pats psihoterapeits nav neglābjams neirotiķis. Visas zīlnieces nevar būt neirotiķes, galvenā doma neirotiķu uzvedības analīzē ir saprast, ka viņš nevēlas atvieglot, bet gan sarežģīt savu emocionālo dzīvi. Kam būtu jāpievērš uzmanība šajās tikšanās reizēs? Vai ar zīlnieci? Ar ikvienu cilvēku, kas ir gatavs par brīvu vai par samaksu apkalpot neirotiķa vajadzības. Nesaklausīt vēlamo kā esošo. Izveidot turpmāko saskarsmes rīcības plānu, lai pats personīgi neietekmētos. Uztvert saņemto informāciju ne tieši, bet iztulkot to sev saprotamā simbolu valodā. Piemēram, ja cilvēks žēlojas, vai viņš *kaifo*, izbaudot sūdzēšanos, vai vēlas atrisinājumu? Kāpēc viņam ir nepieciešams sarunu biedrs? Lai *uzvilktos* vai nomierinātos? Neirotiķis nomierinās caur savu agresiju. Psihoterapeitiskais fenomens – ,,izārstēties" un ,,saslimt" var arī no sētas mieta. Visi radošie meklējumi ir labi, kas palīdz cilvēkam justies laimīgākam un nezaudēt objektivitāti. F.Perlzs uzskatīja, ka geštaltterapija nav viņa radīts virziens, viņš to ir tikai atklājis, jo tā saknes un pamatprincipi ir seni un viedi kā pasaule. Iespējams, ka tieši ilgstoša dzīvošana Āfrikā un psihoanalītiskie atklājumi ir likuši viņam skaudrāk saprast, cik filigrāni darbojas psihes mehānismi. Izkoptais ļaunums vairo un reizē nogludina šīs smalkās detaļas. Jaunas, nezināmas kultūras tradīcijas var radīt mūsos jaunu resursu atklāšanos. Ceļošana, atrašanās neierastā vidē var veicināt trauksmes samazināšanos. Viesojoties citu mājās un uzņemot viesus savējās mēs paplašinām savu redzesloku. Jo dažādāka pieredze, jo mazāk neirotisku izpausmju. Nevar aplinkus risināt iekšējās problēmas, nobriedusi vide kritiski izturēsies pret nepieciešamību *uzmesties* kādam par vecākiem. Tie nav populistiski vārdi, bet realitāte, kam vajadzētu nodoties.

F.Perlzs nav vienīgais apliecinājums tam, ka pavērot sevi ceļojumos vai atrodoties kādā no kultūrām ilgstošāku laiku nemaz nav tik mazsvarīgi. Ceļošana ir viens no labākajiem sevis izglītošanas veidiem, jo norisinās enerģijas apmaiņa. Zināt vai pieredzēt pašam ir divas atšķirīgas lietas. Galvenā vērtība slēpjas tur, ka mēs bieži neievērojam savas priekšrocības un to labumu, kas mums ir apkārt, bet sūdzamies un jūtamies slikti tā dēļ, kā mums nav, jo neredzam to, kas pašiem pieder. Tad, kad pirmo reizi kāds neirotiķis atgriezās no ceļojuma pa Tuvajiem Austrumiem ne gluži kā tūrists, jo tiem pārsvarā nav izdevības saskarties ar īsto realitāti, bet gan ar pārdomātām atpūtas un šova programmām, viņš dalījās šādās pārdomās – viņš tiešām sapratis, ko nozīmē nabadzība, atkarība no dažādām sociālajām un dabas mainīgā rakstura sistēmām. Smilšainā vidē mums neiedomājamos darba apstākļos tiek būvētas jaunas pilsētas, kas plešas aizvien dziļāk tuksnesī. Daudzi sūdzas par nabadzību Eiropā, kam ir brīnišķīga agrārā platība, bērniem ir iespēja iet skolā un saņemt sociālās garantijas. Daudzu iedzīvotāju mājas mazās pilsētās Tuvajos Austrumos nelīdzinās mājokļiem. Iedzīvotāju ēdiens ir pārlieku vienkāršs. Nevienam šo valstu iemītniekam pat neienāktu prātā sūdzēties par to, ka Dievs par viņu ir aizmirsis. Savstarpēju ģimenes konfliktu dēļ neatnākt uz savas mātes vai citu tuvinieku bērēm. Pamest, aizmirst, nelikties ne zinis par saviem brāļiem, māsām vai sirmiem vecākiem un pretēji – tēvam un mātei dzīviem esot, pamest savus bērnus, atstājot viņus pie vecmāmiņām un vectētiņiem bez tieša kontakta, nav iespējams.

Neirotiķis par šādiem piemēriem apvainosies un aizskries pie zīlnieces, lai komunicētu un šķietami noskaidrotu savu tuvāko un tālāko nākotni. Pirmkārt, tādēļ, ka jūt, ka gluži viss nav kārtībā un meklē mierinājumu. Otrkārt, nākotnes prognozēs viņš mēģinās atrast perspektīvu, kurā atkal varētu neko nedarīt savā un tuvinieku labā. Pieauguši cilvēki, kam ir bērni precību gados speciāli meklē ieganstu, lai attālinātos. Laikus aizlaistos, otro reizi savā mūžā ne vairs no vecāku, bet vecvecāku pienākumiem un atbildības, skaidrojot šo savu vēlēšanos citā gaismā, piemēram, meklējot iemeslus strīdiem vai domstarpībām, ar kurām varētu argumentēt attālināšanos. Lai no malas raugoties, šķistu tā, ka nevis vecvecāki nevēlas savus mazbērnus, bet jaunās mātes un tēvi ar savu uzvedību provocē, ka vecvecāki, tīkojot pēc saskarsmes ar mazbērniem, cieš un zaudē savu iespēju piekļūt. Tas ir veikls gājiens un sens paņēmiens, kā novelt savu bezatbildību un psiholoģisko nespēju uz bērniem un mazbērniem. Parasti vecāki priecājas, ja tiem talkā nāk vecvecāki ar savām pozitīvajām vērtībām, kas sniedz papildu drošību un mieru. Tālredzīgi vecvecāki, kuru mērķis nav aizlavīties kārtējo reizi savā dzīvē no pienākumiem savas likumīgās sociālās lomas izpildē, nekompromitēs savus bērnus pašu mazbērnu acīs pat tad, ja būs iemesls. Ģimenei ir milzum liela vērtība, un katra paaudze ir brīniškīga un pēc savas būtības neatkārtojama savā ieguldījumā. Tādēļ, vēl jo vairāk vecvecāki vai citi konkrēti cilvēki no paziņu vidus, kas ir neirotiķi, uzskatītu, ka piemērs par Tuvajiem Austrumiem ir pārlieku cietsirdīgs un netaisnīgs. Lai rastu kārtējo mieru savām iekšējām aplamībām, tāds cilvēks varētu uzrakstīt pāris sūdzību un kopijas pamanīties nosūtīt vēl kādiem diviem citiem līdzcilvēkiem, lai kultivētu sašutumu un celtu kārtējo nesaprašanās troksni. Diemžēl arī sūdzību sniegšana nenomierina neirotiķi, viņš nespēj izlīgt, sadarboties, bet kašķēties gan.

Pie mums neirotiķu sabiedrībā jebkurš visas savas nepilnības dēvē par „īpašiem sarežģījumiem". Vēl tās var dēvēt par „dzīves grūtībām". „Smaga" karma, nelabvēlīgs zvaigžņu stāvoklis, pilnmēness u.c. Dzīve šķietami ir netaisnīga, un tā piemeklē tikai neirotiķus, lai vairotu neirotismu. Pārējie, arī Tuvo Austrumu iedzīvotāji, ir dzimuši laimes krekliņos – tāda ir neirotiķa psiholoģija un attiecīgi rīcība. Tam ir teorētisks izskaidrojums. Vainīgi ir citi, jo pašam nav vēlēšanās laboties un kur nu vēl ārstēties, tāpēc jāatrod veids, iegansts, lai varētu „vārīties". Kā objektīvs attaisnojums noder jebkurš iemesls, kas ir pa rokai un gana ērts. Tas ir kā vairogs, lai attaisnotu savu rīcību. Neirotiķis ir spējīgs pat nošķiroties no paša bērna, un pieņemt šo cietsirdīgo lēmumu kā veiksmīgāko risinājumu? Fiziskā un garīgā paralīze tiešā un pārnestā nozīmē. Tiešā, kad cilvēks ir nespējīgs, un pārnestā, kad ir „novedis" sevi vai kāds ir „pacenties" izdarīt to ar viņu. Otrajā gadījumā situācija ir jāmaina. Visos gadījumos, kad cilvēks apdraud sevi, nespējot kontrolēt savu stāvokli, sabiedrībai un tuviniekiem ir jāpalīdz novērst šī destruktīvā koma. Kas ir tie iemesli, lai atstātu savus bērnus novārtā un atdotu audzināšanā citiem? Tā ir vecāku nāve, kaut kas līdzīgs deportācijai, vecāku smaga slimība, kuras dēļ vecāki nav rīcībspējīgi vai kā citādi ir invalīdi. Tā kā izvēle nav tik vienkārša, un neirotiķis neredz nevienu citu variantu kā tikai to, kas ir labāks pašam, tālāka atsauce nedaudz sarkastiskajai piezīmei vairs nav nepieciešama, jo neirotiķis jau būs paspējis satraukties, bet tie, kas gluži tādi nav, turpmāk varēs atrast objektīvāku izskaidrojumu citu darbībai un rīcības izvēles modeļiem.

Tātad, ja mūsu priekšā ir neirotiķis vai ja mēs paši ciešam no šī stāvokļa, nav jārīkojas pret savām interesēm, bet to labā. Un tās varētu būt ne gluži tās, ko esam sevī sapratuši un pieņēmuši. Dažāda atteikšanās no vecāku misijas ir kroplība, un tā nav attaisnojama, bet ir izprotama. Vēl jo vairāk, obligāti ir jāizskaitļo iemesli, aiz kuriem slēpjas ne fiziskais vai garīgais sirdzējs, kas ir spiests upurēt savu vecāku varu savas veselības dēļ, bet cilvēks kā neirotiķis, manipulators, infantils indivīds, sabiedrības vērtību un modes upuris. Ne vienmēr tās ir sievietes, abi dzimumi, ja vēlas, atrod, kā civilizēti vai brutāli atteikties no saviem mazuļiem. Bērniem ir nepieciešami divi vecāki, lai viens no viņiem, kad nejūtas stabili, varētu deleģēt pienākumus otram. Kad notiek nelaime un bērns tiek pamests, jājautā, ko šajā brīdī dara tas otrs no vecākiem. Un tai ir jābūt sabiedrības problēmai, ja precedentu ir vairāk nekā viens. Ja sociums nereaģēs un tikai šausmināsies, tad problēmsituācija neatrisināsies. Nāksies joprojām uzturēties vienaldzīgo un agresīvo vecāku vidē visos līmeņos. Empātisks cilvēks ir vesels, tas nespēj būt vienaldzīgs un apvainot kādu kā vienīgo bez sirds un emocijām palikušo. Iespējams, ka sabiedrībai patīk negācijas, lai būtu saturiski jauna viela, gar kuru tā pa īstam nav daļas. Jāatzīst, ka kolektīvā vienaldzība ir lielāks zaudējums, nekā mēs to varam iedomāties. Pavisam drīz, ja vēl ar kādu tas nav noticis, pie mietpilsoņu namdurvīm pieklauvēs nākamā vedekla, kas būs uzaugusi nepilnīgā ģimenē, jo viņas vecāki, kad viņa vēl bija pusaudze, devās darba meklējumos uz ārvalstīm, kad objektīvu iemeslu dēļ to vēl varēja nedarīt vai vismaz atlikt. Bērns, kurš jau ir pieaudzis, negrasās apciemot vai pārcelties uz dzīvi pie saviem vecākiem, jo, pirmkārt, nepiedod, ka viņi tam likuši tīņa gados emocionāli pārdzīvot. Otrkārt, vēlēšanās pēc drošības un patvēruma liks sarosīties dzīves partnera meklējumiem vai laulībām. Meitene, kas ir jauna sieviete, kura nekad savā dzīvē nav pieredzējusi neko labu un vērtīgu saistībā ar jēdzienu „ģimene", izturēsies pret to kā pret formu bez satura. Pēc būtības visi augošie bērni, kas kādreiz, kad pienāks laiks, gribēs veidot ģimeni, nav pasargāti no kārtējās katastrofas – ģimenes saišu nenovērtēšanas un bērnu pamešanas vai atstāšanas novārtā.

Šķiet, ka pēc šīs pēdējās piebildes, pat vispretenciozākajam un pašpārliecinātākajam indivīdam ir iespēja kaut nedaudz apstāties, lai dziļāk pārdomātu pēdējo domu un pacenstos to attiecināt arī uz sevi. Kā zināms, ikviens smilšu grauds veido masas kopējo summu. Var iestāties mirklis, kad iekrātais mantiskais daudzums paliks neizlietots, jo bērni būs aizklīduši sapratnes, mīlestības, labvēlības, cieņas un pasaules mūžīgo vērtību meklējumos. Iespējams, ka tas vēl nav tas biedējošākais, žēl būs tad, kad lolojumi aiziedami paņems līdzi neizpratni, aiz kuras nomaskējusies tā pati vienaldzība, kas pēc laika atklāsies un vērsīsies no jauna pie bērniem un viņu bērnubērniem. Nepārprotami, ka šo tematu var izbeigt īpaši tie, kam tas nesagādā raizes vai jebkādas citas neērtības, jo nolūks nav mācīt, pamācīt vai pabiedēt. Viens no mērķiem ir sniegt iespēju padomāt un pievērst uzmanību izkoptam ļaunumam. Par to, cik tas liels vai maziņš, redzams vai neredzams, eksistējošs vai sagudrots, katram ir jāizspriež patstāvīgi.

Pašaizsardzības mehānismi reizēm izdara ar mums brīnumu lietas. Negribas dzirdēt, pieņemt realitāti, gribas pakārtot pasauli saviem bērnības priekšstatiem u.c. Var sākt uzskaitījumu no pretējā, dažādus „brīnumus" radām mēs paši, jo jūtamies kā bērnībā. Attaisnojumi dažkārt ir muļķīgi un neveikli. Kāpēc bērnam mājās nav maizes – tāpēc, ka pagāju garām veikalam. Pēc divdesmit pieciem gadiem, esot mātei vai tēvam, šoreiz ne uz vecmāmiņas, bet bērna uzdoto jautājumu atbilžu variants nemainās. Kāpēc mājās nav maizes – tāpēc, ka negāju garām veikalam. Kad beigām pienāk beigas? Šobrīd šis jautājums izskan muļķīgi, jo tās ir tās beigu beigas. Tālāk vairs nav kur meklēt! Bērniem vajag maizi, bet tās nav. Rodas neskaitāmi aizbildinājumi, lai nepabarotu bērnus. Tāpēc pārfrāzējot iepriekšējam jautājumam par beigu beigām ir jāskan konkrētāk, bez aplinkiem: kad bērnībai pienāk beigas? Psihoterapeits tulks iespējams pārtulkotu šo frāzi šādi: kad beigsies vecāku ieilgusī bērnība? Šajā gadījumā vecāku saldā bērnība, jo no tā, kas ir rūgts, ir motivācija ātrāk atteikties, bet kārumiņi un mazie prieciņi bērnus notur bērnībā ilgāk. Mazām vēlmītēm ir jāiztērē vai jādod pretim minimāla enerģija. Piemēram, atgriežoties pie tā paša notikuma, kad vecmāmiņa toreiz taujāja: „Kāpēc nav maizes?", bet konkrētāku atbildi no sava bērna nav pieprasījusi, tāpēc, ka pati tādi pati, paiet garām atbildībai. Nenobriedusi! Ne maize, bet vecmāmiņa. Turpretim citiem ir pretēja pieredze ar līdzīgu iznākumu – tad, kad vecāki ieper par nesaprātīgumu. Bet ne visiem tas sekmē pieaugšanu, drīzāk dusmas. Notiek pretējais – bērns „iecērtas", un par viņa dzīves misiju kļūst vecāku psiholoģiska vajāšana visu mūžu. Izrādās, ka beigas beigām vai bērnības beigas pieaugušo dzīvē pienāk tad, kad maize saviem bērniem tiek pasniegta galdā ik dienas. Tas nav nekāds jociņš, jo daudziem tas vēl ir kā brīnums un neziņa, kā īsti pārējie, kas ir noslēguši savu bērnību, to dabū gatavu. Neziņa turpinās un kļūst par intrigu, jo „maize galdā" ir tieša un pārnesta bērnības grūtība, kas pārcelta pieaugušā dzīvē.

Aplūkosim kopīgi vēl dažus variantus, kā iemācīties būt pieaugušam, kļūt par to, izveidoties par tādu un tamlīdzīgi. Atstājot savu bērnību aiz durvīm vai, paturot prātā infantilismu, piešķirot tās labumus, ja tādi ir, saviem bērniem. Kaut gan tūlīt jāprecizē, ka bērnība un infantilisms nav sinonīmi. Tas nav viens un tas pats. Infantilisms ir neatbilstība, piemēram, savai vecuma grupai un sociālajai lomai. Vecs cilvēks var būt bērna prātā, un bērns par to neatbild. Bērns var būt gudrāks savas dzīves spriedumos un vērtībās par vecotēvu. Pēc šīs svarīgās atkāpes jāatgriežas pie beigu beigām. Atklāsmei par jautājumu, kad pieaugušie saprot, un kā tie var laikus panākt saprašanu, barjeru, aiz kuras sākas pieaugušā uztvere. Ir bijuši mēģinājumi un runas, ka ilgas un vienveidīgas sarunas ar vecākiem palīdz noskaņoties par labu psiholoģiskai nobriešanai, tomēr ar pārliecību tā apgalvot nevar, jo bērni šos kontaktus neuztver kā dialogu, bet kā moralizēšanu, tāpēc vēlas drīzāk aizspiest ausis, nekā ieklausīties vecāku balsīs. Izaugušie bērni saka, ka par pieaugušo varot kļūt no tā brīža, kad apprecas. Tad vecāki vai nu „izmet no mājas pansijas" vai kolektīvi gan no sievas, gan no vīra puses iesaistās jaunās ģimenes veidošanā un stabilizēšanā, un tas kalpo par signālu, ka beidzot bērni atlaiž vecākus un pretēji – vecāki iedod atļauju nobriest caur noslēgto laulību.

Variantu, izrādās, ir bezgala daudz. Iztēlei un tās realizācijai nepastāv ierobežojumi. Daudziem ir uzdevums kļūt pieaugušiem un bērnību atstāt kā pozitīvu mantojumu saviem bērniem līdz tam laikam, kamēr tie paši pieaugs un būs spējīgi nodoties pieaugušo dzīvei, atstājot savukārt savu bērnību saviem bērniem. Katrai emocijai savs laiks – lūk, tā ir viena no nobriešanas formulām. Cilvēki var pielūgt un censties sagaidīt dažādas zīmes simbolu veidolā, lai iegūtu iespēju atvadīties no bērnības. Jauki būtu, ja atrastos vispārpieņemami un atvasināmi simboli, piemēram, lapkritis, krusa, plūdi vai polārās dienas vai nakts sākums, pēc kā būtu skaidrs, ka, lūk, tajā un tajā gadā dzimušiem ir iestājusies ja ne gluži pilngadība, kas tikai formāli glābj šo situāciju, bet atvadīšanās no bērnības līdz pat mielēm un dziļākai apjēgai. Ar bērnības diagnozi nomokās vecāki, arī viņiem ir priekšlikumi, kā *pieaudzēt* savu pieaugušo bērnu. Tā, lūk, piemēram, var bērnam jau agrā bērnībā likt strādāt smagus darbus – jo nepaceļamāki maisi, jo ātrāk viņš sapratīšot dzīves jēgu. Trausli organismi biežāk sagādā sev traumas, nekā emocionāli pilnīgojas. Ideju vecākiem netrūkst, kādam no viņiem dzīves jēga un psiholoģiskais briedums ir tuvi jēdzieni. Atrast dzīves uzdevumu nav tas pats, kas justies pieaugušam. Vecāki spiež savus bērnus mācīties, jo pašiem nav izdevies piespiesties. Tas veicinot pieaugšanu. Intervijās daži vecāki stāsta, ka bērnam ir jāpalīdz izvēlēties pieauguša cilvēka ceļš, citi tam nepiekrīt, norādīdami, ka bērniem ir jāļauj attīstīties un pieaugt brīvībā, bez pienākumiem, priekšlaicīgas atbildības, atprasīšanas u.c. Vai ir vecāku varā izlemt, kad pienāk bērnības beigas? Interesanti, ko šajā sakarā domā bērni? Kad viņi paši jūtas pieauguši, un kad viņi paši ir gatavi tādi kļūt? Tieši šos pašus jautājumus cerībā saņemt atbildes varētu uzdot tiem, kam pilngadības svētki apziņā sen pagājuši. Jautājums paliek bez konkrētas atbildes tāpēc, ka gatavu atbilžu nav.

Reizēm apstāties ir neiespējami, tāpēc paliekam bez individuālās bērnības noslēguma. Pie savas pieaugšanas ir rūpīgi jāpiestrādā. Organisms mūs saudzē. Aizsardzības mehānismi pasargā no iespējamā iekšējā apmulsuma. Tad, kad nogurst smadzenes, mēs ilgojamies pēc miega. Ja mēs turpināsim nomodu, tās neizturēs un iemigs. Tad, kad nojaušam savu reāliju, mēs lavāmies prom paši no sevis. Piemēram, tēlojam aizņemtību paši savā priekšā. Ar ko īsti? Ja neizdodas izrauties no bērnības skavām, tad ar tās paliekām. Tādas atliekas arī mēdz būt, kas tiek uzskatītas un pieņemtas kā vērtība. Iedomājieties, ka jūs esat izsalcis un jūs dodaties atvērt ledusskapi. Jūsu acu priekšā paveras īstenība. Tas, ko jūs pamanāt, ir fakts, un jūs varat izmantot vienīgi tos produktus, kas pašreiz atrodas ledusskapī, ja vien tādi tur ir. Turpmākais izriet no jūsu kulinārijas talanta, pieredzes, radošajām spējām, intereses, attapības un tamlīdzīgi. Nākas izvēlēties apmierināt izsalkumu šeit un tagad ar to, kas ir šodienā, vai iestāstīt sev, ka tur pašreiz nekā nav, un palikt nepaēdušam līdz parītam. Nu, un, ja mums nāksies kādreiz notiesāt to, kas nav īsti pa prātam. Savāds salīdzinājums starp vēlmi apmierināt izsalkumu un psiholoģiskām pretestībām? Nepavisam ne. Cilvēki reizēm sevi neizprot, ir izvēlīgi un nav nobrieduši, lai apzināti disciplinētu sevi. Bērns nekad neēdīs to, kas viņam negaršo, vienīgi tad, ja vecāki ar sev zināmām, pārbaudītām metodēm tomēr iebaros to, kas bērnam netīk. Grūts uzdevums iztiesāt lēmumu pareizību. Mācību process ir sāpīgs, jo pieprasa frustrāciju. Iespējams, bērnam jāmācās saprast, ka pēc nepatīkamā būs balva, jo toties pēc tam viņš zinās, kas viņam īsti garšo.

Frustrējoši ir atklāt, pēc kā mēs īsti alkstam, kas mums ir nepieciešams un kur to var dabūt. Jāpatur prātā: lai izkļūtu no stagnācijas, mums nāksies kaut ko upurēt. Rēķinam ir jāpienāk, un no kaut kā nāksies šķirties. Piemēram, no komforta, kas nepavisam nav komforts. Bet ērta dzīve ir ēsma slinkumam, ne tikai ķermenim, bet arī prātam un garam. Apstrādāt gadu no gada vienu un to pašu lauku, stādīt vienu un to pašu dārzeni ir vienmuļi un garlaicīgi. Kāds vīrietis nodarbības laikā teica, ka no tās aršanas jēgas vairs neesot, jo nevar ne nopelnīt naudu, ne rudenī ir, kur likt ievākto ražu. Tomēr gadu no gada katru pavasari atkārtojas viens un tas pats, ar traktoru tiek uzarts tīrums, iesēta sēkla, rudenī iegūto ražu novāc, mazāko daļu patur sev, pārējo izdala un izmet mēslainē. Stāstītājs sirgst ar depresiju un jūtas aizvien sliktāk un nomāktāk. Prasīties prasās pēc pārmaiņām, augstākai vai labākai dzīves kvalitātei ir nepieciešami ieguldījumi. Momentā dažādot savu ikdienu neizdosies, lai tas neizrādītos kārtējais pašapmāns. Problēma nav nodarbošanās, bet attieksme pret sevi un pasauli, kas ir atvērta izziņai. Nāksies pārskatīt savu dzīvi un saskarties ar dažādām pretestībām, arī tuvinieku un savējām. Piemēram, būtu pienācis laiks, lai pārkvalificētos vai paplašinātu savas biznesa iespējas, iegūtu papildu izglītību, labiekārtotu vidi. Vecākam kļūstot, bez iepriekšējās pieredzes to izdarīt kļūst aizvien grūtāk, jaunus pienākumus uzņemties ir sarežģītāk.

Pastāv arī cits risks – var izjukt attiecības ar tiem, kam citādie lēmumi var likties nelietderīgi un nepareizi. Bailes no tā attur noskūt bārdu un mainīt matu griezumu. Jāsaskaras ar to, kas nav svešs cilvēka iedabai. Ar konkurenci. Sieva var būt greizsirdīga uz vīra panākumiem, un vīrs, iespējams, to pašu var just pret sievu. Agresīvas motivācijas pamatā var būt nenovīdība pret sev tuviem cilvēkiem, it kā no tā būtu kāds ieguvums. Par to var lasīt ne tikai grāmatās, vērot filmās, bet saskatīt dzīvē. Romas dibināšanas vēsturē brāļu Rema un Romula attieksme ir patiesa vēsturiska situācija. Par šo reālo notikumu nav jādomā katru dienu, bet tas ir jāpatur prātā kā atgādinājums, uz ko ir spējīgs cilvēks. Protesti, šantāža un manipulācijas sākas tad, kad kādam no mums pazūd vienaldzība un rodas saistoša, savtīga ieinteresētība jebkādos notikumos. Dabā neviens ģimenes sapulces laikā nenostājas visu ģimenes locekļu priekšā un nepasaka: „Es tūlīt sākšu ar jums manipulēt." Pazīmes ir šādas: tas, kas manipulē, bieži vien nemaz nepazīst šo terminu. Darbībā tas izpaužas tā, ka otru nostāda smagas izvēles priekšā vai uzdotie varianti ir tik ierobežoti, ka tam, ar kuru manipulē, nākas, protams, ja viņš „uzķeras", rīkoties par labu otra gribai pretrunā savām interesēm. Kāda lauku vīra sieva varētu, aizstāvot savas intereses, vīram pateikt tā: „Ja tu sāksi iztirgot mūsu tehniku, tad tava māte, ja vēl būtu dzīva to neizturētu." Bērnam mēs pedagoģiskos nolūkos teiktu kaut ko tādu: „Ja tu neizēdīsi zupu, tad mēs tevi ciemos šovakar līdzi neņemsim." Pirmajā gadījumā tiek apelēts pie atmiņām, jūtām un vērtībām: ja saimnieks tomēr izšķirsies par labu savām interesēm un vajadzībām, tad it kā nodos savus vecākus. Neapskaužama situācija. Ja neiedziļinās un nesaskata teicēja patiesos nodomus, var iekrist atkarības slazdā, pašpārmetumos. Otrajā situācijā ar bērnu ir vēl sarežģītāk – kā jūs rīkosieties tad, kad zupa netiks izēsta. Sodīsiet un atstāsiet mājās. Kāda jēga izteiktiem draudiem, ja neturēsiet vārdu. Sarunas priekšmets ir vēlme iedabūt to zupu tajā mazajā vēderā. Jārēķinās ar paredzamajām sekām, jo atvase drīzumā atdarīs ar to pašu. Pastāv vēl dažādi citi varianti, lai pabarotu bērnu, tikai tie ir laikietilpīgāki.

Atbildības izjūtu par savu dzīvi un neatkarību vēlams sākt mācīties jau no bērnības. Tā ir turpat blakus bērnības zupas šķīvim un vēlāk neveiksmīgas pieredzes iespaidā pie tās lauku sievas, kas „skalda un valda". Pie viņas laulātā, kurš nepazīst patstāvību. Ne velti tiek draudēts ar mātes piemiņu, jo tās uztveres klišejas arī atrodas turpat, kur sievai – pie bērnības ēdiena galda. Ne viens, ne otrs necik tālu nav tikuši. Kļūt par neirastēnisku būtni var daudz straujāk nekā par līdzsvarotu un harmonisku cilvēku. Zupas šķīvja gadījumā vecākiem, iespējams, labāk izvēlēties citādu pierunāšanas paņēmienu. Labāk tagad, kamēr bērns ir mazs, patērēt savu, vecāku laiku, nekā nelabvēlīgi ietekmēt nākotni. Eksistē daudz samērīgāku un radošāku pierunāšanas taktiku. Uz mirkli iedomājieties – par neapēstu pusdienu maltīti nākas saņemt sodu vai kritiku. Izdarot sev ko tīkamu vai protestējot pret vecāku varu, var saņemt cietsirdīgu apiešanos, „samaksājot" ar konfliktiem savā pieauguša cilvēka ģimenes dzīvē. No vēstures stundām un no līdzcilvēku stāstītā zinu, ka J.Staļins bija izdevis rīkojumu, kurā par maizes doniņas iznešanu no maizes ceha draudēja mūža ieslodzījums vai izsūtījums katorgā. Atkarīgus, bailīgus cilvēkus mēs, vecāki, radām paši un pēc tā radām sev sāpes un ciešanas, jo pārdzīvojam par bērnu neizdevušos dzīvi. Kad viņi būs pieauguši, ārpasaule varēs ripināt mūsu pašu mīļotos bērnus, kā vien kuram ienāks prātā. Vismaz viens no prognožu variantiem piepildās.

Stāsts ir par to, ka kādai laukos dzīvojošai ģimenei ir saimniecība. Ģimenes galva vēlas mainīt tās plānojumu. Sievai ir cits viedoklis, un viņa draud ar vīram emocionāli svarīgām lietām. Sieva uzskata, ka iestāsies nabadzība, jo pirmais pārmaiņu periods var būt smags, un neviens negarantēs, ka viss veidosies droši un stabili. Noturēties iepriekšējā ekonomiskajā dzīves kvalitātē var šķist apgrūtinoši. Iepriekšējās pūles un ieguldījumi ir kā svarīgas atmiņas par sākotnējo grūto ģimenes biznesa sākumu. Kur gan lai tagad paliek agrākie darba rīki un iedzīve, jo tādu nevienam citam lāgā nevajag. Uzkrājumiem, kam pēc laika ir jāizsīkst, vairs nebūs atpakaļceļa. Vērtību pārorientācija, ar ko būtu principā jāsāk, lauku sievu nebiedē. Apsverot visu, vai nav skumji, ja mums negribas atgriezties mājās. Iepriecināt sevi ar kaut ko jaunu, jauku un saturīgu. Nav taču viegli ikdienā izjust dusmas, apātiju un trauksmi. Sievietes vīrs uzskata, ka tas ir jāpārtrauc. Jāaptur „nepareizā programma", jāmet miers tādai nodarbei un dzīvesveidam, kas nesagādā prieku. Viņš nav bijis spējīgs pretoties vecāku testamentam, tāpēc ir darbojies pāri saviem emocionālajiem spēkiem un fiziskām iespējām. Tā kā sievai nav iespēju pilnībā pārņemt visu saimniecību, viņa cenšas aizstāvēt savu nedrošību un atrunāt vīru manipulējot. Šādi beidzas stāsts par zupas šķīvi un laulāto pāri perifērijā. Pēc vairākiem gadiem sieva un vīrs, būdami dziļā savstarpējā konfliktā, apmeklēja psihoterapeitu. Apmeklējuma mērķis bija saistīts ar kādu skandālu, kurā bija iesaistīts kāds no viņu bērniem. Pamazām saruna atdūrās pret pagātnes dzīves notikumiem. Psihoterapeitam nav jāpalīdz sastādīt biznesa projektu, izpestīt dēlu no cietuma, nav jāsniedz padomi u.c. Pašam cilvēkam jāatrod „noslīdējušie valdziņi no adīkļa", lai dzīves modelis būtu pēc iespējas ideālāks, bet, uzņemoties lielāku atbildību un rīcības spēju par savu dzīvi, var iegūt savā īpašumā daudz vairāk nekā posta un bēdu ieleju. Ne jau psihoterapeits radīs savu izpratni par lietu kārtību, bet cilvēkam, esot profesionāļa vidē, jāpūlas izveidot savējā.

Tad, kad dzīvojam rutinēti un nevaram atrast dzīves „asumiņu", ir jāmeklē jauna jēga vai jāpiepilda tās saturs ar kaut ko citu, sev nozīmīgāku par iepriekšējo bezjēgu. Iepriekšējā, ko esam piedzīvojuši, esam liecinieki, esam ar to pazīstami un orientējamies tajā teicami, bet prieka kaut kā no tā īsti nav. Tuvākā vai tālākā nākotne var modulēties tieši tāpat kā pagātne, bez pārmaiņām. Vīrieša un sievietes gadījumā tas apliecinās, jo nav prieka par pagājušo laiku un tagadni. Nepatikšanas un neziņa turpinās, pašreizējā brīdī kā kārtējais piemērs ir nepatīkamā epizode ar dēlu. Nopietnāk pāra attiecības un viņu dzīvesveidā neiedziļināsimies tādēļ, ka uzdevums ir saprast vispārīgo noskaņojumu. Nekas labs tik plosošā vidē nav gaidāms. Paaudžu paaudzēm tiek risināti vieni un tie paši jautājumi. Veids un saturs atkārtojas. Kur dzīvot? Kā veidot savu dzīvi? Kā labiekārtoties? Cik stāvus būvēt? Uz kādiem pamatiem? Kā veiksmīgāk piesaistīt vīru un sievu nebeidzamajiem pienākumiem? Palikt laukos vai doties uz dzīvi pilsētā? Kuriem vecākiem ir vairāk taisnības – sievas vai vīra? Kā sadalīt bērnus, kad šķirsies? utt.

Vienmēr viens un tas pats, ne mirkli miera un jaunas realitātes. Pie tādas nevar tikt, pieredzē pārsvarā lietojot pretējās polaritātes – labs, slikts; darīt, nedarīt; precēties, šķirties; mīlēt, ienīst; tuvināties, attālināties. Tā ir manipulāciju tehnika, ko ne tikai tendenciozi atkārto kā vienīgo, tātad unikālo attiecību veidošanas metodi, bet tā arī nepaplašina emocionālo pieredzi. Nenotiek vēl daudz kas būtisks, tāpēc pienāk beigas. Cilvēks kustas, atražo iepriekšējo bez iniciatīvas un apzinātības. Varbūt ar gadiem esam kļuvuši nihilisti un jūtam dzīvi tikai tad, kad saņemam spēcīgas, pārsvarā negatīvas emocijas pat no pozitīvā. Varbūt toreizējai bērnības zupai nebija ne vainas, bet mēs vēlējāmies pāraudzināt savus vecākus, nedaudz paspītēties un pavērot reakciju. Sākums kā nevainīgs eksperiments, caur kuru apguvām skolu. Iespējams, ka slimojām ar gastrītu, zupa bija nepieciešama kuņģim. Iespējams, ka tāds ēdiens tika pagatavots tikai vienu reizi, pirms šāds notikums kļuva par likteņīgu leģendu. Zupa varēja būt kā labākais ēdiens, kas tajā laikā bija pieejams mājās. Atliek secināt, ka par šo notikumu nekas īsti nav skaidrs. Tieši šī aizsāktā neskaidrība kā neziņa atkārtojas vīra izvēlē momentāni atteikties no saimniecības, sievas pārmetumos, dēla neveiksmēs, nedefinējamās dzīvesbiedru savstarpējās attiecībās. Daudzi laulātie pāri izšķiras arī tāpēc, ka paši neko nesaprot notiekošajā. Bezjēdzīgs kompromiss. Tik pārblīvētā emocionālā vidē nogurst ne tikai prāts vien. Ļaudis mēdz izdomāt iespējamo labumu, lai nomierinātu nelabumu, cer, ka jaunas attiecības un radītie bērni atrisinās viņu iekšējos konfliktus. It kā ar iepriekšējo attieksmi varētu panākt citu iznākumu. Lielos vilcienos pašos norisināsies viens un tas pats, bet ar citām personām. Nevienam nav vajadzīgs, lai līdztekus esošajiem papildus ciestu vēl citi cilvēki. Vilšanās notiek pēc laika, kad izrādās, ka viss ir viens un tas pats tikai citādā veidolā. Protams, ne visos gadījumos. Iespējams, ka tad, kad gribas raudāt šķietami bez iemesla, tas tomēr atradīsies nepazīnātā ne tikai pagātnē, bet arī tagadnē.

Tomēr mēs noteikti pamanāmies sev nodarīt pāri – tad, kad gribas raudāt it kā bez iemesla, noteikti jārespektē sava izjūta, nesāpinot sevi vēl vairāk. Konfliktējot ar sevi, kaut ko nepieņemot un ar prātu uzspiežot attieksmes un uzvedības pārmaiņas, noturīgu panākumu nebūs. Piemēram, vecumposma pārmaiņas, klimakss, ātra erekcija, sirmi mati, neelastīga āda un tamlīdzīgi. Ne vienmēr var paredzēt, tieši kurā mirklī konkrēti nāksies par kaut ko līdzīgu pārliecināties. Ir zināms, ka tā kādreiz notiks, bet kurā īsti brīdī mēs to atklāsim, tas paliek tuvākas vai tālākas nākotnes noslēpums. Iespējams, jau pašam nopietni noslēdzas kāds lielāks un ierastāks dzīves posms. Tad, kad iedomājamies kārtējo seksu ar savu laulāto un gribas no tā izvairīties, ķermenis pasaka priekšā, ka attiecības ir apdzisušas. Pieprasījums pēc kaut kā jaunavīgāka ir tādēļ, ka pats nejūt savu novecošanu. Tuvojoties bijušajam mīļotajam cilvēkam, var šķist, ka no viņa pāri ir palicis vairs tikai acu skatiens un balss, bet pašam par sevi ir augstprātīgāks viedoklis. Šāda neatbilstība pašuztverē ir ne otra, bet paša izmisums, jo „virsbūve", kas pašam sagādā neērtības, sāk sakristies, un tīkotāju pēc tās kļūst aizvien mazāk. Pieprasījums turpinās, bet pēc kaut kā cita, ja nav ko pretim dot, tad iestājas personības stagnācija. Fiksācija pagātnes vērtībās. Ķermenis šodienas, bet priekšstats par sevi no pagātnes. Tas nav nekas jauns un nepieredzēts. Reizēm izklaidējošs apkārtējiem un nožēlojams sev. Tādos gadījumos *dēlietis* vai *vīrišķis* un *meitietis* vai *sievišķis* neiztiks bez personīgās frustrācijas savā ikdienas dzīvē. Ne vienmēr no pieraduma ir iespējams atbrīvoties. No ilūzijas par savu jaunības harizmas valdzinājumu, nevainību, izjūtu, ka „viss vēl ir priekšā", bezatbildību un bezbēdību. Lai sajustu tonusu, tuvojoties pusmūžam vai vēlāk, ne visos gadījumos var palīdzēt erotiska rakstura materiāls, jo kairinātāji ir jāmeklē sevī. Padomājiet, veroties uz kādu ķermeni ārpus sevis, nav iespējams priecāties par savu. Erotiskie atribūti novērš uzmanību no savējiem. Apmierināt sevi šādi ir izkopts ļaunums, jo pietrūkst emocionālās realitātes. Sava dzīve, arī fiziskā, ir jāveido tā, lai ir prieks par sevi, ne tikai par citiem. Un neviens nav teicis, ka visu mēs dzīvē varam atrisināt un ka tam ir jānotiek pēc standarta. Mūsdienās monogāmija, spēja saglabāt un radīt abpusēji veiksmīgu laulību, nodzīvot ar vienu cilvēku visu mūžu, turpināt mīlēt un just prieku un cieņu vienam pret otru ir ekskluzīvi. Standarts ir izvēlēties būt šķirtam, apmierināt vajadzību pēc seksa ārpus ģimenes attiecībām, eksperimentēt poligāmiskas attiecības un uzskatīt, ka cilvēks ir apveltījis sevi ar iekšēju brīvību. Tik rožaini tas nav, kā izskatās, jo kāda ir garīgā veselība un psiholoģija, tāda ir nepieciešamība to izprast. Reizēm nav tik skarbi, kā izskatās, jo neaizdomājoties var nokļūt citu pārdomāta mārketinga slazdos. Vispirmām kārtām reklāmas rullīši tiek vērsti uz to, lai atrisinātu problēmu – nepatīkamu situāciju, kam talkā nāk „kaut kāds" brīnumlīdzeklis. Tādējādi indivīds var nodzīvot visu mūžu un nenojaust savas grūtības, kamēr masu mediji neatklāj un tad personīgi neuzrunā atvērto problēmu, sniedzot risinājumu.

Piemēram, cilvēkus, kuri nav vairs tik jauni, publikai pasniedz ne tik pievilcīgā gaisotnē, kura reizēm ir pārlieku nejauka un robežojas ar neestētiskumu. Jaunākiem vīriešiem līdzās ir vienaudzes, nobriedušākiem kungiem – jaunākas, bet ne sava vecuma sievietes. Kundzes bieži vien netiek virzītas uz skaistuma produktu reklamēšanu, bet uz nepievilcīgākām un erosu mazāk nesošām lietām, kaut gan jaunībā nav tik daudz naudas līdzekļu, kā kļūstot vecākam. Pircējas ir tās, kas spēj apmaksāt savas vēlmes un vajadzības. Pusmūža un vecāks vīrietis biežāk netiek saistīts ar skaistumu, pat ne veselību, kur nu sportu un atpūtu, tūrismu, intelektu un ne vārda par mīlestību. Ja par viņu ieminas, tad pārsvarā tikai seksuālas dabas disfunkciju dēļ. Šajā vienveidīgajā viedokļu pasniegšanā var pazust, noticot tam, ko cenšas iestāstīt. Ir velti uzskatīt, ka melnais mārketings nedarbojas, jo šo tirgus mārketingu veido un sastāda paši cilvēki. Lasīju kādu interviju ar ārzemnieci, sabiedrībā pazīstamu kultūras darbinieci. Savā atklātajā publikācijā viņa dalījās ar to, ko daudzi noklusē – likumsakarīgo pārdzīvojumu līdzīgās dzīves izdarītās izvēlēs. Pirmkārt, viņa ļoti mīl savu vīru, otrkārt, viņš ir trīsdesmit gadus vecāks, un jau pirms kāzām, kas bija notikušas pirms divdesmit pieciem gadiem viņiem bija divas galvenās norunas no vīra puses. Viņai kā sievai ir jābūt gatavai uz to, ka viņš varētu aiziet no dzīves pirmais un tāpēc sievai ir jābūt gatavai rūpēties par bērniem vienai, otrkārt, viņš apzinoties savu fizisko, seksuālo spēku nākotnē un perspektīvu šajā jautājumā kā vīrieša lomas nesējs, tāpēc nekad kopdzīves laikā neprasīs viņai vēlu vai savādākai pārnākušai mājās, kur un pie kā viņa ir bijusi, ja vien pašai nebūs vēlme par to stāstīt. Par to, vai šī vienošanās tika izmantota, man ziņu nav un nemaz arī nevajag interesēties par tik delikātu jautājumu, bet būtiskākais ir tas, ka šīs attiecības starp laulātajiem ir atklātas un savstarpēji zināmas. Ne jau par legalizētiem sānsoļiem, bet par kaut ko daudz intīmāku un personīgāku. Abiem paveras izvēles brīvība piekrist vai nepiekrist.

Iespējams, ka tā ir visoptimālākā pieeja. Laulātie iepriekš nezina, kad kādam no viņiem pirmajam apstāsies sirdspuksti. Kurš no viņiem nodzīvos ilgāk par otru, iepriekš neviens nevar paredzēt. Tā ir ne tikai minētajā piemērā, bet arī ģimenēs, kurās nav būtiska vecuma starpība. Vispirms jau nav konkrētu avotu, no kuriem varētu smelties pārliecību, ka dziļā vecumā cilvēki nepiekopj seksuālās attiecības. Jauniem cilvēkiem arī var būt agrīnas problēmas šajos jautājumos. Ne visi fiziskās vai psiholoģiskās neatbilstības gadījumos dos priekšroku mierinājuma meklēšanai ārpus ģimenes. Ne visi ir tik stereotipiski un atriebīgi. Vecums nav šķērslis ģimenes konfliktiem, ja tādi ir ieprogrammēti, tad tie radīsies visur, pat neiedomājami skaistiem un ļoti jauniem laulātiem pāriem. Risks ir vienāds visos ģimenes modeļos, tikai neapmierinātības tēmas un attiecīgi cēloņi ir citi. Tā, lūk, vecāka sieva pārmetīs kaut ko jaunākam vīram, vienaudži atradīs savu neapmierinātību, biseksuāļi neiztiek bez savām grūtībām savstarpējās attiecībās, homoseksuāļi arī strīdas un šķiras. Respektīvi, visam vispirms ir konkrēts cilvēks, iemeslu, lai kaut ko pārmestu citam, vienmēr var atrast. Jebkuram pārim attiecībās var iestāties beigas. Sekss ne vienmēr ir mīlestība, jāizvērtē katram patstāvīgi. Mēdz būt, ka cilvēki pārvērtē un pretēji – nenovērtē tā iespaidu kopumā uz partneru attiecībām. Vēlme pēc erotiska apmierinājuma var būt ne tikai fizisks, bet estētisks un pat izteikti emocionāls pārdzīvojums un garīga pieredze pret pašu vai citu vidi. Piemēram, dzimuma identitātes jautājumos, mākslas baudījumā, intelektuālo un materiālo sasniegumu jomā. Ne visiem padodas nojaust, kur nu vēl izjust savu erosu. Orgasmu var sasniegt dažādi, tas ir daudzveidīgs; jo cilvēks emocionāli jūtas pilnvērtīgāks, jo vairāk viņam ir iespēju nodrošināt maksimālāku apmierinājumu. Tāds indivīds ir priecīgāks, apmierinātāks un elastīgāks pret sevi. Viņam nav jāpieķeras kaut kādai vienai emocijai un jāpakļauj tādējādi atkarībai savas pārējās jūtas. Viņš nav centrējies uz vienveidīga emocionāla labuma iegūšanu.

Apzināties savas vēlmes nenozīmē, ka var sasniegt konkrēto ieceri. Tā reizēm ir satikšanās ar realitāti. Nu ko lai dara, ja pret sevi izturas tik sekli kā pret iegribu nodrošināšanas automātu, bet ne dzīvu un apzinātu, inteliģentu *Homo sapiens*. Tieši patiesas, nemaskētas vajadzības ir vislielākais un nozīmīgākais ieguvums. Palīdzēt atrast sev to, kas darītu laimīgu. Iespējams, visnotaļ jāatzīst, ka varbūt ir nepieciešams mācīties, un tas pavērs iespēju būt izglītotam caur apzinātības paplašināšanos. To varētu saprast un pieņemt kā izeju no sava emocionālā infantilisma, bet it jāsaprot, kas un kur, un no kā būtu jāmācās, tik pieaugušam un emocionāli nenobriedušam esot. Izvēlēties var būt pārāk sarežģīti. Pieaugušie biežāk, kad kaut ko nesaprot, samierinās un pārdzīvo vai šķiras un pārdzīvo. Divi izplatītākie jautājumu risināšanas veidi. Piemēram, geštaltterapijā ir dzenbudisma pamatu teorijas, jo neviena nopietna mācība nevar pretendēt uz zinātniskumu, ja tai nav filozofiska pamata. Ko sniedz mums filozofija, viena objekta vai subjekta apskatīšanu no dažādiem rakursiem. Iedomājos Angliju pirms pāris gadsimtiem ar tās neizpildāmajām uzvedības un kultūras normām, kas radīja vairāk traģēdiju cilvēku dzīvēs un dvēselēs, nekā sniedza labumu un rīcības brīvību. Neizpildāmas kulturālas normas un nespēja pretrunīguma dēļ tās realizēt nomāca cilvēcisko eksistenci. Kas ir svarīgāk, mīlēt kaut reizi dzīvē vai labi uzvesties? Ja kādai sievietei ir problēmas ar grūtniecības iestāšanos, tad ir paredzams, ka ar šādiem jautājumiem griežas arī pie citu nozaru speciālistiem un vienkārši pie draugiem, grāmatām, mātes un tēva. Pašas vīrietim varbūt ir laba ideja un vērtīgs situācijas skatījums, kas sniegs svarīgas atziņas. Psihoterapeita kabinets ir bezmaz pēdējā instance, kur griežas tad, kad vairs nav, kur iet, jo īpaši tad, ja analīžu rezultāti neuzrāda neauglību kā pamata problēmu abiem laulātajiem. Ir arī pretēja galējība, kad uzskata, ka psihoterapeita konsultācijas ir vienīgā iespēja, kā tikt pie dzimtas turpinātāja. Pareizo izvēli mēs paspēsim izdarīt, ja mums izdosies iegūt pēc iespējas daudzpusīgāku pieredzi un skatījumu uz dzīvi un tās eksistenciālajām problēmām kopumā. Citreiz mēs spriežam par jautājumiem, uz kuriem nav viennozīmīgu atbilžu. Biežāk tie apelē pie izvēlēm un jēgas meklējumiem, kas cilvēces apziņā nav jaunums. Jārokas dziļāk un enerģiskāk, jāatrod katram savi resursi, absolūtā pareizā atbilde ir pašos, citi var veicināt tās formēšanos.

Tā, piemēram, pārstāstot savus dzīves notikumus un atrodot kopējo sasaisti, veidojas stāsts, ko cilvēks kā sava garīgā pārdzīvojuma un emocionālā novērojuma autors var mēģināt ne pārrakstīt, bet koriģēt pagātnes vēstījumus atbilstošāk šodienas izpratnei, pašam esot pieaugušam. Protams, ir saprotams, ka jaunajai sievietei ir svaigas atmiņas par māsu, kura mammai šķietami par agru ir palikusi stāvoklī, turklāt bez vīra. Sieviete atceras mātes dusmas, ar laiku viņa pamanīja kopsakarību līdzībā ar jaunāko māsu. Ka viņa sirgst ar tām pašām slimībām, kuras dzīves laikā rodas māsai. Pat virspusēji tverot, ir nojausma, uz kuru pusi „vējš pūš". Jāatklāj, jāpaceļ līdz augstākai izpratnei attiecību trīsstūris starp abām māsām un māti. Cits stāsts ir ne par neauglību, bet par stresu, kad, pārlieku domājot un savā nogurumā nejūtot atslābinājumu, nevarat iemigt bez miega zālēm. Paskaidrojumi lieki, jo situācijas apstākļi ir skaidri redzami. Izveidojusies atkarība, bet nemiera cēloņi nav apzināti. Cik cilvēku, tik sarežģījumu. Kāds cits zina teikt, ka viņu kārtējo reizi pametis mīļotais cilvēks. Tātad mēdzam atkārtot vienas un tās pašas kļūdas un nemācāmies no iepriekšējām? Bezmērķīgi pārdzīvojot pārdzīvošanas pēc, var zaudēt veselību.

Mēdz jau būt, ka izprotam savas darbības cēloņus, bet tik un tā nākamā situācija parāda to pašu līdzīgo attieksmi un reakciju. Šajā brīdī ir jāsaka sev "stop" un jāiegremdējas pašterapijā. Ja kāds to neprot, tad jāuzmeklē cilvēks, kas palīdzēs to izprast un apgūt. Dejošana arī ir ārstnieciska, ja saprot savu stilu, vietu un lomu. Bērni mums nezvana un neliekas ne zinis? Neesam bijuši pietiekami labi vecāki, starp mums nav izveidojušās attiecības. Vai varbūt ir vēl kāda *neapzelēta* alternatīva? Piemēram, bērnu prieks dzīvot un nodarboties ar savu dzīvi. Pašpārmetumiem tagad vairs nav vietas. Jāizdzīvo sāpīgās emocijas un jāskatās, ko var darīt tālāk, kāda varētu būt savstarpējā un personīgā perspektīva. Ne visi bērni mīl savus vecākus, un vecākiem ir dažādas jūtas pret saviem bērniem, kas nav tik vienpusīgas. Visiem vienādu ideālu modeļu savstarpējās attiecībās nav. Tad, kad ilgstoši jūtam hronisku naudas trūkumu, ne vienmēr esam bez resursiem, reizēm nemākam kaut ko sabalansēt, to pašu attieksmi un vērtību prioritātes. Aizvien kāda neirotiska vajadzība uzņemas vadību pār mums un liek pārtērēt līdzekļus vai novirzīties no sākuma iecerēm. Ne visi konkrēti sasaista pastāvīgās finansiālās grūtības ar savu individuālpsiholoģiju. Tad, kad slimojam un mums nevar noteikt īsto diagnozi, nevaram izveseļoties, jo neeksistē objektīva saslimšana. Iespējams, kaite ir tāda, ko nevar atšifrēt neviens mediķis un paša apziņa. Jebkuru problēmu var uzlūkot radoši. Atturēšanās no sava veseluma ir negribēšana pa īstam kļūt veselam. Ne no šā, ne no tā esat neapmierināts ar savu izskatu, vecumu, dzimumu. Tā arī nemēdz būt, jāmeklē iegansts neapmierinātībai. Tātad it viss, kas liek mums justies nelaimīgiem un sevī aizskartiem, cilvēcei ir identificējams, jāmeklē līdzīgas alternatīvas tajā, kas nav izvērtēts iepriekš.

Kāds, atceroties savas draudzenes bēres, stāstīja, ka tas bija smags laiks viņas mammai un tēvam. Bērns nomirst agrāk par vecākiem, tas tuviniekiem nav viegli. Bēru ceremonijas laikā visi, kas vien varēja parunāt, izteica savu līdzjūtību bēdu sagrautai mammītei un tētiņam. Tikai viens cilvēks demonstratīvi to nedarīja, proti, nelaiķes mātes māsa. Viņa uz bērēm ieradās ar vecu aizvainojumu sirdī. Šķiet, ka tik saudzīgi vairs šo uzvedību nav iespējams attaisnot. Tik neadekvāta pieeja situācijai norāda, ka cilvēks nav spējīgs iziet ārpus sava nu jau patoloģiskā narcisma. Ja nebūtu pēdējā teikuma piebildes, tad varētu *pūsties* pretim, bet, tā kā ir nojaušama novirze no visu pieņemtām sabiedrības normām, kļūst vienkāršāk izprast šo neveselo cilvēku. Nesērot līdz ar māsu par tās zaudējumu nav cietsirdīgi, bet patoloģiski. Nīst māsu un tās ģimeni esot attaisnojami tāpēc, ka aizsaulē aizgājušas sievietes miesīgā tante cietusi par to, ka šai sievietei, vēl mazai meitenei esot, vecmāmiņa novēlēja māju. Abu māsu māte vēlējusies šo māju un zemi atdāvināt vecākajai mazmeitai, nevis pašas meitai. Naids ir tik spēcīgs, ka tad, kad visi sarūgtinājuma pārpilni ilgi stāvēja pie kapa un kopā devās pie bēru mielasta galda pieminēt mirušo un tantei tika izteikts atsevišķs mutisks uzaicinājums, viņa atbildēja, ka ar zagļu bandu pie viena galda nesēdīšoties. Nemāku vairāk komentēt šo situāciju, bet nelaimes, traģēdijas bieži vien satuvina cilvēkus un vienīgi cilvēkus. Daba paredzot to, ka *Homo sapiens* no tā rašanās brīža ir diezgan kašķīga, neiecietīga un cietsirdīga būtne, tāpēc par šīs sugas psihisko veselību rūpējas dažādi iekšējie psiholoģiskie aizsardzības mehānismi. Iespējams, ka visuvarenās ciešanas var vērst cilvēkus uz izziņu, ko mēs katrs izjūtam dzīvē, bet tā āda ir tik bieza, ka *mesidžus* no Dieva par to, lai apstājamies un padomājam, kurā mirklī mums zūd viss cilvēciskais un domājošai būtnei raksturīgais, joprojām izlasīt, apzināti piefiksēt bieži vien neizdodas. Kurš šajā iepriekšējā stāstā ir tas ļaunais? Protams, tas, kurš var sevī to izturēt! Tāpat kā ar smagu somu. Kurš ir stiprākais, tas, kurš var to panest ilgāk. Lai ko mēs neuzskatītu par savu īpašumu mantiskajā nozīmē. Iespējams, ka vecmāmiņa ir netaisnīgi kādreiz sadalījusi mantojumu, bet.... mēs nevaram dzīvi nodzīvot bez zaudējumiem, arī mantiskajiem.

Cilvēki pamanās zaudēt veselo saprātu, ko ir daudz grūtāk atveseļot, nekā pašam iegādāties kāroto, atsperoties no saviem materiālajiem sapņiem. Nav neviena, kam kaut kas kādreiz netiktu nozagts, atņemts, neiedots, neiedalīts vai nesadalīts pēc taisnīguma principiem. Nebūsim taču naivi! Nekalposim un nepakārtosim savu dzīvi idejai par to, ka visu dzīvē var saglābt un saturēt. Nē, tā nav. Kaut vai kabatas lakatiņš, bet šķirties no kaut kā vajadzēs. Eksistē neparedzamie izdevumi, neefektīvie naudas ieguldījumi, pārmaiņas finanšu, juridiskajā un politiskajā jomā, kuru papildinājumi laika gaitā veic korekcijas. Cilvēki maina savas domas un savas materiālās dāvanas sadala dažādi – pēc impulsiem, priekšstatiem, vēlmēm, vajadzībām u.c. Vienmēr mūsu lielākā priekšrocība ir izvēles brīvība. Padoties izkoptā ļaunuma kārdinājumam, nest sevī ļaunumu pat bēru laikā vai pieiet un izteikt savai māsai līdzjūtību un tad, iespējams, rīkoties pēc atbildes reakcijas vai situācijas. Kas ir adekvāta uzvedība? Šīs pagātnes mantas dalīšanas notikums ir ar lielu noilguma vēsturi. Pa šo laiku visi ir kaut nedaudz mainījušies pat fiziski, kur nu vēl garīgi. Kā var apgalvot, ka notikušas pārmaiņas? Cilvēks ir dinamisks, vai nu viņš progresē vai regresē. Diez vai kāds precīzi atceras, kas toreiz īsti notika. Kādi bija vadmotīvi vecaimātei? Kas viņai tolaik pirms aiziešanas mūžībā bija prioritāte? Var tikai aptuveni nojaust. Piemēram, mēs nevaram apgalvot, ka dziļā vecumā mums būs svarīgs un nepieciešams tas, kas šķiet primārs šodien. Cilvēki kaut kā nesaprot, runājot žargonā, tiem *nepielec*, ka lielākais grauzējs ir sirdsapziņa, nevis konkrētā vecmāmiņa. Bet lielākā vērtība – emocionālais komforts, kam vecais cilvēks iespējams ir devis priekšroku, izdarot izvēli. Lai kā mēs nemēģinātu kaut ko nosargāt, tik un tā iestājas līdzsvars starp to, kam ir, un kam nav jābūt. Paraugieties apkārt. Tas, kas bijis vajadzīgs jaunībā, vecumā top nevajadzīgāks un otrādi.

Piemēram, ir bijusi daudzbērnu ģimene, dažreiz kaut kā ir trūcis, tad vēlāk vecākiem ir vieglas vecumdienas, nav jāstāv uz ielas stūra un jāubago, pietiek uzmanības. Tam, kam ir bijuši bērni jaunībā, pusmūžā brīvākas rokas, jo bērni paaugušies. Pie tā, kurš ir kādu mīlējis, devis nesavtīgi kaut ko otram, saņēmējam gribas atgriezties. Tos, kuriem interesē un ir vēlēšanās sadarboties, vai tas būtu ārsts, kāda amatpersona, komponists, jurists, pedagogs un tamlīdzīgi, neaizmirst, tos iesaka citiem. Kaut kas ir jāpaņem sev, un kaut kas ir jāatstāj tā otra cilvēka ziņā. Pasaule ir iekārtota tā, ka vienam pašam viss nepieder. Turklāt, ja kāds kaut ko dara savtīgi, maldina otru, tad viss nelāgais agri vai vēlu vēršas pret viņu pašu. Tam piemēru ir bez gala. Mediķis, kas vairāk interesējas par honorāru nekā par slimnieka problēmu, cieš no pacientu trūkuma. Frizieris, kas slikti dara savu darbu, bankrotē, bet mačo, kas aptīra sieviešu kabatas un apvārdo to ausis, kādreiz paliek vecs un nespējīgs. Novērojums ir tāds, ja puzlē maina kaut vienu figūru, tad mainās kopējā bilde.

Patiešām reizēm mēs neapzināmies savu ietekmi uz mazākiem vai lielākiem dzīves procesiem. Tā, piemēram, treniņa nolūkā kāds cilvēks, neņemot vērā nekādus apstākļus, izvēlējās vienu dienu būt laipns, kaut ne vienmēr tāds ir bijis. Pirmkārt, pamudināja interese pamēģināt kaut ko jaunu. Otrkārt, papētīt paša reakcijas. Treškārt, zinātkāre par to, kas notiks ar apkārtējiem, nonākot saskarsmē ar laipnu cilvēku, ko nevar novirzīt no labvēlīgas attieksmes. Ceturtkārt, virsuzdevums – ja prognozes apstiprinātos, tad iespējams var radīt laipnības matricu, kas sākumā var kalpot kā paraugs, piemērs tam, kā varētu kļūt par laipnu personu un mazināt sevī spontānas agresīvas vai nostabilizējušās negatīvās iezīmes. Tas būtu materiāls, ko varētu tiražēt un izdalīt tiem, kuri vēlētos, nepaļaujoties nevienam satricinājumam, būt mierā ar sevi un nejust stresu. Dienas laikā pierādījās tas, ka tikai viens cilvēks varēja agresīvi izturēties pret laipnību. Tikai vienam aptiekāram bija gana spēka būt nelaipnam pret laipnību. Fascinē, ka labvēlīga attieksme patīk cilvēkiem un viņi ir gatavi attiecīgi reaģēt, ja pat pirmajā mirklī nav uz to momentāni spējīgi. Apkārtējie piemērojas.

Un tā turpmāk visu pēc kārtas par to, kā šī spēle norisinājās. Piebraucis pie aptiekas ar savu auto, kungs kopā ar savu slimo bērnu nostājās autostāvvietā, kurā ir ērta piebrauktuve pie aptiekas. Saņemt medikamentus var pat tad, ja nav vēlmes pamest transporta līdzekli. Tēvs piespieda zvana pogu un gaidīja aptiekāru, kas pēc trešā zvana parādījās. Secinādams, ka viņš ir aizņemts pie otras letes, tēvs joprojām gaidīja. Tajā dienā vīrietis vairs nekur nesteidzās. Pie atvērtās loga rūts parādījās sapīkusi seja – katrs nojauš šāda apraksta tipiskos vaibstus. Nudien, nebija nekādu pretenziju, tikai interese par to, vai pēc savstarpējās komunikācijas šie pirmie raksturīgie sejas vaibsti paliks stacionāri vai mainīsies uz laipnāko pusi. Nē! Lai kā eksperimentētājs necentās, tomēr beigās nācās atstāt ērto autosēdekli un palīst zem mašīnas, lai varētu savākt izdoto naudu un preci. Par ko vīrietim bija prieks? Par to, ka viņš esot pieredzējis situāciju un to esot vadījis viņš. Pēc šī eksperimenta palikušas atmiņas, bet ne neapzināts pārdzīvojums vai vēl kaut kas ļaunāks un neapzinātāks – histērija, naids, dusmas, aizvainojums, riebums vai tamlīdzīgs.

Tad, kad mums šķiet, ka kāds ielaužas mūsu teritorijā, svarīgi ir neiesaistīties šajā konfliktā, bet saglabāt kopējo situācijas redzējumu. Bet tas neizslēdz iespēju nepieciešamības gadījumā izpaust dusmas. Galvenais ir organizēt situāciju tā, lai saprastu notiekošo. Cilvēks nav ēteriska būtne, kam neiespējamās situācijās par katru cenu ir jālauž sava adekvātā emocija, bet ir apzinīga būtne, kas ir spējīga domāt un izvērtēt kopumā izveidojušos apstākļus. Visi neesam karavīri vai policisti. Uzdevums nav izzināt situāciju, lai sastādītu „protokolu", pārskatu kādai institūcijai, identificējot vainīgo un nododot to taisnīgai tiesai izvērtēšanai. Tā domāt ir augstprātīgi. Ja nav emocionālās negatīvās pieredzes, tad mums līdz ar to nav ko apspiest. Novērojām, padomājām, secinājām, pagriezām muguru un devāmies mājās.

Ne vecmāmiņu, ne aptiekāru, ne daudzus citus nevajag pārtaisīt. Šāda taktika ir daudz veselīgāka, ja vien izdodas patiesi to realizēt. Nelabvēlīgāk ir, ja mēs izliktos par laipniem, bet justu dusmas, neapmierinātību un par visu varu mēģinātu tās neizradīt vai aizturēt, tēlojot labiņos, teikdami: „Es atsakos no visiem iespējamiem mantojumiem." Vai izteiktu lūgumu aptiekāram, lai tas vēl pamētā kaut ko uz asfalta, jo mums sagādā prieku rāpošana, kas ir veselīga, jo, piemēram, vingrina un stiprina mugurkaulu. Psiholoģijas studentam māca, ka reakciju apspiešana nodara cilvēkam lielu ļaunumu. Tas, ka apspiestas dusmas un neapmierinātība izpaužas dažādās psihosomatiskās problēmās un citās organisma atbildes reakcijās, ir absolūta patiesība. Tādēļ nevajadzētu mākslīgi izlikties priecīgam, ja to nevar atklāti un patiesi izdarīt. Tas visiem ir zināms, bet ir vēl jāsaprot šīs domas kaitīgums. Padoms nav īsti korekts un vienpusīgs tiem, kas vairs nemāk neizlikties. Ja mēs nevadīsim sevi, tad iestāsies patvaļa. Pārspīlējumi vienmēr izraisa emocionālus saspīlējumus. Priecāties un dusmoties vajag, bet, tā kā starp šīm emocijām ir šaura robežšķirtne un kā jau galējības tās atrodas tuvu viena otrai, tad jebkurš, kurš būs apvainojies bez iekšējas cenzūras, riskē ar savu dzīves kvalitāti. Patiešām ir nepieciešams un ieteicams ne tikai savs, bet arī cits viedoklis, lai savējais nostiprinātos vai mainītos sev par labu. Iedomāsimies, ja nebūs apsardzes pie bankas, tad to ātri izlaupīs. Visi sabiedrībā ir informēti, ka laupīt ir nosodāmi, bet situācijai atradīsies sekotāji pat starp pilsoņiem, kas ir likumpaklausīgi. Spēja apzināti menedžēt savas emocijas paceļ indivīdu virs vidusmēra psiholoģiskās uztveres. Neviena situācija un reakcija neiespaidos tā, ka no tās nevarēs atjēgties ilgu laiku vai pat gadu desmitus.

Mēs neapaugsim ar negatīvismu un nevairosim saspīlējumus mūsu emocijās, ja laikus noticēsim redzētajam un apjaustajam. Piemēram, nakts tumsā sastaptais indivīds, pildot darba pienākumus, guļ. Pārvietojas tā ķermenis, bet prāts gausi veģetē un sapņo par spilventiņu. Bērnība atmostas un aicina atgriezties siltumā pie vecākiem. Tomēr starp mums ir tādi, kas pārzina un pārvalda šos novērojumus, bet turpina attīstīt nepatīkamo situāciju. Kādu? Neko jaunu, tikai kāri būt ar bērnam adekvātu atbildību. Iedomājieties bērna emocijas, kad viņam atņem mantiņu. Daudzi labprātīgi nedalās ar iegūtajiem labumiem pat tajos gadījumos, kad tas ir loģiski. Tāda reizēm ir cilvēka daba. Starp citu, daudziem tieši patīk uzsūkt negatīvismu, tāpēc nevajag pašiem būt tik dāsniem un kalpot par bezmaksas ēsmu tiem „bērniem", kas izvairās no atbildības.

Tie, kas jūtas pieauguši, bieži konfliktē ar psiholoģiskajiem bērniem. Tēmas konfliktiem tiek sagādātas caur saņemto agresijas devu. Shēma ir šāda – psiholoģiskie bērni vēlas atlaides, un, kad tās tiek saņemtas, ar to vēl izrādās par maz, tāpēc tie dusmojas un apvaino savus sponsorus visdažādākajos veidos. Piemēram, ka tie nav pietiekami iejūtīgi, devīgi, saprotoši, taisnīgi un tamlīdzīgi. Tie pieaugušie, kas nobīstas, sniedz „lāča pakalpojumu". Piemēram, viena no sava veida legālām narkotikām ir šo bērnu psiholoģiskā mīta uzturēšana. Par tā lietošanu netiek saņemts sods, bet atkarība pieaug. Var ieiet tēlā kā lomā un vairs neiziet no tās. Pieļaujams, ka ļaudis tā dara kaut vai tāpēc, lai ir, par ko parunāt pie kafijas tases, un ir iemesls novirzīt sevi no kaut kā svarīgāka. Visām atkarībām ir vienāds aizsākums. Vispirms tikai parotaļājas un tad pamazām pierod. Nodzeršanās sākas ar nevainīgu šampanieša glāzīti. Nepieciešamība pēc adrenalīna komunikācijas laikā ir tā pati saldā spirdzinošā dzira, kas pārvēršas par alkoholismu. Pilsoņi sākumā painteresējas un pēc laika nemanot iesaistās. Agrāk tauta sameta līdzekļus bojā gājušiem brīvības cīnītājiem, dzimtenei, gaišākai nākotnei, bet šobrīd – zilā ekrāna personāžiem, lai tie neaizietu, pirms nav noskaidrota intriga. Kurš pirmais kļuva par *play boy* (spēļu zēnu), Džons vai Džordans? Piemēram, žurnāla publikācijas vai speciālie izdevumi, kurus lasot vai iegādājoties, mēs jau iepriekš paredzam to, kāda rakstura informāciju saņemsim. Pēc būtības tas nav nepareizi. Tas ir apsveicami, ja indivīds apzinās ieguvumu vērtību. Atrodas tādi, kas ir pateicīgi, kad kāds viņu dēļ riskē ar veselību, lai regulāri apkopotu un sagatavotu kārtējo „devu". Tā rīkoties ir cēlsirdīgāk par to, ka kāds vēlas atklāti nodrošināties ar agresijas devu, turpretim kāds cits ir apkopojis to kādā no lasāmvielām. Vienkārši samaksāt par izdarīto pakalpojumu vienmēr ir patīkami. Skaidrs, ka jebkuras vajadzības popularitāti nosaka pieprasījums.

Kādas emocijas caur šiem aprakstiem mēs sevī ielaižam? Tas ir izaicinājums sev, jo nenovīdība iezogas nemanot, tāpat kā jebkurš kaitīgais ieradums. Būsim uzmanīgi! Daudzi mēdz apgalvot, ka nejūt skaudību, ja tomēr kaut ko līdzīgu sevī pamana, tad tā esot tā baltā, kas nav ļauna vai naidīga. Skaudība ir konkrēta negatīva rakstura īpašība, šo iezīmi nevar mīkstināt, pārkrāsot un nekā citādi pārveidot mīlīgāku un attaisnojamāku. Šādu realitātes patiesīguma novērojumu ir iespēja aplūkot ikdienā.

Ja mēs skatāmies televīzijas ziņas un nejauši uzzinām, ka kāda māte izmetusi savu bērnu pa logu, tad šis šokējošais fakts liek mums domāt par to, kādi mēs esam paši kā līdzcilvēki. Mēs atklājam to, ka cietsirdībai nav izmērāmas robežas, un mēs nekādā gadījumā neesam skauģa lomā ne šādai rīcībai, ne lēmumam, bet soģi gan. Bargi tiesneši, kas pārstāv ne gluži taisnību, bet ideju par savu patiesīgumu. Pat necenšamies šo traģēdiju ietērpt tīkamākā „apvalciņā". Ne jau, lai norādītu uz mātes nekrietnumu un zemiskumu, kas tāpat ir visiem saprotams. Kā sieviete, būdama pie pilna prāta, ir kaut ko tamlīdzīgu izdarījusi? Tas varētu apkārtējos interesēt, bet ne pārfrāzēt šo nelaimīgo notikumu, vēršot tā sekas uz pozitīvāku apgalvojumu attiecībā pret sevi. Piemēram, lūk viņa ir slikta māte, bet es laba. Primitīvs fons, lai izceltos. Mātes Terēzes tēls būtu grūtāk sasniedzams. Nesavtība, mīlestība un iecietība ir tas, ko šai sievietei ziedotu no sevis māte Terēze. Tieši to pašu, kas lielos vilcienos ir nepieciešams visiem. Vai normāls cilvēks būtu spējīgs uz šādu rīcību? Nonākot bezizejā un izmisumā, depresijā vai psihozē, iespējams, ka būtu gan. Vēsturē ir ne mazums apliecinājumu iepriekš novērotajam. Piemēram, otrā pasaules kara laikā lopu vagonos dzimušos zīdaiņus deportētās mātes centās likvidēt tūlīt pēc dzimšanas, jo nespēja rast citus risinājumus, lai nule pasaulē nākušais cilvēks nebūtu vēl lielāks upuris apkārtējās vides manipulācijām. Mūsdienās ar vidi ir citādi, bet mātes izmisumu kolektīvā apziņā ir iespējams pārmantot. Tāpēc nav iespējams ignorēt nevienu bērna slepkavības gadījumu, it kā paliekot ārpus notikuma. Emocijas piedalās. Novērotāji iedalās divās nometnēs – tie, kas provocē negācijas, un tādi, kas vēlas analizēt situāciju plašākā mērogā, ņemot vērā sociālpsiholoģiskos aspektus.

„Viena pagale nedeg." Šodienas personīgi nepazīstamā sieviete – māte – slepkava ir mazmeitiņa toreizējai mātei, kas tagad piederas viņai kā vecmāmiņa. Varbūt tikpat labi tās vecmāmiņa vai vecvecmāmiņa ir bijusi tikai kā lieciniece tā laika zīdaiņa slepkavošanas momentā. Vienkārši tās nejauši atradās līdzās, un tas izšķīra likteni. Daļa informācijas, ko nācies piedzīvot visam gūstekņu vagonam, nogulsnējās zemapziņā. Galvenā doma ir par to, ka nekas nekur tāpat pats no sevis nerodas un neizplēn. Bērnu slepkavības gadījumi atkārtojas, un ir jāizprot to jēga, lai pēc iespējas precīzāk novērstu problēmu jau pašā sākumā. Jāmēģina un jācenšas neizstumt no psihes notikumus, kuru pastāvēšana nav vis mīts, bet realitāte. Piemēram, skaudība ir skaudība. Nelaime ir nelaime. Dažādu situāciju atkārtošanās ir kā sabiedrības problēma u.c. Izkoptais ļaunums ir tendence noliegt lietiskos pierādījumus un apstākļus. Visa sabiedrība ir „OK", un tikai dažas vai daži citi ir tie neģēļi. Bez šaubām, lielākā sabiedrības daļa ir nevainīga un tieši nav iesaistīta slepkavības epizodē, bet katram ir jāpalīdz sev saprast, ka tieši vai netieši ikviens esam spējīgi degradēt vai pilnīgot globālo vidi. Mēs esam kaut kas vairāk, nekā dažkārt spējam aptvert. Ne tikai, piemēram, māte vai tēvs, bet indivīdi, kas noteikti atstāj iespaidu uz bērniem un bērnubērniem.

Palūkosimies uz ēkām, celtnēm, dažādām konstrukcijām, kurās ir mūsu senču atspulgs. Ja šausmināmies vai priecājamies, tad tā nav nejaušība, bet vēsture. Mātes un tēva tēls laiku pa laikam apzināti bija „nocenots". Nosliece uz vecāku maznozīmīgumu laiku pa laikam ir uzbāzusies sabiedrībai, piešķirot ilūziju, ka to loma ir sekundāra un laicīga. Bailes no duālām emocijām reizēm ir neizturamas, jo vecāku atzīšanā un pieņemšanā ir eksistējis aizliegums, kurš dažām sociālajām grupām ir saglabājies vēl līdz mūsdienām. Tāds pārdzīvojums liek tēmēt tieši uz kritizētāja lomu. Jebkurā dramatiskā situācijā, bez šaubām, ir vienkāršāk nostāties moralizējošā vērtētāja lomā, jo pastāv iespēja manipulēt, pasakot, ka, iespējams, esmu kritizētājs, lai māte saņemtu „taisnīgu", bargu tiesu. Soģis, bet ne indivīds, kas nevēlas veicināt un nostiprināt sabiedrībā zemu pašapziņu. Bumeranga projekcija eksistē. Iemetot ūdenī akmeni, tas ap sevi rada apļus. Māte, kas izmet pa logu savu bērnu, izaicina instinktu aizstāvēt nevainīgo mazuli un agresīvi vērsties pret māti slepkavu. Agresija, kas netiek vērsta uz pozitīvo un enerģisko, ir bez jēgas, jo nevairo labumu. Soģis ir aizskarts savās dusmās un neatšķir upuri no upura upura. Māte, kas šādi vai citādi vardarbīgi izturējusies pret savu bērnu, ir dezorientēta. Vēl vairāk, viņa pati ir sava nodarījuma upuris. Neapzināti viņa atražo emocijas, kas ir frustrējušas „visu vagonu", kā tas ir šajā mātes slepkavas piemērā.

Kāpēc tā notiek? Soģis ir patīkamāks sevis apzīmējums nekā notiesājamā laikabiedrs. Piemēram, Vācijas pilsoņu mazbērni, kuru vecāki bija iesaistīti Otrā Pasaules kara notikumos, mēdz izjust psiholoģiskas grūtības savā nācijā par notikumiem, kuros personīgi nav iesaistīti. Iespējams, ka, kaut gan nav personīgi atbildīga par vardarbību, šīs valsts kolektīvā apziņa parāda ne mazums piemēru, kā risināt pagātnes negācijas. Emocijas, lai cik tās nebūtu senas vai „vecas", nav ieteicams ignorēt. Izlikšanās saasina psiholoģiskos konfliktus mikro- un makrovidē katrā nākamajā paaudzē. Fakta nepieņemšana notiek tādēļ, ka mazāk apdraud pavājināto pašapziņu. Soģis ir šķietami aplūkojams no augstākas pozīcijas nekā pastarpināti iesaistītais. Otrais personīgi ir tāds kā pretīgāks nekā pirmais. Pretestības nedod iespēju psiholoģiski nobriest un vērot notikumu apstākļus, tāpēc identificēt iesaistītību ir tik grūti.

Padomāsim, kā mēs parasti reaģējam, kad saskaramies ar sev neiedomājamu rīcību, darbību vai lēmumu! Neiedomājami grūti ir saprast un mēģināt iedziļināties sievietē, kas nonāvē savu bērnu, bet cik ir tādu, kuras domās apsver līdzīgas idejas un ne īstenībā, bet teorētiski savā iztēlē mēģina kaut ko tādu izdarīt. Šoreiz tam nav noteikti jābūt logam, dzīvību var atņemt dažādi. Tā izpaužas jebkuras mātes mātišķumā. Atvairot un norobežojot no sevis, piemēram, svarīgāko emociju, nepatiku pret pašas bērnu. Sievietes psihei, ja tāds pārdzīvojums ir izveidojies, spriedzi izturēt ir grūti. Vēl jo sarežģītāk, ja nav iepriekšējo paaudžu parauga, kā risināt nepatīkamo, tāpēc rodas ilūzija, ka tik smagas naida emocijas var piemeklēt tikai sliktās, no nelabvēlīgām ģimenēm nākušās mātes. Tā nenotiek. Piemēram, vecmāmiņa, kas visu laiku „grauž" savu meitu un mazmeitu, noteikti ir naidīgi noskaņota pret saviem tuviniekiem. Tāpēc tikpat labi, ja viņa nonāktu izmisumā, tā arī izmestu savu bērnu pa logu. Kas to var zināt? Iespējams, ka, tiklīdz viņa depresijas mākta bija gatava šādi rīkoties, gadījās palīdzīgas rokas, kas iztraucēja barbariskā akta realizāciju. Nelaimīgajai mātei blakus bija vīrs, kurš naktīs palīdzēja nomainīt bērnam autiņus.

Speciālistu pārdomas mēdz būt dažādas, ne visi uzskata bērnudārzus par labāku atrašanās vietu nekā pie mātes. Tajā ir atrodamas neizbēgamā pagātnes sociālisma idejas, kuru dēļ sievietei ir nācies daudz ko upurēt, pašai neapzinoties sekas. Kolektivizācijas, pārāk ātras socializācijas kaitīgums vēl nav pietiekami izpētīts tāpēc, ka ir jābūt sistēmai, kam būtu svarīgi un vērtīgi to izprast Šādi pētījumi kādam būtu jāapmaksā. Nav tik vienkārši atrast īsto ieinteresēto bērnu un to vecāku sabiedrības sistēmas pārstāvi, kas objektīvi izvērtētu izdevīgumus, kuri ir saistīti ar ģimeniskām vērtībām un progresu. Tāpēc vēl jo svarīgāk ir būtiski saglabāt patstāvīgas domāšanas neatkarību. Nojaust trūkumus agrīnā kolektivizācijā vai socializācijā (šajā piemērā tas ir gandrīz viens un tas pats) var gandrīz jebkurš pilsonis. Ja humānā sabiedrībā ar mātes rokām pa logu tiek izsviests kaut vai tikai viens nevainīgs zīdainis, tas nozīmē, ka problēmas nav tikai tai nabaga sievietei vien, bet gan visā pastāvošajā, dažādās jomās izveidotajā sistēmas bezsistemātiskumā.

Jāmēģina pavairot individuālos novērojumus iracionālos lēmumos, kas nostiprina destrukciju. Neviens organisms nav autonoms, tas līdzdarbojas un tieši vai netieši ietekmē un ietekmējas no citiem līdzīgiem savas sistēmas organismiem. Piemēram, mātes uzlūko un identificē citas mātes, tēvi – tēvus, ģimenes – ģimeni un tamlīdzīgi. Gribētos vērst uzmanību, ka visām mātēm ir kopīgas pazīmes, tas liek domāt par to, ka eksistē fiziskās un garīgās līdzīgās iezīmes. Pirmkārt, ne tikai pozitīvās, bet arī negatīvās, otrkārt, ja ne visām ir logi, tad tas neizslēdz to, ka kopumā mātēm sabiedrībā ir neidentificētas vienojošas grūtības. Visbezjēdzīgākais, ko var panākt, ir tikai vienas sievietes vainošana tās nelaimē un notiesāšana, neapzinoties un nesaskatot dziļāku notikuma cēloņu un seku kopsakarību un māšu izpausmes tendences, pārdzīvojumus, grūtības sabiedrībā, jo atbildes reakcijas saturā var parādīties apspiestā vai noliegtā zemapziņas vēlme. Ja tā ir kropļīga, tad cilvēkam kā minimums būs kauns un bailes pacelt izjūtu līdz apzinātībai. Mēs visi taču tik ļoti mīlam bērnus!

Nu, protams! Mēs, sievietes, esam tik laimīgas būt mātes! Bez šaubām, mēs kūstam savu bērnu priekšā kā saldējums saulītē un nespējam savākties kaut nelielam iebildumam, kad saruna ir par bērniem. Kā tad! Tā jau ir! Mātes dienā bērni mums pateicas par mātišķo nesavtību! Nes puķes! Dzied dziesmas! Dod saldu bučiņu uz vaiga! Tā jau ir tā īstenība, visas un katra ir labākā no labākajām savā mātišķajā simbolismā. Tikai viena vienīgā no visām tuvu ideālam esošajām pamanās būt nekrietna, negodīga, alkatīga, skaudīga, nespējīga, neizglītota, nezinoša, nepārliecināta, savtīga, bez saistībām, bez kauna un goda. Varētu teikt, slima, slinka, droši vien iedzērāja un pīpmane, bezatbildīga sadiste, varmāka, kas izmet savu bērnu, miesīgo mazuli, Dieva un divu cilvēku attiecību mijiedarbībā radušos dzīvību, puisīti vai meitenīti ārā pa logu. Bērniņš beigts, tas ir pagalam.

Kaut ko tik noziedzīgu paveica viena no visām mātēm, jo tikai viena no visām ir varmāka. Tā jāsecina! Principā varētu piekrist, tomēr ir vēl kāda versija, saistīta ar kolektīvās apziņas ietekmi. Kad grupa provocē, caur īpašu ietekmi deleģējot, izvirza „kādu”, kurš realizē kopējo zemapziņu. Tas ir delikāts komentārs, jo var provocēt lielu ne to auglīgāko enerģiju kā pretestību. Iebilst mātei vienmēr ir sarežģīti un pat nepieņemami.

Kas provocēja narcismu? Kas radīja vidi? Viens konkrēts cilvēks vai kolektīvs, kurš izcēla to „atbilstošāko”? Jāatzīst, ka vienatnē impēriju uzbūvēt nav iespējams, tāpat kā nevar to izjaukt, bet viens neveikli iemūrēts ķieģelītis var ietekmēt drošību un stabilitāti. Šajā gadījumā, atsaucoties uz „vienīgo vardarbīgo māti”, šķietami ar impēriju līdzību nesaskatīsim. Vai vienotība neeksistē? Vai tas atbilst realitātei, ka viens cilvēks ir spējīgs tik ļoti atšķirties no pārējiem? Vai tad skolotāji nemāca, ka viena pagale nedeg? Vai tad augsne neietekmē sēklu? Ļoti diskutabls jautājums, attaisnojumu un apvainojumu var gribēt izvirzīt daudzi. Tāpēc, lai nav jāiesaistās lieki un jāupurē nevainīgie, jāanalizē sava personīgā attieksme pret saviem un citu bērniem. Ja neizdodas atklāt un identificēt savu labvēlību, tad tās neesamība joprojām nav jānoliedz, bet pēc iespējas labāk jāpietuvina un jāsaprot katrai mātei personīgi. Iespējams, ja mātes apvienotos ar mērķi vairot labumu, tad pasaules procesi un centieni kopumā izvērstos daudz pozitīvāki un labvēlīgāki pret cilvēci. Individuālie kompleksi, kas sakrīt vai atbalsojas lielākā vai mazākā kopienā, apdraud un devalvē mātišķo būtību. Negribas jau būt par cietsirdības ziņnesi, bet objektivitāte ir tāda, ka pasaulē ik dienu notiek daudz sliktu un pat ļaunu notikumu. Grūti iedomāties, ka tajos kaut pastarpināti nav iesaistījusies kāda māte. Abstrahēties no tiem ne vienmēr izdodas, un empātija ir vesela cilvēka pazīme. Nosodīt kādu, tā ir tā pati līdzdarbošanās sliktajam.

Atminēsimies Bībeles epizodi par Jēzu Kristu. Viņu „nomētāja ar akmeņiem", jo viņš bija citāds. Kas konkrēti atšķīra viņu no citiem? Uzupurēšanās. Patiesa griba, pārliecība un ticība. Protams, vēl daudz kas, visu nav iespējams uzskaitīt, bet galvenais cilvēkiem bija iespēja katram atklāt un izzināt pašam sevi. Viņa pirmsnāves brīdī mums caur viņu bija sniegta iespēja iepazīt sevi. Cik no tā paņēma zināšanas? Neiedziļināsimies Bībeles ekseģēzē, bet aplūkosim psiholoģisko momentu. Dokumentālu notikumu, kad vairums klātesošo pakļāvās bara instinktam, jo savās emocionālās vajadzībās jutās līdzīgi. Kādas īsti tās ir? Protams, ka ļaunas. Kurš meklē attaisnojumu? Pieņemt un nostāties cietsirdīgo pozīcijā pret Kristu ir tas pats, kā vēlmē pazudināt tuvāko. Nobīties un vērst savu kareivīgo asmeni pret svešo, lai mīkstinātu personīgo gļēvuma sakāvi pār savu personību. Tajā Bībeles ainā Jēzus Kristus caur savu miesu parādīja mums to, kādi garīgi esam mēs paši! Vai caur gadu simteņiem *Homo sapiens* ir kļuvis emocionāli civilizētāks?

Tā laika notikumi risinājās līdzīgi kā mūsdienās, kad kādam ir pretenzijas pret otru. Sākums situācijai ir šāds: tiek piemeklēts atbilstošs akmens, šādu tādu jau neņems. Tam ir jāatbilst kaut kādam izmēram, lai savā apjomā varētu kalpot par ieroci. Tātad, kaut uz īsu momentu, nākas sakoncentrēties, lai to pazītu kā īsto starp citiem neīstajiem. Tikai tad seko nākamā darbība – tas ir jāpaceļ. Šādā brīdī netraucē ne radikulīts, ne citas kādas kaites un neviens nedomā par to, cik tas glīti vai neglīti no malas izskatās un ko par viņu padomās apkārtējie. Atriebības mirkļos aptumšojas saprāts un izplēn realitāte. Tad attiecīgi jāatvēzējas, jāsakoncentrējas jau otro reizi ar lielāku enerģijas devu, līdz muskuļi saspringst un sagatavojas vēzienam. Turpmāk jāpieliek maksimālais spēks, kāds nu kuram tas ir iegūts, cilājot alus kausus, *ieklapējot* bērnus, uzpumpēts trenažieru zālē, fantazējot pie zilajiem televīzijas ekrāniem ar saviem iesīkstējušiem principiem, šizoīdām idejām, sasmakušās mutēm, nosmēķētām plaušām.

Ar „pareizām" sejas izteiksmēm, ļenganiem un tumīgiem augumiem, aiz pārmērīgas pārēšanās nejūtot sāta un mēra sajūtu u.c. Apņēmības gājiens pret vēsturisko, pagātnē reāli eksistējušo Jēzu Kristu turpinās vēl šobaltdien. Cilvēka būtība nav mainījusies, šoreiz tā, ko visi „labie gari" vajā, ir māte, kura vienīgā ir izmetusi savu bērnu ārā pa logu, nepareizi rīkojoties, jo citas met upē pēc dzemdībām vai pēc aborta – mēslainē. Nule dzemdējušās vienatnē, pa kluso izmet jaundzimušos *miskastē*. Dažas pēc radībām ar novēlošanos devušas pienu, citas nekad, attaisnodamas savas krūšu nespējas ar fizisku vājumu. Daļa māšu sevi izpauž vēlāk, nejauši nožņaudzot savu bērnu, nosmacējot, noguļot, pagrūžot zem auto, aizmirstot mežā, veicinot hronisku saslimšanu, neapveltot ar labvēlību, ierobežojot u.c.

Hipotētiski šādu māšu ceļi savstarpēji krustojas katrā dzimtā. Tāpēc jau var izskaitļot šo naidu, sākot ar cilvēces pirmsākumiem. Nav grūti iztēloties pūli, kas atrieba sevi. Projekcija – tās iezīmes, ko nav vēlmes un spējas pazīt pašā, piedēvēt citam. Tā kā izturēt nevēlamo iezīmi ir grūti, tā prasīt prasās izrauties uz āru, kā pēkšņa dizentērija, kuru tās spiediena dēļ apturēt ir grūti. Pirms tiek mests akmens uz to, kurš atgādina sevi. Tā ir projekcija, kas izpaužas vardarbībā. Surogāta māte, nevarot panest šādu atzinumu par sevi, centīsies atbilstošā momentā, atrodot pirmo iespēju, iecirst asu pļiķi tai, kas atklāti netiek galā ar savu agresiju. Lai piešķirtu rokas vēzienam spēku, pārmest otram to, kas pašam piemīt. Nākamais, kas notiek šajā procesā – uz brīdi tiek aizturēta elpošana. Ir nepieciešama pauze atspērienam. Šajā mirklī negatīvās enerģijas daudzums koncentrējas, piešķirot darāmajam jaudu. Tad jāsasprindzinās, lai esošais priekšmets aizlido pēc iespējas precīzāk mērķī.

Šeit var izvērsties savās vēlmēs. Jēzum Kristum akmeņus uzvēla it visur. Daudzās vietās tas tika savainots. Pievērsīsim uzmanību tam, kādi liekamies sev. Kādas īsti ir nodevas savām pārdomām? Un atklājumiem? Mēs taču visu laiku kaut ko domājam un par kaut ko domājam. Braucot ar auto, strādājot, runājot pa telefonu, dzerot ūdeni un tamlīdzīgi, bet jautājums ir, ko mēs tajā brīdī īsti darām, kāda ir domāšanas kvalitāte, uz kādiem mērķiem vērsta, kāds ir zemteksts un mērķis. Ar ko ir nodarbināts mūsu prāts! Dusmojamies, vēl vairāk uzvelkamies, apvainojamies, kritizējam vai tomēr esam atklāti, kas nav vienkārši, bet īpaši sarežģīti manipulatoram. Tas nav jaunums, ka radītās negatīvās emocijas ir saistītas ar mums pašiem. Provokatorus mēs varam sameklēt ārpus sevis papilnam, bet, ko mēs ar to darām, ir mūsu privātā lieta. Ar dažādiem vīrusiem var aplipināt cits citu, bet ne ar dusmām. Tās mēs piesavināmies no vecākiem, ģimenes, radiem, skolas, kaimiņiem, kolēģiem, mīļotajiem cilvēkiem, svešiniekiem, garāmgājējiem, masu medijiem un tamlīdzīgi. Protams, ar vienu nosacījumu, ja neprotam izmantot vai lietot savas personības durvju slēdzeni.

Cilvēka dvēsele nav publiska telpa. Ja dzīvojam bez filtriem un veselīgas kritikas, tad iekrītam masu izpratnes, vērtību un attieksmju slazdos. Neatdalām, kas attiecas uz mums un kas pilnīgi nav mūsu pārraudzībā. Tas ir izkopts ļaunums! Ja mēs kādu pagrūžam, tad tas izriet no mums. Mūsu ķermenis atvēzējas grūdienam, to diktē priekšā mūsu emocionālās reakcijas. Izvēlēties un izrādīt vēlmi pazemot otru fiziski un garīgi ir pašu vājums. Pārfrāzējot, tā kā sev „žagarus neiedosi", būs vien jāsit citam. Padoms nāk no jūtu pasaules! Ķermenis tikai izpilda deleģētos uzdevumus. Nīst, iesist, iekniebt, iespert, pagrūst, galu galā izmest pa logu, iemest ar akmeni. Un neviens cits tas nav, ieklausieties vēlreiz! Neviens! Mūsu vietā neviens pat nepakustinās pirkstu, lai iedunkātu to otro! Fiziski vai garīgi. Tests kādam varētu būt šāds, ja mēs izšķiramies par to, ka būsim agresīvi, tad pēc izdarītā mūs nemocīs paššaustīšana un mēs varēsim mierīgi notikušo aizmirst. Izjutīsim pat kaut ko līdzīgu gandarījumam. Iespējams, tas ir pat vairāk kā nepieciešams un pareizi pret pašu vai situāciju. Un tomēr, ja mēs kādu pagrūžam, tad to neizdara neviens cits kā vien mēs paši! Izprotama nepieciešamība. Ja vajag, tad vajag! Tikai vēl neliels novēlējums, lai grūstīšanās būtu kā auglīgs, nevis postošs noslēgums abām pusēm.

Vienatne ar sevi pašu ir svarīgs iekšējās higiēnas process. Es nedomāju meditāciju, jo tā māca atpūtināt prātu, attālināt to no realitātes, aizvedot sapņainās tālēs, ja nav īpašu iemaņu un pieredzes šajā jomā. Vienu reizi gadā doties kaut kur, lai relaksētu prātu, nav slikti, tikai tas nav īstais nolūks. Prāta aktivizēšana (lūdzu nejaukt to ar loģisko domāšanu) dažos dzīves momentos mēdz būt daudz vērtīgāka. Nogurums, neskaidrība var veidoties no destruktīvām vai neauglīgām domu formām. Reizēm noderīgi nolikt, kā mēdz teikt, emocijas malā un katru dienu, citam reizi gadā, mēnesī vai mūžā palikt godīgi aci pret aci ar sevi pašu. Pietuvoties saviem dzīves notikumiem un censties tos saredzēt paplašināti. Neliekuļojot sev un nemeklējot attaisnojumus.

Iespējams, ka psihoterapeiti savas karjeras laikā ievēro pašterapiju ne tikai, lai varētu kvalitatīvi strādāt, izpētīt sevi un mācīties, bet lai atbrīvotos no negatīvām emocijām, ko reizēm rada kāds klients, kurš atsauc atmiņā māti vai tēvu. Tas nav jaunums, jo klients projicē uz psihoterapeitu to, kas dzīvē pilnīgi neattiecas uz viņu. Reizēm šo pārnesi nav vienkārši interpretēt. Psihoterapeitam nav jāzina daudz detaļu, bet jābūt pēc iespējas labākam procesa vadītajam un vērīgam sarunu biedram. Psihoterapeits ar pieredzi un personīgo ieinteresētību var panākt ļoti daudz, lai sekmīgi veidotos sadarbība. Protams, mūsu uzdevums nav radīt laimīgu klientu pēc saviem priekšstatiem un gaumes. Psihoterapija nav ekstrasensu pulciņš, kurā vadītajam ir jāved dalībnieki uz „gaišo nākotni". Atšķirīgais formulējums ir ļoti īss. Ja gribi būt atkarīgs no tiem, kas uzrunā tevi un izceļ tevi īpaši - lūdzu! Ja gribi justies brīvs tad, kad tevi uzrunā nelaipni un neizceļ, arī - lūdzu! Ja vēlies justies droši, lai kā ar tevi nerunātu - lūdzu! Ja vēlies, lai ar tevi manipulē visi, kam tik ienāk prātā, arī - lūdzu! Lai vēlējumi būtu pēc iespējas apzināti, vispirms ir „jānoenkurojas". Sakārtot savas domas caur emocijām, jo tieši tās rada vajadzību izpētīt un iedziļināties sevī, ir apsveicami. Metaforizējot iepriekš teikto, mums ir jāierīko slēdzene savās izjūtu un vēlmju durvīs, lai pēc nepieciešamības un vajadzības mēs tās varētu atvērt vai aizvērt. Atslēga jātur pie sevis. Mums ir jābūt ļoti gudriem, tik gudriem, lai mēs neatvērtos un neaizvērtos par daudz. Neciestu no sava untuma, neieslīgtu kompleksos, bet mācītos būt elastīgi un apzināti.

Par kādu daba ir parūpējusies vairāk, un viņam dažādi psihes un uztveres mehānismi funkcionē veselīgi, un indivīds ir spējīgs aizsargāties un pasargāties, iedot sev atbalstu un perspektīvu. Turklāt pastāv risks, ka robežas kādreiz sabrūk vai kļūst caurejamākas, bet, ja potenciāls ir spēcīgs un izdodas ar savu vai ar kāda cita starpniecību restaurēties, tad nākamās traumas pārvarēt ir vieglāk, jo to mehānisms ir saprotams. Izveidojas imunitāte, un nekas, šķiet, vairs nav par grūtu. Kā ar spēka treniņiem sporta zālē. Glābšanos, palīdzību var meklēt sevī, dabā, mūzikā, reliģijā, filozofijā, psihoterapijā un tamlīdzīgi. Turpretī tiem, kam aizsardzības mehānismi ir vājāki no dzimšanas vai iedragāti agrā bērnībā, tiem nākas grūtāk relaksēties no pārdzīvojuma frustrācijas. Pirmkārt, jau savas neelastības dēļ tie nav radoši, kas ir ļoti nozīmīgs faktors. Tas sašaurina situācijas redzējumu un sniedz vienveidīgu informāciju un ierobežotu skatījumu. Visumā, globāli spriežot, ir pilnīgi vienalga, kas ar mums dzīvē norisinās, galvenais ir, ko mēs varam sev no tā pasmelt un izsecināt. Ko mēs ar to darām? Kā to saprotam? Kā savā labā iztulkojam? Mūsu dzīves smilšu pulkstenis ir ar ierobežotu laika limitu, ja mēs neņemsim vērā savas dzīves robežu laiku, tad mūs piemeklēs daudzas vilšanās.

Katram vecumam ir savs laiks, katrai sociālajai lomai ir savi uzdevumi. Apgūt matemātikas pamatus labāk vēlams pirmajās skolas klasēs. Atklāt sev zaudējumu, saprast un pieņemt to, ka neviens cilvēks pasaulē nav „pielaulāts" vai privatizēts uz mūžu, ir vēlams īsi pēc savas dzimšanas. Nedaudz ironijas, bet patiesība nav tālu jāmeklē. Tas, ka mēs esam vieni no tiem, ko pamet un pat aizmirst tuvi un mīļi cilvēki, nenozīmē, ka esam sliktie. Tas, ka no mums kādreiz aiziet mūžībā vecāki, ir likumsakarīgi. Tas ir sāpīgi un reizē pareizi, jo mēs esam nākamie, bet aiz mums, Dievs dos, ne ātrāk par mums pašiem – bērni. Kura cilvēka mūžs gan iztiek bez sāpēm? Visi pieci vienas rokas pirksti ir vienā plaukstā, bet katrs no tiem ir atšķirīgs. Starp tiem pastāv veselīgs intervāls, jo tā ir Daba. Piemēram, nomirusi mīļa vecmāmiņa. Tajā brīdī notikumu apstākļi varētu risināties tā, ka jūs vēl bijāt bērns un nemācējāt vai nevarējāt no viņas atvadīties tā, kā to gribētos šodien. Apsteidza notikumi, un „prātiņš bija par īsu". Mazi bijām, nepieredzējuši tuvu cilvēku zaudējumu. Pieaugušie bija aizņemti atbilstoši šai situācijai, un mēs, mazbērni, tiekamies ar savu omīti tikai kaplicā, par kuru mums iepriekš nebija nekādu ziņu – auksta un baiga, neierasta vide. Notikums tika aprauts. Emocija nerealizējās vajadzībā, pasakot ardievas. Atvadīties ir svarīgi, ļoti svarīgi. No mūsu dzīves izzuda tiešām svarīgs cilvēks.

Nenoslēgtās attiecības eksistē arī ar dzīviem cilvēkiem. Tās katrā dzīves posmā var uzpeldēt no jauna kā problēma, provocējot neirotiskus stāvokļus un somatizējoties. Ikviens tuvs cilvēks var mums to nodarīt. Izšķirties pamest mūs uz ilgāku vai īsāku laiku. Ne vienmēr pirms aiziešanas ir vēlme un iespēja atvadīties. Iespējams, ka nav vēlēšanās izskaidroties, paskaidrot iemeslus, attaisnoties vai atklāties, liekot saprast, ka tikšanās un kopā būšana ir beigusies. Pastāv divas mākas: teikt atvadu vārdus, lai aiziešana nebūtu kā smags emocionāls slogs abiem, un mācēt vai prast atvadīties no sev tuviem cilvēkiem tā, lai mainoties dzīves plāniem, būtu iespēja atgriezties. Būtiskākais šajā piemērā ir, lai nepaliek mieles par neizdarīto un nenokārtoto tieši šajās attiecībās. Lai nepietrūktu pabeigtības sajūtas. Savādi tā raksturot, bet psihoterapijai ir milzum daudz tehniku, lai pagātnes notikumus un pārdzīvojumus varētu atgriezt šodienas laika robežās. Tā ir svarīga doma, par pabeigtības sajūtu. Ja tās pietrūks, tad nāksies emocionāli dzīvot pagātnē, fiziski atrodoties tagadnē.

Ir gaužām svarīgi, un ir jāņem vērā: lai noslēgtu attiecības, ir jāidentificē vadošā emocija un attiecīgi ir jāpacenšas tās pieprasījumu apmierināt. Vēl viens līdzīgs piemērs par kādu ļoti jaunu sievieti, kas sev bērnībā apsolīja, kad izaugs, pateiksies kādai kundzei par to, ka tā ir bijusi pret viņu īpaši laipna un devīga, kad jaunā sieviete bija bērns. Tā arī notika. Par savu pirmo algu sieviete uzdāvināja savai simpātijai neredzētu, īpaši modernu pulksteni. Saņēmējas prieks bija liels, un viņa mācēja novērtēt dāvinātājas centienus. Sakritība ir liela, sieviete paspēja realizēt savu vēlmi tad, kad vecā dāma saņēma šo pateicības dāvanu, ko pieņēma labprāt. Vecais cilvēks aizgāja no dzīves pēc ļoti īsa laika. Varēja notikt tā, ja jauniete būtu atlikusi šo pirkumu uz nākamo mēnesi, nākamo avansu, tad nebūtu satikusi šo svarīgo sievieti dzīvu. Svarīgākais bija nokārtots. Atvadīšanās notika, jo attiecības caur šo simbolisko dāvanas nodošanu ir noslēgušās. Tā laika bērnam galvenais bija, lai kundze nojaustu, ka izrādītā uzmanība un cieņa bērnībā nav palikusi vienaldzīga un bez ievērības. Simpātijas ir bijušas abpusējas un mazajai pusaudzes sirsniņai daudz vairāk nozīmīgas, nekā varēja iedomāties un novērtēt pieaugušie un pati dāvinātāja. Izrādās, ka tik, cik dzīves notikumu, tikpat daudz var būt savstarpēji līdzīgu līdzpārdzīvojumu nenoslēgtās savstarpējās attiecībās. Tādi kā parādi, neatgriezti kredīti par pagātnes iegūtiem labumiem, ne viss ir slikts, kas ar mums notiek. Ievērojiet, ar cik atklātu interesi apkārtnē visu jauno vēro noslēgtā vidē nonākušie cilvēki. Piemēram, ieslodzītie vai tie, kas ilgstoši atrodas dažādos stacionāros, dziļos laukos un tamlīdzīgi.

Iespējams jūs jau esat informēti, cik ziņkārīgi ir cilvēki. Reģionos, kuros lielākā daļa no ļaudīm nekur ārpus savas vides un savas pilsētas nav bijuši, vienmēr nolūkojas tūristos ar interesi. Bieži vien vēl nesadzirdot valodu, bet „nolasot" apkārtējo izturēšanos, manieres, zīmju valodu, vietējie noprot, no kurienes ir svešinieks. Patiesa biheiviorāla pieeja. Apelēšana pie uzvedības atklāj izcelsmi. Ikvienā kulturālā tradīcijā ir raksturīga sava apiešanās. Mēdz būt tautas, kas ir perfektas ķermeņa valodas pazinējas. Neirolingvistiskās programmēšanas ģēniji bez diploma un apzinātām zināšanām par to, ko labi pārzina un lieto. Jo mums tiek iedalītas mazākas socializācijas iespējas, jo lielāki un dziļāki, un spēcīgāki ir pārdzīvojumi. Katrs notikums kā milzīgs atklājums. Piemēram, sieviete, kas aizsēdējusies mājās, vīram pārnākot no darba, stāstīs kaut ko citu nekā tā, kura atgriežas ar viņu reizē. Tas nepavisam vienmēr nav slikti. Mēs esam spiesti ne tik daudz attīstīties, kā pilnveidoties. Ja mums nav grāmatu, tad nākas izgudrot alfabētu vai riteni vēlreiz. Ja kāda no ķermeņa daļām atsakās strādāt vai tās vienkārši nav, tad dažas funkcijas pārņem vai uzņemas kāda cita ķermeņa daļa. Visur klātesošs ir nezūdamības likums – tā ir iekārtota daba. Ikviena no tās sastāvdaļām ir sameklējama ne tikai metafizikas vidē vai kādās citās dabas zinātnēs, bet arī mūsu emocionālajās dzīlēs. Katrs no tām izrietošs sīkums atspoguļojas un ir nozīmīgs. Pašiem nemanot, mēs kaut ko kārojam vai ienīstam. Emocionāls uzplaiksnījums, pozitīvs vai negatīvs. Ikviena reakcija nogulsnējas un uzplaiksnī, izlec ārā no mums visneiedomājamākajā veidā, jo tā ir sagaidījusi savu triumfa brīdi.

Atminos kādu studenti, kas bija atnākusi uz nodarbībām visiem pārsteidzoši bērnišķīgā izskatā. Iepriekš neviens viņu tādā tēlā nebija redzējis. Tā kā viņa bija zinoša psiholoģijas studente, apkārtējo reakciju viņa mācēja itin labi, ar humoru apspēlēt. Viņa paskaidroja: ja to neizdarīs tagad un nedos sev šo iespēju „izgaršot" līdz galam neizdzīvoto bezbēdību un naivumu, tad tik un tā kādreiz, un psihoterapijas studentiem tas jau ir zināms, mēģinās atkārtot to vēlreiz, tikai vēl ačgārnāk, piemēram, jau esot pusmūža vecuma sievietei, uzvelkot kurpītes, kam piesprausti bumbulīši. Tad gan tas var izrādīties ne pa jokam joks sev un apkārtējiem. Būtu totāla izgāšanās, esot jau vecmāmiņas statusā, uzdrošināties vēlreiz šo iepriekš aizliegto, neizjusto vēlēšanos afišēt saviem mazbērniem, tādējādi nostiprinot infantilu tēlu. Piemēram, ietērpties pubertātes vecuma meitenes drēbēs, bet ne jau karnevālam, bet iešanai pa ielu vai doties uz darbu. Ir taču tā, ka mēs kādreiz paši esam pārsteigti par savu uzvedību.

Esam novērojuši vai pazinuši pusmūža sievietes, kas uzkrītoši „met acis" uz jauniem puišiem un tamlīdzīgi. Nekad nevajadzētu kritizēt vai apsmiet kādu citu, ja tas rīkojas neadekvāti mūsu ierastajiem priekšstatiem vai stereotipiem. Pirmkārt, tas ir slikts tonis, otrkārt, tas nedod mums ne kripatiņas labuma. Ļaunumu mēs nodarām sev, jo aizraujamies ar savām idejām, kas var pavedināt mūs uzskatīt sevi par labākiem vai kaut kā īpašākiem citu vidū. Šāda attieksme vairo un nostiprina regresiju, atmiņas par laiku, kad jutāmies labi. Pastāv risks, ka mēs ieslīgsim savā patmīlībā un nevarēsim saskatīt savus trūkumus.

Katrs var pajautāt: „Kāpēc man ir jāmeklē savi mīnusi, vērtīgāk ir nerakņāties sevī, jo tā var nemanot aizrauties un ieslīgt pašnepietiekamībā, sevis šaustīšanā un beigās mazspējā darboties un depresijā?" Šeit noderētu šāda metode, ko jau pieminēju kādā no grāmatas nodaļām. Nesalīdzināt sevi ar citiem, bet, kontaktējoties ar apkārtējiem, sajust to, kāds es esmu. Ieraudzīt sevi caur otru kā ūdens atspulgā. Jūs pamanīsiet sava ķermeņa daļas, augumu kopumā, pozu, kustības, ritmu, noskaņojumu u.c. Saskarsmē ar cilvēkiem ievērosiet apkārtējo tipisko reakciju un attieksmi pret jums. Izmantojiet ik mirkli tad, kad jūs kādu apmeklējat, satiekat, runājat. Kāds vīrietis man sūdzējās: kad viņš apmeklē kafejnīcu vai veikalu, viņam nākas bieži gaidīt viesmīli vai pārdevēju. Mūsu valstī esot šausmīgs serviss, patērētājam ir jāgaida vairākas stundas, kamēr viņš var iztērēt savu naudu. Tā kā saruna norisinājās terapeitiskajā grupā, kāds dalībnieks noprotestēja šādu apgalvojumu ar saviem argumentiem un novērojumiem par servisu. Beigās izrādījās, ka pirmais runātājs pēc savas būtības ir nekāds. Vismaz apkārtējie klātesošie par viņu tā atsaucās. Tādu grūti ir pamanīt, un būtībā viņš dara visu, lai netiktu ievērots, bet pašam tā nešķiet. Jūtas pārkliedzies, mēģinot kādu sasaukt.

Mūsu uzvedība, dažādas ārējas izpausmes ir mūsos pašos, un, ja novērojam ilgstoši vienveidīgu attieksmi pret sevi, kas mūs neapmierina, tad nevajadzētu dusmoties uz pasauli, bet palūkoties uz sevi. Piemēram, neviens neuzdrošināsies ar dziļu pārliecību apgalvot, ka kāda no pārtikas sastāvdaļām ir vērtīgāka vai labāka, ja tām ir atšķirīgas funkcijas. Tā, lūk, sāls vai cukurs. Abi – dabīgi konservanti. Mums cilvēkiem ir katram sava vieta un savu reizi loma. Citus mēs sākam ievērot tad, kad ar mums pašiem kaut kas nav „īsti kārtībā" vai mums tikai liekas, ka kaut kas nav

„īsti kārtībā". Vienkārši jūtam neapmierinātību ar sevi. Tas ir signāls, kas prasa ielūkoties sevī. Es jau pieminēju, ka nav vienmēr jāmeklē psihoterapeits, lai uzlabotu savu dzīves kvalitāti. Pietiek ar saskarsmi ar jebko, lai varētu izglītot sevi. Dzirdēju kāda luterāņu mācītāja sprediķi, kurš tika aicināts iesvētīt kādas jaunas piepilsētas mūzikas skolas telpas. Vadošā idejiskā līnija bija tāda, ka mūzikas skaņas tiek savstarpēji izvietotas tā, lai notis cita citai netraucētu, bet veidotu saskaņu. Nošu līnijas ir tās, uz kurām tiek būvēta melodija vai skaņdarbs. Mūsu uzdevums tiešā vai pārnestā nozīmē ir ievērot šo secību un netraucēt partitūras skanējumam, citādi mēs vairs nevarēsim saklausīt melodiju, bet dzirdēsim disharmonisku haosu.

Kā būtu pareizi rīkoties, ja mums ir apspiestas vēlmes un mēs tās pamanām kā dīvainības savā dzīvē? Es iestājos par to, ka vajag pamēģināt realizēt un veselīgi apmierināt ziņkāri. Labākais veids būtu tāds, ja mums izdotos apzinātāk vienoties ar sevi par to, ko darām. Šobrīd pat musulmaņu valstīs ir iespējams šķirties, sievietēm nodarboties ar nopietnu biznesu un apmeklēt skolu. Aizlieguma slūžas ir vaļā. To var uzskatīt par nopietnu revolucionāru momentu. Tikai nedomājiet, ka to vēlas darīt visi. Atradīsies indivīdi un to interešu aizstāvji, kas atradīs ieganstu, lai izvairītos no pašpilnveides. Daudzi ir apmierināti ar to, kā dzīvojuši viņu senči un viņi paši. Esmu runājusi ar daudzām sievietēm, kas uzskata, ka mums, rietumniecēm, ir nožēlojama sievietes misija. Piemēram, lai mēs saglabātu sevi interesantu vīriem mums vienmēr ir jābūt „topā". Mēs it kā nedrīkstam atļauties novecot atbilstoši savam vecumam. Mums vienmēr ir jābūt „uz strīpas", jo kāda vienmēr var gribēt iesēsties mūsu vietā. Mums vairāk iznākot rūpēties par sevi, nekā to gribam darīt. Mums ir jābūt labam pūram, piemēram, izglītībai, statusam vai varai un tamlīdzīgi. Rietumu sievietei ir labi jāizskatās un jārada priekšstats, ka viņa nepavisam nebaidās būt pamesta, lieka sava vīrieša dzīvē. Lauku un pilsētas sievietes cenšoties sevi arī mākslīgi mainīt, lai būtu kaut kādas, bet ne pašas.

Lūk, fragments no kādas rietumnieces teiktā, kas ir viesojusies kādā Tuvo Austrumu reģionā. Citēju: „Šķiet, nekad nebiju tik cieši saskārusies ar tādu nesavtīgu savstarpēju labvēlību un solidaritāti. Tad, kad es atbraucu uz provinci, neviena no viņām nebija redzējusi tik lielu baltročīti, kāda biju es, rietumniece, kam divas augstākās izglītības, teicamas pāris svešvalodu zināšanas, glīts augums un balināti zobi, pielīmēti nagi, dārgas zīmolu drēbes. Atzinu, ka esmu pilnīgi nepiemērota lauku dzīvei. Viss man bija par grūtu, un es nevarēju un nevarēju apgūt nacionālās virtuves kulinārijas brīnumu pagatavošanu. No pirmā acu uzmetiena likās vienkārši. Lai pagatavotu khoutu ir nepieciešams paņemt vīnogu lapu, pirms tam izmērcētu ūdenī, un nelielu daudzumu gaļas, kas ir jāsatin līdzīgi kā kāpostu tītenis. Laukums, kurā jāievieto maltīte, ir neliels, mani pirksti pinās, un ēdiens juka ārā turpat uz vietas. Neviens mani nekritizēja. Iedeva citu darbu, proti, vīnogu lapu atdalīšanu citu no citas. Ļoti smalks un ķēpīgs darbs, es to darīju trīsreiz lēnāk nekā mana kaimiņiene, tomēr no tā visa kaut kas bija pa spēkam manai pirkstu veiklībai. Sievietes mani atbalstīja un stimulēja, teikdamas: „Tu tikai nesatraucies. Tu vienkārši esi citāda, un mēs, tevi cienot, nelūgsim to darīt vēlreiz." Esmu vairāk nekā pārliecināta, ka mani neaprunās un neizsmies aiz muguras. Ir taču jārēķinās, ka es atrados ļoti vienkāršā vidē, kas gan nepazīst šo mazo prieciņu pasmieties par otra neveiklību, neveiksmēm vai nemācēšanu. Es jutos droša par izteikto labvēlību, un man nenāca ne prātā apšaubīt savu vērtību, skrienot pie nākamā stilista vai psihoterapeita, kurš man palīdzētu tikt galā ar frustrāciju, jo tādas nebija. Iepazinu sevi, tiekoties ar citām sievietēm, un es nejutos ne labāka, ne sliktāka. Man nebija motivācijas ne gramam aizkaitinājuma, kura dēļ es sāktu devalvēt tās, kuras ir citādas. Turklāt neesmu vairs ļoti jauna, un man ir ģimenes pieredze ar trim bērniem. Taču šo brīnišķīgo sieviešu emocionālā inteliģence mani nebeidz pārsteigt. Daudzas no viņām ir analfabētes ābecē, bet ne dzīvē. Padomājiet, kāda daudzviet mūsu mazpilsētu miestiņos būtu attieksme, ja kāda ārzemniece nemācētu ar nazi sagriezt maizi vai noslaucīt galdu, nebūdama šeiha sieva. Neesmu pārliecināta, ka daudzi no mums noturētos nepastāstīt citiem līdzīgu gadījumu ar nosodošu vai kritisku attieksmi, izceļot savas priekšrocības tur, kur tām nav vietas. Piemēram: „Es esmu labāka nekā viņa!" Citreiz sev sakām: „Es esmu labs, bet tas otrs ir tas sliktais. Es neesmu vainīgs, bet tas cits gan." Vērtīgo atklājumu birums vēl nebeidzās. Tā joprojām atrados Tuvo Austrumu lauku viesistabā, jo pie saimniekiem bija atnākuši ciemiņi. Apkārtējie, ja kaut ko uzzina par mani, tad tikai to labo. Es pati nereklamēju sevi, bet viņi tā pozicionēja, kaut vai tāpēc, ka nevēlas pavadīt nakti zem viena jumta ar sliktu cilvēku. Šajā cilvēkmīlestības un cieņas vidē ir svarīgi, lai es kā viesis būtu ne tikai apmierināta, tas būtu tiešām skopi pateikts, bet arī ļoti laimīga.

Rietumniekam laimes sajūta tiešām ir ļoti komplicēts jautājums. Ierindas arābam izjust laimi ir daudz, daudz vienkāršāk. Ceļš līdz harmonijai ir īss un bezgala pieejams arī kaut vai ziemeļniekam, bet rietumnieks neturēs vērtē cilvēciskumu. Ceturtdaļa ciemata zināja par mani pozitīvo un patīkamo. Vitamīni ir svēta lieta katram. Man garšo mango, un tie šeit ir visdažādāko šķirņu un veidu. Es iepazinu četras. Mani pašu izbrīna tas, ar kādu prieku viņi bauda augļus, kas ir pieejami viņu pašu dārzos. Kā viņiem tie neapnīk, jo Latvijas ābols, kas man arī garšo, nespēj manī izraisīt tādu prieku visu gadu kā viņiem viņu pašu augļi. Man bija tas gods paviesoties kādā no šīs pilsētas godājamākajiem namiem, jo ēkas īpašnieks, kāds pavecāks kungs, tiek aizvien uzskatīts par ciematiņa gudrāko cilvēku. Ja kādam ir nepieciešams padoms vai jāizšķir strīdīgs jautājums, visi zina ceļu uz godājamā vīra mājām. Tātad apkārt man ir sasēdušies tādi paši viesi kā es, tikai es biju vienīgā iebraucēja, pārējie bija viesi no vietējām mājām. Saimniece, ciema vecākā sieva, (šķiet skaistāku sievieti neesmu redzējusi), kuras pavecais augums ir taisns kā jaunai meitenei, ar brūnām acīm un tumšu ādu, uz kuras izceļas vairākas kārtas zelta (šā metāla rotas liecina par materiālo labklājību, parasti tās dāvina līgavainis un turpmāk kopdzīves laikā – vīrs), visiem dalīja mango. Es šoreiz atturējos, jo jutu, ka šai dienai un vakaram man jau pietiks. Mājas saimniece bija sapratusi, ka es droši vien esmu kautrīga, un man ir neērti nepazīstamu cilvēku klātbūtnē ēst. Tādēļ man sagatavoja augli uz atsevišķas paplātes un nelielā sabiedrībā „izsūtīja" izgaršot šo dabas brīnumu uz terases, kas tobrīd smaržoja pēc pusgataviem granātāboliem. Manas dārgās Tuvo Austrumu sievietes, cik ļoti viņas pārdzīvoja, ka man ir par maz zelta rokassprādžu un tamlīdzīgu rotu. Kā viņas piemeklēja man galabeju (nacionālo tērpu), lai tikai es izskatītos vēl pievilcīgāka. Matus ar lakatu man negribēja siet, jo tā ir katra brīvprātīga griba, ļoti personīga un delikāta lieta, bet sieviškīgā konfluencē šā vārda labākajā nozīmē viņas man neatteica savu estētisko izpratni. Kaut gan man visa kā bija un ir vairāk nekā viņām, nenovīdību neizjutu ne brīdi. Iespējams tāpēc, ka man pieder tikai ideja par to, ka man visa kā ir gana. Tieši tā, „visa kā", bet ne svarīgākā."

Tātad tā palēnām esam nonākuši līdz mīlestībai vai sajūtai ap to, kas īsti varētu būt mīlestība. Protams, savās izpausmēs tā ir dažāda. Neņemšos raksturot tās veidus. Katram tas ir saprotams pēc savas pieredzes un motivācijas. Bieži rūpes un draudzība tiek traktēti kā mīlestības fenomeni. Jebkuru cilvēku var mīlēt, un ikviens var tikt mīlēts. Kāds no mums iemīlas katru dienu, turpretī cits to ir spējīgs just vienu vai nevienu reizi mūžā. Mīlestība var izrādīties kā pieķeršanās vai ,,aizķeršanās" uz īsu vai ilgāku laiku. Fiksācija – mēs tā kā iesprūstam stāvoklī, no kura netiekam ārā. Piemēram, vēlmē, lai tikai mūs mīl. Ja mīlestība mums ir pozitīvo spēku nesoša enerģija, tad turpmāku komentāru nav, bet, ja mēs nesaņemam iedomāto kopdzīvē vai attiecībās, tā rada ciešanas un aizvien jaunas mikrotraumas. Ja mums nebūtu šo pārdzīvojumu, tad mēs neizjustu zaudējumu. Bieži vien tad, kad kāds vēlas mums kaut ko atņemt, mēs sākam apzināties, kādas vērtības mums pieder mantiskā vai jūtu izpausmē.

Grāmatā aprakstītie piemēri nav izfantazēti, tie ir patiesi stāsti vai notikumi, kas ir iepriekš atļauti publicēt. Par katru no tiem ir saņemts stāstītāja akcepts, jo svarīgi ir uzzināt neizgudrotus stāstus, bet īstus, lai lasītājiem būtu reālāks priekšstats par to, kas notiek ar cilvēkiem un kā tie mēģina atrast sev ceļu. Tajā pašā laikā jāatzīst, ka neviens no piemēriem nav autentisks. Mainīts līdz nepazīšanai, lai neviens pasaulē nepazītu konkrēto situāciju tāpēc, lai neiespaidotos, neietekmētos un teksta rindas neatgādinātu to, kas, iespējams, jau ir piemirsts. Tādēļ ikviena sakritība ar kādu personu ir jāvērtē kā nejaušība. No līdzībām nav iespējams izvairīties, jo esam cilvēki un mūs vieno kaut kas kopīgs – pārdzīvojums un attieksme. Nedaudz atšķiras variācijas, kā nokļūstam no punkta A līdz punktam B. Kā šķērsojam savu un citu dzīvi, bet kopumā agri vai vēlu satiekamies tajās pašās dzīves pārmijās ar mieru vai nemieru sevī. Konkrētajai pazīšanai nav nozīmes, un personīga pazīšanās ar katru no iztirzātajiem varoņiem nav nepieciešama, jo mēs visi atrodamies viens otram līdzās, tuvāk, nekā varam iedomāties.

Raksturot pusmūža krīzi lielos vilcienos nav grūti, jo ir šablons. Viņam un viņai ir līdzīgas grūtības. Pazīstamas un zināmas bailes, fakti un notikumi. Pēc kā gan var ilgoties cilvēks, kurš nonācis līdz sava mūža vidum? Iespējams, līdz šim brīdim – dzīves viducim, ir pieticis zināšanu, bet pietrūkst padoma vai instrukcijas virzībai nākotnē. Tas, kuram ir viss, ko sabiedrība varētu uzskatīt par sasniegumiem, domā, ko tālāk darīt ar to, kas ir saņemts. Izglītība, darbs, māja, auto, statuss, laulātais, bērni, draugi, kādi hobiji. Dziļākās pārdomās ieslīgst arī tas, kurš neko šajā aspektā nav paspējis paveikt. Izjūta, ka kaut kas ir nokavēts, ņem virsroku. Abiem gadījumiem ir kaut kas kopīgs. Nepieciešamība pēc pārmaiņām, apzinātības.

Dzīves pirmajā pusē mēs jūtamies spējīgāki un varošāki. Mums gandrīz nav (ja nu vienīgi dažos gadījumos) nepieciešamības aizdomāties par to, kas notiks ar mums, kad mūsos mazināsies šī enerģija. Sajūta, ka viss vēl priekšā, mūs jaunībā nepamet. Mēs paši sev esam it kā skolnieki un mācāmies no savām kļūdām. Ja uzkrāj to, kas vienīgi jaunībai ir būtiski, tad, kļūstot vecākam, uz tādām vērtībām nopietnākus pamatus neuztaisīsi. Skaistums tā tiešā izpratnē mainās. Uztveram to daudz vienkāršāk, jo redzam perspektīvu. Ja kaut kas neizdodas, tad nav liels zaudējums, jo daudz ko var vērst par labu, jo pašam pieder neatvairāma nākotne. Atliek vienīgi gribēt, un darbība nesīs augļus.

Tuvojoties četrdesmitgadnieka slieksnim, pat vislabākajā dzīves versijā ikviens pārdzīvo vieglu vecumposma krīzi. Parādās pirmie ierobežojumi. Mazinās spēks strādāt virsstundas. Paaugstinās vēlmes pēc sociālās stabilitātes. Bērni pieaug. Darba tirgū rodas jaunāki konkurenti. Emocijas nav noslēpjamas. Varbūt naudu var noglabāt, izliekoties par ubagu uz ielas stūra, bet jūtas ir pārāk liela dabas dota „stihija", lai tās varētu pat iedomāties apspiest un naivi cerēt, ka tās turpat ieslodzījumā paliks. Var likt sev dažādi aizmirsties. Novirzīt domas, darbību, lietot miega zāles, alkoholu, sportot u.c. Un tomēr, daudzi procesi norisinās neapzināti un likumsakarīgi. Grūtības slēpjas tajā, ka daudz kas notiek pirmo reizi un nepavisam ne tā, kā tas bija jaunībā. Sasaiste caur pagātni un tagadni paliek. Kaut kas beidzas, lai no jauna sāktos, un tā katru reizi no beigām uz sākumu, no beigām uz sākumu... Traģiskāk tas izvēršas tiem, kuri to nezina vai nevēlas zināt, jo neviens sākums nekad nebūs tāds pats kā iepriekšējais. Sievietes un vīrieši būs citādi savā ārienē, izpausmēs un vērtībās. Galvenā ir pieredze, kas izšķir un nošķir beigas no sākuma un sākumu no beigām.

Visbeidzot, kāda ir beigu pazīme? Tad, kad ir izsmelti indivīda, sabiedrības, dabas, jebkuras enerģijas avoti, tad kaut kas ir beidzies. Ne vienmēr tā izpaužas noslēgums, bet beigas gan. Beigas nav ne sliktas, ne labas, attieksmi veidojam mēs, cilvēki. Pamazām mēs virzāmies uz savām personīgajām beigām. Pa ceļam mēs pildām uzdevumus, trenējamies, apgūstam iemaņas un zināšanas par beigām. Beigas mēdz būt ļoti patīkamas tad, kad pienāk gals kļūdām, to sekām, sāpēm un pārpratumiem. Dzīves laikā pienāk beigas bērnībai, bērnu bērnībai, jaunībai, pusmūžam un vecumam. Beigu ceremoniju var nokavēt. Un dzīvot bez beigu novērojumiem un sajūtas. Beigas ir gandrīz vienmēr atkarīgas no mums, kā mēs paši izprotam un darbojamies beigu vārdā. Tad, kad pienāk beigas, bieži vien tikai tad apzināmies, kādi esam un kas mēs esam. Reizēm to saprast ir liela laime un nelaime. Kādi bijām un kādi būsim, izvēle par beigām paliek mums. Nedrīkst nepamanīt beigas, citādi var automātiski uztvert attiecības, uzdevumus un pasauli vienveidīgi. Iznākumā ne tikai intelekts, bet arī emociju pašpilnveide nerealizējas. Iestājas atpalicība no saviem bērniem un progresa. Ja cilvēks neizjūt beigas, tad viņš var tā aizrauties, atpaliekot laikā, ka turpinās visu savu apzināto mūžu kravāt bērnu rotaļu istabā mantas, gaidīt māti un tēvu apsaucam, māsas vai brāļa ielaušanos personīgajā teritorijā. Brāzienu par salauzto rotaļlietu. Uzaicinājumu palasīt vakara pasaciņu.

Beigas ir kā talants, jāprot apstāties tā, lai pašam un apkārtējiem tās būtu saprotamas un pieņemamas. Beigām ir jāpienāk pār savām dusmām, aizvainojumiem, infantilām iegribām, manipulācijām. Beigas ir nepieciešamas, lai varētu formēties sākums.

Mācīsim un stāstīsim bērniem, kā pazīt izkopto ļaunumu un ko darīt, lai tam pienāk beigas.

IETEICAMĀ LITERATŪRA

Фрейд З. Безстрашие истины – *Вагриус* 2006

Фрейд З. Психология бессознательного – *Питер Пресс* 2007

Фрейд З. Психоаналитические этюды – *Попурри* 1996

Юнг К.Г. Структура психики и архетипы – *Академический проект* 2007

Юнг К.Г. Воспоминания, сновидения, размышления – *Харвест* 2003

Перлз Ф. Гудмен П. Теория гештальт-терапии – *Институт общегуманитарных исследований* 2004

Фромм Э. Революция надежды. Избавление от иллюзий – *Айрис-пресс* 2005

Фромм Э. Бегство от свободы – *Издательство АСТ* 2004

Хорни К. Самоанализ – *Академический Проект* 2007

Маслоу А. Мотивация и личность – *Питер* 2006

Wallin D. Attachment in Psychotherapy – *The Guilford Press* 2007

Donaldson-Pressman S. Pressman R. The Narcissistic Family: Diagnosis and Treatment – *Jossey-Bass Publishers* 1997

Nīče F. Tā runāja Zaratustra – *Zvaigzne ABC* 2007

Raudive K. Dzīves kultūrai – *Valters un Rapa* 1940

Генон Р. Символика креста – *Прогресс-Традиция* 2004

Макьявелли Н. Государь. Рассуждения о первой декаде Тита Ливия – *Издательство АСТ* 2006

Арендт Х. Люди в темние времена – *Московская школа политических исследований* 2003

Rainis J. Jāzeps un viņa brāļi – *Liesma 1969*

Balzaks O. Zaudētās ilūzijas – *Latvijas Valsts izdevniecība 1953*

Igo V. Nožēlojamie – *Zvaigzne 1982*

Dikenss Č. Davids Koperfilds – *Latvijas Valsts izdevniecība 1954*

Tolstojs Ļ. Karš un miers – *Latvijas Valsts izdevniecība 1955*

Dostojevskis F. Kopotie raksti – *Grāmatu draugs*